鋼構造座屈設計指針

AIJ Recommendations for Stability Design
of Steel Structures

1980 制定
2018 改定

日本建築学会

本書のご利用にあたって

　本書は，作成時点での最新の学術的知見をもとに，技術者の判断に資する技術の考え方や可能性を示したものであり，法令等の補完や根拠を示すものではありません．また，本書の数値は推奨値であり，それを満足しないことが直ちに建築物の安全性を脅かすものでもありません．ご利用に際しては，本書が最新版であることをご確認ください．本会は，本書に起因する損害に対しては一切の責任を有しません．

ご案内

　本書の著作権・出版権は(一社)日本建築学会にあります．本書より著書・論文等への引用・転載にあたっては必ず本会の許諾を得てください．

R＜学術著作権協会委託出版物＞

　本書の無断複写は，著作権法上での例外を除き禁じられています．本書を複写される場合は，学術著作権協会 (03-3475-5618) の許諾を受けてください．

一般社団法人　日本建築学会

改 定 の 序

　1980 年に刊行された本会「鋼構造座屈設計指針」に掲げられている本書の目的は，以下に示す 4 項目である．

　1）鋼構造関連の諸規準に含まれる座屈に関連した条項の根拠を明らかにすること

　2）座屈現象に関する概念を説明し，これが設計にどのように関係するかを明らかにすること

　3）マニュアルや論文などから設計に使用している公式のうち，使用頻度の多いものを掲げて設計者の便に供すること

　4）初心者が運用を誤らないために，例題も添えて解説すること

この 4 つの目的に沿い，本指針は 1996 年，2009 年の 2 回の改定を経て最新の研究成果を反映させ，今日まで設計者・研究者に広く活用されてきた．

　座屈は鋼構造物の性能を限界づける主要な現象の一つであり，従来の設計体系の中では座屈によって構造性能が決定されないような種々の規定を設ける形で取り扱われてきた．しかし，近年の度重なる強地震動被害や社会の成熟に伴って，考慮すべき限界状態が多岐にわたってきているとともに，より合理的な性能，あるいは従来とは異なる性能が求められるようになっている．その結果，従来の枠組みの中では考慮されていなかった座屈現象が顕在化し，座屈挙動そのものを精緻に取り扱わなければ解決できない問題も現れてきているのが現状である．

　こうした流れに応えるため，今回の改定では，本指針が受け継いできた 4 つの目的を尊重しながらも，座屈現象そのものをいままでよりも広い視野で観察し記述することを心掛けている．特に，地震動を想定した繰返し挙動や，建物倒壊の理解に必要な大変形時の座屈挙動など，荷重の大きさとそれによって生じる座屈現象との関係を建物の倒壊まで含めた連続な量として網羅的に整理することを意識した．今回の改定は，座屈をどう規定するかという今までの枠組みから脱却し，座屈挙動をより積極的に評価して性能設計に合理的に反映させていくための第一歩と位置づけたい．今後，さまざまな性能に対する検証が求められる建築構造の分野に本書が貢献できれば幸いである．

　2018 年 2 月

日 本 建 築 学 会

改 定 の 序 (2009 年版)

　本会では，「鋼構造座屈設計指針」を 1980 年に刊行し，1996 年に改定した．鋼構造を設計するうえで必要な，座屈に関する理論や知見を網羅し解説するのが本指針である．初版の序に記された本指針の目的を引用・要約して以下に記す．すなわち，「本指針の第一の目的は，鋼構造関連の諸規準に含まれる座屈に関連した条項の根拠を明らかにすること，第二の目的は，座屈現象に関する概念を説明し，これが設計にどのように関係してくるかを明らかにすること，第三の目的は，我々が座屈関係のマニュアルや論文などから採って設計に使用している公式などのうち，使用頻度の多いものを掲げて設計者の便に供すること，第四の目的は，主として初心者が運用を誤らないために，例題も添えて解説することである」．このような目的でまとめられているため，他の構造関係の規準・指針が本文（条文）と解説で構成されることが多いのに対し，本指針はより高度な構造設計を行う際に規準の理論的背景を理解しながら判断をする際の解説書的な構成になっている．

　今回の改定に際し，本指針の目的と構成は従来を踏襲し，前回の改定以降に得られた新たな知見を追加することを基本方針とした．そのうえで，従来版の章ごとの精粗をある程度均等化し，複数の章にわたって分散していたトピックをまとめることで読みやすくし，「シェル」のように他の指針で内容のほとんどが取りこまれた章を削除することとした．上述のように性格の異なる四つの目的を設定しているため，多重の性格を持った記述になっているが，諸規準（指針）の座屈に関する条項を比較し理解するうえで，また，座屈に関する古典的な理論背景を理解し，最新の技法を知るうえで，設計者，研究者，大学院生などに本指針が有効に利用されることを望むところである．

　2009 年 11 月

日 本 建 築 学 会

改定の序（1996年版）

　本会では，1980年に「鋼構造座屈設計指針」を刊行した．当時すでに「鋼構造塑性設計指針（1975年）」も刊行されていたが，一般には「鋼構造設計規準（1970年）」に従う許容応力度設計が行われていた．その後，建築基準法施行令の耐震規定の改定，「鋼構造限界状態設計規準（案）」の公表などがあり，鋼構造物の設計法も許容応力度設計のみでなく，終局限界状態に基づく保有耐力設計が行われるなど多様なものになってきた．

　一方，設計環境もコンピュータ利用技術の進展，さまざまな力学特性を有する鋼構造材料の開発，空間の質に対する要求レベルの高度化に伴う多様な構造形態や構造性能の創出など，大きな変化があり，またその間に，多くの研究・技術成果の蓄積や新しい現象の発見がなされてきた．このような背景から，鋼構造運営委員会では，鋼構造座屈小委員会を中心に現行の「鋼構造座屈設計指針」の全面的な改定について鋭意努力をしてきたが，ここに成案を得たので公表することにした．

　この「鋼構造座屈設計指針」では，上記のような多様な設計環境を念頭におき，各章において，座屈問題を支配する力学，不安定現象に支配される塑性変形性能をも含めた幅広い意味での座屈問題に関する研究・技術の進展と現状，各種の設計式とその物理的な意味，座屈設計に関する注意事項を述べるという体裁を取っている．また内容的にも，技術や研究の進展・鋼構造物の形態の多様性・コンピュータ利用技術の進展などに鑑み，新たに筋かい材，スペース・フレーム，シェルを各章に加えて，座屈解析法に関する章も設けた．

　本指針は，鋼構造物の設計に直接利用していただくだけでなく，鋼構造物や部材の各種座屈現象の基本的な意味の把握に対しても役立つ内容となっており，多様かつ有効な利用を期待しているところである．

　1996年1月

日　本　建　築　学　会

序 （1980 年版）

　鋼構造の設計には，座屈に関連した事項が多く含まれているので，座屈についての知識が十分でないと健全な設計ができない．座屈理論に関しては，内外に多くの名著があるが，これらは理論体系を示すことを目的として書かれているので，我々が設計に使用している許容応力度，構造細則，実用的な設計式などが何を根拠に導かれたものであるかについての記述がなされていない場合が多い．

　「鋼構造設計規準」では，許容応力度，組合わせ応力，板要素の幅厚比，圧縮材ならびに柱材などの各章に，座屈に関連した事項が多く含まれているが，同様に「軽量形鋼構造設計施工指針」その他の指針類にも含まれている．これらの規準類を誤りなく運用するためには，規定された数値や設計式の根拠を知っておくことが必要である．

　本指針の第一の目的は，上記の理由から，鋼構造関連の諸規準に含まれる座屈に関連した条項の根拠を明らかにすることにある．これらの資料は，また将来規準を改定する場合にも有効であると思われる．第二の目的は，座屈現象に関する概念を説明し，これが設計にどのように関係してくるかを明らかにすることで，これらは主として 1 章に序論としてまとめられているほか，後の各章でより具体的に述べられている．またこれらの説明には，現行規準の問題点や，将来の改定に関する示唆も含まれている．第三の目的は，我々が座屈関係のマニュアルや論文などから採って設計に使用している公式などのうち，使用頻度の多いものを掲げて設計者の便に供することである．第四の目的は，主として初心者が運用を誤らないために，例題も添えて解説することにある．

　上記のように本書はやや多重の性格を持っているが，本書が有効に利用され，正しい鋼構造物の設計法が普及することを望む次第である．

　　1980 年 1 月

日 本 建 築 学 会

本書作成関係委員

—（五十音順・敬称略）—

構造委員会

委　員　長　塩　原　　　等
幹　　　事　五十田　　博　　久　田　嘉　章　　山　田　　　哲
委　　　員　（略）

鋼構造運営委員会（2017 年 3 月）

主　　　査　多　田　元　英
幹　　　事　井戸田　秀　樹　　宇佐美　　　徹
委　　　員　五十嵐　規矩夫　　一　戸　康　生　　岡　崎　太一郎　　岡　本　哲　美
　　　　　　越　智　健　之　　笠　井　和　彦　　兼　光　知　巳　　木　村　祥　裕
　　　　　　向　野　聡　彦　　澤　本　佳　和　　下　川　弘　海　　田　川　泰　久
　　　　　　竹　内　　　徹　　田　中　　　剛　　津　田　惠　吾　　寺　田　岳　彦
　　　　　　中　込　忠　男　　成　原　弘　之　　西　山　　　功　　原　田　幸　博
　　　　　　平　島　岳　夫　　増　田　浩　志　　緑　川　光　正　　見　波　　　進

鋼構造座屈小委員会（2017 年 3 月）

主　　　査　井戸田　秀　樹
幹　　　事　宇佐美　　　徹
委　　　員　荒　木　慶　一　　五十嵐　規矩夫　　小　崎　　　均　　金　尾　伊　織
　　　　　　木　村　祥　裕　　倉　田　真　宏　　田　川　　　浩　　竹　内　　　徹
　　　　　　津　田　惠　吾　　藤　本　益　美　　松　井　良　太

座屈崩壊型鋼構造部材の性能評価ワーキンググループ（2017 年 3 月）

主　　　査　木　村　祥　裕
幹　　　事　松　井　良　太
委　　　員　五十嵐　規矩夫　　井戸田　秀　樹　　金　尾　伊　織　　倉　田　真　宏

原案執筆担当

1章	井戸田 秀樹			
2章	木村 祥裕	松井 良太		
3章	竹内 徹	松井 良太		
4章	井戸田 秀樹	木村 祥裕	金尾 伊織	宇佐美 徹
5章	津田 惠吾	小﨑 均	倉田 真宏	
6章	五十嵐 規矩夫			
7章	竹内 徹			
8章	田川 浩			
9章	藤本 益美	竹内 徹		
10章	荒木 慶一			
付録	井戸田 秀樹			

第3版作成当時関係委員 (2009年3月)
―（五十音順・敬称略）―

構造委員会

委員長	和田　章
幹　事	倉本　洋　　福和伸夫　　緑川光正
委　員	（略）

鋼構造運営委員会

主　査	中島正愛
幹　事	金子洋文　　田川泰久　　緑川光正
委　員	井戸田秀樹　　内田保博　　小河利行　　笠井和彦
	河野昭彦　　桑村　仁　　吹田啓一郎　　多賀謙蔵
	高松隆夫　　田上　淳　　多田元英　　田中　剛
	辻田　修　　寺田岳彦　　中込忠男　　永田匡宏
	平島岳夫　　深澤　隆　　松尾　彰

鋼構造座屈小委員会

主　査	多田元英
幹　事	荒木慶一
委　員	五十嵐規矩夫　　井戸田秀樹　　加藤史郎　　金尾伊織
	川口　淳　　田川　浩　　竹内　徹　　常木康弘

見直し担当

1章	多田元英
2章	荒木慶一
3章	竹内　徹
4章	井戸田秀樹　　金尾伊織
5章	荒木慶一　　川口　淳
6章	五十嵐規矩夫
7章	竹内　徹
8章	田川　浩
9章	加藤史郎
10章	荒木慶一
付録	多田元英

第2版作成当時関係委員 (1996 年 1 月)

― (五十音順・敬称略) ―

構造委員会

委 員 長	岡 田 恒 男			
幹 事	坂 本 功	西 川 孝 夫	森 田 司 郎	
委 員	（略）			

鋼構造運営委員会

主 査	秋 山 宏			
幹 事	木 村 衛	鈴 木 弘 之	田 渕 基 嗣	
委 員	安 達 守 弘	青 木 博 文	井 上 一 朗	小 野 徹 郎
	大 竹 章 夫	岡 松 眞 之	黒 羽 啓 明	甲 津 功 夫
	坂 本 順	鈴 木 敏 郎	田 中 淳 夫	高 梨 晃 一
	高 橋 正 明	辻 文 三	寺 本 隆 幸	中 村 武
	平 野 道 勝	向 井 久 夫	森 田 耕 次	森 野 捷 輔
	山 内 泰 之	脇 山 広 三		

座屈小委員会

主 査	辻 文 三			
幹 事	中 島 正 愛			
委 員	岩 田 衛	上 谷 宏 二	小 河 利 行	小 野 徹 郎
	木 村 衛	坂 壽 二	鈴 木 弘 之	辻 岡 静 雄
	中 村 武	松 井 千 秋	松 本 芳 紀	緑 川 光 正
	森 野 捷 輔	山 田 大 彦		

第1版作成当時関係委員 (1980年10月)

—（五十音順・敬称略）—

構造標準委員会

委員長	大崎順彦	
全体幹事	加藤　勉	吉見吉昭
委員	（略）	

鋼構造分科会

主査	加藤　勉			
幹事	高梨晃一	平野道勝		
専門委員	秋山　宏	五十嵐定義	内山和夫	金谷　弘
	木村　衛	黒羽啓明	佐藤邦昭	坂本　順
	鈴木敏郎	田中淳夫	田中　尚	多田英之
	谷　資信	中村　武	中村雄治	仲　威雄
	羽倉弘人	藤本盛久	牧野　稔	松下冨士雄
	望月力男	若林　實	渡部　丹	

座屈小委員会

主査	若林　實			
幹事	高梨晃一	松井千秋		
専門委員	秋山　宏	加藤　勉	坂本　順	鈴木敏郎
	中村　武	藤本盛久	牧野　稔	望月力男
	森野捷輔			

鋼構造座屈設計指針

目　　次

1章　序　　論　　　　　　　　　　　　　　　　　　　　　　　　　　　　ページ

　1.1　鋼構造物の設計と座屈現象…………………………………………………………… 1

　1.2　鋼構造物の座屈……………………………………………………………………………… 1

2章　圧　縮　材

　2.1　単一圧縮材の座屈現象……………………………………………………………………… 3

　　2.1.1　圧縮材の座屈一般…………………………………………………………………… 3

　　2.1.2　中心圧縮材の曲げ座屈……………………………………………………………… 3

　　2.1.3　曲げねじれ座屈……………………………………………………………………… 8

　2.2　圧縮材の曲げ座屈耐力……………………………………………………………………… 9

　　2.2.1　座屈耐力に対する影響因子と感度………………………………………………… 9

　　2.2.2　座　屈　曲　線………………………………………………………………………… 15

　2.3　圧縮材の座屈長さ…………………………………………………………………………… 15

　　2.3.1　座屈長さと座屈長さ係数…………………………………………………………… 15

　　2.3.2　材端の支持条件が異なる場合の座屈長さ………………………………………… 16

　　2.3.3　変断面圧縮材の座屈長さ…………………………………………………………… 16

　　2.3.4　変軸力圧縮材の座屈長さ…………………………………………………………… 21

　2.4　曲げねじれ座屈を考慮した圧縮材の座屈耐力………………………………………… 23

　　2.4.1　二軸対称断面圧縮材のねじれ座屈………………………………………………… 23

　　2.4.2　一軸対称断面圧縮材の曲げねじれ座屈…………………………………………… 24

　　2.4.3　一軸対称断面偏心圧縮材の曲げねじれ座屈 ………………………………………26

　2.5　圧縮材の補剛………………………………………………………………………………… 27

　　2.5.1　補剛材の剛性………………………………………………………………………… 27

　　2.5.2　補剛材の強度………………………………………………………………………… 29

　　2.5.3　圧縮材の補剛設計上の留意点……………………………………………………… 31

　　2.5.4　偏　心　補　剛………………………………………………………………………… 32

　2.6　単一圧縮材の設計式………………………………………………………………………… 34

　　2.6.1　「鋼構造設計規準」の許容圧縮応力度 …………………………………………… 34

　　2.6.2　「鋼構造塑性設計指針」の耐力評価式 …………………………………………… 34

2.6.3 「鋼構造限界状態設計指針」の耐力評価式 ･･･････････････････････････ 35

2.6.4 「建築物の構造関係技術基準解説書」の耐力評価式 ･･････････････ 35

2.6.5 各種設計規基準における設計耐力の比較････････････････････････････ 35

2.6.6 単一圧縮材設計上の留意点･･ 39

2.7 組立圧縮材の座屈と設計･･ 39

2.7.1 圧縮材の座屈に及ぼすせん断変形の影響･････････････････････････ 39

2.7.2 組立圧縮材の有効細長比･･･ 42

2.7.3 つづり材に作用する力･･･ 45

2.7.4 構造細則および設計上の注意点･･･････････････････････････････････ 48

3章 筋 か い 材

3.1 筋かい材の挙動･･ 52

3.1.1 筋かい材の役割･･･ 52

3.1.2 筋かい材の考え方･･ 52

3.1.3 筋かい材の種類･･･ 53

3.2 圧縮筋かい材の座屈後挙動･･ 54

3.2.1 中心圧縮材の座屈後挙動･･･ 54

3.2.2 座屈後挙動に及ぼす応力度-ひずみ度関係および荷重の偏心の影響 ･･････ 56

3.2.3 中心圧縮材の荷重-変形関係の実験式 ･････････････････････････ 57

3.3 筋かい材の繰返し力作用時の挙動････････････････････････････････････ 60

3.3.1 繰返し力作用時の挙動一般･･･････････････････････････････････････ 60

3.3.2 筋かい材の履歴性状･･･ 62

3.3.3 筋かい材の履歴モデル･･･ 64

3.3.4 筋かい材の累積繰返し変形性能･････････････････････････････････ 66

3.4 筋かい材の設計･･ 68

3.4.1 筋かい材の耐力･･･ 68

3.4.2 圧縮筋かい材の座屈後安定耐力と有効長さ係数････････････････ 69

3.4.3 筋かい材付骨組の保有水平耐力･････････････････････････････････ 71

3.4.4 筋かい材接合部の設計･･･ 72

3.5 座屈拘束ブレース･･･ 73

3.5.1 座屈拘束ブレースの概要･･･ 73

3.5.2 座屈拘束ブレースの設計･･･ 74

3.5.3 ブレース接合部を含む機構安定性検定例･･････････････････････ 80

4章 梁 材

4.1 概 説･･･ 87

4.2 梁材の横座屈 ··· 91

  4.2.1 横座屈基本式 ··· 91

  4.2.2 境 界 条 件 ·· 93

  4.2.3 荷 重 条 件 ·· 94

  4.2.4 変 断 面 梁 ·· 97

  4.2.5 非弾性横座屈 ··· 98

4.3 横座屈補剛 ··101

  4.3.1 梁材の横座屈補剛 ···101

  4.3.2 補剛剛性と座屈耐力 ···101

  4.3.3 補 剛 力 ··104

  4.3.4 連続補剛と座屈耐力・変形性能 ···105

4.4 梁材の塑性変形能力 ···108

  4.4.1 塑性変形能力と影響要因 ···108

  4.4.2 塑性変形能力評価 ···110

4.5 繰返し荷重を受ける梁の挙動 ···113

  4.5.1 局部座屈先行型 H 形鋼梁の繰返し挙動 ··113

  4.5.2 横座屈先行型 H 形鋼梁の繰返し挙動 ···114

  4.5.3 繰返し載荷を考慮した梁の性能評価 ···115

  4.5.4 片側フランジ連続補剛梁の繰返し挙動 ··117

4.6 梁の塑性変形性能を確保するための横補剛に関する設計規定 ·····················118

5章 柱　　材

5.1 柱材の弾塑性挙動 ··129

  5.1.1 柱材の構面内挙動 ···130

  5.1.2 柱の局部座屈挙動 ···133

  5.1.3 柱の曲げねじれ座屈挙動 ···134

  5.1.4 柱の二軸曲げ挙動 ···136

5.2 柱材の耐力評価 ··139

  5.2.1 柱断面の耐力評価手順 ···139

  5.2.2 柱材の耐力評価手順 ···141

  5.2.3 柱材に対する既往実験と耐力評価式との比較 ····································147

  5.2.4 二軸曲げを受ける柱材の耐力 ···149

5.3 柱材の変形能力 ··153

  5.3.1 変形能力の定義 ···153

  5.3.2 閉断面部材の変形能力 ···154

  5.3.3 H 形断面部材の変形能力 ···155

5.4　繰返し荷重を受ける柱材 ………………………………………………………157

　5.4.1　繰返し荷重を受ける柱材の挙動 ……………………………………157

　5.4.2　構面外変形の累積，発散現象 …………………………………………159

　5.4.3　単調載荷時挙動との対応 ………………………………………………161

5.5　柱材の設計 …………………………………………………………………………162

　5.5.1　「鋼構造設計規準」による設計 …………………………………………162

　5.5.2　「鋼構造限界状態設計指針」による設計 ……………………………164

　5.5.3　「鋼構造塑性設計指針」による設計 …………………………………165

　5.5.4　諸外国の設計規準式 ………………………………………………………165

5.6　柱材の補剛 …………………………………………………………………………167

　5.6.1　軸力と曲げモーメントを受けるH形鋼柱の補剛 ………………167

　5.6.2　偏心補剛された平鋼柱材の設計 ……………………………………169

5.7　変断面柱材の設計 ………………………………………………………………171

6章　板　要　素

6.1　概　　説 ……………………………………………………………………………180

6.2　板要素の座屈 ……………………………………………………………………181

　6.2.1　板要素の釣合方程式と弾性座屈耐力 ………………………………181

　6.2.2　弾性座屈耐力相関関係式 ………………………………………………182

　6.2.3　塑性座屈耐力 ………………………………………………………………184

6.3　板要素の座屈後の挙動と最大耐力 …………………………………………185

　6.3.1　弾性座屈後の挙動 …………………………………………………………185

　6.3.2　有効幅の基本的概念と座屈後耐力 …………………………………186

　6.3.3　座屈後耐力相関関係式 …………………………………………………188

　6.3.4　張　力　場 …………………………………………………………………188

6.4　幅厚比の制限値 …………………………………………………………………192

　6.4.1　部材の性能と板要素の座屈との関係 ………………………………192

　6.4.2　板要素の耐力と幅厚比の制限値およびウェブプレートの許容座屈応力度 ………193

　6.4.3　局部座屈が支配的な部材の曲げ挙動 ………………………………197

　6.4.4　変形能力と幅厚比の制限値 ……………………………………………200

6.5　異方性板の座屈 …………………………………………………………………206

　6.5.1　異方性平板の弾性座屈耐力 ……………………………………………206

　6.5.2　曲げせん断力を受ける波形鋼板の座屈耐力 ………………………207

　6.5.3　波形鋼板パネルのせん断座屈後挙動 ………………………………208

6.6　板要素の補剛 ……………………………………………………………………209

　6.6.1　補　剛　板 …………………………………………………………………209

6.6.2　プレートガーダーの補剛　……………………………………………213

　　6.6.3　有孔板の補剛　………………………………………………………214

　6.7　繰返しせん断荷重を受ける板要素の挙動　……………………………218

　　6.7.1　概　　説　……………………………………………………………218

　　6.7.2　せん断座屈後繰返し挙動　…………………………………………219

　　6.7.3　せん断降伏パネル　…………………………………………………220

　　6.7.4　繰返し面内せん断力を受ける波形鋼板パネル　…………………221

7章　平面および塔状トラス

　7.1　概　　要　………………………………………………………………229

　7.2　弦材構面内座屈　………………………………………………………230

　　7.2.1　トラス梁弦材の構面内座屈長さ　…………………………………230

　　7.2.2　トラス柱弦材の構面内座屈長さ　…………………………………230

　　7.2.3　二次応力の座屈長さに及ぼす影響　………………………………233

　7.3　構面外座屈　……………………………………………………………233

　　7.3.1　トラス梁の構面外座屈長さ　………………………………………233

　　7.3.2　トラス柱の構面外座屈長さ　………………………………………236

　7.4　腹材座屈　………………………………………………………………237

　　7.4.1　トラス腹材の座屈長さ　……………………………………………237

　　7.4.2　山形鋼を腹材に用いた場合の注意　………………………………239

　7.5　平面トラス部材の終局耐力と変形能力　………………………………241

　　7.5.1　適用範囲　……………………………………………………………241

　　7.5.2　トラス梁の耐力　……………………………………………………242

　　7.5.3　トラス架構の安定性とトラス梁の変形能力　……………………244

　　7.5.4　細長比制限　…………………………………………………………249

　　7.5.5　その他の諸制限　……………………………………………………250

　7.6　塔状トラスの座屈　……………………………………………………250

　　7.6.1　主材の座屈長さ　……………………………………………………250

　　7.6.2　斜材，補助材の座屈長さ　…………………………………………252

　　7.6.3　塔状トラス脚部の座屈　……………………………………………254

　　7.6.4　座屈後の架構安定性　………………………………………………256

8章　骨　　組

　8.1　骨組の不安定現象　……………………………………………………261

　8.2　骨組の座屈　……………………………………………………………263

　　8.2.1　骨組の座屈　…………………………………………………………263

8.2.2 骨組の中の柱材の座屈長さ ･･ 264

8.2.3 骨組の座屈補剛 ･･･ 269

8.3 骨組の弾塑性安定 ･･･ 273

8.3.1 鉛直荷重と水平力を受ける骨組 ･･････････････････････････････････ 273

8.3.2 水平力を受ける筋かい付骨組 ･･････････････････････････････････････ 275

8.3.3 立体骨組の挙動 ･･･ 279

8.3.4 動 的 安 定 ･･･ 279

8.4 骨組の安定性に対する設計 ･･･ 280

8.4.1 周囲の梁および柱の剛性を考慮した柱座屈長さを用いる方法 ･･････ 280

8.4.2 P-Δ 効果を考慮する方法 ･･ 281

8.4.3 骨組の耐力相関関係 ･･･ 286

9章 ラチスシェル

9.1 概 説 ･･･ 291

9.1.1 ラチスシェルの定義 ･･･ 291

9.1.2 ラチスシェルの主な座屈現象 ･･････････････････････････････････････ 292

9.1.3 ラチスシェルの座屈に対する主な検討 ･･････････････････････････････ 294

9.2 ラチスシェルの座屈解析 ･･･ 295

9.3 連続体取扱法におけるラチス構造の有効剛性と有効強度 ････････････････ 296

9.3.1 有 効 剛 性 ･･･ 296

9.3.2 内部的不安定 ･･･ 300

9.3.3 有 効 強 度 ･･･ 301

9.3.4 有効強度を用いる弾塑性座屈荷重の推定法 ･････････････････････････ 304

9.4 単層ラチスシェルの座屈耐力 ･･･ 304

9.4.1 正規化細長比に基づくラチスシェルの座屈荷重と耐力評価法 ･･････ 305

9.4.2 ３方向網目ドームの部材塑性化を考慮した座屈耐力（弾塑性座屈荷重）
の評価方法 ･･ 316

9.5 二層立体ラチス構造の座屈耐力 ･･･････････････････････････････････････ 321

9.5.1 弾性座屈耐力 ･･･ 321

9.5.2 座屈崩壊挙動 ･･･ 324

10章 座屈の理論と解析法

10.1 構造物の安定理論と座屈解析 ･･･ 334

10.2 釣合状態の安定と不安定 ･･･ 334

10.3 弾性構造物の臨界点 ･･･ 336

10.4 弾性構造系釣合経路の分岐点と極限点 ･･･････････････････････････････････ 339

10.4.1　摂動釣合式 ……………………………………………………………339

10.4.2　極　限　点 ……………………………………………………………340

10.4.3　分　岐　点 ……………………………………………………………341

10.4.4　臨界点の不整感度特性 …………………………………………………344

10.5　弾性安定解析法 ………………………………………………………………346

10.5.1　速度型剛性行列 …………………………………………………………346

10.5.2　線形座屈解析と非線形座屈解析 ………………………………………347

10.6　塑性域での座屈現象 …………………………………………………………348

10.6.1　剛体ばねモデルの塑性座屈現象 ………………………………………349

10.6.2　連続体の塑性座屈一般理論 ……………………………………………351

10.6.3　繰返し載荷を受ける弾塑性構造物の臨界点 …………………………352

10.7　骨組の弾塑性解析 ……………………………………………………………354

10.7.1　臨界点解析と釣合経路解析 ……………………………………………354

10.7.2　接線剛性方程式 …………………………………………………………355

10.7.3　増分解析法 ………………………………………………………………359

10.8　解析上の注意点と設計での運用指針 ………………………………………359

10.8.1　解析上の注意点 …………………………………………………………359

10.8.2　設計での運用指針 ………………………………………………………362

付録　鋼材の応力度-ひずみ度関係と初期不整が座屈現象に及ぼす影響

A.1　概　　説 …………………………………………………………………………365

A.2　材料の力学的性質 ………………………………………………………………365

A.3　残留応力度 ………………………………………………………………………368

A.4　初期たわみと荷重の偏心 ………………………………………………………373

索　　引 …………………………………………………………………………………378

鋼構造座屈設計指針

1章 序　　論

1.1　鋼構造物の設計と座屈現象

　鋼材は比強度の高い材料であり，それを用いて造られる鋼構造物はコンクリートや木質材料など他の材料に比して細長い，あるいは薄い材で構成される．細長い材が圧縮力を受けると応力度が材料強度に到達する以前に座屈による不安定現象が生じる．したがって，鋼構造物では，この座屈現象を十分理解した上で構造設計を行う必要がある．

　構造物の性能は，外力の大きさとそれに対する構造物の挙動との関係の中で定義される．わが国の耐震設計では，建物の供用期間内に遭遇する可能性の高い荷重に対しては損傷が生じないか軽微であること，供用期間中に稀に遭遇するであろう荷重に対しては，その靭性に期待し損傷は生じるものの人命は保護するという考え方が基本である．本会における現在の設計規準・指針類に照らせば，前者が「鋼構造設計規準 —許容応力度設計法—」，後者が「鋼構造塑性設計指針」に対応し，「鋼構造限界状態設計指針」は，これらの設計理念全体を安全性の定量的評価という観点から体系化したものである．

　この設計体系の中で座屈現象は，細長比や幅厚比に応じた許容応力度や必要終局耐力の設定，あるいは座屈が生じないようにするための幅厚比や補剛間隔を規定する形で反映されている．これらの規定は，許容応力度設計や保有耐力設計といった従来の設計の枠組みの中で座屈現象を可能な限り合理的に考慮できるよう工夫されたものであるが，社会の成熟に伴ってより合理的な設計，あるいは従来とは異なる構造性能が求められるようになった今日，従来の枠組みの中では考慮されなかった座屈現象が顕在化し，座屈挙動そのものを精緻に取り扱わなければ解決できない問題も現れてきているのが現状である．

1.2　鋼構造物の座屈

　座屈とは，ある構造部材または構造システムに対し，その境界条件と荷重条件が同一であるにもかかわらず，その力の釣合い系が荷重の増加に伴って異なる釣合い系に移行する現象のことである．例えば，細長いまっすぐな棒に中心圧縮力を作用させた場合，荷重が比較的小さいうちは棒はまっすぐのまま縮むが，圧縮力がある荷重に到達した途端，図1.2.1に示すような曲げ変形を生じ，今までの圧縮の力の釣合い系から曲げの釣合い系に移行する．この現象は曲げ座屈と呼ばれ，座屈発生後に部材の軸方向変形が急増するとともに，材料の塑性化を伴えば不安定現象となり圧縮強度は急激に低下する．したがって，材料の比強度が高いがゆえに比較的細長い断面設計が可能な鋼構造建築物では，この座屈現象について必要な検討を行い，座屈に対する安全性を十分確保しておくことが重要である．

　同一境界条件，同一荷重下で異なる釣合い系に移行する現象は，数学的には分岐と呼ばれる．分

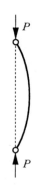

図 1.2.1　中心圧縮を受ける弾性柱の曲げ座屈

岐は初期不整のない理想的なモデルに対して定義される問題であり，これは狭義の座屈現象に対応する．一方，実際の構造部材や構造システムでは，部材の初期変形や残留応力度，あるいは荷重の偏心などの不整量が必然的に存在するため，数学的な意味での分岐は発生しない．しかし，初期不整量を持つ部材の挙動に対しても，数学的な分岐問題はその現象や耐力を説明する上で非常に重要であることから，初期不整量を完全に取り除いた場合の現象が狭義の座屈現象に対応する場合には，初期不整を持つ場合についても広義の座屈現象として取り扱うことが多い．

鋼構造建築物で考慮すべき主要な座屈現象には，圧縮筋かいで見られるような曲げ座屈，強軸まわりの曲げを受ける H 形鋼梁で見られる横座屈，図 1.2.2 に示すような板要素で観察される局部座屈などがある．曲げ座屈については 2 章，横座屈については 4 章，局部座屈については 6 章で体系的に解説している．一方，図 1.2.3 に示すように両端単純支持された浅いアーチに中央点に対して対称な鉛直荷重を作用させると，力がある値に達した途端，アーチの飛移り現象が発生し，図に示すような逆向きの曲率を持つ釣合い状態に移行する．この現象も座屈現象であり，釣合い状態の安定と不安定および釣合い経路の分岐点と極限点などの数理力学的概念を用い，10 章で解説している．また，10 章では構造物が塑性化を伴いながら繰返し載荷を受けるときに現れる，ある特定の二次的変形モードの出現と，その定常・発散という現象についても解説している．

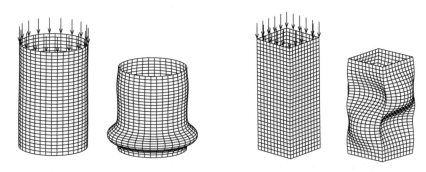

図 1.2.2　均等な軸圧縮力を受ける円形鋼管と角形鋼管の局部座屈

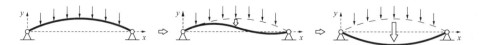

図 1.2.3　極限点で生じるアーチの飛移り座屈

2章 圧縮材

2.1 単一圧縮材の座屈現象
2.1.1 圧縮材の座屈一般

真直な等断面の部材が断面の図心に材軸方向の圧縮力を受けるとき，部材には，材の断面形状や材長，境界条件によって，次のような座屈現象が起こる可能性がある．

図2.1.1において，●印で示す断面の図心に圧縮力が作用する場合において中心圧縮材は，（a）のような二軸対称断面では2つの主軸に関する2つの曲げ座屈と材軸まわりのねじれ座屈，（b）のような一軸対称断面では1つの主軸（非対称軸）に関する曲げ座屈と他の主軸（対称軸）に関する曲げと材軸まわりのねじれが連成する曲げねじれ座屈，（c）のような対称軸をもたない任意断面では1つの曲げねじれ座屈を生じる．

また，図2.1.1の×印の位置に圧縮力が作用する偏心圧縮の場合でも，曲げねじれ座屈の可能性がある．

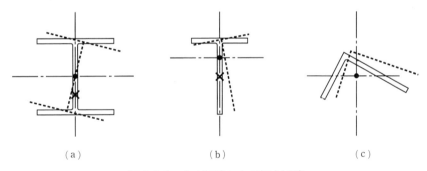

図2.1.1 中心圧縮および偏心圧縮

各部材に実際に起こる座屈は，いくつかの可能性のある座屈現象のうち，最小の荷重を与えるものである．

なお，部材が圧縮力を受けて断面を構成する板要素に大きな圧縮応力が作用すると，部材全体が座屈する以前にこの板要素が局所的に座屈する場合がある．このような板要素の座屈は局部座屈と呼ばれ，部材全体の座屈とは区別されるが，これについては6章を参照されたい．

2.1.2 中心圧縮材の曲げ座屈
（1） 弾性座屈

図2.1.2(a)のように部材両端がピン支持された等断面のまっすぐな弾性部材が中心圧縮力を受けて曲がり始める荷重（分岐点荷重または座屈荷重）は，Euler（1744）によって求められ，その値

は次のように表される[2.1]．

$$P_e = \frac{\pi^2 EI}{l^2} \tag{2.1.1}$$

ここに，E：ヤング係数
I：座屈軸に関する断面二次モーメント
l：材長

たわみを x，圧縮軸力を $N(=P)$，回転角を $\theta = dx/dz$ とすると，図2.1.2(b)の x 方向の力の釣合式は $M = -EI d^2x/dz^2$ の関係より，以下のようになる．

$$Px + EI\frac{d^2x}{dz^2} = 0 \tag{2.1.2}$$

$k = \sqrt{P/(EI)}$ とすると，上式の一般解は，以下のように表される．

$$x(z) = C_1 \cos kz + C_2 \sin kz \tag{2.1.3}$$

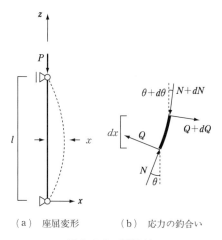

(a) 座屈変形　　(b) 応力の釣合い

図2.1.2　圧縮材

境界条件 $x(0) = x(l) = 0$ より $C_1 = 0$，$C_2 \sin kl = 0$ となる．よって，非零のたわみが存在するための条件は次式のようになる．

$$\sin kl = 0 \tag{2.1.4}$$

上式を満たす正の最小の k は $k = \pi/l$ であり，このときの P として単純支持柱のEulerの座屈荷重が得られる．一方，種々の材端条件を持つ圧縮材の座屈長さ l_k は，その材の座屈荷重と等しい座屈荷重を持つ両端ピン支持材の材長として定義される．具体的には2.3節を参照されたい．

式(2.1.1)の l を l_k とおき，圧縮材の断面積 A で除して座屈時の応力度で表すと，次のようになる．

$$\sigma_e = \frac{P_e}{A} = \frac{\pi^2 E}{\frac{l_k^2}{I/A}} = \frac{\pi^2 E}{\left(\frac{l_k}{i}\right)^2} = \frac{\pi^2 E}{\lambda^2} \tag{2.1.5}$$

ここに，　$\lambda = l_k/i$：有効細長比

$$i = \sqrt{\frac{I}{A}}：断面二次半径$$

有効細長比 λ は，材の座屈長さを座屈軸に関する断面二次半径で除したものであり，材の断面形状と座屈長さの影響を座屈応力度に結び付けるための簡潔で設計に便利なパラメータである．

両端がピン支持された材が座屈して曲がり始めるときのたわみ曲線は，次のように表される．

$$x = C \sin\frac{\pi z}{l} \tag{2.1.6}$$

式 (2.1.6) から，たわみ曲線は半波の正弦波形であることはわかるが，たわみ量は不定である．これは，式 (2.1.6) を求めるときに，たわみを微小であると仮定して，材の曲率とたわみの関係式に近似を行ったためであるが，微小変形の仮定を除き曲率に厳密な式を用いると，材が座屈して曲がり始めた後の荷重とたわみの関係を求めることができる．常に材が弾性体であれば，図 2.1.3 の厳密解のようにたわみの増加とともに荷重も増加し，真直な材が座屈して曲がることは，材の抵抗力の低下とはならない．なお，このときのたわみの形状を elastica という．

図 2.1.2 (a) の破線のように，中心圧縮であっても材に初期たわみがある場合には，材は最初から曲がり始める．図のように材の中央で a_0 の半波の正弦波形の初期たわみがある場合，材のたわみ x と荷重 P との関係は，次のように表される[2.2]．

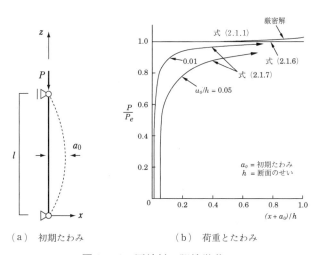

図 2.1.3　圧縮材の弾性挙動

$$x = \frac{P_e}{P_e - P} a_0 \sin\frac{\pi z}{l} \tag{2.1.7}$$

式 (2.1.7) から，荷重 P は a_0 の量に関係なく，たわみの増加とともに P_e に漸近することがわかる〔図 2.1.3 参照〕．ただし，弾塑性体では断面内の曲げ圧縮側で降伏が始まるとともに材の曲げ剛性が低下するので，P_e の値に達することはない．

充腹材ではせん断変形が座屈荷重に及ぼす影響は小さいものの，非充腹材では座屈荷重を低減さ

せる場合がある．非充腹材の座屈の詳細については，2.7節を参照されたい．

（2） 非弾性座屈

式(2.1.1)のオイラー荷重は，ヤング係数で表されていることからわかるように，材の弾性領域で座屈する長柱に適用される．材が短くなると座屈荷重は増加して材は非弾性域に入るので，式(2.1.1)で座屈荷重を求めることはできない．

最初に短柱の非弾性領域での座屈荷重を求めたのはEngesser(1889)であり，その値は次のように表される[2.1]．

$$P_t = \frac{\pi^2 E_t I}{l_k^2} \tag{2.1.8}$$

P_tは接線係数荷重（tangent modulus load）といわれ，この荷重は，図2.1.4に示すように，材が座屈するとき，材料の応力度とひずみ度の関係における接線係数E_tで全断面が支配されることを表している．

この理論に対して，材が曲がり始めるとき，断面の曲げ圧縮側（凹側）では圧縮ひずみ度が増加するのでE_tで支配されるが，曲げ引張側（凸側）ではそれまでに圧縮されていたひずみ度は減少するため除荷が起こり，その部分はEで支配されるという指摘がなされたのを受けて，Engesser (1895)は，その後，次のような二重係数荷重（double modulus load, or reduced modulus load）を発表した．

$$P_r = \frac{\pi^2 E_r I}{l_k^2} \tag{2.1.9}$$

式(2.1.9)のE_rは二重係数（または等価係数）といわれ，ヤング係数E，接線係数E_tおよび断面形状によって左右されるが，つねに$E_r > E_t$の関係にあるため$P_r > P_t$となる．P_rについては多くの研究者が研究を行い，非弾性座屈に関する2つの理論のうち，正しい座屈荷重はP_rであると長い間信じられていた．しかし，精密に行われた座屈実験の結果はP_rよりもむしろP_tに近いことから，P_rに疑問がもたれ始めた．

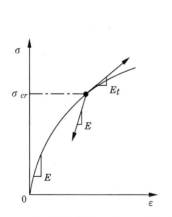

図2.1.4 非弾性座屈時の応力-ひずみ関係

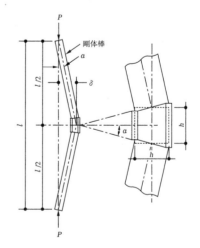

図2.1.5 Shanleyモデル

この問題を解決したのがShanley(1947)である[2.4]．Shanleyは，2本の剛棒の中央部に，2枚のフランジからなるせいおよび長さhのサンドイッチ断面のヒンジを持つ図2.1.5のような柱モデル(Shanleyモデル)を考え，圧縮力PがP_tを超えると中央のヒンジが回転して柱が曲がるとして，次のような圧縮力Pと中央点のたわみδとの関係を求めた．

$$P=P_t\left\{1+\frac{1}{h/2\delta+(E+E_t)/(E-E_t)}\right\} \tag{2.1.10}$$

ここに，荷重P_t近傍では，多少P_tの値が変動してもE_tは保たれると仮定している．

式(2.1.10)からわかることは，まず，たわみが$\delta=0$のとき$P=P_t$となって，材が曲がり始める荷重がこのモデルの接線係数荷重P_tであること，次に，たわみ始めると同時に曲げ引張側のフランジにはひずみの戻りが起こり，さらに，たわみが大きくなって$\delta=\infty$になると，式(2.1.10)のPはこのモデルの次式に示す二重係数荷重P_rに一致することである．

$$P_r=P_t\left(1+\frac{E-E_t}{E+E_t}\right) \tag{2.1.11}$$

図2.1.6は，$E_t=E/2$とした弾塑性材料から成るShanleyモデルの荷重Pとたわみδおよび縮みΔlとの関係である．実際の材料には強度に限界があるので，最大荷重$P_{\max}$は図の破線のようになる．したがって，$P_{\max}$と2つの理論座屈荷重との関係は，次のようになる．

$$P_t\leq P_{\max}\leq P_r \tag{2.1.12}$$

以上のことから，非弾性領域での中心圧縮材の耐力をP_tで評価することは正しくはないが，バイリニア型でモデル化できる軟鋼やアルミ合金等の材では，塑性化後の接線係数はヤング係数の1/100〜1/50であることから，P_t以後の荷重の増加はわずか1〜2%である．そのため，材が曲がり始めるときの接線係数荷重P_tを中心圧縮材の耐力と見なして差しつかえない．

圧延や溶接によって製作される断面には，一般に残留応力度が存在し，これが非弾性領域では座屈荷重に大きく影響する．残留応力度を考慮した中心圧縮材の座屈荷重は，断面全体としての接線係数E_tを評価することによってP_tで求められる．詳細については，2.2.1項を参照されたい．

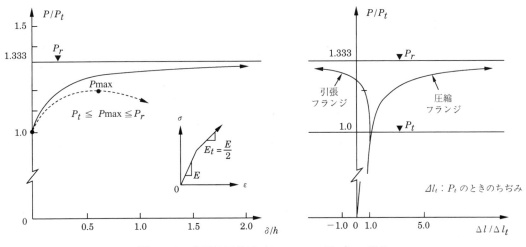

図2.1.6 非弾性圧縮材（Shanleyモデル）の挙動

2.1.3 曲げねじれ座屈

H形鋼・溝形鋼・山形鋼・CT形鋼等の薄肉開断面材では，断面の諸性能や材の長さによって，ねじれ変形だけを伴うねじれ座屈や，曲げ変形とねじれ変形とが連成して生じる曲げねじれ座屈が起こる可能性がある．これは，薄肉開断面材のねじれ抵抗が小さいことに起因するもので，薄肉断面であっても，円筒形や箱形断面のような閉断面や中実断面などのねじれ抵抗の大きな断面を有する圧縮材には，ねじれ座屈や曲げねじれ座屈は生じない．

いま，図2.1.7のような一般的な薄肉開断面を有する両端単純支持の部材が中心圧縮力Pを受ける場合を考えてみよう．断面の図心をG，せん断中心を$S(x_0, y_0)$とし，x，y軸を断面の主軸にとりz軸を材軸に一致するようにとると，座屈条件式は次のように表される[2,3]．

$$(P_x-P)(P_y-P)(P_z-P)-P^2(P_x-P)\left(\frac{y_0}{i_0}\right)^2-P^2(P_y-P)\left(\frac{x_0}{i_0}\right)^2=0 \quad (2.1.13)$$

式 (2.1.13) 中のP_x，P_yおよびP_zは，それぞれ次のように表される．

$$\left.\begin{array}{l} P_x=\dfrac{\pi^2 EI_x}{l^2} \\[6pt] P_y=\dfrac{\pi^2 EI_y}{l^2} \\[6pt] P_z=\dfrac{1}{i_0^2}\left(\dfrac{\pi^2 EC_{BT}}{l^2}+GJ\right) \end{array}\right\} \quad (2.1.14)$$

ここに，　I_x, I_y：x軸およびy軸に関する断面二次モーメント
　　　　　C_{BT}：曲げねじり定数
　　　　　J：St. Venant ねじり定数
　　　　　l：材長

であり，i_0^2は次のように表される．

$$i_0^2=\frac{I_x+I_y}{A}+x_0^2+y_0^2 \quad (2.1.15)$$

ここに，A：断面積

式 (2.1.13) のPに関する三次方程式の3つの解はいずれも実解であり，曲げねじり座屈荷重はこの式を満足するPの最小解で与えられるが，この最小解は，式 (2.1.14) のP_x，P_y，P_zのいずれの値よりも小さいことがわかっている．

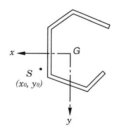

図 2.1.7　薄肉開断面

H 形鋼のような二軸対称断面では図心とせん断中心とが一致し $x_0=y_0=0$ であるから，式 (2.1.13)を解いて求められる P の3個の解は P_x, P_y, P_z そのものとなり，3個の座屈荷重のうちの最小値が意味を持つ．また，溝形鋼のような一軸対称断面材については，y 軸まわりの曲げ座屈と x 軸まわりの曲げ変形とねじれ変形とが連成する曲げねじれ座屈の可能性があるが，これらについては 2.4 節を参照されたい．

2.2 圧縮材の曲げ座屈耐力

2.2.1 座屈耐力に対する影響因子と感度

現実の圧縮材には避けられない荷重の偏心やわずかな部材の初期たわみ・製造の過程で生じる残留応力度等があり，理想状態と異なるこれらの初期不整によって圧縮材の強さは低下する．このような圧縮材の強さの低下は，一般に，非弾性域で大きく，限界細長比近傍で最大となることが経験的に知られている．

これまでに行われた多くの実験や解析の結果，実際の圧縮材は，材質・製造方法・断面形状・座屈方向等によって強さには差が生じ，座屈荷重が単に細長比だけを尺度として判断される理想的な中心圧縮材の場合とは様子が異なることが明らかになってきており，本会の「鋼構造設計規準」[2.6]や「鋼構造限界状態設計指針・同解説」[2.9]などでは，圧縮材の座屈耐力も他の構造要素と同様に，実験や解析モデルから得られる資料によって評価されている．ここでは，現実の圧縮材の曲げ座屈耐力に及ぼす影響因子とその感度について考察する．

なお，溝形鋼，山形鋼，C 形鋼等の一軸対称断面材や，H 形鋼のような二軸対称断面材でも偏心圧縮力を受けるような場合には，曲げ座屈の他に曲げねじれ座屈が生じる可能性があるが，本節では曲げ座屈について論じることにし，曲げねじれ座屈については 2.4 節を参照されたい．

（1） 降伏応力度の影響

鉄骨圧縮材の座屈曲線は，一般に，鋼材の降伏軸力 P_y と細長比によって無次元化した基準化細長比 $\bar{\lambda}=1/\pi\cdot\sqrt{\sigma_y/E}\cdot l/i$ で表示することができる．この基準化細長比を用いると，圧縮材の座屈荷重は鋼材の降伏応力度によらず，すべての鋼材に対して適用可能な曲線が得られる．ここではこの曲線を座屈曲線と呼ぶ．しかし，初期不整を有する圧縮材においては，このような初期不整は鋼材の降伏応力度とは無関係に存在するものであるから，まず，鋼材の降伏応力度が圧縮材の座屈曲線にどのような影響を及ぼすかを確かめておく必要がある．

降伏応力度 σ_y が 235 N/mm²，285 N/mm² および 355 N/mm² の完全弾塑性体と仮定した3種類の鋼材について，部材の初期たわみとして中央点で $a_0=j\cdot l$ の正弦波形初期たわみを仮定し，j を 1/500，1/1 000 および 1/2 000 として H 形鋼の弱軸に関する最大荷重を計算し，その結果を基準化細長比と P/P_y の関係を示した座屈曲線が図 2.2.1 である[2.11]．この図から，同じ初期たわみ量を有する場合には，降伏応力度が大きいほど座屈荷重は大きく，降伏応力度による差異は基準化細長比（以下，本項では単に細長比という）が 1.0 の付近で大きいが，その差はわずかであり，実用上，鋼種に関係なく 1 つの曲線で表すことができる．

したがって，降伏応力度 σ_y が 235 N/mm² の鋼種について座屈曲線を計算すれば，他の鋼種につ

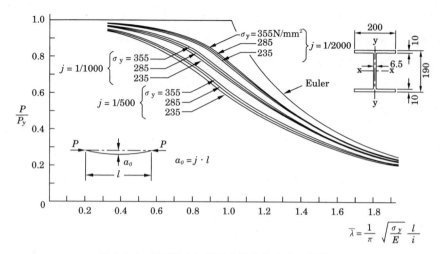

図2.2.1　座屈耐力に及ぼす降伏応力度の影響[2.11]

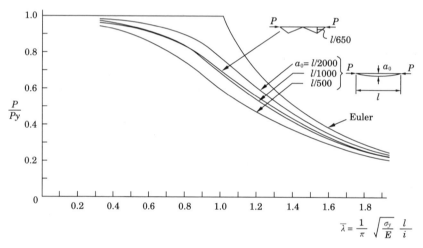

図2.2.2　座屈耐力に及ぼす初期たわみの影響[2.11]

いては安全側の結果となることがわかる．

（2）　初期たわみとその影響

　圧縮材の初期たわみの形状および大きさについては，ヨーロッパ鋼構造協会連合は，実際の部材および実験に用いた部材の計測値，ヨーロッパ諸国の検査基準，理論的考察等を基に検討した結果，圧縮材の幾何学的不完全性として，$a_0 = l/1000$ を有する正弦波形初期たわみを採択している[2.11),2.48)]．

　いま，$a_0 = l/2000$，$a_0 = l/1000$ および $a_0 = l/500$ の正弦波形初期たわみを有する圧縮材と部材の $l/5$ と $4l/5$ の位置で最大初期たわみ $l/650$ を有する圧縮材の座屈曲線を同一座標上に示したのが図 2.2.2 である[2.11)]が，これによると，後者の圧縮材の座屈耐力は $l/1000$ の正弦波形初期たわみを有する圧縮材の座屈耐力とほぼ等しいことがわかる．

　なお，座屈荷重に及ぼす初期たわみの影響は，細長比が 0.8〜1.0 付近でもっとも大きく，細長比

が特に小さい場合と細長比が大きい弾性座屈の場合には比較的小さい．この傾向は後の図2.2.5からもわかるように，どの断面形状の圧縮材についても同じである．

(3) 荷重の偏心とその影響

偏心圧縮力が作用するときには，圧縮材には最初から付加曲げ力が作用することになるので，圧縮材の最大荷重は当然低下する．図2.2.3に示すような荷重の偏心 e を有する偏心圧縮材の中央点の最大たわみ x_{max} は，次のように表される[2.2]．

$$x_{max} = e\left(\sec\frac{\pi}{2}\sqrt{\frac{P}{P_e}} - 1\right) \tag{2.2.1}$$

この式から，材が弾性体であれば，たわみが増大すると偏心量 e に関係なく P は P_e に漸近することがわかる．また，中央点の最大圧縮応力度 σ_{max} は次のように表される．

$$\sigma_{max} = \frac{P}{A}\left(1 + \frac{e}{s}\sec\frac{\pi}{2}\sqrt{\frac{P}{P_e}}\right) \tag{2.2.2}$$

ここに，　s：断面の核半径（断面係数を断面積で除した値）

式 (2.2.2) は secant 公式といわれ，σ_{max} が降伏応力度 σ_y に等しいという条件から求められた P の値が，偏心圧縮材の耐力の略算値として用いられる．

最初に偏心圧縮材の最大耐力を求めたのは Jezek (1936) である．Jezek は，偏心圧縮力を受ける矩形断面材について，そのたわみ曲線を正弦波形と仮定し，材の中央点だけで外力と内力の釣合いを満足させる近似式を求めている．図2.2.3は式 (2.2.2) の secant 公式 ($\sigma_{max} = \sigma_y$) による耐力と Jezek の近似耐力とを比較して示したものである．偏心圧縮材の最大耐力は，材料が弾性であれば最終的にはオイラー荷重 P_e に収れんするが，非弾性域では偏心量に応じて最大耐力は減少する．ここに，$m = e/s$ である．

図2.2.4から，圧縮材の偏心距離はわずかであっても，中心圧縮材と比較すると座屈荷重は大き

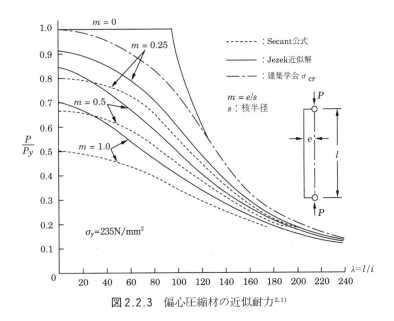

図2.2.3　偏心圧縮材の近似耐力[2.1]

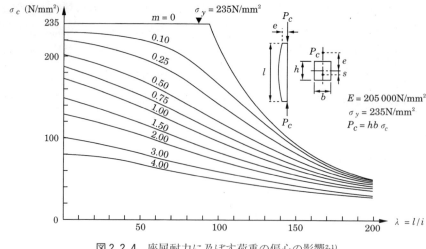

図2.2.4 座屈耐力に及ぼす荷重の偏心の影響[2.1]

く低下し,圧縮材に対する不可避の荷重の偏心としてどの程度の値を考慮すべきかについては明らかでないが,$m=0.1$で初期たわみ$a_0=l/1000$程度の影響があることがわかる.

（4） 残留応力度とその影響

1章で述べたように,圧延形鋼,溶接組立形鋼においては,製造の過程において,断面各部の冷却速度の差によって断面内には自己釣合いを保った残留応力度が生じる.ここでは,この残留応力度が圧縮材の座屈荷重にどのように影響するかについて考えてみよう.残留応力度が存在するH形鋼が圧縮力を受けると,あらかじめ断面内に存在している軸方向圧縮応力度に外力による圧縮応力度が加算され,残留応力度による断面内の最大圧縮応力度σ_{rc}と外力による平均圧縮応力度σ_cの和が降伏応力度σ_yになった点から断面の一部が降伏を始めることになる.圧縮力がこれ以上になると,断面内で弾性的に働きうるのは降伏域を除いた部分となり,この有効な非降伏域の断面二次モーメントI_eは元の断面二次モーメントIに比べて小さくなり,部材としての曲げ剛性が低下する.鋼材の応力度-ひずみ度関係を完全弾塑性体と考えると,部材全体を平均的に見たときの比例限度は$\sigma_p=\sigma_y-\sigma_{rc}$となり,以後の剛性低下は,弾性域の断面二次モーメントの変化によって生じる.したがって,接線係数理論によれば,残留応力度を考慮したときの座屈応力度は次のように表すことができる.

$\sigma_c \geqq \sigma_y - \sigma_{rc}$のとき

$$\sigma_{cr}=\frac{\pi^2 \tau E}{\lambda^2},\ \tau=\frac{I_e}{I} \tag{2.2.3}$$

H形鋼の典型的な残留応力度分布ではフランジの縁端部に最大圧縮応力度が存在するため,降伏後の部材の剛性低下は強軸まわりよりも弱軸まわりで著しい.したがって,比例限度以上に圧縮された部材の座屈荷重は,2.1節でも述べたように,同じ形鋼でも座屈軸によって大きな差があることがわかる.非弾性域におけるH形鋼圧縮材の座屈曲線は,強軸まわりに座屈する場合には放物線式（Johnson式）,弱軸まわりに座屈する場合には直線式（Tetmajer式）に近い結果となる.

なお，残留応力度の大きさと分布は部材の断面形状・断面寸法・製作方法等により変化するものであり，これについては付録（A.3）を参照されたい．

（5） 断面形状の影響

残留応力度を除去した各断面形状の圧縮材で，$a_0 = l/1000$ の正弦波形初期たわみを有する場合について座屈曲線を示したのが図 2.2.5 である〔IPE, DIE, DIR などは付録表 A.3 参照〕[2.11]．図 2.2.5 から，座屈荷重はフランジ圧縮の T 形断面が最も高く，次いで強軸まわりに座屈する H 形断面で，箱形断面・鋼管断面・矩形断面はほぼ同じ値を示し，弱軸まわりに座屈する H 形断面は若干小さく，ウェブ圧縮の T 形断面が特に低い．また，いずれの断面形状においても，その影響は細長比が 0.8～1.0 付近で最大となる．また，残留応力度がない場合には，H 形断面も箱形断面も断面形状と座屈軸が一定ならば，断面寸法比は耐荷力にほとんど影響を及ぼさない近似した曲線群が得られている．

溝形鋼，山形鋼，CT 形鋼などの一軸対称断面材においては，初期たわみを有しない場合でも，曲げねじり座屈荷重が弱軸まわりの曲げ座屈荷重を下回り，特に，板要素の幅厚比の大きい軽量形鋼においては，この傾向が著しい．したがって，一軸対称断面圧縮材の場合には，曲げねじれ座屈を無視することができない場合があるので，注意が必要である．

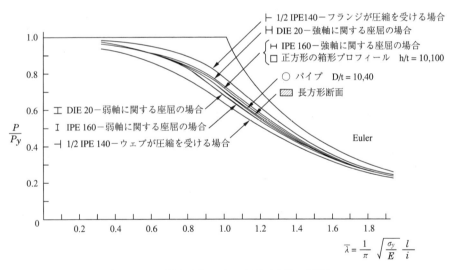

図 2.2.5 座屈耐力に及ぼす断面形状の影響[2.11]

（6） 断面形状と残留応力度の影響

残留応力度は圧縮材の座屈耐力に大きな影響を及ぼし，その影響は断面形状や断面寸法比等によって異なる．いま，H 形断面材および箱形断面材に関して図中に示すような残留応力度の分布と大きさ，ならびに $a_0 = l/1000$ の正弦波形初期たわみを考慮して求めた座屈曲線が図 2.2.6 および図 2.2.7 である[2.11]．これによると，残留応力の影響は H 形断面部材の弱軸に関する場合が最も大きく，すべての断面形状について細長比が 0.8～1.0 付近で特に著しいことがわかる．

H形断面部材については，残留応力度の影響は，2.1節でも述べたように，強軸に関するものより弱軸に関するもののほうが著しい．また，圧延H形鋼よりも溶接組立H形鋼のほうが残留応力度の値が大きいため，低い座屈荷重を示す．

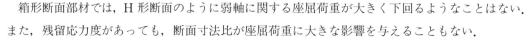

図2.2.6 H形断面圧縮材の座屈耐力に及ぼす残留応力度の影響[2.11]

箱形断面部材では，H形断面のように弱軸に関する座屈荷重が大きく下回るようなことはない．また，残留応力度があっても，断面寸法比が座屈荷重に大きな影響を与えることもない．

継目なし圧延鋼管については残留応力度が認められるが，横断面上での残留応力度の分布形および大きさは座屈荷重にほとんど影響を与えないと考えられ，したがって，継目なし圧延鋼管では，残留応力度を0と仮定した座屈曲線を適用できる．

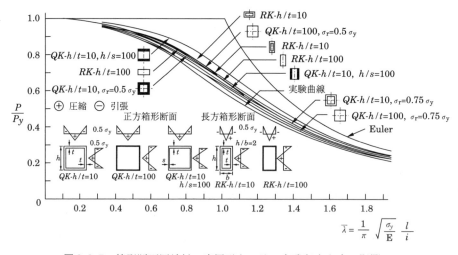

図2.2.7 箱形断面圧縮材の座屈耐力に及ぼす残留応力度の影響[2.11]

2.2.2 座屈曲線

圧縮材の曲げ座屈耐力は，圧縮材の断面形状，製造の過程で生じる残留応力度，初期たわみや荷重の偏心などの影響を受けるので，実際にはそれぞれの影響の評価に応じて耐力曲線が存在することになる．したがって，圧縮材の座屈曲線としては，実際の圧縮材に見られるこのような不可避な初期不整を評価の中に含めた耐力曲線を設定するのが合理的である．

図2.2.8はヨーロッパ鋼構造協会委員会から提案されている鋼柱の座屈曲線を示したものである[2.11]が，ここでは，圧縮材をその強さから見ていくつかのグループに分けてそれぞれに対応した数種類の曲線を与えており，座屈耐力についての対応として注目に値する．

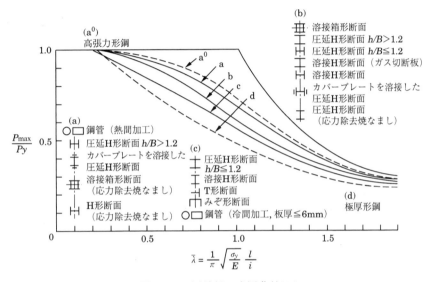

図 2.2.8　圧縮材の座屈曲線[2.11]

2.3　圧縮材の座屈長さ
2.3.1　座屈長さと座屈長さ係数

種々の材端条件をもつ圧縮材の座屈長さ l_k とは，2.1節でも述べたように，その材の座屈荷重と等しい座屈荷重を有する両端単純支持材の長さとして定義されるもので，これと実際の部材長 l との比 $\gamma = l_k/l$ を座屈長さ係数という．「鋼構造設計規準」[2.6]の許容圧縮応力度および「鋼構造限界状態設計指針・同解説」[2.9]ならびに「鋼構造塑性設計指針」[2.7]の圧縮材の耐力評価式は，両端単純支持・一定断面・一様圧縮の単一圧縮材の座屈耐力に基づいて決められており，部材の長さは座屈耐力に直接，しかも大きくかかわるため，部材の座屈長さを適正に判断することは，設計において極めて重要である．

座屈長さの本来の意味は，種々の材端の境界条件を持つ部材について，それと同一の座屈荷重を有する両端ピン支持の部材に換算したときの長さを示すものであるが，実際の設計にあたっては，断面が変化する部材や軸力が変化する部材についても，一定断面・一様圧縮力を受ける材との対比から座屈長さが評価されている．すなわち，変断面圧縮材の座屈長さとは，変断面材と同一座屈荷

重を有する基準断面の等断面材に換算したときの長さであり，変軸力圧縮材の座屈長さとは，変軸力材と同一座屈荷重を有する基準軸力の一様圧縮材に換算したときの長さである．なお，通常，変断面圧縮材の基準断面としては最大断面を用い，変軸力圧縮材の基準軸力としては最大軸力を用いている．

また，組立圧縮材に関するせん断変形を考慮した有効細長比の概念は，単一圧縮材に対する座屈規定をそのまま利用するための便法であり，座屈長さに準じた考え方である．

2.3.2 材端の支持条件が異なる場合の座屈長さ

部材の両端の支持条件が異なるときは，両端の横移動に対する条件と回転に対する条件との組合せから座屈長さ l_k が求められる．この座屈長さは，座屈変形から推定される部材の反曲点または仮想の外部反曲点間の長さと対応している．

理想材端条件に対する座屈長さ係数を図 2.3.1 に示す．理想材端条件では，例えば，両端ピン支持のときは $l_k=1.0l$，両端固定のときは $l_k=0.5l$ となるが，現実には完全なピンや完全な固定の支点は考えられないため，設計において座屈長さを評価するときには，この点を考慮する必要がある．すなわち，ピン支点では摩擦による若干の抵抗を生じ，固定支点では端部の固定の方法によって拘束度は一般に低下し，理想材端条件の座屈長さは，前者では安全側の値であるのに対し，後者では危険側の値となる．このような事情を考慮して，図中には座屈長さに対する推奨値が示されている．

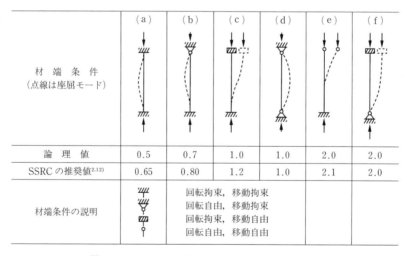

図 2.3.1 理想材端条件に対する座屈長さ係数

2.3.3 変断面圧縮材の座屈長さ

（1） 変断面の単一圧縮材の座屈長さ

変断面圧縮材の座屈荷重の算定は等断面圧縮材の場合に比べるとかなり複雑になるが，この理由は次のような事柄にある．

1） 単純な荷重状態にある単純な構造であっても，任意の断面形を持つ変断面圧縮材ではせん断

中心が材軸に沿って変化するため，曲げ変形とねじれ変形とが連成して生じる.

2) たとえ曲げ変形とねじれ変形とが独立して生じる場合でも，曲げあるいはねじり剛性が材軸に沿って変化するため，変形した材の釣合式は変数係数の微分方程式となる.

しかし，通常の鋼構造骨組の主要な構造部材として用いられるフランジの幅と厚さは一定で，せいだけが直線的に変化する H 形断面，あるいはせいは一定でフランジ幅が変化する H 形断面のような変断面材の場合には二軸対称断面であるため，少なくとも上記1）の現象は生じない. ここで述べる変断面圧縮材の座屈長さは二軸対称断面材を対象としたものであり，したがって，その他の変断面圧縮材については直接適用できないので，注意が必要である.

両端が単純支持された変断面圧縮材の弾性座屈荷重は，次のように表すことができる.

$$P_{cr} = \mu \frac{\pi^2 EI_{max}}{l^2} \quad \text{あるいは} \quad P_{cr} = \frac{\pi^2 EI_{max}}{(\gamma l)^2} \tag{2.3.1}$$

ここに，I_{max}：最大断面二次モーメント

これは，変断面圧縮材の弾性座屈荷重が長さ l，断面二次モーメント μI_{max} の単純支持された等断面材の座屈荷重か，長さ γl，断面二次モーメント I_{max} の単純支持された等断面材の座屈荷重に等しいことを示している.

変断面圧縮材には，材軸方向に断面が連続的に変化する場合と階段状に変化する場合がある. 両端が単純支持されたいくつかの変断面圧縮材について，座屈長さ係数 γ および等価断面二次モーメント係数 μ の値を表 2.3.1～2.3.4 に示す. その他の場合についても後述の文献 2.13) や 2.14) に詳細に載っているので，参照されたい.

このようにして，γ あるいは μ の値が求められれば座屈長さが定まり，例えば「鋼構造設計規準」[2.6] に基づいて圧縮材の許容圧縮応力度が求められる. しかし，このようにして定められた許容圧縮応力度は最大断面に生じる応力に対応するものであり，断面変化の大きな変断面圧縮材では，最小断面での応力の絶対値が鋼材の材質で定まる許容引張応力度 f_t を超えることが起こりうる. このような危険性を避けるためには，まず，座屈長さ l_k を最小断面を基準にして次のように定義する.

$$P_{cr} = \frac{\pi^2 EI_{min}}{l_k{}^2} \tag{2.3.2}$$

ここに，I_{min}：最小断面二次モーメント

式（2.3.1）および式（2.3.2）から，l_k は次のように求められる.

$$l_k = \sqrt{\frac{I_{min}}{I_{max}}} \cdot \gamma l = \sqrt{\frac{I_{min}}{\mu I_{max}}} \cdot l \tag{2.3.3}$$

これに対応する有効細長比は次のようになる.

$$\lambda = \frac{l_k}{i_{min}} \tag{2.3.4}$$

ここに，i_{min}：最小断面二次半径

したがって，これを用いて許容圧縮応力度を算出し，最小断面の検定を行えばよい.

—18— 鋼構造座屈設計指針

表2.3.1 変断面材の座屈長さ係数および等価断面二次モーメント係数

材　形	座屈長さ係数 γ	等価断面二次モーメント係数 μ
h_{min} ← → h_{max} h_{min}	$\gamma = 1.88 - 0.88\sqrt{\dfrac{h_{\min}}{h_{\max}}}$	$\mu = 0.34 + 0.66\sqrt{\dfrac{I_{\min}}{I_{\max}}}$
h_{min} ← → h_{max} h_{min}	$\gamma = 1.33 - 0.33\sqrt{\dfrac{h_{\min}}{h_{\max}}}$	$\mu = 0.61 + 0.39\sqrt{\dfrac{I_{\min}}{I_{\max}}}$
h_{min} ← → h_{max}	$\gamma = 3.20 - 2.20\sqrt[3]{\left(\dfrac{h_{\min}}{h_{\max}}\right)^2}$	$\mu = 0.20 + 0.80\sqrt[3]{\left(\dfrac{h_{\min}}{h_{\max}}\right)^2}$
適用範囲	上記の場合は $h_{\min} \geqq 0.2 h_{\max}$ の場合に限る.	上記の場合は $I_{\min} \geqq 0.04 I_{\max}$ の場合に限る.

表2.3.2 端部で断面の減少する材の座屈長さ係数

材　形	$\dfrac{I_{\min}}{I_{\max}}$	a/l					
		0	0.2	0.4	0.6	0.8	1.0
N → $I_{\min}$ $I_{\max}$ $I_{\min}$ ← N ; b a b ; l	0.1	1.352	1.216	1.105	1.033	1.004	1.0
	0.2	1.245	1.148	1.071	1.023	1.003	1.0
	0.4	1.139	1.083	1.039	1.012	1.002	1.0
	0.6	1.077	1.045	1.020	1.007	1.001	1.0
	0.8	1.033	1.019	1.004	1.003	1.001	1.0

表2.3.3 対称断面部材の座屈長さ係数

材　形	$\dfrac{I_{\min}}{I_{\max}}$	a/l				
		0.2	0.4	0.6	0.8	1.0
N → $I_{\min}$ $a/2$ $a/2$ $I_{\max}$ $I_{\min}$ ← N ; $l/2$ $l/2$	0.50	1.274	1.146	1.051	1.007	1.0
	0.60	1.189	1.098	1.034	1.005	1.0
	0.70	1.125	1.063	1.021	1.003	1.0
	0.80	1.074	1.037	1.012	1.002	1.0
	0.90	1.032	1.016	1.005	1.001	1.0

表2.3.4 荷重と断面の変化する2断面材の座屈長さ係数

材　形	$\dfrac{I_1}{I_2}$	N_1/N_2					
		1.0	1.25	1.50	1.75	2.00	∞
（材　料） N_2 → I_2 I_1 ← N_1 ; $l/2$ $l/2$; N_2 N_1 （軸方向力図）	1.00	1.00	0.95	0.91	0.89	0.87	0.73
	1.25	1.06	1.01	0.97	0.94	0.92	0.75
	1.50	1.12	1.06	1.02	0.99	0.96	0.77
	1.75	1.18	1.11	1.07	1.04	1.01	0.81
	2.00	1.24	1.16	1.12	1.08	1.05	0.83

（2） 変断面のラーメン柱材の座屈長さ

支持条件の異なる2つの場合について，変断面材の座屈長さ係数 γ および等価断面二次モーメント係数 μ の値を表 2.3.5 に示す．この表からわかるように，片持梁形の圧縮材の座屈長さは，等断面材の場合とは異なり，単純支持形圧縮材の座屈長さの2倍とはなっていない．すなわち，γ あるいは μ は，断面変化の状態と支持条件の両方に関連して決定される固有の値であり，断面変化の座屈長さに及ぼす影響と支持条件の座屈長さに及ぼす影響はおのおの独立して評価することはできないことを示している．したがって，隣接する部材によって拘束された変断面柱材の座屈長さは個々の場合に応じて求める必要があり，変断面のラーメン柱材については，8章で示すラーメン柱材の座

表 2.3.5 支持条件の異なる変断面材の座屈長さ係数および等価断面二次モーメント係数

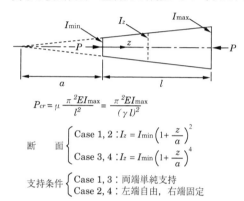

$$P_{cr} = \mu \frac{\pi^2 E I_{max}}{l^2} = \frac{\pi^2 E I_{max}}{(\gamma l)^2}$$

断　面 $\begin{cases} \text{Case 1, 2} : I_z = I_{min}\left(1+\dfrac{z}{a}\right)^2 \\ \text{Case 3, 4} : I_z = I_{min}\left(1+\dfrac{z}{a}\right)^4 \end{cases}$

支持条件 $\begin{cases} \text{Case 1, 3}：両端単純支持 \\ \text{Case 2, 4}：左端自由，右端固定 \end{cases}$

I_{min}/I_{max}		0.1	0.2	0.3	0.4	0.5	0.6	0.7	0.8	0.9	1.0
Case 1	μ	0.365	0.480	0.570	0.647	0.716	0.780	0.840	0.896	0.949	1.0
	γ	1.656	1.444	1.325	1.243	1.181	1.132	1.091	1.057	1.027	1.0
Case 2	μ	0.137	0.161	0.179	0.193	0.205	0.216	0.225	0.234	0.242	0.25
	γ	2.704	2.489	2.366	2.277	2.209	2.154	2.107	2.067	2.031	2.0
Case 3	μ	0.316	0.447	0.548	0.633	0.707	0.775	0.837	0.894	0.949	1.0
	γ	1.778	1.495	1.351	1.257	1.189	1.136	1.093	1.057	1.027	1.0
Case 4	μ	0.122	0.153	0.173	0.189	0.203	0.215	0.225	0.234	0.242	0.25
	γ	2.864	2.561	2.402	2.298	2.220	2.159	2.110	2.068	2.032	2.0

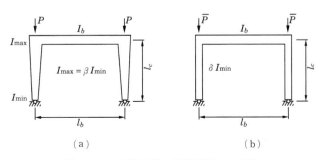

図 2.3.2　変断面柱の等断面柱への置換

— 20 —　鋼構造座屈設計指針

屈長さ算定のために用意された図表等は，そのままでは使用できないことになる．

　変断面のラーメン柱材に対して，8章に示す等断面のラーメン柱材に対する座屈長さ係数の算定図表を用いるためには，変断面柱材と同一座屈耐力を有する等価断面柱材に置換する必要がある．

　いま，柱は柱脚で $I_{\min}$，柱頭で $I_{\max}$ の断面二次モーメントを有する変断面材とし，梁は断面二次モーメントが I_b である図2.3.2（a）のような門形ラーメンを考える．ここで，柱の長さを l_c，梁の長さを l_b とし，さらに $\beta = I_{\max}/I_{\min}$ とする．図2.3.2（b）は，柱が断面二次モーメント $\delta I_{\min}$ の等断面材で，その他の諸元はすべて（a）と同じ門形ラーメンである．

　図2.3.2（a）および（b）のラーメンの弾性座屈耐力 P_{cr1} および P_{cr2} は，柱の座屈長さを l_{k1} および l_{k2} とすると，これらは，それぞれ次のように表される．

$$\left.\begin{aligned} P_{cr1} &= \frac{\pi^2 E I_{\min}}{l_{k1}{}^2} \\ P_{cr2} &= \frac{\pi^2 E \delta I_{\min}}{l_{k2}{}^2} \end{aligned}\right\} \tag{2.3.5}$$

ここで，$P_{cr1} = P_{cr2}$ とおくと，次のようになる．

$$l_{k1} = \frac{l_{k2}}{\sqrt{\delta}} \tag{2.3.6}$$

　このとき，変断面柱材のときの梁剛比 k_{b1} および等断面柱材のときの梁剛比 k_{b2} は，$I_{\min}$ を基準にして表すと，次のようになる．

$$\left.\begin{aligned} k_{b1} &= \frac{\dfrac{I_b}{l_b}}{\dfrac{I_{\min}}{l_c}} \\ k_{b2} &= \frac{\dfrac{I_b}{l_b}}{\dfrac{\delta I_{\min}}{l_c}} = \frac{k_{b1}}{\delta} \end{aligned}\right\} \tag{2.3.7}$$

　したがって，「梁剛比 k_{b1} の変断面柱材を有する門形ラーメンの $I_{\min}$ を基準にした柱の座屈長さは，梁剛比が k_{b2} の等断面柱材を有する門形ラーメンの柱の座屈長さを $\sqrt{\delta}$ で除した値に等しい」ということができる．

　さて，δ の値は β および梁剛比 k_{b1} によって変化する．変断面柱材を等断面柱材に置換するとき，柱材の柱脚（最小断面）より材長の $1/3$ の距離にある断面の断面二次モーメントをもって $\delta I_{\min}$ とすると，比較的良好な安全側の近似解が得られることがわかっている[2.8]．いま，図2.3.3のようにフランジ断面が一定で，せいだけが直線的に変化する H 形変断面柱材の断面二次モーメントは，近似的に次のように表すことができる．

$$I = I_{\min}\left\{1 + (\sqrt{\beta} - 1)\frac{z}{l}\right\}^2 \tag{2.3.8}$$

　したがって，この式に $z = l/3$ を代入して，これを $\delta I_{\min}$ に等置すると

$$I_{\min}\left\{1+(\sqrt{\beta}-1)\frac{1}{3}\right\}^2 = \delta I_{\min} \tag{2.3.9}$$

となり,これから δ は,次のように求められる.

$$\delta = \left(\frac{\sqrt{\beta}+2}{3}\right)^2 \tag{2.3.10}$$

なお,この場合は柱の最小断面を基準にして座屈長さを求めているので,細長比の算定にあたっては,最小断面での断面二次半径を用いなければならない.

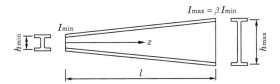

図 2.3.3　せいが直線的に変化する変断面材

2.3.4　変軸力圧縮材の座屈長さ

変軸力圧縮材には,材軸方向に軸力が連続的に変化する場合と階段状に変化する場合とがあるが,いずれの場合においても,最大圧縮時に,一様な圧縮力を受ける場合に比べると座屈耐力は大きくなる.いま,図 2.3.4 のように軸力が連続的に変化する両端が単純支持された変軸力圧縮材に対して,座屈長さを求める略算式を示すと,次のようになる.

図 2.3.4(a)の場合

$$l_k = l\sqrt{\frac{1+0.88N_2/N_1}{1.88}} \quad かつ \quad l_k \geq 0.66l \tag{2.3.11}$$

図 2.3.4(b)の場合

$$l_k = l\sqrt{\frac{1+2.18N_2/N_1}{3.18}} \quad かつ \quad l_k \geq 0.42l \tag{2.3.12}$$

図 2.3.4(c)の場合

$$l_k = l\sqrt{\frac{1+1.09N_2/N_1}{2.09}} \quad かつ \quad l_k \geq 0.62l \tag{2.3.13}$$

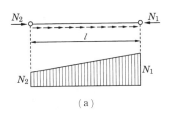 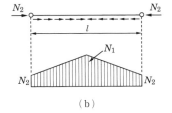 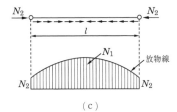

(a)　　　　　　　　　(b)　　　　　　　　　(c)

図 2.3.4　圧縮材の軸力変化

横方向支点間で2つの区間以上から成る平行弦トラス梁のような場合で曲げモーメントが材軸方向に変化するときには、弦材の軸力は各区間でその大きさが異なる．このような場合には、区間内の最大圧縮力に対して支点間距離を座屈長さとすると不経済となるので、軸力の変化に応じて座屈長さを求めて設計することが行われている．

いま、図2.3.5のように、横方向支点間が軸力の異なる2つの区間からなる場合には、次の式で表される座屈長さを用いて、区間内に働く大きいほうの軸力 N_1 の一様圧縮力を受ける中心圧縮材として設計することができる．なお、N_2 が引張の場合は、N_2 を引張の大きさとして負の符号を付ける必要がある．

$$l_k = l\left(0.75 + 0.25\frac{N_2}{N_1}\right) \quad かつ \quad l_k \geq 0.5l \tag{2.3.14}$$

図2.3.6のように材軸方向の軸力の変化が3段階以上で、またその変化が規則的でない場合には、図中の破線のように、いずれの区間の中央点においてもそれを超えないように連続的に軸力が変化する変軸力圧縮材に置換して、式(2.3.11)または式(2.3.12)によって座屈長さを求めればよい．なお、階段状に変化する軸力を連続的に変化する軸力に置換して求めた座屈長さの略算値は、精算値と比較するとほとんど数パーセント以下の差異に収まっていることがわかっている[2.8]．

軸力が直線的に変化する圧縮材について、両端の支持条件が異なる場合についての座屈長さ係数を表2.3.6に示す．この表からわかるように、例えば両端の支持条件が異なる場合には、どちら側の軸力が大きいかによって圧縮材の座屈長さ係数は異なった値となる．すなわち、座屈長さ係数は軸力の変化と支持条件の両方に関連して決定される固有の値であり、変断面圧縮材の場合と同じように、軸力変化の座屈長さに及ぼす影響と支持条件の座屈長さに及ぼす影響とはおのおの独立して評価することはできないので、この点についても注意が必要である．

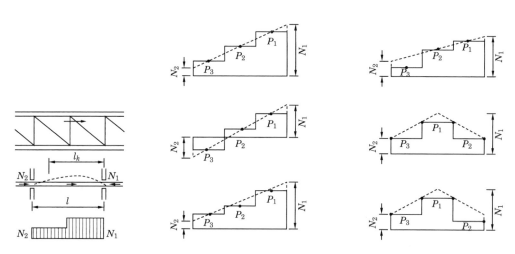

図2.3.5　軸力の異なる2区間から成る圧縮材

図2.3.6　階段状軸力変化の連続的軸力変化への置換

表 2.3.6　支持条件の変化による変軸力圧縮材の座屈長さ係数

変荷重の状態	座屈長さ係数
N_0　N_1　N_0（l）	1．両端ピン支持のとき $r=\sqrt{\dfrac{1+2.18N_0/N_1}{3.18}}$　………(a) 2．両端固定のとき $r=\sqrt{\dfrac{1+0.93N_0/N_1}{7.27}}$　………(b)
N_0　N_1　放物線　N_0（l）	3．両端ピン支持のとき $r=\sqrt{\dfrac{1+1.09N_0/N_1}{2.09}}$　………(c) 4．両端固定のとき $r=\sqrt{\dfrac{1+0.35N_0/N_1}{5.40}}$　………(d)
N_1　N_0（$l_1=l/2$） N_1　放物線　N_0（$l_1=l/2$）	5．上記（a）による．この場合 N_0 は自由端に，N_1 は固定端に働くものとし，l の値としては材長の2倍をとる． 6．上記（c）による．この場合 N_0 は自由端に，N_1 は固定端に働くものとし，l の値としては材長の2倍をとる．
N_0　N_1	7．両端ピン支持のとき $r=\sqrt{\dfrac{1+0.88N_0/N_1}{1.88}}$　………(e) 8．両端固定のとき $r=\sqrt{\dfrac{1+0.93N_0/N_1}{7.72}}$　………(f) 9．N_1 の側がピン支持，N_0 の側が固定のとき $r=\sqrt{\dfrac{1+0.51N_0/N_1}{3.09}}$　………(g) 10．N_1 の側が固定，N_0 の側がピン支持のとき $r=\sqrt{\dfrac{1+1.65N_0/N_1}{5.42}}$　………(h)

2.4　曲げねじれ座屈を考慮した圧縮材の座屈耐力

2.4.1　二軸対称断面圧縮材のねじれ座屈

　一般的な薄肉開断面を有する両端単純支持の中心圧縮材の座屈条件式は，式（2.1.13）で表される．いま，図2.4.1（a）のH形断面のような二軸対称断面材では，断面の図心とせん断中心が一致し $x_0=y_0=0$ であるから，式（2.1.13）に示した薄肉開断面圧縮材の座屈条件式を解いて得られる P の3個の解は，それぞれ次のようになる．

$$P_x = \frac{\pi^2 EI_x}{l^2}$$
$$P_y = \frac{\pi^2 EI_y}{l^2}$$
$$P_z = \frac{1}{i_0^2}\left(\frac{\pi^2 EC_{BT}}{l^2} + GJ\right)$$

(2.4.1)（(2.1.14)再掲）

すなわち，この場合には，x軸，またはy軸まわりの曲げ変形だけを伴う曲げ座屈と，ねじれ変形だけを伴うねじれ座屈の両方が発生する可能性があるが，実際にはこれら3個の座屈耐力のうちの最小値で圧縮材が座屈する．JIS規格のH形鋼を用いた中心圧縮材の弾性座屈耐力を調べてみると，式(2.4.1)のP_zがねじれ座屈の最小荷重となることは，広幅系列のH形鋼以外ではない．また，広幅系列のH形鋼の場合でも，P_zが最小となるのは弱軸（y軸）まわりの細長比が約30以下の範囲に限られており，この範囲では非弾性座屈が生じ，かつ，この座屈耐力は圧縮材の降伏荷重にほぼ等しいことを考えると，実際の設計にあたってH形鋼圧縮材のねじれ座屈が問題となることはなく，x軸およびy軸まわりの曲げ座屈だけを考慮しておけば十分であるということがわかる．

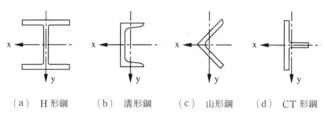

(a) H形鋼　　(b) 溝形鋼　　(c) 山形鋼　　(d) CT形鋼

図2.4.1　一軸および二軸対称断面

2.4.2　一軸対称断面圧縮材の曲げねじれ座屈

図2.4.1(b)，(c)，(d)に示された溝形鋼・山形鋼・CT形鋼等の一軸対称断面材では，断面のせん断中心が対称軸（この場合はx軸）上で断面の図心とずれることになる．このような断面を有する中心圧縮材の座屈耐力P_{cr}は，$y_0=0$であるから，次のようになる．

$$P_{cr} = P_y \tag{2.4.2}$$

$$P_{cr} = \frac{P_x + P_z}{2\{1-(x_0/i_0)^2\}}\left[1-\sqrt{1-\frac{4P_xP_z\{1-(x_0/i_0)^2\}}{(P_x+P_z)^2}}\right] \tag{2.4.3}$$

式(2.4.2)はy軸まわりの曲げ座屈耐力，式(2.4.3)はx軸まわりの曲げ変形とねじれ変形とが連成する曲げねじり座屈耐力を表している．式(2.4.3)のP_{cr}はP_x，P_zのいずれよりも小さいことがわかっており，これと式(2.4.2)で与えられるP_{cr}のうち，小さいほうが実際的な意味を持つ．

ここで，式(2.4.3)の曲げねじれ座屈耐力をあらためてP_βと表し，P_βと式(2.4.1)のP_x，P_yおよびP_zを，細長比を用いて座屈応力度の形で表現すると，次のようになる．

$$\left.\begin{aligned}
\sigma_{crx} &= \frac{P_x}{A} = \frac{\pi^2 E}{\lambda_x{}^2} \\[4pt]
\sigma_{cry} &= \frac{P_y}{A} = \frac{\pi^2 E}{\lambda_y{}^2} \\[4pt]
\sigma_{crz} &= \frac{P_z}{A} = \frac{\pi^2 E}{\lambda_z{}^2} \\[4pt]
\sigma_{cr\beta} &= \frac{P_\beta}{A} = \frac{\pi^2 E}{\lambda_\beta{}^2}
\end{aligned}\right\} \tag{2.4.4}$$

式 (2.4.4) に式 (2.4.1) および式 (2.4.3) を代入して整理すると，それぞれの座屈耐力に対する細長比は，次の式で与えられる．

$$\left.\begin{aligned}
\lambda_x &= \frac{l}{i_x} \\[4pt]
\lambda_y &= \frac{l}{i_y} \\[4pt]
\lambda_z &= \sqrt{A i_0{}^2 / \{GJ/\pi^2 E + C_{BT}/l^2\}} \\[4pt]
\lambda_\beta &= \sqrt{\frac{2\lambda_x{}^2 \lambda_z{}^2 \{1 - (x_0/i_0)^2\}}{(\lambda_x{}^2 + \lambda_z{}^2)[1 - \sqrt{1 - 4\lambda_x{}^2 \lambda_z{}^2 \{1 - (x_0/i_0)^2\}/(\lambda_x{}^2 + \lambda_z{}^2)^2}\,]}}
\end{aligned}\right\} \tag{2.4.5}$$

ここに，

$$\left.\begin{aligned}
i_x &= \sqrt{\frac{I_x}{A}} \\[4pt]
i_y &= \sqrt{\frac{I_y}{A}}
\end{aligned}\right\} \tag{2.4.6}$$

いま，一軸対称断面圧縮材の y 軸まわりの曲げ座屈に対する細長比 λ_y （CT 形鋼の場合は λ_x, λ_y の大きいほう）と曲げねじれ座屈に対する細長比 λ_β を比較したものが図 2.4.2 である．

図 2.4.2 から，溝形鋼では $\lambda_y < 50$ の範囲でおおむね $\lambda_\beta > \lambda_y$ となるが両者の差は小さいこと，山形鋼では $\lambda_y < 50 \sim 60$ の範囲で $\lambda_\beta > \lambda_y$ となり，$\lambda_y = 15 \sim 20$ のとき両者の差が最大になることがわかる．また，CT 形鋼の場合，広幅系列の H 形鋼を半分に切断したもの（$I_x < I_y$）と細幅系列の H 形鋼を半分に切断したもの（$I_x > I_y$）では性状が異なり，前者が山形鋼の場合に似ているのに対して，後者は λ_x の値にかかわらず $\lambda_\beta > \lambda_y$ となっている．以上のことから，圧延 H 形鋼・圧延溝形鋼については，曲げねじれ座屈を考慮する必要はなく，また，圧延山形鋼・CT 形鋼については，板要素の幅厚比が「鋼構造設計規準」[2.6]に示された制限値を余裕をもって満足していれば，曲げねじれ座屈を考慮する必要はないと考えられる．しかしながら，軽量形鋼を用いた場合や，幅厚比の値が上記の制限値に近く材長が比較的短いなど，ねじれに対して厳しい条件の下で圧延山形鋼や CT 形鋼を用いた圧縮材を設計する際，座屈耐力の算定にあたっては，式 (2.4.5) の λ_β を用いることが望ましい．なお，山形鋼を圧縮材として用いる際の諸注意については，7 章を参照されたい．

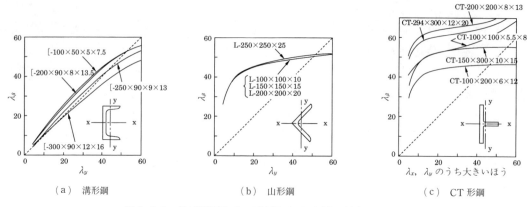

（a）溝形鋼　　　　　　　（b）山形鋼　　　　　　　（c）CT 形鋼

図 2.4.2　曲げ座屈および曲げねじれ座屈に対する細長比

2.4.3　一軸対称断面偏心圧縮材の曲げねじれ座屈

一軸対称断面材が対称軸（x 軸）上の偏心 e を有する偏心圧縮荷重 P を受けると，載荷の初期から y 軸まわりの曲げ変形が生じる．このような圧縮材においては，x 軸まわりの曲げ変形とねじれ変形を伴う曲げねじれ座屈のほかに，y 軸まわりの曲げ変形が過大となって，いわゆる不安定現象による崩壊も可能となり，最大耐力は，このうちのどちらかの形式で決定されると考えられる．対称軸上に偏心 e を有する偏心圧縮荷重を受ける一軸対称断面材の曲げねじり座屈耐力に対する見かけの細長比 λ_β は，次のように与えられる．

$$\lambda_\beta = \sqrt{\frac{2\lambda_x^2 \lambda_z^2 \{1-(x_0-e)^2/(i_0^2+e\rho)\}}{(\lambda_x^2+\lambda_z^2)[1-\sqrt{[1-4\lambda_x^2\lambda_z^2\{1-(x_0-e)^2/(i_0^2+e\rho)\}]/(\lambda_x^2+\lambda_z^2)^2}]}} \tag{2.4.7}$$

ただし，式（2.4.7）中の λ_x の定義は，式（2.4.5）と同じであるが，λ_z は

$$\lambda_z = \sqrt{A(i_0^2+e\rho)/(GJ/\pi^2 E + C_{BT}/l^2)} \tag{2.4.8}$$

と表され，また，ρ は次のように表される断面量である．

$$\rho = \frac{1}{I_y}\int_A x(x^2+y^2)dA - 2x_0 \tag{2.4.9}$$

すなわち，偏心圧縮材の曲げねじり座屈耐力は，中心圧縮材の場合の x_0 を (x_0-e) で，i_0^2 を $(i_0^2-e\rho)$ で置き換えて，式（2.4.1）および式（2.4.3）から計算することができる．このようにして求められた弾性曲げねじり座屈耐力は，荷重点が図心とせん断中心の間にあるとき（$e>0$）には中心圧縮材の弾性曲げねじり座屈耐力よりも大きく，荷重点がせん断中心に近づくほど大きくなって，せん断中心に一致したとき（$e=x_0$）に最大となるなどの特長を持っている．$e=x_0$ の場合には，式（2.4.7）から $\lambda_\beta=\lambda_x$ あるいは $\lambda_\beta=\lambda_z$ となり，この場合の座屈耐力は，式（2.4.1）の P_x，P_z のうちの小さいほうで与えられる．しかし，このような部材は，前述のように載荷の初期から y 軸まわりの曲げが作用するので，圧縮力と曲げの組合せ応力を受ける部材として設計すべきものであり，いずれの場合でも現行の「鋼構造設計規準」[2.6]の組合せ応力式によって検定を行えば，安全側の評価を与えることが明らかにされている[2.8]．

2.5 圧縮材の補剛

　細長比が大きく座屈耐力が小さい圧縮材でも，部材中間に補剛点を設ければ，その座屈耐力を著しく増大させることができる．また，H形断面材のように強軸まわりと弱軸まわりで座屈耐力が大きく異なる圧縮材の場合には，弱軸まわりの変形に対する中間支点を設ければ，その座屈耐力を増加させることができる．

　このように，圧縮材では中間支点を設けてこれを補剛および補強することがしばしば行われるが，このようにして支点を構成した部材の集合体を補剛材という．中間支持された圧縮材の座屈耐力は，補剛材の剛性や強度に関係するが，補剛材がある大きさ以上の剛性と強度を有する場合には，支点間距離を有効座屈長さと考えて設計することが可能になる．

2.5.1 補剛材の剛性

　真直な中心圧縮材の弾性座屈耐力と補剛材の剛性との関係は，補剛材の剛性を等価な弾性ばねに置換した図2.5.1(a)のモデルに対し，座屈たわみ角法などを用いた弾性解析[2.8]によって求めることができる．図2.5.2は，このような解析によって得られた圧縮材の座屈耐力と弾性ばね定数 K との関係を，補剛支点数 n が1から3の場合に対して，以下の無次元量を用いて示したものである．

$$\left.\begin{array}{l} Z=\sqrt{Pl^2/(EI)} \\[4pt] k=K/K_0 \\[4pt] K_0=\dfrac{2}{l}\cdot\dfrac{\pi^2 EI}{l^2}=\dfrac{2P_e}{l} \end{array}\right\} \tag{2.5.1}$$

ここに，　P：圧縮材の荷重

　　　　　EI：座屈軸に関する圧縮材の曲げ剛性

　　　　　　l：補剛支点間距離

　　　　　K：補剛材の剛性

　　　　　K_0：基準ばね定数

　　　　　P_e：圧縮材のオイラー座屈耐力

　式(2.5.1)中の基準ばね定数 K_0 は，圧縮材と補剛材とのエネルギーの釣合いより，材中央に反曲点がある1波の正弦波形の座屈変形モードとなるのに必要な最小ばね剛性の値を表している．

　座屈長さ l_k と Z との関係は次のように表されるが，図2.5.2の縦軸にはこの値も示されている．

$$l_k/l=\pi/Z \tag{2.5.2}$$

　図2.5.2に示すように，$n=1$ でばね定数 k が0の場合には，$2l$ の長さの材がオイラー座屈するため $Z=\pi/2$ になる．ばね定数 k の増加とともに Z も増加し，$0<k<1$ の範囲では，材は対称なモードで座屈する．k の値が1に達すると $Z=\pi$ となり，それ以後は k の値が増加しても座屈耐力は上昇しない．この範囲では，材は中央に反曲点のある1波の正弦波形の変形モードで座屈し，座屈長さ l_k は l に等しくなる．すなわち，$n=1$ の場合，座屈耐力を上昇させて座屈長さを補剛支点間距離に等しくとれるようにするためには，k を1以上にすればよいことになる．同様に，$n=2$ で $k=1.5$，$n=3$ で $k=1.7$ であれば，$l_k=l$ とできることが図2.5.2よりわかる．なお，図には示されていない

が，n が無限大の場合の必要剛性は，$k=2.0$ となる[2.15),2.19)]．

以上に述べた内容は中心圧縮材の場合であるが，実際の圧縮材には初期たわみや不可避の偏心などの不完全さがあるため，最大耐力を所定の値まで上昇させるのに必要な補剛材の剛性は，上述の真直な中心圧縮材の場合より一般に大きくなる．文献2.20)では，中間支点に初期たわみ δ_0 を有する圧縮材に対して，補剛支点位置の圧縮材に仮想のヒンジを設けたモデルを解くことによって，$l_k = l$ とするのに必要な補剛材の剛性 $\bar{K}$ を，次式で与えている．

$$\bar{K} = K(1 + \delta_0/\delta) \tag{2.5.3}$$

式(2.5.3)中の K は中心圧縮材の場合に $l_k = l$ とするのに必要な補剛剛性を表し，δ は最大耐力時における圧縮材の補剛支点位置でのたわみを表している．ここに，K の値は δ_0/δ の値によって異なるが，文献2.20)では，最大耐力時のたわみが $\delta = \delta_0$ 程度であれば，作用荷重時での変形は十分許容できるとしている．したがって，初期たわみなどの不完全さがある圧縮材では，補剛材の剛性は初期たわみのない中心圧縮材の場合の2倍程度を目安とすべきであるといえよう．

弾性の場合の中心圧縮材の座屈長さとばね定数との関係は，前述のように図2.5.2で表されるが，非弾性の場合についても，接線係数理論に従えば式(2.5.2)が成立し，K を $K_0 = 2P_t/l$（$P_t = \pi^2 E_t I/l^2$，E_t：図2.5.1(a)の圧縮材が接線係数理論に従って座屈するときの材料の接線係数）で無次元化した k を横軸にとれば，弾性の場合とまったく同じ関係が求められる．

文献2.22)，2.23)および2.24)では，初期たわみ・偏心等の不完全さを有する弾塑性圧縮材の最大耐力と補剛材の剛性との関係について検討している．

半波と1波の正弦波形の合成波を初期たわみとして有する圧縮材に対して弾塑性解析を行い，補剛支点の数 n が1の場合について，H形断面の強軸に関する座屈が生じる場合の最大耐力 P_max と補剛支点間を座屈長さと考えた場合の基準化細長比 $\bar{\lambda}$ との関係を求めたものが図2.5.3[2.24)]である．図中の k は，式(2.5.4)に示す基準ばね定数 K_0 を用いて，ばね定数 K を無次元化したものである．

$$\begin{array}{l}\bar{\lambda} \leq 1 \text{ のとき } K_0 = 2P_y/l \\ \bar{\lambda} > 1 \text{ のとき } K_0 = 2P_e/l\end{array} \tag{2.5.4}$$

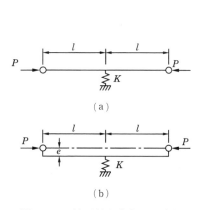

図2.5.1 補剛材を有する圧縮材

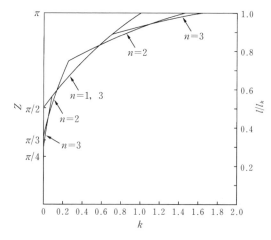

図2.5.2 座屈強度および座屈長さとばね定数

ここに，　　$\bar{\lambda}=\sqrt{P_y/P_e}$：基準化細長比

$P_y=\sigma_y A$：圧縮材の降伏強度

$P_e=\pi^2 EI/l^2$：圧縮材のオイラー座屈耐力

図2.5.3には，参考のために，半波の正弦波形の初期たわみ（中央点のたわみが材長の1/1000）を有する単一圧縮材の最大耐力を点線で示している．補剛材の剛性kを増加させると圧縮材の最大耐力P_{max}は増大するが，$k>2$である値に収れんし，それ以上kを増加させてもP_{max}はそれほど増加しないのは，弾性の場合と同様である．補剛材を有する場合で，単一圧縮材の強度をわずかに超える場合が存在するのは，初期たわみの形が左右で非対称と仮定しており，一方の座屈変形を他方の材が拘束するためである．

不完全さを持った圧縮材の耐力と補剛材のばね定数の関係については，中心圧縮材のようにすべての細長比の材に使用できる簡潔な関係を求めることはできず，数値解析に頼らざるを得ないが，これについては，例えば文献2.23)や2.25)が参考になる．

本会「鋼構造限界状態設計指針・同解説」[2.9]では，種々の研究結果を考慮して，必要剛性として式(2.5.1)の無次元化ばね定数の値として$k=2$を採用している．

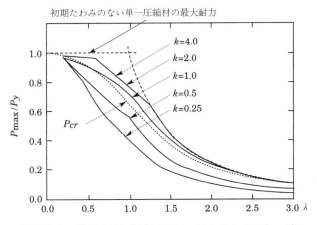

図2.5.3　補剛材付き偏心圧縮材の最大耐力[2.24]　（$n=2$）

2.5.2　補剛材の強度

補剛材には剛性とともに十分な強度も必要である．真直な中心圧縮材では，圧縮力が曲げ座屈耐力に達するまでは材はたわまないため，補剛材には力が生じない．しかし，圧縮材に初期たわみや偏心などの不完全さがあると，座屈耐力以下の圧縮力の作用下でも補剛支点に変位δが生じ，補剛材に$F=K\delta$の力が作用することになる．したがって，圧縮材が期待する最大耐力に達するためには，補剛材はそのときの作用力Fに抵抗できるように設計されなければならない．

圧縮材の不完全さを材端の偏心で与えた図2.5.1(b)のモデルに対して，圧縮力Pと補剛材に生じる力Fとの関係を弾性解析[2.21]によって求めると，補剛支点数$n=1$の場合には図2.5.4のようになる．なお，図には示さないが，$n=2$および3の場合，Fの値は偏心の方向によって異なるし，ま

た，$n=3$の場合には補剛箇所によってFの値は異なる．図2.5.4から，Pの増加とともにFは増大し，Fは偏心量に比例することがわかる．

次に，圧縮材が非弾性挙動をするときの補剛材に導入される補剛力を弾塑性解析によって求めた結果[2.24]を図2.5.5に示す．これは，図2.5.1(a)のモデルに対して補剛力Fと圧縮力Pとの関係を$k=2$の場合について示したものである．なお，kの定義は式(2.5.4)による．解析結果によると，圧縮力Pの増加とともにF/P_{max}が増加する．補剛力は，圧縮材が最大耐力を超えて，劣化域に入っても増大を続けるが，細長比が大きい場合には，座屈モードの変化が生じ，中央点のたわみが減少するため，補剛材に導入される力は減少する．ここには示していないが，kの値が小さくなれば，圧縮材の最大耐力時に補剛材に導入される力は，細長比の小さい場合を除けば，最大耐力の2％をかなり超えることが示されている[2.24]．一方，補剛材の剛性を大きくした$k=4$の場合には，圧縮材の最大耐力を超えて劣化域に入っても，大きな変形に至るまで，補剛材に導入される力は，圧縮材の最大耐力の2％を超えることはない．

これらのことから，圧縮材の最大耐力を確保するための十分な補剛力とは，$k\geqq3$を条件として，圧縮力の2％であるといえる．また，本会の諸規準では，圧縮材の補剛力としてこの値が採用されており，これらの規準が妥当であることがわかる．

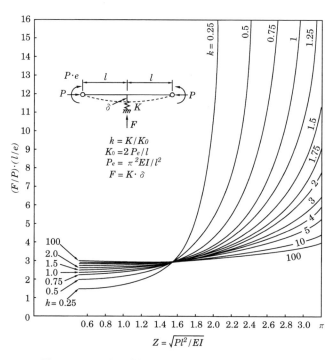

図2.5.4 弾性圧縮材の圧縮力と補剛力[2.21]（$n=1$）

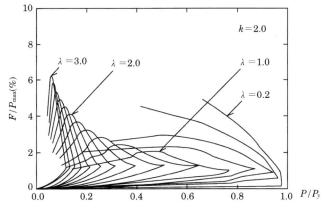

図 2.5.5 弾塑性圧縮材の圧縮力と補剛力[2.24] ($n=1$)

2.5.3 圧縮材の補剛設計上の留意点

2.5.1項および2.5.2項で述べた設計法は，1本の圧縮材を補剛する場合を取り扱ったものであるが，実際の建物の場合には，柱や屋根トラスの弦材のように平行に配置された圧縮材を補剛材が連結した図2.5.6のような場合が多い．このような場合には，補剛材に作用する力は圧縮材の数が多いほど大きく，最大の力は定着された最終端の補剛材に作用する．文献2.26)～2.28)ではこの問題を取り扱い，詳細な解析を行っているので参考になる．BS 449[2.29]では，非充腹曲げ材や屋根トラスの圧縮弦材の補剛力に関し，圧縮弦材の最大圧縮力の2.5％に各圧縮弦材の最大圧縮力の1.25％を順次加えた力を各補剛材の補剛力とすることにしている．ただし，限界値は7.5％としている．ここに，最大圧縮力とは，各補剛区間を等分した補剛点を含む圧縮弦材の区間での最大値のことである．図2.5.6にこのBS 449の規定を示すと，A，B，Cの各補剛材に作用する力は，それぞれPの2.5％，3.75％，5％となる．一方，文献2.12)では，複数の圧縮材を連結する補剛材の補剛剛性と補剛力としては，各圧縮材のおのおのの所要値を合計した値が必要であるとしている．

補剛材の設計で最も重要なことは，補剛力は最終的に補剛力に抵抗できる何らかの部材に連結されなければならないことである．例えば，図2.5.6で補剛材Cがなければ，補剛材A，Bの効果はないと見なさなければならず，この場合には，材の座屈長さは$3l$としなければならない．

屋根トラスの弦材のように圧縮力が変化する場合は，一定圧縮力が作用する場合に比べて必要な補剛断面は小さくなる．しかし，圧縮力の大きさに応じて断面を変化させた場合には，均等断面に一定圧縮力が作用する場合と大差がない．圧縮力が放物線状に分布する場合の圧縮力が変化することによる有利さを取り入れた設計法については，文献2.27)が参考になる．

なお，圧縮材の補剛を行う場合には，横方向の変形を拘束するばかりでなく，ねじれ座屈の発生を防ぐために，ねじれ変形に対する拘束を与えることも大切である[2.26]．

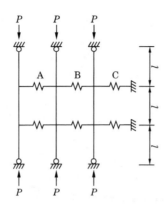

図2.5.6 複数の圧縮材の補剛

2.5.4 偏心補剛

2.5.1項では，中心圧縮および偏心圧縮について述べているが，実際の建物では図2.5.7(a)のように補剛材が圧縮材の断面に偏心して取り付く場合がある．特に，圧縮材が図2.5.7(b)に示す開断面の場合，座屈時に曲げ変形だけでなく，補剛点を基点としたねじれ変形を生じることから[2.42)-2.45)]，補剛支点で座屈変形を拘束するためには，補剛材には水平補剛剛性だけでなく，圧縮材のねじれ変形を拘束する回転補剛剛性も必要となる．このような偏心補剛された圧縮材の弾性座屈耐力は，エネルギー法により次式として誘導されている[2.45)]．

$$P_{cr1}=EI_y\left(\frac{\pi}{l}\right)^2+\frac{2}{d^2}\left\{GK+\frac{2K_\beta}{l}\left(\frac{l}{\pi}\right)^2\right\}+\frac{2K_u}{l}\left(\frac{l}{\pi}\right)^2-\sqrt{\left(\frac{2}{d^2}\right)^2\left\{GK+\frac{2K_\beta}{l}\left(\frac{l}{\pi}\right)^2\right\}^2+\left\{\frac{2K_u}{l}\left(\frac{l}{\pi}\right)^2\right\}^2} \tag{2.5.5}$$

$$P_{cr2}=4EI_y\left(\frac{\pi}{l}\right)^2 \tag{2.5.6}$$

$$P_{cr}=\min(P_{cr1},\ P_{cr2}) \tag{2.5.7}$$

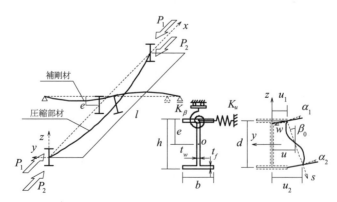

(a) 圧縮材の座屈変形　　　　(b) 圧縮材の補剛支点における補剛モデルおよび断面変形

図2.5.7 偏心補剛材が取り付いたH形鋼圧縮材の座屈変形

ここに，　EI_y：H形鋼部材の面外曲げ剛性
　　　　　GK：H形鋼部材のねじり剛性
　　　　　d：上下フランジ中心間距離
　　　　　K_β：補剛材による回転剛性
　　　　　K_u：補剛材による水平剛性

ただし，補剛材は上フランジに直接取り付くことを想定しており，偏心率 $e/h=0.5$ である．式 (2.5.5) は水平補剛および回転補剛による座屈耐力であり，式 (2.5.6) は補剛支点で反曲点となる1波の正弦波形の座屈変形モードとなるときの座屈耐力である．式 (2.5.5), (2.5.6) より求められる P_{cr1}, P_{cr2} のうち，小さい方が式 (2.5.7) の座屈耐力 P_{cr} として採用される．座屈耐力と補剛剛性との関係の一例を示したものが図 2.5.8 である．さらに，式 (2.5.5) と式 (2.5.6) が等しくなるときの水平補剛剛性 K_u と回転補剛剛性 K_β は図中の▽であり，このときの補剛剛性が必要剛性となる．必要剛性となるときの水平補剛剛性と回転補剛剛性の組合せの一例を示したものが図 2.5.9 である．有効細長比ごとに必要剛性の組合せを示しており，この曲線よりも大きな補剛剛性を適用すれば，偏心補剛であっても補剛支点で座屈変形を生じない．つまり，これらの補剛剛性は式 (2.5.1) の K_0 に相当する．図中の▶は K_β を ∞ としたときの K_u の極値であり，△は K_u を ∞ としたときの K_β の極値である．なお，式 (2.5.5) は補剛支点で圧縮材断面に縦スチフナなどを設け，圧縮材の断面変形（ウェブの板曲げ変形）を生じさせない場合である．縦スチフナなどがない場合，座屈時に補剛材の回転拘束に対して圧縮材が追随できず，断面変形を生じ，補剛材の回転抵抗が低下する点に留意する必要がある．また，補剛強度についても，補剛剛性と同様，水平補剛力だけでなく，補剛モーメントを考慮しなければならない．文献 2.43), 2.45) では，載荷実験および有限要素法による弾塑性大変形解析により補剛力度を検討しており，その結果，図 2.5.9 の必要剛性以上の場合，補剛力は圧縮力 P_{max} の3％，補剛モーメントは圧縮力 P_{max} に断面中心から補剛支点の距離 e を乗じた値の2％程度を上限として，補剛剛性が大きくなると補剛力・補剛モーメントは低下して

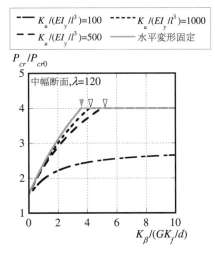

図 2.5.8　座屈荷重上昇率

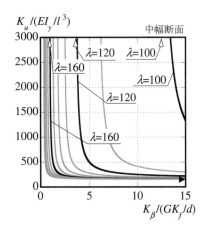

図 2.5.9　必要剛性

— 34 — 鋼構造座屈設計指針

いくことが示されている．これらについては文献 2.42)～2.45) で詳述されているので，参照されたい．

2.6 単一圧縮材の設計式

本節では，本会「鋼構造設計規準」[2.6)]，「鋼構造塑性設計指針」[2.7)]，「鋼構造限界状態設計指針」[2.9)]および「建築物の構造関係技術基準解説書」により求められる単一圧縮材の設計耐力を比較する．各規準および指針の設計式については，表2.6.1にまとめて示す．

2.6.1 「鋼構造設計規準」の許容圧縮応力度

実際の中心圧縮材には，2.2節でも述べたように，種々の不完全さ，すなわち幾何学的な不完全さ

（1） 接合部などで圧縮力が部材断面図心に作用しない避けがたい偏心

（2） 部材の避けられない初期たわみ

冶金学的な不完全さ

（3） 圧延形鋼，溶接組立材などに存在する残留応力度

（4） 部材断面内における降伏点のばらつき

等があり，これらの不完全さは，いずれも中心圧縮材の耐力を低下させる原因となる．

一般の鋼材の比例限度 σ_p は $0.8\sigma_p$ 程度であるが，このような不完全さを考慮して，圧縮材の設計にあたっては比例限度を $\rho_p = 0.6\sigma_y$ と仮定し，圧縮材の存在応力度が $0.6\sigma_y$ を超えると座屈曲線はオイラー曲線から外れると考えている．この限界値に対応する細長比は限界細長比とよばれ，式 (2.6.2 a) のように表される．なお，「鋼構造設計規準」[2.6)]では，鋼材の降伏点と引張強さの 70 ％すなわち $0.7\sigma_B$ のうち小さいほうの値をもって，許容応力度を決定する場合の基準値 F として与え，これに基づいて各種許容応力度を定めている．

細長比が限界細長比 Λ より小さい非弾性範囲での座屈曲線は，Johnson の放物線式と呼ばれる，世界的にも広く採用されている経験式を基に，座屈安全率 ν で除した式 (2.6.1 a) を設計式として採用している．このとき ν は，$\lambda = 0$ に対して引張材の安全率と同じ値の 1.5 をとり，この点から限界細長比 Λ までの範囲では，λ の増加につれて大きくなる式 (2.6.2 b) のような放物線式を採用している．弾性範囲では，オイラー座屈曲線そのものを，応力度で表記し，座屈安全率を一定値 $\nu = 2.17$ とした式 (2.6.1 b) を採用している．これは，弾性座屈から非弾性座屈への移行点の近傍で実験値が最も大きくばらつくという既往の研究成果を反映させたものである．

式 (2.6.1 a) および式 (2.6.1 b) で示される許容圧縮応力度は，両端がピン支持で一様な断面をもつ真直な中心圧縮材に対するもので，長期荷重に対する値であり，短期荷重に対する許容圧縮応力度としては，その 1.5 倍の値を採用する．

2.6.2 「鋼構造塑性設計指針」の耐力評価式

本会の「鋼構造塑性設計指針」[2.7)]では，中心圧縮柱の座屈耐力として，表2.6.1のような評価式を与えている．例えば，SS 400 級の場合，圧縮材の有効細長比 $\lambda \leqq 30$ では，降伏耐力まで曲げ座屈を

生じない領域として式 (2.6.3 a) の降伏耐力 N_Y を，$30<\lambda\leqq120$ では非弾性曲げ座屈領域として式 (2.6.3 b) を，$120<\lambda$ では弾性曲げ座屈領域として式 (2.6.3 c) を採用している．ここで，採用している区分で，$\lambda=120$ は 2.6.1 項でも述べた限界細長比に等しい．一方で，非弾性曲げ座屈領域では設計耐力を直線で近似し，弾性座屈領域では安全率を細長比によらず 1.3 としている．

2.6.3 「鋼構造限界状態設計指針」の耐力評価式

本会の「鋼構造限界状態設計指針・同解説」[2.9]では，中心圧縮材の設計耐力を座屈耐力に耐力係数を含んだ形で，表 2.6.1 のように与えている．

式(2.6.6 a)～(2.6.6 c)の曲げ座屈耐力 N_c は，「鋼構造設計規準」[2.6]に示されている式(2.6.1 a)，式 (2.6.1 b) に基づく曲げ座屈耐力式とは異なる．弾性座屈領域では，曲げ座屈耐力はオイラー座屈耐力の 1/1.2 であり，弾性座屈限界細長比と塑性座屈限界細長比との間は直線である．弾性座屈限界細長比は，$N_c=0.5N_y$ に対応する曲げ座屈細長比である．

曲げ座屈細長比 $\lambda=\sqrt{N_y/N_e}$ は，降伏軸力 N_y とオイラー曲げ耐力 N_e によって計算する．その際，曲げ座屈耐力は，曲げ座屈長さ $_kl_c$ に基づいて計算する．

なお，式 (2.6.7)～(2.6.10) の局部座屈耐力 N_c は，曲げ座屈などの影響が入らない短柱 (stub column) 実験の結果を用いて評価している．図 2.6.1 の断面の短柱の局部座屈耐力と幅厚比との関係については，H 形断面材の資料に基づく統計式，円形中空断面材（冷間成形鋼管）の資料に基づく統計式，正方形中空断面材に関しては，それぞれ溶接正方形中空断面，冷間成形正方形中空断面の統計式が得られている．ただし，冷間成形円形中空断面および冷間成形正方形中空断面では，供試体の降伏強さと規格最小強さが著しく異なっているので，それらの式では公称降伏強さが用いられるように係数が修正されている．

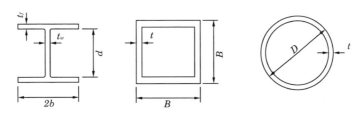

図 2.6.1 断面板要素の寸法

2.6.4 「建築物の構造関係技術基準解説書」の耐力評価式

国土交通省等が監修した「2007 年 建築物の構造関係技術基準解説書」では，中心圧縮柱の座屈耐力として，炭素鋼および鋳鉄とステンレス鋼に分類し，表 2.6.1 のような評価式を与えている．炭素鋼の設計式は，2.6.1 項の「鋼構造設計規準」[2.6]の設計式におおむね等しい．

2.6.5 各種設計規基準における設計耐力の比較

2.6.1 項でも述べたように，圧縮材の曲げ座屈耐力は，種々の不完全さの影響を受ける．設計耐力

式の設定にあたり，国内における曲げ座屈耐力の実験資料を集め，同一の方法によって整理したものが図 2.6.2 である．ここに，λ_c および N_c/N_y はすべて実測の降伏強さに基づいている．各線は設計規基準の設計式である．「鋼構造設計規準」[2.6)]による曲げ座屈の設計耐力を黒太実線，それを座屈安全率で除した長期許容耐力を黒太破線，「鋼構造塑性設計指針」[2.7)]の曲げ座屈耐力を灰色実線，「鋼構造限界状態設計指針」[2.9)]の曲げ座屈耐力を黒細実線，さらに米国の AISC 鋼構造設計基準[2.30)]の曲げ座屈耐力を黒細破線で示す．また，図中の一点鎖線は「鋼構造限界状態設計指針」[2.9)]の設計耐力 $\phi_c N_c$ を示しているが，このとき，耐力係数 ϕ_c は，曲げ座屈細長比 λ_c が小さい非弾性座屈領域では引張材と同様に $\phi_c=0.90$，λ_c が大きい弾性座屈領域では $\phi_c=0.85$ とし，両者の中間領域では曲げ座屈細長比に応じて直線的に変化する値を採用している．一点鎖線は，実験耐力のほぼ下限に位置していることがわかる．これらの実験値の範囲では，実験値と曲げ座屈耐力式 N_c との比の平均値は 1.16，標準偏差は 0.18 である．

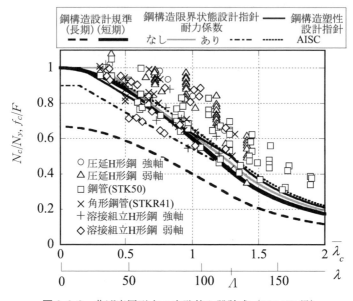

図 2.6.2 曲げ座屈耐力の実験値と設計式（SN 400 級）

表2.6.1 各種設計指針における単一圧縮材の設計式の比較

鋼構造設計規準[2.6)]	鋼構造塑性設計指針[2.7)]
【長期】 $\lambda \leqq \Lambda : f_c = \dfrac{\left\{1-0.4\left(\dfrac{\lambda}{\Lambda}\right)^2\right\}F}{\nu}$ (2.6.1 a) $\lambda > \Lambda : f_c = \dfrac{0.277F}{\left(\dfrac{\lambda}{\Lambda}\right)^2}$ (2.6.1 b) $\Lambda = \sqrt{\dfrac{\pi^2 E}{0.6F}}$ (2.6.2 a) $\lambda \leqq \Lambda : \nu = \dfrac{3}{2} + \dfrac{2}{3}\left(\dfrac{\lambda}{\Lambda}\right)^2$ (2.6.2 b) $\lambda > \Lambda : \nu = 2.17$ 【短期】 長期の1.5倍の値	SN 400 級 $0 \leqq \lambda \leqq 30 : \dfrac{N_{cr}}{N_Y} = 1.0$ (2.6.3 a) $30 < \lambda \leqq 120 : \dfrac{N_{cr}}{N_Y} = 1.0 - 0.006 \cdot (\lambda - 30)$ (2.6.3 b) $120 < \lambda : N_{cr} = \dfrac{N_E}{1.3}$ (2.6.3 c) SN 490 級 $0 \leqq \lambda \leqq 25 : \dfrac{N_{cr}}{N_Y} = 1.0$ (2.6.4 a) $25 < \lambda \leqq 100 : \dfrac{N_{cr}}{N_Y} = 1.0 - 0.007 \cdot (\lambda - 25)$ (2.6.4 b) $100 < \lambda : N_{cr} = \dfrac{N_E}{1.3}$ (2.6.4 c) $N_E = \dfrac{\pi^2 EI}{l_k^2}$ (2.6.5)

耐力

共通記号

f_c：許容圧縮応力度	ν：座屈安全率	N_c：曲げ座屈限界耐力
F：F 値	N_{cr}：座屈耐力	λ_c：曲げ座屈細長比 $= \sqrt{N_y/N_e}$
λ：圧縮材の細長比	N_Y：降伏軸力	$_p\lambda_c$：塑性限界細長比 $= 0.15$
Λ：限界細長比	N_E：座屈軸力	$_e\lambda_c$：弾性限界細長比 $= 1/\sqrt{0.6}$
E：ヤング係数	I：断面二次モーメント	N_y, N_Y：降伏限界耐力 $= F_y \cdot A$
l_k：座屈長さ	F_y：板要素の降伏強さ	b：H 形断面のフランジの半幅
t：正方形中空断面，円形中空断面の板厚	t_f：フランジ厚さ	t_w：ウェブ厚さ
d：H 形断面のウェブのせい		B：正方形中空断面の1辺の長さ
D：円形中空断面の直径	N_e：弾性曲げ座屈耐力 $= \pi^2 EI/_k l_c^2$	
A：全断面積	$_k l_c$：圧縮材の曲げ座屈長さ	
ϕ_c：耐力係数	$_c\lambda$：一般化有効細長比 $= 1/\sqrt{1.2 \cdot 0.5} = 1.29$	

― 38 ― 鋼構造座屈設計指針

表 2.6.1 つづき

鋼構造限界状態設計指針	建築物の構造関係技術基準解説書

耐力

鋼構造限界状態設計指針

（1）終局限界状態設計

曲げ座屈限界状態および局部座屈限界状態のうち，小さいほうの値を設計耐力 $\phi_c N_c$ とする．

1）曲げ座屈限界耐力

荷重係数 ϕ_c については，指針本文にて付1．の値（例えば $\phi_c=0.9$）や，解説では次式が提案されている．

$$\lambda_c \leqq {}_p\lambda_c : \phi_c=0.90,\ N_c=N_y \qquad (2.6.6\ \text{a})$$

$${}_p\lambda_c < \lambda_c \leqq {}_e\lambda_c : \left.\begin{array}{l} \phi_c=0.90-0.05\dfrac{\lambda_c-{}_p\lambda_c}{{}_e\lambda_c-{}_p\lambda_c} \\[2mm] N_c=\left(1.0-0.5\dfrac{\lambda_c-{}_p\lambda_c}{{}_e\lambda_c-{}_p\lambda_c}\right)N_y \end{array}\right\}$$
$$(2.6.6\ \text{b})$$

$${}_e\lambda_c < \lambda_c : \phi_c=0.85,\ N_c=\dfrac{1}{1.2\lambda_c^{\,2}}N_y \qquad (2.6.6\ \text{c})$$

$${}_e\lambda_c=1/\sqrt{1.2\cdot0.5}=1.29$$

2）局部座屈限界耐力

P－Ⅰ，P－Ⅱ： $\phi_c=0.90,\ N_c=N_y$ （2.6.7 a）

P－Ⅲ： $\phi_c=0.90,\ N_c=F_{cr}A$ （2.6.7 b）

a）H 形断面材

F_{cr} は ${}_fF_{cr}$, ${}_wF_{cr}$ の小さいほうの値とする．

$$\left.\begin{array}{l} {}_fF_{cr}=\left(670-453\cdot\dfrac{b}{t_f}\sqrt{\dfrac{F_y}{E}}\right)\cdot410\cdot\dfrac{F_y}{E} \\[2mm] 0.375\sqrt{\dfrac{F_y}{E}}<\dfrac{b}{t_f}\leqq0.817\sqrt{\dfrac{F_y}{E}} \end{array}\right\}$$
$$(2.6.8\ \text{a})$$

$$\left.\begin{array}{l} {}_wF_{cr}=\left(1\,720-453\cdot\dfrac{d}{t_w}\sqrt{\dfrac{F_y}{E}}\right)\cdot201\cdot\dfrac{F_y}{E} \\[2mm] 1.55\sqrt{\dfrac{F_y}{E}}<\dfrac{d}{t_w}\leqq2.45\sqrt{\dfrac{F_y}{E}} \end{array}\right\}$$
$$(2.6.8\ \text{b})$$

b）熱間成形および溶接正方形中空断面材

$$\left.\begin{array}{l} F_{cr}=\left(1\,670-453\cdot\dfrac{B}{t}\sqrt{\dfrac{F_y}{E}}\cdot218\cdot\dfrac{F_y}{E}\right) \\[2mm] 1.61\sqrt{\dfrac{F_y}{E}}<\dfrac{B}{t}\leqq2.45\sqrt{\dfrac{F_y}{E}} \end{array}\right\}$$
$$(2.6.9)$$

c）冷間成形正方形中空断面材（$B/t\leqq36$），および冷間成形円形中空断面材（$D/t\leqq90$）

$$F_{cr}=F_y \qquad (2.6.10)$$

（2）使用限界状態設計

使用限界状態設計における圧縮材の設計耐力 $\phi_s N_c$ は，（1）に示す曲げ座屈限界耐力と局部座屈限界耐力のうち，小さいほうの限界耐力を用いて算定する．ただし，耐力係数は $\phi_s=1.0$ とする．

建築物の構造関係技術基準解説書

1）炭素鋼および鋳鉄

$$\lambda\leqq\Lambda : f_c=\dfrac{\left\{1-\dfrac{2}{5}\left(\dfrac{\lambda}{\Lambda}\right)^2\right\}F}{\dfrac{3}{2}+\dfrac{2}{3}\left(\dfrac{\lambda}{\Lambda}\right)^2} \qquad (2.6.11\ \text{a})$$

$$\lambda>\Lambda : f_c=\dfrac{\dfrac{18}{65}F}{\left(\dfrac{\lambda}{\Lambda}\right)^2} \qquad (2.6.11\ \text{b})$$

$$\Lambda=\dfrac{1\,500}{\sqrt{\dfrac{F}{1.5}}} \qquad (2.6.12)$$

2）ステンレス鋼

$$_c\lambda\leqq0.2 : \dfrac{F}{1.5} \qquad (2.6.13\ \text{a})$$

$$0.2<{}_c\lambda\leqq1.5 : \dfrac{(1.12-0.6{}_c\lambda)F}{1.5}$$
$$(2.6.13\ \text{b})$$

$$1.5<{}_c\lambda : \dfrac{1}{3}\cdot\dfrac{F}{{}_c\lambda^2} \qquad (2.6.13\ \text{c})$$

$${}_c\lambda=\left(\dfrac{l_k}{i}\right)\sqrt{\dfrac{F}{\pi^2E}} \qquad (2.6.14)$$

2.6.6 単一圧縮材設計上の留意点

単一圧縮材の設計に際しての留意点を以下に示す.

（1） 圧縮材の細長比の制限

圧縮材の許容応力度または設計耐力を小さくとれば，いくらでも大きい細長比を持つ圧縮材を設計することができることになる．しかし，細長比があまりに大きいと，建方などに障害を生じたりたわみが過大になったりするので，設計に際しては，下記のように細長比をある値以下にすることが望ましい.

鋼構造設計規準[2.6]：一般の圧縮材 $\lambda \le 250$，柱材 $\lambda \le 200$

（2） 座屈長さ

圧縮材の設計において，判断が難しいのは座屈長さの推定である．細長比の大きい材では，座屈長さの設定の誤りによる耐力の変動が大きいので，座屈長さの推定には特に注意が必要である.

（3） 圧縮材の偏心

圧縮材の断面図心軸は材端接合部のボルト群の図心を通るようにするのが原則であるが，実際の設計にあたっては，この両者がどうしても一致しない場合が生じる．この場合，材は偏心圧縮材となるが，2.1節で述べたように，偏心圧縮材には，圧縮力のほかに最初から曲げが作用するので，中心圧縮材に比べてその耐力が減少し，かつ変形も大きくなる．したがって，設計において偏心が明らかな材は，曲げと圧縮を同時に受ける材として設計することが原則である.

2.7 組立圧縮材の座屈と設計

2.7.1 圧縮材の座屈に及ぼすせん断変形の影響

一般に，組立圧縮材とは，フランジ材（弦材）に形鋼を用い，ウェブ材（腹材）に帯板・はさみ板あるいはラチスなどのつづり材が用いられるものを指す．ウェブ材に鋼板が用いられる溶接H形鋼や箱形断面材は単一圧縮材として取り扱うので，ここでは，非充腹組立圧縮材と称すべきものを対象とする.

非充腹組立圧縮材の構成の例を図2.7.1に示す．図2.7.1（a），（b）および（e）では，断面の2つの主軸のうちフランジ材のウェブと交わる x 軸を充腹軸といい，つづり材と交わる y 軸を非充腹軸という．図2.7.1（c）と（d）では，x 軸，y 軸とも非充腹軸となる.

組立圧縮材が非充腹軸について曲げを受けるときは，同じ断面積で同じ細長比を有する一体の材と比較すると座屈耐力が低下する．これは，組立圧縮材では，材としてのせん断変形が充腹材に比較して大きくなるためである.

図2.7.2（a）は両端単純支持の充腹材が座屈してせん断力 Q が生じた状態を表しているが，以下に，せん断変形の影響を考慮して組立圧縮材の座屈耐力を求めてみる.

まず，材のせん断変形角は次のように与えられる.

$$\gamma = \frac{\kappa Q}{GA} \tag{2.7.1}$$

ここに，A：断面積

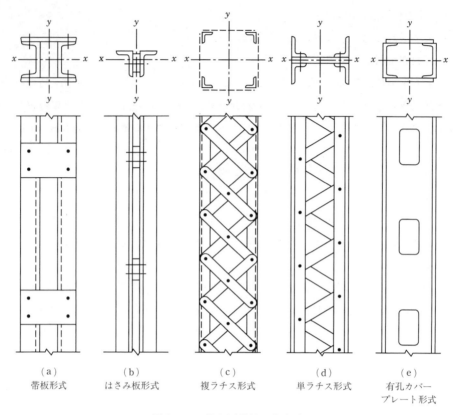

図2.7.1 組立圧縮材の諸形式

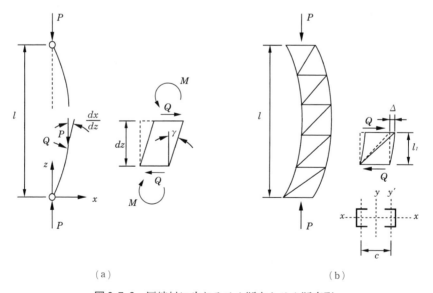

図2.7.2 圧縮材に生じるせん断力とせん断変形

G：せん断弾性係数

κ：せん断に対する断面の形状係数

例えば，長方形断面では $\kappa=1.2$，円形断面では $\kappa=1.1$ であり，H 形断面では，フランジおよびウェブの各断面積を A_f および A_w とすると，弱軸まわりで $\kappa=1.2A/A_f$，強軸まわりで $\kappa=A/A_w$ となる．

せん断変形によって部材に生じる曲率は，次のように表される．

$$\frac{d\gamma}{dz}=\frac{d}{dz}\left(\frac{\kappa Q}{GA}\right)=\frac{\kappa}{GA}\cdot\frac{dQ}{dz} \tag{2.7.2}$$

この曲率を曲げによる曲率（$-M/EI$）に加えたものが全曲率に等しいから，次のような関係式が求められる．

$$\frac{d^2x}{dz^2}=-\frac{M}{EI}+\frac{\kappa}{GA}\cdot\frac{dQ}{dz} \tag{2.7.3}$$

ここに，EI：組立圧縮材の曲げ剛性

一方，曲げモーメント M およびせん断力 Q は次のように求められる．

$$\left.\begin{array}{l} M=Px \\ Q=P\dfrac{dx}{dz} \end{array}\right\} \tag{2.7.4}$$

式（2.7.4）を式（2.7.3）に代入して整理すると，せん断変形を考慮した部材の釣合いの微分方程式は，次のように表される．

$$EI\left(1-\frac{\kappa P}{GA}\right)\frac{d^4x}{dz^4}+P\frac{d^2x}{dz^2}=0 \tag{2.7.5}$$

式（2.7.5）はオイラー座屈の基礎式と類似の形をしていることに注目すると，座屈耐力 P_{cr} は，次のように求められる．

$$P_{cr}=\frac{\pi^2EI}{l^2}\cdot\frac{1}{1+\dfrac{\pi^2EI}{l^2}\cdot\dfrac{\kappa}{GA}} \tag{2.7.6}$$

ここで，

$$P_{cr}=\frac{\pi^2EI}{l_k{}^2} \tag{2.7.7}$$

である．

式（2.7.6）からわかるように，せん断変形を考慮すると座屈耐力は曲げ変形だけを考慮した場合に比べて低下する．しかし，充腹材ではこの影響は極めて小さい．例えば，$\kappa=2$ の H 形鋼の $\lambda=100$ の材で，P_{cr} は P_e よりわずかに 0.5％低下するにすぎない．また，式（2.7.6）から座屈長さ l_k を求めると，次のようになる．

$$l_k=l\sqrt{1+\pi^2\Phi/12} \tag{2.7.8}$$

ここに，Φ はシヤパラメータといわれ[2.35]，次のように表される．

$$\Phi = \frac{12\kappa EI}{GAl^2} \tag{2.7.9}$$

式(2.7.8)は，せん断変形を考慮すると，圧縮材の座屈長さが長くなることを示している．なお，Φ の値は，ラチス形式で $0.05\sim0.1$，はさみ板形式および帯板形式で $0.3\sim0.7$ 程度のものが多い．

2.7.2 組立圧縮材の有効細長比

組立圧縮材の有効細長比は，弦材が一体となった理想的な部材を基準として定めている．式の誘導にあたり，次のような仮定を設けている．

（a） 弾性座屈を対象として考える．

（b） 2本以上の弦材を，非充腹軸について対称に配置した部材とする．

（c） つづり材は，同一の部材を等間隔にかなりの数を配置するものとする．

（d） 中心圧縮を受けている真直な部材が座屈する場合を考える．

（1） 帯板形式

座屈に伴う変形は，主に弦材の伸縮，弦材の曲げおよび帯板の曲げに基づくものである．弦材が2本のときの両端単純支持の部材においては，その座屈耐力は次のように求められる[2.15),2.16)]．

$$P_{cr} = \frac{\pi^2 EI}{l^2} \cdot \frac{1}{1 + \frac{\pi^2 I}{24 I_l}\left(\frac{l_1}{l}\right)^2 + \frac{\pi^2 I}{12 I_b}\left(\frac{el_1}{l^2}\right)} \tag{2.7.10}$$

式（2.7.10）を座屈応力度で表すと，次のようになる．

$$\sigma_{cr} = \frac{P_{cr}}{A} = \frac{\pi^2 E}{\lambda_{ye}^2} = \frac{\pi^2 E}{\lambda_y^2} \cdot \frac{1}{1 + \frac{\pi^2 I}{24 l_l}\left(\frac{l_1}{l}\right)^2 + \frac{\pi^2 I}{12 I_b}\left(\frac{el_1}{l^2}\right)} \tag{2.7.11}$$

ここに，　I：部材を一体と見なしたときの断面二次モーメント

I_l：弦材自身の断面二次モーメント

I_b：帯板の断面二次モーメント

l：部材の全長

l_1：帯板の図心線間の距離

e：弦材の図心線間の距離

λ_{ye}：非充腹軸に関する有効細長比

λ_y：断面を一体と見なしたときの非充腹軸に関する細長比

帯板は比較的剛であるとして，式(2.7.11)の分母の第3項目を省略し，弦材の断面積を A_f とすると，弦材と組立圧縮材の断面二次半径は，それぞれ

$$\left.\begin{aligned} i_1 &= \sqrt{\frac{I_l}{A_f}} \\ i &= \sqrt{\frac{I}{2A_f}} \end{aligned}\right\} \tag{2.7.12}$$

と表されるから，有効細長比 λ_{ye} は $\pi^2/12 \fallingdotseq 1$ と簡略化すると次のようになる．

$$\lambda_{ye} = \sqrt{\lambda_y{}^2 + \lambda_1{}^2} \tag{2.7.13}$$

ここに，

$$\left.\begin{array}{l} \lambda_y = \dfrac{l}{i} \\[6pt] \lambda_1 = \dfrac{l_1}{i_1} \end{array}\right\} \tag{2.7.14}$$

(2) ラチス形式

ラチス形式の場合，座屈変形に寄与するのは，主として弦材および腹材の伸縮である．図2.7.3に示すラチス形式の場合，両端単純支持の組立圧縮材の座屈耐力は，次のように求められる[2.15),2.16)]．

$$P_{cr} = \frac{\pi^2 EI}{l^2} \cdot \frac{1}{1 + \dfrac{\pi^2}{l^2} \cdot \dfrac{I}{A_d} \cdot \dfrac{1}{\sin\phi\cos^2\phi} + \dfrac{\pi^2}{l^2} \cdot \dfrac{I}{A_b} \cdot \dfrac{e}{l_2}} \tag{2.7.15}$$

ここに，A_d：斜材の断面積
A_b：束材の断面積
l_2：束材の間隔
ϕ：斜材と束材との交角

束材の伸縮は，全体への影響が小さいので，分母の第3項目を省略し

$$\lambda_{ye} = \sqrt{\lambda_y{}^2 + \lambda_1{}^2} \tag{2.7.16}$$

の形にまとめると，λ_1 は次のように表される．

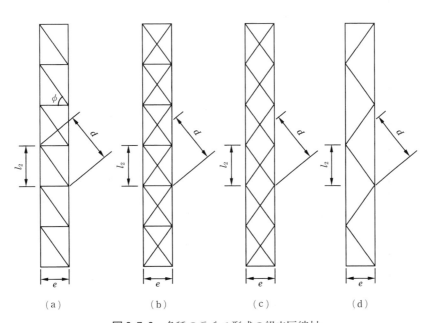

図2.7.3　各種のラチス形式の組立圧縮材

$$\lambda_1 = \pi\sqrt{\frac{Ad^3}{A_d l_2 e^2}} \tag{2.7.17}$$

ここに，A：弦材断面積の和

d：斜材の長さ

つづり材の構面の数が n の場合には，式 (2.7.17) の斜材の断面積 A_d を nA_d と置き換えることによって，「鋼構造設計規準」[2.6] に示されている形にすることができる．この規準の式は，図2.7.3に示す各形式に適用できる．すなわち，図2.7.3(b)の場合は，同図(a)で構面の数が2倍になったと考えればよいし，同図(c)は式の簡略化のとき束材の影響を省略したので，同図(b)と同じ扱いでよい．また，同図(d)は同図(a)で斜材の向きを1本おきに変えて束材を省略した形となるので，l_2 を図のようにとらなければならない．

(3) 有孔カバープレート形式

有孔カバープレート形式の場合は，帯板形式に準じて考えることが行われている．図2.7.4のような構成のとき，その1区間は図2.7.5(a)のように取り出すことができる．いま，この部分を図2.7.5(b)のようにモデル化すると，有効細長比 λ_{ye} は次のように求められる[2.36]．

$$\lambda_{ye} = \lambda_y\sqrt{1+\frac{9\pi^2 l_1^3 I}{64 l^2 p I_1}} \tag{2.7.18}$$

ここに，I：有孔部分での組立材全体の断面二次モーメント

I_1：有孔部分での組立材素材の断面二次モーメント

p：孔のピッチ

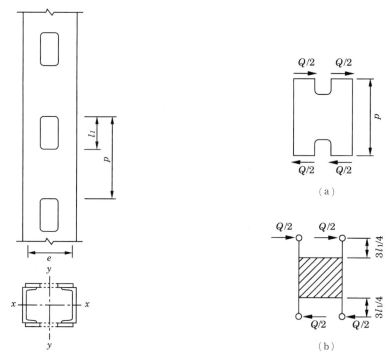

図2.7.4 有孔カバープレート形式の組立圧縮材　　図2.7.5 有孔カバープレート形式のモデル化

いま,
$$i_1=\sqrt{\frac{I_1}{A_f}} \\ i=\sqrt{\frac{I}{2A_f}} \Biggr\} \tag{2.7.19}$$

を用いると,式 (2.7.18) の有効細長比 λ_{ye} は,次のように表される.

$$\lambda_{ye}=\lambda_y\sqrt{1+2.776\frac{l_1^3 i^2}{l^2 p i_1^2}} \tag{2.7.20}$$

ここで,式 (2.7.20) を
$$\lambda_{ye}=\sqrt{\lambda_y^2+\lambda_1^2} \tag{2.7.21}$$

のような形にまとめると,λ_1 は次のように表される.

$$\lambda_1=1.67\sqrt{\frac{l_1}{p}\left(\frac{l_1}{i_1}\right)} \tag{2.7.22}$$

(4) 素材が3組以上の組立圧縮材

素材が3組以上の組立圧縮材に対しては,有効細長比として次の式が用いられている.

$$\lambda_{ye}=\sqrt{\lambda_y^2+\frac{m}{2}\lambda_1^2} \tag{2.7.23}$$

ここに,m は素材群の数で,図 2.7.6 に示すようにとるものとする[2.37].

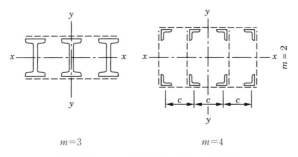

図 2.7.6 m(素材群の数)のとり方

2.7.3 つづり材に作用する力

組立圧縮材が充腹でない軸について座屈してたわみが生じると,このとき生じるせん断力に対して,つづり材などが十分安全なように設計しなければならない.

(1) 座屈に伴うせん断力

つづり材は,座屈によって生じるせん断力に耐えられるように設計しなければならない.このせん断力の算定に関しては,いくつかの方法が提案されている.第一の方法は Engesser[2.46),2.47] に始まり,DIN 4114[2.37] に採用され,この影響を強く受けた「鋼構造設計規準」[2.6] に示された方法で,圧縮側の弦材が降伏する場合に生じるせん断力を用いるものである.第二の方法は,圧縮材に避けられ

ない偏心を考慮し，部材がS字形に変形することを考えるものである[2.38]．第三の方法は，図2.7.7 に示すような部材の初期たわみを考慮する考え方である．

中央部の初期たわみを a_0 とし，初期たわみが正弦波形で

$$x_0 = a_0 \sin\frac{\pi z}{l} \tag{2.7.24}$$

と与えられているとすると，全たわみ x は，圧縮力による付加たわみを加えて次のようになる．

$$x = \frac{P_e}{P_e - P} a_0 \sin\frac{\pi z}{l} \tag{2.7.25}$$

ここに，P_e は組立圧縮材としての弾性座屈耐力であり，最大せん断力 Q_{max} は材端に生じるから，圧縮力 P に材端のたわみ角を乗じて次のように表される．

$$Q_{max} = P\left(\frac{dx}{dz}\right)_{z=0} = \frac{\pi}{l} \cdot \frac{Pa_0}{1 - \dfrac{P}{P_e}} \tag{2.7.26}$$

いま，a_0 の値を $l/500$，P として「鋼構造設計規準」[2.6]による短期許容圧縮力（$\lambda > \Lambda$）を用いれば，

$$\frac{P}{P_e} = \frac{1.5}{2.17} \tag{2.7.27}$$

となり，

$$Q_{max} = 0.02P \tag{2.7.28}$$

が得られる．

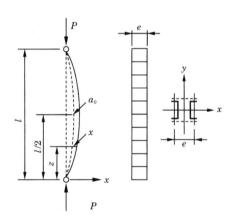

図2.7.7　初期たわみを有する組立圧縮材

「鋼構造設計規準」[2.6]では，この式に基づき，次式を採用している．

$$Q_k = 0.02N \tag{2.7.29}$$

ここに，Q_k：設計用せん断力
　　　　N：設計用圧縮力

（2） 帯板・はさみ板形式のつづり材の応力度

図2.7.8(b)のような帯板形式のつづり材を持つ組立圧縮材が充腹でない軸まわりに座屈し，座屈に伴うせん断力 Q_k が作用するとき，反曲点が材の中央にあると仮定すれば，帯板端部の曲げモーメント M_b は，次のように求められる．

$$M_b = \frac{2M_f}{n} = \frac{2}{n} \cdot \frac{Q_k l_1}{4} = \frac{Q_k l_1}{2n} \tag{2.7.30}$$

ここに， l_1：区間長

n：つづり材の構面の数（図2.7.8(b)では $n=2$）

また，帯板のせん断力は，次のように求められる．

$$Q_b = \frac{2M_b}{e} = \frac{Q_k l_1}{ne} \tag{2.7.31}$$

したがって，帯板およびその接合ボルトなどは，式(2.7.30)および式(2.7.31)の M_b および Q_b に耐えるように設計すればよい．

はさみ板形式の場合，図2.7.8(a)を参照して，座屈に伴うせん断力 Q_k が作用するとき，はさみ板部のボルトなどに作用するせん断力 Q_B' を求めると，次のようになる．

$$Q_B' = \frac{Q_k S}{I_y} l_1 = \frac{Q_k \cdot \frac{A}{2} \cdot \frac{e}{2}}{A i_y^2} l_1 = \frac{l_1 e}{4 i_y^2} Q_k \tag{2.7.32}$$

ここに， S：充腹でない軸（y軸）についての片側素材の断面一次モーメント

A：素材の断面積

I_y：y軸まわりの断面二次モーメント

i_y：y軸についての断面二次半径

であり， i_y は次のように表される．

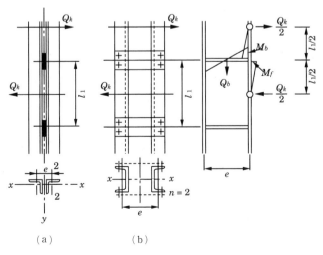

図2.7.8　はさみ板・帯板形式のつづり材を持つ組立圧縮材

$$i_y = \sqrt{(e/2)^2 + i_2^2} \qquad (2.7.33)$$

したがって，はさみ板形式のつづりボルトなどは，式 (2.7.32) の Q_B' に耐えるように設計すれば安全である．式 (2.7.32) において $i_y = e/2$ とおけば，式 (2.7.31) が求められる．

（3） ラチス形式つづり材の応力度

図2.7.9のようなラチス形式のつづり材を持つ組立圧縮材が充腹でない軸のまわりに座屈して，座屈に伴うせん断力が作用するとき，ラチス材に作用する軸力は次式で求められる．

$$N_d = \pm \frac{Q_k}{n\cos\theta} \qquad (2.7.34)$$

ここに，n：つづり材の構面の数（図2.7.9では $n=2$）

θ：ラチス材の角度

したがって，ラチス材およびその接合ボルトなどは，式 (2.7.34) の N_d に耐えるように設計すればよい．

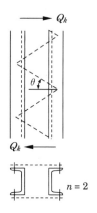

図2.7.9 ラチス形式のつづり材を持つ組立圧縮材

2.7.4 構造細則および設計上の注意点

（1） 構造細則

組立柱を用いた鋼構造物の事故を調査した結果では，事故の 3/4 は全体座屈ではなく，局部的な弱点から生じたと報告されている[2.12]．構造細則はこのような経験の下に，式の誘導で簡略化されたところを補う役目をもって制定されている点を忘れてはならない．

「鋼構造設計規準」[2.6] で決めている点は，次の6項目である．

（a） 圧縮材を組み立てる高力ボルトあるいは断続溶接のピッチは，集結材片中の最薄材厚の $0.73\sqrt{E/F}$ 倍以下，かつ 300 mm 以下とする．ただし，高力ボルトが千鳥打ちされるときは，各ゲージラインの上のピッチは，上記の値の 1.5 倍以下とする．

（b） はさみ板・帯板またはラチスで分けられた区間数は3以上とし，各区間長はなるべく均等になるようにする．

（c） はさみ板形式・帯板形式では，素材の細長比が 50 以下になるように区間長をとる．⊥形断

面では，はさみ板は交互に直角に配置する．ラチス形式では，素材の細長比が組立材の両主軸に関する細長比のうち，大きいほうの値以下になるように区間長をとる．

（d） ラチス材の細長比は 160 以下とする．

（e） 素材間の距離の大きい組立圧縮材の材端部は，十分剛なガセットプレートまたは帯板に 3 本以上の高力ボルト，またはこれと同等以上の溶接によって取り付ける．この部分における高力ボルトのピッチは径の 4 倍以下，溶接の場合は連続溶接とする．

（f） 有孔カバープレート形式では，孔の長さは孔の幅の 2 倍以下，孔と孔との内縁間距離は組立材の溶接列距離以上とし，孔の隅角部の半径は 50 mm 以上とする．

（2） 設計上の注意点

「鋼構造設計規準」[2.6]の構造細則以外に外国の規準類などに記述されている組立圧縮材の設計上の注意について，参考までに以下にまとめておく．

（a） 帯板形式　　帯板形式はせん断変形の影響が大きいので，通例橋梁や建物の構造部材としては用いられない[2.12],[2.38]．断面の構成にあたって，非充腹軸についての図心間隔は，できるだけ充腹断面のせい以下とすることを求めている規準もある[2.39]．橋梁関係では，帯板の厚さは，接合線間距離を d とするとき，$d/50 \sim d/60$ 以上とすることを規定している[2.38],[2.40]．

（b） ラチス形式　　ラチス形式では，ラチスと材軸のなす角度をあまり小さくすることは好ましくなく，単ラチスの場合 60°，複ラチスの場合 45° を標準とすることを定めている規準も多い[2.38],[2.41]．また，複ラチスでは，交差部を接合することが一般に規定されている．なお，接合線間距離が 400 mm 程度以上のときは複ラチス，600 mm 程度を超えるときは山形鋼や溝形鋼を用いることを推奨しているものもある．

水平材を持つラチス形式，例えば図 2.7.3（b）に示すようなつづり材の配置の場合には，材全体が圧縮力を受けて変形するとき，水平材が横方向への膨張を拘束し，斜材に付加応力が発生するので注意が必要である．

（c） 有孔カバープレート型式　　構造細則に従うものでは一般にせん断変形の影響が小さく，通常，有効細長比を求める必要はないと思われる．

（d） その他　　箱形の組立圧縮材では，要所に隔壁を配置したり，斜材を入れるなどして，断面形のゆがみを防止する配慮が必要である．なお，断面の構成が十字形などの曲げねじり剛性の小さい場合には，ねじれ座屈のおそれが考えられるが，幅厚比の規定を満足するかぎり，実用上特に問題はないと思われる．

参 考 文 献

2. 1） 仲　威雄，加藤　勉，藤本盛久，菅野　誠：建築学大系12　座屈論，彰国社，1968

2. 2） チモシェンコ：座屈理論，コロナ社，1953

2. 3） V.Z. ウラーソフ：薄肉弾性ばりの理論，技報堂，1967

2. 4） F.R. Shanley : Inelastic Column Theory, Journal of the Aeronautical Sciences, Vol. 14, No. 5,

1947.5

2. 5)　J.E. Duverg and T.W. Wilder：Column Behavior in the Plastic Stress Range, Journal of the Aeronautical Sciences, Vol. 17, No. 6, 1950.6

2. 6)　日本建築学会：鋼構造設計規準 -許容応用度設計法-, 2005

2. 7)　日本建築学会：鋼構造塑性設計指針, 1975

2. 8)　日本建築学会：鋼構造座屈設計指針, 1980

2. 9)　日本建築学会：鋼構造限界状態設計指針・同解説 -SI 単位版, 2002

2.10)　土木学会：座屈設計ガイドライン, 1987

2.11)　成岡昌夫, 福本唀士, 伊藤鉱一：ヨーロッパ鋼構造協会連合・VIII 委員会の鋼柱座屈曲線について, 日本鋼構造協会誌, Vol. 6, No. 55, 1970.7

2.12)　Structural Stability Research Council：Guide to Stability Design Criteria for Metal Structures Sixth Edition, Wiley, 2009

2.13)　Column Research Committee of Japan：Handbook of Structural Stability, Corona Publishing Co., 1971.3

2.14)　長柱研究委員会：弾性安定要覧, コロナ社, 1960

2.15)　Bleich, F：Buckling Strength of Metal Structres, MacGraw-Hill, 1952

2.16)　Timoshenko, S.P., Gere, J.M.：Theory of Elastic Stability, MacGraw-Hill, 1961

2.17)　Chen, W.F., Atsuta, T.：Theory of Beam-Columns, Vol. 2, MacGraw-Hill, 1976

2.18)　若林　實：鉄骨構造学詳論, 丸善, pp.177-181, 1985

2.19)　Tu, S.N.：Column with Equal-Spaced Elastic Supports, Journal of the Aeronautical Sciences, Vol. 11, No. 1, pp.67-72, 1944.1

2.20)　Winter, G.：Lateral Bracing of Columns and Beams, Journal of the Structural Division, ASCE, Vol. 84, ST 2, pp.1561 1〜1561-22, 1958.3

2.21)　松井千秋：圧縮材の補剛設計について, 日本建築学会九州支部研究報告, 第 25 号, pp.213-216, 1980.2

2.22)　Matsui, C. and Yagi, K.：On the Lateral Bracing Required for Compression Members, Preliminary Report, 2nd International Colloquim on Stability of Steel Structures, Liege, Apr. pp.101-106, 1977.4

2.23)　松井千秋, 松村弘道：圧縮材の支点の補剛に関する研究, （その 1）弾塑性解析, （その 2）矩形断面材に関する実験的研究, 日本建築学会論文報告集, No. 205, 1973.3, pp.23-29, No. 208, pp.15-21, 1973.6

2.24)　西野孝仁, 辻　文三：圧縮部材の耐力・変形能力と補剛材の剛性・強度, 日本建築学会近畿支部研究報告集, 第 34 号, pp.145-148, 1994

2.25)　最相元雄, 田中　尚, 高梨晃一, 宇田川邦明：圧縮材の横方向補剛について, 日本建築学会論文報告集, No. 184, pp.73-79, 1971.6

2.26)　Medland, I.C.：A Basis for the Design of Column Bracing, The Structural Engineer, Vol. 55, No. 7, pp.301-307, 1977.7

2.27)　Medland, I.C.：Flexural-Torsional Buckling of Interbraced Columns, Engineering Structures, Vol. 1, No. 3, pp.131-138, 1979

2.28)　Medland, I.C.：Buckling of Interbraced Beam Systems, Engineering Structures, Vol. 2, No. 2, pp.90-96, 1980

2.29) BS 449 : Specifications for the Use of Structural Steel in Building, British Standards Institution, p.47, 1969

2.30) American Institute of Steel Construction : Specification for Structural Steel in Buildings, Load and Resistance Factor Design, 1986.9

2.31) 呉　榮錫, 加藤　勉：H型断面鋼構造部材の塑性局部座屈と変形能力, 構造工学論文集, 日本学術会議構造工学研究連絡委員会, Vol. 34 B, pp.161-168, 1988.3

2.32) Ben Kato : Local Buckling of Steel Circular Tubes in Plastic Region, Proc. of the International Colloquium on Stability of Structures Under Static and Dynamic Loads, SSRC/ECCS, Washinton, D.C., 1977.3

2.33) 加藤　勉：閉断面部材の局部座屈と変形能力, 日本建築学会構造系論文集, No. 378, pp.27-36, 1978.8

2.34) 藤本盛久：鉄骨の構造設計, 全改訂2版, 技報堂出版, pp.243-244, 1982

2.35) 牧野　稔, 河野昭雄：Alignment Charts for the Effective Length Factor in a Framed Column Including Shear Deformation, Trans. AIJ, No. 248, pp.27-36, 1976.10

2.36) White, M.W. and Thurlimann, B. : Study of Columns with Peforated Cover Plate, AREA, Bull., No. 531, p.173, 1956.9-10

2.37) DIN 4114 : Stahlbau Stabilitatsfall (Knickung, Kippung, Beulung), Blatt 1 Ausgabe 1952.7, Blatt 2 Ausgabe 1953.2

2.38) AASHTO : Standard Specification for Highway Bridges, p.153, 1973

2.39) BS 449 : The Use of Structural Steel in Building, Part 2 (Metric Units), British Standards Institution, p.68, 1969

2.40) 日本道路協会：道路橋示方書, p.39, 1972

2.41) AISC : Specification for the Design, Fabrication and Erection of Structural Steel for Buildings, p.48, 1969

2.42) 木村祥裕, 小河利行：偏心補剛されたH形鋼圧縮部材の座屈荷重と必要補剛剛性, 日本建築学会構造系論文集, No. 574, pp.213-218, 2003.12

2.43) 木村祥裕, 小河利行, 正岡典夫, 山下哲郎：偏心補剛されたH形鋼圧縮部材の必要補剛剛性と必要補剛耐力, 日本建築学会構造系論文集, No. 585, pp.207-213, 2004.11

2.44) 木村祥裕, 天本朱美：偏心補剛されたH形鋼圧縮部材の座屈荷重に及ぼすウェブ変形の影響, 日本建築学会構造系論文集, No. 600, pp.187-194, 2006.2

2.45) 木村祥裕, 天本朱美：ウェブ変形の影響を考慮したH形鋼圧縮部材の座屈荷重に及ぼす偏心補剛材の水平及び回転拘束効果, 日本建築学会構造系論文集, No. 637, pp.583-591, 2009.3

2.46) Engesser, F. : Die Knickfestigkeit gerader Stabe, Zentralblatt der Bauverwaltung, Vol. 111, p. 483, 1891

2.47) Engesser, F. : Uber die Knickfestigkeit von Rahmenstaben, Zentralblatt der Bauverwaltung, Vol. 29, p.136, 1909

2.48) European Committee for Standardization (CEN), Eurocode 3 : Design of steel structures-Part1 -1 : General rules for buildings, EN 1993-1-1, pp.57-59, 2005.5

2.49) European Convention for Constructional Steelwork (ECCS) : Manual on Stability of Steel Structures Second Edition, 1976

3章 筋かい材

3.1 筋かい材の挙動

3.1.1 筋かい材の役割

筋かい材（ブレース）は，骨組構造に組み込まれて，主として部材の軸方向力で地震や風などの外力に抵抗する要素であり，建物の屋根や床に配置して水平構面の剛性を高めるとともに建物に作用する外力を建物全体に分配する役割を持つ水平筋かいと，建物の鉛直構面に配置して外力に抵抗させる鉛直筋かいの2つがある．筋かい材に用いられる断面としては小径の鉄筋から大型の形鋼や鋼管など形状も多様であり，また，使用される細長比の範囲も広い．細長比が大きい筋かい材は，座屈荷重が小さいので引張力で外力に抵抗するように使用されるが，細長比の小さいものは，座屈荷重も比較的大きく材の引張降伏軸力に近い抵抗力が期待できるので，単調な外力に対しては座屈荷重以内の圧縮力で抵抗させるとともに，繰返し外力に対してもある程度の座屈後耐力を期待することができる．

筋かい材が引張力を受ける場合には，その挙動は細長比に関係なく部材に用いられている素材の応力度-ひずみ度関係に依存し，抵抗力としては降伏軸力が期待できる．X形に配置されたターンバックル付丸鋼筋かい等では，初期引張力が導入された場合，圧縮筋かい材の初期剛性も期待できる．しかし，引張筋かい材が降伏するまでに圧縮筋かい材の初期引張力は失われ，圧縮筋かい材の座屈荷重は小さいことから，全体の抵抗力は張力を導入しない場合と殆ど同じとなることが多い．

引張筋かい材で重要なのは，材端における骨組との接合部において，材が降伏軸力に達する前に破断しないように設計することである．一方，筋かい材が圧縮力を受ける場合には，その座屈荷重および座屈後挙動は，材の断面形状および細長比に依存する．また，圧縮力と引張力の交番繰返し力を受けるときの挙動は，単調な軸方向力を受ける場合に比べるとかなり複雑になる．これらの挙動については，3.2節および3.3節で説明する．

3.1.2 筋かい材の考え方

筋かい材の圧縮力に対する設計上の扱い方は，設計法に応じて変化する．

許容応力度設計法の場合には，座屈荷重に基づいて定められた筋かい材の許容応力度が筋かい材を含む骨組の応力解析から求められた筋かい材の存在応力度よりも大きければよい．一般に，トラスを構成する圧縮材や風圧力に対する筋かい材の設計では，この考え方によっている．

地震力のような繰返し力を受ける筋かい付ラーメン構造でも，許容応力度設計法に基づくのであればこの考え方で設計できるが，中程度の地震から大地震まで一律にこの考え方で設計することは，ラーメン骨組の抵抗力を有効に利用しないことになる．すなわち，大地震時に筋かい材の座屈荷重で抵抗させた場合，一般に，筋かい材の軸方向剛性は骨組の曲げ剛性に比べて格段に大きいため，

筋かい材の座屈時に骨組は弾性状態にあり，まだ十分に余力があるのが普通である．また，圧縮筋かい材が座屈した後ではすでに耐力低下が起こっているので，骨組の塑性耐力と筋かい材の座屈荷重に基づく耐力とを累加することはできない．したがって，骨組の塑性耐力および塑性変形能力を期待する場合には，筋かい材の座屈後の安定した耐力が重要となり，この耐力と骨組の耐力との累加で筋かい付骨組の耐力を評価する必要がある．

骨組のエネルギー吸収能力で耐震性能を評価するのであれば，圧縮筋かい材を座屈後の安定耐力ではなく，ラーメン骨組に期待する塑性変形能力に対応させて圧縮筋かいの座屈後の吸収エネルギーが等しくなるように定められた等価な耐力で評価する考え方もある．

筋かい付ラーメン骨組の正確な静的および動的弾塑性性状を知るためには，筋かい材が繰返し力を受けるときの精度の良い復元力特性が必要である．現状では，多層多スパン骨組を筋かい材の個々の挙動を含めて解析することは困難であるため筋かい材の復元力特性の定式化が行われているが，これについては 3.3 節で説明する．

3.1.3 筋かい材の種類

図 3.1.1 に各種の筋かい形式を示す．

（a）の X 形は低層鉄骨造で一般的であり，圧縮筋かい材と引張筋かい材とが組み合わせて用いられている．このような骨組では，図 3.1.2 に示すように，一般に，圧縮筋かい材が座屈した後に引張筋かい材が降伏し，最後にラーメン骨組が降伏する．ラーメン骨組は筋かい材の座屈時には弾性状態であり，その後耐力の上昇があるので，骨組全体の挙動においては，筋かい材の座屈後耐力の低下があっても，$P \cdot \varDelta$ モーメントによる耐力低下は生じるものの，それ以上の耐力低下は生じない．

（b）の K 形には 2 つの崩壊形式がある．梁が十分に強く剛性が大きければ（a）の X 形と同じ挙動と崩壊形式を示すが，梁が弱い場合には，圧縮筋かい材が座屈してその耐力が低下すると，引張筋かい材と圧縮筋かい材との軸力差の鉛直成分が梁に付加せん断力として作用し，筋かい材との交点および梁端において，梁材が曲げ降伏することがある．このような場合には，骨組全体としては，図 3.1.3 のように水平耐力が低下する不安定な挙動を示すことになるので，注意が必要である．

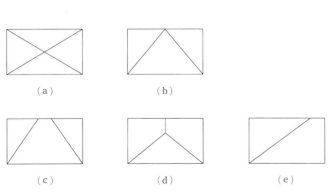

図 3.1.1 筋かい材の種類

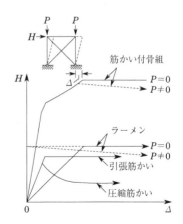

図 3.1.2 X 形筋かい付骨組の耐力

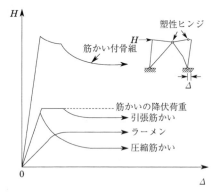
図3.1.3 K形筋かい付骨組の耐力

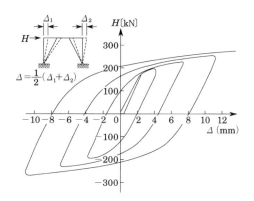
図3.1.4 偏心筋かい付骨組の挙動

図3.1.1の(c),(d)および(e)は偏心筋かいといわれるもので,筋かい材およびラーメン骨組の部材軸心の交点が一致しないように構成したものである.これらの骨組では,筋かい材が座屈する前に骨組部材の一部分(リンク部)を曲げまたはせん断降伏させることによって筋かい材の座屈後の耐力低下を防ぎ,骨組全体としての大きな耐力と塑性変形能力を期待するものである.リンク部分は大きく塑性変形するので,局部座屈防止の補剛材を適切に配置する必要があるが,このようにすれば,図3.1.4に示すように骨組の復元力特性は安定した紡錘形となる.

圧縮力に対して筋かい材を座屈させず,圧縮力および引張力に対して降伏軸力までの耐力を期待する形式の筋かいに座屈拘束ブレースがある.これは筋かい材の外側に軸方向力を受けないように付着が切られた鋼管コンクリートのような座屈拘束材で覆ったもので,この部分の弾性座屈荷重を心材の降伏荷重以上になるように設計すれば,この場合も復元力特性は紡錘形となる.このような筋かいについては,3.5節で説明する.

3.2 圧縮筋かい材の座屈後挙動
3.2.1 中心圧縮材の座屈後挙動

中心圧縮材の座屈荷重および座屈後挙動は,2章で述べたように,部材の断面形状と細長比に依存する.図3.2.1は素材の応力度-ひずみ度関係を完全弾塑性と仮定して,筋かい材に作用する圧縮力 P と軸方向縮み量 $\mathit{\Delta}l$ との関係を,それぞれ材の降伏軸力 P_y および降伏軸力時の縮み量 $\mathit{\Delta}l_y$ で除して無次元化し,模式的に示したものである.

図中の曲線Aは細長比が小さい場合で,材の圧縮降伏荷重に達して曲げ座屈が起こり,以後,塑性圧縮縮みと塑性曲げ変形によって材の軸方向変形 $\mathit{\Delta}l$ が増加するが,材の塑性縮み成分に比べて曲げ変形成分の割合が小さいため,$P\cdot\mathit{\Delta}$ モーメントによる座屈後耐力の低下は小さい.ひずみ硬化を有する材であれば,座屈した後の $P\cdot\mathit{\Delta}$ モーメントによる耐力低下分よりもひずみ硬化による断面の塑性曲げ耐力の増加分が大きくなり,細長比が非常に小さい場合には,全体として,座屈後耐力の上昇が期待できる場合がある.

曲線Bは細長比が限界細長比までの範囲にある中程度の場合であり,座屈荷重は曲線Aと同じ

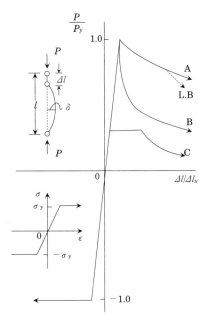

図3.2.1 単調軸方向力を受ける筋かい材の挙動

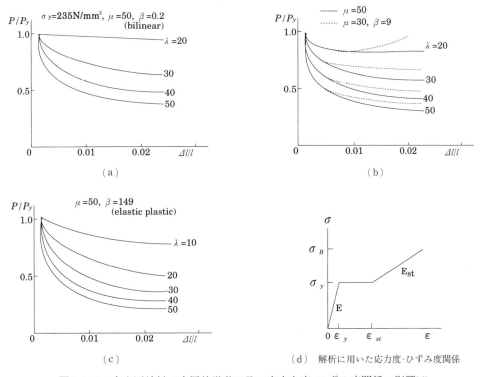

(a)

(b)

(c)

(d) 解析に用いた応力度-ひずみ度関係

図3.2.2 中心圧縮材の座屈後挙動に及ぼす応力度-ひずみ度関係の影響[3.9]

—56— 鋼構造座屈設計指針

圧縮降伏荷重であるが，細長比が小さい場合に比べると座屈後の耐力低下は大きい．

　曲線 C は弾性領域で座屈する細長比の大きい場合である．座屈後の $\varDelta l$ に占める成分において，圧縮縮み成分に比べて曲げ変形成分が大きくなるが，圧縮力が小さいので $P \cdot \varDelta$ モーメントは小さく，したがって，座屈後の耐力低下も小さい．

　筋かい材には種々の断面形状の部材が使われるが，断面は板要素で構成されているので，座屈後挙動の過程で局部座屈が発生し，モーメントによる耐力低下のほかにこの局部座屈を伴う耐力低下が起こる．この局部座屈の発生点は断面形状および板要素の幅厚比に依存する．

　また，断面の一般化応力度–一般化ひずみ度関係は断面形状によって異なるので，座屈後の挙動は細長比だけでなく断面形状によっても異なる．

　図 3.2.1 は理想弾塑性材料を想定しているので，実際の筋かい材の挙動とは多少異なっている．実際の断面部材には必ず残留応力が存在し，応力度–ひずみ度関係は非線形の弾塑性となるので，図中の曲線 B の座屈荷重は P_y より小さくなるし，曲線 A，B ともに座屈荷重に達するまでに非線形の挙動を示すのが普通である．

3.2.2　座屈後挙動に及ぼす応力度–ひずみ度関係および荷重の偏心の影響

（1）　応力度–ひずみ度関係の影響

　広幅 H 形断面部材の強軸まわりに座屈を生じる細長比が比較的小さな部材を対象として，鋼材の応力度–ひずみ度（σ–ε）関係が中心圧縮材の座屈後挙動に及ぼす影響について調べたものが図 3.2.2 である[3.9]．ここで，σ–ε 関係は，図 3.2.2（d）に示すように 3 本の直線で近似したものである．なお，図中の μ および β は，次の式で表される．

$$\left. \begin{array}{l} \mu = \dfrac{E}{E_{st}} \\[2ex] \beta = \dfrac{\varepsilon_{st}}{\varepsilon_y} \end{array} \right\} \tag{3.2.1}$$

　この図から，素材の降伏棚の長さおよびひずみ硬化現象の存在が中心圧縮材の座屈後挙動に大きな影響を持つことがわかる．すなわち，降伏棚が長いほど座屈後の耐力劣化が大きく，ひずみ硬化係数が大きいほど座屈後の耐力の低下が緩和されることがわかる．

（2）　荷重の偏心の影響

　偏心圧縮材の最大耐力は，材料が弾性であれば，最終的にはオイラー荷重に収れんするが，材料が非弾性になると偏心量に応じて最大耐力は低下する．図 3.2.3 に理想弾塑性材料からなる細長比が 100 の矩形断面圧縮材の弾塑性解析の一例を示す[3.4]が，荷重の偏心量によって圧縮材の最大耐力および最大耐力後の挙動が異なることがわかる．いま，通常の圧縮材の座屈荷重を求める際に考慮されている初期たわみと荷重の偏心が座屈後の挙動に及ぼす影響を調べるために，中心圧縮材の不可避の偏心として $e = i/20 + l/500$（i：断面二次半径，l：全長）を有する矩形断面の偏心圧縮材について，最大耐力および最大耐力後の挙動を細長比を変化させて比較したのが図 3.2.4 である[3.4]．図 3.2.4 から，細長比が中程度の 60 から 100 の偏心圧縮材では，中心圧縮材に比較して最大耐力の減

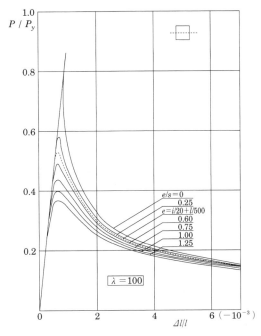 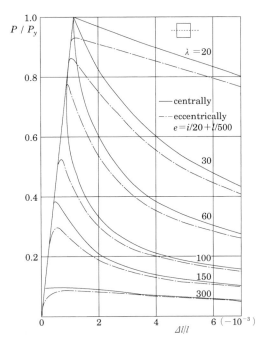

図 3.2.3　偏心圧縮材の座屈後挙動と細長比[3.4]　　　図 3.2.4　偏心圧縮材の座屈後挙動と細長比[3.4]

少が大きく，また，中心圧縮・偏心圧縮ともに最大耐力後の耐力低下も大きいことがわかる．

3.2.3　中心圧縮材の荷重-変形関係の実験式

　中心圧縮材の荷重（圧縮力）-変形（縮み量）関係は部材の断面形状と細長比によって変化するが，さらに，鋼材の応力度-ひずみ度（σ-ε）関係によっても異なる．ある断面形状の部材については，鋼材の応力度-ひずみ度関係が相似であれば，無次元化された中心圧縮材の荷重-変形関係を支配するパラメータは $\lambda_e = \sqrt{\varepsilon_y} \cdot \lambda$（$\varepsilon_y$・降伏ひずみ度）だけとなることが知られている．$\varepsilon_y$ が異なる鋼材において σ-ε 関係は相似ではないが，これによる差は一般に小さいので，中心圧縮材の荷重-変形関係の実験式の誘導にあたっては，λ_e を唯一のパラメータと考えることができる．

　いま，中心圧縮材の軸力を P，縮み量を Δl とし，軸力 P を部材の降伏軸力 P_y で除した値を $n(=P/P_y)$，縮み量 Δl を部材の降伏軸力時の弾性縮み量 Δl_y で除した値を $e(=\Delta l/\Delta l_y)$ とすると，無次元化された中心圧縮材の荷重（圧縮力）-変形（縮み量）関係（n-e 関係）は，λ_e に応じて図 3.2.5 に示すようなものとなる[3.9]．

　λ_e が小さい場合（曲線 A）には，n は 1.0 にまで達し座屈後の耐力劣化も緩やかである．λ_e が大きくなると（曲線 B），n の最大値 n_{mx} は 1.0 には達しなくなり，座屈後の耐力劣化も大きくなる．λ_e が大きい場合，荷重-変形関係の n の下限は，図中に示す Paris の解[3.10]によって近似できる．現実的な断面では，ある程度塑性変形が進むと，圧縮材を構成する板要素に生じる局部座屈によって，局部座屈が生じない場合と比較すると図中の破線のように耐力劣化の度合いが増す．局部座屈による耐力劣化の開始点の変形 e_r（図中の▼印に対応する値）に関しては，実験結果から次のような傾

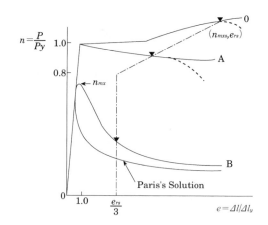

図 3.2.5 中心圧縮材の荷重-変形関係

向が読み取れる．すなわち，板要素の局部座屈のみによって耐力劣化を生じる短柱 (Stub Column) の荷重-変形関係を示したのが曲線 O であるが，λ_e が大きくなると，短柱の場合の値 e_{rs} に比べて e_r は小さくなり，$n<0.8$ の領域で局部座屈が生じる場合には，e_r は e_{rs} の $1/3$ 程度のほぼ一定した値となる．

これらの考察を踏まえて得られた中心圧縮材の荷重-変形関係の実験式を次に示す[3.11]．

1) $\lambda_e \leqq \Lambda$ のとき

$$n_{mx} = \frac{1 - 0.4\left(\dfrac{\lambda_e}{\Lambda_e}\right)^2}{1 + \dfrac{4}{9}\left(\dfrac{\lambda_e}{\Lambda_e}\right)^2} \tag{3.2.2}$$

$\lambda_e > \Lambda$ のとき

$$n_{mx} = \frac{9}{13}\frac{\pi^2}{\lambda_e^2} \tag{3.2.3}$$

ここに，$\Lambda_e = \sqrt{\dfrac{\pi^2}{0.6}}$

この n_{mx} は，現行の「鋼構造設計規準」[3.12]が与える中心圧縮柱の短期許容応力度を基準値 F で除した値となっている．

2) 座屈前は $n=e$ とし，座屈後は (e_{mx}, n_{mx}) を通る直線で n-e 曲線を近似する．近似直線の勾配 k_d は断面形状，材質に応じて次の値とする．

a) H 形鋼の場合
 （1） 強軸まわりに座屈する場合
  $\lambda_e \leqq 0.5$ の場合 $k_d = 0$
  $\lambda_e > 0.5$ の場合 $k_d = -0.2(\lambda_e - 0.5)$ (3.2.4)
 （2） 弱軸まわりに座屈する場合
  $\lambda_e \leqq 0.5$ の場合 $k_d = 0$
  $\lambda_e > 0.5$ の場合 $k_d = -0.15(\lambda_e - 0.5)$ (3.2.5)

b) 電縫鋼管の場合

$\lambda_e \leqq 0.75$ の場合　$k_d = 0$

$\lambda_e > 0.75$ の場合　$k_d = -0.1(\lambda_e - 0.75)$ (3.2.6)

なお，山形鋼でねじれ座屈を生じない場合は(2)の場合に属し，鋼管で冷間加工を受けないもの（遠心鋳鋼鋼管）は，(1)の場合に属すると考えてよい．

3) n の下限値 n_m は Paris の解を用いて求め，n が n_m に達した後は n-e 関係は e 軸に平行であるとする．Paris の解は断面形の差によって大きな影響を受けないので，次の鋼管柱に対する Paris の解を適用する．

$$e = \frac{2}{\lambda_e^2} \frac{1}{n^2} \cos^2 \frac{\pi n}{2}$$ (3.2.7)

式 (3.2.7) において，$e = 10.0$ のときの n を n_m とする．

このようにして求めた n_m と λ_e との関係を図3.2.6に示す．

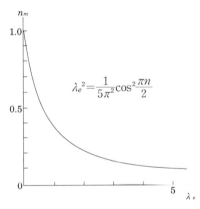

図3.2.6　圧縮材の耐力の下限値

4) 局部座屈による耐力劣化が始まる点の変形 e_r は，図3.2.5に破線で示されるように，短柱圧縮試験によって求められる最高荷重点の座標 (e_{rs}, n_{mxs}) を基にして次のように定める．

$$\left.\begin{array}{ll} n \leqq 0.8 \text{ の場合} & e_r = \dfrac{e_{rs}}{3} \\ n > 0.8 \text{ の場合} & e_r = \dfrac{2e_{rs}}{3} \cdot \dfrac{n - 0.8}{n_{mxs} - 0.8} + \dfrac{e_{rs}}{3} \end{array}\right\}$$ (3.2.8)

このようにして求められた実験式と実験結果を比較したのが図3.2.7である[3,9]．図中のXシリーズはH形断面材で強軸まわりの曲げに関するもの，YシリーズはH形断面材で弱軸まわりの曲げに関するものであり，Tシリーズは鋼管断面材に関するものである．また，図中の▲印は目視によって求められた板要素の局部座屈が顕在化する点で，この点を過ぎてから局部座屈による荷重-変形曲線の劣化が生じている．図3.2.7からわかるように，中心圧縮材の座屈荷重および座屈後の挙動が，上記の実験式によっておおよそ予測できる．

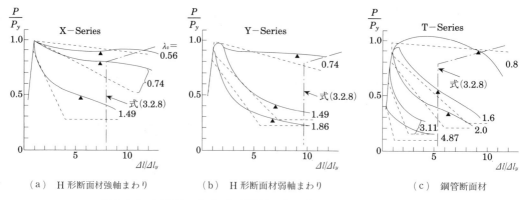

図 3.2.7 圧縮材の荷重-変形関係の実験式と実験結果との比較[3.9]

3.3 筋かい材の繰返し力作用時の挙動

3.3.1 繰返し力作用時の挙動一般

筋かい材が圧縮力と引張力の交番繰返し力を受けるときの挙動は，単調な軸方向力を受ける場合に比べるとかなり複雑になる．

図3.3.1は，繰返し軸方向力を受ける筋かい材の挙動を模式的に示したものである[3.7]．両端単純

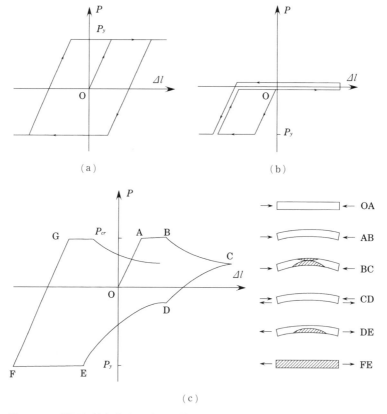

図 3.3.1 繰返し軸方向力を受ける筋かい材の軸方向力-軸方向変形関係[3.7]

支持の筋かい材に圧縮力と引張力が交互に作用する場合，部材の曲げ剛性が十分に大きくて座屈が生じなければ，軸方向力-軸方向変形関係は図3.3.1(a)に示すように材料の応力度-ひずみ度関係に一致し，軸方向変形は弾性軸ひずみと塑性軸ひずみの和によって生じる．一方，図3.3.1(b)のように，材に曲げ剛性がなければ材は圧縮力を負担できず，圧縮力を受けるときの軸方向変形は，材の横たわみにより生じる幾何学的な変化のみによって生じる．引張力を受けるときには材が真直になった状態から引張力を負担し始め，軸方向変形は弾性および塑性軸ひずみの和となる．

　一般の圧縮材の挙動はこの両者が複合したものと考えられ，図3.3.1(c)のようになる．OA部は弾性的に中心圧縮され，A点で曲げ座屈が起こり，材は幾何学的な変化によって縮む．B点で材の中央部に塑性化が生じ，幾何学的な変化と軸方向塑性ひずみにより変形が進行する．C点で除荷すると材は弾性に戻り，このときの材の伸び剛性は曲げ変形のために小さくなっている．引張力を加えると横たわみは小さくなり，伸び剛性は増大していくが，D点で材の一部に塑性化が生じ，軸方向塑性ひずみも加わって材の伸び剛性は再び低下する．E点で材が真直になれば幾何学的変化による変形成分がなくなり，主として材全体の塑性ひずみにより伸びていく．理想弾塑性材料の場合には，圧縮力で曲げ変形した材が引張力を受けると最終的には引張降伏して真直になるが，ひずみ硬化を有する材料では，圧縮力で一度塑性曲げを受けると元の真直な状態にはならない．したがって，F点で除荷され再び圧縮力を受けると，初期たわみを有する圧縮材としての耐力しか期待できず，G点はA点より低い値になる．ある一定の軸方向変位の下で繰返し軸方向力を受けると，圧縮耐力は繰返し回数の増加とともに低下する．この理由は，残留たわみが繰返し回数とともに増えるのと，素材の応力度-ひずみ度関係のバウシンガー効果に基づくものである．残留塑性変形は繰返し回数とともに増加するため，2回目以後の圧縮側および引張側の除荷点の値は前回の値よりも低下するが，回数の増加とともにある一定値に収れんする．

　筋かい付骨組が地震力を受けると，筋かい材は圧縮力と引張力を交互に受ける．水平力を受ける筋かい付骨組の弾塑性履歴挙動には，筋かい材の座屈後の履歴特性が顕著に現れるために，筋かい材の細長比が極めて小さい場合を除くと，繰返し加力時の履歴曲線は，耐力および剛性が繰返しの回数とともに低下していく．

　1974年ごろまでの実験および解析による研究については，文献3.5)にまとめられており，これらの結果から以下の点が指摘されている．

（1）　限界細長比に近い部材ほど座屈後の耐力低下が著しい．

（2）　細長比が極めて小さい場合には座屈による急激な耐力低下は生じず，繰返し荷重を受けても圧縮・引張ともに最大耐力をほぼ維持することができる．

（3）　一定の軸方向変位振幅で繰り返した場合，繰返し数の増加とともに横たわみが蓄積される．その結果，圧縮および引張最大耐力が低下していき，最終的にはある値に収れんする．また，軸方向変位振幅が大きいほど蓄積される横たわみ量が大きく，したがって，繰返し荷重による最大耐力の低下が大きい．

（4）　圧縮側から除荷したときの性状は部材の細長比，変位振幅によって大きく異なり，細長比が大きいほど，また変位振幅が大きいほど，その剛性は小さい．

－62－ 鋼構造座屈設計指針

（5） 材端において回転拘束を受ける場合には，両端単純支持の場合に比較して繰返し荷重時の
耐力低下が少ない．

（6） 軸方向力のわずかな偏心が部材の繰返し挙動に及ぼす影響は小さい．

（7） X形筋かい形式のように筋かい材が一対として用いられる場合の繰返し水平荷重時の履
歴挙動は，圧縮および引張筋かい材の挙動の和として表される．筋かい材が座屈した後の一
対の筋かい材の繰返し水平荷重-変形関係は，一般に，剛性が次第に低下していき，逆S字形
の形状を描くようになる．

3.3.2 筋かい材の履歴性状

（1） 両端単純支持の筋かい材

圧縮・引張の繰返し軸力を受ける両端単純支持の筋かい材の挙動を示す1例として，矩形断面材
についての実験結果を図3.3.2に示す[3.13]．各図中の左には軸方向力―軸方向変形関係を，右には軸
方向力-材中央横たわみ関係を示している．図3.3.2（d）に示すように，筋かい材の細長比が非常に
大きい場合には，筋かい材は圧縮力にはほとんど抵抗できず，引張力にのみ抵抗する．中程度の細
長比の筋かい材は，図3.3.2（a），（b）に示すように，より複雑な劣化型の履歴性状を呈する．

圧縮・引張の一定振幅の軸方向変形で繰り返すと，筋かい材の座屈荷重および引張最大荷重は徐々
に低下し，ある一定値に収束する．また，これらの図から，一定振幅繰返し変形下での圧縮・引張
の最大耐力の収束の度合いは，細長比が大きくなるほど早くなることがわかる．

繰返しに伴う筋かい材の座屈荷重の低下は，3.3.1項でも述べたように，2つの要因によって説明
することができる[3.14]．第1の要因は応力度-ひずみ度関係に現れるバウシンガー効果（比例限度の低
下）に基づく座屈荷重の低下であり，第2の要因は残留横たわみが初期不整と見なされる座屈荷重
の低下である．

降伏変位および降伏荷重で無次元化された筋かい材の復元力特性を規定する最大の要因は有効細
長比であり，さらに断面形状によっても影響されるが，荷重履歴や境界条件などその他の要因につ
いては，文献3.14），3.15）等を参照されたい．

3章 筋かい材 —63—

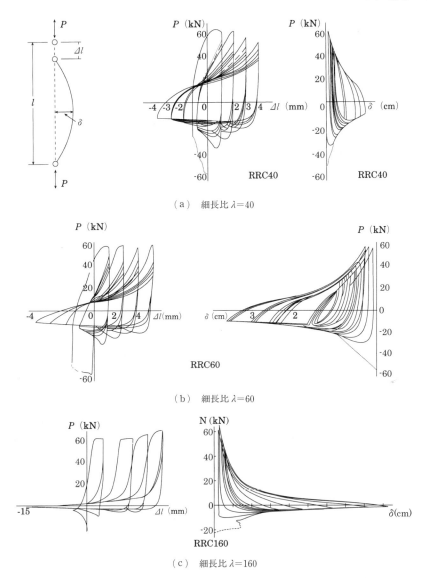

図 3.3.2　繰返し軸方向力を受ける矩形断面筋かい材の軸方向力-軸方向変形関係[3.13]

(2) 材端拘束の影響

　筋かい材は骨組に剛接合されることも多く，その場合，筋かい材の端部は骨組の部材から回転拘束を受けるとともに，筋かい材に作用する力の方向が筋かい材の材軸方向と一致しないことが多い．
　材端での強制変位が筋かい材の履歴性状に及ぼす影響について，塑性ヒンジ法により解析した結果を図 3.3.3 に示す[3.16]．図 3.3.3(a)に示す四隅単純支持骨組内の筋かい材は，材端において(b)に示されるような強制変位を受けている．いま，図 3.3.3(c)に同図(b)中の回転角 $\theta = 45°$ の場合の解析結果を示すが，同解析結果によると，$\theta = 0°～67.5°$ の強制変位を受ける場合に筋かい材に生じるせん断力は降伏軸力の 1～2 ％以下で，水平力-水平変位関係は $\theta = 0°$ の場合とほぼ同じであり，筋かい材の履歴性状は，材端での強制変位の角度の影響をほとんど受けないことが示されている．

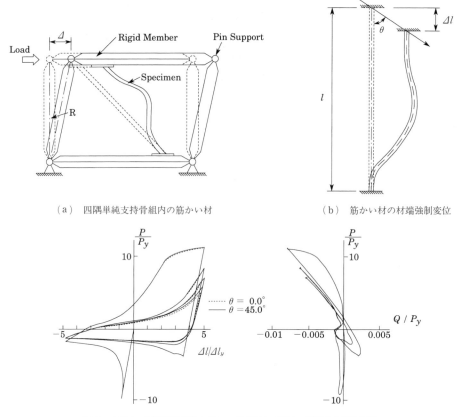

(a) 四隅単純支持骨組内の筋かい材　　(b) 筋かい材の材端強制変位

(c) 水平力-水平変位関係と筋かい材の軸力方向力-材端せん断力関係

図 3.3.3　材端で強制変位を受ける筋かい材[3.16)]

材端で弾性回転拘束を受ける筋かい材の繰返し載荷実験および解析結果[3.17),3.18)]によると，材端で回転拘束された筋かい材の履歴性状は，同じ座屈長さを持つ両端単純支持の筋かい材に比べて，抵抗力およびエネルギー吸収能力に関して安全側の評価を与えること，また，材端回転拘束を受ける筋かい材では，荷重の偏心が履歴性状に及ぼす影響は小さいことが指摘されている．したがって，両端が骨組に剛接された筋かい材の履歴挙動は，材長が半分の両端単純支持材と見なすことができよう．地震応答を模擬した筋かい付多層骨組の実験結果を用いて筋かい材の詳細な挙動を検討した結果[3.19),3.20)]においても，曲げ座屈が発生してから筋かい中央部に局部座屈が発生するまでの間，その有効座屈長さは材長のほぼ半分を保つことが示されている．

3.3.3　筋かい材の履歴モデル

筋かい材の履歴曲線は非常に複雑となるため，地震動を受ける筋かい付骨組の時刻歴応答解析などを行う場合には，筋かい材の履歴特性を適切に表現できるモデルを設定する必要があり，種々の履歴モデルが提案されている．繰返し軸方向力を受ける中程度の細長比の筋かい材に関して提案されている主な履歴モデル[3.21)-3.24)]のうち，文献 3.22)，3.24)の例を図 3.3.4(a)，(b)に示す．これ

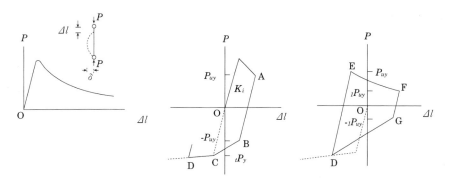

(a) H形断面および円形鋼管材の履歴モデル[3.22)]
　　適用範囲：H形断面および円形鋼管材，細長比 $\lambda=20\sim50$

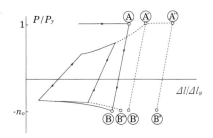

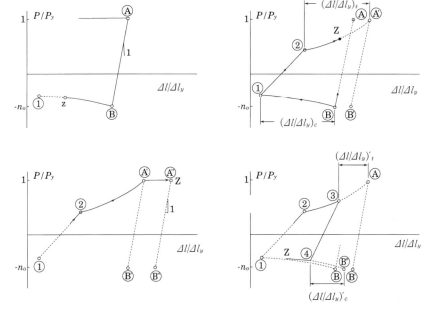

(b) 矩形断面または弱軸まわりに座屈するI形断面材の履歴モデル[3.24)]
　　適用範囲：細長比 $\lambda=30\sim150$

図 3.3.4　筋かい材の履歴モデル

表3.3.1 座屈耐力の低下を考慮した柴田・若林モデルの例[3.27),3.28)]

	初期座屈耐力	座屈耐力劣化開始値	圧力側耐力低下線
柴田・若林モデル[3.24)]	$p_1 n_c^3 + p_2 n_c - 1 = 0$ の解	考慮しない	$n = \dfrac{1}{\sqrt{p_1 \delta + p_2}}$
修正柴田・若林モデルA[3.28)]	$n_0 = \begin{cases} \{1 - 0.4(\lambda/\Lambda)^2\} \\ 0.6/(\lambda/\Lambda)^2 \end{cases}$	$n_d = \dfrac{n_e}{\sqrt[6]{\sum \zeta_i - p_n}}$	$n = \dfrac{n_d}{\sqrt[6]{\sum \zeta_i - p_n}}$
修正柴田・若林モデルB[3.27)]	$n_0 = \begin{cases} \{1 - 0.4(\lambda/\Lambda)^2\} \\ 0.6/(\lambda/\Lambda)^2 \end{cases}$	$n_d = \dfrac{n_0}{\sqrt[6]{\sum \zeta_i - p_n}}$	1ループ目： $n = \dfrac{n_0/n_c}{\sqrt{p_1 \delta + p_2}}$ 2ループ目以降： $n = \dfrac{n_d/n_c}{\sqrt{p_1 \delta + p_2}}$

［注］ p_1, p_2：定数，n_c, n_0：初期無次元化座屈耐力，n_d：座屈耐力劣化開始値，n：圧縮側無次元化耐力低下線，ζ_i：iループ目の無次元化圧縮変形

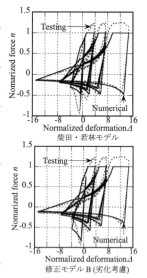

図3.3.5 各劣化モデルの精度

らの復元力特性は，すべて経験式である．文献3.23)に示す筋かい材の履歴曲線は直線の集合であり，文献3.22)〔図3.3.4(a)〕は曲線群で表現されている．図3.3.4(a)の単調載荷曲線（図中の左）から，繰返し載荷時の履歴曲線を求めている．円形鋼管材が繰返し軸方向力を受ける場合についての履歴モデルもいくつか提案されており[3.25),3.26)]，圧縮耐力の低下率と累積塑性変形の関係も実験により得られている．

図3.3.4(b)の履歴モデルは，円形鋼管，H形断面および組立材共に比較的精度良く座屈後挙動を追跡できることが知られている[3.27),3.28)]．繰返し加力下の座屈耐力の劣化を考慮した修正モデルも表3.3.1のようにいくつか提案されており[3.28),3.29)]，その精度が文献3.27)等で比較されている．図3.3.5に示すように，柴田・若林モデル[3.24)]に比べ修正Bモデル[3.28)]は，座屈耐力の低下性状において実験結果をよく捉えている．

3.3.4 筋かい材の累積繰返し変形性能

3.3.3項で示したような履歴モデルを用いて筋かい材の時刻歴応答解析を行う場合には，累積変形量が筋かい材の破断条件を超えていないことを確認する必要がある．繰返し変形下で筋かい材の中央部には図3.3.1に示すように曲げ変形による塑性ひずみの集中が起こるが，塑性領域はある程度分散するため，この要因のみで地震応答時に疲労破断に至る可能性は低い．しかしながら，曲げ変形時に材中央部に局部座屈が発生すると塑性ひずみは局部座屈部に集中するため，かなり早期に破断に至る可能性がある[3.30)-3.32)]．特に屈服を伴う局部座屈を生じる鋼管などの閉断面部材では，等価軸ひずみ（基準化軸変形＝軸変形/初期長さ）が1％を超える繰返し軸変形を受けると局部座屈が発生し，数サイクルで破断に至ることが報告されている[3.33)-3.35)]．H形断面部材や山形断面部材ではその影響は比較的小さいが，破断はいずれも局部座屈部で生じることが多くの実験的研究で示され

ている[3.36),3.27]．図 3.3.6 に局部座屈に伴う鋼管部材のひずみ集中の例，図 3.3.7 に細長比，幅厚比の異なる鋼管部材および H 形断面部材の等価軸ひずみ-累積変形量関係を示す．同図に示すように，累積変形性能は細長比および幅厚比（径厚比）により異なり，細長比が小さいほど，幅厚比（径厚比）が大きいほど破断に至るまでの累積変形ひずみは小さい．破断に至る累積変形性能の評価方法についてもいくつかの文献で提案されている[3.37]．文献 3.3) では，繰返し軸変形を受ける円形鋼管および H 形断面筋かい材の破断時期を，下式で示す局部座屈部のひずみ振幅拡大係数 α_c を用いて評価する手法が示されている．

1）　円形鋼管筋かい材の場合

$$
\alpha_c = \frac{\Delta\varepsilon_h}{\Delta\varepsilon_n} = \begin{cases} 1.0 & (\Delta\varepsilon_n < \varepsilon_{cr},\ \text{座屈前}) \\[2mm] \dfrac{\theta_h D}{L_k\left(1-\dfrac{\pi}{4}\right)\Delta\varepsilon_n} & (\varepsilon_{cr} < \Delta\varepsilon_n < \varepsilon_{lb},\ \text{全体座屈時}) \\[4mm] \dfrac{3\sqrt{6}\phi_h}{2\pi\sqrt{\dfrac{D}{t}}\,\Delta\varepsilon_n} + \dfrac{\theta_{lb}D}{L_k\left(1-\dfrac{\pi}{4}\right)\Delta\varepsilon_n} & (\varepsilon_{lb} < \Delta\varepsilon_n,\ \text{局部座屈時}) \end{cases}
\tag{3.3.1}
$$

ただし，D：鋼管径，t：板厚，L_k：有効座屈長さ，σ_{cr}：部材の等価座屈軸応力度，$\varepsilon_{cr}=\sigma_{cr}/E$，$\theta_h=\cos^{-1}(1-\Delta\varepsilon_n)$，$\varepsilon_{lb}=0.0683\varepsilon_y^{-0.39}(D/t)^{-1.39}$，$\theta_{lb}=\cos^{-1}(1-\varepsilon_{lb})$，$\Delta\theta_h=\theta_h-\theta_{lb}$，$\phi_h=\cos^{-1}[\cos(\Delta\theta_h)-(6D/t)^{0.5}\sin(\Delta\theta_h)/\pi]$ である．

2）　H 形断面筋かい材の場合

$$
\alpha_c = \frac{\Delta\varepsilon_h}{\Delta\varepsilon_n} = \begin{cases} 1.0 & (\Delta\varepsilon_n < \varepsilon_{cr},\ \text{座屈前}) \\[2mm] \dfrac{\theta_h B}{L_k\left(1-\dfrac{Z}{Z_p}\right)\Delta\varepsilon_n} & (\varepsilon_{cr} < \Delta\varepsilon_n < \varepsilon_{lb},\ \text{全体座屈時}) \\[4mm] \dfrac{5\phi_h}{1.635\left(\dfrac{B}{2t_f}\right)\Delta\varepsilon_n} + \dfrac{3}{2\Delta\varepsilon_n}\left(\dfrac{2t_f}{B}\right)^2 & (\varepsilon_{lb} < \Delta\varepsilon_n,\ \text{局部座屈時}) \end{cases}
\tag{3.3.2}
$$

ただし，B：フランジ幅，t_f：フランジ板厚，L_k：有効座屈長さ，σ_{cr}：部材の等価座屈軸応力度，Z：ブレース材断面係数，Z_p：ブレース材塑性断面係数，$\varepsilon_{cr}=\sigma_{cr}/E$，$\theta_h=\cos^{-1}(1-\Delta\varepsilon_n)$，$\varepsilon_{lb}=1-\cos\theta_{lb}$，$\theta_{lb}=6L_k t_f^2(1-Z/Z_p)/B^3$，$\Delta\theta_h=\theta_h-\theta_{lb}$，$\phi_h=\cos^{-1}[\sin\{0.685-(\Delta\theta_h)\}/0.6334]$ である．

3.3 節で示した各種の座屈後履歴モデルを組み込んだ軸要素の軸ひずみ履歴に対し，上式の α_c を乗じて局部座屈部の塑性ひずみ振幅を評価し，素材の疲労破断曲線に達した時に破断（亀裂発生）と見なす．文献 3.28), 3.37)には繰返し載荷実験との整合性や地震被害の再現解析例が報告されている．

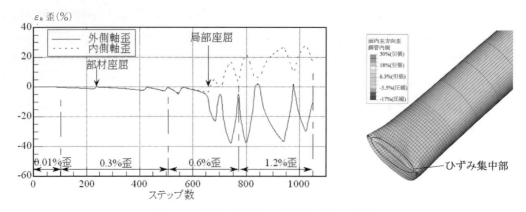

図 3.3.6　局部座屈部への塑性ひずみの集中

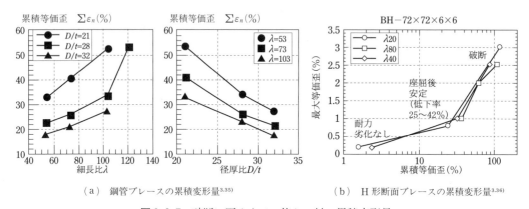

（a）鋼管ブレースの累積変形量[3.35]　　　　（b）H 形断面ブレースの累積変形量[3.36]

図 3.3.7　破断に至るまでの筋かい材の累積変形量

3.4　筋かい材の設計

3.4.1　筋かい材の耐力

図 3.4.1 に筋かい付骨組の例を示す．筋かいの細長比が十分に大きい場合には，筋かいの圧縮抵抗は期待できず，筋かいの引張降伏によって筋かい付骨組の耐力が決定される．筋かいの細長比が小さくなれば，筋かいの座屈耐力が骨組の耐力を支配するようになる．

「鋼構造設計規準」[3.12]では，特に筋かい付骨組の設計については言及していないが，通常は次のように考えられている．まず，筋かい材の細長比の大きさに従って，筋かい付骨組を引張型筋かい付骨組と引張・圧縮型筋かい付骨組とに分類する．引張型筋かい付骨組とは，筋かい材の細長比が大きいため圧縮筋かいの抵抗は期待できず，したがって，引張筋かいだけの降伏によって耐力が決まる場合であり，引張・圧縮型筋かい付骨組とは，圧縮型筋かい材の座屈によって耐力が決まる場合である．

それぞれの場合について，筋かい構面の耐力 $_BQ_Y$ は次のようになる．

引張型筋かい付骨組　　　　$\lambda \geq 3.64\sqrt{\dfrac{E}{F}}$ の場合　$_BQ_Y = FA_b\cos\theta$　　　　(3.4.1)

引張・圧縮型筋かい付骨組　　$\lambda \leq 3.64\sqrt{\dfrac{E}{F}}$ の場合　　${}_B Q_Y = 2\sigma_{cr} A_b \cos\theta$ \hfill (3.4.2)

ここに，F：鋼材の許容応力度の基準値，σ_{cr}：座屈応力度，A_b：筋かい材の断面積，θ：筋かい材と水平面とのなす角度である．上式は 400 N/mm² 材の筋かい材に対し，およそ $\lambda=108$ 程度の閾値を与える．

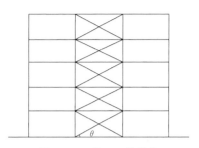

図 3.4.1　筋かい付骨組

筋かい材の座屈応力度は，「鋼構造設計規準」[3.12)]に示されている中心圧縮柱の短期許容圧縮応力度を採用して，次のように表される．

$$\left.\begin{array}{l} \lambda \leq \Lambda \text{ のとき}\quad \sigma_{cr} = \left\{1 - 0.4\left(\dfrac{\lambda}{\Lambda}\right)^2\right\} \bigg/ \left\{1 + \dfrac{4}{9}\left(\dfrac{\lambda}{\Lambda}\right)^2\right\} \cdot F \\[2mm] \lambda > \Lambda \text{ のとき}\quad \sigma_{cr} = \dfrac{6.83 E}{\lambda^2} \end{array}\right\} \quad (3.4.3)$$

ここに，λ：細長比，Λ：限界細長比 $=\sqrt{\pi^2 E/0.6F}$

「鋼構造限界状態設計指針・同解説」[3.1)]によれば，柱・梁・接合部の塑性変形能力が確保されている場合には，筋かい付骨組の設計は単純塑性理論（塑性ヒンジ理論）による塑性解析を用いて行い，それ以外の場合には弾性設計に基づいて行うことを原則としている．この時，筋かい材の耐力としては，3.3 節で述べた履歴モデルまたは次節で述べる座屈後の安定耐力を用いるものとする．

3.4.2　圧縮筋かい材の座屈後安定耐力と有効長さ係数

X 形筋かいまたは K 形筋かいの一組の筋かい材の保有水平耐力 ${}_B Q_U$ は，一本の筋かい材の引張降伏限界耐力 N_y と一本の筋かい材の座屈後の安定耐力 N_u の和を基にして，次のように求められる．

$$ {}_B Q_U = (N_u + N_y)\cos\theta \hfill (3.4.4)$$

ただし，$N_y = F A_b$

この座屈後の安定耐力 N_u として，3.2 節では，圧縮材の座屈後挙動を表す式(3.2.7)の Paris の解において $e=10.0$ のときの n の値を用いているが，「鋼構造限界状態設計指針・同解説」[3.1)]においては，これを簡略化して次のように与えている．

$\overline{\lambda} \leq 0.15$ のとき　　　　　$N_u = N_y$

$0.15 < \overline{\lambda} \leq 0.3$ のとき　　$N_u = \dfrac{1}{11\overline{\lambda} - 0.65} N_y$ (3.4.5)

$\overline{\lambda} > 0.3$ のとき　　　　　$N_u = \dfrac{1}{6\overline{\lambda} + 0.85} N_y$

ここに, $\overline{\lambda}$：筋かい材の基準化細長比 $= \dfrac{k_B \cdot l_B}{\pi \cdot i_B} \sqrt{\dfrac{F}{E}}$, l_B：筋かい材の節点間長さ, i_B：筋かい材の最小回転半径, k_B：筋かい材の座屈後の安定耐力に関する有効長さ係数である．

筋かい材の座屈後の安定耐力は筋かい材の細長比の関数として与えられるが，この細長比は筋かい材の材端拘束の状態によって大きな影響を受ける．図3.4.2は，中心圧縮材の座屈後の無次元化軸力 (N/N_y) と無次元化縮み量 ($\Delta l/\Delta l_y$) の関係であるが，図のように，両端ピン支持で長さが l_0 の曲線と，両端に拘束のある長さが l ($l > l_0$) の圧縮材の曲線とは，ある点Aで交差する．この点は座屈後耐力，軸方向塑性率ともに等しい等価な点であるので，このときの $k_B = l_0/l$ を，ある拘束・材長（細長比）および軸方向塑性率における座屈後安定耐力に関する有効長さ係数と定義する．

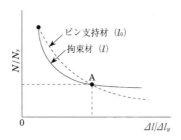

図3.4.2　中心圧縮材の軸方向力-縮み関係[3.1]

この有効長さ係数を材端拘束度 (k_r)，細長比 (l/i)，軸方向塑性率 ($\Delta l/\Delta l_y$) をパラメータとして調べた例を図3.4.3に示す．ここに，筋かい材の材端拘束度は，次のように定義される．

$$k_r = \dfrac{k_{rb}}{k_{r0}} \qquad\qquad\qquad\qquad\qquad\qquad (3.4.6)$$

ここに, k_{r0}：筋かい材の曲げ剛性 $= \dfrac{2EI}{l_B}$, k_{rb}：筋かい材端部拘束部の曲げ剛性 $= \left(\dfrac{1}{K_f} + \dfrac{1}{K_j}\right)^{-1}$ であり, K_f は筋かいの取り付く節点に単位回転角を与えるのに必要な曲げモーメント, K_j は筋かいの材端接合部の曲げ剛性を表している．

k_B の値はこの K_f, K_j が精度良く評価できれば図3.4.3を用いて求められるが，この評価はかなり面倒である．特に K_j の評価は実験に頼らざるを得ない場合が多い．したがって，「鋼構造限界状態設計指針・同解説」[3.1]では，筋かい材がラーメン等に直接溶接などで接合されている場合は $k_B = 0.55$，ガセットプレートなどを介して接合され接合部の曲げ剛性が小さい場合には $k_B = 0.75$ としている．

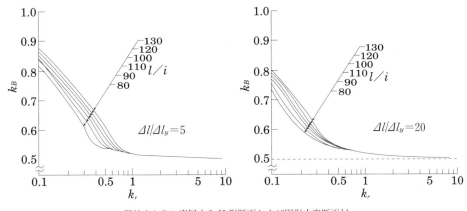

弱軸まわりに座屈するH形断面および円形中空断面材
降伏関数を $M_{pN}=\{1-(N/N_y)^2\}M_p$ としている．

図 3.4.3 材端拘束度（k_r）と有効長さ係数（k_B）との関係[3.1]

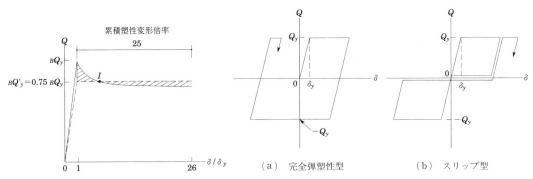

図 3.4.4 引張り・圧縮型筋かい付骨組の単調載荷時の水平力-変形関係[3.2]

図 3.4.5 復元力特性の基本形

3.4.3 筋かい材付骨組の保有水平耐力

一組の筋かい材の保有水平耐力をエネルギー吸収能力に着目して求める考え方もある．引張・圧縮型筋かい付骨組の復元力特性は筋かい材の細長比によって大幅に変化するが，単調載荷時の水平力-変形関係は，一般に，図3.4.4に示すようなものとなり，大変形領域では耐荷力は減少するが，ある値に漸近して安定する．

いま，大地震時に生じる筋かいの累積塑性変形倍率の上限値として25を設定し，エネルギーの等価性に着目して，最大耐力 $_BQ_y$ に対し，図中のI点で上下に分けられる斜線部分の面積が等しくなるような等価な耐力レベル $_BQ_y'$ を求め，荷重-変形関係を図中の破線で示される bi-linear な関係で近似する．等価耐力レベルの値は筋かい材の細長比によって変動するが，引張・圧縮型筋かい付骨組の平均的な細長比を考えると，$_BQ_y'$ はおおむね次のような値となる[3.38]．

$$_BQ_y'=0.75\,_BQ_y \tag{3.4.7}$$

引張・圧縮型筋かい付骨組の復元力特性は複雑な形状を呈するが，多少の単純化を施せば，図

3.4.5に示される完全弾塑性型とスリップ型の合成されたものと見なすことができる．各成分の降伏耐力は筋かい材の細長比に依存するが，平均的に見れば次のような値となる[3.38),3.39)]．

$$\begin{aligned}完全弾塑性型成分 \quad &_BQ_{y1}' = 0.3\,_BQ_y \\ スリップ型成分 \quad &_BQ_{y2}' = 0.45\,_BQ_y\end{aligned} \quad (3.4.8)$$

筋かい付骨組の各層の保有水平耐力は，ラーメン部分の降伏耐力 $_RQ_y$ と筋かい部分の降伏耐力 $_BQ_y' = {}_BQ_{y1}' + {}_BQ_{y2}'$ の和で次のように定義する．

$$Q_u = {}_RQ_y + {}_BQ_y' \quad (3.4.9)$$

3.4.4 筋かい材接合部の設計

前項までの筋かい材の座屈耐力および保有水平耐力が発現するためには，接合部が健全であることが大前提となる．引張終局荷重に対する保有水平耐力が確保されていることはもちろんであるが，圧縮荷重に対し接合部自身が座屈を生じないことが重要である．接合部のガセットプレートが納まり上ある程度の大きさを有している場合，図3.4.6の座屈モードBのように，それ自身が座屈を生じたり，面外方向にずれ変形を起こすことにより筋かい材の座屈耐力に大きな影響を及ぼすことが指摘されている[3.40)-3.42)]．図3.4.7に示すように現実の震害例においても接合部での破壊例は多く，ブレース止端部から梁柱までの距離が離れている場合には，ガセットプレートに面外補剛スチフナを設けるなどにより，接合部に母材以上の断面二次モーメントを確保する等の配慮が必要である．

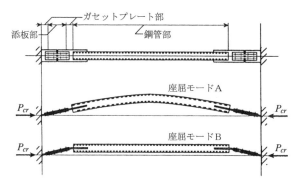

図3.4.6 ガセットプレートにおける座屈例[3.36)]

図3.4.7 ガセットプレートにおける座屈被害[3.68)]

接合部を含む筋かい材の安定限界耐力に関しては，3.5.2節に図3.4.8の座屈モードに応じた安定限界軸力式(3.5.7)，(3.5.8)が座屈拘束ブレースを対象として与えられているが[3.3]，同式はそのまま通常の筋かい材にも利用できると考えられる．具体的には，同式の N_{lim} が座屈耐力を超えていればよい．

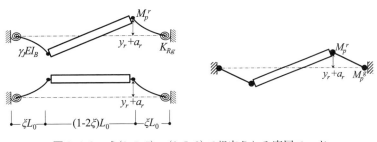

図3.4.8　式(3.5.7)，(3.5.8)で想定される座屈モード

3.5　座屈拘束ブレース

3.5.1　座屈拘束ブレースの概要

　座屈拘束ブレースは，軸力を負担する芯材の周囲に座屈拘束材を設けて全体座屈を防止した部材である．座屈拘束材には，図3.5.1のように鋼管や芯材との間にモルタルを充填したものが比較的多く使用されているが，拘束材の形式や芯材の断面には図3.5.2に示すようにさまざまなものが実用化されている．芯材と拘束材の間には剛性の低い一定厚の離間材（アンボンド材）が設けられるか，一定の間隔のクリアランスが設けられている．芯材は圧縮力を受けると，図3.5.3に示すように拘束材内で座屈しようとすると拘束材に止められ，降伏に至るまで高次の座屈モードに移行していく．この間座屈拘束材は軸力を負担せず，芯材の座屈を拘束するだけの剛性・曲げ耐力を負担している．

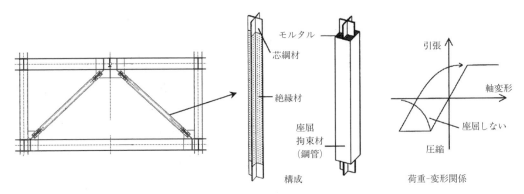

図3.5.1　座屈拘束ブレースの概念[3.43]

― 74 ―　鋼構造座屈設計指針

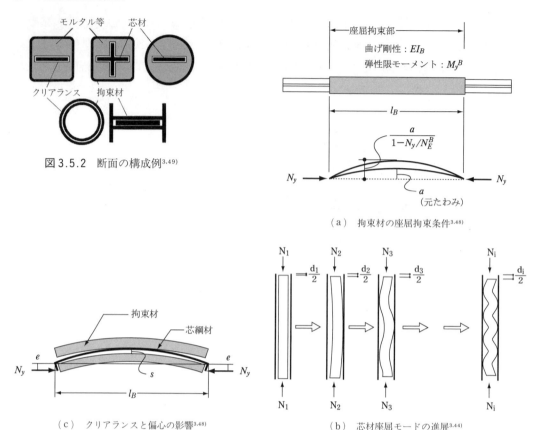

図3.5.2　断面の構成例[3.49]

(a)　拘束材の座屈拘束条件[3.48]

(c)　クリアランスと偏心の影響[3.48]

(b)　芯材座屈モードの進展[3.44]

図3.5.3　座屈拘束ブレースの挙動

　やがて芯材が全断面塑性化領域に達すると耐力が頭打ちとなり，ほぼ材料特性どおりの復元力特性を示す．結果的には，繰返し軸力下で圧縮側と引張側がほぼ対称な安定した復元力特性が得られる．適切な設計を行えば，座屈拘束ブレースはモデル化が簡便で，エネルギー吸収能力の高い耐震要素として利用できる．芯材が全長にわたり塑性化しひずみが分散するため，数パーセントの層間変形角に対しても数十回～数百回の繰返し変形能力を有するものも多く，制振構造における弾塑性ダンパーとしても利用されている．座屈拘束ブレースは1980年代に日本で実用化され[3.43)-3.45]，その後多くの研究が活発に行われている[3.78]．1998年以降は米国でも利用されるようになり，AISC耐震設計基準(2005年版)の一部に盛り込まれている[3.46]．本節では，現在までに得られた知見を概説し，設計上の留意点について述べる．後述する諸規定は本会「鋼構造制振設計指針」[3.47]等にも記載されているが基本的な考え方は共通のものであり，本節の規定は耐震部材，制振部材共通に使用できる．

3.5.2　座屈拘束ブレースの設計

　座屈拘束ブレースが芯材塑性化後も安定した復元力特性を発揮するためには，下記に示すいくつかの条件を満足する必要がある．

（1） 全体座屈（Global Buckling）の防止

座屈拘束材が芯材の座屈を抑え込み，全体座屈が発生しない剛性・耐力条件式は，以下で与えられる[3.49]．

$$M^B = \frac{N_{cu}(a+s+e)}{1-N_{cu}/N_{cr}^B} \leq M_y^B \tag{3.5.1}$$

ここに，$N_{cu} = {}_d\alpha N_y$：芯材の降伏後最大軸力，${}_d\alpha$：芯材の耐力上昇率，M_y^B：拘束材の曲げ降伏耐力，a：芯材の初期たわみ，s：芯材と拘束材の間のクリアランスまたは離間材厚，e：加力点の偏心量である．また，N_{cr}^B：拘束材のオイラー座屈荷重であり，以下の式により計算できる．

$$N_{cr}^B = \frac{\pi^2 EI_B}{l_B^2} \tag{3.5.2}$$

ここに，EI_B：拘束材の曲げ剛性，l_B：有効座屈長さ（拘束材端部をピンとして設計する場合は拘束材長）である．N_{cu}の評価にあたっては，公称降伏応力度に加えて芯材の降伏応力度のばらつきや繰返し荷重下の耐力上昇を考慮しなければならない．芯材の耐力上昇率${}_d\alpha$についてはLY 225，SN 400，SN 490等の鋼材に対し ${}_d\alpha = 1.4 \sim 1.5$程度[3.48]，LY 100に対し ${}_d\alpha = 2.0$程度の値が与えられている．また，式（3.5.1）式において $(a+s+e)N_{cu}/M_y^B$ の値が $1/1\,000$以下の場合には，以下の式を用いることができる[3.44]．

$$N_{cr}^B = \frac{\pi^2 EI_B}{l_B^2} > {}_e\alpha N_{cu} \tag{3.5.3}$$

ただし ${}_e\alpha$：クリアランス，初期不整を考慮した安全係数であり，一般的に $1.5 \sim 2.0$ 程度以上とする．

（2） 適切なクリアランスの確保

芯材と座屈拘束材間の離間材厚またはクリアランス厚は座屈拘束ブレースの性能に大きな影響を及ぼす．芯材断面は軸圧縮ひずみ下で膨らむので，離間材やクリアランスがなければ芯材は座屈拘束材内で閉塞して摩擦力を生じ，座屈拘束材側にも負担軸力が発生して耐力が上昇し，やがて拘束材ごと全体座屈を生じる．一方，離間材厚やクリアランスが大きすぎると芯材は拘束材内で連続した波状の局部座屈を生じ，圧縮耐力が低下し不安定になったり，塑性ひずみが局部的に集中して破断までの繰返し回数が低下する．したがって，適切なクリアランス幅を想定最大軸ひずみと塑性ポアソン比（0.5），芯材幅より決定（一般に芯材幅の $0.5 \sim 2.0$ ％以下）し，製作上の厳密な管理を行うことが求められる[3.50]．

（3） 局部崩壊（Local Bulging）の防止

芯材がクリアランス内で高次モードでの座屈を伴いながら軸変形する際，座屈拘束材内面には局部的に高い支圧応力が発生する．特に平鋼芯材を板厚の薄い鋼管材で拘束している場合，拘束材や充填材がこの支圧により変形・塑性化・圧潰しないようにしなければならない．拘束材が芯材の局部座屈を抑えきれない場合，芯材に局部的なひずみ集中が生じ，図3.5.4のように拘束材が損傷し部材全体が不安定化する危険性がある[3.51]．この崩壊形式を局部崩壊と呼び，検討方法が文献3.52）～3.56）に紹介されている．拘束材内での局部座屈半波長評価には式（3.5.4），局部崩壊を生じな

い条件は式(3.5.5)で判定できる[3.56].下式は芯材面外方向の判定式であり，面内方向は両式において B_c と t_c を入れ替えて使用する．式(3.5.5)は面内方向には2倍程度安全側の検定となる[3.54].

$$l_p = \pi t_c \sqrt{\frac{E_t}{3\sigma_{cy}}} \tag{3.5.4}$$

$$P_{ry} = \frac{2B_r - B_c}{B_r - B_c} t_r^2 \sigma_{ry} > P_{rd} = \frac{4(2s + v_p \varepsilon_t t_c)}{l_p} N_{cu} \tag{3.5.5}$$

ここに，B_c：芯材幅（モルタル強度が十分高い場合にはモルタル厚に応じた45°程度以下の広がりを考慮できる[3.55),3.78]．ただし，$B_c \leq 0.85 B_r$ とする），t_c：芯材厚，B_r：拘束材幅，t_r：拘束材板厚である．$E/\sigma_y = 700$，$E_t = 0.05E$ とすると，おおむね $l_p = 10 t_c (B_c)$ となる．ε_t は最大引張時の塑性軸ひずみ，$v_p = 0.5$ は塑性時ポアソン比であり，式(3.5.5)は，引張時の芯材幅減少分をクリアランスに加えた形となっている．

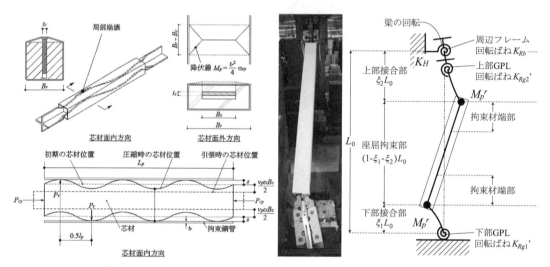

図3.5.4　座屈拘束ブレースの局部崩壊　　　図3.5.5　端部回転剛性を含む座屈耐力評価[3.65]

（4）接合部を含む機構安定性の確保（Global Stability including Connections）

座屈拘束ブレースを架構に接合し，所定の軸変形を許容するために，座屈拘束ブレース端部では芯材が座屈拘束部より突出し拘束されていないことが一般的である．この部位が塑性化したり局部座屈を生ずると接合部に十分な構面外剛性がない場合には全体が不安定となり，安定した復元力特性を確保できない〔図3.5.5〕．このため，ブレースの取り付く大梁は直交小梁等で水平移動・回転を拘束し〔図3.5.6(d)〕，ガセットプレートは図3.5.6(e)の高剛性形式として構面外剛性を高めるとともに，芯材端部は塑性化部より断面を増大させて弾性に留めて図3.5.6(b)，(c)のように十分に拘束材内に貫入させ（貫入長 $L_{in} > (1.5～2.0)B_c$），拘束材端部に塑性ヒンジが発生しないようにすることが有効である．接合部端部の曲げ耐力 M_p^r は図3.5.6に示される破壊形式により拘束材端部に塑性ヒンジが発生することで決定され，これより，図3.5.7(b)，(c)に示すような多ヒンジの崩壊系が形成され，全体が不安定になる[3.57)-3.67]．この機構安定性の検定は，式(3.5.6)～(3.5.8)

3章 筋かい材 —77—

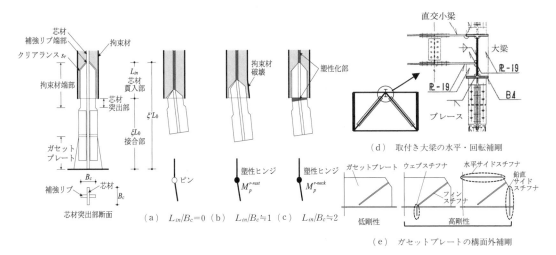

図 3.5.6 拘束材端部の曲げモーメント伝達機構[3.66)]

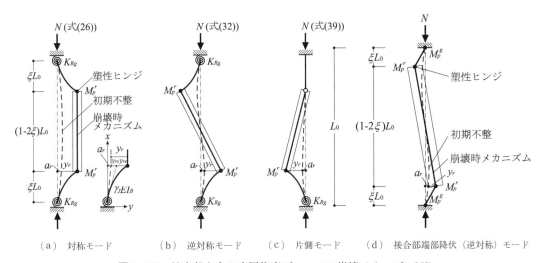

図 3.5.7 接合部を含む座屈拘束ブレースの崩壊メカニズム[3.66)]

を用いることで行える[3.3),3.65),3.66)].

$$N_{cu} < N_{lim} = \min[N_{lim1}, N_{lim2}] \tag{3.5.6}$$

$$N_{lim1} = \frac{(M_p^r - M_0^r)/a_r + N_{cr}^r}{(M_p^r - M_0^r)/(a_r N_{cr}^B) + 1} \quad (接合部端部が弾性範囲内の場合) \tag{3.5.7}$$

$$N_{lim2} = \frac{[(1-2\xi)M_p^g + M_p^r - 2M_0^r]/a_r}{[(1-2\xi)M_p^g + M_p^r - 2M_0^r]/(a_r N_{cr}^g) + 1} \tag{3.5.8}$$

（接合部端部に塑性ヒンジが形成される場合）

ただし，M_p^r：軸力を考慮した拘束材端部の曲げ耐力，M_0^r：構面外強制変形に伴う拘束材端部付加曲げモーメント〔図3.5.9〕，$a_r = a + e + s_r + (2s_r/L_{in})\xi L_0$：拘束材端部初期不整，$s_r$：クリアランス，$N_{cr}^r$：拘束材端部がピンの時の座屈荷重，$N_{cr}^B$：材全体の弾性座屈荷重，$M_p^g$：軸力を考慮した接合

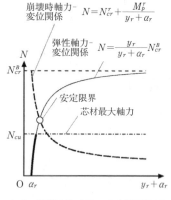 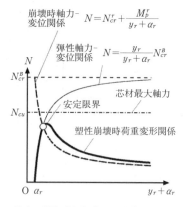 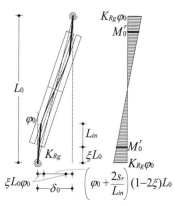

(a) 機構安定（$N_{cu}<$安定限界軸力） (b) 機構不安定（$N_{cu}>$安定限界軸力）

図 3.5.8 接合部を含む座屈拘束ブレースの機構安定条件

図 3.5.9 構面外変形による付加モーメント

部外端部の曲げ耐力である．なお，$(1-2\xi)M_p^g - M_0^r$ または $M_p^r - M_0^r$ が負数の場合は 0 とする．

　式 (3.5.7)，(3.5.8) は，それぞれ図 3.5.7(b)，(d) の崩壊モードを想定し，図 3.5.8 の考え方に基づき誘導されたものである．接合部端部の曲げ耐力 M_p^r は座屈拘束ブレースの構成や製作方法により大きく変化するため，部材実験によりその特性を確認する．鋼モルタル型および二重鋼管型の座屈拘束ブレースに関しては，文献 3.3) に拘束管破壊または突出部曲げヒンジ形成による M_p^r の評価式が紹介されている．拘束材端部の曲げモーメント伝達能力 M_p^r が期待できないとき，式 (3.5.7) は拘束材端部がピンの時の座屈荷重 N_{cr}^r となり，N_{cr}^r は下式の細長比 λ_r を有する接合部断面材の許容圧縮軸力で評価できる．「鋼構造制振設計指針」(2014) で規定されている接合部安定設計式は，このケースに限定されている．

$$\lambda_r = \frac{2\xi L_0}{i_r}\sqrt{\frac{{}_\xi K_{Rg}+24/\pi^2}{(1-2\xi){}_\xi K_{Rg}}} \tag{3.5.9}$$

$$ {}_\xi K_{Rg} = K_{Rg}\frac{\xi L_0}{r_J EI_B} \tag{3.5.10}$$

ここに，$r_J EI_B$：接合部部材の曲げ剛性，ξL_0：接合部部材長である．接合部外端の回転剛性 K_{Rg} の評価は文献 3.3)，3.47) が参考となるが，図 3.5.6(e) における低剛性接合部で ${}_\xi K_{Rg}=0.3\sim 0.45$，高剛性接合部で ${}_\xi K_{Rg}=1.0\sim 2.0$ 程度の値をとってよい．${}_\xi K_{Rg}=2.0$ としても，式 (3.5.9) の接合部有効座屈長さは，端部剛の片持部材に相当する接合部長の 2 倍を大きく超え，3～4 倍となる点に留意されたい．端部がクレビス等でピン接合された座屈拘束ブレースに関しては，式 (3.5.7) において $N_{cr}^r=0$ とおけばよい．

　ブレースが K 形配置されている場合，ブレースの取り付く大梁は水平方向に拘束されていなければならず，K_{Rg} の評価には取り付く梁のねじり剛性 K_{Rb} の影響を考慮せねばならない．ブレースの定着点面外方向に設けるべき大梁の要求補剛水平剛性としては，以下の式が与えられている[3.49),3.59)]．

$$K_H^{req} = \frac{N_{cu}}{l_B} \tag{3.5.11}$$

ここに，N_{cu}：座屈拘束ブレースの最大軸力$={}_d\alpha N_y$,（${}_d\alpha$：芯材の耐力上昇係数）である．要求補剛耐力については，通常の座屈補剛条件と同様N_{cu}の2%とできる．一方，ブレース定着部の大梁の必要回転剛性K_{Rb}は，図3.5.5においてガセットプレートに対する剛性比$K_{Rb}/K'_{Rg2}>\xi_2/\xi_1-1$程度を満足すれば回転剛性を$K_{Rg2}=1/(1/K_{Rb}+1/K'_{Rg2})$とし，接合部長は梁下より評価し式(3.5.6)〜(3.5.8)を適用すれば，おおむね安全側で評価できる[3.67],[3.78]．剛な直交梁を設けるなどして$K_{Rb}/K'_{Rg2}>10$程度を確保できれば，安定限界軸力に対する大梁回転剛性の影響はおおむね無視できる．

(5) 座屈拘束ブレースの累積変形性能（Fatigue and Fracture）

弾塑性ダンパーとして使用された場合，座屈拘束ブレース芯材には最大2〜3%の繰返し塑性ひずみが加えられるため，低サイクル疲労破断を生じるまでの累積塑性変形性能を照査する必要がある．芯材は拘束材内で緩やかな局部座屈を生じ，その疲労曲線はクリアランスや座屈拘束形式により異なる〔図3.5.10〕[3.68]が，いくつかの形式の座屈拘束ブレースでは異なる定振幅下の載荷実験が行われ，疲労性能曲線が得られている[3.69]-[3.71]．ランダム振幅となる地震応答に対する累積変形性能の検証においてはMiner則を利用したり[3.71]，最大応答より予測する方法が提案されている[3.74]-[3.75]．

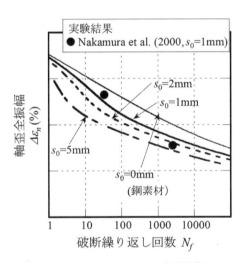
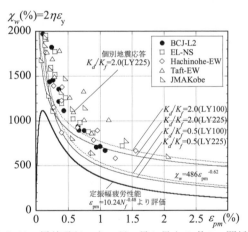

図3.5.10 クリアランスと疲労性能[3.68]　　図3.5.11 累積吸収エネルギー量と最大ひずみの関係[3.75]

破断に至るまでの吸収エネルギー量も同様の手法により得られる．図3.5.11に座屈拘束ブレースを配した鉄骨造建物において，地震応答によるランダムひずみ振幅下の破断までの吸収エネルギー量を最大応答ひずみとの関係で示した性能曲線の例を示す[3.75]．同図中，横軸はブレース芯材の最大片ひずみ振幅，縦軸は芯材破断までの累積エネルギー量を降伏荷重×芯材塑性化部長で除した疑似累積塑性ひずみであり，地震応答時のブレースの最大軸ひずみおよび累積塑性ひずみを同図上にプロットし，ダンパー/主架構せん断剛性比K_d/K_fごとに示された曲線以下に位置していれば芯材破断に至らないことを簡便に確認することができる．

3.5.3 ブレース接合部を含む機構安定性検定例

（1） 図3.5.12に示すK形配置座屈拘束ブレースに対し式（3.5.7），（3.5.8）に基づく検定例を以下に示す[3.66]．

L_0=5 400 mm, ξL_0=1 200 mm, ξ=0.22, L_{in}=500 mm, $\xi' L_0$=(ξL_0+L_{in})=1 700 mm, ξ'=0.31,
I_B=9.96×10^7 mm^4,（接合部）$\gamma_J I_B$=1.30×10^8 mm^4, Z_p^r=7.64×10^5 mm^3, A_r=23 900 mm^2,
N_y=250×36×205/10^3=1 845 N

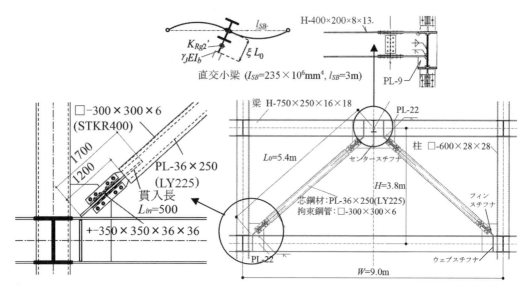

図3.5.12 座屈拘束ブレースの配置および接合部

ⅰ） ガセットプレートおよびブレース定着部大梁の回転剛性評価

K_{Rg2}'=9.8×10^3 kNm（文献3.3）高層B接合部より），

$_\xi \kappa_{Rg2}'=K_{Rg2}'\dfrac{\xi' L_0}{\gamma_J E I_B}=9.8\times 10^9 \times \dfrac{1\,700}{1.3\times 10^8 \times 2.05\times 10^5}=0.63$

（図3.5.6（e）の高剛性接合部なので $_\xi \kappa_{Rg2}'$=1.0 としてもよい[3.75]）

直交小梁で補剛されたブレース上部大梁の回転剛性は，

$K_{Rb}=\sum \dfrac{3EI_{SB}}{l_{SB}}=48.2\times 10^3$ kNm, $_\xi \kappa_{Rb}=K_{Rb}\dfrac{\xi' L_0}{\gamma_J E I_B}=48.0\times 10^9 \times \dfrac{1\,700}{1.3\times 10^8 \times 2.05\times 10^5}=3.1$

（剛接された直交小梁のせいが大梁の1/2程度なら $_\xi \kappa_{Rb}$=1.2，2/3程度なら $_\xi \kappa_{Rb}$=3.0 と概算してもよい[3.76]．）

ξ_2/ξ_1-1=(1 781/1 200)−1=0.48<$\kappa_{Rb}/\kappa_{Rg2}'$=4.8<10 なので，接合部長さは梁下より評価できる[3.66]．

$_\xi \kappa_{Rg}$=1/(1/κ_{Rg2}'+1/κ_{Rb})=0.52, $K_{Rg}=\,_\xi \kappa_{Rg}\dfrac{\gamma_J E I_B}{\xi_J L_0}$=8 143 kNm,

$_L \kappa_{Rg}=K_{Rg}\dfrac{L_0}{EI_B}=8\,143 \times \dfrac{5\,400}{9.96\times 10^7 \times 2.05\times 10^5}=2.15$

最大構面外変計角 $\delta_0/L_0=0.007$ rad（1/143），部材不整 $a+e=3.0$ mm，クリアランス $s_r=1.0$ mm とする.

ii）安定限界軸力の算定

$$N_{cu}=N_y\times{}_da=1\,845\times1.4=2\,583\ \text{kN}$$

$$N_{cr}{}^B=\frac{4\pi^2EI_B}{L_0{}^2}\cdot\frac{{}_LK_{Rg}{}^2+10{}_LK_{Rg}+16}{{}_LK_{Rg}{}^2+14{}_LK_{Rg}+64}=\frac{4\pi^2\times2.05\times10^5\times9.96\times10^7}{5\,400^2\times10^3}\times0.43=1.18\times10^4\ \text{kN},$$

拘束材端部の曲げモーメント伝達能力を無視した接合部の座屈耐力は式（3.5.9）より，

$$i_r=\sqrt{\frac{\gamma_JI_B}{A_r}}=73.8\ \text{mm},\quad \lambda_r=\frac{2\xi'L_0}{i_r}\cdot\sqrt{\frac{{}_\xi K_{Rg}+24/\pi^2}{(1-2\xi'){}_\xi K_{Rg}}}=\frac{2\times1\,700}{73.8}\times3.9=181$$

$$f_c=28.8\ \text{N/mm}^2\ (\text{SS 400}),\quad N_{cr}{}^r=1.5f_cA_r=1\,032\ \text{kN}$$

$N_{cr}{}^r<N_{cu}=2\,583$ kN なので，拘束材端部の曲げモーメント伝達を考慮しないと安定しない. 拘束材端部および GPL の曲げ耐力は文献 3.3) より，

$$M_p{}^{r-neck}=\left\{1-\left(\frac{N_{cu}-N_{wy}{}^c}{N_u{}^c-N_{wy}{}^c}\right)^2\right\}Z_{cp}\sigma_{cy}=\left\{1-\left(\frac{2\,583-1\,845}{5\,011-1\,845}\right)^2\right\}\times6.31\times10^5\times205/10^6$$

$$=122\ \text{kNm}\ （突出部）$$

$$M_p{}^{r-rest}=Z_{rp}\sigma_{ry}=7.64\times10^5\times235/10^6=180\ \text{kNm}\ （拘束材端部）\qquad \therefore M_p{}^r=122\ \text{kNm}$$

$$M_p{}^g=\frac{36\times350^2}{4}\times235/10^6=259\ \text{kNm},\quad M_0{}^r=(1-2\xi)K_{Rg}\left[\frac{\delta_0}{L_0}-(1-2\xi)\frac{2s_r}{L_{in}}\right]=22\ \text{kNm},$$

$$a_r=a+e+s_r+(2s_r/L_{in})\xi L_0=8.8\ \text{mm}$$

これより，安定限界軸力は式（3.5.7），（3.5.8）より，

$$N_{lim1}=\frac{(M_p{}^r-M_0{}^r)/a_r+N_{cr}{}'}{(M_p{}^r-M_0{}^r)/(a_rN_{cr}{}^B)+1}=\frac{(122.3-21.7)/0.0088+1\,032}{(122.3-21.7)/(0.0088\times1.18\times10^4)+1}$$

$$=6\,331\ \text{kN}>N_{cu}=2\,583\ \text{kN}$$

$$N_{lim2}=\frac{[(1-2\xi)M_p{}^g+M_p{}^r-2M_0{}^r]/a_r}{[(1-2\xi)M_p{}^g+M_p{}^r-2M_0{}^r]/(a_rN_{cr}{}^B)+1}=\frac{25\,447}{1.91}=8\,052\ \text{kN}>N_{cu}=2\,583\ \text{kN}$$

したがって設定条件を満たす.

（2）接合部端部がクレビス（ピン）の場合（片流れ，図 3.5.13）の検定例を以下に示す.

$I_B=7.19\times10^7$ mm^4，$\gamma_JI_B=6.69\times10^7$ mm^4，$L_0=3\,222$ mm，$\xi L_0=600$ mm，$L_{in}=500$ mm，$\xi'L_0$ $=(\xi L_0+L_{in})=1\,100$ mm，$\delta_0/L_0=0.007$ rad，$a+e=3.0$ mm，$s_r=1.0$ mm

$N_{cu}=N_y\times{}_da=1\,697\times1.4=2\,376$ kN，$N_{wy}{}^c=36\times280\times235/10^3=2\,368$ kN，$N_u{}^c=18\,864\times400/10^3=7\,545$ kN，$M_p{}^r=M_p{}^{r-neck}=161$ kNm

$$a_r=a+e+s_r+(2s_r/L_{in})\xi L_0=6.4\ \text{mm}$$

材全体の弾性座屈荷重は ${}_LK_{Rg}=0$ とし，$N_{cr}{}^B=\dfrac{\pi^2EI_B}{L_0{}^2}=1.40\times10^4$ kN，

$$N^r{}_{cr}=0\ \text{kN}\ (K_{Rg}=0\ より），\quad M_0{}^r=0$$

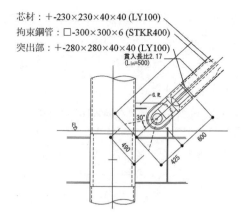

図 3.5.13 接合部にピンを有する設計例

$$N_{lim1} = \frac{(M_p^r - M_0^r)/a_r + N^r_{cr}}{(M_p^r - M_0^r)/(a_r N_{cr}^B) + 1} = \frac{(161-0)/0.0064 + 0}{(161-0)/(0.0064 \times 1.4 \times 10^4) + 1}$$

$$= 8\,997 \text{ kN} > N_{cu} = 2\,442 \text{ kN} \quad \text{OK}$$

一方，ピン外側の GPL の検討は，有効幅 $B=490$ mm，$t=36$ mm，式（3.5.9）を細長比として換算し座屈荷重を求める．$\xi_g = 425/3\,222 = 0.13$ とおいて[3.3]，

$$\lambda_{eq} = \frac{2\xi_g L_0}{i_g\sqrt{1-2\xi_g}} = \frac{2 \times 425}{10.4} \times 1.16 = 95,\ f_c = 91.4 \text{ N/mm}^2 \text{ (SS 400)},$$

$$N_{cr}^J = 1.5 f_c \cdot A_g = 2\,418 \text{ kN} > N_{cu} \quad \text{したがって設定条件を満たす．}$$

参 考 文 献

3.1) 日本建築学会：鋼構造限界状態設計指針・同解説，1998

3.2) 日本建築学会：建築物の耐震設計における保有耐力と変形能力 1990

3.3) 日本建築学会：鋼構造物の座屈に関する諸問題 2013，2013

3.4) 松井千秋，三谷 勲，妻鳥淳二：鉄骨圧縮筋違の弾塑性解析，日本建築学会大会学術講演梗概集，pp.365-366，1971.11

3.5) 構造標準委員会鋼構造分科会：筋かい付骨組の弾塑性挙動について，日本建築学会論文報告集，No.243，pp.63-72，1976.5

3.6) 五十嵐定義，井上一朗，木林長仁，浅野美次：筋かい付架構の復元力特性，日本建築学会論文報告集，No.196，pp.47-54，1972.6

3.7) 山田 稔，辻 文三：繰返し軸方向力を受ける筋かい材の弾塑性変形性状に関する研究，日本建築学会論文報告集，No.205，pp.31-35，1973.3

3.8) 若林 實，中村 武，柴田道生，吉田 望：鉄骨筋かいの復元力特性の定式化，日本建築学会大会学術講演梗概集，1976.10

3.9) 加藤 勉，秋山 宏，井上景彦：中心圧縮鋼短柱の座屈後の挙動，日本建築学会論文報告集，No.229，pp.67-76，1975.3

3.10) Paris, P.C.: Limit Design of Columns, Journal of the Aeronautical Science, 1954.1

3章 筋かい材 —83—

3.11) 中低層鋼構造骨組耐震性研究委員会：中低層鉄骨建築物の耐震設計法，技報堂，1978.4

3.12) 日本建築学会：鋼構造設計規準・同解説 -許容応力度設計法-，2005

3.13) 若林　實，野中泰二郎，中村　武，森野捷輔，吉田　望：繰返し軸方向力を受ける部材の弾塑性挙動に関する実験的研究（その1），（その2），日本建築学会大会学術講演梗概集，pp.1315-1316，1972.10，pp.971-972，1973.10

3.14) Popov, E.P. and Black, R.G.: Steel Struts under Severe Cyclic Loadings, Journal of the Structural Division, ASCE, Vol. 107, No. ST9, Sep., pp.1857-1881, 1981

3.15) Jain, A.K., Goel, S.C. and Hanson, R.D.: Inelastic Response of Restrained Steel Tubes, Journal of the Structural Division, ASCE, Vol. 104, No. ST6, June, pp.897-910, 1978

3.16) 若林　實，柴田道生，増田廣見：骨組に組み込まれた筋違材の挙動に関する研究(その1)，(その2)，日本建築学会大会学術講演梗概集，pp.965-966，1974.10，pp.865-866，1975.10

3.17) 若林　實，松井千秋，三谷　勲：材端回転拘束を受ける鉄骨筋違の繰返し弾塑性性状に関する研究，日本建築学会論文報告集，No.262，pp.83-92，1977.12

3.18) 三谷　勲：繰返し偏心軸力を受ける材端回転拘束鉄骨部材の解析，日本建築学会論文報告集，No.274，pp.65-73，1978.12

3.19) Yamanouchi, H., Midorikawa, M., Nishiyama, I. and Watabe, M.: Seismic Behavior of Full -Scale Concentrically Braced Steel Building Structure, Journal of Structural Engineering, ASCE, Vol. 115, No. 8, Aug., pp.1917-1929, 1989

3.20) Fukuta, T., and Yamanouchi, H.: Post-Buckling Behavior of Steel Braces with Elastically Restrained Ends, Journal of Structural and Construction Engineering (Transactions of AIJ), No. 364, June, pp.10-22, 1986

3.21) 坂本　順，小浜芳朗：不規則外乱を受けるブレース構造系の動的応答性状に関する考察，日本建築学会論文報告集，No.248，pp.31-41，1976.10

3.22) 加藤　勉，秋山　宏：鋼構造筋違付骨組の復元力特性，日本建築学会論文報告集，No.260，pp.99-108，1977.10

3.23) Jain, A.K., Goel, S.C. and Hanson, R.D.: Hysteretic Cycles of Axially Loaded Steel Members, Journal of the Structural Division, ASCE, Vol. 106, No. ST8, Aug., pp.1777-1795, 1980

3.24) 柴田道生，中村　武，若林　實：鉄骨筋違の履歴特性の定式化・その1・定式化関数の誘導，日本建築学会論文報告集，No.320，pp.18-24，1982.6

3.25) Sherman, D.R.: Interpretive Discussion of Tubular Beam-Column Test Data, 1980.12

3.26) T. Matsumoto, M. Yamashita, Y. Harada, I. Hashinaka, S. Sakamoto, and T. Iida: Post -Buckling Behavior of Circular Tube Brace under Cyclic Loadings, Proc. of International Meeting on Safety Criteria in Design of Tubular Structures, 1987.2

3.27) 竹内　徹，近藤佑樹，松井良太，今村　晃：局部座屈を伴う組立材ブレースの座屈後履歴性状および累積変形性能，日本建築学会構造系論文集，Vol. 77, No. 681, 2012.11

3.28) 谷口　元，加藤　勉，ほか：鉄骨X型ブレース架構の復元力特性に関する研究，構造工学論文集，Vol. 37 B，pp.303-316，1991.3

3.29) 竹内　徹，中村　悠，松井良太ほか：部材破断を考慮した鋼管トラス鉄塔の耐震性能，日本建築学会構造系論文集，Vol. 76, No. 669, pp.1971-1980, 2011.11

3.30) 日本建築学会：鋼管構造設計施工指針・同解説，p.208，1990

3.31) 辻　文三，西野孝仁ほか：単一筋違材の弾塑性変形及び崩壊性状に関する研究（Ⅰ：H形断面筋

違；細長比 30），（II：H 形断面筋違；細長比 30, 60, 90），（III：H 形断面筋違；細長比，幅厚比の影響），（IV：H 形断面筋違；細長比 30, 幅厚比の影響），（V：矩形断面筋違），（VII：H 形断面筋違；載荷履歴の影響），日本建築学会大会学術講演梗概集，pp.1429-1430, 1983.9, pp.1561-1562, 1984.10, pp.657-658, 1985.10, 日本建築学会大会学術講演梗概集，pp.981-982, 1986.8, pp.787-788, 1987.10, pp.1023-1024, 1988.10

3.32) 野中泰二郎ほか：山形鋼部材の極低サイクル疲労破壊実験・その 1・実験計画および破壊挙動，・その 2・履歴吸収エネルギーと局所ひずみ，日本建築学会大会学術講演梗概集，pp.1363-1366, 1991.9

3.33) 日本建築学会：鋼構造座屈設計指針，1996

3.34) 安井信行：繰返し軸力を受ける円形鋼管の局部座屈挙動解析に関する研究，日本建築学会構造系論文集，No.543, pp.161-168, 2001.5

3.34) 竹内　徹，内山智晴，鈴木一弁，大河内靖雄，小河利行，加藤史郎：座屈拘束ブレースによるトラス鉄塔の耐震補強―実大架構繰返し実験―，日本建築学会構造系論文集　No.589, pp.129-136, 2005.3

3.35) 竹内　徹，松井良太，鈴木一弁，小河利行：局部座屈を伴う鋼管ブレースの累積変形性能，日本建築学会構造系論文報告集，No.608, pp.143-150, 2006.10

3.36) 中島正愛ほか：60 kg 鋼を用いた H 型断面筋違材の復元力特性，鋼材倶楽部，高性能利用技術小委員会報告書，1991

3.37) T. Takeuchi, R. Matsui : Cumulative Cyclic Deformation Capacity of Circular Tubular Braces under Local Buckling, Journal of Structural Engineering, ASCE, Vol. 137, No. 11, pp. 1311-1318, 2011.11

3.38) 秋山　宏：建築物の耐震極限設計，東京大学出版会，1980

3.39) 加藤　勉，秋山　宏：鋼構造筋かい付骨組の復元力特性，日本建築学会論文報告集，No. 260, pp. 18-24, 1977.6

3.40) 多田元英，西　　豊，井上一朗：管通し平板ガセット形式接合部を有する軸力材の弾性座屈挙動，日本建築学会構造系論文集，No. 503, pp.131-138, 1998.1

3.41) 多田元英，山田能功：管通し平板ガセット形式接合部を有する軸力材の非弾性座屈荷重の算定，日本建築学会構造系論文集，No. 530, pp.163-170, 2000.4

3.42) 多田元英，笠原健志：管通し平板ガセット形式で一面摩擦接合された軸力材の座屈荷重，日本建築学会構造系論文集，No. 556, pp.181-188, 2002.6

3.43) 藤本盛久，和田　章，佐伯英一郎，渡辺　厚，人見泰義：鋼管コンクリートにより座屈を拘束したアンボンドブレースに関する研究，構造工学論文集，Vol. 34 B, pp.249-258, 1988.3

3.44) 藤本盛久，和田　章，佐伯英一郎，竹内　徹，渡辺　厚：アンボンドブレースの開発，季刊カラム，No. 115, pp.91-96, 1990.1

3.45) 今井克彦，脇山広三ほか：二重鋼管の補剛効果に関する研究：日本建築学会大会学術講演集，pp. 1281-1282, 1991.9

3.46) AISC 2005 : Seismic Provisions for Structural Steel Buildings, ANSI/AISC 341-05, American Institute of Steel Construction, Chicago, Illinois

3.47) 日本建築学会：鋼構造制振設計指針，2014

3.48) 日本鋼構造協会，鋼材倶楽部：履歴型ダンパー付骨組の地震応答性状と耐震設計法，1998.9

3.49) 井上一朗：座屈拘束ブレースと接合部，鋼構造制振技術の現状と設計指針への期待，日本建築学会

大会パネルディスカッション資料，pp.8-17，2006.9

3.50) 竹内　徹，鈴木一弁，丸川智輝，木村祥裕，小河利行，杉山　武，加藤史郎：モルタル充填鋼管により座屈拘束された圧縮鋼管部材の変形性能，日本建築学会構造系論文集，No.590，pp.71-78，2005.4

3.51) 村瀬　亮，村井正敏，岩田　衛：鋼モルタル板を用いた座屈拘束ブレースの実験的研究-その4　芯材幅厚比と拘束力および断面ディテールの影響-，日本建築学会構造系論文集，No.620，pp.117-124，2007.10

3.52) 下川弘海，森野捷輔ほか：角形鋼管で補剛された平鋼ブレースの弾塑性性状に関する研究（その7），日本建築学会大会学術講演梗概集，pp.843-844，1999.9

3.53) 百野泰樹，聲高裕治，井上一朗，諸岡繁洋：方杖ダンパーの座屈拘束設計と性能確認実験，JSSC鋼構造論文集，Vol.12，No.45，pp.223-241　2005.3

3.54) 竹内　徹，松井良太，ジェロム・ハジャー，西本晃治，イアン・アイケン：座屈拘束ブレースにおける芯材局部座屈の拘束条件：日本建築学会構造系論文集，Vol.73，No.634，pp.2231-2238，2008.12

3.55) T. Takeuchi, J.F. Hajjar, R. Matsui, K. Nishimoto, I.D. Aiken : Effect of local buckling core plate restraint in buckling restrained braces, Engineering Structures, Vol.44 (2012) pp.304-311, 2012.11

3.56) P.C. Lin, K.C Tsai, et. al : Seismic design and testing of buckling-restrained braces with a thin profile, Earthquake Engineering & Structural Dynamics, 2016 ; Vol.45, pp.339-358, DOI : 10.1002/eqe.2660

3.57) 佐伯英一郎，前田泰史，中村秀司，緑川光正，和田　章：実大アンボンドブレースに関する実験的研究，日本建築学会構造系論文報告集，No.476，pp.149-156，1995.10

3.58) 竹内　徹，山田　哲，北川まどか，鈴木一弁，和田　章：構面外剛性の低い接合部により接合された座屈拘束ブレースの座屈安定性，日本建築学会構造系論文集，No.575，pp.121-128，2004.1

3.59) 木下智裕，聲高裕治，井上一朗，飯谷邦祐：接合部を含む座屈拘束ブレースの構面外座屈防止条件，日本建築学会構造系論文集，No.621，pp.141-148，2007.11

3.60) 宇佐美徹，金子洋文：両端部に無補剛区間を有する座屈補剛H形鋼ブレースの耐力について―両端単純支持―，日本建築学会構造系論文集，No.542，pp.171-177，2002.8

3.61) 宇佐美徹，金子洋文，小野徹郎：両端部に無補剛区間を有する座屈補剛H形鋼ブレースの耐力について―両端固定支持―，日本建築学会構造系論文集，No.558，pp.211-218，2001.4

3.62) 宇佐美徹，金子洋文，小野徹郎：両端の固定度を考慮した座屈補剛H型鋼ブレースの耐力，日本建築学会構造系論文報告集，No.590，pp.121-128，2005.4

3.63) 木下智裕，聲高裕治，井上一朗，飯谷邦祐：十字形断面をもつ座屈拘束ブレース接合部の構面外曲げ剛性と降伏曲げ耐力，日本建築学会構造系論文報告集，No.632，pp.1865-1874，2008.10

3.64) K.C. Tsai, M.L. Lin, et. al : Substructure pseudo dynamic performance of a full-scale steel buckling restrained braced frame, STESSA2006, pp.541-547, 2006.9

3.65) 竹内　徹，小崎　均，松井良太：拘束材端部の曲げモーメント伝達能力を考慮した座屈拘束ブレースの構面外機構安定性評価，日本建築学会構造系論文集，Vol.78，No.691，pp.1621-1630，2013.9

3.66) T. Takeuchi, H. Ozaki, R. Matsui, F. Sutcu : Out-of-plane Stability of Buckling -Restrained Braces including Moment Transfer Capacity, Earthquake Engineering & Structural Dynamics, Vol.43, Issue 6, pp.851-869, 2014.5

3.67) T. Takeuchi, R. Matsui, S. Mihara : Out-of-plane stability assessment of buckling- restrained braces including connections with chevron configuration, Earthquake Engineering & Structural Dynamics, Vol. 45, Issue 12, pp.1895-1917, 2016.10

3.68) R. Matsui, T. Takeuchi : Cumulative Deformation Capacity of Buckling Restrained Braces Taking Local Buckling of Core Plates into Account, Proceedings of 15th World Conference on Earthquake Engineering (Lisbon), 2012.9

3.69) 中村博志, 前田泰史, 竹内　徹, 中田安洋, 岩田　衛, 和田　章：実大アンドンドブレースの疲労性能, 日本建築学会大会学術講演梗概集, pp.813-816, 1999.9

3.70) 中込忠男, 岩本　剛, 加村久哉, 下川弘海, 原山浩一：低降伏点鋼を用いた鋼管補剛平鋼ブレースの疲労特性に関する実験的研究, 日本建築学会構造系論文集, No.530, pp.155-162, 2000.4

3.71) 聲高裕治, 成原弘之, 辻田　修：座屈拘束ブレースの実験的研究, 日本建築学会大会学術講演梗概集, pp.651-652, 2001.9

3.72) 日本建築学会繰返し荷重効果小委員会：シンポジウム資料　風と地震による繰返し荷重効果と疲労損傷, 2004.7

3.73) 竹内　徹, 井田茉利, 山田　哲, 鈴木一弁：変動歪振幅下における座屈拘束ブレースの累積塑性変形性能予測, 日本建築学会構造系論文集, No.586, pp.203-210, 2004.12

3.74) 竹内　徹, 宮崎健太郎：骨組に配置された座屈拘束ブレースの累積変形性能予測, 日本建築学会構造系論文集, No.603, pp.155-162, 2006.5

3.75) 日本建築学会関東支部：免震・制振構造の設計—学びやすい構造設計—, 2007.3

3.76) 井田茉利, 竹内　徹ほか：接合部を考慮した座屈拘束ブレースの構面安定性—その2　ブレース接合部の回転ばね剛性の検討—, 日本建築学会大会学術講演梗概集, pp.1247-1248, 2013.8

3.77) 大山翔也, 竹内　徹ほか：接合部を考慮した座屈拘束ブレースの構面安定性—その15　梁接合部回転剛性算出のための簡易モデル—, 日本建築学会大会学術講演梗概集, pp.1095-1096, 2015.8

3.78) T. Takeuchi, A. Wada : Bucking-restrained Braces and Applications, 日本免震構造協会, 2017

4章 梁　　　材

4.1 概　　説

　梁部材として一般的に用いられるH形断面の部材が強軸まわりに曲げを受けた場合,横座屈という不安定現象が生じる.図4.1.1は上フランジが圧縮側となるような面内曲げを受ける単純梁の横座屈変形を示している.曲げモーメントによって圧縮力を受けるフランジはウェブによってフランジ面外方向への変形が拘束されているため,その圧縮力がある大きさに到達すると梁の面外方向に曲げ変形を始める.このとき,圧縮側フランジはウェブとそれに連結する引張側フランジによって梁面外方向への変形に対して抵抗され,その結果梁断面はねじれながら横に変形する.これが横座屈現象である.横座屈は断面のねじれを伴うことから,曲げねじれ座屈とも呼ばれる.横座屈は曲げを受ける部材にとって重要な現象で,曲げ材の設計ではその横座屈耐力,あるいは座屈後耐力,変形能力に対する十分な検討が必要になる.

（1）　横座屈黎明期の幕開け

　梁の横座屈はすでに1800年代には現象として認識されていた.初期の研究に関しては,A. Procter の「Laterally Unsupported Beams」[4.1]に詳しい.1800年代の中頃には鋳鉄,錬鉄の圧延Iビームが製造・使用されるようになり,建築構造物にも順次使われるようになってきた.Fairbairn はその著書「The Application of Cast Iron and Wrought Iron to Building Purpose」[4.2]の中で"横支えのない長い梁は横に倒れて破壊する"ことを指摘し,"圧縮側フランジが引張側フランジより厚く,圧縮フランジの幅を広くすると安定する"と書いている.1800年代も後半になると圧延による

図4.1.1　上フランジに圧縮力を受ける単純梁の横座屈

大型ビームも製造されはじめ，それに伴って多くの実験が行われるようになった．1884 年の W.H. Burr，G.H. Elmore の実験や 1909 年の E. Marburg の実験などがある．1913 年 H.F. Moore[4.3]は I ビームの実験を行い，それまでの実験結果も含めて整理し，圧縮フランジの細長比に基づく許容応力度式を与えている．

一方，初期の頃の理論的研究としては 1899 年 A.G. Mitchell が「The Buckling of Deep Beams」で長方形断面梁の横座屈の論文を発表したのが最初である．この論文を契機としていろいろな観点から梁の横座屈に関する研究が本格的に取り組まれた．特に，S. Timoshenko[4.4]は多くの研究成果を残している．

横座屈の研究とは別に Wagner（1936）により圧縮力を受ける薄肉開断面材のねじれ座屈理論が発表され，その後，曲げねじれ座屈理論へと発展していった．座屈変形が曲げとねじれの連成する現象として横座屈も曲げねじれ座屈も共通であることから，軸力と曲げを受ける薄肉開断面材に関する統一座屈理論として扱われるようになった．Goodier の論文（1942）がそれで，弾性座屈理論の一応の完成を見るに至った．

（2）　非弾性横座屈現象の解明

非弾性横座屈に関する研究は，1950 年代に入ってから盛んに行われるようになる．圧縮材の非弾性座屈の研究がそうであったように，非弾性座屈の研究は，ⅰ）Shanley モデルによる接線係数理論の再評価，ⅱ）形鋼残留応力度の存在と座屈への影響評価，を基本として行われた．梁の弾塑性横座屈に関する研究は F. Bleich の「Buckling Strength of Metal Structurs」[4.5]にも示されているように，従来は単に材料の接線剛性によって塑性域での剛性を低下させることで取り扱われていたが，1950 年の B.G. Neal ら[4.6]による研究を契機に進展を見る．Neal は応力度-ひずみ度関係として完全弾塑性を考え，矩形断面梁の横座屈を断面内ひずみ度分布からひずみ度除荷領域を考慮した等価剛性評価に基づいて求めている．一方，非弾性横座屈に関する理論的研究としては 1950 年の M.R. Horne[4.7]の研究がある．Horne は Neal のひずみ度除荷領域（Unloading Zone）を考えた等価剛性評価に基づく解析手法を I 形梁にまで拡張し，各曲率分布に対応した曲げ剛性を繰返し計算によって求め弾塑性域での解を与えている．しかし，このひずみ度除荷を考慮した等価剛性（Reduced Modulus）の評価は繁雑であるため，その後は接線剛性（Tangent Modulus）評価に基づく研究が一般的に行われるようになった．1951 年 W.H. Wittrick[4.8]は単調増加する応力度-ひずみ度関係を考え，その接線剛性を求めてアルミニウムの梁部材の横座屈問題を解いている．

1956 年 M.W. White[4.9]は弾性座屈式を基本として非弾性域での座屈を考察し，ひずみ硬化域では曲げねじれ抵抗が支配的となることを示している．さらに White はモーメント勾配のある梁について，M.G. Salvadori，J. Heyman が示した微分方程式を用いた数値計算により，部分的にひずみ硬化域に入っている梁の横座屈を検討している．White が導いた限界細長比の結果は，その後いくつかの実験結果とも合わせて 1958 年の AISC spec. の基本式に用いられている．また，材端モーメント勾配に対する解析結果から導いた修正係数は，実用的で各種規準に適用されている．

（3）　塑性設計法への展開

実験的な研究も徐々に進展し，J.W. Clark，J.R. Jomback[4.10]は Tangent Modulus に基づいて接

線剛性 E_t, G_t を低減させた座屈荷重を理論的に導き，それを実験で得られた座屈荷重と比較検討している．このころから，塑性設計的な考え方が設計の中で活かされるような傾向が見られる．1960年 G.C. Lee は学位論文[4.11]の中で White の論法を進展させ，全塑性モーメントでの梁の横座屈と2方向の曲げを受ける梁の耐力について考察している．特に曲げとねじれの連成する複雑な非弾性横座屈問題に接線係数理論の考え方を導入して，残留応力度による剛性低下を評価した T.V. Galambos[4.12]の論文は重要で，ASCE などの許容曲げ応力度の基礎資料として採用されている．なお，この非弾性域の剛性評価において，せん断弾性剛性を含む St. Venant のねじり剛性の評価については議論の多いところである．

一方，計算機の発達に伴い解析的に解くことができない横座屈解を数値解析によって求めようとする研究も盛んになり，1960年 J.W. Clark ら[4.13]は，種々の境界条件と荷重条件に対して解析して基本の横座屈式に対する修正係数を提示している．さらにこうした研究は 1965 年ころからなされ，各種の荷重条件，断面形状等に対する結果が示された．1963年 T.V. Galambos[4.12]は，圧延形鋼の残留応力度を考慮して梁の弾塑性横座屈解を与えている．Galambos は残留応力度を仮定し，断面内の弾塑性ひずみ度分布より塑性域での剛性を無視して各状態での曲げ，ねじり剛性を計算して，横座屈一般解を示し設計式を検討している．この研究の結果は現在の AISC spec. の横座屈規定の基本となっている．その後，モーメント勾配のある梁の弾塑性横座屈などの数値解析的研究，および D.A. Nethercot[4.14]や N.S. Trahair[4.15),4.16]らの塑性域での横座屈の理論解析が続いている．特に N.S. Trahair は，その一連の研究において系統的に各種の荷重条件や拘束梁の解析を行っており，その結果は実用的な修正係数として利用されている．

また，1960年代に入ると鋼構造の研究対象が塑性設計に移行し，さらに非弾性域についての研究が進んだ．特にリーハイ大学を中心に行われた一連の理論，実験による塑性設計についての研究では横座屈後，あるいは塑性域における変形能力評価と必要塑性変形能力を確保する補剛間隔，補剛材設計に関する研究が対象となった．T.V. Galambos[4.12),4.17]，M.G. Lay[4.18)-4.24]の一連の研究がこれである．塑性設計部材を対象とした研究は先にも述べたように，1914年の連続梁の終局耐力を求める研究あたりを出発点として始められた．この種の研究は 1948年の W. Luxion, B.G. Johnston[4.25]の塑性挙動の実験研究，1951年の C.H. Yang の連続梁の終局耐力に関する研究などにつながり除々に問題点が指摘されてきた．1952年には B.G. Johnston, L.S. Beedle, C.H. Yang[4.26]が鋼構造物設計への塑性設計的配慮に関する問題点を一括して示した．その中でも部材の安定限界としての座屈と変形能力の問題は重要かつ困難な問題であると指摘されている．こうした状況の中で，塑性設計を対象とした部材の限界細長比について理論的に明らかにしたのが，1956年の M.W. White[4.9]の学位論文である．White は横座屈の基本式から変形能力確保のための限界細長比を求めている．これらの結果は 1959年の AISC の塑性設計規定の基礎となった．その後，変形能力確保という観点からの実験が行われた．1962年の H.A. Sawyer[4.27]，G.C. Lee[4.17]，T.V. Galambos[4.12]らの論文はその中心をなすものである．その後，横座屈に関する研究，局部座屈に関する理論的考察が進展し，この分野でも M.G. Lay らによる実験・理論の両面からの研究が進んだ．

—90— 鋼構造座屈設計指針

（4） 補剛効果の解明と評価

1964 年 M.G. Lay[4.18]は梁の弾性曲げ実験を行い，その特徴的な挙動を報告し，その結果を基本として梁の塑性領域での挙動を理論的に示した．M.G. Lay は等モーメントを受ける梁を実験挙動から圧縮側フランジとウェブの半分からなる T 形柱と考え，この柱の座屈を基本として限界補剛間隔を求めた．すなわち，面外変形後の剛性を考慮した柱の座屈基本式に基づいて補剛間隔を求めている．モーメント勾配のある梁については塑性化が非常に部分的であるため，横座屈現象が生じるとそのまま耐力を低下させてしまう．M.G. Lay は，T 形断面柱の座屈式とフランジのねじれ座屈を基本とした局部座屈式とから，局部座屈が先行する点をもって限界補剛間隔とした．この M.G. Lay の補剛間隔に関する研究成果は，1970 年の ASCE-WRC の塑性設計の規定の基本となった．その後，2〜3 の実験研究があるが，ほとんど M.G. Lay の結果と同じである．これらの研究のほとんどは，限界補剛間隔が適正かどうかだけを論じ，変形能力と他の因子との一対一の対応は明確にしていない．また，その適用範囲もある限られた範囲に対してだけであり，変形能力確保のための補剛間隔を求めようとするものであった．しかし，実際は補剛点に二次部材が取り付いた形で梁の補剛はなされており，その意味で補剛点に作用する補剛力なども明確にしておく必要がある．

鉄骨梁の補剛力に関する研究は，1956 年の W. Zuk[4.28]に始まる．従来，座屈に対する補剛力は経験と技術者の工学的判断から軸方向力の 2 ％以上の力があれば十分とされていた．Zuk は部材の初期たわみを仮定し，釣合いの微分方程式を解いて補剛力を算定している．その結果としてフランジ軸方向力の 0.2〜2.4 ％の値を与えている．1958 年 G. Winter[4.29]は，補剛点が完全に拘束されているのとまったく同等の効果を示すのに必要な最小の剛性と強度が満足されるときを Full Bracing 状態として，解析によって補剛材の軸剛性を決定している．こうして補剛に関する研究が始まったものの，これらの研究はすべて弾性範囲であり，その後，研究は弾塑性を考慮したものへと進んだ．

弾塑性域での補剛力に関して初めて解析したのは，1962 年の C. Massey[4.30]の論文である．彼は等モーメントを受ける梁について初期ねじれ，初期たわみを仮定し，中央に拘束力 F を与えて微分方程式を立てて解析している．その結果，圧縮側フランジに働く拘束力は降伏が始まるまではモーメントが増加するに従って増大するが，それ以降はスパン長，梁の初期不整によって増減することを指摘した．

変形能力確保に重点をおいた鉄骨梁の補剛力，補剛剛性に関する研究は 1966 年 M.G. Lay，T.V. Galambos[4.24]によって発表された．この論文において，補剛材設計では補剛力のほかに軸剛性，曲げ剛性が必要であるとして，必要補剛剛性の設計式を近似的に導いている．すなわち，面外への曲げ変形の終局の応力度分布から最大横曲げモーメントを求め，それによるせん断力として補剛力を求めている．軸剛性は，補剛点の許容移動量として補剛間隔の座屈長さの 8 ％の増加を認め，先の補剛力との関係で求めている．さらに，曲げ剛性は，補剛間隔の解析の時に用いたウェブに 2 つのヒンジを想定した機構を用いて，補剛点に働く力をすべて考えモーメントの釣合いより補剛材に加わる曲げモーメントを求めて算定している．すなわち，このモーメントと先の軸方向力（補剛力）とが加わっても，なお，弾性であるような断面係数を求めて補剛材の曲げ剛性評価をしている．こうして求められた結果は，補剛間隔に関する研究成果と同様，そのまま AISC-WRC の塑性設計規

準に取り入れられている．

(5) わが国の横座屈設計

わが国の設計規準の中で具体的に横座屈に関する規定が明文化されたのは，1970年に制定された「鋼構造設計規準」[4.31]の許容曲げ応力度 f_b に関する規定が初めてである．ここでは，横座屈のおそれのある部材に対する許容曲げ応力度が横座屈荷重を基に決められた．この横座屈は梁の設計のみならず曲げと軸力を受ける柱材の設計でも重要で，柱の設計でもこの横座屈を基本とした許容曲げ応力度と許容圧縮応力度との組合せで設計応力度を規定している．1970年以前の「鋼構造計算規準」では梁の応力度の規定はなく，単に横座屈を防止するためのつなぎ梁間隔の規定として横方向支点間間隔と梁フランジ幅の比が示されただけである．1975年に制定された「鋼構造塑性設計指針」[4.32]では，梁の強度が横座屈を基本として規定されている．さらにこの規準では梁の強度規定を与えると同時に，塑性設計の基本となる部材の変形能力確保に関する補剛間隔，補剛剛性の規定を初めて与えている．これらの規定は1960年代のアメリカの研究と70年代にわが国で行われた塑性設計梁に関する実験研究がその基礎となっている．さらに1980年に刊行された「鋼構造座屈設計指針」では，基本となる許容曲げ応力度に対する各種の修正係数に対する提案と解説が示された．1990年に刊行された「鋼構造限界状態設計規準（案）」[4.33]は，信頼性理論を基礎とするわが国初めての設計体系であり，この中では横座屈理論と各種の実験データに基づき，曲げ材の耐力が弾性横座屈耐力を用いた横座屈細長比の関数として提示されている．この横座屈細長比を用いて梁の強度を規定する考え方は，1998年に刊行された「鋼構造限界状態設計指針・同解説」[4.34]に引き継がれているとともに，2005年に刊行された「鋼構造設計規準 —許容応力度設計法—」[4.35]にも導入され，許容曲げ応力度が梁の横座屈細長比から算出されるようになっている．

4.2 梁材の横座屈

4.2.1 横座屈基本式

図4.2.1に示すように材長 L の任意断面の梁が任意の荷重を受けるとき，弾性横座屈耐力 M_{cre} はエネルギー法により一般式として次式で表される[4.13),4.36),4.37]．

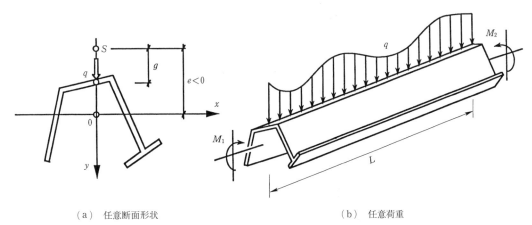

(a) 任意断面形状　　　　　　　　(b) 任意荷重

図4.2.1 梁に作用する荷重

$$M_{cre} = C_1 \frac{\pi^2 EI_y}{(k_u L)^2} \left[(C_2 g + C_3 k) + \sqrt{(C_2 g + C_3 k)^2 + \frac{I_w}{I_y} \left\{ \left(\frac{k_u}{k_\beta}\right)^2 + \frac{GJ(k_u L)^2}{\pi^2 EI_w} \right\}} \right] \quad (4.2.1)$$

ここに M_{cre} は，材端モーメント M_1，M_2 や横荷重 q により，部材に生じる曲げモーメントの最大位置における値である．EI_y，EI_w，GJ は，梁の弱軸 y まわりの曲げ剛性，Wagner の曲げねじり剛性，St. Venant のねじり剛性である．g は横荷重 q を受ける場合の作用点とせん断中心との距離であり，荷重の作用点が荷重方向に対してせん断中心より正側にある時を正とする．k は強軸 x に対して非対称な断面の場合，次式により求められる断面定数である．

$$k = \frac{1}{2I_x} \int_A y(x^2 + y^2) dA - e \quad (4.2.2)$$

ここに，I_x は強軸に関する断面二次モーメント，e は重心 O とせん断中心 S 間の距離を表す．k_u，k_β は境界条件を評価する座屈長さ係数であり，C_1 はモーメント分布の影響を表す．C_2 は横荷重に伴う g の補正係数，C_3 は断面の非対称性の影響を表す k にかかる係数である．

ここで，代表的な断面形状に対する諸定数 e，I_w，k を求めておく[4.5),4.37)]．なお，St. Venant のねじり定数 J は開断面の場合，断面を構成する板要素の幅と厚さを b_i，t_i とすれば

$$J = \frac{1}{3} \sum_i b_i t_i^3 \quad (4.2.3)$$

で求められる．

（１）　フランジが非対称な一軸対称 I 形断面〔図 4.2.2（a）〕

$$e = \frac{e_2 I_2 - e_1 I_1}{I_1 + I_2} \quad (4.2.4.a)$$

$$I_w = \frac{b_3^2 I_1 I_2}{I_1 + I_2} \quad (4.2.4.b)$$

ここに，I_1，I_2 は各フランジの y 軸まわりの断面二次モーメントである．

$$k = \frac{1}{2I_x} \left[e_2 \left\{ b_2 t_2 \left(\frac{b_2^2}{12} + e_2^2\right) + \frac{t_3}{4} e_2^3 \right\} - e_1 \left\{ b_1 t_1 \left(\frac{b_1^2}{12} + e_1^2\right) + \frac{t_3}{4} e_1^3 \right\} \right] - 2e \quad (4.2.5)$$

（２）　一軸対称溝形断面〔図 4.2.2（b）〕

$$e = -\left(1 + \frac{b_3^2 A}{4I_x}\right) e_1 \quad (4.2.6.a)$$

$$I_w = \frac{b_3^2}{4} \left[I_y + e_1^2 A \left(1 - \frac{b_3^2 A}{4I_x}\right) \right] \quad (4.2.6.b)$$

$$k = 0$$

ここに，A は断面積である．溝形断面は x 軸に対して対称であることから，

（３）　点対称 Z 形断面〔図 4.2.2（c）〕

$$e = 0$$

$$I_w = \frac{b_3^2}{4} I_a \quad (4.2.7)$$

$k=0$

ここに, I_a はウェブ軸まわりの断面二次モーメントを表す．

(4) 二軸対称Ⅰ形断面

(1)において $e_1=e_2$, $I_1=I_2=I_y/2$ より

$e=0$

$$I_w=\frac{b_3^2}{4}I_y \tag{4.2.8}$$

$k=0$

したがって，二軸対称Ⅰ形断面の単純梁に等モーメントが作用する場合は式(4.2.1)に対して $g=0$，$k=0$ また，$k_u=k_\beta=C_1=1$，$I_w/I_y=b_3^2/4$ とおいて次のように簡単化できる．

$$\frac{M_{cre}}{b_3}=C\frac{\pi^2 EI_f}{L^2} \tag{4.2.9.a}$$

$$C=\sqrt{1+\frac{GJL^2}{\pi^2 EI_w}}=\sqrt{1+C_k} \tag{4.2.9.b}$$

ここに，I_f はフランジの y 軸まわりの断面二次モーメントである．式(4.2.9)の係数 C はねじれ抵抗に伴う横座屈耐力の上昇分であり，安全側に $C=1$ と考えれば，圧縮側フランジのオイラー座屈と等価となることがわかる．ただし，比較的材長が大きく，せいの小さな梁は C の効果が大きい．

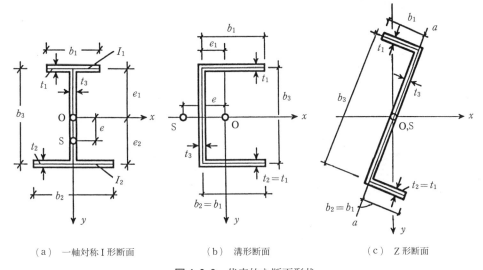

(a) 一軸対称Ⅰ形断面　　(b) 溝形断面　　(c) Z形断面

図4.2.2　代表的な断面形状

4.2.2　境界条件

横座屈に対する境界条件は，座屈モードを規定する横たわみ変形 u とねじれ変形 β の固定度に関係する．材端において $u=\beta=0$ として，次のように分類できる．

(1) 横たわみ変形，ねじれ変形がともに単純支持の場合〔図4.2.3(a)〕

$$u''=\beta''=0$$

(2) 横たわみ変形が固定でねじれ変形のみ単純支持の場合〔図 4.2.3(b)〕

$$u'=0,\ \beta''=0$$

(3) 横たわみ変形が単純支持でねじれ変形のみ固定の場合〔図 4.2.3(c)〕

$$u''=0,\ \beta'=0$$

(4) 横たわみ変形, ねじれ変形とも固定の場合〔図 4.2.3(d)〕

$$u'=\beta'=0$$

ここに, (′)(″)は材軸方向の1階および2階微分を表す. ねじれ変形の単純支持とは, 例えば, H形断面の場合, 図4.2.3に示すように材端部の上下フランジの反り変形が自由となる場合であり, 固定とは上下フランジの反り変形が拘束される場合である.

梁として考えれば, 両材端の条件に対して, この4つの組合せで決まる. 詳細はウラソフにより計算されているが[4.36], 大略圧縮を受ける柱の座屈長さ係数と同様に考えることができる.

(1) 両端単純支持の場合 $k_u,\ k_\beta=1.0$
(2) 一端固定, 他端単純支持の場合 $k_u,\ k_\beta=0.7$
(3) 両端固定の場合 $k_u,\ k_\beta=0.5$

実際には, 材端支持条件に対し完全な自由あるいは完全な固定はない. したがって, 設計にあたっては梁端の拘束度を個別に検討する必要があるが, その厳密な評価は極めて困難なため, 安全側として単純支持条件を用いることが多い. なお, ラーメン架構を対象とした梁端の拘束度については, 柱および柱梁接合部の断面形状に応じた座屈長さ係数が提示されている[4.38),4.39)].

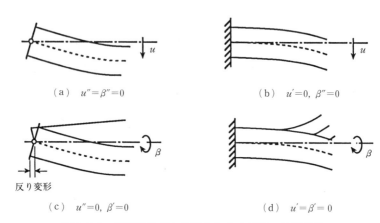

図 4.2.3　横座屈挙動に影響を与える材端の境界条件

4.2.3 荷重条件

材端条件が両端単純支持の場合, 等分布荷重 q と任意の材端曲げモーメント $M_1,\ M_2$ を受ける梁の弾性横座屈モーメント修正係数 $C_1,\ C_2,\ C_3$ に対する近似解をガラーキン法を適用して求め, 数値解析による結果と比較することで次のような実用式が提案されている[4.40),4.41)].

$$C_1=1/\sqrt{\xi} \tag{4.2.10}$$

$$C_2 = -0.405\left(\frac{M_2}{M_1}\right)/\sqrt{\xi} \qquad (4.2.11)$$

$$C_3 = \left\{0.5 - 0.5\left(\frac{M_2}{M_1}\right) + 0.464\left(\frac{M_0}{M_1}\right)\right\}/\sqrt{\xi} \qquad (4.2.12)$$

$$\xi = 0.283\left\{1 + \left(\frac{M_2}{M_1}\right)^2\right\} - 0.434\left(\frac{M_2}{M_1}\right) + 0.868\left(\frac{M_0}{M_1}\right)\left\{1 - \left(\frac{M_2}{M_1}\right)\right\} + 0.780\left(\frac{M_0}{M_1}\right)^2 \qquad (4.2.13)$$

ここに,$M_0 = qL^2/8$ である.ただし,材端モーメント M_1 と等分布荷重による中間モーメント M_0 の符号が一致するとき,M_0/M_1 は正とする.また,$|M_1| \geq |M_2|$ とし,複曲率のとき M_2/M_1 は正である.

梁中間部で横荷重が作用する梁では,その横座屈モーメントは単に荷重による曲げモーメントの大きさ,分布形状 C_1 だけでは決まらず,荷重のねじり効果にも関係する.断面のねじりモーメントの釣合いがせん断中心 S まわりに考えられるため,せん断中心位置に荷重が作用する限り,曲げモーメントだけを考慮して梁強さを評価できる.しかし,作用位置がこの点 S から離れると荷重によるねじり効果が現れ,梁の横座屈モーメントに C_2 の要素が大きく関与する.荷重作用点が荷重方向に対してせん断中心より負側にあれば,横座屈モーメントは小さく,反対に正側にあれば横座屈モーメントは大きくなる.梁せいが大きく材長の短い梁を設計する場合には,上フランジに荷重が載ると横座屈モーメントが著しく低下するので,荷重位置で横補剛を設けるなどの設計上の配慮が必要である.

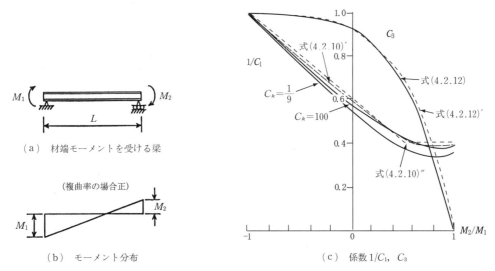

図 4.2.4 材端モーメント M_1, M_2 を受ける梁の修正係数

表4.2.1 種々の荷重に対する修正係数と等価材端モーメント[4.13],[4.41],[4.42]

ケース	荷重・モーメント分布	材端条件	$k_u=k_\beta$	C_1	C_2	C_3	M_2/M_1
				両端支持梁			
1.	M ── L ── M ; M	単純支持 固定	1.0 0.5	1.0 1.0	— —	1.0 1.0-1.1	-1.0
2.	M, $M/2$; $M/2$	単純支持 固定	1.0 0.5	1.3 1.3-1.5	— —	1.0 2.3	-0.5
3.	M ; M	単純支持 固定	1.0 0.5	1.8-1.9 1.8-2.2	— —	0.94 2.2	0
4.	M, $M/2$; $M/2$	単純支持 固定	1.0 0.5	2.3-2.7 2.3-3.1	— —	0.68 1.5	0.5
5.	M, M ; M	単純支持 固定	1.0 0.5	2.6-2.8 2.3-3.1	— —	0 0	1.0
6.	W ; $WL/8$	単純支持 固定	1.0 0.5	1.1 0.97	0.46 0.30	0.53 0.98	-0.9
7.	W ; $WL/12$, $M_{cr}=WL/24$	単純支持 固定	1.0 0.5	1.3 0.71-0.86	1.6 0.65-0.82	0.75 1.1	—
8.	P ; $PL/4$	単純支持 固定	1.0 0.5	1.4 1.1	0.55 0.42-0.43	0.41-1.7 3.1	-0.7
9.	P ; $PL/8$, $PL/8$	単純支持 固定	1.0 0.5	1.6-1.7 0.9-1.0	1.3-1.4 0.72-0.84	2.6-2.8 4.8	-0.4
10.	$L/4$ $P/2$ $P/2$ $L/4$; $PL/8$; (bL)	単純支持 固定	1.0 0.5	1.0 1.0 $(1+b^2)$	0.43-0.50 0.41	0.48-1.1 1.89	$-\{1-0.6(4/L^2)\}$
				片持梁			
11.	P ; PL	固定端 そり拘束	1.0	1.3-1.7	0.64		
12.	W ; $WL/2$	固定端 そり拘束	1.0	2.1-3.4			

　曲げモーメントが材軸方向に直線的に変化する材端モーメントのみ受ける場合は，係数 C_2 は無視できて，C_1，C_3 は次のように簡単化できる[4.35],[4.43],[4.44]．

　C_1 に対して，

$$C_1 = 1.75 + 1.05\left(\frac{M_2}{M_1}\right) + 0.3\left(\frac{M_2}{M_1}\right)^2 \leq 2.3 \tag{4.2.10$'$}$$

または，
$$1/C_1 = 0.6 - 0.4\left(\frac{M_2}{M_1}\right) \geq 0.4 \tag{4.2.10}''$$

C_3 に対して
$$C_3 = 1 - \left\{0.5 + 0.5\left(\frac{M_2}{M_1}\right)\right\}^4 \tag{4.2.12}'$$

これらの値を図 4.2.4 に図示した．図中 $1/C_1$ の実線は精算値である[4.43]．式 (4.2.9) に示す梁のねじり成分の剛性比 C_k を現実的な範囲で変化させたが，その影響は小さい．種々の荷重形式に対する係数の値を，材端条件を含めてまとめて表 4.2.1 に示している[4.13],[4.41],[4.42]．

4.2.4 変断面梁

H 形断面の場合，図 4.2.5 に示すようにフランジ幅または梁せいが直線的に変化する変断面梁については，ガラーキン法により近似解が求められている[4.40],[4.45]．これから，最大断面で評価した横座屈モーメント式 (4.2.1) を用いて修正係数 C_4 を導入することにより，変断面梁の横座屈モーメント M_{crr} を求めることができる．

$$M_{crr} = C_4 M_{cre} \tag{4.2.13}$$

このとき，最大断面と最小断面のフランジ幅または梁せいの比を γ とすると，フランジ幅の変化する変断面梁に対しては，
$$C_4 = \gamma \geq 0.4 \tag{4.2.14}$$

梁せいの変化する変断面梁に対しては，
$$C_4 = 0.6 + 0.4\gamma \tag{4.2.15}$$

または，
$$1/C_4 = 1.75 - 1.05\gamma + 0.3\gamma^2 \tag{4.2.15}'$$

となる．上式は，式 (4.2.10)′，式 (4.2.10)″ と同型であって，材端モーメントを受ける梁の場合，モーメント勾配に従って断面を変化させれば，$C_1 \cdot C_4 = 1$ となり，均等曲げを受ける梁の横座屈モーメントと等しくなる．いくつかの変断面梁に対する修正係数 C_4 をまとめて表 4.2.2 に示す[4.46],[4.47]．

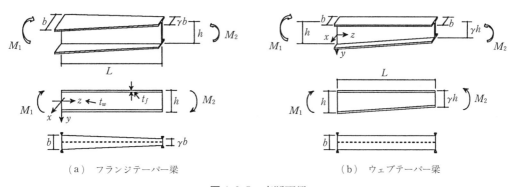

(a) フランジテーパー梁　　　　　　　(b) ウェブテーパー梁

図 4.2.5　変断面梁

表 4.2.2 変断面梁修正係数 C_4

ケース	変断面梁	荷重（重心載荷）	C_4
1			$0.9-0.15\gamma+0.25\gamma^2$ (4.46) $0.73+0.27\gamma$ (4.47)
2			$0.44+0.56\gamma$ (4.46)
3			$0.44+0.56\gamma$ (4.46)
4			$0.86+0.14\gamma$ (4.47)

4.2.5 非弾性横座屈

式（4.2.1）で求めた弾性横座屈耐力は，材料特性を完全弾性体として考えたときのものである．しかし，実際の梁では応力度があるレベルに到達すると非線形挙動を示し，剛性の低下に伴って横座屈耐力も低下する．

図 4.2.6 に示すように，材料の応力度-ひずみ度関係において，ある応力度レベル位置 A 点での経路がひずみ度の増加の状態にある場合，その弾性剛性は接線係数 E_t で評価されるが，除荷に対しても E_t で近似する場合，(a)を Tangent Modulus 理論，弾性 E に復活するとするもの(b)を Reduced Modulus 理論と呼ぶ．(c)は現実的な座屈挙動における横変位と作用曲げモーメントの関係を模式的に示したもので，Tangent Modulus 理論に従った M_{crt} 付近で座屈変形が現れ，Reduced

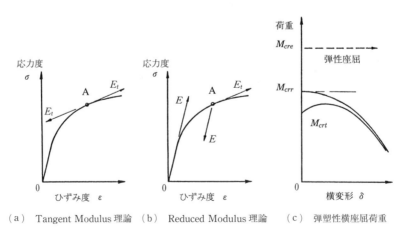

（a）Tangent Modulus 理論　（b）Reduced Modulus 理論　（c）弾塑性横座屈荷重
図 4.2.6　弾塑性座屈挙動

Modulus 理論に従った M_{crr} に漸近していく過程において最大耐力に至る．Reduced Modulus 理論は断面内の釣合いを十分に満足した合理的な理論とされているが，現実的には Tangent Modulus 理論が実験結果によく一致し，簡単のため，この Tangent Modulus 理論を用いて弾塑性座屈荷重が評価されることが多い．弾塑性領域における横座屈問題においても，Tangent Modulus 理論を用いて弾塑性座屈耐力を求めることは可能である．その場合，部材の不完全要素，例えば，初期たわみの影響や梁材の断面を構成する時点で導入される残留応力度の影響等による見かけ上の断面欠損を除いた残りの断面の弾性剛性を用いて，横座屈する時の曲げに関する諸剛性を評価すればよい．

せん断剛性 G については，座屈に伴うねじれ変形により初めて圧縮側フランジにせん断ひずみ度が生じるので，軸降伏した断面においても座屈時は弾性性状を示すことになる．これには Tangent Modulus E_t に比例させて低減させる方法[4.5]や，塑性ねじりの研究からせん断降伏に伴う急激な剛性低下性状より若干のねじれ変形で安定する値が提案されている[4.48]．しかしながら，短い梁では断面のねじれ変形の拘束から生じる曲げねじり抵抗が卓越するため，G の影響は小さいことから，前述の不完全要素を考慮すれば，E_t の低下を考えるほうが現実的である．

以上のように，非弾性座屈問題では理論的なモデルに種々の仮定を導入する必要があり，またその扱いも複雑になる．さらに初期変形や残留応力度などの初期不整量を考慮するためには理論的な展開に限界がある．そこで，最近では有限要素法を用いた弾塑性数値解析によって非弾性域での横座屈挙動評価を目的とした研究も多く行われている．以下にその一例について紹介する．

図 4.2.7 は，弾塑性有限要素法解析によって求めた材端モーメントを受ける梁の最大耐力を示したものである[4.49],[4.50]．図中 κ は梁両端のモーメント比（$\kappa = M_2/M_1$）を表し，$\kappa = -1.0$ が均等曲げ，$\kappa = 0.0$ が一端曲げ，$\kappa = 1.0$ が逆対称曲げに対応する．ここでは，圧延 H 形鋼を想定し，フランジ端の残留応力度を降伏応力度の 30 ％，圧縮側フランジの初期たわみを材長の $1/1\,000$ として求めている．均等曲げ $\kappa = -1.0$ では，弾塑性領域のかなり広い範囲にわたって，その耐力は弾性横座屈モーメントよりも大きく低下することがわかる．この弾性限界位置からの座屈耐力の低下率はモーメント勾配が大きくなるほど小さくなり，全塑性モーメント M_p を超える点の細長比である塑性限界細長比は大きくなる．

初期たわみ，残留応力度などの初期不整を考慮した弾塑性横座屈耐力についてはすでに多くの検討がなされており[4.51],[4.52],[4.53]，材端モーメント比と細長比を用いた経験的な耐力式[4.54]，圧縮材の理論的弾塑性耐力式を応用し初期たわみと残留応力度の関数として表現した半理論的な耐力式[4.55],[4.56],[4.57]などが報告されている．ここでは，弾塑性横座屈だけでなく，横座屈細長比全区間にわたって初期不整の影響を定量的に考慮できる耐力式について紹介しておく[4.57]．

非弾性域における横座屈耐力は，素材の完全弾塑性挙動を仮定すれば，断面の部分的な塑性化により低下した剛性を用いて理論的に評価することができる[4.56]．しかし，塑性化の進行した領域ではひずみ硬化に伴い耐力が上昇するため，素材特性の不確定性を踏まえて，この耐力上昇分を経験的に評価した次式が平均最大耐力式として提案されている[4.57]．

$$\frac{\mu_{Mu}}{M_p} = \frac{2h_0}{1 + c_{def}\lambda_b + (1 + c_{res})\lambda_b{}^2 + \sqrt{\{1 + c_{def}\lambda_b + (1 + c_{res})\lambda_b{}^2\}^2 - 4\lambda_b{}^2(1 + c_{res}\lambda_b{}^2)}} \quad (4.2.16)$$

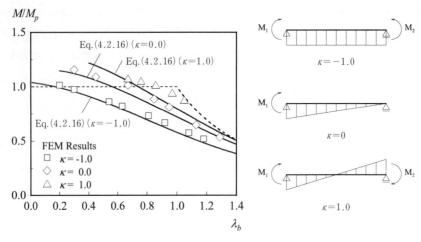

図 4.2.7 材端モーメントを受ける梁の平均最大耐力[4.57)]

ここに,

μ_{Mu}：素材特性の変動性を考慮した最大耐力の平均値

λ_b：梁の横座屈細長比, $\lambda_b=\sqrt{\dfrac{M_p}{M_e}}$ (4.2.17)

M_e：式（4.2.1）で計算される弾性横座屈モーメント

h_0：ひずみ硬化による耐力上昇率,

$$\begin{cases} h_0=\alpha_\Lambda(\Lambda_c'-1.25)+1.0 & (\Lambda_b'\leq 1.25) \\ h_0=1.0 & (\Lambda_c'>1.25) \end{cases} \quad (4.2.18)$$

$\alpha_\Lambda=-0.2\kappa-0.25$ (4.2.19)

$\Lambda_c'=\sqrt[3]{\left(\dfrac{\lambda_b}{e\lambda_b}\right)^3+W_F^{\ 3}}$ (4.2.20)

$_e\lambda_b=\dfrac{1}{\sqrt{k_{res}}}$ (4.2.21)

k_{res}：フランジ縁における最大残留応力度の降伏応力度に対する比率

W_F：フランジとウェブの連成を考慮した幅厚比指標[4.58)]

c_{def}：初期たわみを考慮するための係数, $c_{def}=q\cdot k_{def}^r$

 $q=-0.1\kappa+0.065$

 $r=0.5\kappa+1.0$

c_{res}：残留応力度を考慮するための係数, $c_{res}=1-\dfrac{1-k_{res}}{f}$

式（4.2.16）で求められる最大耐力を図4.2.7中に実線で示しており，有限要素法解析による最大耐力と良い対応をしていることがわかる．

なお，この平均最大耐力式は限界状態設計法における耐力係数の算出を目的としたものであり，

鋼材特性の変動を考慮した平均値に対応していることから，より実勢値に近い耐力評価を必要とする場合に活用することができる．また，中間荷重が作用するような荷重条件に対しては，等価的な材端モーメント比 M_2/M_1 を求めれば，式 (4.2.16) を利用することができる．等価材端モーメント比を表 4.2.1 に併せて示す[4.54]．

4.3 横座屈補剛

4.3.1 梁材の横座屈補剛

梁の横座屈を圧縮側フランジの横方向への曲げ座屈と見なすと，横座屈補剛のために圧縮側フランジに設ける補剛材に要求される必要補剛剛性と補剛力は，圧縮材の曲げ座屈に対する補剛と同様に取り扱うことができる．ただし，梁材の場合には梁自身にねじれ変形に対する抵抗力があるので，このねじり抵抗が圧縮側フランジの横方向変形を止める効果が補剛材の働きを助けること，また，梁材では，一般に曲げに伴うフランジの応力度が材長方向に変化していること，さらには座屈耐力の確保ばかりでなく，梁としての塑性変形能力を確保するためにも補剛材が設けられることなどが圧縮材の曲げ座屈補剛と考え方の異なる点である．

4.3.2 補剛剛性と座屈耐力

補剛材の材長方向の設置位置は梁の座屈モードとの兼ね合いで横座屈耐力に大きく影響する．圧縮材を種々の位置で補剛したときの弾性座屈耐力と必要補剛剛性の最小値は，図 4.3.1 に対して式 (4.3.1)～式 (4.3.5) のようになる．

（a） 材中央に 1 か所の補剛点がある場合〔図 4.3.1(a)〕

$$（a）\quad K_{min}=\frac{2}{l_1}N_c,\ N_c=\frac{\pi^2EI}{l_1^2} \tag{4.3.1}$$

（b） 左右対称な 2 か所に補剛点がある場合〔図 4.3.1(b)〕

$$（b）\quad K_{min}=\frac{3}{l_1}N_c,\ N_c=\frac{\pi^2EI}{l_1^2} \tag{4.3.2}$$

（c） 3 等分点に 2 か所の補剛点がある場合〔図 4.3.1(c)〕

$$（c）\quad K_{min}=\frac{(2l_1+l_2)}{l_1l_2}N_c\Big(\leqq\frac{2}{l_1}N_c\Big),\ N_c=\frac{\pi^2EI}{l_1^2},\ l_1\leqq l_2 \tag{4.3.3}$$

（d） 均等間隔で十分多くの補剛点がある場合〔図 4.3.1(d)〕

$$（d）\quad K_{min}=\frac{(2l_1+l_2)}{l_1l_2}N_c\leqq\Big(\frac{3}{l_1}N_c\Big),\ N_c=\frac{\pi^2EI}{l_1^2},\ l_1\leqq l_2 \tag{4.3.4}$$

（e） 左右非対称な位置に 1 か所の補剛点がある場合〔図 4.3.1(e)〕

$$（e）\quad K_{min}=\frac{4}{l_1}N_c,\ N_c=\frac{\pi^2EI}{l_1^2} \tag{4.3.5}$$

梁の横座屈補剛の場合には，圧縮側フランジに取り付けた補剛材のほかに，引張側フランジに取り付く水平補剛材あるいは梁断面のねじれ変形に抵抗する回転補剛材も効果を発揮する．これらの

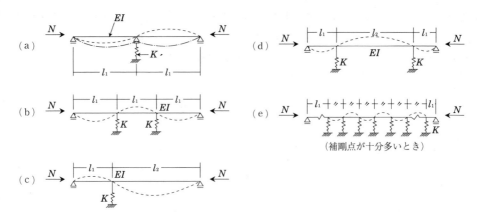

図 4.3.1 材長方向の種々の補剛位置

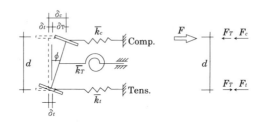

図 4.3.2 横座屈補剛材の力学モデル

効果を評価するために,図 4.3.2 に示すような力学モデルで補剛効果を考える.

圧縮側フランジ位置に横補剛力 F が生じて図に示すような変形状態で釣り合っているものとすると,各補剛力には以下のような関係が成り立つ.

$$F = F_e + F_T \tag{4.3.6}$$

$$F_T = F_t \tag{4.3.7}$$

ただし, F:横補剛力

F_e:剛性 $\bar{k}_c$ の圧縮横補剛材の補剛力, $F_e = \bar{k}_c \delta_c$

F_T:剛性 $\bar{k}_T$ の回転補剛材の補剛力

$$F_T = \frac{\bar{k}_T}{d^2} \delta_T = \bar{k}_t \delta_t = \bar{k}_t (\delta_c - \delta_T)$$

F_t:剛性 $\bar{k}_t$ の水平補剛材の補剛力, $F_t = \bar{k}_t \delta_t$

断面のねじりモーメントと圧縮フランジの変形は,次式で表される.

$$M_t = F_T d = \bar{k}_T \phi = \bar{k}_T \frac{\delta_T}{d} \tag{4.3.8}$$

$$\delta_T = \frac{1}{1 + \frac{\bar{k}_T/d^2}{\bar{k}_t}} \tag{4.3.9}$$

以上より，補剛力と必要補剛剛性は，以下に示す式で関係づけられる．

$$F = \bar{k}_c \delta_c + \frac{\bar{k}_T}{d^2} \delta_T = \left(\bar{k}_c + \frac{\bar{k}_T/d^3}{1 + \frac{\bar{k}_T/d^3}{\bar{k}_t}} \right) \delta_c = \bar{k}_{eq} \delta_c \tag{4.3.10}$$

すなわち，圧縮フランジの等価な軸剛性 $\bar{k}_{eq}$ は，回転補剛剛性 $\bar{k}_T$ と水平補剛剛性を含む上式の括弧内の式で示される剛性で評価できることがわかる．

以上が梁の補剛を図 4.3.2 のモデルで考えたときの弾性座屈耐力と補剛力，補剛剛性の関係であるが，実現象としての弾塑性横座屈耐力と補剛力，補剛剛性の関係を具体的に検討するには，数値解析的な検討が必要となる．こうした点を踏まえ，「鋼構造限界状態設計指針・同解説」で定義されている細長比区分ごとに必要な横補剛剛性と補剛力の関係を数値解析から誘導した次式が提案されている[4.59]．

＜細長比区分　L-IV（座屈限界）＞

補剛剛性　　$_{bk}k_b = \dfrac{_{bk}K_{Lb}}{_pK_{0b}} = 0.9\bar{\lambda}_b + 0.8, \ _pK_{0b} = \dfrac{N_y}{2l_b\bar{\lambda}_b}$ $\tag{4.3.11}$

補剛力　　$_{bk}k_b = 0.3\bar{\lambda}_b + 2.1$ のとき　　$\dfrac{F}{N_y/2} = 2\%$

　　　　　$_{bk}k_b = 0.3\bar{\lambda}_b + 1.7$ のとき　　$\dfrac{F}{N_y/2} = 3\%$ $\tag{4.3.12}$

　　　　　$_{bk}k_b = 0.3\bar{\lambda}_b + 1.3$ のとき　　$\dfrac{F}{N_y/2} = 4\%$

＜細長比区分　L-I〜III（全塑性限界）＞

補剛剛性　　$_{fp}k_b = \dfrac{_{fp}K_{Lb}}{_pK_{0b}} = 6.3\bar{\lambda}_b - 0.8, \ _pK_{0b} = \dfrac{N_y}{2l_b\bar{\lambda}_b}$ $\tag{4.3.13}$

$\quad\quad\bar{\lambda}_b$：横座屈細長比（$= \sqrt{M_p/M_{cre}}$）

$\quad K_{Lb}, \ _pK_{0b}$：横補剛剛性，基準横補剛剛性

$_{bk}K_{Lb}, \ _{fp}K_{Lp}$：座屈限界時の横補剛剛性，全塑性限界時の横補剛剛性

$\quad\quad N_y$：梁部材の降伏軸力（$= A \cdot \sigma_y \cdot A$：梁の断面積）

$\quad\quad\quad F$：補剛力

$\quad\quad\quad l_b$：補剛間隔

横座屈を圧縮側フランジの曲げ座屈と解釈すれば，梁の補剛力も圧縮材と同様に圧縮フランジの降伏軸力に対する割合で評価するのが合理的である．ここでは，圧縮フランジの降伏軸力を近似的に $N_y/2$ と設定しており，必要補剛力は，$N_y/2$ の 3.5〜6％ の範囲にあり，一定の割合を取らないことが示されている．

また，補剛された梁の耐力は，梁端補剛区間の長さだけでなく，それに隣接する補剛区間長さの影響も受けることを考慮し，任意の間隔で複数の補剛区間を持つ梁の耐力評価についても，新たな知見が報告されている[4.58]．

4.3.3 補剛力

横補剛材に生じる力および補剛材の剛性の関係を考察するために,図4.3.3に示すように梁の圧縮側断面だけを取り出して,材の中心線を2本の折れ線と仮定した最も単純なモデルを考える(基本的にG. Winterの用いたモデルと等しい)[4.61].

補剛点での横方向の力の釣合式は,以下のように表される.

$$F = N_y \frac{2(\delta_0 + \delta_c)}{l} = \bar{k}_c \delta_c \tag{4.3.14}$$

N_y：モデルの降伏軸力
F：補剛力
δ_0：材中央の初期たわみ
δ_c：材中央のたわみ
$\bar{k}_c$：補剛剛性

これを解くと次式のようになる.

$$\delta_c = \frac{1}{\dfrac{\bar{k}_c l}{2N_y} - 1} \delta_0 \tag{4.3.15}$$

$$F = \frac{1}{\dfrac{l}{2N_y} - \dfrac{1}{\bar{k}_c}} \delta_0 \tag{4.3.16}$$

上式中,$2N_y/l$は完全にまっすぐな材の座屈長さをlとするために必要な剛性k_{c0}に対応する.初期たわみδ_0/lを変化させ,Fとk_cの関係を求めると,図4.3.4のようになる.

図4.3.5は,これを実験結果(●)と比較したものである.破線(前述のk_{c0}に対応)より上側の実験結果(SM 30-C 2)は補剛剛性が13.7 kN/mmの結果であり,圧縮側フランジの座屈変形モードが半波なのに対して,下側の実験結果(SM 30-C 3)は補剛剛性が26.0 kN/mmの結果であり,座屈変形モードが1波となっており,補剛材の剛性により座屈モードに違いが生じている.松井ら[4.62]の研究によると,G. Winterのモデルは,同じ補剛剛性に対して,1/2程度小さい補剛力を与

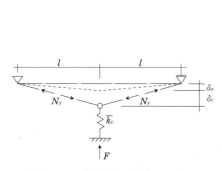

図4.3.3 補剛力の解析のモデル

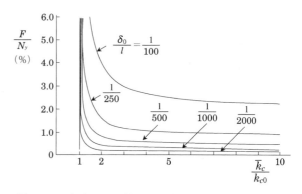

図4.3.4 初期たわみ量による補剛剛性と補剛力の違い

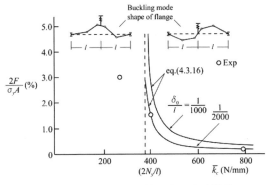
図4.3.5　補剛剛性と補剛力の実験結果

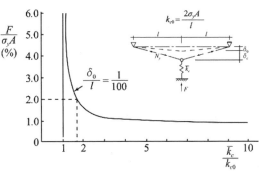
図4.3.6　補剛性の設計の考え方

えるので，通常の材に許される許容製作誤差に伴う初期たわみ1/500に対して，安全側に1/250に対応した曲線〔図4.3.6〕を用いて補剛材の剛性と補剛力の関係を考察する．式(4.3.12)より，補剛材の耐力は，梁材に生じている圧縮合力の少なくとも2％の大きさを目安として補剛力を確保することを考慮し，2％の補剛力に対応した補剛材の剛性を図4.3.6から読むと，$k_{eq}=1.7(2N_y/l)=3.4N_y/l$と読み取れる．したがって，「鋼構造限界状態設計指針・同解説」で規定されている必要補剛剛性$K=4N_y/l$が妥当なものであることがわかる．なお，補剛材が圧縮側フランジ位置に設けられないときは，前節に述べた等価圧縮側フランジ位置の補剛材の効果に置き換えることによって必要剛性が得られる．ただし，文献4.59)では，全塑性限界を考慮した場合の補剛力は，3～5％の範囲で推移することが示されており，塑性変形能力まで考慮した補剛力を検討する場合には，2％の補剛力では十分でない場合があることに注意が必要である．

　ここで示した補剛剛性や補剛力については，実際に梁に取り付く小梁や横補剛材の接合ディテールを適切に考慮した上で評価する必要がある．接合部の剛性・耐力評価については，本会の「鋼構造接合部設計指針」[4.63)]，「高力ボルト接合設計施工ガイドブック」[4.64)]等を参照されたい．

4.3.4　連続補剛と座屈耐力・変形性能

　梁の上フランジは複数の母屋や床スラブ等によって横移動が連続的に拘束されている場合が多い．このときの座屈補剛効果は大きく，これまでの実験資料，数値解析結果によれば上フランジが圧縮応力を受ける場合に横座屈による耐力の低下を考慮しなければならないことは少ない．しかし，地震荷重による逆対称曲げや風による吹上げ等，上向き鉛直力と水平力の組合せ荷重を受ける場合には横補剛されていない下フランジが圧縮となり，横座屈に対する検討が必要になる．こうした場合には対応した補剛状態，モーメント分布，材端条件の下で弾性座屈解析を行い，得られた弾性横座屈モーメントを両端単純支持で均等曲げモーメントを受ける梁の弾性横座屈荷重式に代入して横座屈細長比を求めることによって，補剛効果を確認することができる[4.66)]．

　一方，連続補剛により梁の横座屈拘束効果については梁の合理的な設計を目指して多くの実験，解析結果が報告されており，上フランジの水平変形が生じない場合の弾性横座屈荷重[4.66)]，端部境界条件やモーメント勾配の影響[4.67)]，水平・回転補剛剛性を有する連続補剛材の弾塑性座屈荷重への影

響と必要補剛剛性・補剛力[4.68]-[4.70]が明らかにされている．

図4.3.7は床スラブ等による連続補剛されたH形鋼梁の横座屈を模式的に示したものである．(a)は梁の上フランジに連続補剛材が取り付いた場合の模式図で，梁端に作用する曲げモーメントをフランジ中心に作用する偶力 P_1, P_2 に置換して考えている．このとき，P_1, P_2 の向きによって(b)のように連続補剛材の取り付いたフランジが圧縮側となる場合，および(c)のように引張側となる場合がある．(b)は連続補剛材が圧縮側フランジに取り付く場合，(c)は引張側フランジに取り付く場合である．

表4.3.1には，材長方向に連続補剛されたH形鋼梁がウェブ変形を伴い，横座屈するときの弾性

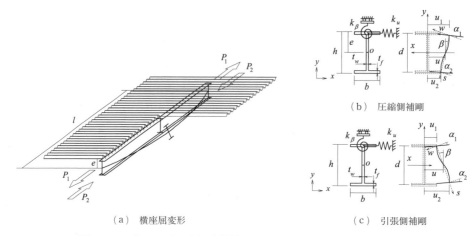

(a) 横座屈変形　　(b) 圧縮側補剛　　(c) 引張側補剛

図4.3.7　床スラブにより連続補剛されたH形鋼梁の補剛モデル

表4.3.1　連続補剛されたH形鋼梁の弾性横座屈荷重とウェブ変形に伴う座屈荷重の低下率[4.70]

【連続補剛材が圧縮側フランジに取り付く場合の横座屈モーメント式】 $M_{cre} = \dfrac{d}{2}F_u + \dfrac{d}{2}\sqrt{F_u^2 + 4\left[P_e\left\langle P_e + 2\left\{\dfrac{GK_w}{d^2} + \dfrac{GK_f}{d^2}(\tau_1+\tau_2) + F_\beta\tau_1\right\} + F_u\right\rangle + F_u\left\{\dfrac{GK_w}{d^2} + \dfrac{GK_f}{d^2}(\tau_1+\tau_2) + F_\beta\tau_1\right\}\right]}$　(4.3.17)
【連続補剛材が引張側フランジに取り付く場合の横座屈モーメント式】 $M_{cre} = -\dfrac{d}{2}F_u + \dfrac{d}{2}\sqrt{F_u^2 + 4\left[P_e\left\langle P_e + 2\left\{\dfrac{GK_w}{d^2} + \dfrac{GK_f}{d^2}(\tau_1+\tau_2) + F_\beta\tau_1\right\} + F_u\right\rangle + F_u\left\{\dfrac{GK_w}{d^2} + \dfrac{GK_f}{d^2}(\tau_1+\tau_2) + F_\beta\tau_1\right\}\right]}$　(4.3.18)

【ウェブ変形に伴う床スラブおよび上フランジねじり剛性の低下率】 $\tau_1 = \dfrac{\dfrac{6D_w}{d}\left\{GK_f\dfrac{(n\pi)^2}{l^2} + \dfrac{2D_w}{d}\right\}}{\left\{GK_f\dfrac{(n\pi)^2}{l^2} + \dfrac{4D_w}{d} + k_\beta\right\}\left\{GK_f\dfrac{(n\pi)^2}{l^2} + \dfrac{4D_w}{d}\right\} - \left(\dfrac{2D_w}{d}\right)^2}$　(4.3.19) 【ウェブ変形に伴う下フランジねじり剛性の低下率】 $\tau_2 = \dfrac{\dfrac{6D_w}{d}\left\{GK_f\dfrac{(n\pi)^2}{l^2} + \dfrac{2D_w}{d} + k_\beta\right\}}{\left\{GK_f\dfrac{(n\pi)^2}{l^2} + \dfrac{4D_w}{d} + k_\beta\right\}\left\{GK_f\dfrac{(n\pi)^2}{l^2} + \dfrac{4D_w}{d}\right\} - \left(\dfrac{2D_w}{d}\right)^2}$　(4.3.20)	$P_e = EI_f\left(\dfrac{n\pi}{l}\right)^2$, $F_u = \dfrac{2k_u l}{(n\pi)^2}$, $F_\beta = \dfrac{2k_\beta l}{d^2(n\pi)^2}$ EI_f：H形鋼梁の上下フランジの曲げ剛性 GK：H形鋼梁のねじり剛性，D_w：ウェブ板曲げ剛性($=t_w^3 E/12(1-\nu^2)$)，ν：ポアソン比($=0.3$)，t_w：ウェブ板厚，d：上下フランジ中心間距離，P_1, P_2：梁端に作用する曲げモーメントと等価になる上下フランジ中心に作用する軸荷重，k_β：単位幅あたりの補剛材による回転補剛剛性，k_u：単位幅あたりの補剛材による水平補剛剛性

横座屈モーメント式を示している．補剛材を考慮した梁の横座屈変位関数 u_1, u_2 およびねじれ変形に伴うウェブ変形 $α_1$, $α_2$〔図4.3.7(b), (c)〕を材長方向に sine 波とし，ポテンシャルエネルギー式に変分原理を用いて誘導したものである．式 (4.3.17)〜(4.3.20) 中の n は，想定した座屈モードの波数である．ここでは，材端支持条件は，強軸まわりおよび弱軸まわりに対して単純支持，反り自由としている．連続補剛された場合，補剛点における回転拘束により断面が保持されず，ウェブ変形が生じることで耐力が低下する．そのため，回転補剛剛性の低下を招くことから，梁のウェブの曲げ変形による連続補剛材と上フランジのねじり剛性の低下率 $τ_1$ を式(4.3.19)，下フランジのねじり剛性の低下率 $τ_2$ を式 (4.3.20) で表している．

このような無補剛に対する連続補剛された梁の弾性横座屈モーメントの上昇率と補剛剛性比の関係を図4.3.8に示す．縦軸は式 (4.3.17) もしくは式 (4.3.18) より求められる M_{cre} を無補剛の弾性横座屈モーメント M_{cr0} で除した値である．なお，M_{cr0} は式 (4.3.17) または式 (4.3.18) 中の k_u, $k_β$ に 0 を代入することで求められる．図4.3.8(a)は，圧縮側フランジ補剛と引張側フランジ補剛において回転拘束の有無が座屈荷重に及ぼす影響を比較したものである．横軸の水平補剛剛性 $k_u/(EI_f/l^3)$ が大きくなるにつれて，弾性横座屈モーメント $M_{cre}(=P_{cre}\cdot d)$ は線形的に上昇し，▽の点で勾配が変化している．この点は，式 (4.3.17) または式 (4.3.18) において，座屈モードが高次に移行する点である．

4.3.2項では，一点または数点で補剛された場合について，補剛位置で変形が生じない，すなわち横座屈長さを l_b とするための補剛剛性が定義されている．しかし，この考え方を連続補剛の場合に適用すると，l_b を定義することが難しく，また l_b は非常に短くなることから，設計上現実的ではない．さらに，連続補剛の場合，補剛剛性が大きくなると座屈モードが二次，三次と高次モードに移行するため，座屈長さを定義することが難しい．

そこで，連続補剛の場合，座屈モードが一次から二次モードに移行するときの補剛剛性を必要補剛剛性と定義する．具体的には，式 (4.3.1) または式 (4.3.2) で $n=1$ と $n=2$ のときの弾性座屈荷重 P_{cre} が等しくなる水平補剛剛性および回転補剛剛性の組合せとする．引張側フランジ補剛で

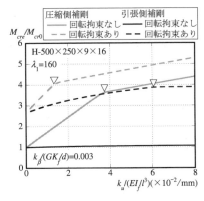
(a) 補剛形式の違い

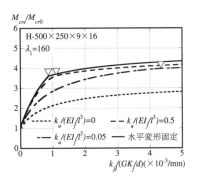
(b) 水平補剛剛性の違い
(引張側フランジ補剛)

図4.3.8 弾性横座屈モーメント上昇率-補剛剛性比関係

は，高次モードに移行後，水平補剛剛性が大きくなっても座屈応力度はほとんど上昇しないものの，圧縮側フランジ補剛では，高次モード移行後も座屈荷重は上昇し続けていることがわかる．図4.3.8(b)は，引張側フランジ補剛で水平補剛剛性の違いを示したものである．横軸の回転補剛剛性 $k_\beta/(GK_f/d)$ が小さい範囲では，M_{cre} は急激に上昇するが，$k_\beta/(GK_f/d)$ が大きくなるにつれて，その上昇は緩やかになっている．これは，ウェブの板曲げ変形に伴い，弾性横座屈モーメントに対する補剛材のねじり抵抗の寄与が低下している（式 (4.3.19) の τ_1 が小さくなる）ためであり，梁に適切な間隔で縦スチフナ等を設けることで抑制できる．

式(4.3.17)または式(4.3.18)は等曲げモーメントの場合であることから，4.2.3項の式(4.2.10)′ の修正係数 C_1 を乗じることで，勾配モーメントを受ける場合の横座屈モーメントが求められる．詳細は，文献 4.40) を参照されたい．

4.4 梁材の塑性変形能力

4.4.1 塑性変形能力と影響要因

鋼構造骨組の設計では，終局状態における安定性とエネルギー吸収能力を確保する目的で，梁降伏型を目標として設計するのが一般的である．したがって，梁材の挙動は骨組全体の挙動に大きく影響し，梁材の塑性変形能力を適切に評価することはきわめて重要である．梁材の塑性変形能力に関する研究は，1960 年代の塑性設計に関する研究に端を発しているが，わが国ではそれが耐震設計と結びつき，多くの実験研究がなされた．

梁材の塑性変形性能を規定する要因を具体的に挙げると，次のようになる．

i ） 部材の横座屈細長比

ii ） 曲げモーメント分布

iii） 断面形状（板要素の幅厚比，断面形）

iv） 材料の機械的性質

図 4.4.1 は，これらの各要因が梁材の性能に及ぼす影響を実験に基づく荷重変形関係で示したものである[4.49),4.50),4.72),4.73)]．図 4.4.1(a)は一様曲げを受ける同一断面の梁において，横座屈細長比 λ_b の影響を示したものである．ここでは，λ_b は次式で定義している．

$$\lambda_b = \sqrt{\frac{M_p}{M_e}} \tag{4.4.1}$$

$$M_e = C_b \sqrt{\frac{\pi^4 EI_Y EI_W}{{}_k l_b{}^4} + \frac{\pi^2 EI_Y GJ}{l_b{}^2}} \tag{4.4.2}$$

$$M_p = \sigma_y \times Z_p \tag{4.4.3}$$

細長比の最も小さい $\lambda_b = 0.31$ の梁では降伏後も全塑性耐力を維持し，安定した塑性変形性能を示しているのに対し，横座屈細長比が大きくなるほど早い段階から耐力低下が生じていることがわかる．

図 4.4.1(b)は横座屈細長比 λ_b がほぼ等しい梁に対し，モーメント勾配が異なる梁の荷重変形関係を示したものである．一様曲げを受ける梁では圧縮側フランジが梁全長にわたってほぼ同時に降伏するため，圧縮側フランジの横曲げ剛性が急激に低下して横倒れ変形を生じ，やがて大きな面外

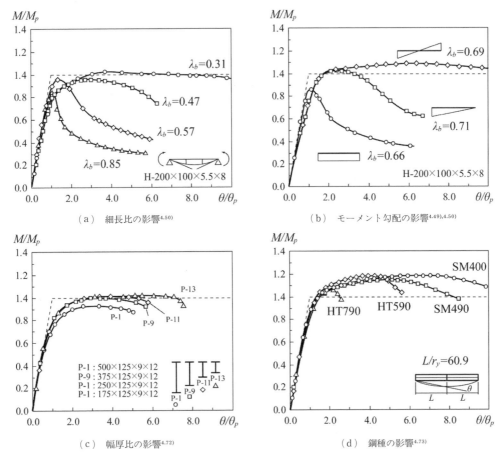

図 4.4.1　各種要因が梁の荷重変形関係に及ぼす影響

変形とともに耐力が低下する．一方，モーメント勾配を有する場合には，最大モーメント点から塑性化が始まるが塑性化領域は梁端に限られており，ひずみ硬化による応力上昇に伴った塑性化領域の拡大とともに，比較的安定した塑性変形を生じた後に面外変形を伴って耐力低下する．したがって，モーメント勾配が大きいほど塑性変形性能は高い．

図 4.4.1（c）はフランジの幅厚比を等しくし，梁せいを変えることによってウェブの幅厚比のみを変化させた梁の実験結果である．ウェブプレートは降伏後塑性化が進行するフランジの局部座屈を拘束する効果があるため，フランジの幅厚比が等しくても梁せいによって変形性能に差が出ることがわかる．

図 4.4.1（d）は，4種類の鋼種で製作された同一断面の梁の荷重変形関係を示す．一般に降伏比が高いほど塑性域の広がりは小さいため，降伏比の実勢値が高い高強度の部材ほど変形能力が乏しいことがわかる．

実際の部材の塑性変形能力は，ここで示した各要因が独立ではなく相乗的に影響するとともに，梁端の境界条件や補剛材の強度や剛性なども大きく関係する．

4.4.2 塑性変形能力評価

梁材の変形能力は，最大耐力点の変形で評価する場合と，全塑性モーメントなど一定の耐力レベルまで耐力が低下する点までの変形で評価する場合がある．変形能力を評価する点での変形量は部材端の回転角 θ_u を全塑性モーメントに対応した部材端の弾性回転角 θ_p で無次元化することにより，次式のように定義することが多い．

$$\mu = \theta_u / \theta_p \tag{4.4.4}$$

$$R = \theta_u / \theta_p - 1 \tag{4.4.5}$$

式 (4.4.4) の μ は塑性率，式 (4.4.5) の R は塑性変形倍率と呼ばれる．梁部材の塑性変形性能を設計体系に反映させるには，前節で述べたようなさまざまな影響要因を合理的に考慮できる評価指標を用いることが重要であり，実験や有限要素法解析に基づく経験式や半理論式などが多く提案されている．

図 4.4.2 は，一様曲げを受ける梁では断面幅とせいの比率が，モーメント勾配がある梁では，フランジの幅厚比が梁の塑性変形倍率 R に影響を与える主要な要因との考え方から提案された次式を，実験結果とともにプロットしたものである[4.74]．ここでは，最大耐力時の変形を用いて R を定義している．

$$\text{一様曲げ}: R = K_1 \frac{1}{(k\lambda_y)^2} \left(\frac{\sigma_{y0}}{\sigma_y}\right)^2 \sqrt{\frac{B}{H}} \tag{4.4.6.a}$$

$$\text{一端曲げ}: R = K_2 \frac{1}{(\lambda_y)^2} \alpha \left(\frac{\sigma_{y0}}{\sigma_y}\right) \frac{t_f}{B} \tag{4.4.6.b}$$

ここに，K_1, K_2：比例定数

k：隣接スパンによる座屈長さ係数（A タイプ $k=0.82$，B タイプ $k=0.64$，C タイプ $k=0.54$）

α：モーメント勾配による係数

σ_{y0}：公称降伏応力度

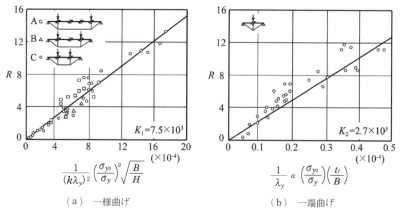

(a) 一様曲げ　　　　(b) 一端曲げ

図 4.4.2 影響要因を考慮した塑性変形能力評価[4.72]

B：断面幅

H：断面せい

t_f：フランジ板厚

　図中にプロットされている実験結果は，鋼種，断面形状，補剛パターンなどを変化させたものが混在しているが，式（4.4.6）は変形性能を精度良く整理できていることがわかる．

　梁の耐力を決定する要因が横座屈挙動の場合，弾性横座屈耐力を用いて定義された式（4.4.1）の横座屈細長比が耐力だけでなく変形性能の指標にもなりうるとの立場から，いくつかの変形能力評価が行われている．

　図4.4.3は最大耐力時の変形を塑性変形性能と定義し，降伏曲げモーメントに対する横座屈細長比で整理した実験結果と次式の評価式の対応を示したものである[4.61)]．

一様曲げ：
$$\frac{\theta_u}{\theta_p}=\frac{1}{3\overline{\lambda_b}'^2} \tag{4.4.7.a}$$

一端曲げ：
$$\frac{\theta_u}{\theta_p}=\frac{2}{3\overline{\lambda_b}'^2} \tag{4.4.7.b}$$

ここに，$\overline{\lambda_b}'$：M_y に対する横座屈細長比（$\overline{\lambda_b}'=\sqrt{\sigma_y/\sigma_{cre}}=\sqrt{M_y/M_{cre}}$）

　図中黒塗りのプロットと実線が一様曲げ，白抜きのプロットと破線が一端曲げを示す．実験結果のばらつきがかなり大きいが，モーメント勾配を有する梁のほうが全体的に塑性変形性能が高いという特徴も含め，評価式は実験結果の傾向と比較的よく対応していると言える．

　一方，弾性座屈式を基本として降伏後の剛性低下を弾性座屈耐力に対応する変形位置で評価すれば，モーメント分布にかかわらず変形性能を評価できるとの考え方から，塑性変形性能を塑性変形倍率を用いて評価した次式が提案されている[4.75)]．

$$\mu=\frac{\sigma_u}{\sigma_p}=\frac{\sigma_{cre}}{\sigma_y}=\frac{1}{\overline{\lambda_b}^2} \tag{4.4.8}$$

ここに，　σ_{cre}：弾性座屈応力度

　　　　$\overline{\lambda_b}$：M_p に対する横座屈細長比（$\overline{\lambda_b}=\sqrt{M_p/M_{cre}}$）

図4.4.4は式（4.4.8）と実験結果との対応を示したものである．図4.4.3と同様，黒塗りのプロットが一様曲げ，白抜きのプロットが一端曲げを示す．全塑性モーメントに対する横座屈細長比はモーメント分布の違いによらない評価が可能であり，式（4.4.8）は実験結果と全体的に良い対応を示していることがわかる．

　横座屈細長比は梁材の性能を評価する上での主要な尺度であるが，横座屈細長比の小さい短い梁では，局部座屈現象も変形性能に大きな影響を与える．そこで，横座屈細長比と幅厚比を組み合わせた形の変形性能評価も報告されている[4.53)]．図4.4.5は，全塑性モーメントに対する横座屈細長比 λ_b と幅厚比指標 W_F を組み合わせた次式で評価した変形能力と有限要素法による解析結果との対応を示したものである．

一様曲げ：
$$\frac{\theta_u}{\theta_p}=\frac{1}{3\cdot0.3^2}\left\{\left(\frac{\lambda_b}{0.3}\right)^3+\left(\frac{W_F}{0.5}\right)^3\right\}^{-\frac{2}{3}} \tag{4.4.9.a}$$

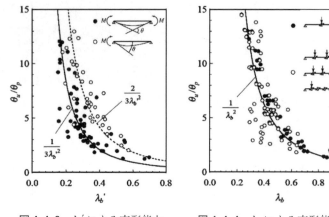

| 図4.4.3 λ_b'による変形能力評価[4.61] | 図4.4.4 λ_bによる変形能力評価[4.75] | 図4.4.5 幅厚比も考慮した評価[4.53] |

$$\text{一端曲げ}：\frac{\theta_u}{\theta_p}=\frac{2}{3\cdot 0.6^2}\left\{\left(\frac{\lambda_b}{0.6}\right)^3+W_F{}^3\right\}^{-\frac{2}{3}} \tag{4.4.9.bs}$$

図中黒塗りのプロットと点線が一様曲げ，白抜きのプロットと実線が一端曲げを示す．横座屈細長比が小さくなるほど幅厚比の異なる4種類の断面の変形性能の差も大きくなり，式(4.4.9)の評価式は断面ごとの違いに合理的に対応できていることがわかる．

このほか，等モーメント状態の梁に対して全塑性モーメントに到達した梁の剛性を弾性剛性 E とひずみ硬化剛性 E_{st} の混在したものとして求めた等価剛性を用いた評価式も提案されている[4.76]．

$$\text{一様曲げ}：R=\left\{\frac{4\pi^2\beta^2(E/\sigma_y)(G/\sigma_y)T}{(k\lambda_y)^2}-1\right\}\left(\frac{\varepsilon_{st}/\varepsilon_y-1}{E/E_{st}-1}\right) \tag{4.4.10}$$

ここに，　　β：断面形状に関する項，$\beta=\dfrac{AH}{2Z_p}$

　　　　　　A：断面積

　　　　　　T：断面形状に関する項，$T=\dfrac{K_T}{AH^2}$

　　　　　　K_T：St. Venant のねじり剛性

　　　　　　$\varepsilon_y, \varepsilon_{st}$：降伏ひずみ度，ひずみ硬化開始点のひずみ度

また，一端曲げモーメントを受ける梁材については，面外または局部座屈等の不安定現象が伴わない梁材の変形能力を素材の応力度-ひずみ度関係に基づいて，次式のように理論的に求められている[4.77]．

$$\text{一端曲げ}：\frac{\theta_u}{\theta_y}=\frac{1}{Y_R}\left\{\frac{E}{E_{st}}(Y_R-1)^2+2\frac{\varepsilon_{st}-\varepsilon_y}{\varepsilon_y}(Y_R-1)\right\} \tag{4.4.11}$$

ここに，　　E_{st}：ひずみ硬化剛性

　　　　　　Y_R：σ_u/σ_y

　　　　　　$\varepsilon_y, \varepsilon_u$：降伏ひずみ度，ひずみ硬化開始点のひずみ度

式 (4.4.10) および式 (4.4.11) の評価は，素材の特性を変形性能評価に反映させたものであり，素材特性の影響を積極的に検討したい場合には実用的な評価式である．

4.5 繰返し荷重を受ける梁の挙動
4.5.1 局部座屈先行型 H 形鋼梁の繰返し挙動

　鋼構造骨組は，十分な柱梁耐力比を確保して各階に損傷を分配する梁崩壊型のメカニズムを目指して設計されることが一般的である．このとき，梁が地震力によって繰返し曲げを受けることを考えると，繰返し荷重に対する梁の性能を明確に把握し，その挙動を構造設計に適切に反映させることはきわめて重要である．

　横座屈，局部座屈などの不安定現象が生じない範囲では，H 形鋼梁は，塑性化後繰返し荷重を受けても安定した紡錘型の復元力特性を示す．しかし，幅厚比や細長比の増大，あるいは変位振幅の増加によって座屈が進展すると，これらが繰返し時の履歴特性に影響を与える．図 4.5.1 は H-50×25×2×2，$l/i_y=52$（l：補剛区間長さ，i_y：弱軸断面二次半径）の梁について実施した 3 点曲げ載荷実験の結果である[4.76]．部材変形角 θ が $\theta<5\theta_p$ の範囲（θ_p：全塑性モーメント時の弾性変形角）では，(a)および(b)に示すように繰返し載荷時も耐力の劣化が全く認められないのに対し，(c)の $\theta=6\theta_p$ での繰返し載荷時には，同一変位振幅内での繰返し載荷によって耐力劣化が観察されている．等モーメント区間を持つ局部座屈先行型の梁（H-150×180×9×9，$l/i_y=33$）の荷重変形関係を下フランジの面外変形と併せて示したものが図 4.5.2 である[4.79],[4.80]．変位振幅 $3\theta_p$ までは繰返しによる耐力劣化は観察されていないが，最大耐力を示す $4\theta_p$ 以降では同一変位振幅内での耐力低下が観察され，フランジの面外変形も最大耐力以降急激に増加していることがわかる．図 4.5.1，4.5.2 で観察した梁は幅厚比，横座屈細長比ともに比較的小さな梁であり，これらの梁では，局部座屈発生後も一定の変位振幅以下では繰返しによる耐力低下は見られないことは知られていた[4.79]が，ある変位振幅（定常限界変位振幅[4.82],[4.83]）を超えると面外変形に伴う不安定現象を誘発し，耐力低下が発生する．定常限界変位振幅は，断面形によらず単調載荷時に耐力劣化を開始するときの変位のおおよそ 1/2 であることが報告されている[4.82]．また，定常限界変位振幅を超えるランダムな変位履歴における耐力低下量の定量化[4.83]，あるいは 60 キロ級高強度鋼を用いた梁の繰返し挙動について

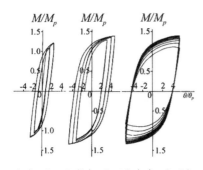

(a) $\theta<3\theta_p$ (b) $\theta<5\theta_p$ (c) $\theta=6\theta_p$

図 4.5.1 変位振幅の影響[4.76]

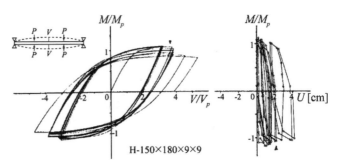

(a) 面内荷重-変形関係 　　(b) フランジ面外変形

図 4.5.2 局部座屈発生後の面外変形の累積[4.77],[4.78]

も報告されている[4.84].

4.5.2　横座屈先行型 H 形鋼梁の繰返し挙動

　横補剛材の設置が限定される大スパンの梁や，横補剛に対する十分な設計がなされていない既存不適格建築物に用いられている細長比の大きな梁では，横座屈が先行してその性能が決定される．図 4.5.3 は，均等曲げ受ける梁の断面移動を繰返しサイクルごとに示したものである．この梁の荷重変形関係は，図 4.5.4 に示すとおりである[4.50]．図 4.5.3 の各断面位置測定時点は図 4.5.4 の荷重変形関係上にプロットしている．横座屈を圧縮フランジの曲げ座屈と解釈すれば，ウェブによって面内変形を拘束された圧縮フランジは梁の面外方向に曲げ変形するが，ウェブを介して引張フランジに面外変形も拘束されることから断面は倒れ，材長に沿ってねじれ変形を生じることになる．さらに，繰返し載荷によって圧縮フランジと引張フランジが入れ替わると上下フランジの役割も入れ替わり梁は逆方向にねじれることになるが，引張フランジも曲げ座屈時に生じた面外曲げ変形が残留しているため，繰返し載荷による面外変形は上下フランジともに同一方向に累積する．繰返しによる面外変形の増大は付加的なねじり変形を増加させ，それに伴って耐力と剛性が低下することになる．

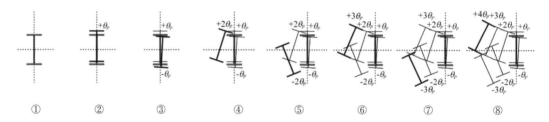

図 4.5.3　繰返し載荷による横座屈発生後の梁断面の移動

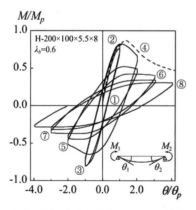
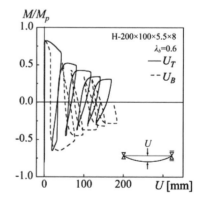

（a）材端回転角と材端モーメントの関係　　（b）フランジ面外変形量と材端モーメントの関係

図 4.5.4　横座屈が先行する梁の繰返し挙動[4.50]

4.5.3　繰返し載荷を考慮した梁の性能評価

　繰返し曲げを受ける梁の挙動は，耐震設計における梁材の変形能力，復元力特性などを把握する上で重要である．繰返し載荷時の梁の性能を評価する目的で多くの研究成果が報告されている．

　Popov ら[4.81]は，柱梁接合部に着目して幅厚比，細長比の小さい片持梁形式の実験（L/i_y＝15，b/t_f＝7.0）を行い，局部座屈の発生が耐力低下に直接は結びつかず，履歴曲線にはほとんど影響しないことを示している．

　福知ら[4.85]は，さまざまな幅厚比の梁を対象として，中央集中荷重による単純梁形式の実験（L/i_y＝30～47，b/t_f＝8～15）を行い，繰返し曲げにより局部座屈が早期に発生することを示した．早期の局部座屈が耐力低下に直接関係するとして，繰返し載荷時の変形能力をフランジ幅厚比との関係で求めている．

　椋代ら[4.86]は，福知らと同様の実験（L/i_y＝20.5，b/t_f＝12.5）を行い，局部座屈が早期に発生する場合，塑性振幅と疲労寿命の関係が Manson-Coffin 型で表されること，また，疲労損傷の評価方法としては，Miner の法則にほぼ従うことを指摘している．

　鈴木，小野ら[4.87]は，繰返し等曲げモーメントを受ける梁の実験（L/i_y＝49.5～76.1，b/t_f＝5.2）を行い，著しい横座屈変形と局部座屈変形により一方向載荷時よりも変形能力が低下することを指摘している．特に，等曲げモーメントを受ける梁では，局部座屈が先行すると横座屈変形を誘発し，その結果耐力低下が著しいとしている．

　高梨，宇田川ら[4.82),4.83)]は，中央集中荷重形式の実験（L/i_y＝50.8～84.6，b/t_f＝11.5～13.3）を系統的に行い，定変位振幅繰返しを受ける M-θ 曲線は，ある限界の変位振幅内であれば数サイクルで定常な履歴曲線になるが，限界変位を超えて載荷されると大きな座屈変形のため履歴曲線は非定常になるとしている．また，梁の M-θ 関係は定常履歴の時，Skelton 曲線を Ramberg-Osgood 型の関係において，履歴曲線を Masing のモデルに従う関数で近似できるとしている．

　中島ら[4.89]は，繰返し逆対称曲げを受ける H 形鋼梁の完全崩壊実験を実施し，繰返し載荷時の梁の挙動，スラブの効果などを明らかにしている．また，逆対称曲げを受ける L/i_y＝40～400 の梁の数値解析を行い，横座屈と局部座屈の連成効果を考慮した繰返し載荷時にも十分な変形性能を有するための必要幅厚比，横補剛間隔，変形性能について，以下の式を提案している[4.87),4.88)]．

$$l_b = \frac{18\,800}{\sigma_y} i_y \tag{4.5.1}$$

$$\frac{b}{t_f}\sqrt{\frac{\sigma_y}{235}} \leq 5.5 \tag{4.5.2.a}$$

$$\frac{H}{t_w}\sqrt{\frac{\sigma_y}{235}} \leq 60 \tag{4.5.2.b}$$

ここに，　　　　　　　σ_y：降伏応力度（N/mm²）

　　　　　　i_y, l_b：弱軸に関する断面二次半径，補剛間隔（mm）

　　　　b, H, t_f, t_w：半分の梁幅，梁せい，フランジ厚，ウェブ厚

　式（4.5.1）は幅厚比が十分小さく，横座屈が先行する梁が繰返し載荷下でも十分な耐力を保有す

るための横補剛間隔として提案された式である．また，式(4.5.2)は最大振幅載荷時に全塑性モーメントを保持するための幅厚比限界値である[4.89]．

横座屈で耐力が決定される梁は最大耐力後早い段階で耐力劣化が生じるため，耐震設計ではその塑性変形能力は期待されていない．しかし，構造性能が多様化する中で過大入力に対する耐震性能評価が必要な場合や，既存不適格建物の詳細な診断が必要な場合も多く，これらの検討を行うには横座屈発生後の挙動の評価が必要である．こうした観点から，横座屈で耐力が決まる梁の繰返し載荷履歴モデルが提案されている[4.49],[4.50]．図4.5.4(a)のように，横座屈で耐力が決まる梁は，繰返し荷重を受けると耐力が低下するとともに除荷剛性も低下する．初期剛性 K_0 に対する除荷剛性 K_r の割合 K_r/K_0 は，横座屈に伴う梁の面外残留変形 U によるものであり，その残留面外変形量は，梁が受けた累積塑性変形量 θ_{cpl} と次式の関係にあることが実験結果に基づいて報告されている[4.49]．

$$\frac{K_r}{K_0} = \left(80\frac{U}{l_b}+1\right)^{-1.4} \tag{4.5.3}$$

$$\frac{U}{l_b} = 7.3(\kappa+1.2)^{-0.4}\left(\frac{\theta_{cpl}}{\theta_p}\right)^{0.7} \times 10^{-3} \tag{4.5.4}$$

ここに，l_b：補剛間隔，κ：モーメント勾配，θ_p：全塑性モーメント時の弾性変形角である．

こうして定義される除荷剛性を用い，図4.5.5に示す単調載荷時の履歴を順次消費していく形で繰返し載荷時の履歴モデルが提案されている．まず，原点OからA点まで初期剛性 K_0 で直線を描き，A点以降は最大耐力 M_u で頭打ちとする．M_u には式(4.2.11)などを用いることができる．②点を除荷開始点とすると，②点までの累積塑性変形量を用いて式(4.5.3)と式(4.5.4)から除荷剛性 K_1 を求め，耐力が $-M_u$ に達する③点まで直線を描く．負方向での除荷は，①～②までの累積塑性変形量に③～④点までの累積塑性変形量を加算した値を用いて再び式(4.5.3)，式(4.5.4)から除荷剛性 K_2 を求め，⑤点まで弾性挙動するものとして直線を描く．点線で示した単調載荷履歴曲線を消費する形で⑤～⑥を描き，⑥までの累積塑性変形量から除荷剛性 K_3 を求めて $-M_{R1}$ の⑦まで負方向の荷重が増加できるものとする．このとき，負方向の耐力が $-M_u$ に達しないのは，正方向載荷時に生じた圧縮フランジの面外曲げ変形に伴い引張フランジにも残留面外曲げ変形が生じ，こ

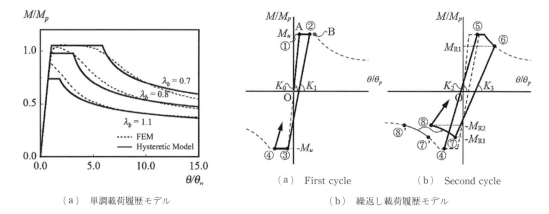

（a）単調載荷履歴モデル　　　　　　　　　（b）繰返し載荷履歴モデル

図4.5.5　横座屈が先行する梁の繰返し挙動[4.50]

の引張フランジの残留面外曲げ変形が負方向載荷時の梁の初期変形となるためである．⑦～⑧は単調履歴上の⑦'～⑧'を繋げる．以降，この繰返しによって荷重変形関係を得ることができる．

4.5.4 片側フランジ連続補剛梁の繰返し挙動

実験によって，床スラブ等による連続補剛効果の検討もいくつか報告されている．図 4.5.6 は，両端に柱を有する逆対称曲げモーメントを受ける梁の梁端曲げモーメントと回転角の関係[4.91]を示すもので，連続補剛（RC スラブ）の有無を比較したものである．（a）の補剛のない梁では耐力が全塑性モーメントに到達せず，横座屈の発生によって剛性低下を伴って耐力も低下しているが，（b）の連続補剛された梁では全塑性モーメントを超えて耐力が上昇し，横座屈時の変形（●）も大きく塑性変形性能が大幅に改善されるのがわかる．

図 4.5.7 は，文献 4.92）～4.95）の試験体について図 4.3.7 にあるモデルの単位長さあたりの回転補剛剛性 k_β，水平補剛剛性 k_u と塑性率（プロット横の数値）の関係を示したものである．補剛剛性は文献 4.71）に基づき算定し，白抜きのプロットは逆対称曲げモーメント，黒塗りのプロットは，一端曲げモーメントを受ける梁の結果である．k_β，k_u ともにかなり広い範囲で実験が実施されているが，補剛剛性にかかわらず，いずれの細長比でも塑性率は 3.0～4.0 程度の値が得られている．これは「鋼構造限界状態設計指針」[4.34]で規定される塑性率に基づいた細長比区分の中では，L-1 や P-I-1 に満たない変形性能である．一方，部材の塑性変形性能を梁の部材角で考えると，梁に要求される塑性変形性能は細長比が大きいほど小さい．文献 4.71）には梁の部材角に応じて要求される塑性率の算定式が示されている．490 N/mm² 級鋼で梁の部材角 1/50 としてこれを用いると，細長比 λ_y=150 程度（l/h=10，l：梁スパン，h：梁せい）の梁の必要塑性率は 3.3，細長比 λ_y=250 程度（l/h=20）では 1.6 となる．図 4.5.7 において細長比 150（○）と 250（□）のプロットに示された実験値の塑性率は，必要塑性率を上回っていることがわかる．なお，文献 4.71）には前述の補剛剛性を用いて弾性横座屈耐力を算定することで，梁の任意の部材角に対して横座屈挙動を検討する方法が紹介されているので参考にされたい．

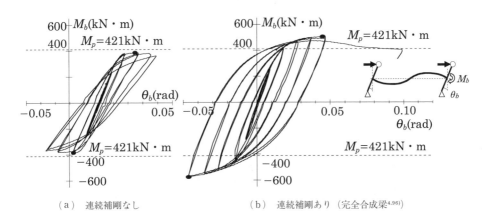

(a) 連続補剛なし　　(b) 連続補剛あり（完全合成梁[4.96]）

（スラブ：厚さ 75 mm，圧縮強度 29.5 N/mm²，スタッド：径 10 mm，長さ 50 mm）
梁：H-400×150×9×16（SM 490 A），λ_b=1.25（λ_y=276）

図 4.5.6　連続補剛の有無による荷重-変位関係の違い（逆対称曲げモーメント）[4.91]

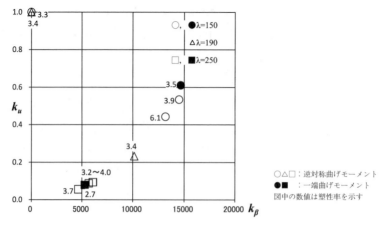

図 4.5.7　連続補剛による回転補剛剛性，水平補剛剛性と塑性率の関係[4.92]-[4.95]

4.6　梁の塑性変形性能を確保するための横補剛に関する設計規定

変形性能の指標を設計で用いるには，それらの適用範囲を十分検討する必要がある．各指針・規準における梁材の各規定の背景と適用範囲について確認する目的で，「鋼構造設計規準」[4.35]，「軽鋼構造設計施工指針・同解説」[4.97]，「鋼構造塑性設計指針」[4.98]，「鋼構造限界状態設計指針・同解説」[4.33]，「建築物の構造関係技術解説書」[4.99]における想定変形能力，横補剛間隔，横補剛剛性と横補剛力，および各規定の背景について表 4.6.1 にまとめておく．

（1）「鋼構造塑性設計指針」の横補剛間隔

「鋼構造塑性設計指針」では，塑性ヒンジの十分な変形能力を確保する横補剛間隔として次の規定が与えられている．

$0.5 \leq \dfrac{\bar{M}}{M_p} \leq 1.0$ の場合：SS 400　$\dfrac{l_b H}{A_f} \leq 250$　かつ　$\dfrac{l_b}{i_y} \leq 65$ 　　　(4.6.1.a)

：SM 490　$\dfrac{l_b H}{A_f} \leq 200$　かつ　$\dfrac{l_b}{i_y} \leq 50$ 　　　(4.6.1.b)

$-1.0 \leq \dfrac{\bar{M}}{M_p} < 0.5$ の場合：SS 400　$\dfrac{l_b H}{A_f} \leq 375$　かつ　$\dfrac{l_b}{i_y} \leq 95$ 　　　(4.6.2.a)

：SM 490　$\dfrac{l_b H}{A_f} \leq 300$　かつ　$\dfrac{l_b}{i_y} \leq 75$ 　　　(4.6.2.b)

上の各式の第1式で用いられている $l_b H/A_f$ は，「鋼構造塑性設計指針」(2009年版)において横補剛間隔および断面形の影響を考慮して横座屈耐力を決める指標として用いられている量であり，一様曲げモーメントを受ける材の座屈耐力が，$l_b H/A_f$ の関数として図 4.6.1 のように定められている．ここでは，塑性変形性能は荷重変形関係が最大耐力を超えて低下し始めるときの変形量として定義されている．最大耐力付近では，一般に梁は横方向変形，ねじれ変形が発生した状態にあることから，横座屈耐力の指標である $l_b H/A_f$ が変形性能にも影響を与えるものと解釈し，「鋼構造塑性設計指針」では，この指標を横補剛間隔を規定するときの指標に用いている．また，モーメント勾

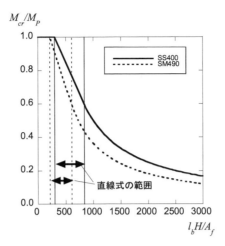

図 4.6.1 等曲げを受ける H 形断面梁の横座屈耐力

配がある場合の最大耐力は一様曲げモーメントを受けるときよりも高くなることから,必要な横補剛間隔も大きくなる.「鋼構造塑性設計指針」では,モーメント勾配を持つ梁の塑性変形性能に関する実験値を示し,一様モーメントを受ける梁のそれと比較することによって,モーメント勾配の大きさに応じた横補剛間隔を規定している.

次に,第2式で用いられている l_b/i_y は,以下のような考え方で導かれたものである.1970年のAISCの塑性設計梁の規定では,M.G. Lay ら[4.22]が提案したモーメント勾配のある梁の横補剛間隔の式 (4.6.3.a) に基づき,横補剛間隔が式 (4.6.3.b) で規定されている[4.100].

$$\frac{l_b}{i_y} = \frac{0.7\pi}{\sqrt{\varepsilon_y}} \tag{4.6.3.a}$$

$$\frac{l_b}{i_y} = \frac{1\,375}{\sigma_y} + 25 \tag{4.6.3.b}$$

ここに,ε_y, σ_y:降伏ひずみ度,降伏応力度

式 (4.6.3) より以下の関係が得られ,この数値に基づいて式 (4.6.1),(4.6.2) の第2式が規定されている.

$$\frac{l_b}{i_y} \leq \frac{0.7\pi}{\sqrt{0.235/205}} = 65 \quad (\text{SS 400}) \tag{4.6.4.a}$$

$$\frac{l_b}{i_y} \leq \frac{0.7\pi}{\sqrt{0.325/205}} = 55 \quad (\text{SM 490}) \tag{4.6.4.b}$$

なお,実験結果との対応からは,式 (4.4.1),式 (4.4.2) の横補剛間隔は,塑性変形倍率 $R = \theta_u/\theta_p - 1$ でおおむね3程度を確保できる値である.

(2) 建築物の構造関係技術基準解説書

建築物の構造関係技術基準解説書に記載されている耐震規定では,通常のラーメン骨組の梁は,地震時には逆対称モーメントが生じる場合が多く,塑性化領域が梁端に存在することを考えて,次式に示す梁の弱軸まわりの細長比制限を与えている.

—120— 鋼構造座屈設計指針

均等間隔で配置する場合

SS 400： $\lambda_y \leq 170 + 20n$　　　　　　　　　　　　　　　　　　　(4.6.5.a)

SM 490： $\lambda_y \leq 130 + 20n$　　　　　　　　　　　　　　　　　　　(4.6.5.b)

ただし， n：横補剛数

端部補剛する場合

SS 400： $\dfrac{l_b H}{A_f} \leq 250$　　かつ　　$\dfrac{l_b}{i_y} \leq 65$　　　　　　　　　(4.6.6.a)

SM 490： $\dfrac{l_b H}{A_f} \leq 200$　　かつ　　$\dfrac{l_b}{i_y} \leq 50$　　　　　　　　　(4.6.6.b)

端部補剛の場合，降伏曲げモーメントを超える曲げモーメントが作用する領域においては，式(4.6.6)の間隔で横補剛を配するものとし，降伏モーメントに達しない領域では，1970年版の「鋼構造設計規準」[4.31]に従うものとしている．

　式 (4.6.5) は，加藤・秋山[4.101]に提案された一定軸力下で強軸まわりに曲げモーメントを受ける柱の座屈後挙動解析を用いて算定されている．また図4.6.2は，梁を等間隔に小梁で補剛した場合の応力上昇率を数値解析により求め，それを細長比との関係で示したものである[4.102]．

　局部座屈による応力上昇率を考慮して，応力上昇率 $_n\tau_m$ を以下のように設定する．

フランジ端がピンの場合： $_n\tau_m = 1.0$　　　　　　　　　　　　　　　(4.6.7.a)

フランジ端が固定の場合： $_n\tau_m = 1.1$　　　　　　　　　　　　　　　(4.6.7.b)

図4.6.2より，式 (4.6.7) を満足する条件から次式が得られ，「建築物の構造関係技術基準解説書」の耐震規定が導かれる．

SS 400：　$\begin{array}{l} \lambda_y = 170 \quad (n_s = 0) \\ \lambda_y = 150 + 20n_s \quad (n_s \neq 0) \end{array}$　　　　　　　　　　　　(4.6.8.a)

SS 490：　$\begin{array}{l} \lambda_y = 150 \quad (n_s = 0) \\ \lambda_y = 130 + 20n_s \quad (n_s \neq 0) \end{array}$　　　　　　　　　　　　(4.6.8.b)

ただし， n_s：横補剛数

　逆対称曲げを受ける H-600×200×11×17， H-1 000×400×19×32， H-1 500×500×22×36 の400 N級鋼材を対象として表4.6.1でまとめた規定のうち，3つの規定における必要最小横補剛間隔と梁材長の関係を図4.6.3に示す．各設計式によって必要最小横補剛間隔は大きく異なっていることがわかる．横補剛間隔の算定が簡単な均等配置の場合，材長が大きくなるにつれて横補剛間隔が狭くなり，必要横補剛数が大きく増える．一方，「鋼構造限界状態設計指針・同解説」[4.34]の横補剛規定による最小横補剛間隔は均等配置とそれほど違いがないように見えるが，梁両端の横補剛間隔が最小となり，中央部は横補剛間隔が大きいことに注意されたい．材長が大きくなるにつれて，梁両端の補剛区間の曲げモーメントは等曲げに近づくため横補剛間隔が短くなるが，梁中央部に近づくにつれてモーメント勾配が大きくなるため，横補剛間隔は大きくなる．図中の●，×はそれぞれの補剛数が変化する点を示しており，限界状態設計指針と均等配置では，補剛数に大きな違いが生じることがわかる．

4章 梁材 —121—

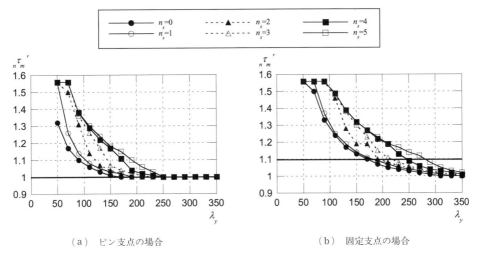

(a) ピン支点の場合 (b) 固定支点の場合

図 4.6.2 小梁の拘束効果[4.98]

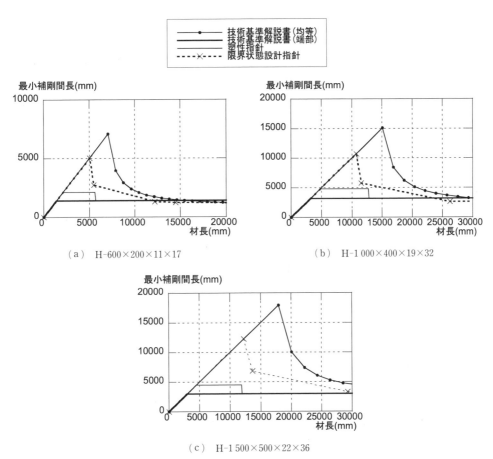

(a) H-600×200×11×17 (b) H-1 000×400×19×32

(c) H-1 500×500×22×36

図 4.6.3 補剛間隔の比較

— 122 — 鋼構造座屈設計指針

表 4.6.1　各設計指針・規準の比較

	設計方針	想定変形能力	耐　力
鋼構造設計規準	【許容応力度設計】 許容応力度設計用荷重を用いて計算された応力度が許容応力度を超えないように設計.	—	許容曲げ応力度 f_b（F：基準強度） $\lambda_b \leq {}_p\lambda_b \quad : f_b = F/\nu \qquad (4.6.9.\mathrm{a})$ ${}_p\lambda_b < \lambda_b \leq {}_e\lambda_b : f_b = \left(1 - 0.4 \dfrac{\lambda_b - {}_p\lambda_b}{{}_e\lambda_b - {}_p\lambda_b}\right)\dfrac{F}{\nu} \quad (4.6.9.\mathrm{b})$ ${}_e\lambda_b < \lambda_b \quad : f_b = \dfrac{1}{\lambda_b{}^2}\dfrac{F}{2.17} \qquad (4.6.9.\mathrm{c})$ ここで，$\lambda_b = \sqrt{M_y/M_e}$, ${}_e\lambda_b = 1/\sqrt{0.6}$, ${}_p\lambda_b = 0.6 + 0.3(M_2/M_1)$ $C = 1.75 + 1.05(M_2/M_1) + 0.3(M_2/M_1)^2 \leq 2.3$ $M_e = C\sqrt{\pi^4 EI_y EI_w/l_b{}^4 + \pi^2 EI_y GJ/l_b{}^2} \qquad (4.6.10.\mathrm{a}\sim\mathrm{d})$ 旧設計基準 $f_b = \max\left[\left\{1 - 0.4\dfrac{(l_b/i)}{C\Lambda^2}\right\}f_t, \ \dfrac{0.434E}{(l_b \cdot h/A_f)}\right] \qquad (4.6.11.\mathrm{a})$ ここで， $i = \sqrt{I_f/(A_f + A_w/6)}$, $\Lambda = \sqrt{\pi^2 E/(0.6F)} \quad (4.6.12.\mathrm{a, \ b})$
軽量鋼構造設計施工指針	【許容応力度設計】 許容応力度設計用荷重を用いて計算された応力度が許容応力度を超えないように設計.	—	許容曲げ応力度 f_b（F：基準強度） $L/i \geq 120\sqrt{C} : f_b = \dfrac{C\pi^2 E}{(L/i)^2} \qquad (4.6.13.\mathrm{a})$ $L/i < 85\sqrt{C_b} : f_b = \left\{1.1 - 0.3\dfrac{F}{\pi^2 EC}\left(\dfrac{L}{i}\right)^2\right\}F \quad (4.6.13.\mathrm{b})$ ここで，$i = \sqrt{I_f/A_f'} \qquad (4.6.14)$ 溝形鋼・Z 形鋼などの非対称断面に関しては，ねじれやすさを考慮し，上式を 1／2 に低減して用いる.
鋼構造塑性設計指針	【塑性設計】 許容応力度設計（一次設計）で決定された材および接合部で構成される構造物を，崩壊機構に基づいて耐震性能を検証する方法（二次設計）.	明確な記述なし	横座屈耐力 M_{cr} （400 N 級） $l_b \cdot h/A_f \leq 300 \quad : M_{cr} = M_p$ $300 < l_b \cdot h/A_f \leq 835 : M_{cr} = \{1 - 0.00075(l_b \cdot h/A_f - 300)\}M_p$ $l_b \cdot h/A_f > 835 \quad : M_{cr} = \{500/(l_b \cdot h/A_f)\}M_p \quad (4.15.\mathrm{a}\sim\mathrm{c})$ （490 N 級） $l_b \cdot h/A_f \leq 220 \quad : M_{cr} = M_p$ $220 < l_b \cdot h/A_f \leq 605 : M_{cr} = \{1 - 0.0010(l_b \cdot h/A_f - 220)\}M_p$ $l_b \cdot h/A_f > 605 \quad : M_{cr} = \{363/(l_b \cdot h/A_f)\}M_p' \quad (4.16.\mathrm{a}\sim\mathrm{c})$
鋼構造限界状態設計指針（終局限界）	【限界状態設計】 終局限界状態，使用限界状態の両限界状態に対して，構造要素の限界耐力の公称値に耐力係数を乗じて計算される設計耐力が，荷重の基本値に荷重係数を乗じた係数倍荷重の組合せについて計算される必要耐力以上になるように設計.	L- I：$R = \dfrac{\theta_{\max}}{\theta_p} - 1$ $= 6.0$ L- II：$R = 2.0$	横座屈限界耐力 M_{cr} $\lambda_b \leq {}_p\lambda_b \quad : M_{cr} = M_p \qquad (4.6.17.\mathrm{a})$ ${}_p\lambda_b < \lambda_b \leq {}_e\lambda_b : M_{cr} = \left(1 - 0.4\dfrac{\lambda_e - {}_p\lambda_b}{{}_e\lambda_b - {}_p\lambda_b}\right)M_p \quad (4.6.17.\mathrm{b})$ ${}_e\lambda_b < \lambda_b \quad : M_{cr} = \dfrac{1}{\lambda_b{}^2}M_p \qquad (4.6.17.\mathrm{c})$ ここで， $\lambda_b = \sqrt{M_p/M_e}$, ${}_e\lambda_b = 1/\sqrt{0.6}$, ${}_p\lambda_b = 0.6 + 0.3(M_2/M_1)$ $C = 1.75 + 1.05(M_2/M_1) + 0.3(M_2/M_1)^2 \leq 2.3$ $M_e = C\sqrt{\pi^4 EI_y EI_w/{}_k l_b{}^4 + \pi^2 EI_y GJ/l_b{}^2} \qquad (4.6.18.\mathrm{a}\sim\mathrm{d})$
建築物の構造関係技術基準解説書	【許容応力度設計＋限界耐力設計】 稀な積雪荷重・風荷重→ 　部材耐力未満になるように設計 稀な地震→ 　主要構造が許容応力度未満，損傷限界耐力・層間変形角 1/200 未満となるように設計 極めて稀な地震→ 　必要保有水平力を満足するように設計	$R = \dfrac{\theta_{\max}}{\theta_p} - 1 \geq 2.0$	特になし
記号	σ_y：降伏応力度 f_b：許容曲げ応力度 $E, \ G$：ヤング係数，せん断弾性係数 h：梁せい A_f：フランジ断面積	l_b：横補剛間隔 ${}_k l_b$：横座屈長さ λ_y：弱軸まわりの細長比 λ_b：横座屈細長比	Z：断面係数 K：St. Venant のねじり定数 I_y：弱軸まわりの断面二次モーメント I_w：反りねじり定数

表4.6.1 つづき

横補剛間隔	横補剛力	横補剛剛性
横補剛間隔に関する規定はなく，許容曲げ応力度を満足する間隔で横補剛材を配置する．	圧縮フランジ軸力の2%を必要横補剛力とする． $$F \geqq 0.02 \frac{f_b Z}{h} = 0.02 \frac{M_c}{h} \quad (4.6.19)$$	$$k \geqq 4.0 \frac{f_b Z}{l_b h} = 4.0 \frac{M_c}{l_b h} \quad (4.6.23)$$
横補剛間隔に関する規定はなく，許容曲げ応力度を満足する間隔で横補剛材を配置する．	特に規定はなし 座屈設計指針（1980）を参考に設計と記述されている．	特に規定はなし 座屈設計指針（1980）を参考に設計と記述されている．
横補剛間隔 l_b $-1.0 \leqq M/M_p \leqq -0.5$： （400 N 級） $l_b \cdot h/A_f \leqq 250, \ l_b/i_y \leqq 65$ (4.6.1.a) （490 N 級） $l_b \cdot h/A_f \leqq 375, \ l_b/i_y \leqq 95$ (4.6.1.b) $-0.5 \leqq M/M_p \leqq 1.0$： （400 N 級） $l_b \cdot h/A_f \leqq 200, \ l_b/i_y \leqq 50$ (4.6.2.a) （490 N 級） $l_b \cdot h/A_f \leqq 300, \ l_b/i_y \leqq 75$ (4.6.2.b)	圧縮フランジ降伏軸力の2%を必要横補剛力とする． $$F = 0.02 \frac{\sigma_y A}{2} \quad (4.6.20)$$	$$k \geqq 5.0 \frac{\sigma_y A}{2 l_b} \quad (4.6.24)$$
横補剛間隔に関する規定はなく，横座屈耐力を求め，必要横座屈力を満足するように横補剛材を配置する．	全塑性モーメント時の圧縮フランジ軸力の3%を必要横補剛力とする．また，圧縮側・引張側フランジおよび細長比区分ごとに規定． 圧縮側フランジ横補剛： $F \geqq 0.03M/h$ (4.6.21.a) L-I，L-II：$M = M_p$, L-III：$M = M_{cr}$ (4.6.21.b, c) 引張側フランジ横補剛： $F = 0.03\bar{N}_f$, $M_B = 0.03\bar{N}_f \bar{h}$ (4.6.22.a) L-I，L-II：$\bar{N}_f = M_p/h$, L-III：$\bar{N}_f = M_{cr}/h$ (4.6.22.b, c) $\bar{h}$：補剛材取付位置と圧縮フランジ間の距離 M_B：横補剛曲げモーメント	圧縮側・引張フランジおよび細長比区分ごとに規定している． 圧縮側フランジ横補剛 $k \geqq (5/l_b)(M/h)$ (4.6.25.a) L-I，L-II：$M = M_p$, L-III：$M = M_{cr}$ (4.6.25.b, c) 引張側フランジ横補剛 $k = 5\bar{N}_f/l_b$, $k_B = 8\bar{N}_f h^2/l_b$ (4.6.26.a) L-I，L-II：$\bar{N}_f = M_p/h$, L-III：$\bar{N}_f = M_{cr}/h$ (4.6.26.b, c) k_B：横補剛材の曲げ剛性
均等横補剛規定　補剛数 n （400 N 級） $\lambda_y \leqq 170 + 20n$ (4.6.5.a) （490 N 級） $\lambda_y \leqq 130 + 20n$ (4.6.5.b) 端部横補剛規定　横補剛間隔 l_b （400 N 級） $l_b \cdot h/A_f \leqq 250, \ l_b/i_y \leqq 65$ (4.6.6.a) （490 N 級） $l_b \cdot h/A_f \leqq 200, \ l_b/i_y \leqq 50$ (4.6.6.b)	圧縮フランジ降伏軸力の2%を必要横補剛力とする． $$F = 0.02 \frac{\sigma_y A}{2} \quad (4.6.20)$$	$$k \geqq 5.0 \frac{\sigma_y A}{2 l_b} \quad (4.6.24)$$
M_y：降伏モーメント M_p：全塑性モーメント	M_{cr}：横座屈耐力，横座屈限界耐力 M_1, M_2：区間端部の曲げモーメント （$M_1 > M_2$）	F：横補剛力 k：横補剛剛性 k_B：横補剛材の曲げ剛性

参 考 文 献

4. 1) Procter, A. : Laterally Unsupported Beams, The Journal of Institution of Structural Engineers, 1932.7

4. 2) Fairbairn, W. : The Application of Cast and Wrought Irow to Building Purpose, London, J. Weale, 1864

4. 3) Moore, H.F. : Strength of I-Beams in Flexure, Bulletin No. 68, Univ. of Illinois, 1913

4. 4) Timoshenko, S. : Beams without Lateral Support, Trans. ASCE, Vol. 87, 1924

4. 5) Bleich, F. : Buckling Strength of Metal Structures, McGraw-Hill, p.405, 1952

4. 6) Neal, B.G. and Symonds P.S. : The Calculation of Collapse Loads for Framed Structures, Journal of the Institution of Civil Engineers, Vol. 35, 1950

4. 7) Horne, M.R. : Fundamental Propositions in the Plastic Theory of Structure, Journal of the Institution of Civil Engineers. Vol. 34. 1950

4. 8) Wittrick, W.H. : Lateral Instability of Rectangular Beams of Strain-Hardening Material under Uniform Bending, Journal of Aeronautical Science, Vol. 19, No. 12, 1952.12

4. 9) White, M.W. : The Lateral Torsional Buckling of Yielded Structural Steel Members, Lehigh Univ. Ph.D. Dissertation, 1956

4.10) Clark, J.W. and Jombock, J.R. : Lateral Buckling of I-Beams Subjected to Unequal End Moment, Proceeding ASCE Vol. 83, No. EM3, 1957

4.11) Lee, G.C. : Inelastic Lateral Instability of Beams and Their Bracing Requirements, Ph.D. Dissertation Lehigh Univ. 1960

4.12) Galambos, T.V. : Inelastic Lateral Buckling of Beams, Proc. ASCE Vol. 89, No. ST5, 1963

4.13) Clark, J.W. and Hill, H.N. : Lateral Buckling of Beams, ASCE ST7, 1960.7

4.14) Nethercot, D.A. : Buckling of Laterally or Torsionally Restrained Beams, Proc. ASCE Vol. 99, No. EM1, 1973

4.15) Trahair, N.S. and Woolcock, S.T. : Effect of Major Axis Curvature on I-Beam Stability Proc. ASCE Vol. 99, No. EM1, 1973

4.16) Trahair, N.S. and Kitipornchal, S. : Buckling of Inelastic I-Beams under Uniform Moment, Proc. ASCE Vol. 108, No. TT 11, 1972

4.17) Lee, G.C. and Galambos, T.V. : Post-Buckling Strength of Wide-Flange Beams, Proc. ASCE Vol. 88, No. ST8, 1961

4.18) Lay, M.G. : The Static Load-Deformation Behavior of Planner Steel Structures, Ph.D. Dissertation Lehigh Univ. 1964

4.19) Lay, M.G. : The Experimental Basis for Plastic Design, W.R.C Bulletin, No. 99, 1964

4.20) Lay, M.G. and Smith, P.D. : Role of Strain-Hardening in Plastic Design, Proc. ASCE Vol. 91, No. ST3, 1965

4.21) Lay, M.G. : Yielding of Uniformly Loaded Steel Members, Proc. ASCE Vol. 81, No. ST6, 1965

4.22) Lay, M.G. and Galambos, T.V. : Inelastic Steel Beams under Uniform Moment, Proc. ASCE Vol. 91, No. ST6, 1965

4.23) Lay, M.G. : Flange Local Buckling in Wide-Flange Shapes, Proc. ASCE Vol. 91, No. ST6, 1965

4.24) Lay, M.G. and Galambos, T.V. : Bracing Requirements for Inelastic Steel Beams, Proc. ASCE

Vol. 92, No. ST2, 1966

4.25) Luxion, W. and Johnston, B.G.: Plastic Behavior of Wide-Flange Beams, The Welding Journal, Vol. 27, No. 11, 1948.11

4.26) Yang, C.H., Beedle, L.S. and Johnston, B.G.: Residual Stress and the Yield Strength of Beams, The Welding Journal, Vol. 31, No. 4, 1952

4.27) Sawyer, H.A.: Post-Elastic Behavior of Wide-Flange Steel Beams, Proc. ASCE Vol. No. EH6, 1961

4.28) Zuk, W.: Lateral Brracing Forces on Beams and Columns, Proceeding ASCE EM Vol. 82, No. EM3, 1956

4.29) Winter, G.: Lateral Bracing of Columns and Beams, Proc. ASCE STD Vol. 84 ST2, 1958

4.30) Massey, C.: Lateral Bracing Force of Steel I-Beams, Proc. ASCE Vol. 33, No. EM6, 1962

4.31) 日本建築学会：鋼構造設計規準，1970

4.32) 日本建築学会：鋼構造塑性設計指針，1975

4.33) 日本建築学会：鋼構造限界状態設計規準（案）・同解説，1990

4.34) 日本建築学会：鋼構造限界状態設計指針・同解説，1998

4.35) 日本建築学会：鋼構造設計規準―許容応力度設計法―，2005

4.36) ウラソフ，V.Z.：薄肉弾性梁の理論，技報堂，1967

4.37) ガランボス，T.V.：鋼構造部材と骨組，（福本・西野共訳），丸善，1970

4.38) 鈴木敏郎，木村祥裕：ラーメン架構におけるH形鋼梁の横座屈長さ，日本建築学会構造系論文集，No. 521，pp.127-132，1999.7

4.39) 鈴木敏郎，木村祥裕：H形鋼梁の横座屈に対する柱梁接合部による反り拘束の影響，日本建築学会構造系論文集，No. 537，pp.115-120，2000.11

4.40) 中村　武，若林　実：H形断面はりの弾性横座屈モーメントの修正係数に対する近似解―設計式―，日本建築学会大会学術講演梗概集，pp.1319-1320，1978.9

4.41) 土木学会：座屈設計ガイドライン，1987

4.42) 福本唀士：新体系土木工学9，技報堂，1982

4.43) Narayanan, R.: Beams and Beam Columns-Stability and Strength, Applied Science Publishers, 1983

4.44) Salvador, M.G.: Lateral Buckling of Eccentrically Loaded I-Columns, ASCE Transactions, 1983

4.45) 久保全弘，渡会竜二：変断面I形はりの横座屈強度とその評価について，土木学会中部支部研，1984.3

4.46) Kitipornchai, S. and Trahair, N.S.: Elastic Stability of Tapered I-Beams, ASCE STD, 1972. 3

4.47) Brown, T.G.: Lateral-Torsional Buckling of Tapered I-Beams, ASCE STD, 1981.4

4.48) Haaijer, G.: Plate Buckling in the Strain-Hardening Rage, ASCE EMD, 1957.4

4.49) 井戸田秀樹，松野　巧，小野徹郎：横座屈で耐力が決まる一端曲げH形鋼梁の繰返し履歴モデル，日本建築学会構造系論文集，No. 669，pp.1981-1988，2011.11

4.50) 井戸田秀樹，中田寛二，吉田卓矢，小野徹郎：横座屈で耐力が決まるH形鋼梁の繰返し履歴モデル，日本建築学会構造系論文集，No. 711，pp.819-829，2015.5

4.51) 青木徹彦，福本唀士：鋼柱の座屈強度のばらつきにおよぼす残留応力度の影響について，土木学会

論文報告集，第 201 号，1972.5

4.52) 小野徹郎, 井戸田秀樹, 河原弘明：高次積率を用いた鋼圧縮材および曲げ材の抵抗強度に関する統計論的研究，日本建築学会構造系論文集，No. 370, pp.19-27, 1986.12

4.53) 井戸田秀樹, 鏡味 亮, 金子翔太：素材特性の不確定な変動を考慮した H 形鋼梁部材の耐力と変形性能，日本建築学会構造系論文集，No. 681, pp.1791-1800, 2012.11

4.54) Nethercot, D.A. and Trahair, N.S.: Inelastic Lateral Buckling of Determinate Beams, ASCE STD, 1976.4

4.55) W.F. Chen, Toshio Atsuta : Theory of Beam-Columns Vol. 2, Space Behaviour and Design, J. Ross Publishing, 1977

4.56) 坂本 順, 小浜芳朗, 渡辺雅生, 大宮幸夫：鋼構造部材強度の確率統計論的考察，日本建築学会論文報告集，No. 296, pp. 9 -17, 1980.10

4.57) 井戸田秀樹, 山﨑和浩：H 形鋼梁部材の平均耐力式と変動係数，日本建築学会構造系論文集，No. 701, pp.1025-1035, 2014.7

4.58) 五十嵐規矩夫, 末國良太, 鞆 伸之：繰返し曲げせん断力を受ける H 形断面梁の連成座屈挙動と塑性変形能力，日本建築学会構造系論文集，No. 678, pp.1319-1327, 2012.8

4.59) 小野徹郎, 石田交広, 下野耕一：限界状態を考慮した鋼構造圧縮材および曲げ材の補剛に関する研究，日本建築学会論文報告集，No. 469, pp.117-125, 1995.3

4.60) 井戸田秀樹, 加藤 和, 小野徹郎：繰返し曲げを受ける H 形鋼梁の横補剛間隔と耐力，日本建築学会構造系論文集，No. 693, pp.1989-1998, 2013.11

4.61) 若林 実, 中村 武：鉄骨充腹梁の横座屈に関する研究(その 5)，京大防災研年報，Vol. 24 B-1, 1981.4

4.62) 松井千秋, 松村弘道：圧縮材の支点の補剛に関する研究：その 1 弾塑性解析，日本建築学会論文報告集，No. 205, pp.22-29, 88, 1973.3

4.63) 日本建築学会：鋼構造接合部設計指針，2012

4.64) 日本建築学会：高力ボルト接合設計施工ガイドブック，2016

4.65) Nakamura, T. and Wakabayashi, M.: Bending Coefficient in Steel Beam Design, International Journal of Structures, Vol. 4. No. 4. pp.175-187, 1984.12

4.66) 加藤 勉, 秋山 宏：上フランジを連続拘束された H 形断面鋼梁の弾性横座屈，日本建築学会論文報告集，No. 232, pp.41-50, 1975.6

4.67) 五十嵐規矩夫, 鞆 伸之, 王 韜：H 形断面梁の横座屈耐力に与える端部境界条件及びモーメント勾配の影響係数，日本建築学会構造系論文集，No. 670, pp.2173-2181, 2011.12

4.68) 木村祥裕, 天本朱美：材長方向に偏心補剛された H 形鋼圧縮部材の座屈荷重に対する回転補剛剛性及びウェブ変形の影響，日本建築学会構造系論文集，No. 614, pp.147-1153, 2007.453, 2007.4

4.69) 木村祥裕, 天本朱美：H 形鋼圧縮部材の座屈応力度に及ぼす連続偏心補剛材の水平及び回転拘束効果と補剛力，日本建築学会構造系論文集，No. 648, pp.435-442, 2010.2

4.70) 木村祥裕, 吉野裕貴：引張側フランジ補剛された H 形鋼梁の横座屈荷重に及ぼす連続補剛材の水平・回転拘束効果と補剛耐力，日本建築学会構造系論文集，No. 683, pp.193-201, 2013.1

4.71) 日本建築学会：鋼構造物の座屈に関する諸問題 2013, 2013

4.72) 鈴木敏郎, 小野徹郎：溶接組立梁の横座屈後の挙動，日本建築学会大会学術講演梗概集，pp. 991-992, 1973.10

4.73) 鈴木敏郎, 小野徹郎：高張力鋼梁の塑性設計に関する研究，日本建築学会論文報告集，No. 219, pp.

39-45, 1974.5

4.74) 鈴木敏郎, 小野徹郎：鉄骨 H 形鋼梁の変形能力に関する考察, 日本建築学会大会学術講演梗概集, pp.899-900, 1974.10

4.75) 鈴木敏郎, 木村 衛, 金子洋文：鉄骨梁の塑性変形能力評価法について, 日本建築学会大会学術講演梗概集, pp.701-702, 1985.10

4.76) 小野徹郎, 井戸田秀樹：鋼構造梁部材の変形能力に関する一考察, 日本建築学会東海支部研究報告集, 1991.2

4.77) KATO, B.: Deformation Capacity of Steel Structures, Journal of Constructional Steel Research, Vol. 17, 1990

4.78) 高梨晃一：繰返し載荷を受ける鋼製ばりの非弾性横座屈, 日本建築学会大会学術講演梗概集, pp.1301-1302, 1972.10

4.79) 鈴木敏郎, 小野徹郎, 金箱温春, 西田芳弘, 加藤征宏：交番曲げを受ける H 形鋼梁の塑性挙動, 日本建築学会大会学術講演梗概集, pp.791-792, 1975.10

4.80) 鈴木敏郎, 小野徹郎, 木村 功：交番曲げを受ける高張力鋼梁の塑性変形挙動に関する研究, 日本建築学会大会学術講演梗概集, pp.1071-1072, 1979.9

4.81) Bertero, V. and Popov, E.: Effect of Large Alternating Strain of Steel Beams, Oroc. ASCE Vol. 91, ST1, 1965.2

4.82) 宇田川邦明, 高梨晃一, 田中 尚：繰り返し載荷を受ける H 形鋼はりの復元力特性：その 1 定変位振幅繰り返し載荷時の塑性ヒンジ回転能力, 日本建築学会論文報告集, No. 264, pp.51-59, 1978.2

4.83) 宇田川邦明, 高梨晃一, 田中 尚：繰り返し載荷を受ける H 形鋼はりの復元力特性, その 2・ランダム変位履歴における耐力の低下, 日本建築学会論文報告集, No. 265, pp.45-52, 1978.3

4.84) 宇田川邦明：60 キロ級高性能鋼はりの横座屈実験, 日本建築学会構造系論文集, No. 459, pp.143-152, 1994.5

4.85) 福知保長, 小倉正憲：H 形梁のフランジ局部座屈と履歴性状に関する研究, 日本建築学会論文報告集, No. 228, pp.65-71, 1975.2

4.86) 椋代仁朗, 松尾 彰, 今田忠則：繰り返し曲げを受けるはりのフランジ局部座屈後の特性について（1），（2），日本建築学会大会学術講演梗概集, pp.1083-1086, 1976

4.87) 鈴木敏郎, 小野徹郎, 木村 功：交番曲げを受ける梁の塑性変形挙動に関する研究, 日本建築学会大会学術講演梗概集, pp.1071-1072, 1979

4.88) Liu, D., Nakashima, M., and Kanao, I.: Behavior to Complete Failure of Steel Beams Subjected to Cyclic Loading, Journal of Engineering Structures, Vol. 25, pp.525-535, 2003

4.89) 劉 大偉, 金尾伊織, 中島正愛：繰り返し載荷を受ける H 形鋼梁の塑性変形能力に及ぼす局部座屈の影響, 鋼構造論文集, 第 10 巻, 37 号, pp.61-70, 2003

4.90) 金尾伊織, 中島正愛, 劉 大偉：繰り返し載荷を受ける鋼標準梁・RBS 梁の必要横補剛条件, 日本建築学会構造系論文集, No. 556, pp.131-137, 2002.6

4.91) 伊賀はるな, 聲高裕治, 伊山 潤, 長谷川隆：コンクリート床スラブによる H 形断面梁の横座屈補剛効果に関する検討(その 1，その 2），日本建築学会大会学術講演梗概集, pp.1119-1122, 2013.8

4.92) 宇佐美徹, 金子洋文, 中山信雄, 石川智章：スラブ付き鉄骨梁の横座屈挙動 その 1―その 2，日本建築学会大会学術講演梗概集, pp.635-638, 2007.7

4.93) 宇佐美徹, 金子洋文, 中山信雄, 片山丈士, 加藤 勉：スラブ付き鉄骨梁の横座屈挙動 その 4―その 6，日本建築学会大会学術講演梗概集, pp.589-594, 2008.7

4.94) 宇佐美徹, 金子洋文, 片山丈士, 加藤　勉, 中山信雄：スラブ付き鉄骨梁の横座屈挙動　その7―その8, 日本建築学会大会学術講演梗概集, pp.631-634, 2009.7

4.95) 片山丈士, 宇佐美徹, 金子洋文, 中山信雄, 鈴木直幹, 山崎賢二：スラブ付き鉄骨梁の横座屈挙動　その10―その11, 日本建築学会大会学術講演梗概集, pp.879-882, 2010.9

4.96) 日本建築学会：各種合成構造設計指針・同解説, 第1編　合成梁構造設計指針, 2010

4.97) 日本建築学会：軽鋼構造設計施工指針・同解説, 1985

4.98) 日本建築学会：鋼構造塑性設計指針, 2010

4.99) 国土交通省ほか監修：2015年版　建築物の構造関係技術基準解説書, 2015

4.100) 鈴木敏郎, 小野徹郎：塑性設計梁に関する実験的研究(2), 日本建築学会論文報告集, No.171, pp.31-36, 105-106, 1970.5

4.101) 加藤　勉, 秋山　宏：H形断面柱の塑性曲げ捩れ座屈解析, 日本建築学会論文報告集, No.264, pp.61-71, 1978.2

4.102) 加藤　勉：鉄骨構造の耐震設計, 丸善, 1983

5章 柱　　　材

5.1　柱材の弾塑性挙動

　この章では軸圧縮力と曲げメーメントを受ける，いわゆる柱(beam-column)の設計を取り扱う．柱の挙動に影響を及ぼす要因は非常に多岐にわたるが，大まかな分類をすれば次のようになろう．

- （i）　鋼材の材料特性：降伏応力度，降伏棚，ひずみ硬化係数，降伏比など
- （ii）　初期不整：残留応力，初期たわみ，荷重の偏心など
- （iii）　部材の特性：断面形，細長比，板要素幅厚比など
- （iv）　支持条件：材端回転拘束度，相対水平変位（柱頭の水平移動）の有無など
- （v）　応力状態，変形状態：軸力比，単曲率・複曲率曲げ，曲げモーメント勾配，中間荷重，二軸曲げなど

　柱の挙動を複雑にしているのは，上に挙げた影響因子が相互に関連して作用するためで，例えば後で述べる軸力と変位によって生じる二次曲げモーメントの大きさは，軸力比・細長比・材の変形状態・相対水平変位の有無などによって変化する．本章では，まず5.1節で上記各因子の影響にふれながら柱の弾塑性挙動を概説した後，5.2節でこれまでに提案された柱の耐力評価式について，さらに5.3節で変形能力について詳述する．日本建築学会の鋼構造関係の設計規準・指針類で採用している設計式の解説や適用方法については，5.5節で述べる．また，柱材の補剛および変断面柱材の設計法をそれぞれ5.6節，5.7節で概説する．

　以上の各節は，主として単調荷重を受ける柱材の研究成果を引用しているが，繰返し荷重を受ける柱材の挙動はさらに複雑になる．繰返し荷重を受ける柱で注目すべき点は，ひずみ硬化のために繰返し載荷に伴って耐力が上昇し，最大耐力が単調載荷時より大きくなることがあること，一方で構面外座屈・局部座屈を生じる柱では，荷重の繰返しとともに座屈変形が累積するために耐力が徐々に劣化することである．構面内荷重を受ける角形鋼管柱のように単調載荷時には構面外方向に安定した柱でも，定変位振幅繰返し荷重によって構面内変形に二次たわみモードが現れる，構面外変形が累積する，あるいは圧縮軸ひずみが累積する，などさまざまな種類の不安定現象が生じる．これらの問題については，5.4節で取り扱う．

　図5.1.1は，軸力 P と材端等曲げモーメント M_0 を強軸まわりに受けて単曲率曲げ状態にある，単一 H 形鋼柱の M_0 と材端回転角 θ の関係を模式的に描いたものである．材が横補剛され構面外変位が拘束されている場合には，柱は実線で示された経路をたどる．すなわち，二次的な付加モーメント（軸力 P とたわみ δ の積，$P\delta$ モーメント）の最も大きな材中央点の曲げモーメントが弾性限界を超えると，中央から塑性化した領域が広がりはじめ，M_0 の値はやがて最大値（安定限界）に達するが，その後も $P\delta$ モーメントは増大するため M_0 の値は減少し，構面内不安定（曲線(a)）によって柱は崩壊する．一方，板要素の幅厚比が大きいと M_0 が最大値に達する前に局部座屈が生じて，柱

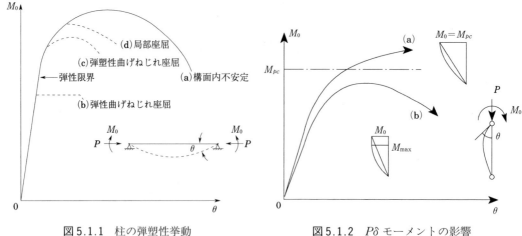

図 5.1.1　柱の弾塑性挙動　　　　　　図 5.1.2　$P\delta$ モーメントの影響

は曲線(d)の経路をたどるが，局部座屈の発生と同時に耐力が減少するかどうかは，板要素の幅厚比の大きさによる．材の構面外変位が材端を除いて拘束されていない支持条件で，中幅または細幅系H形鋼の柱のように構面外方向の細長比が大きくなる場合は，曲げねじれ座屈によって最大耐力が決まる．曲線(b), (c)は，それぞれ曲げねじれ座屈が弾性域で起こる場合と非弾性域で起こる場合を示しているが，曲げねじれ座屈が起こっても耐力はすぐには低下せず，座屈後に耐力がやや上昇する場合もある．その後の耐力低下は構面外方向の $P\delta$ モーメントの増大や局部座屈によって引き起こされる．以下に主として，H形鋼柱材の構面内変形挙動，局部座屈挙動，曲げねじれ座屈挙動および二軸曲げ挙動について，これまでの研究成果を引用しながら述べる．

5.1.1　柱材の構面内挙動

図 5.1.2 は，軸力と一端曲げを受ける柱材の構面内挙動に及ぼす細長比の影響を模式的に示したもので，細長比の小さい柱（曲線(a)）の場合塑性化は材端から始まり，材端モーメント M_0 は材断面の持つ全塑性モーメント M_{pc} に達した後，ひずみ硬化のためにさらに上昇する．細長比の大きい柱（曲線(b)）では $P\delta$ モーメントが大きいため，一端曲げモーメントを受ける場合でも，最大曲げモーメントの生じる点は材端より内側に入る場合がある．この柱の場合，一般に最大モーメントの値が M_{pc} に達すると同時に材端モーメント M_0 は低下を始めるため，その値は M_{pc} には達しない．なお，細長比や軸力比が大きい場合には，最大モーメントが M_{pc} に達する前に材端モーメントは最大値を取る場合もある．

一方，図 5.1.3 は，比較的細長比の小さい柱について曲げモーメント勾配の影響を比べている．逆対称モーメントや一端曲げモーメントを受ける柱の塑性化領域は材端付近に限定されるため，ひずみ硬化がなければ M_0 は全塑性モーメント M_{pc} にほぼ等しい値で保たれたまま材端回転角が増大し，やがて局部座屈が発生して耐力が低下する．これに対して，均等モーメントを受ける柱では，塑性化領域が中央から広範囲に広がるため M_0 は M_{pc} に達せず，また $P\delta$ モーメントの影響で耐力劣化勾配が急になることがわかる．図 5.1.4[5.1]は種々のモーメント勾配を持つ柱の軸力 P と材端

5章 柱　材

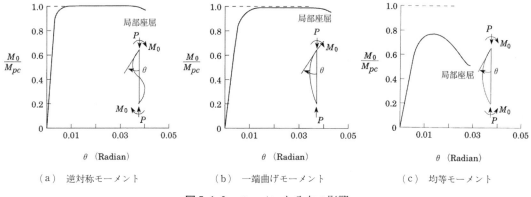

(a) 逆対称モーメント　　(b) 一端曲げモーメント　　(c) 均等モーメント

図5.1.3　モーメント分布の影響

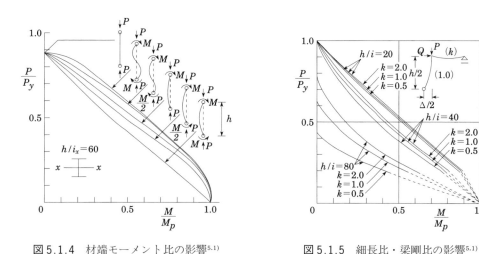

図5.1.4　材端モーメント比の影響[5.1]　　図5.1.5　細長比・梁剛比の影響[5.1]

モーメント M の耐力相関曲線で，複曲率曲げを受ける柱ほど耐力が大きくなることがわかる．

図5.1.5[5.1]は，柱頭が剛比 k の梁で回転拘束された架構が，水平力を受ける場合の耐力相関曲線である．耐力相関曲線はいくつかの仮定を設けて得られた閉形解を軸力比が0.2以上の範囲で図示したもので，横軸の材端モーメント M は $Qh/2$ である．

ここで，水平移動のある柱とない柱の同一性を簡単に調べる．図5.1.6(a)は柱脚がピン支持され，柱頭に一定軸力 P と材端モーメント M_0 が作用した柱を示している．柱頭・柱脚間の相対水平変位はない．この柱の柱脚から x の距離にある点の曲げモーメント M は，

$$M = M_0\left(\frac{x}{h}\right) + P \cdot \delta \tag{5.1.1}$$

で与えられる．δ はこの点でのたわみである．一方(b)は(a)とまったく同じ柱の柱頭に弾性梁が接続された架構に，一定軸力 P と水平力 H が載荷された場合で，相対水平変位 $\varDelta$ が生じている．(a)と同じく柱脚から x の距離にある点の曲げモーメントを柱頭での曲げモーメント $M_0 = Hh + V_1\varDelta$ を基準にして求めると，

$$M = M_0\left(\frac{x}{h}\right) + V_1 \cdot \delta' \tag{5.1.2}$$

となる．δ' は柱頭・柱脚を結ぶ直線から水平方向に測った柱のたわみである．式(5.1.1)と(5.1.2)を比べると，二次的な付加モーメントの項に違いがある．(b)では柱軸力が梁のせん断力分だけ変動する．また(a)のたわみ δ と(b)のたわみ δ' とは厳密には同一ではないが，変形が微小であるとすれば両者はほぼ等しくなる．このようなことから，(b)の架構の挙動は(a)の柱の材端曲げモーメントと材端回転角の関係に，梁の弾性的な曲げモーメント―回転角関係を重ね合わせて合成できることがわかる．なお，部材のたわみを部材角による成分と材の曲げによる成分とに分離し，これらに関わる二次モーメントをそれぞれ $P\Delta$ モーメントおよび $P\delta$ モーメントと呼んでいる．

図5.1.7，5.1.8は，残留応力のある場合の曲げモーメント-曲率関係に基づいて計算された，軸

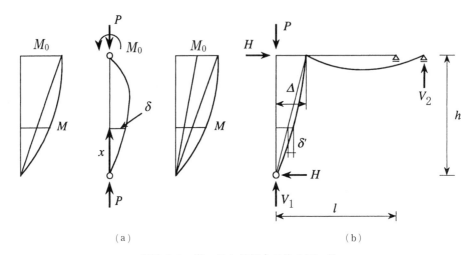

図5.1.6 単一柱と骨組中の柱の同一性

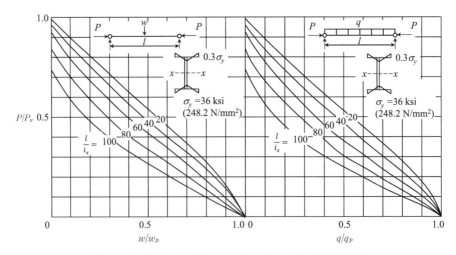

図5.1.7 軸力と中間荷重を受ける柱の耐力相関曲線[5.2]

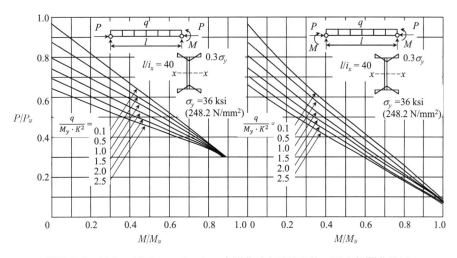

図5.1.8 軸力・材端モーメント・中間荷重を受ける柱の耐力相関曲線[5.3]

力と中央集中荷重あるいは等分布荷重を受ける柱および軸力・等分布荷重・材端モーメントを受ける柱の耐力相関曲線を示す．図中軸力と材端モーメントの値は単独で作用したときに初期降伏を生じる値によって，また，分布荷重・集中荷重はこれらが単独で作用したときに材中央の曲げモーメントが全塑性モーメントに等しくなるときの値によって無次元化されている．また $K^2 = P/EI$（EI：曲げ剛性）である．柱の設計には，このような設計便利図表を利用することも考えられるが，5.2節で述べるように中間荷重のある場合の $P\delta$ モーメントを弾性解析によって評価することが多い．このほか文献5.4)は，軸力と水平力を受けるH形鋼片持柱の弾塑性解析によって，鋼材の材料特性の柱挙動に及ぼす影響を調べて，残留応力やひずみ硬化開始ひずみは細長比の小さい柱にはほとんど影響しないことや，ひずみ硬化係数の影響が最も大きいこと，などの結果を得ている．

5.1.2 柱の局部座屈挙動

　柱の耐力・変形能力を左右する因子として局部座屈があることはすでに述べた．本指針では板要素の座屈については6章，局部座屈を伴う柱材の変形能力については5.3節で詳しく述べられるので，ここでは局部座屈を伴う柱の挙動について簡単にふれておく．まず，文献5.5)では局部座屈を生じる柱材の挙動を弾性域，ひずみ硬化による耐力上昇域，局部座屈による耐力劣化域の3領域に分けて定式化することを試みており，図5.1.9は軸力と中央集中荷重を受けるH形鋼柱の局部座屈挙動について，実験曲線（破線）と予測曲線（実線）を示したものである．図中 τ は，$P\text{-}\delta$ 効果を考慮した材中央点での曲げモーメントを全塑性モーメントで除した値で耐力上昇率を表し，ϕ は，材端回転角を全塑性モーメントに対応する弾性限界回転角で除した値を表す．これらの図から，フランジとウェブの幅厚比が大きくなるにつれて耐力・変形能力ともに低下すること，ひずみ硬化の影響が大きく板要素の座屈がそのまま耐力劣化につながらない場合もありうること，などがわかる．

　板要素の座屈は短柱圧縮試験によって調べられることが多く，この場合，断面を構成する各板要素とも同じ大きさの等分布圧縮応力を受けて座屈することになるから，一般の梁や柱における局部

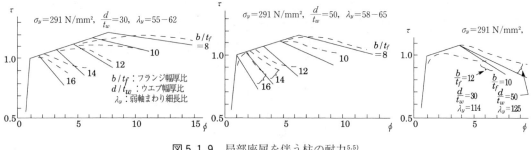

図 5.1.9 局部座屈を伴う柱の耐力[5.5]

座屈時の断面内応力分布とは異なっており，特に H 形断面材のようにフランジとウェブが連成して局部座屈を生じる場合にはこの影響が無視できない．また，モーメント勾配がある柱材では，ひずみ硬化による耐力上昇と局部座屈による耐力劣化とが相殺しながら変形が進行する場合もある．比較的簡単な短柱圧縮試験で得られた板要素の座屈性状を柱の全体的な耐力・変形能力予測に用いる方法については今後の研究に待つところが多いが，文献 5.6) にその試みが報告されている．この他の文献 5.7)，5.8) では柱材の局部座屈，あるいは局部座屈と曲げねじれ座屈の連成が門形骨組の耐力・変形能力に及ぼす影響を実験によって調べ，骨組の構造特性係数について検討しており，設計上有用な資料を提供しているので参照されたい．

5.1.3　柱の曲げねじれ座屈挙動

両主軸方向の曲げ剛性に比較的大きな差がある柱が，横方向に補剛されていない状態で軸力と強軸曲げを受けると，耐力が構面内最大耐力に達しないうちに曲げねじれ座屈が起きる．柱材の曲げねじれ座屈を考慮したいわゆる AISC 型の曲げモーメント軸力相関公式の原型は，Massonnet によって 1959 年に示され[5.9]，曲げねじれ座屈耐力の数値計算法としては，構面内曲げモーメント－材端回転角関係を追跡しながら，構面外変形に関する剛性行列の行列式の値を 0 とするような曲げモーメントを求める方法が文献 5.10)，5.11) などで発表された．その後，曲げねじれ座屈に関する解析的研究は発展を遂げて，現在では 5.1.4 項で述べるように二軸曲げを受ける柱の精確な弾塑性解析手法が確立されているので，これを用いれば曲げねじれ座屈解析は特に難しい問題ではない．

曲げねじれ座屈の実験は，所定の材端条件を満たす精度の良い載荷装置の製作が難しいなど，技術的な制約が大きいため，これまであまり行われていない．図 5.1.10 は，一定軸力と一端に強軸まわり曲げモーメントを受けて曲げねじれ座屈する H 形鋼柱の実験結果である．図中 λ_x は柱実長に対する強軸まわり細長比で，縦軸および横軸はそれぞれ，軸力による低下を考慮した全塑性モーメント M_{pc} およびこれに対応する材端回転角 θ_{pc} で無次元化されている．軸力比・細長比によって耐力・変形能力が低下することはもちろんであるが，同一の軸力比・細長比で比較すると，高張力鋼 (HT 590, HT 780) の場合，耐力は上昇せず変形能力が著しく悪化することがわかる．このような材料強度の影響を加味するために，基準化細長比（細長比を $\pi\sqrt{E/\sigma_y}$ で除したもの）がしばしば用いられる．

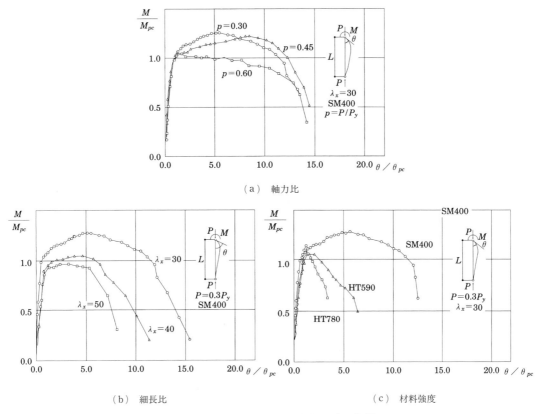

(a) 軸力比

(b) 細長比   (c) 材料強度

図 5.1.10　軸力比・細長比・材料強度の影響[5.12]

　文献 5.13) は構面内変形に対して柱頭でピン支持，柱脚は弾性梁によって回転拘束され，構面外変形に対しては両端単純支持された H 形鋼柱に，一定軸力 P と構面内水平力 H を加えて構面内挙動と曲げねじれ座屈挙動を実験によって調べている．軸力比 $p=P/P_y$ が 0.3，構面外細長比 λ_y が 100 程度の柱では最大耐力は剛塑性崩壊直線に達すること，また梁剛比 k を増すことによって，耐力・変形能力が大きく改善されるが，軸力比・細長比が上記の値以上に大きくなると曲げねじれ座屈で最大耐力が決まり，梁の拘束効果もあまりないことなどを観察している．

　図 5.1.11 は，前出文献 5.13) の実験結果に対して，構面外初期たわみ，初期ねじれを仮定した二軸曲げ解析によって座屈後挙動を追跡しようとしたもので，座屈後耐力は実験値・解析値とも分岐点 (→印) よりも高くなっている．図中の H_{pc}，$\varDelta_{pc}$ は，弾性直線と構面内剛塑性崩壊直線の交点の水平力，水平変位である．一般に曲げねじれ座屈の特徴は，座屈が生じてもすぐには耐力低下が起きず，軸力比，細長比にもよるが座屈後耐力の上昇が期待できるため，この意味で座屈後挙動の精確な解析法の確立が望まれる．図 5.1.12 は座屈後耐力の計算値を軸力 P と柱脚の強軸まわり曲げモーメント M の相関曲線として表し，「鋼構造設計規準」(第 2 版，1973 年) による短期許容耐力と比較したものである．

　ここでは，構面外初期たわみとして構面材長の 1/750 を想定している．中幅 H 形鋼柱の圧縮材に近い状態での耐力は短期許容耐力を下回ることがあるが，おおむね規準値は安全側にあること，曲

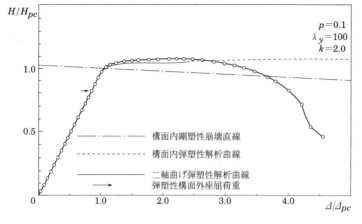
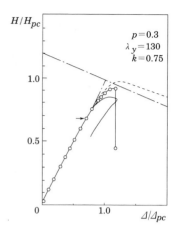

図 5.1.11 曲げねじれ座屈後挙動[5.14]

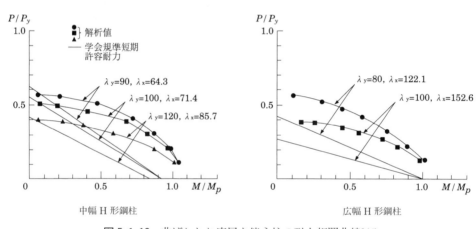

図 5.1.12 曲げねじれ座屈を伴う柱の耐力相関曲線[5.14]

げねじれ座屈によって決まる耐力曲線は,図 5.1.5 の構面内耐力曲線とは逆に,外膨らみの形になることなどがわかる.一般に広幅 H 形鋼柱の耐力が,曲げねじれ座屈で決まることはほとんどないといってよい[5.14].

5.1.4 柱の二軸曲げ挙動

　骨組の中の柱の設計は,骨組を平面骨組に分解し,柱が軸力と一軸曲げを受けるものとして行われることが多い.しかし,L 字形平面を持つ骨組の柱や整形な長方形平面を持つ骨組でも,たとえば長期荷重を受ける隅柱などでは,二軸曲げに対する検討が必要な場合がある.また T 字形断面を用いた側柱で,梁心が柱断面重心軸を通らない場合には,偏心による二軸曲げを無視できないことがあるので,柱の二軸曲げ挙動の概要を以下に述べる.

　図 5.1.13 は両端で等しい偏心を持つ二軸偏心圧縮荷重 P を受ける H 形鋼柱の実験結果[5.16]を解析結果と比較したもので,u_m,v_m,θ_m は柱中央点での強軸・弱軸方向重心変位とねじれ角である.

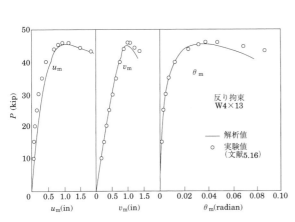
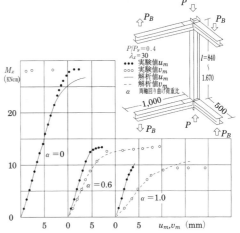

図 5.1.13　二軸曲げを受ける偏心圧縮柱の挙動[5.15]　　　図 5.1.14　二軸曲げを受ける柱の挙動[5.17]

図 5.1.14 は,中幅系の H 形鋼柱の柱頭に一定軸力,柱端に接続した両軸方向の梁端の鉛直荷重を載荷した実験の結果で,強軸まわり曲げモーメント M_x と柱中央点の強・弱軸方向変位 u_m,v_m の関係が解析結果と比較されている.これらの柱の場合は,中央点から塑性化が始まって塑性ヒンジが形成されるが,中央断面での二軸曲げモーメントの値は断面の降伏条件を満足しながら,変形の進行とともに刻々と変化してゆく.したがって,二軸曲げ挙動の解析は構面内挙動の解析に比べると相当複雑になるが,その方法については,文献 5.18) に非常に詳しく紹介されている.

柱の二軸曲げ挙動に影響を及ぼす因子も非常に多い.文献 5.19) は,H 形鋼柱に一定軸力と二軸まわりに等曲げを生じる材端曲げモーメントが,比率を一定に保ちながら作用する場合の精確な弾塑性解析を行って,H 形鋼柱の断面性能,降伏応力度,細長比,軸力比,二軸曲げモーメント比などの影響を調べているが,ウェブとフランジの板厚の異なる断面数種について,断面が変わっても無次元化した曲げモーメント―変形関係がほとんど変わらないことが示されている.この他,影響因子として重要なものに反りに対する境界条件がある.図 5.1.15 は二軸偏心圧縮荷重を受ける H 形鋼柱について,両端での反りに対する支持条件によって,柱耐力が変化する様子を示したものであるが,実際の骨組柱では反り固定の条件に近いと思われる.文献 5.18) はこれまで提案された二軸曲げ耐力の数式表現と,これに基づく近似的な耐力相関曲線を示しているので参照されたい.

骨組の柱梁接合部周辺の種々の偏心によって生じる柱に対するねじりモーメントは,通常スラブの面内せん断および梁の弱軸曲げで抵抗されるから,柱にねじりモーメントが直接作用することは,中間荷重による場合を除いてまれである.図 5.1.16 は軸力・ねじりモーメント・二軸曲げモーメントを受ける H 形鋼柱・角形鋼管柱の耐力相関関係について,軸力および二軸曲げモーメントに拡大係数 $1/(1-T/T_{sp})$ (T : ねじりモーメント,T_{sp} : St. Venant ねじりの全塑性モーメント)を乗じた値を従来の二軸曲げを受ける柱の耐力評価式に代入して求める方法を示して,実験値と比較したものである.図 5.1.17 は,冷間成形角形鋼管柱の無次元化した材端ねじりモーメント―ねじれ角関係で,ϕ_{sp} は T_{sp} に対応する全塑性ねじれ角である.耐力低下は局部座屈によって生じるが変形能力は

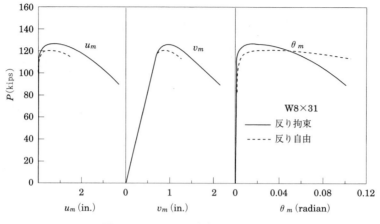

図 5.1.15 反り拘束条件の影響[5.18]

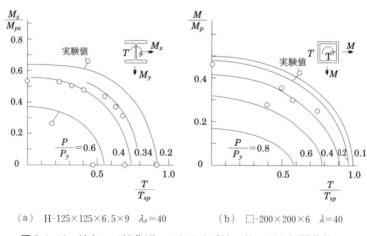

(a) H-125×125×6.5×9　$\lambda_x=40$
(b) □-200×200×6　$\lambda=40$

図 5.1.16 軸力・二軸曲げ・ねじりを受ける柱の耐力相関曲線[5.20]

十分であること，応力除去のための焼なましによって変形能力は著しく改善されることなどがわかる．

H 形鋼柱のように両主軸まわりの剛性・強度にはっきりとした差がある柱が二軸方向の水平力を受けると，図 5.1.18 の片持柱実験結果に見られるように，最大耐力後の耐力劣化とともに断面の強軸曲げに対応する変位 v の進行が鈍り，やがて停止してさらには戻る現象が観察される．この点近傍では弱軸曲げに対応する変位 u が急激に増大し，軸力が維持できなくなって柱は崩壊に至る．

両軸まわりの剛性の差によって H_x/H_y ($=H\sin\theta/H\cos\theta$) の比以上に二次曲げモーメントの比，すなわち (Pu/Pv) が大きくなり，その結果，さらに変位 u が進行するために起こる現象である．降伏条件と塑性流れ法則を用いた剛塑性解析による崩壊曲線（図中破線）には，実験値よりも明瞭に変位 v の戻りが表れている．この現象は言い替えると，変形の進行とともに，柱は弱軸まわり一軸曲げ状態へ移行することを意味しており，このため，細長い柱では載荷角度がそれほど大きくなくても，最大耐力が弱軸曲げを受ける場合の最大耐力とあまり違わないことがあるので注意を要する．

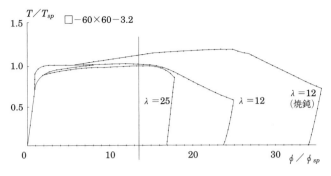

図 5.1.17 軸力とねじりを受ける柱の挙動[5.21]

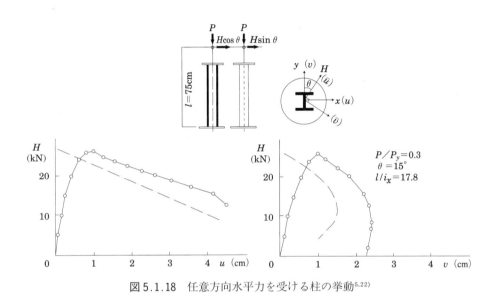

図 5.1.18 任意方向水平力を受ける柱の挙動[5.22]

5.2 柱材の耐力評価

5.2.1 柱断面の耐力評価手順

　軸力と曲げを同時に受ける柱断面に作用する軸方向応力度については，材料の応力度とひずみ度の関係が線形であれば，以下の式が与えられる．

$$\sigma = \frac{N}{A} + \frac{M}{I} y \tag{5.2.1}$$

　ここに，σ は着目位置における軸方向応力度，N，M，A，I，y はそれぞれ，作用軸力，作用曲げモーメント，断面積，断面二次モーメント，着目位置の断面重心からの距離である．いま，断面内の最大応力度が降伏応力度 σ_y に至る点をもって断面の弾性限界とすると，限界耐力として，断面形状とは無関係に以下の相関式が得られる．

$$\frac{N}{N_y} + \frac{M}{M_y} = 1 \tag{5.2.2}$$

ここに，N_y, M_y はそれぞれ，降伏軸力，軸力が作用しないときの弾性限界モーメント（$M_y = Z\sigma_y$, ここに Z は断面係数）である．断面内のひずみ度が降伏ひずみ度を超え，断面の塑性化が進行すると，抵抗力は増える．もし材料の応力度とひずみ度の関係が完全弾塑性であるならば，断面が全塑性状態に至った点で最大耐力が発揮される．全塑性状態における断面耐力は，例えば矩形断面においては，以下の相関式で与えられる．

$$\left(\frac{N}{N_y}\right)^2 + \frac{M}{M_p} = 1 \tag{5.2.3}$$

ここに，M_p は軸圧縮力が作用しないときの全塑性モーメントである．また H 形断面においては，フランジが十分に薄く，その断面積がフランジ板厚中心位置に集中しているという仮定を設けることによって，強軸まわりの耐力について，

$$\frac{A^2}{(4A_f + A_w)A_w}\left(\frac{N}{N_p}\right)^2 + \frac{M}{M_p} = 1 \quad (N/N_y \le A_w/A \text{ のとき}) \tag{5.2.4}$$

$$\frac{N}{N_y} + \frac{4A_f + A_w}{2A}\left(\frac{M}{M_p}\right) = 1 \quad (N/N_y > A_w/A \text{ のとき})$$

という相関式が得られる[5.23]．ここに，A, A_f, A_w は断面積，フランジ一枚の断面積，ウェブの断面積である，上式のうち，上段は中立軸がウェブ内にある場合，下段は中立軸がフランジ内にある場合に対して求められる相関式である．広幅の H 形断面のウェブとフランジの面積比（A_f/A_w が 1.5 程度）を考慮し，上式を簡略化することによって，軸圧縮力と強軸まわりに曲げを受ける H 形断面の最大耐力（M_{pc}）として，「鋼構造塑性設計指針」[5.23]は以下の式を与えている．

$$M_{pc} = M_p \quad (N/N_y \le A_w/(2A) \text{ のとき}) \tag{5.2.5}$$

$$M_{pc} = 1.14\left(1 - \frac{N}{N_y}\right)M_p \quad (N/N_y > A_w/(2A) \text{ のとき})$$

また，弱軸まわりに曲げを受ける場合の最大耐力として

$$M_{pc} = M_p \quad (N/N_y \le A_w/A \text{ のとき}) \tag{5.2.6}$$

$$M_{pc} = \left\{1 - \left(\frac{N - N_{wy}}{N_y - N_{wy}}\right)^2\right\}M_p \quad (N/N_y > A_w/A \text{ のとき})$$

を与えている．ここに $N_{wy} = A_w\sigma_y$ である．図 5.2.1 は，H 形断面が軸圧縮力と強軸または弱軸まわりの曲げを受けるときの，全塑性状態における最大耐力の相関を示したものであり，この相関が断面形状によって変化することがわかる．H 形断面に対する同様の相関式として，強軸まわりに対して，

$$M_{pc} = 1.18\left(1 - \frac{N}{N_y}\right)M_p \quad (\text{ただし，} M_{pc} \le M_p) \tag{5.2.7}$$

また，弱軸まわりに対して

$$M_{pc} = 1.19\left\{1 - \left(\frac{N}{N_y}\right)^2\right\}M_p \quad (\text{ただし，} M_{pc} \le M_p) \tag{5.2.8}$$

という式もよく用いられる[5.24]．

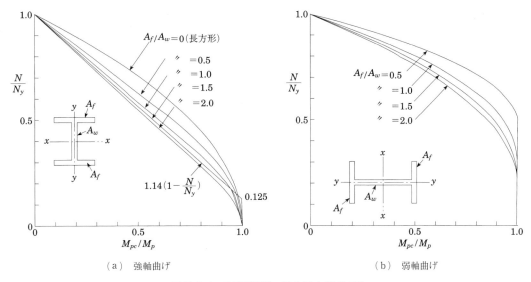

(a) 強軸曲げ (b) 弱軸曲げ

図 5.2.1 H 形断面の最大耐力特性[5.23]

断面には，残留応力度が存在する場合が少なくない．残留応力度は弾性限界耐力を低減させる効果があるが，全塑性状態における耐力には影響を及ぼさない．また，実際の材料の応力度とひずみ度の関係においては，ひずみ硬化現象が見られ，この硬化は柱断面の最大耐力を増加させる．材料の応力度とひずみ度の関係とその限界を設定すれば，断面に対する平面保持の仮定を設けることによって，ある軸力下における断面の最大曲げ耐力を求めることは可能である．現行の鋼構造設計の耐力評価においては，降伏応力度（σ_y）以上の応力度を基本的には考慮しない体裁をとっているので，柱断面についても，全塑性状態における耐力以上の耐力はあまり議論されない．しかし，短い柱材においては，ひずみ硬化による最大耐力の上昇が顕著であることも過去の実験や解析から明らかになっている．ひずみ硬化による柱材の耐力の変動については，次項で言及する．

5.2.2 柱材の耐力評価手順

（1） 弾性限界耐力

柱材が軸圧縮力と曲げモーメントを受ける場合には，材が曲がることによって生じる変位と軸圧縮力の値が，付加曲げモーメントとして作用し，その結果，軸圧縮力が作用しない場合に比べて，柱部材各断面に発生するモーメントや変位が増加する．P-δ 効果と一般に呼ばれる現象である．図 5.2.2 に示すように，一定軸圧縮力 N と材端に曲げモーメント（M_0，κM_0，ただし $-1 \leq \kappa \leq 1$，複曲

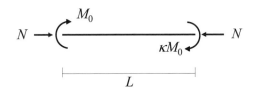

図 5.2.2 材端に軸圧縮力と曲げモーメントを受ける材

率曲げのときに κ は正）が作用する場合，最も大きな曲げモーメントを受ける断面位置での曲げモーメント（$M_{\max}$）の M_0 に対する比（モーメント増幅率）は，

$$\frac{M_{\max}}{M_0}=\frac{\sqrt{1+\kappa^2+2\kappa\cos KL}}{\sin KL} \quad （ただし，\kappa\leqq-\cos KL に適用）\tag{5.2.9}$$

と表される．ここに，$K=\sqrt{(N/EI)}$，I は曲げ面内の断面二次モーメントである．曲げモーメント分布に勾配がない場合（$\kappa=-1$）において，上式は以下の形で精度良く近似できる．

$$\frac{M_{\max}}{M_0}=\frac{1}{1-N/N_E}\tag{5.2.10}$$

ここに，N_E は，部材の曲げ面内の座屈長さを L とした曲げ面内のオイラーの座屈荷重である．曲げモーメントに勾配がある場合は式（5.2.10）を基準として，

$$\frac{M_{\max}}{M_0}=\frac{C_m}{1-N/N_E}\tag{5.2.11}$$

のように表現できる．ここに係数 C_m は，曲げモーメント勾配の違いによってモーメント増幅率が変化することを考慮する係数であり，文献5.25）は

$$C_m=0.6-0.4\kappa\geqq0.4\tag{5.2.12}$$

とした近似式を提案している．式（5.2.12）は，その簡便さもあって，現在に至るまで各国鋼構造設計規準類で規定されている柱の耐力評価に用いられている．ただし，AISC-LRFD規準[5.26]では，0.4 を下回らないという，式（5.2.12）の条件を必要がないと判断し，この付帯条件を削除している．ただ，この C_m は，曲げモーメント勾配にだけ依存する関数となっているので，軸圧縮力が存在しない場合（$N=0$）にも［$M_{\max}/M_0$］は 1 とはならず，軸圧縮力が小さい場合には（$M_{\max}/M_0$ は本来 1 に近づいていかなければならない）矛盾が生じる．文献5.25）は，この矛盾によって生じる誤差はそれほど大きくないという見解をとっているが，一方で，C_m を軸圧縮力の関数として表現する試みもある[5.27]．また，柱材の中間に荷重が作用する場合に対するモーメントの増幅については，表5.2.1 に示されるような修正係数が一般に与えられている．

式（5.2.11）で表される，P-δ 効果によるモーメント増幅を考慮したモーメントと，軸圧縮力が同時に作用することによって，柱材の最大応力が降伏応力に至った点をもって，この柱材の弾性限界耐力とすると，式（5.2.2）を参照すれば，以下の相関式が得られる．

$$\frac{N}{N_y}+\frac{C_m}{1-N/N_E}\left(\frac{M}{M_y}\right)=1\tag{5.2.13}$$

さらに，もし軸圧縮力が座屈耐力（N_{cr}）に至ると，その時点で材は抵抗力を失い，曲げモーメントを一切負担できないことを考慮し，圧縮材と柱材の耐力の連続性を確保するために，上式の N_y を N_{cr} で置き換えた

$$\frac{N}{N_{cr}}+\frac{C_m}{1-N/N_E}\left(\frac{M}{M_y}\right)=1\tag{5.2.14}$$

が弾性限界を示す相関式として考えられる．

表 5.2.1 中間荷重を受ける材のモーメント修正係数[5.23)]

荷重状態	C_m
$N \xrightarrow{M}{\circ} \quad \xleftarrow{\kappa M} N$	$1-0.5(1+\kappa)\sqrt{\dfrac{N}{N_E}} \geqq 0.25$
$N \rightarrow \triangle \quad \downarrow\downarrow\downarrow\downarrow\downarrow \quad \triangle \leftarrow N$	1.0
$N \rightarrow \triangle \quad \downarrow\downarrow\downarrow\downarrow\downarrow \quad \mathrel{\rlap{\rule{0pt}{1ex}}\Vert} \leftarrow N$	$1-0.3\dfrac{N}{N_E}$
$N \rightarrow \Vert \quad \downarrow\downarrow\downarrow\downarrow \quad \Vert \leftarrow N$	$1-0.4\dfrac{N}{N_E}$
$N \rightarrow \triangle \quad \downarrow \quad \triangle \leftarrow N$	$1-0.2\dfrac{N}{N_E}$
$N \rightarrow \Vert \quad \downarrow \quad \Vert \leftarrow N$	$1-0.4\dfrac{N}{N_E}$
$N \rightarrow \triangle \quad \downarrow \quad \Vert \leftarrow N$	$1-0.6\dfrac{N}{N_E}$

（2） 柱材の最大耐力

柱断面に弾性限界を超える力が作用し，柱材の塑性化が進行するに従って，その耐力もさらに上昇するが，その上昇過程は断面形状や降伏後の材料特性などに依存し，複雑な様相を呈する．論理に飛躍があるが，式 (5.2.14) の左辺第 2 項分母の M_y の代わりに M_p（軸力が作用しないときの全塑性モーメント）を用いた次式が，柱材の最大耐力を規定する相関式として提案され，多くの実験や解析結果との比較を通じて，柱材の最大耐力相関式の基本形として認知されている．

$$\frac{N}{N_{cr}}+\frac{C_m}{1-N/N_E}\left(\frac{M}{M_p}\right)=1 \tag{5.2.15}$$

この式によって表される相関式を模式的に表現したものが図 5.2.3 である．この式の適用に関しては，材の塑性化が進行することによって，P-δ 効果によるモーメント増幅率がさらに増えること，また，それに伴って最大モーメントを受ける断面位置が変化することなどが考慮されていない．文献 5.28) では弾塑性数値解析を実施し，モーメント勾配のある柱材が最大耐力に達したときの材端モーメント（M_1：両材端モーメントのうち絶対値が大きいほうのモーメント）の，同じ柱材に対して，モーメント勾配がないとした場合に得られる最大耐力に対応する材端モーメント（M_{eq}）の比を考え，その比の逆数として C_m を定義するとき（$C_m=M_{eq}/M_1$），その値はモーメント勾配が大きくなるほど，柱材が弾性的に挙動すると考えた場合に得られる C_m よりも小さくなるという結果を発表している．これは，弾性挙動に基づいて定めた C_m を，柱材の最大耐力を評価する場合にも適用することは，安全側の措置であることを意味している．また文献 5.29) は，弾性閉形解に基づいて求めた C_m と，Jezek の近似解法を拡張した弾塑性解から導いた C_m を検討し，弾塑性挙動を示す柱部材の最大耐力を評価する場合に用いるべき C_m として，以下の式を与えている．

$$C_m = 1 - 0.5(1 + \kappa)\sqrt{\frac{N}{N_E}} \geqq 0.25 \qquad (5.2.16)$$

一方，文献 5.30) は，モーメント勾配のある柱材において，材の一部が塑性化することに対して等価剛性の考え方を導入し，この等価剛性を弾性解に適用することによって，柱材の耐力相関式を提案している．また文献 5.31) は，柱材が弱軸に曲げを受ける場合には，図 5.2.1（b）からも明らかなように，特に作用する軸圧縮力が小さいときには，軸圧縮力が存在しても断面の曲げ耐力がほとんど低下しないことから，式（5.2.15）で表される相関式は，最大耐力に対して安全側の評価をし，式（5.2.15）をやや緩和した形の相関式を提案している．

（3）　曲げねじれ限界耐力

いままでの議論においては，柱材が曲げ面外に座屈する可能性を考慮していなかった．現実には，軸圧縮力に加えて強軸まわりに曲げモーメントが作用する場合には，曲げねじれ座屈が生じる可能性もある．一定軸圧縮力と材端に強軸まわりのモーメントが生じる柱材において，モーメント勾配がないとすると（$\kappa = -1$），その弾性曲げねじれ座屈モーメントは，以下の式で表される[5.24]．

$$M_{cr} = M_y \sqrt{\left\{\frac{h^2(1 + I_Y/I_X)}{4i_x{}^2}\right\}\left(\frac{N_Y}{N_y} - \frac{N}{N_y}\right)\left(\frac{N_Z}{N_y} - \frac{N}{N_y}\right)} \qquad (5.2.17)$$

ここに，I_X, I_Y は強軸，弱軸まわりの断面二次モーメント，また h と i_x は，断面せいと強軸まわりの断面二次半径である．さらに N_Y, N_Z は弱軸まわりのオイラーの座屈荷重とねじれ座屈荷重である．上式のように，曲げねじれ座屈荷重は複雑な関数として表されている．そこで，柱材の耐力評価に曲げねじれ座屈の影響を簡便に組み込む手順として，「相関式は，もし曲げが存在しなければ圧縮材の座屈耐力（N_{cr}）に等しく，また，もし軸力が存在しなければ梁の横座屈耐力（M_{cr}）に等しくならなければならない」という点に着目し，弾性限界耐力を示す相関式（式（5.2.14））を参照することによって，この式の M_y の代わりに M_{cr} を用いた以下の相関式の体裁が考えられる．

$$\frac{N}{N_{cr}} + \frac{C_m}{1 - N/N_E}\left(\frac{M}{M_{cr}}\right) = 1 \qquad (5.2.18)$$

ここに，N_{cr} としては，両主軸まわりの座屈耐力のうち，小さいほうの座屈耐力を用いる．また，この式の左辺第 2 項の分母に現れるオイラーの座屈荷重（N_E）としては，この項が曲げを受ける面内のモーメントの増幅を示す指標であることから，曲げを受ける面内方向のオイラーの座屈荷重をとることになる．この式は，許容応力度設計体系に基づいた多くの規準類における，柱の耐力評価の基本となっている．さらに，この考え方を拡張し，式（5.2.18）における M_{cr} に，弾性，弾塑性を含めた梁の横座屈耐力を適用することによって，この式は，弾塑性曲げねじれ座屈をも含んだ最大耐力相関式となる．図 5.2.3 には，この相関式を模式的に示している．このように与えられる相関式の体裁は，そのわかりやすさと簡便さをもって広く認知されているものであるが，大胆な仮定が施されているので，その適用限界や精度に対しては議論の余地がある．曲げねじれ座屈に対するモーメント勾配の影響に関連して，文献 5.32) は，弾性曲げねじれ座屈に対して用いるべき C_m に考察を加え，以下の式を提案している．

$$C_m = \sqrt{0.3\kappa^2 - 0.4\kappa + 0.3} \qquad (5.2.19)$$

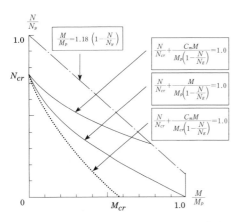
図5.2.3　H形断面材の最大耐力の推定式

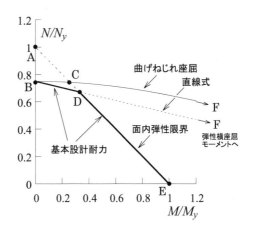
図5.2.4　面内と面外への耐力評価[5.37]

一方，文献5.25)は，上式と式(5.2.12)を比較し，両者に大きな差はなく，曲げねじれ座屈の可能性のある場合でも，より簡便な式(5.2.12)が適用できると論じた．柱材の材端が他の部材に接合されている場合には，いわゆる材端拘束を受け，この拘束力は柱材の耐力に影響を及ぼす．式(5.2.18)を適用する際に，有効細長比の考え方を導入することによって，N_{cr}の項にこの拘束効果を含めることは可能であるが，梁の横座屈耐力(M_{cr})の評価式には材端の拘束効果を考えていないことが多く，拘束効果の組込み方にも問題がある．さらに，式(5.2.18)におけるM_{cr}として，梁の横座屈耐力をそのまま用いると，実験結果などとかけ離れることも多いことが指摘され，例えば，AISC規準[5.33]では，M_{cr}として

$$M_{cr} = \left(1.07 - \frac{(L/i_Y)\sqrt{F_y/E}}{18.6}\right)M_p \leq M_p \tag{5.2.20}$$

という経験式を与え，梁の横座屈耐力とは区別している．ここに，Lは柱材長，F_yは材料の基準強度，Eはヤング係数，i_Yは弱軸まわりの断面二次半径である．またECCS規準[5.34]においても，M_{cr}として梁の横座屈耐力を直接用いるのではなく，曲げねじれ座屈を考慮するための係数νを別途設定し，次のような体裁で許容応力度設計のための相関式を与えている（ただし，記号については，差しつかえのない範囲で，本章で用いる記号に書き直してある．）．

$$\frac{N}{N_y} + \frac{C_m}{(1-N/N_E)}\left(\frac{\nu M + Ne_x}{M_p}\right) = 1 \tag{5.2.21}$$

この式においてe_xは，荷重の偏心や初期たわみなどの初期不整を考慮するための仮想の偏心量である．ECCS規準[5.34]では，初期不整を耐力の評価に積極的に考慮するという立場を伝統的にとっている．

式(5.2.18)で代表される，曲げねじれ座屈を考慮した相関式は，曲げねじれ座屈による影響を強調しすぎる傾向があり，特に作用する軸圧縮力が小さい場合には，最大曲げ耐力を大幅に過小評価することが多い．そこで，横補剛等によって曲げ面外に対する座屈の可能性がないと判断される場合には横座屈のことを考慮せず，面内曲げに対するP-δ効果だけを考慮した相関式を，また面外

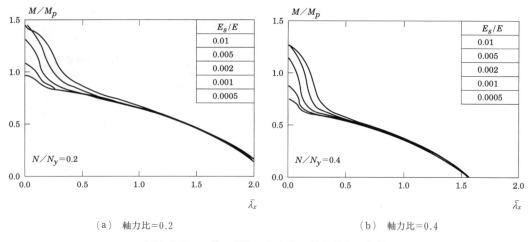

図 5.2.5　ひずみ硬化による柱の最大耐力の変動

への座屈のおそれがある場合には，曲げねじれ座屈を考慮した相関式を用いるというように，曲げの面内と面外への耐力評価を分離する考え方も，近年規準類で採用される傾向もある（例えば，「鋼構造限界状態設計指針・同解説」[5.35]）．文献 5.36)，5.37) には，建築構造用高強度鋼を用いた曲げねじれ座屈の可能性のある柱の設計式として，曲げねじれ座屈限界と面内弾性限界の 2 つの限界をそれぞれ式で表現して設計式として提案している．図 5.2.4 に基本的な考えを示しているが，図中の A 点から E 点に向かう線は面内弾性限界荷重であり，図中の B 点から F 点へ向かう曲線は部材を弾性としたときの曲げねじれ座屈に関する曲げモーメント－軸力相関関係であり，設計耐力式としては軸力だけを受けて曲げ座屈する B 点と曲げモーメントだけを受けて弾性横座屈する E 点を結んだ直線を基本式として，BDE で結ばれる線を耐力線としている．

(4)　ひずみ硬化

これまでの議論では，柱材の最大耐力の評価に際して，柱断面が有する全塑性モーメントを基準とし，P-δ 効果や曲げねじれ座屈によってその耐力がどれほど低下するか，また，低下する程度をどのように見積もればよいかを考察してきた．しかし，実際の応力度とひずみ度の関係においては，応力度は降伏応力度を超えて増加する．この現象はひずみ硬化と総称されるものであるが，このひずみ硬化は，柱材の最大耐力を増加させる要因であり，細長比の小さい柱材においては，この増加がとくに顕著であることが，既往の多数の研究からも指摘されている．図 5.2.5 は，一定軸圧縮力と頂部に漸増水平力を受ける片持柱材に対する数値解析結果であり，最大耐力を細長比の関数として示した例である[5.38]．この解析では，応力度とひずみ度の関係をバイリニア型と仮定し，ひずみ硬化の程度を示す，ひずみ硬化域勾配（E_s）の初期勾配（ヤング係数：E）に対する比（0.0005〜0.01）を変数としている．本図からも明らかなように，基準化細長比 $\bar{\lambda}_x$ がある値以上であると，ひずみ硬化の影響はまったく見られないが，$\bar{\lambda}_x$ が小さな範囲では，ひずみ硬化が大きいほど最大耐力が増加している．またこの傾向は，モーメント勾配が大きいほどより顕著になることもわかっている．

しかし，現行の鋼構造設計の枠組の中では，断面に生じる応力が降伏応力を超える状態を基本的

には考えていない．その理由として，（1）市場に供給される鋼材の降伏後の材料特性は，鋼材によって大きく異なることも予想され，その帰結として，ひずみ硬化を陽に取り込んだ耐力評価の信頼性は低くならざる得ないこと，（2）ひずみ硬化を耐力評価に反映させるためには，ひずみ硬化域における局部座屈現象に留意する必要があるが，この領域における局部座屈現象と柱材の抵抗力の相関が定量化されていないこと，などが挙げられる．近年，降伏後の材料特性が精度良く制御された鋼材の開発が進められ，また市場への供給も始まっているが，このような高品質材が多用される環境が整えば，柱材の耐力評価にひずみ硬化の影響を積極的に反映させることも可能になろう．

　以上，柱断面の耐力から，弾塑性曲げねじれ座屈を考慮した柱材の耐力に至るまで，柱材の耐力評価の一般的な考え方の流れと問題点を概観した．それぞれの問題点については，さまざまな解答とそれに付随する新しい耐力評価の提案がある．あるものは鋼構造設計規準類の中に取り入れられ，またあるものはその適用限界や精度，さらには簡便さなどが考慮された結果，採用されるには至っていない．5.5節では，代表的な「鋼構造設計規準」[5.39]における柱材の耐力評価式を示し，本節で述べた基本的な考え方がどのように構造設計に反映されているかを検討する．

5.2.3　柱材に対する既往実験と耐力評価式との比較

　過去何十年にもわたって，鉄骨柱材を対象とした実験が行われてきた．これらの実験は，偏心圧縮柱を対象としたものと，一定軸力と曲げを受ける柱材を対象としたものに大別できる．前者では，細長比の大きな柱材に対する実験が多く，圧縮材の耐力に対する不可避の偏心の影響を考察することに主眼を置いている．一方，後者では，鋼構造物中の柱材を想定し，その耐力特性と変形特性を考察することを目的としており，特に塑性設計や耐震設計を意識した実験が多い．偏心圧縮柱の挙動については，2.1節を参照されたい．一定軸力と曲げを受ける柱材の挙動を支配する要因としては，材料特性，細長比，軸力比，載荷条件，支持条件，幅厚比，残留応力，初期たわみ等が挙げられる．したがって，過去の実験も，これら要因を変数として柱材の諸性能を考察している．

　文献5.40)は，信頼性に基づく構造設計において重要な指標の一つとなる抵抗係数を評価するための一連の研究の中で，軸圧縮力と曲げを同時に受ける柱材の最大耐力特性について，既往の実験結果を統計分析することから論じている．この分析において，日本や米国で提案されてきた種々の最大耐力評価式を対象とし，実験から得られた耐力とこれら評価式を比較することから，各評価式の精度とばらつきを定量化し，またその結果として，軸圧縮力と曲げモーメントの相対的な大きさの種々の組合せに対して，最も安定した精度が確保できる評価式は，式（5.2.15）において N_{cr} を N_y と置き，C_m として式（5.2.12）を用い，さらにモーメント増幅を示す係数 $1/(1-N/N_E)$ を無視したものであることを示している．またここで，モーメント増幅を示す係数を無視するほうが良い精度が得られる理由として，分析した実験結果が比較的細長比の小さいもの（強軸まわりの細長比にして 60 以下）に限られていたことを挙げている．

　文献5.41)，5.42)は，過去 25 年間に日本において実施された，計 237 体の広幅 H 形断面柱材の実験資料をデータベース化している．このデータベースに基づいて，実験から得られた軸力 P と最大曲げ耐力 M_{max}（実験耐力という）を，AISC-LRFD 規準[5.26]による軸耐力 P_n および曲げ耐力 M_n

— 148 —　鋼構造座屈設計指針

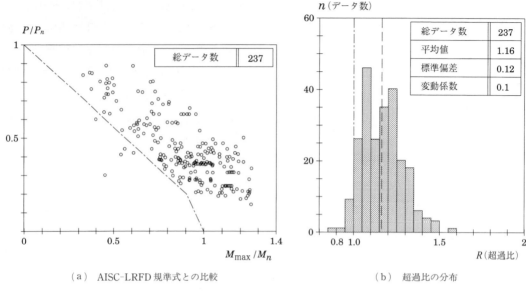

（a）AISC-LRFD 規準式との比較　　　　（b）超過比の分布

図 5.2.6　実験から見た H 形断面柱材の耐力特性分析

（予測耐力と称す）と比較したものが，図 5.2.6(a) である．図中○印は実験耐力を，また一点鎖線は予測耐力である．ここで，予測耐力は，後述の式 (5.5.4) と (5.5.5) のうち，耐力係数（ϕ, ϕ_b）を省いたものから求めている．また，実験耐力の予測耐力に対する比（超過比）を頻度図として表したものが，図 5.2.6(b) であり，実験耐力は予測耐力を平均で 16％上回り，また，変動係数として 0.1 が得られている．このほか，実験データを詳細に検討した結果，以下のことが明らかになっている．予測耐力を算定するとき，実験において実際に測られた降伏応力度の代わりに公称強度を用いると，実験耐力の予測耐力に対する比は 1.23 となる．この違いを予測耐力が持つ予測誤差と，鋼材のばらつきによる変動の和と考えると，その内訳は予測誤差によるものが 16％，鋼材のばらつきによるものが 7％であり，予測誤差による違いのほうが大きい．このように AISC-LRFD 規準[5.26]が想定する予測耐力はかなり安全側に位置しているが，その理由の一つとして，ひずみ硬化の影響が指摘され，またその根拠として，モーメント勾配のある材や降伏比の小さい材に対する実験データのほうが，実験耐力の予測耐力に対する比が 10～15％程度大きいという分析結果が挙げられている．

文献 5.43) では，径厚比 21 から 87 の断面を持つ円形鋼管片持柱に軸力と繰返し水平力を加える実験を行い，実験結果より得られた柱材の耐力と鋼構造の設計で用いられる各種の耐力式との比較を行っている．その結果，「鋼構造塑性設計指針」[5.23]の径厚比制限値を満足すれば，同指針による全塑性モーメントを期待できるが，「鋼構造設計規準」[5.39]の径厚比制限値を満足しても，必ずしも全塑性モーメントを期待できるとは限らないことを指摘しており，基準化径厚比 $\beta\,(=(D/t)/(\sigma_y/E))$ が 0.075 以下であれば，全塑性モーメントを期待できるとしている．また，文献 5.44) では，幅厚比が 22～94 の角形鋼管片持柱の同様の実験の結果より，「鋼構造塑性設計指針」[5.23]の幅厚比制限を満足する場合は，全塑性モーメントを期待できるが，「鋼構造設計規準」[5.39]の幅厚比制限を満足しても，

必ずしも全塑性モーメントを期待できない場合があり，その際に全塑性モーメントを期待するには，基準化幅厚比 $\beta\ (=(B/t)\sqrt{\sigma_y/E})$ を 1.4 程度に抑える必要があることを指摘している．また，「鋼構造設計規準」[5.39]の幅厚比制限値を超える柱の終局曲げ耐力は，有効幅の考えを用いた断面に対する降伏モーメントとして評価すると，ほぼ安全側の評価を与えるとしている．

5.2.4 二軸曲げを受ける柱材の耐力

（1） 二軸曲げを受ける柱断面の耐力

材料の応力度とひずみ度の関係が線形であれば，平面保持の仮定を設けることによって，軸圧縮力と二軸に曲げを受ける断面の任意位置における応力度を求めることは簡単である．断面の最大応力度が降伏応力度（σ_y）に至る点をもって弾性限界とすると，それは式（5.2.2）を拡張する形で，以下の相関式で表される．

$$\frac{N}{N_y}+\frac{M_X}{M_{yX}}+\frac{M_Y}{M_{yY}}=1 \tag{5.2.22}$$

ここに，X，Y はそれぞれ両主軸まわり（強軸，弱軸）の曲げを意味する．断面内のひずみ度が降伏ひずみ度を超えて塑性化が進行すると，断面の抵抗力も増え，全塑性状態における断面の耐力は，例えば図 5.2.7 のように表される．この図からも明らかなように，この耐力は，断面形状，軸力比，また両主軸まわりのモーメントの比等に大きく左右される．軸圧縮力と二軸に曲げを受ける断面の全塑性モーメントは，応力度とひずみ度の関係を完全弾塑性型と仮定し，また，平面保持の仮定を設けることから求めることが可能であり，矩形断面，円形断面，矩形中空断面，円形中空断面など代表的な断面に対しては，閉解も得られている[5.45]．しかし，これらの解は一般に複雑であり，構造設計に簡便に供しうる断面耐力評価式として，例えばカナダ CSA 規準[5.46]は，弾性限界耐力に対する相関式（式（5.2.22））を単純に拡張する形で，以下の相関式で断面耐力を規定している．

$$\frac{N}{N_y}+0.85\,\frac{M_X}{M_{pX}}+0.85\,\frac{M_Y}{M_{yY}}=1 \tag{5.2.23 a}$$

$$\frac{M_X}{M_{pX}}+\frac{M_Y}{M_{pY}}=1 \tag{5.2.23 b}$$

また，二軸曲げを受ける場合でも，特に弱軸曲げが卓越する場合には，上式が断面耐力を過小評価する傾向にあることを考慮し，文献 5.47）は，上式をやや緩めた以下の相関式を提案している．

$$\frac{N}{N_y}+0.85\,\frac{M_X}{M_{pX}}+0.6\,\frac{M_Y}{M_{pY}}=1 \tag{5.2.24}$$

式（5.2.23）と（5.2.24）を図 5.2.7 に示した精解と比較したものを図 5.2.8 に示す．この図からも明らかなように，上記の相関式はいずれも，基本的には断面の両主軸（X，Y）に対する一軸曲げの耐力を直線補間したものであり，曲げの軸が両主軸から離れるほど（曲げの軸が断面の主軸に対して 45 度に近づくほど）安全側な評価を下してしまう欠点を持っている．この不都合を解消するために，文献 5.49）は，H 形断面に対する数値解析結果を近似した結果，以下の相関式を提案した．

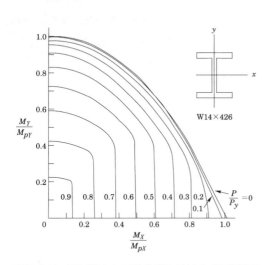 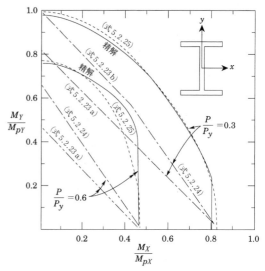

図 5.2.7 軸圧縮力と二軸曲げを受ける H 形断面の耐力[5.18]　　図 5.2.8 軸圧縮力と二軸曲げを受ける H 形断面の耐力[5.48]

$$\left(\frac{M_X}{M_{pcX}}\right)^\alpha + \left(\frac{M_Y}{M_{pcY}}\right)^\alpha \leq 1 \tag{5.2.25}$$

$$M_{pcX} = 1.18\left(1 - \frac{P}{P_y}\right)M_{pX} \leq M_{pX}$$

$$M_{pcY} = 1.19\left\{1 - \left(\frac{P}{P_y}\right)^2\right\}M_{pY} \leq M_{pY}$$

M_{pX}：強軸まわりの全塑性モーメント
M_{pY}：弱軸まわりの全塑性モーメント

$$\alpha = 1.6 - \frac{P/P_y}{2\ln(P/P_y)}$$

図 5.2.8 を見ると，式 (5.2.23) や (5.2.24) に比べて，式 (5.2.25) が格段に良い精度を有していることがわかる．

長方形中空断面についても，文献 5.50) は同様の数値解析を繰り返し，断面耐力として，以下の相関式を与えている．

$$\left(\frac{M_X}{M'_{pX}}\right)^\zeta + \left(\frac{M_Y}{M'_{pY}}\right)^\zeta \leq 1 \tag{5.2.26}$$

$$M'_p = 1.2\left(1 - \frac{P}{P_y}\right)M_p \leq M_p$$

M_p：全塑性モーメント

$$\zeta = 1.7 - \frac{P/P_y}{\ln(P/P_y)}$$

文献 5.51) は，円形中空断面の耐力を，文献 5.52) の実験結果に基づいて検討した結果，CRC 相関式をやや緩和した以下の耐力相関式を提案している．そして，この耐力相関式を用いると，CRC 相関式に比べて約 20 ％精度が向上することを示した．

$$\frac{N}{N_y}+0.85\Big(\frac{M_X}{M_{pX}}+0.5\,\frac{M_Y}{M_{pY}}\Big)=1 \tag{5.2.27}$$

$$\frac{M_X}{M_{pX}}+0.5\,\frac{M_Y}{M_{pY}}=1$$

（2）　座屈を考慮した耐力評価

　軸圧縮力と二軸曲げを受ける柱材の耐力を評価するためには，一軸曲げを受ける柱と同様，P-δ 効果を考慮する必要がある．最初から両主軸まわりに曲げを受けるので，曲げねじれ座屈は生じないが，両主軸まわりの曲げに連成してねじれ変形が生じ，その挙動は複雑になる．このような柱材の最大耐力を評価するためには，収束計算を含む弾塑性数値解析が必要となり，1960 年代後半から 1970 年代にわたって，国内外で多くの数値解析が実施された（例えば，文献 5.53)〜5.59)）．これらの解析では，応力度とひずみ度の関係をバイリニア型やトリリニア型に仮定し，曲げねじり抵抗を考慮した上で，断面の軸圧縮力と曲げモーメントとねじりモーメントの関係を評価し，さらに差分法や選点法などを適用することで荷重と変形の関係を導いている．また，ひずみ度の戻り，St. Venant のねじり抵抗，曲げねじり抵抗，素材の降伏に対するせん断応力度の影響などに種々の工夫を凝らしている．これらの解析は，軸力と二軸に曲げを受ける柱材の復元力特性とその解析方法に対して有益な情報を提供しているが，最大耐力を求めるためには，いずれも複雑な計算を要する．構造設計に供しうる情報という観点から，以下では，軸力と二軸曲げを受ける柱材の最大耐力を簡便に評価するための相関式を紹介する．

　CRC 第二版[5.60)] では，軸圧縮力と一軸曲げを受ける柱材に対する相関式（式 (5.2.18)）を線形的に拡張する形で，二軸曲げを受ける柱材の最大耐力に対して，以下の相関式を提案している．

$$\frac{P}{P_{cr}}+\frac{C_{mX}M_X}{(1-P/P_{eX})M_{uX}}+\frac{C_{mY}M_Y}{(1-P/P_{eY})M_{uY}}\leqq 1 \tag{5.2.28}$$

ここに，

C_m：モーメント修正係数

X, Y：断面の強軸，弱軸を表す添字

P：柱に作用する軸圧縮力

P_{cr}：圧縮力だけが作用した場合の設計圧縮耐力

M：柱に作用する曲げモーメント

M_u：座屈の可能性を考慮した設計曲げ耐力

P_e：オイラーの座屈荷重

この場合，M_{uX} としては，これが強軸まわりの曲げ耐力に関わる項であることから，横座屈を考慮した曲げ耐力を用い，一方，M_{uY} には横座屈が生じないことから，全塑性耐力を用いることになる．式 (5.2.28) を数値解析による精解と比較した例を図 5.2.9 に示すが，断面耐力に関する相関式と

同様，一軸曲げを受ける柱部材に対する相関式を線形的に拡張したこの相関式では，曲げの軸が両主軸から離れるほど（曲げの軸が断面の主軸に対して45度に近づくほど）安全側の評価を下す．この不都合を解消するために，文献5.49)は，H形断面柱に対する数値解析結果を近似し，断面の耐力に対する相関式（式(5.2.25)）に対応させる形で，以下の相関式を提案している．

$$\left(\frac{C_{mX}M_X}{M_{ucX}}\right)^{\beta}+\left(\frac{C_{mY}M_Y}{M_{ucY}}\right)^{\beta}\leqq 1 \tag{5.2.29}$$

$$M_{ucX}=M_m\left(1-\frac{P}{P_{cr}}\right)\left(1-\frac{P}{P_{eX}}\right)$$

$$M_{ucY}=M_{pY}\left(1-\frac{P}{P_{cr}}\right)\left(1-\frac{P}{P_{eY}}\right)$$

$$M_m=\left(1.07-\frac{(L/i_y)\sqrt{\sigma_y/E}}{18.6}\right)M_{pX}\leqq M_{pX}$$

$$\beta=1.4+P/P_y$$

図5.2.9の破線は上式から得られた耐力相関曲線で，CRC相関式に比べて格段に良い精度を持っていることがわかる．また，CRC相関式は細長比が小さくなるほど一層安全側の耐力を与えてしまうこともわかる．

また文献5.50)は，長方形中空断面柱についても，長方形中空断面に対する相関式（式(5.2.26)）に対応させる形で，以下の相関式を提案している．

$$\left(\frac{M_X}{M'_{nX}}\right)^{\alpha}+\left(\frac{M_Y}{M'_{nY}}\right)^{\alpha}\leqq 1 \tag{5.2.30}$$

$$M'_{nX}=M_{nX}\left(1-\frac{P}{P_n}\right)\left(1-\frac{P}{P_{eX}}\frac{1.25}{(B/H)^{1/3}}\right)$$

$$M'_{nY}=M_{pY}\left(1-\frac{P}{P_n}\right)\left(1-\frac{P}{P_{eY}}\frac{1.25}{(B/H)^{1/2}}\right)$$

M_{nX}：横座屈を考慮した終局モーメント

P_n：軸圧縮力だけが作用したときの圧縮耐力

B：断面幅

H：断面せい

$$a=1.7-\frac{P/P_y}{\ln(P/P_y)}-a\bar{\lambda}_x\left(\frac{P}{P_y}\right)^{b}\leqq 1.1$$

$P/P_y\leqq 0.4$：$a=0.06$，$b=1.0$

$P/P_y>0.4$：$a=0.15$，$b=2.0$

$\bar{\lambda}_x$：強軸まわりの基準化細長比

ただし，上記の耐力評価式はモーメント勾配がない場合を対象に提案されている．

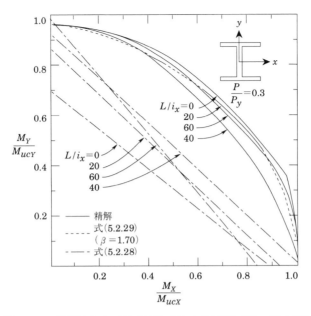

図 5.2.9 軸圧縮力と二軸曲げを受ける H 形断面柱の耐力[5.48]

5.3 柱材の変形能力
5.3.1 変形能力の定義

一般に，単調載荷を受ける構造部材の変形状態を変位や回転角を指標として表したとき，構造上問題となるような耐力低下を起こさずに変位あるいは回転できる限界値を塑性変形能力という．降伏変位または降伏回転角で除した値を塑性率，塑性率から弾性変形に相当する 1 を差し引いた値を塑性変形倍率と呼び，これらは，耐力と同じく構造物の耐震性を評価する尺度の一つである．単純には，最大耐力（耐力劣化開始点）時の変位や回転角によって規定されるが，最大耐力時の変形量は誤差を含みやすいことなどから，耐力低下が緩やかな場合には，最大耐力の 95% に低下したときの，あるいは理論上の終局耐力まで耐力が低下したときの変位や回転角によって規定する場合もある．一方，繰返し載荷時には上記の単調載荷の場合と同様に取り扱って評価した塑性変形能力のほかに，累積塑性変形倍率，すなわち最大耐力に至るまでの累積塑性変形を降伏変位で除したものが用いられることが多い．これは，繰返し載荷時の変形性状を順次連続させることにより，繰返し載荷時の変形能力が単調載荷時の変形能力でおおよそ予測できる[5.5]ことに基づいている．なお，局部座屈を伴う H 形断面部材の繰返し加力実験より，フランジならびにウェブ幅厚比が現行の「鋼構造設計規準」[5.39]における制限値内にある場合には，この対応性があることが実証されている[5.61]．

ところで，変形能力をエネルギー吸収能力で評価することもある[5.62]．例えば，吸収エネルギーを終局耐力とこれに対応する弾性限変位との積で除して累積塑性変形倍率に変換する場合である．これは前述の定義とは異なり，計算による終局耐力以上の耐力上昇や最大耐力後の劣化特性を評価するもので，構造特性係数を導くのに用いられている．柱材の変形能力は部材の板要素の局部座屈挙動，部材としての荷重面内および荷重面外への変形挙動に支配される．これらは本来連成するもの

で分離することは困難であるが，面外挙動を拘束あるいは制限した上で面内挙動を分離することにより，主として局部座屈挙動によって決まる部材の変形能力が調べられている．その結果，この変形能力は曲げモーメント勾配，載荷条件，横補剛などの面内，面外挙動に関わる多くの因子にも影響されるが，幅厚比，素材の特性，細長比，軸力比などの局部座屈に関わる因子を考慮した変形能力評価式が提案されている．

5.3.2 閉断面部材の変形能力[5.63)]

逆対称曲げと一定軸力を受ける柱部材の変形能力の実験値を図 5.3.1 に示す．おのおの冷間成形円形鋼管，溶接組立角形鋼管，冷間成形角形鋼管のもので，図中には各種提案されている変形能力の評価式も示している．ここでの変形能力の実験値は最大曲げ耐力，あるいはその 95％に低下したときの塑性変形能力である．

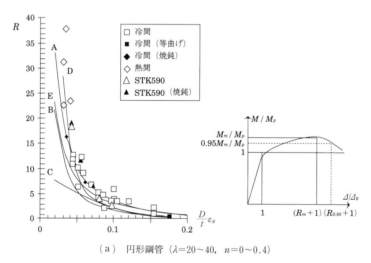

(a) 円形鋼管 ($\lambda=20\sim40$, $n=0\sim0.4$)

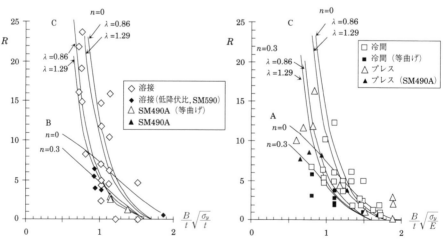

(b) 溶接組立角形鋼管 ($\lambda=15\sim41$, $n=0\sim0.45$)　(c) 冷間成形角形鋼管 ($\lambda=15\sim43$, $n=0\sim0.6$)

図 5.3.1　鋼管の塑性変形能力の提案式と実験値

円形鋼管の変形能力評価[5.64]-[5.68]を図5.3.1（a）に示す．図中のA，B式は実験結果を近似する実験式であるが，C，D，E式は片持梁モデルに基づいて導いたものである．また，ひずみ硬化域で局部座屈する場合の熱間圧延円形鋼管についても，Dを1.7倍した評価式が提案されている[5.69]．ここに，D式では終局曲げ耐力を超える部分に対して吸収エネルギーが等価になるように塑性率が割増されている．本図より，C式に基づく評価式は薄肉の実験値と良く一致し厚肉鋼管の結果を適切にとらえていないが，D，E式は実験値の全体的な傾向を良く評価しているといえる．なお，図中のD，E式では，軸力比（$n=0.3$），細長比（$\lambda=20$），降伏応力度（$\sigma_y=325$ N/mm²）と実験値の平均的な値が用いられている．

　角形鋼管の変形能力[5.66],[5.70]を図5.3.1（b），（c）に示す．図中のA，B式は片持梁モデルから導いた理論式で，C式は実験結果としての諸因子と変形能力の関係を近似する実験式である．実験値にはかなりのばらつきが認められ，評価式とは定性的な傾向が一致するにすぎない．これは，実験値が幅厚比，軸力比，降伏応力度などの影響を受けて図上では予測値との対応を示しにくいこと，評価式が各因子の近似値に基づいていることなどによる．なお，図中の実験値には焼鈍材は含まれていない．

5.3.3　H形断面部材の変形能力

　H形鋼柱の塑性変形能力評価式に基づく値と実験値の比較[5.5],[5.13],[5.71]-[5.75]を図5.3.2に示す．文献5.71），5.73）では実験結果に基づき，H形鋼柱の塑性変形能力を支配する要因を抽出して検討を行っている．変形能力としては，最大耐力時および最大耐力の95％まで耐力が低下したときの各塑性変形能力（R_m，$R_{0.95}$）が採用され，面内・面外挙動に関わる要因で表される項と板要素の局部座屈挙動に関わる要因で表される項との積で実験式が与えられている．塑性変形能力の各評価値は実験値とほぼ対応することを示している〔図5.3.2（a），（b）〕．特に，文献5.73）では軸力比も変数に含む精度の高い評価式を提案し，その傾向を考察している．

　一方，文献5.74），5.75）では，H形断面部材の局部座屈によって決まる塑性変形能力を実験的に求め，片持柱モデルに短柱の最大耐力の実験式を用いて導かれた評価式により検討している．その結果，実験値は予測値の上限と下限値との間にあって良好な対応関係を表し，変形能力がフランジとウェブの幅厚比の関数で評価しうることが示されている〔図5.3.2（c）〕．

　また，文献5.76）では逆対称曲げを受ける柱材が面外変形の増大により崩壊する場合の塑性変形能力の予測式を数値実験により導き，実験値と良い対応を示すことを報告している．図5.3.3に基準化細長比と塑性変形能力の関係を示しておくが[5.74]-[5.77]，通常は局部座屈により限界づけられるもので，この崩壊モードは，柱の弱軸の基準化細長比が0.9〜1.5程度とやや細長い柱で問題となる．

　鉄骨柱材の変形能力に関するデータベース[5.78],[5.79]が構築され，塑性変形能力の定量化が図られている．文献5.80）では5つの限界変位を選択し，それらを降伏変位で除すことにより，塑性変形能力を定義しているが，塑性変形能力は，いずれにしても大変ばらついた量である．最大曲げ耐力の95％に低下したときの変位より算定される塑性率μ_cと支配要因の細長比，軸力比，幅厚比，降伏比に関しては，次のような定性的な傾向のあることを指摘している．

—156— 鋼構造座屈設計指針

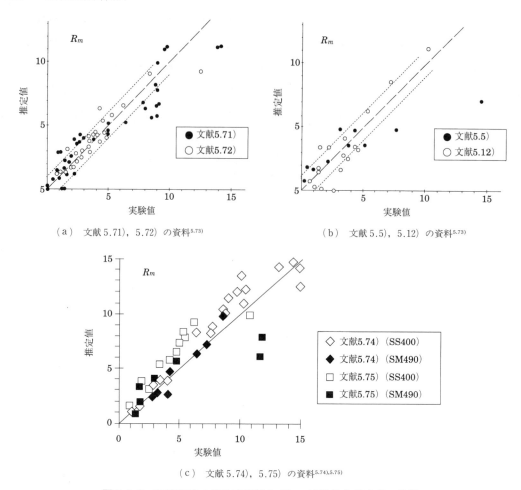

(a) 文献 5.71), 5.72) の資料[5.73]

(b) 文献 5.5), 5.12) の資料[5.73]

(c) 文献 5.74), 5.75) の資料[5.74),5.75]

図 5.3.2 H 形鋼柱の塑性変形能力 R_m の実験値と推定値の比較

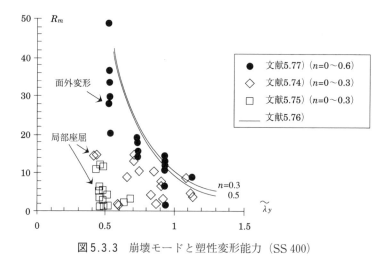

図 5.3.3 崩壊モードと塑性変形能力（SS 400）

（1） 細長比が小さいほど塑性率の平均値は大きく，変動係数も大きい．

（2） 細長比が大きな範囲では，軸力比が大きいほど塑性率が小さい．しかし，細長比が小さな範囲では，軸力比が大きいほど塑性率が小さいとは限らず，他の要因に大きく影響される．

（3） 細長比が大きい範囲では，降伏比は塑性率にあまり影響を及ぼさない．一方，細長比の小さな範囲では，塑性率は降伏比以外の要因にも大きく影響される．

（4） 幅厚比が大きい材や曲げねじれ座屈を起こしやすい材では塑性率が小さい．

また，文献 5.81) では，この塑性率が大きくばらつく理由を感度分析により検討している．変数として載荷条件，材料特性，初期たわみ，残留応力の諸因子を考え，一定軸力と強軸まわりに曲げを受ける H 形断面柱を対象とする数値解析により，材料のひずみ硬化の違いが塑性率の実験データのばらつきに関与することを導いている．信頼性評価に基づく鋼構造物の設計手法に関連する変形能力の統計的評価が，今後の大きな課題といえる．

ところで，骨組においては，柱部材の必要変形性能の評価とその保証が問題となる．この部材の必要変形性能は骨組の終局限界状態との関係で決めるべきもので，文献 5.35) では耐力劣化開始状態を終局限界状態として，構造特性係数（D_s 値）との相関で部材の必要変形性能を規定している．ここでは，ラーメン骨組では柱梁接合部（接合部パネル）でひずみエネルギーの 30 ％程度が吸収されるものとし，骨組が地震時に繰返し履歴下で耐力劣化が生じないという条件の下で，一方向単調載荷したときの耐力劣化開始点までの部材の塑性変形能力 μ_M は，骨組の塑性変形能力 μ_F の 1.5 倍と単純化して，構造特性係数と部材の必要変形性能（下限値）を設定している．一方，文献 5.62) では，柱降伏型の場合について，構造ランク I，II に対し柱の累積塑性変形倍率 η_M を 6.0，1.5 と設定し，柱個材の累積塑性変形倍率 η_M と骨組の累積塑性変形倍率 η_F との対応関係を $\eta_F = 0.83 \eta_M + 2$ と定め，層数 N の関数としてランクごとの D_s 値を導いている．

必要性能の保証については，塑性変形能力が局部座屈に依存するとしてその重要因子である幅厚比の制限値に置き換え，変形能力との関連が求められている [5.62]．すなわち，逆対称曲げを受ける部材の荷重–変形関係の幅厚比を変数とする折れ線近似式を基本とし，この近似を吸収エネルギーの等価性より完全弾塑性型の復元力特性に置換して標準的部材の塑性変形能力を求め，ランクごとの部材の必要変形能力より，寸法制限が導きだされている．

5.4 繰返し荷重を受ける柱材

5.4.1 繰返し荷重を受ける柱材の挙動

繰返し曲げを受ける鋼構造柱材の履歴性状は，軸力比，細長比，曲げ振幅（部材角振幅），幅厚比，鋼材の力学特性などに依存して多様に変化する．鋼構造の梁材に一定振幅の力または強制変位を与えて繰返し曲げを行うと，局部座屈変形や横座屈変形が大きくなったり，亀裂が大きく進展したりしない限り，梁材は 1，2 サイクルのうちに一定の履歴挙動を繰り返すようになる [5.82),5.83)]．このような状態は定常状態（steady state）と呼ばれる．柱材についても，作用する軸力や曲げ振幅がある程度小さい場合，その履歴挙動は定常状態に収束していく．しかし，その性状は梁材と異なり，定常状態に至るまでに要する載荷サイクル数は梁材より多く，通常は繰返しの度に最大耐力が上昇す

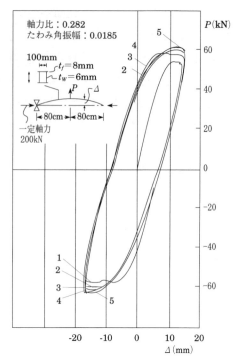

図 5.4.1 柱材の繰返し曲げ挙動[5.85]

る[5.84)-5.87]．図 5.4.1 は，一定軸力の下で定変位振幅完全両振り曲げを受ける H 形鋼柱材の横力-横変位関係曲線である[5.85]．この耐力上昇は，塑性変形部で生じる塑性ひずみが繰返しの度に圧縮方向に進行することにより，ひずみ硬化の影響が現れるためである．軸力が大きいほど，部材断面の降伏モーメントは低下するが，繰返しによる耐力上昇の割合は大きく，定常状態に至るまでのサイクル数は多くなる．しかし，軸力がある限度を超えると耐力上昇の割合はそれ以上増大しなくなる．高軸力下においては単調載荷時と同様に局部座屈発生後の耐力劣化は著しく，さらに繰返しによって耐力劣化が進行することが，角形鋼管柱の繰返し載荷実験[5.88),5.89]において確認されている．また，このような繰返しによる耐力劣化を考慮した履歴モデル[5.90)-5.92]や変形能力評価式[5.93]なども提案されている．骨組の水平抵抗力の上昇限界値は軸力 N，鋼材の降伏比の逆数 β に関係し，次式で算定される抵抗モーメント M_{reg} を全塑性モーメントとして用いた崩壊機構解析によって，おおよそ予測する方法が提案されている[5.94]．

$$(\beta-1)N_y > N \text{ のとき} \qquad M_{reg} = M_p \tag{5.4.1}$$

$$(\beta-1)N_y \leq N \text{ のとき} \qquad M_{reg} = \left(\beta - \frac{N}{N_y}\right)M_p$$

ここに，N_y は降伏軸力，M_p は軸力 0 のときの全塑性モーメントである．

軸力値と繰返し曲げ振幅値の組合せがある限界を超えると，次に挙げるようなさまざまな種類の変形の累積，発散現象が現れ，これに伴って復元力特性および耐力の劣化が生じる[5.95)-5.103]．

（1） 構面内の二次的たわみモードの累積，発散現象

（2） 構面外変形の累積，発散現象
（3） 圧縮軸ひずみの累積，発散現象

柱材にこのような劣化現象が発生すれば，全体骨組または部分骨組の不安定挙動が誘発される可能性があるので，激震などの繰返し外乱が骨組に作用したとき，個々の柱材がこれらの劣化挙動を起こすことがないように，軸力比や幅厚比に留意するなど設計上配慮しなければならない．

5.4.2 構面外変形の累積，発散現象

一方向に曲げを加えても横座屈しない柱材でも，交番繰返し曲げを与えると比較的小さい振幅で構面外変形を起こすことがある[5.100]．図5.4.2に示すように，両端で単純支持されたH形鋼柱材の一定軸力下の完全両振繰返し強軸曲げ実験結果の一例として，軸力比が0.3，曲げ部材角が約1/70の場合を図5.4.3，5.4.4に示した．この実験の中央載荷点の載荷治具は，構面に垂直な方向への変

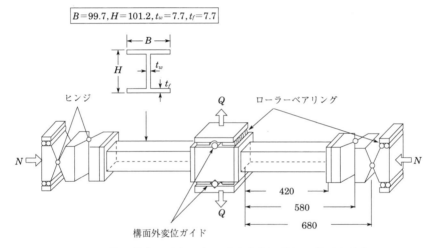

図5.4.2 構面外変形を起こすH形鋼柱材の繰返し曲げ実験装置

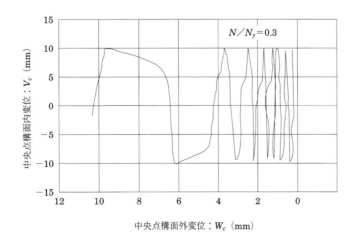

図5.4.3 構面外変形の成長

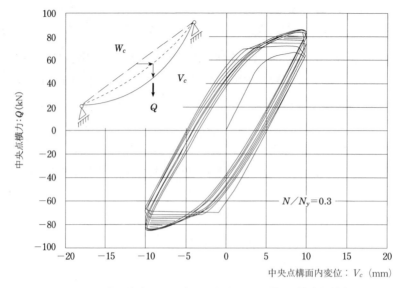

図5.4.4　構面外変形が発生した柱供試体の横力-横変位関係

位がなめらかに生じるように工夫されている．図5.4.3は中央点構面外変位と中央載荷点変位の関係を，図5.4.4は中央載荷点の横力-横変位関係を表している．載荷サイクル数がある値を超えると構面外変位が大きくなり始め，その後サイクル数を増すごとに加速度的に急速な増大している．この場合も，繰返し曲げによる耐力上昇が生じるが，上昇率はサイクルごとに低下し，横力-横変位関係曲線は次第に一定ループに収束していく．構面外変位がかなり大きくなった段階でも，横力-横変形関係曲線にそれほど顕著な劣化は見られない．柱の細長比が大きいほど，軸力比が高いほど，構面外変形は少ないサイクル数で発生し，その後の増大は急激である．角形鋼管柱供試体でもほぼ類似の実験結果が得られるが，構面外変形の増大は，H形鋼柱より一般に緩やかである．このような構面外変形の発生限界は，構面内挙動限界と名付けられ，限界予測値を求めるための理論が上谷らにより提案されている[5.101),5.102)]．

　柱頭・柱脚間の構面外相対変位が拘束されている柱材に対しては，階高を座屈長さとする構面外曲げオイラーの座屈荷重を作用軸力が超えないように設計されていれば，柱頭，柱脚部に塑性域がある程度広がっても，図5.4.5(a)に示されるような構面外たわみモードが繰返し載荷によって累積することはない．構面外相対変位が拘束されていない柱材では，繰返し水平載荷が構面内だけに加わる場合でも，柱頭および柱脚部において塑性変形を起こす領域が断面全域に及んだとき，図5.4.5(b)に示すように構面外への相対水平変位が一方向に累積する．したがって，構面外への曲げ抵抗が構面内と同程度となるように柱断面を設計すべきであり，この種の柱にH形鋼を用いることは，たとえ広幅系H形鋼であっても好ましくない．

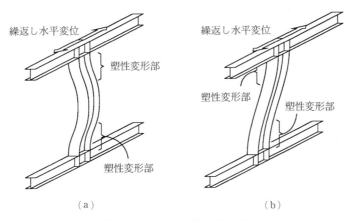

図5.4.5 柱材の構面外変形

5.4.3 単調載荷時挙動との対応

　互いに強い影響を及ぼすことがない正負一対の塑性変形モードが載荷サイクルごとにそれぞれ累積されていく場合には，繰返し載荷時挙動が正負方向の単調載荷時挙動によって近似的に表現できる場合がある[5.5),5.104]．図5.4.6は，H形鋼柱材の繰返し曲げ実験で得られた曲げモーメント‐回転角関係を文献5.104)で提案された方法に従って分解し，破線で示された単調載荷時の関係曲線と比較した結果を示している[5.5)]．この例では，正方向の載荷時に一方のフランジの局部変形が進行し，負方向の載荷時には他方のフランジの局部座屈変形がそれぞれ独立に進行することにより正負一対のモードの変形がサイクルごとに累積されていくので，繰返し載荷時挙動と単調載荷時挙動の間には良好な対応が見られる．この法則は，任意の繰返し載荷に対する挙動を単調挙動だけによって簡便に記述できるので大変に便利ではあるが，経験則として提案されたものであり，成立の理論的根拠と成立要件がまだ十分に解明されていない．したがって，利用に際しては適用範囲を明確に限定し，実験や数値解析のパラメーターをその範囲内でさまざまに変えて実行するなどして，法則が要求される精度で成立することを実証しておかなければならない．実際，繰返し載荷によって単調載荷時

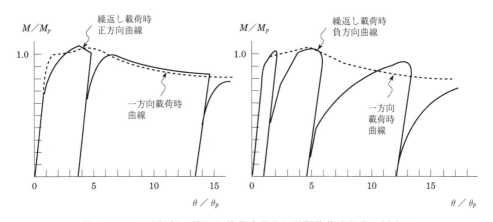

図5.4.6 H形柱材の繰返し載荷時挙動と単調載荷時挙動の対応[5.5)]

— 162 —　鋼構造座屈設計指針

とは異なるモードの塑性変形が発生し累積されていく場合には，この法則が成り立たず，単調載荷時挙動に基づくエネルギー吸収能力の近似評価が過小評価となることもある．このため，エネルギー吸収能力の過小評価を補完するために，塑性変形のうちの累積性のない成分，すなわち定常交番塑性成分を別途に考慮して付加する改良評価法が提案されている[5.105]．

5.5　柱材の設計

　柱材の設計は，本会の「鋼構造設計規準」[5.39]，「鋼構造限界状態設計指針・同解説」[5.35]，「鋼構造塑性設計指針」[5.23]等に基づいて行われる．これらに示された設計式の大きな相違点は，「鋼構造設計規準」が許容応力度相関公式を用いて柱材設計式を構成しているのに対して，他の2つの指針では終局耐力相関公式を用いている点にある．柱材の耐力評価式については，5.2節で詳しく紹介されているので，ここでは上記の規準・指針に示されている，柱材の設計手順と考え方について簡単に触れる．

　圧縮力と曲げを受ける柱に対する設計式を単純な形で，しかも理論的に十分説明がつく形で与えることは極めて困難である．この種の柱は，曲げ変形により断面の一部が塑性化することにより最大耐力に達し，軸力と曲げ変形によってもたらされる二次モーメントが最大耐力に関与して複雑な問題となるからである．

　表5.5.1に柱の設計式をまとめて示している．また，表5.5.2に「鋼構造塑性設計指針」および「鋼構造限界状態設計指針・同解説」が示している全塑性モーメントを示している．

5.5.1　「鋼構造設計規準」による設計

　柱の平均圧縮応力度 σ_c や圧縮側曲げ応力度 $_c\sigma_b$ は，弾性一次理論に基づいた骨組応力解析から得られる軸力 N および曲げモーメント M より算定する．また，許容圧縮応力度 f_c は，骨組の座屈を考慮して算定された柱の座屈長さ〔8.2.2項参照〕に基づいて，許容曲げ応力度 f_b は，材端拘束条件や材中間部に設けられる横補剛支点の効果を考慮した，曲げ材としての横座屈に対する耐力〔4.2，4.3節参照〕に基づいて算定される．局部座屈に対しては，幅厚比制限に関する規定が別に設けられている〔6.4節参照〕．

　表5.5.1に示す設計式も一種の経験式で，軸圧縮力のみが作用するとき，中心圧縮柱の許容値に一致し，曲げのみが作用するときには，曲げを受ける梁の横座屈を考慮した許容値に等しくなるようにしてあり，この両極端の点を直線で結ぶことによって，軸力と曲げが作用する場合の相関関係としている．ここでは二次モーメントによる曲げ応力の拡大は考慮されていない．

表 5.5.1 柱の設計式

	鋼構造設計規準 2005 年版	鋼構造塑性設計指針 2010 年版	鋼構造限界状態設計指針 2010 年版
設計式	圧縮力と曲げモーメント $\dfrac{\sigma_c}{f_c}+\dfrac{{}_c\sigma_b}{f_b}\leqq 1.0$ $\dfrac{{}_t\sigma_b-\sigma_c}{f_t}\leqq 1.0$	柱の強度 水平変位が拘束されている柱 $\dfrac{N}{N_{cr}}+\dfrac{C_M\cdot M_1}{\left(1-\dfrac{N}{N_E}\right)\cdot M_{cr}}\leqq 1.0$ $\dfrac{M_1}{M_{pc}}\leqq 1.0$ 水平変位が拘束されていない柱 　上式において $C_M=1.0$ とする.	終局限界状態 （2）　曲げ圧縮限界耐力 　a）　曲げ面内限界状態 　$\dfrac{N}{\phi_c N_c}+0.85\psi\dfrac{M}{\phi_p M_p}\leqq 1.0$ 　b）　曲げ面外限界状態 　$\dfrac{M}{\phi_b M_c}\leqq 1.0$ 　$\dfrac{N}{\phi_c N_{cY}}+0.85\dfrac{M}{\phi_b M_c}\leqq 1.0$ 使用限界 （1）　降伏限界耐力 　$\dfrac{N}{\phi_s N_y}+\dfrac{M}{\phi_s M_y}\leqq 1.0$ （2）　曲げ圧縮限界耐力 　a）　曲げ面内限界状態 　$\dfrac{N}{\phi_s N_c}+\psi\dfrac{M}{\phi_s M_y}\leqq 1.0$ 　b）　曲げ面外限界状態 　$\dfrac{N}{\phi_s N_c}+\dfrac{M}{\phi_s M_c}\leqq 1.0$
モーメント勾配等による係数 C_M ϕ	―	強軸まわりに曲げモーメントを受ける H 形断面柱 　$C_M=0.6-0.4\cdot\dfrac{M_2}{M_1}\geqq 0.4$ 矩形の中空断面柱，H 形断面柱が弱軸まわりに曲げモーメントを受ける場合 　$C_M=1-0.5\cdot\left(1+\dfrac{M_2}{M_1}\right)\cdot\sqrt{\dfrac{N}{N_E}}$ 　$\geqq 0.25$	ⅰ）　$n_y\cdot\lambda_c^2\leqq 0.25(1+\kappa)$ のとき 　　$\psi=1.0$ ⅱ）　$n_y\cdot\lambda_c^2>0.25(1+\kappa)$ のとき 　$\psi=\dfrac{1-0.5(1+\kappa)\cdot\sqrt{\dfrac{N}{N_e}}}{1-N/N_e}$
座屈長さ	許容圧縮応力度 f_c の算定に骨組の座屈を考慮した座屈長さ係数を用いる.	N_E は骨組の座屈を考慮した座屈長さを用いる．N_{cr} は x 軸または y 軸まわりの座屈強度のうち小さい方の値で N_E と同様に座屈長さを用いて算定する.	曲げ面内の細長比 λ_c を算定するときは，$N_e=\pi^2 EI/l_c^2$ と節点間長さ l_c を用いる．N_{cx}，N_{cY} は節点間長さ l_c を用いて算定.
記号	f_c：許容圧縮応力度，f_b：許容曲げ応力度，f_t：許容引張応力度，σ_c：平均圧縮応力度，${}_c\sigma_b$：圧縮側曲げ応力度，${}_t\sigma_b$：引張側曲げ応力度.	横座屈強度 M_{cr} は曲げ材の式を用いる． 矩形の中空断面柱，H 形断面柱が弱軸まわりに曲げモーメントを受けるときは $M_{cr}=M_p$.	ϕ_p，ϕ_c，ϕ_b：全塑性耐力，曲げ座屈限界耐力，横座屈限界耐力に関る耐力係数．N：軸圧縮力，M：曲げモーメント，κ：材端曲げモーメント比$=M_2/M_1$（複曲率曲げのとき正），n_y：軸力比$=N/N_y$，λ_c：曲げ面内の細長比$=\sqrt{N_y/N_e}$，l_c：節点間長さ，N_c：曲げ座屈限界耐力，N_{cY}：曲げ面外の座屈限界耐力，M_c：横座屈限界耐力.
箇所	規準 6.1 節（6.1）式，（6.2）式	指針 6.3 節，6.4 節（6.3.27）～（6.3.30）式	指針 3.4.1 項（3.25.a）～（3.26.b）式, 4.4.1 項（4.5）式～（4.6.b）式

— 164 — 鋼構造座屈設計指針

表 5.5.2 柱の設計式 (全塑性モーメント)

	鋼構造塑性設計指針	鋼構造限界状態設計指針
全塑性	（1） H形断面強軸まわり，矩形の中空断面の主軸まわり （a） $\dfrac{N}{N_Y}\leqq\dfrac{A_w}{2\cdot A}$ のとき，$M_{pc}=M_p$ （b） $\dfrac{N}{N_Y}>\dfrac{A_w}{2\cdot A}$ のとき $\quad M_{pc}=1.14\cdot\left(1-\dfrac{N}{N_Y}\right)\cdot M_p$ （2） H形断面弱軸まわり （a） $\dfrac{N}{N_Y}\leqq\dfrac{A_w}{A}$ のとき，$M_{pc}=M_p$ （b） $\dfrac{N}{N_Y}>\dfrac{A_w}{A}$ のとき $\quad M_{pc}=\left\{1-\left(\dfrac{N-N_{wY}}{N_Y-N_{wY}}\right)^2\right\}\cdot M_p$ （3） 円形中空断面 （a） $\dfrac{N}{N_Y}\leqq0.2$ のとき，$M_{pc}=M_p$ （b） $\dfrac{N}{N_Y}>0.2$ のとき $\quad M_{pc}=1.25\left(1-\dfrac{N}{N_Y}\right)\cdot M_p$	（1） 全塑性限界耐力 1） 強軸まわり H形断面，主軸まわり矩形中空断面 a） $\dfrac{N}{\phi_p N_y}\leqq0.15$ のとき，$\dfrac{M}{\phi_p M_p}\leqq1.0$ b） $\dfrac{N}{\phi_p N_y}>0.15$ のとき，$\dfrac{N}{\phi_p N_y}+0.85\dfrac{M}{\phi_p M_p}\leqq1.0$ 2） 弱軸まわり H形断面 a） $\dfrac{N}{\phi_p N_y}\leqq0.4$ のとき，$\dfrac{M}{\phi_p M_p}\leqq1.0$ b） $\dfrac{N}{\phi_p N_y}>0.4$ のとき $\quad\left(\dfrac{N}{\phi_p N_y}\right)^2+0.84\dfrac{M}{\phi_p M_p}\leqq1.0$ 3） 円形中空断面 a） $\dfrac{N}{\phi_p N_y}\leqq0.2$ のとき，$\dfrac{M}{\phi_p M_p}\leqq1.0$ b） $\dfrac{N}{\phi_p N_y}>0.2$ のとき，$\dfrac{N}{\phi_p N_y}+0.80\dfrac{M}{\phi_p M_p}\leqq1.0$
記　号	H形鋼の幅 B，フランジ中心間距離 d_f，ウェブ板厚 t_w，フランジ板厚 t_f，せい d とする．A：断面積，$A_w=(d-2t_f)t_w$，N_Y：降伏軸力，$N_{wY}=A_w\cdot\sigma_Y$	ϕ_p：全塑性モーメントに関わる耐力係数，N_y：降伏限界耐力 $=F_y\cdot A$，M_p：全塑性モーメント
箇　所	指針1.4節，指針3.3節(3.3.10)，(3.3.11)，(3.3.13)，(3.3.14)，(3.3.18)，(3.3.19) 式	指針3.4.1項 (3.24.a)〜(3.24 f) 式

5.5.2 「鋼構造限界状態設計指針」による設計

　「鋼構造限界状態設計指針・同解説」[5.35]では，圧縮軸力と曲げモーメントを受ける柱の設計を終局限界状態と使用限界状態の両者に対して行うことにしている．終局限界状態では，曲げ圧縮限界耐力は，曲げ面内限界状態と曲げ面外限界状態に対して検討を行い，使用限界状態においては，降伏限界耐力および曲げ圧縮限界耐力（曲げ面内限界状態，曲げ面外限界状態）に対して検討する．

　この指針では，部材断面を構成する板要素の幅厚比と梁の細長比によって，骨組を大きな靱性を期待できるS-Ⅰから，弾性的な挙動を前提とするS-Ⅲまでの構造区分に分類し，それぞれについて個別の設計式を示している点に特長がある．設計式において，軸圧縮力 N および曲げモーメント M は，構造区分S-Ⅰの骨組については原則として塑性一次理論，構造区分S-Ⅱ，S-Ⅲの骨組については弾性一次理論に基づく応力解析によって求めることとしている．これらの骨組解析で考慮されない二次モーメントの影響は曲げモーメントに対する増幅係数 ψ によって考慮されている．また，材中間部に荷重が作用する場合の ψ の算定式も別に示されている．この設計式では，細長比 λ_c や座屈限界耐力 N_{cY} が柱の座屈長さではなく節点間長さ l_c を用いて算定される点が，前記の「鋼構造設計規準」や諸外国の設計規準の設計式と著しく異なっている．これは鉛直荷重を受けて全体崩壊する骨組の柱に要求される性能と，鉛直荷重と水平荷重を受けて弾塑性不安定崩壊に至る骨組の柱に要求される性能とを別個にとらえた結果で，ここでは割愛するが，柱の座屈長さを考慮した細長比と

5章 柱　材 —165—

軸力比に制限を設けて，骨組座屈に対する安全性を別途照査することにしている．なお，表5.5.1には示していないが，軸圧縮力と二軸曲げモーメントを受ける材の全塑性限界耐力や曲げ圧縮限界耐力が付録に示されている．

この指針は柱の終局限界耐力として，曲げ圧縮ならびに曲げ引張限界耐力のほかに，全塑性限界耐力および局部座屈限界耐力を考慮することにしている．構造区分S-Ⅰに属する柱材については，局部座屈による耐力低下を考慮する必要はなく，断面の全塑性耐力が適用できるのに対して，S-ⅡおよびS-Ⅲの部材では，全塑性耐力公式に代わるものとして，局部座屈によって低減された断面の軸圧縮力-曲げ耐力相関公式を用いて，安全性を照査することにしている．

なお，2002年版の「鋼構造限界状態設計指針」では曲げ面外限界状態の式は同じであるが，表5.5.1に示す曲げ圧縮限界耐力は，下式で示す設計式となっていた．モーメント勾配等による係数ϕは同様である．

$$\frac{N}{\phi_c N_{cX}} \leqq 1.0 \tag{5.5.1.a}$$

$$\frac{N}{\phi_c N_{cY}} \leqq 1.0 \tag{5.5.1.b}$$

$$\frac{N}{\phi_p N_y} + 0.85\phi\frac{M}{\phi_p M_p} \leqq 1.0 \tag{5.5.1.c}$$

現行設計式との違いは，式 (5.5.1.a)，(5.5.1.b) の存在と，式 (5.5.1.c) で左辺第1項の分母が N_c でなく，N_y となっていることである．文献 5.36) や 5.106) では，2002年度版と2010年度版の設計式による耐力を比較している．文献 5.106) の完全弾塑性の応力-ひずみ関係よりなる角形鋼管柱の解析によれば，式 (5.5.1) で算定した耐力の方が解析での耐力を良く評価している場合もあり，今後の検討が必要である．

5.5.3　「鋼構造塑性設計指針」による設計

「鋼構造塑性設計指針」は，柱設計式として終局状態を想定した式を与えている．N は柱軸圧縮力，M_1 は柱の両端に作用する曲げモーメントのうち，大きいほうの絶対値である．この式は，柱の構面内外の不安定現象を考慮した相関公式であり，式 (5.2.18) と同一である．式中の曲げモーメントの修正係数 C_m は，式 (5.2.12)，(5.2.16) によって計算することとしている．また，$M_1/M_{pc} \leqq 1$ は作用曲げモーメントが断面耐力を超えないための制限である．柱が軸圧縮力のみを受けた場合の耐力 N_{cr} や，曲げモーメントのみを受けた場合の耐力 M_{cr} は，座屈長さを基準にして評価することになっている．このほか，骨組座屈に対する安全性を確保するために，柱の座屈長さを考慮した細長比と軸力比に対する制限を別途設けている点は，「鋼構造限界状態設計指針」[5.35)] と同様である．

5.5.4　諸外国の設計規準式

弾性解析に基づいた米国 AISC 規準[5.33)]においては，軸圧縮力と曲げモーメントを同時に受ける鉄骨柱材の耐力に対して以下の制限を与えている．

$$\frac{f_a}{F_a} + \frac{C_{mX}f_{bX}}{(1-f_a/F'_{eX})F_{bX}} + \frac{C_{mY}f_{bY}}{(1-f_a/F'_{eY})F_{bY}} \le 1 \tag{5.5.2}$$

$$\frac{f_a}{0.6F_y} + \frac{f_{bX}}{F_{bX}} + \frac{f_{bY}}{F_{bY}} \le 1 \tag{5.5.3}$$

ここに,

X, Y：断面の強軸,弱軸を表す添字

F_a：圧縮力だけが作用した場合の許容圧縮応力度

F_b：曲げだけが作用した場合の許容曲げ応力度

F'_e：安全率を考慮したオイラーの座屈強度

f_a：材に作用する圧縮応力度

f_b：材に作用する曲げ応力度

C_m：モーメント修正係数

式 (5.5.2) は,式 (5.2.18) で示した考え方を採用し,これを応力表示したものであり,軸圧縮力と二軸に曲げが作用した場合の許容応力度を与える体裁をとっている.ここで F_b(許容曲げ応力度) としては,梁の横座屈に対応する許容応力度をとっており,またモーメント勾配を考慮する係数である C_m としては,式 (5.2.12) を用いている.一方,式 (5.5.3) は,柱材端で曲げモーメントが最大になるような柱における,最危険断面での許容応力度に対する制限であり,式 (5.2.2) の考え方に沿った規定である.

塑性解析に立脚した米国 AISC-LRFD 規準[5.26)]では,柱材の耐力に対して以下の制限を設けている.

$$\frac{P_u}{\phi P_n} \ge 0.2 : \frac{P_u}{\phi P_n} + \frac{8}{9}\left(\frac{M_{uX}}{\phi_b M_{nX}} + \frac{M_{uY}}{\phi_b M_{nY}}\right) \le 1 \tag{5.5.4}$$

$$\frac{P_u}{\phi P_n} < 0.2 : \frac{P_u}{2\phi P_n} + \left(\frac{M_{uX}}{\phi_b M_{nX}} + \frac{M_{uY}}{\phi_b M_{nY}}\right) \le 1 \tag{5.5.5}$$

$$M_u = B_1 M_{nt} + B_2 M_{lt} \tag{5.5.6}$$

$$B_1 = \frac{C_m}{(1-P_u/P_e)} \ge 1.0$$

$$B_2 = \frac{1}{1 - \dfrac{\varDelta_{0h}\sum P}{\sum HL}}$$

ここに,

X, Y：断面の主軸

P_u：材に作用する軸圧縮力

M_u：材に作用する曲げモーメント

M_{nt}：鉛直荷重によって材に作用する曲げモーメント

M_{lt}：水平荷重によって材に作用する曲げモーメント

P_n：軸圧縮力だけが作用したときの設計耐力

M_n：曲げモーメントだけが作用したときの設計耐力

ϕ：軸圧縮に対する耐力係数

ϕ_b：曲げに対する耐力係数

式（5.5.4）および式（5.5.5）は，基本的には式（5.2.18）で示した考え方に立脚したものであるが，広幅 H 形断面を持つ計 82 の偏心圧縮柱に対する数値解析結果に基づいて，式（5.2.18）に比べて最大耐力をいくぶん大きく見積もるように変更されている[5.107]．軸圧縮力による付加曲げの効果は，式（5.5.6）中の係数 B_1 と B_2 によって考慮され，いわゆる材の"bowing"による P-δ 効果は B_1 によって，材が横移動（スウェイ）することによって生じる P-Δ 効果は B_2 によって，別々に与えられている〔図 5.1.6 参照〕．また，係数 C_m には式（5.2.12）を適用している．2005 年以降のAISC 規準[5.108]では，ASD と LRFD の両設計法を併せて記載する方針がとられ，式（5.5.2）～式（5.5.6）はいずれの設計法に準拠しても利用できるように式表現が多少変更されているが，根本的な考え方は踏襲されている．

欧州連合の鋼構造設計規準である Eurocode-3[5.109]の柱設計規準式は，形式的には，例えば米国AISC-LRFD 規準[5.26]の規準式と同様，二軸曲げを考慮した限界状態設計型の式となっている．その内容は非常に複雑なので規準式を掲げることは避けるが，次の諸点に特徴がある．すなわち，1）部材断面を，塑性ヒンジを形成して十分な塑性変形を保証できる断面から，局部座屈を考慮し耐力を評価すべき断面まで 4 種類に分類し，それぞれについて規準式を設けていること，2）複数の部分安全率が考慮されていること，3）塑性ヒンジが生じるようなコンパクトな断面を持つ部材については，曲げねじれ座屈を考慮する場合としない場合の規準式を設けていること，4）圧縮材や梁材の座屈耐力の評価に，初期不整や材料に関する部分安全係数を取り入れていること，5）式（5.2.11）のモーメント拡大係数に相当する係数の評価には，曲げモーメント勾配やオイラーの座屈強度のほか，材料に関する部分安全係数や弾性および塑性断面係数の比が関係することなどである．

このほか，ヨーロッパ各国やオーストラリア，中国などで用いられている現行の設計規準式が文献 5.48）にまとめられているので，参照されたい．

5.6 柱材の補剛

5.6.1 軸力と曲げモーメントを受ける H 形鋼柱の補剛

圧縮材や曲げ材と比較して，柱材，特に事務所建築の柱では，建築計画上補剛材を設けることは困難である．柱材には，一般に広幅 H 形鋼や角形および円形鋼管が用いられるが，既往の研究によると，広幅 H 形鋼を用いた場合，通常の階高の範囲であれば，曲げねじれ座屈荷重が面内の曲げによって決まる耐力より低くなることはない[5.34]ので，鋼管柱の場合と同様，柱の耐力確保のために補剛することはほとんどないものと思われ，柱材の補剛に関する研究もそれほど多くない[5.110)-5.112]．柱に塑性変形を期待する場合には，梁材と同様，面外方向変位およびねじれ変形に対する補剛が必要であるが，階高内での補剛は，外柱以外は不可能であり，また，外柱でも一般には行われていない．ラーメン構造の柱材では，最下層の柱脚以外に塑性ヒンジを形成させる設計は通常行われない

ので，柱の補剛が特に重要になることはない．補剛された柱材の座屈荷重に影響を与えるパラメーターは，荷重条件（材端モーメント比），ばねの種類（水平ばね・回転ばね，離散ばね・連続ばね），ばねの設置位置など数多く，一般的かつ統一的な座屈補剛設計法が提示できる状態にはなっていない．

ここでは，工場建築などの外柱が圧縮力と強軸曲げモーメントを受ける場合の補剛に関して得られている知見を紹介する[5.112]．解析は弾性解析で，解析モデルは，図5.6.1に示すように両端が曲げねじれ座屈に対して単純支持の境界条件を持つ材長 l のH形鋼柱で，これに一定圧縮力 N と両端に曲げモーメント M_1 と κM_1（$|\kappa|\leq 1$）が作用する．柱は中間点で，面外方向に変位を拘束する補剛点を持つ場合を対象とし，ばね剛性 K_{1vd} の水平拘束ばねが材の中央に断面重心から h_{0d} の位置に設置されている．曲げ剛性が EI_y，長さが l の圧縮材において，中央に $16\pi^2 EI_y/l^3$ 以上のばねが付くと，座屈モードが sine 1 波のモードとなる．この $16\pi^2 EI_y/l^3$ で無次元化したばね定数を k_{1vd} とした時のばね定数と座屈に関する曲げモーメント m —軸力 n 相関関係を図5.6.2に示している．無次元化曲げモーメント m は，材端モーメント M_1 を等曲げモーメントだけを受ける時の弾性横座屈モーメントで，無次元化軸力 n は軸力 N を座屈長さ l の弱軸まわりのオイラーの座屈強度 $\pi^2 EI_y/l^2$ で無次元化している．図5.6.2(a)，(b)は断面重心位置にばねが設置され，(a)は等曲げ，(b)は逆曲げを受ける場合であり，図(c)は，ばねの位置 h_{0d} が $+0.6d$（引張フランジ側）と $-0.6d$（圧縮フランジ側）の場合である．なお，断面はH-600×200×11×17，材長 l は6mである．

図5.6.2(a)の等曲げモーメントを受ける場合では，ばね定数が大きくなるにつれて座屈荷重は大きくなっていくが，軸力のみが作用する場合は $n=2.39$ が上限となっている．この場合，純ねじれ座屈により決まっている．ここでは示していないが，材長がより長くなると $k_{1vd}=1$ で $n=4$ となり，座屈長さが $0.5l$ の弱軸まわりの曲げ座屈が生じる[5.112]．また，軸力と曲げを受ける場合，ばね定数が大きくなると図中のLine Aで示す補剛位置でたわみおよびねじれ角が0となる二次の座屈モードで強度は上限となる．図5.6.2(b)の逆対称曲げを受ける場合では，ばね定数が大きくなるにつれて補剛位置でねじれが0となる座屈モード（mode A）と，水平変位が0となる座屈モード（mode B）がある．低軸力域ではばね定数が大きくなっても座屈荷重は大きくならず，また $k_{1vd}\geq 0.441$ ではすべて mode B となり，m-n 相間曲線は同じとなる．図5.6.2(c)は，ばねがフランジ

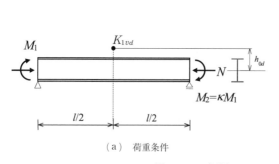

(a) 荷重条件

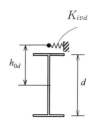

(b) 補剛材の配置

図5.6.1 解析モデル

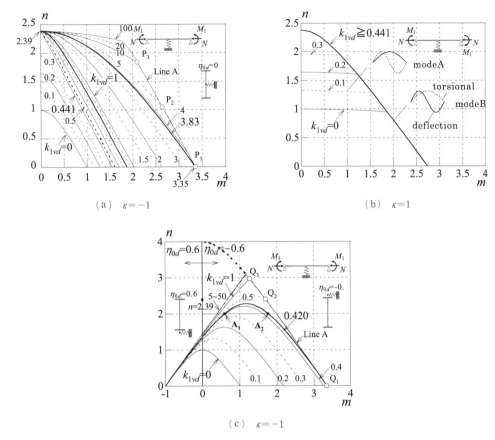

図 5.6.2 座屈荷重に関する m-n 相関関係

の上側(圧縮側)に取り付いた場合を第1象限に,下側(引張側)に付いた場合を第2象限に示す.圧縮側にばねが取り付いたときに補剛効果が大きいことがわかる.文献5.112)には,回転拘束ばねがついた場合の性状や,図5.6.2(a)のLine Aに到達するための必要ばね定数の評価式が示されている.

5.6.2 偏心補剛された平鋼柱材の設計

透明性,開放性の高い建築デザインの観点から,平鋼をファサードに利用する建物が目立つようになり,平鋼柱の利用が増えてきている.「鋼構造物の座屈に関する諸問題2013」[5.36]では,偏心補剛された平鋼部材が軸力と曲げを受けた場合の座屈耐力を導くとともに,その設計法を提示している.

平鋼部材の座屈を,図5.6.3に示すように補剛材の反対側が大きくsine半波で座屈するモード(座屈モード1),図5.6.4に示すように部材全体がsine 1波で座屈するモード(座屈モード2)の2種類に分類してそれぞれの座屈耐力を評価すると,座屈耐力式は以下のようになる.

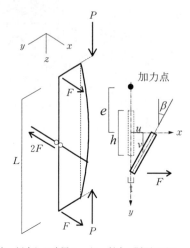
（a）仮定した座屈モード　（b）断面モデル

図5.6.3　座屈モード1

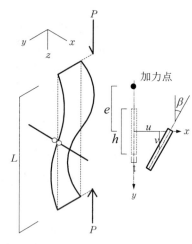
（a）仮定した座屈モード　（b）断面モデル

図5.6.4　座屈モード2

【座屈モード1】

$$P_{cr1} = \frac{EI_y\left(\frac{\pi}{L}\right)^2\left(\frac{h}{2}\right)^2 + GJ + EI_w\frac{\pi^2}{L^2}}{h \cdot e + \left(\frac{h}{2}\right)^2 + \rho_0^2} \tag{5.6.1}$$

【座屈モード2】

$$P_{cr2} = \frac{-M_{ex}^2 + \sqrt{M_{ex}^4 + 4(P_{ey}eM_{ex})^2}}{2P_{ey}e^2} \tag{5.6.2}$$

ここに，

EI_y：弱軸（y軸）まわりの曲げ剛性　　u：部材の水平変位

β：部材の回転角　　EI_w：曲げねじり剛性

GJ：St. Venantのねじり剛性　　L：材長

h：断面せい　　e：荷重の偏心距離

$\rho_0^2 : \dfrac{1}{A}\displaystyle\int_A (x^2+y^2)dA$　　$M_{ex} : \rho_0\sqrt{P_{ey}P_w}$

$P_{ey} : \dfrac{\pi^2 EI_y}{(L/2)^2}$　　$P_w : \dfrac{1}{\rho_0^2}\left(GJ + EI_w\dfrac{\pi^2}{(L/2)^2}\right)$

これらの式は，軸力と曲げが同時に作用する場合を対象としているが，同じ考え方により，純曲げを受ける平鋼部材の座屈モード1および座屈モード2に対する座屈耐力 M_{cr1}, M_{cr2} は，おのおの次式で得られる．

$$M_{cr1} = \frac{EI_y\left(\frac{\pi}{L}\right)^2\left(\frac{h}{2}\right)^2 + GJ + EI_w\frac{\pi^2}{L^2}}{h} \tag{5.6.3}$$

5 章 柱 材 —171—

$$M_{cr2} = \frac{\pi}{L/2} \sqrt{EI_y \cdot GJ \left\{ 1 + \frac{EI_w}{GJ} \cdot \frac{\pi^2}{(L/2)^2} \right\}} \tag{5.6.4}$$

式 (5.6.1), (5.6.2) において $e = 0$, つまり純圧縮を受ける場合の座屈耐力は, 座屈モード 1 および座屈モード 2 に対しておのおの以下の式で表される.

$$_0P_{cr1} = \frac{EI_y \left(\frac{\pi}{L}\right)^2 \left(\frac{h}{2}\right)^2 + GJ + EI_w \frac{\pi^2}{L^2}}{\left(\frac{h}{2}\right)^2 + \rho_0{}^2} \tag{5.6.5}$$

$$_0P_{cr2} = P_{ey} = \frac{\pi^2 EI_y}{(L/2)^2} \tag{5.6.6}$$

これらの座屈耐力式を用いて, 軸力と曲げが作用した平鋼部材の座屈検定を,「鋼構造設計規準」に準じて下式で行なえばよい.

$$\frac{P}{_0P_{cr}} + \frac{M}{M_{cr}} \leqq 1.0 \tag{5.6.7}$$

ここで, $_0P_{cr}$ は純圧縮を受ける平鋼部材の座屈耐力 $_0P_{cr1}$ と $_0P_{cr2}$ のうち, 小さいほうの値であるが, 値が $0.6N_y$ を超える場合は, 次式に示す非弾性座屈領域での座屈耐力を考慮する.

$$_0P_{cr3} = N_y - \alpha L^2 \tag{5.6.8}$$

また, M_{cr} は純曲げを受ける平鋼部材の座屈耐力 M_{cr1} と M_{cr2} のうち, 小さいほうの値である.

座屈耐力式と実験結果や FEM 解析結果との比較, 具体的な検討例等が文献 5.113)〜5.115)に示されているので参照されたい.

5.7 変断面柱材の設計

工場建築などの柱で, 幅・厚さとも一定のフランジと厚さが一定でせいが材軸に沿って直線的に変化するウェブで構成された H 形断面テーパー柱が用いられる場合がある. このような柱の設計法は文献 5.48) や米国の業界団体の設計ガイドライン[5.116]に詳しいが, 設計諸公式がやや煩雑であるのと, 米国とわが国では等断面材の設計諸公式の間に種々の相違点のあることを考慮して, 簡便法を以下に示しておく.

H 形断面テーパー柱の設計式は, 次式で与えられる.

$$\frac{N}{(N_0)_{cr}} + \frac{M}{(M_L)_{cr}} \leqq 1 \tag{5.7.1}$$

ここに,

N：柱圧縮軸力

M：最大断面に作用する曲げモーメント

$(N_0)_{cr}$：最小断面で評価した圧縮材としての設計軸耐力

$(M_L)_{cr}$：最大断面で評価した梁としての設計曲げ耐力

2.3.4 項ですでに述べたように, 最大断面で評価した軸耐力相当の軸力が作用すると最小断面での軸方向応力度が過大になる場合があるため, 圧縮材としての軸耐力は最小断面で評価する. 軸耐

力を求めるためには，座屈長さの算定が必要であるが，これは2.3.3項に示した略算法から決定する．各種境界条件に対するH形断面単一テーパー材の座屈長さや，ロ形骨組に組み込まれたH形断面テーパー柱の座屈長さについては，精解が文献5.117)，5.118)に載っているので参照されたい．なお，弱軸方向に座屈する場合は，ここで取り扱っているH形断面テーパー材の弱軸まわり断面二次モーメントは材軸に沿ってほぼ一定であるから，等断面材として圧縮材耐力を評価すればよいが，断面積は変化するから圧縮材耐力は最小断面を基準にして評価する．

テーパー材の圧縮材としての非弾性座屈を考えると，等断面材では各断面が同時に非弾性域に入るのに対して，変断面材の場合には，最小断面より徐々に非弾性域が材長に沿って広がるため，非弾性域での軸耐力の低下の度合は，等断面材のそれより緩いと考えられる．しかし，曲げモーメントが作用する場合は，テーパー材のほうが等断面材より厳しい応力状態になるのが普通であるので，安全側の措置として，テーパー材の圧縮材としての非弾性座屈耐力についても，全長にわたる各断面が同時に非弾性域に入るものとして，最小断面諸量に基づいて求める．

次に，図5.7.1(a)に示すような材端モーメントを受けるテーパー材を等価な等断面材に置換する方法について，簡単に述べておく．両端での最外縁応力度が等しくなるときのモーメント勾配 κ を求めると，次のようになる．

$$\kappa = \frac{M_0}{M_L} = \frac{Z_0}{Z_L} \quad \left(\because \frac{M_0}{Z_0} = \frac{M_L}{Z_L} \right) \tag{5.7.2}$$

ここに，

Z_0, Z_L：最小および最大断面での断面係数

H形断面テーパー材の場合，断面係数の比は4.2.4項の図4.2.5(b)に示した最小・最大断面のフランジ中心間距離の比 γ にほぼ等しくなる．すなわち

$$\frac{Z_0}{Z_L} \simeq \frac{h_0}{h_L} = \gamma \tag{5.7.3}$$

ここに，

h_0, h_L：最少および最大断面でのフランジ中心間距離

また，断面係数の材長に沿った変化もほぼ直線的であるとしてよい．以上より，γ を用いて κ がとる値の範囲を表すと，

$$-\gamma \leq \kappa \leq \gamma \tag{5.7.4}$$

となる．いま，図5.7.1(a)においてモーメント勾配係数 κ が γ に等しければ，ほぼ等しい大きさの

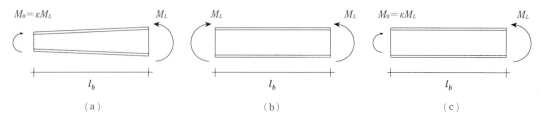

図5.7.1 変断面梁の等断面梁への置換

最外縁応力度がテーパー梁の長さに沿って分布することになり，この状態は等断面梁が等モーメントを受ける場合と同じである．このことから，$\kappa=\gamma$ の曲げモーメントを受けるテーパー梁の曲げ耐力が，図 5.7.1（b）に示すように最大断面を持つ等断面梁が等モーメント M_L を受ける場合の耐力に等しいことがわかる．一方，κ の植が $|\gamma|$ より小さい場合には，図 5.7.1（c）に示すように最大断面を持つ等断面梁が両端で $M_0=\kappa M_L$ および M_L を受けるものとして，4.2 節の式（4.2.1）および（4.2.4）′から等断面梁としての弾性横座屈モーメントを求めた後，式（4.2.8）および（4.2.10）′によってテーパー梁への修正を施せばよい．

　以上を要約すると，H 形断面テーパー梁が図 5.7.1（a）のように勾配係数 κ を持つ曲げモーメントを受けるときの耐力で代用できる．ただし，修正係数は，4.2 節の式（4.2.4）′および（4.2.10）′より得られる

$$C_1 C_4 = \frac{1.75-1.05\kappa+0.3\kappa^2}{1.75-1.05\gamma+0.3\gamma^2} \tag{5.7.5}$$

を用いる．ここでは，単曲率の場合に κ を正としているので，式（4.2.4）′において，$M_2/M_1=-\kappa$ としている．最大断面を持つ等断面梁の耐力が，テーパー梁の耐力の比較的良い安全側近似になっている点については，本指針旧版[5.119]を参照されたい．

　H 形断面テーパー材に対する限界状態設計の考え方に基づいた設計式はまだない．しかし，上述のように，式（5.7.1）の圧縮材および梁としての設計耐力 $(N_0)_{cr}$，$(M_L)_{cr}$ は，変断面材を等断面材に置換して評価するようになっているので，「鋼構造限界状態設計指針・同解説」[5.35]を準用できよう．なお，式（5.7.1）を許容応力度を用いた形に書き直すと，次のようになる．

$$\frac{(\sigma_c)_0}{(f_c)_0} + \frac{({}_c\sigma_b)_L}{(f_b)_L} \leqq 1 \tag{5.7.6}$$

　ここに，

$(\sigma_c)_0, (f_c)_0$：最小断面で評価した，圧縮軸力による圧縮応力度および許容圧縮応力度

$({}_c\sigma_b)_L, (f_b)_L$：最大断面で評価した，曲げモーメントによる曲げ圧縮応力度および許容曲げ圧縮応力度

許容応力度は，変断面材を等断面材に置換して求める．また，$(f_b)_L$ の評価に必要なモーメント修正係数は，式（5.7.5）による．

参 考 文 献

5. 1)　横尾義貫，若林　實，坂本　順：ラーメン柱材の設計公式，JSSC, Vol. 3, No. 17, pp.42-49, 1967. 5

5. 2)　Lu, L.W. and Kamalvand, H., "Ultimate Strengths of Laterally Loaded Columns" Journal of the Structural Division, ASCE, Vol. 94, No. ST6, Proc. Paper 6009, June 1968m pp.1505-1528

5. 3)　Cheong Siat Moy, F.: General Analysis of Laterally Loaded Beam-Columns, Proceedings of the American Society of Civil Engineers, Journal of ST Division, Vol. 100, No. ST6, pp.1263 -1278, 1974.6

5. 4) 森野捷輔, 渥美　博：鋼柱の耐力と変形能力におよぼす材料の応力―ひずみ特性の影響に関する研究（その１）, 日本建築学会大会学術講演梗概集, pp.1355-1356, 1990.10

5. 5) 加藤　勉, 秋山　宏, 帯　洋一：局部座屈を伴う H 形断面部材の変形, 日本建築学会論文報告集, No.257, pp.49-58, 1977.7

5. 6) 加藤　勉, 呉　榮錫：局部座屈を伴う H 形断面鋼構造部材の塑性変形能力, 日本建築学会大会学術講演梗概集, pp.861-862, 1987.10

5. 7) 松井千秋, 吉住孝志：鉄骨ラーメンの弾塑性変形性状に及ぼす局部座屈の影響, 日本建築学会論文報告集, No.345, pp.50-60, 1984.11

5. 8) 松井千秋, 森野捷輔, 吉住孝志：鉄骨ラーメンの弾塑性変形性状に及ぼす曲げねじれ座屈の影響, 日本建築学会論文報告集, No.362, pp.66-75, 1985.4

5. 9) Massonnet, C.: Stability Considerations in the Design of Steel Columns, Proceedings of the American Society of Civil Engineers, Journal of ST Division, Vol. 85, No. ST7, pp.75-111, 1959.9

5.10) Miranda, C. and Ojalvo, M.: Inelastic Lateral-Torsional Buckling of Beam Columns, Proceedings of the American Society of Civil Engineers, Journal of EM Division, Vol. 91, No. EM6 pp.21-37, 1965.12

5.11) Fukumoto, Y. and Galambos T.V.: Inelastic Lateral-Torsional Buckling of Beam Columns, Proceedings of the American Society of Civil Engineers, Journal of ST Division, Vol. 92, No. ST2, pp.41-61, 1966.4

5.12) 鈴木敏郎, 小野徹郎：圧縮と曲げを受ける鉄骨 H 形断面柱の塑性変形能力に関する研究（その１）, 日本建築学会論文報告集, No. 292, pp.23-29, 1980.6

5.13) 松井千秋, 森野捷輔, 木村潤一：水平力を受ける H 形鋼柱の弾塑性曲げ振れ座屈に関する実験的研究, 日本建築学会論文報告集, No. 344, pp.33-42, 1984.10

5.14) 木村潤一, 松井千秋, 森野捷輔：水平力を受ける H 形鋼柱の弾塑性曲げねじれ座屈後挙動と耐力に関する研究, 日本建築学会構造系論文報告集, No. 351, pp.84-93, 1985.5

5.15) Santathadaporn, S. and Chen, W.F.: Analysis of Biaxially Loaded Steel H-Columns, Proceedings of the American Society of Civil Engineers, Journal of ST Division, Vol. 99, No. ST3, pp.491-509, 1973.3

5.16) Birnstiel, C.: Experiments on H-columns under Biaxial Bending, Proceedings of the American Society of Civil Engineers, Journal of ST Division, Vol. 94, No. ST10 pp.2429-2449, 1968.10

5.17) 坂本　順, 渡辺雅生, 井元勝慶, 宮村篤典：二軸曲げをうける鋼構造部材の塑性耐力に関する考察 [II], 日本建築学会論文報告集, No. 176, pp.37-42, 1970.10

5.18) Chen, W.F. and Atsuta, T.: Theory of Beam-Columns, Volume2 Space Behavior and Design, McGraw Hill, 1977

5.19) 藤本盛久, 松本芳紀：軸力と２方向曲げモーメントをうける H 形断面部材の力学的性状に関する研究　その２―弾塑性性状について, 日本建築学会論文報告集, No. 176, pp.59-65, 1970.10

5.20) 木村　衛：鋼構造物におよぼす振りモーメントの影響―部材の振り評価について―, 日本建築学会論文報告集, No. 345, pp. 1 - 8, 1984.11

5.21) 五十嵐定義, 辻岡静雄：鉄骨部材の３次元弾塑性挙動に関する実験的研究　その２. 定軸圧下での弾塑性ねじり挙動（II）, 日本建築学会構造系論文報告集, No. 355, pp.14-23, 1985.9

5.22) 松井千秋, 森野捷輔, 津田恵吾：軸力と任意方向水平力を受ける H 形鋼柱材の弾塑性性状に関する実験的研究, 日本建築学会構造系論文報告集, No. 361, pp.113-122, 1986.3

5.23) 鋼構造塑性設計指針, 日本建築学会, 2010

5.24) Galambos T.V.: Structural Members and Frames, Prentice-Hall, 1964

5.25) Austin, W.J.: Strength and Design of Metal Beam-Columns, Journal of Structural Division, ASCE, Vol. 87, No. ST4, pp.1-32, 1961

5.26) Load & Resistance Factor Design (LRFD), Specification for Structural Steel Buildings, American Institute of Steel Construction (AISC), 1986

5.27) Ballio, G. and Campanini, G.: Equivalent Bending Moments for Beam-Columns, Journal of Constructional Steel Research, Vol. 1, No. 3, pp.13-23, 1981

5.28) Chen, W.F. and Zhon, S.: Cm Factor in Load and Resistance Factor Design, Journal of Structural Engineering, ASCE, Vol. 113, ST8, pp.1738-1754, 1987.8

5.29) 坂本　順, 宮村篤典：鋼構造圧縮材の塑性耐力式に関する考察（その1）, 日本建築学会論文報告集, No. 149, pp. 9 -15, 1977

5.30) Kato, B. and Akiyama, H.: A Proposal for Design Formulae of Beam-Columns, Second International Colloquium on Stability, ECCS, pp.41-63, 1976

5.31) Kanchanalai, T. and Lu, L.W.: Analysis and Design of Framed Columns under Minor Axis Bending, Engineering Journal, AISC, Second Quarter, pp.29-41, 1979

5.32) Massonnet, C. and Campus, F.: Recherches sur Le Flambement de colonnes en Acier A37, a profil en double Te, sollicitees obliquement, Comptes Rendus de Recherches, IRSIA, 1956

5.33) Specification for Design, Fabrication, and Erection of Structural Steel for Buildings, AISC, 1978

5.34) Manual on the Stability of Steel Structures, European Convention for Constructional Steelwork, Introductory Report, Second International Colloquium on Stability, 1976

5.35) 日本建築学会：鋼構造限界状態設計指針・同解説, 2010

5.36) 日本建築学会：鋼構造物の座屈に関する諸問題 2013, 2013

5.37) 津田恵吾, 城戸將江, 河野昭彦：建築構造用高強度鋼材 H-SA 700 を用いた柱材の設計式, 日本建築学会構造系論文集, No. 670, pp.2163-2171, 2011.12

5.38) 中島正愛, 山脇克彦, 辻　文三：鉄骨柱材の耐力に関する感度分析, 日本建築学会大会学術講演梗概集, pp.1453-1454, 1990.10

5.39) 日本建築学会：鋼構造設計規準, 2005

5.40) 小野徹郎, 平野富之：実験データに基づく鋼構造部材の耐力と変形能力に関する統計論的考察（I）, 日本建築学会論文報告集, No. 328, pp. 1 - 9 , 1983

5.41) 中島正愛, 森野捷輔, 古場覚司：鉄骨柱材の耐力特性, 日本建築学会構造系論文報告集, No. 418, pp.59-69, 1990.12

5.42) Nakashima, M., Morino, S. and Koba, S.: Statistical Evaluation of Strength of Steel Beam-Columns, Journal of Structural Engineering, ASCE, Vol. 117, ST11, pp.3375-3395, 1991.11

5.43) 津田恵吾, 松井千秋：一定軸力と変動水平力を受ける円形鋼管柱の弾塑性性状, 日本建築学会構造系論文集, No. 505, pp.131-138, 1998.3

5.44) 津田恵吾, 松井千秋：一定軸力下で水平力を受ける角形鋼管柱の耐力, 日本建築学会構造系論文集, No. 512, pp.149-156, 1998.10

5.45) Chen, W.F. and Atsuta T.: Interaction Equations for Biaxially Loaded Sections, Journal of Structural Division, ASCE, Vol. 98, ST5, pp.1035-1052, 1972.5

5.46) Steel Structures for Buildings, CSA Standard S 16-1969, Canadian Standards Association, 1969

5.47) Pillai, U.S.: Beam-Columns of Hollow Structural Sections, Journal of Canadian Society of Civil Engineering, 1974

5.48) Guide to Stability Design Criteria for Metal Structures, 3rd edition, edited by B.G. Johnston, Structural Stability Research Council, 1988

5.49) Tebedge, N. and Chen, W.F.: Design Criteria for H-Columns under Biaxial Loading, Journal of Structural Division, ASCE, Vol. 10, ST3, pp.579-599, 1974.3

5.50) Zhou, S.P. and Chen, W.F.: Design Criteria for Columns under Biaxial Loading, Journal of Structural Division, ASCE, Vol. 111, ST12, pp.2643-2658, 1985.12

5.51) Pillai, S.U. and Ellis, J.S.: Hollow Tubular Beam-Columns in Biaxial Bending, Journal of Structural Division, ASCE, Vol. 97, ST5, pp.1399-1406, 1971.5

5.52) Marshall, P.J. and Ellis, J.S.: Ultimate Biaxial Capacity of Box Steel Columns, Journal of Structural Division, ASCE, Vol. 96, ST9, pp.1873-1887, 1970.9

5.53) Sharma, S. and Gaylord, E.H.: Strength of Steel Columns with Biaxially Eccentric Load, Journal of Structural Division, ASCE, Vol. 95, ST12, pp.2797-2812, 1969.12

5.54) Syal, I.C. and Sharma, S.: Biaxially Loaded Beam-Column Analysis, Journal of Structural Division, ASCE, Vol. 97, ST9, pp.2245-2259, 1971.9

5.55) 藤本盛久, 松本芳紀：軸力と2方向曲げモーメントをうけるH形断面部材の力学的性状に関する研究, その1―弾塑性解析法について, 日本建築学会論文報告集, No. 173, pp.37-47, 1970.7

5.56) 鈴木敏郎, 木村　衛：ねじり外力のH形鋼隅柱耐力に及ぼす影響　その1―薄肉開断面材の弾塑性解析, 日本建築学会論文報告集, No. 195, pp.19-24, 1972.5

5.57) Chen, W.F. and Atsuta, T.: Ultimate Strength of Biaxially Loaded Steel Columns, Journal of Structural Division, ASCE, Vol. 99, ST3, pp.469-489, 1973.3

5.58) 藤本盛久, 岡田久志：鋼構造骨組の三次元弾塑性挙動に関する研究　その2―三次元弾塑性解析法（I）, 日本建築学会論文報告集, No. 245, pp.75-80, 1976.7

5.59) 山田　稔, 辻　文三, 三村正明：軸圧を受けるH形鋼柱の二軸曲げ弾塑性性状（V：ねじれ変形を考慮した解析）, 日本建築学会大会学術講演梗概集, pp.1021-1022, 1976.10

5.60) Guide to Design Criteria for Metal Compression Members, The Column Research Council (CRC), Second Version, 1966

5.61) 牧野　稔, 松井千秋, 三谷　勲：H形鋼柱の局部座屈後の変形性状（その3）, 日本建築学会論文報告集, No. 288, pp.49-59, 1980.2

5.62) 日本建築学会：建築耐震設計における保有耐力と変形性能（1990）, 1990

5.63) 日本建築学会：鋼管構造設計施工指針・同解説, 1990

5.64) Matsui, C. and Tsuda, K.: Strength and Behavior of Circular Steel Tubular Beam-Column, International Conference on Steel Structures, Recent Research Advances and Applications, Yugoslavia, pp.53-62, 1986.9

5.65) 越智健之, 最相元雄, 黒羽啓明：冷間成形円形鋼管部材の変形能力, 日本建築学会大会学術講演梗概集, pp.1119-1120, 1986.8

5.66) 加藤　勉：閉断面部材の局部座屈と変形能力, 日本建築学会構造系論文報告集, No. 378, pp.27-36,

1987.8

5.67) 越智健之, 黒羽啓明：冷間成形円形鋼管部材の耐力と変形能力の統計的評価, 日本建築学会構造系論文報告集, No.391, pp.59-71, 1968.9

5.68) 最相元雄：円形鋼管部材の塑性変形能力式, 日本建築学会大会学術講演梗概集, pp.1109-1110, 1988.10

5.69) 越智健之：円形鋼管部材の終局耐力と変形能の統計的評価, 熊本大学学位論文, 1991.1

5.70) 三谷　勲, 松井千秋, 津田恵吾：角形鋼管柱の塑性変形能力評価式, 日本建築学会大会学術講演梗概集, pp.1299-1300, 1984.10

5.71) 牧野　稔, 松井千秋, 三谷　勲：H形鋼柱の局部座屈後の変形性状　その4 塑性変形能力, 日本建築学会論文報告集, No.290, pp.45-55, 1980.4

5.72) 三谷　勲, 山崎達郎, 林原光司郎, 今門一弘：複曲率曲げを受けるH形鋼柱の塑性変形能力に及ぼす軸力比および曲げモーメント比の影響, 日本建築学会構造系論文報告集, No.370, pp.69-80, 1986.12

5.73) 三谷　勲, 今門一弘：複曲率曲げを受けるH形鋼柱の塑性変形能力評価式, 日本建築学会構造系論文報告集, No.379, pp.71-78, 1987.9

5.74) 呉　榮錫, 加藤　勉：H型断面鋼構造部材の塑性局部座屈と変形能力, 構造工学論文集, 34B, pp.161-168, 1988.3

5.75) 加藤　勉, 呉　榮錫：局部座屈を伴うH形断面鋼部材の耐力と変形, 構造工学論文集, 34B, pp.351-360, 1989.3

5.76) 岩井昭夫, 鈴木弘之：やや細長い鋼H型断面柱材の変形能力, 日本建築学会大会学術講演梗概集, pp.1263-1264, 1992.8

5.77) Nakashima, M, Takanashi, K. and Kato, H.：Test of Steel Beam-Column Subject to Sidesway, Journal of Structural Engineering, ASCE, Vol.116, ST9, pp.2516-2531, 1990.9

5.78) 坂井一弘, 中島正愛, 森野捷輔：鉄骨柱材の変形能力に関するデータベース, 日本建築学会大会学術講演梗概集, pp.1455-1456, 1990.10

5.79) 石田交広, 小野徹郎, 野元　覚：実験データに基づく鉄骨曲げ柱の設計規範に関する一考察, 日本建築学会大会学術講演梗概集, pp.1287-1288, 1989.10

5.80) 中島正愛, 森野捷輔, 坂井一弘：鉄骨部材の変形能力の定量化, 日本建築学会大会学術講演梗概集, pp.1457-1458, 1990.10

5.81) 中島正愛, 加藤浩二, 辻　文三：鉄骨柱材の塑性変形能力に対する支配要因分析, 日本建築学会大会学術講演梗概集, pp.1269-1270, 1991.9

5.82) Bertero, V.V. and Popov, E.P.：Effect of Large Alternating Strains of Steel Beam, Proc. ASCE, Vol.91, ST1, pp.1-12, 1965.1

5.83) Tanabashi, R., Yokoo, Y., Wakabayashi, M., Tsuneyoshi, Nakamura, Kunieda, H., Matsunaga, H. and Kubota, T.：Load-Deflection Behaviors and Plastic Fatigue of Wide-Flange Beams Subjected to Alternating Plastic Bending (Part I : Experimental Investigation), 日本建築学会論文報告集, No.175, pp.17-29, 1970.9

5.84) 羽倉弘人：繰り返し荷重を受ける鉄骨断面の弾塑性解析に関する研究(第4報：矩形断面部材に関する実験), 日本建築学会論文報告集, No.125, pp.8-13, 1966.7

5.85) Tanabashi, R., Yokoo, Y., Wakabayashi, M., Tsuneyoshi Nakamura, Kunieda, H.：Deformation-History Dependent Inelastic Stability of Columns Subjected to Combined Alternating

Loading, Proc. RILEM International Symposium on Experimental Analysis of Instability Problems on Reduced and Full Scale Models, BuenosAires Argentina, 1971, Vol. III, pp.275 -295, 1971

5.86) 若林　実, 松井千秋, 南　宏一, 三谷　勲：実大鉄骨ラーメンの弾塑性性状について, 日本建築学会論文報告集, No. 198, pp. 7 -17, 1972.8

5.87) Igarashi, S., Matsui, C., Yoshimura, K. and Matsumura, K.,：Inelastic Behavior of Structural Steel Sections under Alternative Loadings (Part 1), 日本建築学会論文報告集, No. 169, pp.53-60, 1970.3；(Part 2), No. 170, pp.39-48, 1970.4

5.88) 倉田真宏, 中島正愛, 吹田啓一郎：固定柱脚を想定した角形鋼管柱の大変形繰返し載荷実験, 日本建築学会構造系論文集, No. 598, pp.149-154　2005.12

5.89) 山田　哲, 島田侑子：載荷方向を変化させた角形鋼管柱の繰り返し載荷実験, 第13回日本地震工学シンポジウム, pp.2868-2873, 2010.11

5.90) Kurata, M., Nakashima, M., and Suita, K.：Effect of Column Base Behaviour on the Seismic Response of Steel Moment Frames, Journal of Earthquake Engineering, 9, pp.415-438, 2005

5.91) Ibarra L.F., Medina R.A., and Krawinkler H.：Hysteretic models that incorporate strength and stiffness deterioration, Earthquake Engineering and Structural Dynamics, 34(12), 1489 -1511, 2005

5.92) 山田　哲, 石田孝徳, 島田郁子：局部座屈を伴う角形鋼管柱の劣化域における履歴モデル, 日本建築学会構造系論文報告集, No. 674, pp.627-636, 2012.4

5.93) 倉田真宏, 金尾伊織, 劉　大偉, 中島正愛：繰返し載荷を受ける角形鋼柱の変形能力に及ぼす局部座屈の影響, 日本建築学会構造系論文集, No. 613, pp.155-161　2007.3

5.94) 松井千秋, 三谷　勲：繰返し水平力を受ける高張力鋼骨組の弾塑性性状に関する研究, 日本建築学会論文報告集, No. 250, pp.31-41, 1976.12

5.95) 横尾義貫, 中村恒善, 上谷宏二, 竹脇　出：繰り返し両振り曲げを受ける鋼片持梁—柱の構面内変形の収束と発散に関する実験的研究, 日本建築学会論文報告集, No. 316, pp.41-52, 1982.6

5.96) Uetani, K. and Tsuneyoshi Nakamura：Symmetry Limit Theory for Cantilever Beam-columns Subjected to Cyclic Reversed Bending, Journal of the Mechanics and Physics of Solids, Vol. 31, No. 6, pp.449-484, 1983

5.97) Uetani, K.：Uniqueness Criterion for Incremental Variation Steady State and Symmetry Limit, Journal of the Mechanics and Physics of Solids, Vol. 37, No. 4, pp.495-514, 1989

5.98) 中村恒善, 上谷宏二, 榊間接之：非線形応力—ひずみ関係に従う梁柱モデルの定常状態限界解析, 日本建築学会大会学術講演梗概集, pp.345-346, 1995.8

5.99) 上谷宏二, 西本信哉：弾性梁で拘束された鋼柱材の履歴挙動解析 (対称限界理論解の検証), 日本建築学会大会学術講演梗概集, pp.1179-1180, 1994.9

5.100) 中村恒善, 上谷宏二, 吉田亘利：繰り返し曲げを受ける鋼梁-柱における構面外変形の発生に関する実験, 日本建築学会大会学術講演梗概集, pp.1075-1076, 1988.10

5.101) 上谷宏二, 中村恒善, 常岡次郎：繰り返し両振り曲げを受ける片持梁—柱の構面外変形発生機構と臨界点理論, 日本建築学会大会学術講演梗概集, pp.1077-1078, 1988.10

5.102) 上谷宏二, 桝井　健：繰り返し曲げを受ける中実断面梁—柱の構面内挙動限界数値解析, 日本建築学会大会学術講演梗概集, pp.345-346, 1995.8

5.103) Uchida, Y. and Morino, S.：Limit of Axial Force Ratio for Degrading Steel Beam-Columns

Involving Local Buckling, 日本建築学会構造系論文報告集, No. 425, pp.57-68, 1991.7

5.104) 加藤　勉, 秋山　宏：鋼構造部材の耐力（その４）, 日本建築学会論文報告集, No. 151, pp.15-20, 1968.9

5.105) 石　　軍, 高橋　誠, 秋山　宏：低サイクルの鋼素材の終局エネルギー吸収能力の実験的研究, 日本建築学会大会学術講演梗概集, pp.1409-1410, 1992.8

5.106) 津田惠吾, 城戸將江：完全弾塑性型の応力―ひずみ関係よりなる角形鋼管柱の終局耐力評価について, 日本建築学会構造系論文集, No. 718, pp.1981-1990, 2015.12

5.107) Bjorhovde, R., Galambos, T.V. and Ravindra, M.K.: LRFD Criteria for Steel Beam-Columns, Journal of Structural Division, ASCE, Vol. 104, ST9, pp.1371-1387, 1978.9

5.108) Steel Construction Manual, 14th Edition, American Institute of Steel Construction (AISC)

5.109) Eurocode 3: Design of Steel Structures Part 1-General Rules and Rules for Buildings, Industrial Processes, Building and Civil Engineering Commission of the European Communities, 1992

5.110) 木村潤一, 松井千秋：H形断面柱の曲げねじれ座屈補剛に関する研究, 日本建築学会大会学術講演梗概集, pp.1095-1096, 1986.8

5.111) 津田惠吾, 城戸將江：中央で横移動および回転を拘束された柱材の曲げねじれ座屈, 日本建築学会構造系論文集, No. 684, pp.377-385, 2013.2

5.112) 劉　　懋, 城戸將江：材の中間にばねが１本付いたH形断面柱の弾性座屈荷重―両端をピン支持されたH形断面部材の弾性座屈荷重と補剛剛性の関係　その１―, 日本建築学会構造系論文集, No. 712, pp.927-937, 2015.6

5.113) 金箱温春, 竹内　徹, 小河利行, 小形信太郎：偏心補剛された平鋼圧縮柱の座屈性状, 鋼構造論文集, 第12巻, 45号, pp.147-153, 2005.3

5.114) 金箱温春, 竹内　徹, 小河利行, 熊谷知彦：偏心補剛された平鋼圧縮柱の座屈性状に関する実験的研究, 日本建築学会構造系論文集, No. 606, pp.195-201, 2006.8

5.115) 金箱温春, 竹内　徹, 小河利行：偏心補剛された平鋼部材の座屈設計法と構造設計事例, 日本建築学会技術報告集, No. 26, pp.561-566, 2007.12

5.116) Kaehler, R., White, D. and Kim, Y.D: Design Guide 25-Frame Design using Web-Tapered Members, 2011

5.117) 森野捷輔：中心圧縮を受ける変断面単一材の座屈性状について, 日本建築学会大会学術講演梗概集, pp.1347-1348, 1978.9

5.118) 森野捷輔：H形断面テーパー柱をもつ口形骨組の柱座屈長さ係数, 日本建築学会大会学術講演梗概集, pp.657-658, 1985.10

5.119) 日本建築学会：鋼構造座屈設計指針, 1980

6章 板要素

6.1 概　説

　板は，それ単独は言うまでもなく，柱や梁といった部材断面を構成する要素としての挙動および特性をとらえておく必要がある．板あるいは部材断面を構成する板要素の板厚が，作用応力との関係である限界値を超えて薄くなると図6.1.1に例として示すような局部座屈が発生する．部材断面を構成する板要素や鋼管に局部座屈が生じると，その部分の耐荷能力が低下してしまい，全断面が有効に働くものとして設計した部材の耐力に到達しない場合や耐震設計上必要な塑性変形能力を確保できない場合がある．板および部材を構成する板要素の座屈耐力や塑性変形能力は，その境界条件と幅厚比（板厚に対する板幅の比）に大きく依存する．例として，周辺単純支持された板に圧縮力を作用させた場合の応力度-ひずみ度関係を図6.1.2に示す．この図からわかるように，同一の境界条件下では，幅厚比の大きな板は早期にその耐力を低下させている．これを踏まえて，現在では境界条件が異なる板要素ごとに幅厚比が規定されれば，板要素の座屈挙動はおおよそ決定できると考えられている．したがって，現在の設計体系では，部材が必要な耐力または塑性変形能力を確保できるように，単独の板および部材断面を構成する板要素に対して幅厚比制限や幅厚比区分が設けられている[6.1)-6.4)]．この制限値および区分がどのような考え方により規定されているかを理解することは，板要素の座屈挙動を理解する上でも非常に有用である．

　なお，板の座屈挙動に特有な点として，弾性座屈後の座屈後挙動がある．特に周辺が支持された比較的幅厚比の大きな板要素の局部座屈後挙動は，柱と異なり座屈後も急激な耐力低下をきたさず

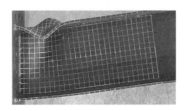

（a）　フランジ局部座屈

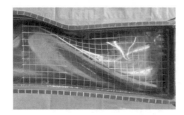

（b）　ウェブせん断局部座屈

図6.1.1　部材断面を構成する
　　　　板要素に生じる局部座屈の例

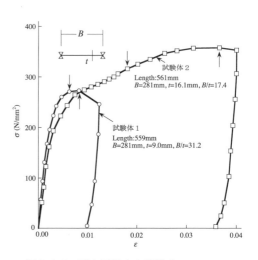

図6.1.2　面内圧縮力を受ける
　　　　長方形平板の荷重-変位関係[6.2)]

終局耐力が座屈荷重をはるかに上回る場合が多い．これは，座屈後の変形の増大を周辺支持部分が拘束することにより，応力の再配分が行われることによる．板に対して合理的な設計を行う上では，この座屈後挙動に注目することも必要である．

一方，比較的薄い板に対しては，局部座屈そのものを抑制するために板要素を補強あるいは補剛することにより所要の耐力や塑性変形能力を確保する方法もある．多くの場合，カバープレートやリブ補剛などにより板要素の全面または局部的に補剛される．一般に，局部的な補剛では補剛材の剛性，補剛長さに配慮することが必要であり，全面補剛では補剛材の剛度により板要素の挙動は影響される．したがって，補剛形式および補剛材剛性を十分に検討した上で，板または部材断面を構成する板要素の設計を行う必要がある．

また，板要素の繰返し挙動に関しては，面内繰返しせん断力を受ける板について近年明らかになってきている．この面内繰返しせん断力を受ける板は，その多くがエネルギー吸収部材としてのダンパーとして使用されることが多く，その有用性から使用される場合が多くなってきている．通常では，せん断座屈が発生しない範囲で使用されるものであるが，その必要幅厚比を明確にしておく必要がある．また，弾性座屈後の繰返し挙動も大変複雑である．繰返し応力下における板要素の挙動は部材の繰返し挙動とも密接な関係があり，せん断応力を受ける場合に限らず，今後も板要素の繰返し挙動を明らかにしていく必要がある．

6.2 板要素の座屈

本節では，板座屈に関する基本的な事項について紹介するとともに，板要素の座屈応力度とその幅厚比との関係を紹介する．

6.2.1 板要素の釣合方程式と弾性座屈耐力

図 6.2.1 に示す長方形平板の弾性座屈に関する基礎方程式は，ヤング係数を E，ポアソン比を ν，

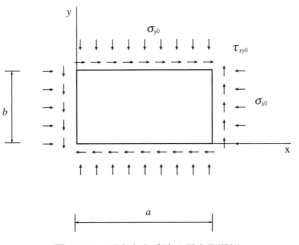

図 6.2.1　面内力を受ける長方形平板

板厚を t，縁辺に加わる既知の圧縮応力度分布を σ_{x0}, σ_{y0}，せん断応力度分布を τ_{xy0}，座屈によるたわみ変形を w とすれば，z 方向（面外方向）の釣合方程式として，次式で与えられる．

$$\frac{Et^3}{12(1-\nu^2)}\left(\frac{\partial^4 w}{\partial x^4}+\frac{\partial^4 w}{\partial x^2 \partial y^2}+\frac{\partial^4 w}{\partial y^4}\right)+\sigma_{x0}t\frac{\partial^2 w}{\partial x^2}+\sigma_{y0}t\frac{\partial^2 w}{\partial y^2}+2\tau_{xy0}t\frac{\partial^2 w}{\partial x \partial y}=0 \qquad (6.2.1)$$

いま，x 方向に一様圧縮応力度 σ_{x0} を受ける周辺単純支持長方形平板の座屈応力度 σ_{cr} について考える．この場合の σ_{cr} は式（6.2.1）で $\sigma_{y0}=\tau_{xy0}=0$ とし，弾性座屈による変形 w を式（6.2.2）のように仮定し，曲げモーメントを縁辺で 0 とすれば，式（6.2.3）で与えられる．

$$w=\sin\left(\frac{m\pi x}{a}\right)\sin\left(\frac{\pi y}{b}\right) \qquad (6.2.2)$$

$$\sigma_{cr}=\min\left\{\frac{\pi^2 E}{12(1-\nu^2)}\left(\frac{t}{b}\right)^2\left(\frac{m}{a}+\frac{a}{m}\right)^2\right\} \qquad (6.2.3)$$

ここで，b/t は幅厚比と呼ばれ，板座屈を考える上で重要な指標である．α は辺長比で，$\alpha=a/b$ であり，m は加力方向の半波数（整数）である．σ_{cr} は m/α が最も 1 に近い波数 m で与えられる．σ_{cr} の最小値は m を自然数として $m/\alpha=1$ で与えられ，安全側の近似値として用いられる．

他の荷重条件，境界条件あるいは辺長比 α に対する座屈応力度 σ_{cr}（τ_{cr}）は式（6.2.3）の表現にならい，板座屈係数 k を用いて次のように表される．

$$\sigma_{cr}(\text{or } \tau_{cr})=k\frac{\pi^2 E}{12(1-\nu^2)}\left(\frac{t}{b}\right)^2 \qquad (6.2.4)$$

上記単純支持平板の式（6.2.3）の場合，$k=4$ である．長方形平板の弾性座屈における代表的な板座屈係数 k の近似式および最小値 $k_{\min}$ を表 6.2.1 に示す．曲げ応力の圧縮成分による座屈については，圧縮側の縁（最大）応力度 σ_b が基準となっている．すなわち，式（6.2.4）で $\sigma_{cr}=\sigma_{b,cr}$ とする．なお，表 6.2.1 に示す座屈波長は，$k_{\min}$ を与える座屈半波の長さである．

一様なせん断応力を受ける場合については，辺長比 a/b を用いて板座屈係数 k が近似され，表 6.2.1 では $a/b \geqq 1$ の場合を示している．ただし，$a/b<1$ の場合には，その逆数を a/b と見なすことで板座屈係数が得られる．

6.2.2 弾性座屈耐力相関関係式

組合せ応力を受ける周辺単純支持長方形板の座屈耐力については，次の弾性座屈耐力相関関係式が経験式として用いられている．

（1） 圧縮と曲げ：$k=\alpha^3+3\alpha^2+4$ $\qquad (6.2.5)$

$$\alpha=1-\frac{\sigma_{\min}}{\sigma_{\max}} \qquad (6.2.6)$$

ただし，$\sigma_{\max}$ は最大圧縮応力度（正），$\sigma_{\min}$ は最小圧縮応力度（引張のときは負）である．

（2） 圧縮とせん断：$\left(\dfrac{\sigma}{\sigma_{cr}}\right)+\left(\dfrac{\tau}{\tau_{cr}}\right)^2=1$ $\qquad (6.2.7)$

（3） 曲げとせん断：$\left(\dfrac{\sigma_b}{\sigma_{b,cr}}\right)^2+\left(\dfrac{\tau}{\tau_{cr}}\right)^2=1$ (6.2.8)

（4） 圧縮，曲げとせん断：$\left(\dfrac{\sigma}{\sigma_{cr}}\right)+\left(\dfrac{\sigma_b}{\sigma_{b,cr}}\right)^2+\left(\dfrac{\tau}{\tau_{cr}}\right)^2=1$ (6.2.9)

または，$\left(\dfrac{\sigma_{\max}}{\sigma_{\max,cr}}\right)^2+\left(\dfrac{\tau}{\tau_{cr}}\right)^2=1$ (6.2.10)

ただし，$\sigma_{\max}=\sigma+\sigma_b$ (6.2.11)

表6.2.1 長方形平板の代表的な弾性板座屈係数

荷重・支持条件			
kの評価あるいは$k_{\min}$	4	6.98	4
座屈波長	1	0.66	1
6.98	5.41	$k=0.425+(b/a)^2$	1.277
0.677	0.79	—	1.635
$k=0.687+1.51(b/a)^2$	23.9	39.6	24.48
—	0.667	0.47	0.667
$k=5.34+4.00(b/a)^2$	$k=8.98+5.60(b/a)^2$	5.34	8.98
—	—	—	—

ここで, σ, σ_b と τ はおのおの一方向(平均)圧縮応力度, 曲げによる縁圧縮応力度, 一様(平均)せん断応力度である. σ_{cr}, $\sigma_{b,cr}$ と τ_{cr} は, 圧縮, 曲げあるいはせん断がそれぞれ単独に作用した場合の座屈応力度で, 表6.2.1の板座屈係数 k と式 (6.2.4) から求められる. また, $\sigma_{max,cr}$ は, 圧縮と曲げを同時に受ける場合の座屈時の最大圧縮応力度で, 上記の(1)の式(6.2.5)から求められる. 「鋼構造設計規準 —許容応力度設計法—」[6.1] (以下, 鋼構造設計規準という) では, 式 (6.2.10) を採用している.

ここで示した弾性座屈耐力相関関係には, 辺長比の影響が考慮されていない. しかしその効果はさほど大きくなく, 上で示した相関関係式が良い近似式であることから問題なく使用できる. 辺長比の効果を考慮した弾性座屈耐力相関関係式に関しては, 例えば文献6.5), 6.6)に示されているので参考にされたい.

ところで, 本来曲げとせん断は相互に連成して作用するが, スチフナやフランジで囲まれた辺長比の小さい板要素では曲げモーメント勾配の影響は小さく, 純曲げ, 純せん断が作用しているとして, 先の式 (6.2.8) で座屈耐力を算定してよい. しかし, 純曲げ, 純せん断が作用していると見なしえない不均等曲げと圧縮を受ける場合の座屈耐力相関関係は, 曲げと連成するせん断力を τ, 曲げせん断力が単独で作用した場合のせん断力に対する弾性座屈耐力を τ_{cr} とし[6.7], 一方向(平均)圧縮応力度を σ, 圧縮力が単独に作用した場合の座屈応力度を σ_{cr} とすると, 式 (6.2.7) と同形で与えられる[6.8].

以上に示した結果では, 板要素がある境界条件の下で独立して存在するものとして, その座屈耐力が評価されている. 実際には, 例えば, H形断面のウェブとフランジのように, いくつかの板要素が集合して部材が構成されることから, 座屈に際して他の板要素の変形・剛性の影響を受ける. これは, 板要素の座屈の連成と呼ばれている. 連成座屈に関する研究の多くは, 純圧縮力下において検討されているものが多く, H形断面や矩形中空断面などの基本的な断面形に関しては, ある程度明らかにされている[6.9]. また「鋼構造限界状態設計指針・同解説」[6.3], 「建築耐震設計における保有耐力と変形性能 (1990)」[6.4]では, H形断面材について, 連成を考慮して幅厚比を規定している. 曲げせん断力を受けるH形断面部材を構成する板要素の連成座屈耐力については, 文献6.10)において解析的な検討が行われ, 近似評価式が提案されている.

プレートガーダーのウェブプレートの座屈と設計については「鋼構造設計規準」[6.1]に詳しく記述されており, 補剛された平板, 有孔平板の座屈については本指針の6.6節, 長方形以外の形状の平板の座屈については文献6.11), 6.12) などを参照されたい.

6.2.3 塑性座屈耐力

幅厚比が大きい場合には, 板要素は材料の比例限応力度より低い応力度で弾性座屈を起こすが, 幅厚比が小さくなるに従って座屈耐力は大きくなり, 前節の式 (6.2.1) から得られる値は材料の比例限を超え, さらには降伏応力度も超える. このような状態になると, 座屈耐力における弾性係数はヤング係数と異なり低い値となるため, 弾性座屈として求められた限界値は高すぎる値を与え, 不合理な値となる. このような状態での座屈現象は塑性座屈と呼ばれる[6.11]. 矩形平板の塑性座屈に

ついては一方向から圧縮（N_x）を受ける場合につき，S. Timoshenko，F. Bleich により圧縮を受ける方向のみ弾性係数の減少による曲げ剛性の減少を考えて，その直角方向には減少はないものとしての計算法が提唱されている[6.13]．すなわち，限界応力度に対応する接線係数 E_t とヤング係数との比を $\alpha_t(=E_t/E)$ とすると，釣合方程式は

$$\frac{Et^3}{12(1-\nu^2)}\left(\alpha_t\frac{\partial^4 w}{\partial x^4}+2\sqrt{\alpha_t}\frac{\partial^4 w}{\partial x^2\partial y^2}+\frac{\partial^4 w}{\partial y^4}\right)+N_x\frac{\partial^2 w}{\partial x^2}=0 \tag{6.2.12}$$

で与えられる．括弧内の第2項はねじり剛性に関する項であるが，その項の剛性の減少は $\sqrt{\alpha_t}$ に比例するものと仮定している．これから，4周辺単純支持の場合の座屈応力度は

$$\sigma_{cr}=\frac{\pi^2 E}{12(1-\nu^2)}\left(\frac{b}{a}\sqrt{\alpha_t}+\frac{a}{b}\right)^2\left(\frac{t}{b}\right)^2 \tag{6.2.13}$$

で与えられ，その最小値は $a/b=\sqrt[4]{\alpha_t}$ で生じ，その値は

$$\sigma_{\min}=\frac{\pi^2 E}{3(1-\nu^2)}\sqrt{\alpha_t}\left(\frac{t}{b}\right)^2 \tag{6.2.14}$$

となる．

　このような塑性座屈理論に対し，1940年代に入ると塑性論の発展に伴い，塑性理論による応力度-ひずみ度関係を取り入れた新しい塑性座屈理論が相次いで発表された．代表的なものとしては塑性変形理論を基にした Stowell の理論[6.14]と Prandtl-Reuss の塑性流理論に従った関係式を用いた G. H. Handelman，W. Prager の理論[6.15]である．平板の塑性座屈の実験は種々行われ，塑性論からはより完全と考えられる流理論による結果が，変形理論によるものよりも実験とかけ離れていることが明らかになっている．塑性座屈を伴う平板の設計にあたっては，山本の理論[6.16]に従い，ヤング係数の代わりに $E_t(\sigma_t)$ または $4EE_t/(\sqrt{E}+\sqrt{E_t})^2$ を適当に使って推定するか，変形理論により導かれる式（6.2.15）で示される座屈応力度を用いても実用的には大きすぎることはなく，問題ない．

$$\sigma_{cr}=\sigma_E\frac{E_s}{E}\left(\frac{1}{2}+\frac{1}{2}\sqrt{\frac{1}{4}+\frac{3}{4}\frac{E_s}{E}}\right) \tag{6.2.15}$$

　この式で σ_E は，弾性座屈限界応力度である．

　F. Bleich[6.13]によれば，式（6.2.13）は，変形理論による式（6.2.15）に近く，かつ E_t を用いて計算した値は実験とも近い値を示すことが明らかにされている．したがって，これらの式から推定される座屈応力度は十分な近似度を有しており，実用計算にも問題なく適用できる．近年では，井上らによる一連の研究[6.17]-[6.19]が行われ，理論と実際の溝は埋まりつつある．

6.3　板要素の座屈後の挙動と最大耐力

6.3.1　弾性座屈後の挙動

　幅厚比が大きく弾性座屈する平板は，座屈後も荷重の増加を伴って変形する能力を有する．これは，例えば，棒の座屈の場合には座屈後比較的早期に崩壊機構が形成されるのに対して，平板の場合には，縁辺の拘束効果とそれに伴う応力再配分のために，崩壊機構が形成されるまでの余裕が大きくなることによる．崩壊機構が形成され，最大耐力に達した後は，急激な荷重の低下を伴って変

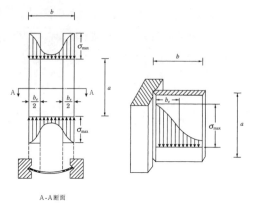
図6.3.1 一方向圧縮力を受ける長方形平板の座屈後の圧縮応力度分布

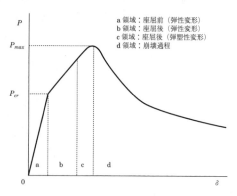
図6.3.2 一方向圧縮力を受ける長方形平板の座屈後の挙動

形が進行する．最大耐力の大きさは，材料の降伏応力度，荷重条件，境界条件，幅厚比等により変化する．図6.3.1，6.3.2は，それぞれ一方向圧縮力を受ける長方形平板の座屈前後の圧縮応力度分布と座屈後の挙動のモデル図を示している．

幅厚比が小さく弾性座屈耐力が降伏応力度に近いような場合には，板の初期不整や残留応力によって徐々に進展した座屈変形の領域で塑性化がすみやかに進行し，崩壊機構が形成されやすいために，最大耐力と実際の座屈耐力の差は小さくなる．

一方向圧縮力を受ける矩形平板あるいはせん断力を受ける無限長平板の弾性座屈後の挙動は，Yamaki ら[6.20),6.21)]によって精密に解析されている．一方向圧縮を受ける長方形平板の弾性座屈後の座屈耐力の 2 倍程度までの弾性範囲（図6.3.2のbの区間）における剛性は，側辺の境界条件によって若干の違いはあるが，ヤング係数のほぼ 1 / 2 を用いて評価できる．

6.3.2 有効幅の基本的概念と座屈後耐力

板要素が弾性座屈する軽量形鋼等では，板要素の局部座屈後も高い耐力を期待できることから，有効幅の概念を導入して有効断面積を求め，その降伏耐力をもって設計上の耐力を規定している[6.1)]．図6.3.1において，一方向圧縮力を受ける長方形平板が座屈後最大荷重に達した状態を次のように表す．

$$P_{\max} = tb\sigma_{av} = tb_e\sigma_{\max} \tag{6.3.1}$$

ここで，$P_{\max}$ は最大荷重，t は板厚，b は板の全幅，b_e は有効幅，σ_{av} は平均圧縮応力度，$\sigma_{\max}$ は加力方向に平行な支持縁に生じる最大圧縮応力度である．Kármán[6.22)]は，単純支持正方形平板について，両縁辺からそれぞれ $b_e/2$ の範囲が座屈に対して有効であるとし，圧縮応力度 $\sigma_{\max}$ が次の関係を満たすと仮定した．

$$\sigma_{\max} = \frac{\pi^2 E}{3(1-\nu^2)}\left(\frac{t}{b_e}\right)^2 \tag{6.3.2}$$

そして最大耐力は，$\sigma_{\max} = \sigma_y$ で与えられるとした．これから，式 (6.3.3) が求まる．

$$\frac{b_e}{t}=\frac{\pi}{\sqrt{3(1-\nu^2)}}\sqrt{\frac{E}{\sigma_y}}=1.9\sqrt{\frac{E}{\sigma_y}} \tag{6.3.3}$$

式 (6.3.3) は，幅厚比が非常に大きい場合の有効幅をよく近似することが知られている．一方，Winter[6.23]は，実験結果に基づいて $\sigma_{\max}=\sigma_y$ と b_e の関係を次のように求めた．

$$\frac{b_e}{b}=1.9\left(\frac{t}{b}\right)\sqrt{\frac{E}{\sigma_{\max}}}\left\{1-0.475\left(\frac{t}{b}\right)\sqrt{\frac{E}{\sigma_{\max}}}\right\} \tag{6.3.4}$$

なお，一側辺自由他辺単純支持の場合についても，次式が提案されている．

$$\frac{b_e}{b}=0.8\left(\frac{t}{b}\right)\sqrt{\frac{E}{\sigma_{\max}}}\left\{1-0.202\left(\frac{t}{b}\right)\sqrt{\frac{E}{\sigma_{\max}}}\right\} \tag{6.3.5}$$

座屈後耐力については，その検討対象が圧縮力を受ける場合がほとんどであるが，圧縮，面内曲げ，面内せん断力を受ける場合についても，有効幅の概念を拡張して，図6.3.3に示すように弾性域から非弾性域までを含めて統一的な座屈後耐力としての次式 (6.3.6 b) および (6.3.6 c) で最大耐力評価を行うことができる[6.24]．

弾性座屈耐力： $\dfrac{\sigma_{cr}}{\sigma_y}=\dfrac{0.9}{\lambda^{*2}}$ (6.3.6 a)

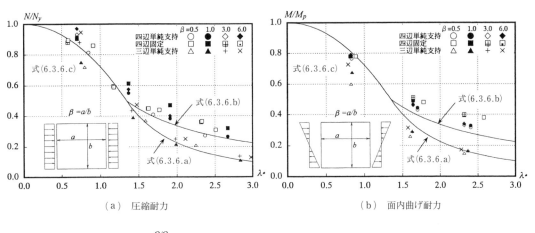

(a) 圧縮耐力　　　(b) 面内曲げ耐力

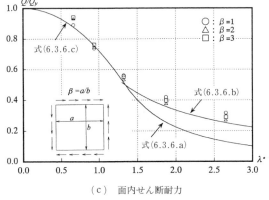

(c) 面内せん断耐力

図 6.3.3　座屈後耐力[6.24]

弾性域における座屈後耐力 : $\dfrac{\sigma_u}{\sigma_y}=\dfrac{\lambda_p{}^*}{\lambda^*}$　$(\lambda^*\geqq\lambda_p{}^*)$ 　　　　　　　　(6.3.6 b)

非弾性域における座屈後耐力 : $\dfrac{\sigma_u}{\sigma_y}=(\alpha-1)\left(\dfrac{\lambda^*}{\lambda_e{}^*}\right)^2+1$　$(\lambda^*\leqq\lambda_p{}^*)$ 　　　　(6.3.6 c)

ここで，$\lambda^*=(b/t)\sqrt{\sigma_y/(kE)}$，$\lambda_p{}^*=\lambda_e{}^*(3\alpha-1)/(2\alpha)$，$\lambda_e{}^*=\sqrt{0.9/\alpha}$ であり，b/t：板要素の幅厚比，σ_y：降伏（せん断）応力度，E：ヤング係数，k：板座屈係数，α：降伏（せん断）応力度に対する比例限応力度の比である．この評価式は，アルミニウム合金の応力度-ひずみ度曲線を用いた数値解析結果より導かれたものであり，図6.3.3では $\alpha=0.5$ として表現されているが，式（6.3.6）は薄鋼板に十分適用できるものと考えられる．上式中の板座屈係数は，表6.2.1を参考に決定してよいが，曲げを受ける場合は，全塑性モーメントに対する比率で座屈後耐力を評価するため，板座屈係数を1.5で除した値を用いることとする．なお，圧縮側の一側辺が自由の場合の耐力は座屈後耐力が期待できないため，式（6.3.6 a）で評価する．

6.3.3　座屈後耐力相関関係式

座屈後耐力に関しても，複合応力を受ける際の四辺単純支持矩形平板の座屈後耐力相関関係式が次式のように提案されている[6.25]．本評価式は，アルミニウム合金を対象にして求められたものであるが，鋼に準用しても問題ないと考えられる．

（1）　圧縮と面内曲げモーメントの作用する場合

$$\frac{N}{N_u}+\left(\frac{M}{M_u}\right)^2=1 \tag{6.3.7}$$

（2）　圧縮と面内せん断力の作用する場合

$$\frac{N}{N_u}+\left(\frac{Q}{Q_u}\right)^2=1 \tag{6.3.8}$$

（3）　面内曲げモーメントと面内せん断力の作用する場合

$$\left(\frac{M}{M_u}\right)^{1/4}+\left(\frac{Q}{Q_u}\right)^{1/4}=1 \tag{6.3.9}$$

（4）　圧縮-曲げ-せん断力を受ける場合

$$\left(\frac{M/M_u}{\sqrt{1-N/N_u}}\right)^{(1.4-0.4N/N_u)}+\left(\frac{Q/Q_u}{\sqrt{1-N/N_u}}\right)^{(1.4-0.4N/N_u)}=1 \tag{6.3.10}$$

以上の4式において，N_u，M_u，Q_u は，先の式（6.3.6 b），（6.3.6 c）から求まる σ_u/σ_y にそれぞれ，降伏軸力 N_y，全塑性モーメント M_p，降伏せん断力 Q_y を乗じた値である．また全領域で圧縮-曲げ-せん断耐力相関関係を画一的に評価するため，曲げ-せん断力の座屈耐力関係をいくらか安全側で評価している．

6.3.4　張　力　場

ここで示す張力場理論は，プレートガーターのウェブ等，周辺にフランジやスチフナ等の枠的要

素を有するせん断応力を受ける比較的薄い板要素のせん断座屈後の最大耐力を評価するために導入された耐力評価の方法である．

(1) 完全張力場

板要素の板厚が十分に薄く，上下フランジおよび中間スチフナの剛性・耐力が大きい場合には，最大耐力の評価においてせん断座屈耐力の大きさは無視され，張力場の耐力だけが重要となる．このような条件が成立する場合は，完全張力場[6.26]と呼ばれる．図6.3.4でせん断応力度 τ_{xy} によって生じる最大主応力 σ_T を斜張力と呼ぶ．完全張力場では，フランジに対する斜張力の方向 θ は，おおむね斜め $40°\sim45°$ 方向で，$45°$ と仮定できる．ウェブの高さを h，厚さを t，横せん断力を Q とすれば，斜張力 σ_T は，ウェブの全域にわたって一定で，$\tau_{xy}=Q/(ht)=\sigma_T(\sin2\theta)/2$ より，下式で表される．

$$\sigma_T = \frac{2Q}{ht\sin(2\theta)} \tag{6.3.11}$$

張力場が形成された状態での等価せん断剛性 G_e は，$\theta=45°$ とし，斜張力方向のヤング係数を $E_T=E$，それと直交方向のヤング係数を $E_C=0$ とすれば，$\gamma_{xy}=\tau_{xy}/G_e=2\sigma_T/E_T$ より，次のようになる．

$$G_e = \frac{E}{4} \tag{6.3.12}$$

最大せん断耐力は，$\sigma_T=\sigma_y$ として，次のように得られる．

$$Q_{\max} = \frac{ht\sigma_y}{2} \tag{6.3.13}$$

斜張力は，単位長さあたり $\sigma_T t/2 = Q/h$ の力で上下フランジを内側に引き込もうとする．この力によって，フランジに働く最大モーメント $M_{F,\max}$ は，スチフナ間隔を d とすれば，スチフナ位置を固

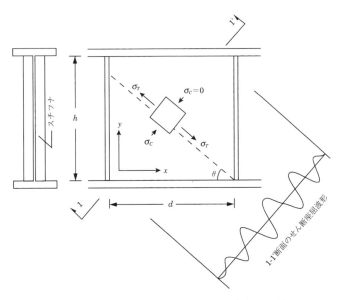

図6.3.4 ウェブのせん断座屈後の完全張力場

定端として，次のようになる．

$$M_{F,\max}=\frac{Qd^2}{12h} \tag{6.3.14}$$

また，スチフナに働く圧縮力 N_s は，次のように表される．

$$N_s=\frac{Qd}{h} \tag{6.3.15}$$

（2） 不完全張力場

フランジの曲げ剛性や耐力が，ウェブの座屈後の剛性や耐力に対して十分に大きくはなく，斜張力によって生じるフランジの曲げ変形が張力場の形成ならびに最終耐力に影響する場合で，この状態を不完全張力場と呼ぶ．建築に使用されるプレートガーダーは，一般にこれに相当する．斜張力の方向はフランジの剛性によって変わる．ウェブが伝達しうる最大せん断力 $Q_{\max}$ は，図6.3.5に示すように，ウェブのせん断座屈耐力 Q_{cr}，斜張力から求められるせん断力の増加 Q_T と，フランジとスチフナが形成する骨組の崩壊機構形成時の崩壊荷重 Q_F の和として，式(6.3.16)のように与えられる．

$$Q_{\max}=Q_{cr}+Q_T+Q_F \tag{6.3.16}$$

ここでは，Basler の研究[6.27)]や Kuhn の研究[6.28)]に端を発した不完全張力場に関する多くの研究結果に基づいた近似評価法を紹介する．せん断力 τ_{cr} は，ウェブに一様に作用しているとする．ウェブのせん断座屈応力度を τ_{cr} とすると，対応するせん断力 Q_{cr} は，次のようになる．

$$Q_{cr}=\tau_{cr}ht \tag{6.3.17}$$

最終の崩壊状態は，図6.3.5に示すようなもので，フランジの全塑性モーメントを M_{FP}，フランジ中間部のヒンジ発生位置を c とすると，フランジとスチフナからなる骨組の崩壊荷重時せん断力 Q_F は，次のように表される．

$$Q_F=4M_{FP}/c \tag{6.3.18}$$

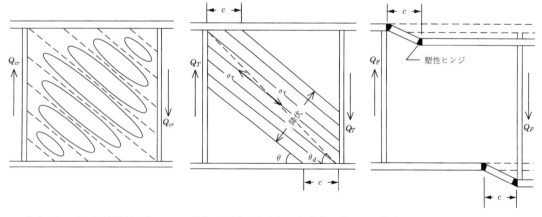

（a） ウェブのせん断座屈：Q_{cr} 　　（b） 斜張力によるウェブの降伏：Q_T 　　（c） フランジとスチフナが作るフレームの崩壊：Q_F

図6.3.5　ウェブのせん断座屈後の崩壊過程とせん断耐力

しかし，実際の崩壊荷重レベルでは，フランジは曲げモーメントによりかなり大きな直応力を受けていると考えられ，c および M_{FP} に対するこの直応力の影響が大きいことから，普通 Q_F の Q_{max} への寄与は無視されている．これから，式（6.3.16）は次のように近似できる．

$$Q_{max} \cong Q_{cr} + Q_T \tag{6.3.19}$$

斜張力の成分の方向 θ は，Kuhn[6.28] によれば，フランジとスチフナが作る板要素の対角線とフランジのなす角を θ_d とすると，

$$\theta = \theta_d/2 \tag{6.3.20}$$

と近似される．実際の主応力方向は，θ と 45°の中間にあり，完全張力場の場合より若干小さくなる傾向にある．$c=0$ とし，式（6.3.20）を仮定すると，斜張力 σ_T に対するせん断力 Q_T は，次式で近似される[6.27]．

$$Q_T = Q_T ht \sin(\theta)\cos(\theta) = \frac{\sigma_T ht}{2\sqrt{1+\alpha^2}} \tag{6.3.21}$$

ここで

$$\alpha = d/h \tag{6.3.22}$$

ウェブのせん断座屈後の応力状態をせん断応力度 τ_{cr} と斜張力 σ_T とが働いている状態と仮定すると，von Mises の降伏条件から，σ_T は次のように求められる．

$$\frac{\sigma_T}{\sigma_y} = \sqrt{1 - \left(\frac{\tau_{cr}}{\tau_y}\right)^2\left(1 - \frac{3\sin^2(\theta_d)}{4}\right)} - \frac{\sqrt{3}}{2}\left(\frac{\tau_{cr}}{\tau_y}\right)\sin(\theta_d) \tag{6.3.23}$$

あるいはさらに簡単に，次の近似式が提案されている[6.27]．

$$\frac{\sigma_T}{\sigma_y} = 1 - \frac{\tau_{cr}}{\tau_y} \tag{6.3.24}$$

$$\frac{\sigma_T}{\sigma_y} = 1 - \sqrt{\frac{\tau_{cr}}{\tau_y}} \tag{6.3.25}$$

式（6.3.24）は，式（6.3.23）から τ_{cr}/τ_y の一次近似式として求めた結果である．式（6.3.25）は，式（6.3.24）の修正式として提案されたものである．以上により σ_T が求められるので，Q_T は式（6.3.21）より，また，フランジに働く最大モーメント $M_{F,max}$ とスチフナに働く圧縮力 N_s は，式（6.3.14）と式（6.3.15）より求められる．

以上は基本的な考え方を示したものであるが，この他にも多くの研究者によりさまざまな崩壊メカニズムが提案され，プレートガーダーにおける張力場を伴った終局耐力評価がある[6.9),6.29]．

また，これまで見てきたように4周辺を支持された鋼板以外にも，図6.3.6に示すような角部4か所において，部分的に鋼板が支持された場合の座屈耐力および座屈後耐力がブレースモデルに基づいて提案されている[6.30),6.31]．これを簡略化する形で，式（6.3.26）で最大耐力を評価する簡易ブレースモデル，式（6.3.27）で最大耐力を評価する引張ブレースモデルの2通りのモデルが提案されている．簡易ブレースモデルは，隅角部の支持部分を対角線状に結んだ一定幅の引張，圧縮ブレースが内包されていると想定し，引張ブレースの降伏軸力および圧縮ブレースの座屈時軸力により鋼板の最大耐力を評価したモデルである．また，引張ブレースモデルは，簡易ブレースモデルのうち，

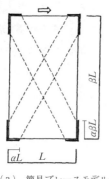 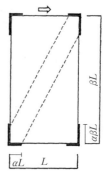

（a）簡易ブレースモデル　　　　　　　　（b）引張ブレースモデル

図 6.3.6　ブレースモデルの簡略化[6.31]

引張ブレース耐力のみを考慮したモデルである．

$$\frac{{}_BQ_u}{Q_y}=\frac{2.357\pi^2 E\alpha\beta}{\sigma_y\lambda^{*2}(1-\alpha)^2(1+\beta^2)^2}+\frac{2\sqrt{3}\alpha\beta}{1+\beta^2} \tag{6.3.26}$$

$$\frac{{}_BQ_u}{Q_y}=\frac{2\sqrt{3}\alpha\beta}{1+\beta^2} \tag{6.3.27}$$

ここで，${}_BQ_u$：ブレース換算耐力，Q_y：鋼板のせん断降伏耐力，E：ヤング係数，σ_y：降伏応力度，λ^*：幅厚比，α：辺に対する支持部分比率，β：辺長比である．

6.4　幅厚比の制限値
6.4.1　部材の性能と板要素の座屈との関係

　日本建築学会では，規準，指針等の設計体系に則った形で，板要素の幅厚比に対して，それぞれ制限値や区分が与えられている．「鋼構造設計規準」[6.1]では「板要素が降伏するまで座屈しない」という条件が満足されるように幅厚比の制限値が定められている．また「鋼構造塑性設計指針」[6.2]では，塑性ヒンジの回転能力が損なわれないよう，H 形断面フランジ板要素では，その最大耐力がひずみ硬化域に入るように幅厚比が制限されている．一方，塑性変形能力に富む構造では靱性が期待できて，「鋼構造限界状態設計指針・同解説」[6.3]，「建築耐震設計における保有耐力と変形性能(1990)」[6.4]，「2015 年版建築物の構造関係技術基準解説書」[6.32]では，変形能力に応じて板要素の幅厚比に対する構造区分が規定されている．

　H 形断面の圧縮フランジの性能を評価する一方法として，「鋼構造塑性設計指針」[6.2]のように，十字形断面の短柱圧縮時の耐力ならびに変形性能を用いることがある．この場合，断面の交線は単純支持縁に相当する．実際には，フランジとウェブ相互の拘束関係，換言すれば相互に変形が影響しあうことから，これは一つのモデル化と見なされる．また「鋼構造限界状態設計指針・同解説」[6.3]では，フランジとウェブの相互の影響を考慮し，期待される変形態力のレベルに応じ，幅厚比制限を相関式の形で与えている．

　角形鋼管を構成する板要素を評価する一方法として，短柱圧縮時の耐力および変形性能を用いる

ことがある．この場合，隅角部は単純支持縁に相当する，最大耐力は，平均圧縮応力度により，また変形性能は，平均軸ひずみ量によって評価される．隅角部に曲率を持った角形鋼管の場合に板幅を外径寸法で定義すると，断面積が減少しているにもかかわらず曲率を持った隅角部のたわみ拘束効果により，溶接組立角形鋼管の場合と同等以上の性能が得られる．ただし，「鋼構造設計規準」[6.1]では，平たん部（隅角部を除いた内側）を板要素の幅と見なしている．

　角形鋼管が柱として用いられる場合，各板要素は異なる応力状態にあり，圧縮フランジとしての板要素の側辺の境界条件は単純支持よりも拘束されたものとなるので，柱の性能に及ぼす板要素の座屈の影響は，短柱圧縮とはおのずと異なる．圧縮フランジの座屈変形が進行してもすぐには荷重伝達能力は失われず，ウェブの座屈が進行することによって最大耐力に達することが確かめられている．軸圧縮力が大きくなると，P-δ 効果に加えて，圧縮フランジの座屈はもとよりウェブの座屈が生じやすくなるため，柱の変形性能は低下する．以下では，規準，指針等に定められている幅厚比制限値，幅厚比区分について解説する．

6.4.2　板要素の耐力と幅厚比の制限値およびウェブプレートの許容座屈応力度

　「鋼構造設計規準」[6.1]の幅厚比の制限値は表 6.4.1 にまとめてある．これらは各断面の短柱の圧縮性状より求められたものである．「鋼構造設計規準」[6.1]では，図 6.4.1 に示すように，座屈応力度を次のように規定している．

　断面を構成する板要素を一つの平板として考えたときの座屈応力度と幅厚比の関係を図示すれば，図 6.4.1 の座屈曲線となり，座屈応力度 σ_{cr} は，弾性範囲内においては式 (6.4.1) で与えられる．

$$\sigma_{cr} = k \frac{\pi^2 E}{12(1-\nu^2)} \left(\frac{t}{b}\right)^2 \tag{6.4.1}$$

　一方，多数の座屈実験によれば，座屈応力度 σ_{cr} が降伏応力度 σ_y に近づく比較的幅厚比の小さい範囲では，実験値は残留応力，初期不整などにより弾性座屈曲線の下側に分布する．このため，座屈曲線上の $\sigma = 0.6\sigma_y$ の点にて接線を引き，この接線と $\sigma = \sigma_y$ との交点をもって制限値としている．この接線は，式 (6.4.2) で与えられ，幅厚比制限の一般式は，式 (6.4.3) で与えられる．

$$\sigma_{cr} = \sigma_y \left\{ 1.8 - 0.978 \sqrt{\frac{\sigma_y}{kE}} \left(\frac{b}{t}\right) \right\} \tag{6.4.2}$$

$$\frac{b}{t} = 0.82 \sqrt{\frac{kE}{\sigma_y}} \tag{6.4.3}$$

　ここで式 (6.4.3) の k の値については，板要素の境界条件および応力状態によって定められている．フランジでは 0.425 を，柱などの圧縮材のウェブでは 4 を用いることになっている．図 6.4.2 に示す十字形，箱形断面短柱の圧縮実験結果によれば，この幅厚比制限値はほぼ妥当なものである．なお，「鋼構造設計規準」[6.1]では，角部を有する角形鋼管について平板部分の幅厚比を用いているが，図中の実験結果は全幅の幅厚比で評価している[6.33]．

　曲げとせん断を受ける部材のウェブプレートの幅厚比の制限値も，同じ考えで求められている．

表 6.4.1 幅厚比の制限値[6.1]

鋼構造設計規準 —許容応力度設計法— 式	$\dfrac{b}{t} \leqq 0.44\sqrt{\dfrac{E}{F}}$	$\dfrac{b}{t} \leqq 0.53\sqrt{\dfrac{E}{F}}$	$\dfrac{b}{t} \leqq 1.6\sqrt{\dfrac{E}{F}}$	$\dfrac{b}{t} \leqq 2.4\sqrt{\dfrac{E}{F}}$ [注1]	$\dfrac{b}{t} \leqq 1.6\sqrt{\dfrac{E}{F}}$ $\dfrac{D}{t} \leqq 0.144\sqrt{\dfrac{E}{F}}$
$F=235\ \text{N/mm}^2$ SN 400, SS 400, SM 400, SMA 400, STK 400, STKR 400, SSC 400, STKN 400, SWH 400 ($t \leqq 40\ \text{mm}$)	13	16	47	71	47 99
$F=325\ \text{N/mm}^2$ SN 490, SS 490, SMA 490, STK 490, STKR 490, STKN 490 ($t \leqq 40\ \text{mm}$)	11	13	40	60	40 72

[注]1) 梁のウェブ

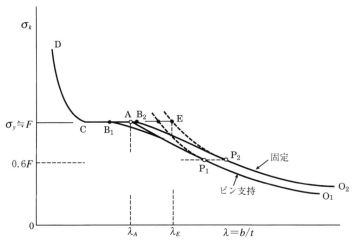

図 6.4.1 鋼構造設計規準における座屈応力度の規定[6.1]

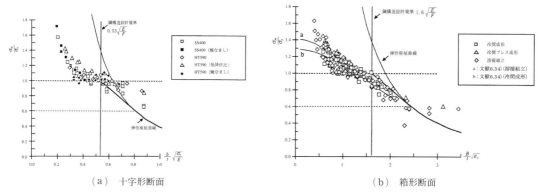

図 6.4.2 座屈応力度

純曲げを受ける場合とせん断力を受ける場合およびこれらの組合せ応力状態を考え,「鋼構造設計規準」[6.1]では, 安全側の値として式 (6.4.3) の k の値を 5.34 とし, 幅厚比制限値を $1.6\sqrt{E/F}$ と定めている. 軸圧縮力も受ける場合には, ウェブの応力状態が変動するので, 純圧縮の制限値 $2.4\sqrt{E/F}$ と曲げ・せん断の制限値 $1.6\sqrt{E/F}$ との間を線形補間し, 次式で与えている.

$$\frac{d}{t}=\max\left(2.4\sqrt{\frac{E}{F}}-0.8\sqrt{\frac{E}{F}}\frac{P}{FA},\ 1.6\sqrt{\frac{E}{F}}\right) \tag{6.4.4}$$

ここで, A：部材の断面積, P：軸圧縮力である.

ところで,「鋼構造設計規準」[6.1]の付.「ウェブプレートの座屈検定とスチフナの算定」には, ウェブプレートに対して許容板座屈応力度の考え方が示されている. これは, 弾性板座屈応力度と先の $0.6F(0.6\sigma_y)$ における接線から求まる非弾性座屈応力度に安全率を見込んで, 作用応力ごとに示したものであり, 次のように与えられる.

許容圧縮板座屈応力度は, 下式から求める.

$d/t \geqq 1.22/C_1$ のとき $\qquad \sigma_0=\dfrac{0.90}{\left(C_1\dfrac{d}{t}\right)^2}f_t \tag{6.4.5.a}$

$d/t < 1.22/C_1$ のとき $\qquad \sigma_0=\left(1.79-0.98C_1\dfrac{d}{t}\right)f_t \leqq f_t \tag{6.4.5.b}$

ただし, 軸方向圧縮力の作用しない梁のウェブプレートにあっては, 下記による場合 $\sigma_0=f_t$ とすることができる.

$$\frac{d}{t}\leqq 4.6\sqrt{\frac{E}{F}} \tag{6.4.6}$$

ここで,

$$C_1=\sqrt{\frac{F}{k_1 E}} \tag{6.4.7}$$

$$k_1=\left(1+\frac{\alpha}{6}\right)(\alpha^3+3\alpha^2+4) \tag{6.4.8}$$

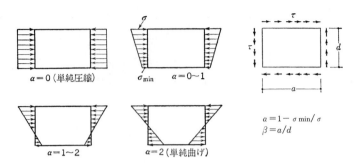

図 6.4.3　板の応力分布

であり，$\alpha=1-\dfrac{\sigma_{\min}}{\sigma}$：圧縮応力度分布係数〔図6.4.3参照〕，$d$：ウェブプレートの幅，$t$：ウェブプレートの厚さである．

許容せん断板座屈応力度は，下式から求める．

$d/t \geq 1.61/C_2$ のとき　　$\tau_0 = \dfrac{1.6}{\left(C_2\dfrac{d}{t}\right)^2} f_s$ 　　　　　　　　　　　　　　　(6.4.9.a)

$d/t < 1.61/C_2$ のとき　　$\tau_0 = \left(1.73 - 0.70 C_2\dfrac{d}{t}\right) f_s \leq f_s$ 　　　　　　　(6.4.9.b)

ここで，

$$C_2 = \sqrt{\dfrac{F}{k_1 E}}$$ (6.4.10)

$\beta < 1.0$ のとき　　$k_2 = 4.00 + \dfrac{5.34}{\beta^2}$ 　　　　　　　　　　　　　　(6.4.11.a)

$\beta \geq 1.0$ のとき　　$k_2 = 5.34 + \dfrac{4.00}{\beta^2}$ 　　　　　　　　　　　　　　(6.4.11.b)

であり，$\beta=a/d$〔図6.4.3参照〕，a：中間スチフナの間隔である．

鋼管の径厚比 D/t については，「鋼構造設計規準」[6.1]で $0.114E/F$ の制限値を定めている．図6.4.4 に示す円形鋼管の短柱圧縮実験結果によれば，この値以下では，最大圧縮応力度は基準値 F に十分

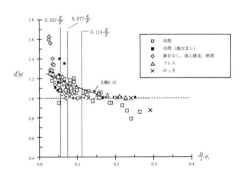

図 6.4.4　円形鋼管短柱の最大圧縮応力度

達している．また，残留応力のない円形鋼管に対しても，径厚比の制限値はおおむね妥当であることが得られている[6.35]．なお，この値以上の幅厚比の場合，「鋼管構造設計施工指針・同解説」[6.36]に局部座屈を考慮した許容圧縮応力度が与えられている．

6.4.3 局部座屈が支配的な部材の曲げ挙動

鋼構造骨組に用いられる部材は，板要素から構成されているものがほとんどである．そのため，部材全体に座屈波形が生じる曲げ座屈や曲げねじれ座屈等を除けば，部材性能は構成板要素の局部座屈によって決定される．図6.4.5にH形断面梁を構成する板要素の幅厚比を変化させた荷重変位関係の一例を示す．（a）は一方向単調載荷より得られた荷重-変位関係[6.37]であり，ウェブ幅厚比 d/t_w，フランジ幅厚比 b/t_f の組合せも変形性状に大きな影響を及ぼすことが確認できる．構成板要素の幅厚比が小さい梁は最大耐力時変位量が大きく，幅厚比が大きい梁は最大耐力時変位量が小さい．（b）は，さまざまなフランジとウェブ幅厚比を有する梁の繰返し載荷結果について，最大耐力までは骨格曲線で，それ以降は包絡線で示した荷重-変位関係である[6.38]．図中の［ ］内の数字は後述する幅厚比指標であり，この数字が小さい梁の最大耐力時変位量が大きい．

例ではH形断面梁で説明したが，局部座屈で部材性能が決定する場合においては，部材の幅厚比でその性能を整理することが一般的に行われている．以下では，まず代表的な断面の部材耐力について，その基本事項を示す．

（1） H形断面部材の曲げ耐力

部材の弾塑性性状は幅厚比などの幾何学的形状，鋼素材特性，載荷条件の各要因が複雑に影響する．一定軸力下で水平力や端部曲げモーメントを受けるH形断面部材については，多くの研究がある[6.37),6.39)]．一般に，材端が全塑性状態に至ればその後塑性変形が増大し，ひずみ硬化によって曲げ耐力が上昇する．塑性領域の拡大に伴い局部座屈も発生し，耐力劣化が生じる．H形断面では板要素が互いに拘束効果を有し，フランジ幅厚比のみならず，ウェブ幅厚比が大きな影響因子となる．また，軸力比もウェブの拘束効果やモーメント勾配に関与するため，荷重変位関係に大きく影響する．

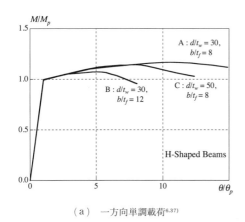
（a） 一方向単調載荷[6.37]

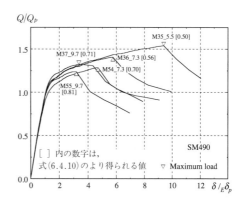
（b） 繰返し載荷より得られた骨格曲線[6.38]

図6.4.5 梁の性能に及ぼす構成板要素幅厚比の影響

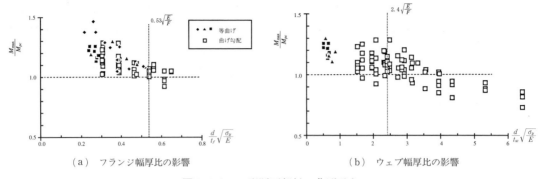

図 6.4.6　H 形断面部材の曲げ耐力

この局部座屈で限界づけられる場合の最大曲げモーメントとフランジ幅厚比などの関係を図 6.4.6 に示す[6.40)-6.43)]．ここに b, d, t_f, t_w はおのおのフランジ半幅，ウェブせい，フランジ板厚，ウェブ板厚である．本図より，フランジ幅厚比が大きくなれば曲げ耐力が小さくなり，$b/t_f\sqrt{\sigma_y/E}$ が 0.6 程度以下であれば，軸力を考慮した全塑性モーメント M_{pc} を期待できる．

$b/t_f \leqq 0.53\sqrt{E/\sigma_y}$，$d/t_w \leqq 2.4\sqrt{E/\sigma_y}$ を満たす部材の最大曲げモーメントについて，6.4.4 項に示す実験式が得られている．その適用性は実験結果との対応で検討され，良好であると報告されている[6.37)]．

一方，上記の幅厚比の適用範囲を超える部材では弾性域で局部座屈が生じ，有効幅に基づいて耐力を算定する方法が慣用されている．しかし，低層大スパン骨組で用いられるウェブの幅厚比が大きな梁部材では，有効幅に基づいた曲げ耐力の計算値は実験値と無相関であること，ウェブ幅厚比の制限を大幅に超えた範囲では危険側の評価を与えることが実験により得られている．また，局部座屈によって終局状態に達する場合の溶接 H 形鋼梁（SS 400 程度）の曲げ耐力の実験式も導かれている[6.44)]．さらに近年では，フランジとウェブの連成効果，部材内応力度の影響を適切に加味した評価指標を用いて，H 形断面の曲げ耐力評価式が提案されている[6.38)]．

（2）円形鋼管の曲げ耐力

鋼管断面の耐力は径厚比，軸力比などの影響を受けるが，特に径厚比の影響が顕著であることが知られている．また，円形鋼管には，製法上，熱間成形鋼管と冷間成形鋼管があり，その弾塑性性状も大きく異なる．図 6.4.7 に既往の円形鋼管の最大曲げ耐力の実験結果[6.47)-6.50)]を示す．この予測値と実験結果との対応は，おおむね良好であるとされている[6.51)]．

（3）角形鋼管の曲げ耐力

冷間成形角形鋼管断面の最大曲げモーメント（M_{max}）は，幅厚比などの影響を受けることが知られている．冷間成形角形鋼管およびプレス角形鋼管，溶接組立角形鋼管の無次元化曲げ耐力（M_{max}/M_{pc}）と幅厚比との関係を図 6.4.8 に示す[6.52)-6.75)]．ここに，図中の記号□，■はおのおの勾配曲げ，等曲げを表し，M_{pc} は角形鋼管断面の軸力を考慮した全塑性モーメントである．本図より，幅厚比が大きくなれば耐力は小さくなり，また，等曲げを受ける冷間成形角形鋼管が下限を示し，全塑性モーメントに達するためには，基準化幅厚比（降伏応力度の影響を考慮して基準化した幅厚

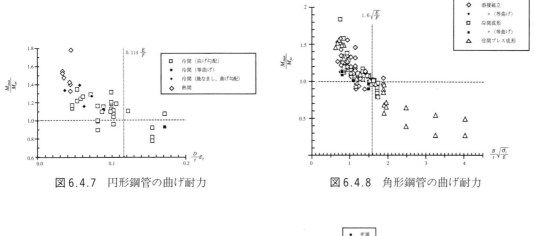

図6.4.7 円形鋼管の曲げ耐力　　　　　　図6.4.8 角形鋼管の曲げ耐力

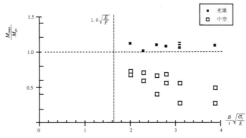

図6.4.9 コンクリート充填角形鋼管の曲げ耐力

比)を1.2～1.3程度以下に制限する必要がある．しかし，冷間成形鋼管の降伏応力度は基準値 F に比べ相当大きいから，F 値を用いた全塑性モーメントより実際の曲げ耐力は大きくなる．一方，細長比，軸力比に関しては曲げ耐力は大きくばらつく．このばらつきに関して幅厚化が大きい範囲では軸力比が，小さい範囲では細長比が関与する傾向がある．

ところで，構成板要素の幅厚比が $1.6\sqrt{E/\sigma_y}$ 以下の比較的幅厚比が小さい正方形角形鋼管の曲げ耐力については，実験式として応力上昇率 τ_0 の形で提案されているので，参考になる[6.52),6.53)]．一方，幅厚比が大きい場合には，有効幅の考え方を適用して降伏耐力評価を行えばよいことが実験的に確かめられている[6.76)]．

(4) 合成断面柱の曲げ耐力

かなり大きな幅厚比を有する鉄骨部材でも，図6.4.9に示すように，コンクリートの拘束効果により終局曲げ耐力と十分な変形能力を発揮できることが知られている．この場合，帯筋などが内部のコンクリートを十分に拘束していることが前提となる．

H形断面の板要素では，かぶり部のはく落やコンクリートの圧壊に伴う拘束効果の減少の問題がある．しかし，かぶり部のはく落後のフランジ局部座屈では，内部コンクリートの拘束により支持縁が固定のような座屈波となり座屈応力度が上昇するので，大きな幅厚比でも小さい幅厚比の裸鉄骨と見なしうる．すなわち，その制限値は「鋼構造設計規準」[6.1)]の制限値の1.5倍程度には緩和できるものと考えられる．なお，H形鋼のウェブではコンクリートによる拘束効果が大きいため，一般

—200— 鋼構造座屈設計指針

の部材では局部座屈について考える必要はない.

一方，コンクリート充填形角形鋼管柱では，内部コンクリートにより鋼管の局部座屈が拘束されるので変形能力が大きくなる．実験結果によれば，「鋼構造設計規準」[6.1]の制限値の2倍以上でも終局曲げ耐力 M_{pc} を発揮できること，幅厚比の影響は小さいこと，制限値の2倍程度の幅厚比でもモーメント–部材回転角関係における変形能力（全塑性耐力時弾性変位に対する最大耐力から95%まで耐力低下した点までの変位の比）は，6程度期待できることなどが得られている[6.72),6.77].

6.4.4 変形能力と幅厚比の制限値

以下では，変形能力を念頭に置いて設定された幅厚比制限値および幅厚比区分とその算定根拠を示す．また，各種指針等における幅厚比の取り方についての違いおよび幅厚比制限値の比較を示す．

（1）「鋼構造塑性設計指針」における幅厚比制限

塑性設計では，塑性ヒンジが形成された後もその耐力を低下することなく十分回転・変形ができることが前提となる．板要素の局部座屈によりその前提条件が満足されなくなるため，「鋼構造塑性設計指針」[6.2]では，「鋼構造設計規準」[6.1]より厳しい制限値を与えている．図 6.4.10 の縦の実線が「鋼構造塑性設計指針」[6.2]の制限値を示しており，縦の破線が「鋼構造設計規準」[6.1]の制限値を示している．H 形断面のフランジでは大きな塑性変形能力が要求されるので，ひずみ硬化開始点に達するまで板要素が応力を低下させずに変形するように，幅厚比の制限値を $0.33\sqrt{E/\sigma_y}$ として定めている．ウェブではフランジほど大きな塑性変形能力が必要とされないので，曲げを受ける場合については「鋼構造設計規準」[6.1]に準じ（$2.4\sqrt{E/\sigma_y}$），軸力のみを受ける場合にはやや厳しい値（$1.6\sqrt{E/\sigma_y}$）としている．また，曲げと軸力を受ける場合は，軸力に応じて線形補間すればよい．

矩形中空断面のフランジでは，座屈ひずみが降伏ひずみの4倍程度となるように幅厚比の制限値を $1.0\sqrt{E/\sigma_y}$ と定めている．一方，円形鋼管では，軸圧縮力下での最大耐力時のひずみ度 $\varepsilon_{\max}$ に関する実験式[6.35)]において，塑性率8を満足する径厚比をもって制限値としている．すなわち，電縫管に対しては $0.057E/\sigma_y$ が規定されており，遠心鋳造管・継ぎ目なし鋼管には $0.077E/\sigma_y$ が示されている．

また，H 形断面部材に対しては，繰返しの効果を含めて構成板要素の連成効果および部材内応力状態を考慮した幅厚比制限値も別途設けられている[6.38),6.83]．式 (6.4.12) で表される幅厚比指標 W_F を用いて，図 6.4.11 に示すように H 形断面の梁および柱の塑性変形能力が式 (6.4.13) で評価できることを踏まえ，塑性変形倍率がおおむね3となるように幅厚比制限値が定められている．ただし，この場合には，せん断スパン比および軸力比による制約があることに注意する必要がある．ここで，塑性変形倍率とは，最大耐力時の変形を全塑性モーメント時の弾性変形で除した塑性率より弾性成分を減じたものである．

$$W_F = \sqrt{\frac{1}{k^2}\left(\frac{d/t_w}{E/\sigma_y}\right)^2 + \left(3.43 - \frac{25.0}{k^2}\right)\left(\frac{b/t_f}{E/\sigma_y}\right)^2} \tag{6.4.12.a}$$

$$k = \begin{cases} 4.4 & \alpha \leq 1/6 \\ 5.18 - 4.6\alpha & 1/6 \leq \alpha \leq 1/2 \end{cases} \tag{6.4.12.b}$$

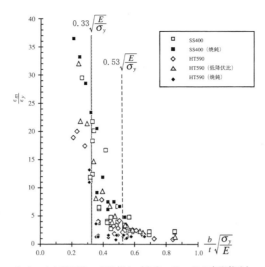

(a) 十字形短柱の変形能力（突出フランジの変形能力）

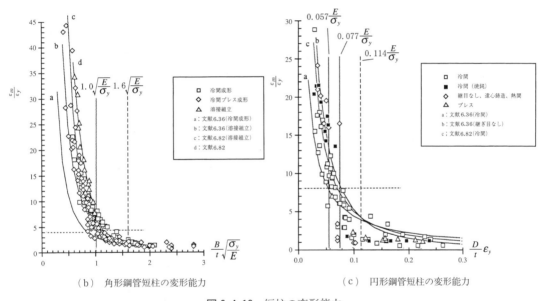

(b) 角形鋼管短柱の変形能力　　　(c) 円形鋼管短柱の変形能力

図 6.4.10　短柱の変形能力

$$\alpha = \left(\frac{1}{6} + \frac{A}{A_w}\right)\frac{\beta}{\lambda_w} \tag{6.4.12.c}$$

$$R = 32(\xi - W_F)^2 \tag{6.4.13.a}$$

$$\xi = \begin{cases} 1 - 0.6n & n \leq 0.3 \\ 0.82 & 0.3 \leq n \leq (A_w + A_f)/A \end{cases} \tag{6.4.13.b}$$

ここで，d：ウェブせい，b：突出フランジ幅，t_w：ウェブ板厚，t_f：フランジ板厚，A_w：ウェブ断面積（$=d \cdot t_w$），A_f：フランジ断面積（$=2 \cdot b \cdot t_f$），A：全断面積，λ_w：ウェブ辺長比，α：モーメント勾配（1：逆対称曲げ，−1：等曲げ），n：軸力比（降伏軸力に対する作用軸力の比），σ_y：降伏応力度，E：ヤング係数である．

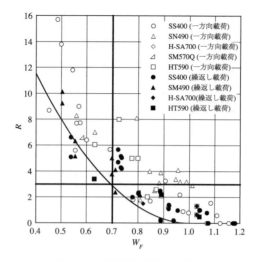

図6.4.11 H形断面梁の変形能力

（2）「建築耐震設計における保有耐力と変形性能（1990）」における寸法制限

「建築耐震設計における保有耐力と変形性能(1990)」[6.4]でも，構造ランクを設定し，個材に要求される必要変形能力が保証されるよう局部座屈に対する寸法制限を定めている．例えば，ラーメン骨組での必要変形能力は構造ランクⅠ〜Ⅲに対して柱で，おのおの6，1.5，0，梁に対しては柱の半分としている．ただし，ランクⅢは「鋼構造設計規準」[6.1]に相当する制限値である．これは図6.4.12に示すように，鋼材の降伏点の実情を踏まえた上で，応力上昇率，耐力劣化を考慮した累積塑性変形倍率で評価された変形能力の実験式[6.37]が採用され，代表的部材についての値より制限値が導かれている．H形断面部材を例にとれば，次のような手順による．

まず，式（6.4.14）で定義される応力上昇率 τ_m（図6.4.12中のA点）を求める．

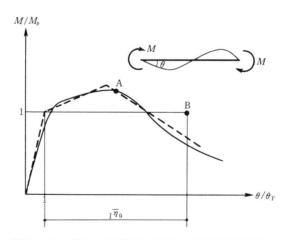

図6.4.12 荷重-変位関係の近似と累積塑性変形倍率

$$\tau_m(=M_m/M_p)=\tau_0\frac{Z_p\left(\frac{p}{\tau_0}\right)}{Z_p(p)} \tag{6.4.14}$$

ここに，Z_p，p は軸力の影響を考慮した塑性断面係数，軸力比である．τ_0 は素材の応力上昇率で，次式の短柱の圧縮試験，梁の曲げ試験から得られた式 (6.4.15 a)，(6.4.15 b) の大きいほうの値をとる．ただし，$\tau_0<1$ になった場合は $\tau_0=1$ とする．

$$\tau_0=1+\left\{\left(0.0403-0.0744\frac{b}{t_f}\sqrt{\varepsilon_y}\right)^2-\left(0.00024\frac{d}{t_w}\sqrt{\varepsilon_y}-0.00025\right)\right\}\frac{1}{\varepsilon_y} \tag{6.4.15.a}$$

$$\tau_0=1.46+\left\{0.63\frac{b}{t_f}+0.053\frac{d}{t_w}+0.02(\lambda_y-50)\right\}\sqrt{\varepsilon_y} \tag{6.4.15.b}$$

また，式 (6.4.15) における d/t_w の値にはウェブの応力状態を勘案する．すなわち，$p>2A_w/(3A)$ の場合，d/t_w は実断面の 2 倍とし，$p<2A_w/(3A)$ で $\lambda_y=100$ の場合には 1.5 倍とする．ここに，t_f，t_w，p，λ_y，A，A_w はおのおののフランジの厚さ，ウェブの厚さ，軸力比，細長比，全断面積，ウェブの断面積である．A 点に向かうひずみ硬化域の勾配 k_p は，式 (6.4.16) で与える．

$$k_p=0.03+0.04p \tag{6.4.16}$$

表 6.4.2 構造ランク別部材の寸法制限[6.4]

部材			構造ランク I	構造ランク II	構造ランク III
柱	H 形断面材		$\begin{cases}\frac{b}{t_f}+0.16\frac{d}{t_w}\leq 0.50\sqrt{\frac{E}{F}} \\ \frac{d}{t_w}\leq 1.6\sqrt{\frac{E}{F}} \\ \frac{b}{t_f}\leq 0.38\sqrt{\frac{E}{F}}\end{cases}$	$\begin{cases}\frac{b}{t_f}+0.16\frac{d}{t_w}\leq 0.61\sqrt{\frac{E}{F}} \\ \frac{d}{t_w}\leq 1.6\sqrt{\frac{E}{F}} \\ \frac{b}{t_f}\leq 0.46\sqrt{\frac{E}{F}}\end{cases}$	$\begin{cases}\frac{d}{t_w}\leq 1.6\sqrt{\frac{E}{F}} \\ \frac{b}{t_f}\leq 0.53\sqrt{\frac{E}{F}}\end{cases}$
	箱形断面材（溶接組立）		$\frac{b}{t}\leq 1.1\sqrt{\frac{E}{F}}$	$\frac{b}{t}\leq 1.3\sqrt{\frac{E}{F}}$	$\frac{b}{t}\leq 1.6\sqrt{\frac{E}{F}}$
	冷間成形材	角形鋼管	23	28	
		円形鋼管	36	54	$\frac{D}{t}\leq 0.114\frac{E}{F}$
梁	H 形断面材		$\begin{cases}\frac{b}{t_f}+0.08\frac{d}{t_w}\leq 0.48\sqrt{\frac{E}{F}} \\ \frac{d}{t_w}\leq 2.4\sqrt{\frac{E}{F}} \\ \frac{b}{t_f}\leq 0.42\sqrt{\frac{E}{F}}\end{cases}$	$\begin{cases}\frac{b}{t_f}+0.08\frac{d}{t_w}\leq 0.53\sqrt{\frac{E}{F}} \\ \frac{d}{t_w}\leq 2.4\sqrt{\frac{E}{F}} \\ \frac{b}{t_f}\leq 0.45\sqrt{\frac{E}{F}}\end{cases}$	$\begin{cases}\frac{d}{t_w}\leq 2.4\sqrt{\frac{E}{F}} \\ \frac{b}{t_f}\leq 0.53\sqrt{\frac{E}{F}}\end{cases}$

［注］（1） 冷間成形部材の全塑性耐力は材料の降伏強度を 325 N/mm² と仮定して算定する．

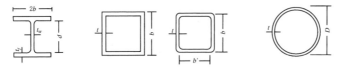

さらに耐力劣化勾配 k_d は，式（6.4.17 a），（6.4.17 b）の小さいほうの値をとる．

$$k_d = -0.355 \frac{d}{t_w} \varepsilon_y \tag{6.4.17.a}$$

$$k_d = -\left[-1.33 + \left(10.6 \frac{b}{t_f} \sqrt{\varepsilon_y} - 2\right)\left(0.63 + 0.33 \frac{d}{t_w} \sqrt{\varepsilon_y}\right)\right]\sqrt{\varepsilon_y} \tag{6.4.17.b}$$

このように求めた近似直線の式から，所定の変形能力に見合った寸法制限を定めている．H 形断面では，フランジとウェブの相互作用は各幅厚比の直線式で近似されている．規定されている寸法制限を表 6.4.2 に示す．この表の寸法制限は，他の規準，指針等との比較を行いやすいようにヤング係数 E を陽に表した形に書き換えてあるが，元の文献[6.4]はこのような表現には改定されていないので，注意願いたい．

（3）「鋼構造限界状態設計指針・同解説」における幅厚比制限

「鋼構造限界状態設計指針・同解説」[6.3]の終局限界状態設計では，塑性解析または弾性解析が適用できる構造物の区分を部材の塑性変形能力および接合部の構造規定により定めている．局部座屈で限界づけられる部材の塑性変形倍率が 4，2，0 となるように幅厚比区分 P-I-1，P-I-2，P-II を設定し，多数の実験結果から求められた局部座屈による塑性変形能力の半実験式に基づき幅厚比・径厚比の制限値を定めている．ただし，実験式の適用にあたり，鋼材の降伏応力度として H 形鋼では公称値の 1.1 倍を，冷間成形断面では冷間成形による降伏応力度の上昇を考慮し，柱では軸力比 0.4 を用いている．また，H 形断面材ではフランジとウェブが互いに他の座屈を拘束するので，幅厚比制限は各幅厚比の相関曲線（だ円）で与えている．一方，残留応力などにより，降伏耐力に到達しない非弾性領域の区分を P-III としている．「鋼構造限界状態設計指針・同解説」[6.3]における幅厚比制限値の求め方を H 形断面部材を例に示すと，次のようになる[6.84]．

部材の塑性変形倍率 η_0 を式（6.4.18）で与える．

$$\eta_0 = \frac{(s-1)}{2(1-\rho)(s-\rho)}\left[\frac{E}{E_{st}}(s-1) + 2\left(\frac{\varepsilon_p}{\varepsilon_y}\right)\right] \tag{6.4.18}$$

ここで，E：ヤング係数，E_{st}：ひずみ硬化係数，ε_p：塑性流れ域のひずみ量，ε_y：降伏ひずみ，ρ：軸力比である．また s は耐力上昇率であり，下式で定義する．

$$\frac{1}{s} = \frac{A}{a_f} + \frac{B}{a_w} + C \ (=D) \tag{6.4.19}$$

ここで，$a_f = (E/\sigma_{yf})(t_f/b)^2$，$a_w = (E/\sigma_{yw})(t_w/d)^2$ であり，A，B，C は多数の短柱圧縮実験[6.85]より統計的に求められる値である．ここで，σ_{yf}，σ_{yw} はフランジ，ウェブの降伏応力度であり，b/t_f，d/t_w はフランジ，ウェブの幅厚比である．

式（6.4.19）から耐力上昇率 s を a_f，a_w を用いて幅厚比で表現し，得られた s を式（6.4.18）に代入し整理することで，塑性変形倍率に応じた幅厚比制限値が式（6.4.20）の形で求められる．

$$\frac{\left(\frac{b}{t_f}\right)^2}{\left(\sqrt{\frac{D-C}{A}}\sqrt{\frac{E}{\sigma_{yf}}}\right)^2}+\frac{\left(\frac{d_e}{t_w}\right)^2}{\left(\sqrt{\frac{D-C}{B}}\sqrt{\frac{E}{\sigma_{yw}}}\right)^2}=1 \qquad (6.4.20)$$

ここで, $d_e=\dfrac{2\rho A_f(\sigma_{yf}/\sigma_{yw})+(1+\rho)A_w}{2t_w}$ (6.4.21.a)

ただし, $\dfrac{A_w}{2A_f(\sigma_{yf}/\sigma_{yw})+A_w}\leqq\rho\leqq 1$ の場合は, $d_e=d$ (6.4.21.b)

である. d_e は応力勾配のあるウェブの有効座屈幅であり, A_f：フランジ断面積, A_w：ウェブ断面積である.

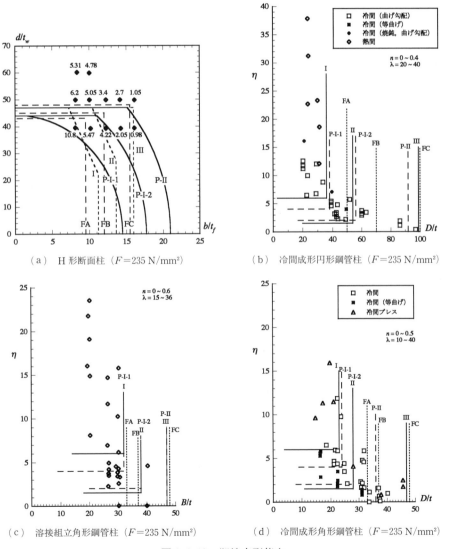

図 6.4.13 塑性変形能力

―206― 鋼構造座屈設計指針

（4）　各種指針における幅厚比の取り方の違いと制限値比較

「鋼構造設計規準」[6.1)]，「鋼構造塑性設計指針」[6.2)]，「鋼構造限界状態設計指針・同解説」[6.3)]，「建築耐震設計における保有耐力と変形性能（1990）」[6.4)]において幅厚比制限値を与えているが，その幅厚比の取り方には注意が必要である．H形断面フランジの幅厚比を取る場合，いずれの幅厚比制限値においても，その幅は断面の半幅をとる．しかし，H形断面のウェブや矩形の中空断面のプレートなどの二縁で支持された板幅の取り方は「鋼構造設計規準」[6.1)]と「鋼構造塑性設計指針」[6.2)]，「鋼構造限界状態設計指針・同解説」[6.3)]，「建築耐震設計における保有耐力と変形性能（1990）」[6.4)]では異なる．また，各種指針等の幅厚比の制限値と柱の塑性変形能力の実験値との比較を図6.4.13に示す．なお，同図には，文献6.32)に示される幅厚比制限値を参考のために示している．この図において，P-I-1，P-I-2，P-IIは「鋼構造限界状態設計指針・同解説」[6.3)]，I，II，IIIは「建築耐震設計における保有耐力と変形性能（1990）」[6.4)]の幅厚比制限であり，FA，FB，FCは，文献6.32)に示されている部材種別ごとに与えられる制限値である．

6.5　異方性板の座屈

6.5.1　異方性平板の弾性座屈耐力

直交する2方向の弾性的性質が異なる板は，異方性平板として取り扱われる場合が多く，それに関する理論的研究は古くから行われてきている[6.11)]．波板や多数の間隔が狭いリブで補剛された板などを直交異方性平板として扱う場合が，これに当たる．

異方性板の微小たわみ変形の釣合方程式は，下式で表すことができる[6.11)]．

$$D_x\frac{\partial^4 w}{\partial x^4}+2D_{xy}\frac{\partial^4 w}{\partial x^2\partial y^2}+D_y\frac{\partial^4 w}{\partial y^4}+N_x\frac{\partial^2 w}{\partial x^2}+N_y\frac{\partial^2 w}{\partial y^2}+2N_{xy}\frac{\partial^2 w}{\partial x\partial y}=0 \tag{6.5.1}$$

ここに，D_x，D_y は平板の長さ方向の x 断面と幅方向の y 断面の曲げ剛性，D_{xy} はねじり剛性 GJ，x 断面と y 断面のポアソン比 ν_x，ν_y を用いて次式で求められる．

$$D_{xy}=2GJ+(D_x\nu_x+D_y\nu_y)/2 \tag{6.5.2}$$

また，N_x，N_y は各断面において板面内に作用する単位幅あたりの圧縮力，N_{xy} はせん断力，w は面外方向の座屈によるたわみ変形である．

一方向面内圧縮力を受ける4周辺単純支持平板の座屈応力度 σ_x は，次式で与えられる[6.11)]．

$$\sigma_x=\left[D_x\left(\frac{nb}{a}\right)^2+2D_{xy}+D_y\left(\frac{a}{nb}\right)^2\right]\frac{\pi^2}{b^2 t} \tag{6.5.3}$$

この時の最小値は，

$$\sigma_{x\min}=(\sqrt{D_xD_y}+D_{xy})\frac{2\pi^2}{b^2 t} \tag{6.5.4}$$

で与えられ，その時の半波長 λ は，次式となる．

$$\lambda=b\sqrt[4]{D_x/D_y} \tag{6.5.5}$$

一様面内せん断力を受ける4周辺単純支持平板の座屈応力度 τ_{xy} は次式で与えられる[6.11)]．

$$\tau_{xy}=C_a(D_xD_y{}^3)^{1/4}(b/2)^2 \tag{6.5.6}$$

ここで，C_a は，次の 2 つの変数により図表を用いて決まる係数である[6.11].

$$\theta = (D_x D_y)^{1/2}/D_{xy} \tag{6.5.7}$$

$$\alpha_a = (b/a)/(D_x/D_y)^{1/4} \tag{6.5.8}$$

さらに，その導出過程は若干複雑ではあるが，面内に曲げせん断力を受ける異方性平板についても座屈耐力は得られている[6.86].

6.5.2　曲げせん断力を受ける波形鋼板の座屈耐力

薄鋼板を折り曲げ形成してなる折板や波板に代表される波形鋼板は，その幾何学的特性から，従来積雪や風力等の面外力に抗する目的で，屋根材や壁材などの建築構造物における面材として利用されてきた．近年では，高いせん断座屈耐力を有効活用する試みも見られ，欧米においては，「Stressed Skin Diaphragm Design」が確立され，屋根材へ適用することで水平ブレースを省略した設計が可能となっている[6.87],[6.88]．また，国内でも 1970 年代初めに床用の波形鋼板を単体で耐力壁に適用する基本的な考え方が「床鋼板構造設計施工規準・同解説」[6.89]に示されるなど，波形鋼板のせん断抵抗に着目した構法の探索が進められ，土木分野の波形鋼板ウェブ PC 橋の設計技術[6.90]も刊行されている．

Easley は，それまでに行われた既往の研究結果との比較検討を行うとともに，実験を行うことで，上下端部を固定支持とした場合と単純支持とした場合のせん断座屈耐力算定式を導いている[6.91),6.92)].

$$\tau_{cr} = 36\,r\,\sqrt[4]{\frac{D_x{}^3 D_y}{A^2 t}} \tag{6.5.9}$$

ここで，A は板幅，r は境界の回転拘束に関する係数であり，単純支持の場合 $r=1.0$，固定支持の場合 $r=1.9$ となる．なお，Easley は，現実的な波形鋼板パネルの境界の回転拘束の度合は，周囲の剛体枠でつかまれるパネル縁の幅によるものとしている．また，強軸，弱軸の板剛度 D_x, D_y は，実験的に次の式で与えられる．

$$D_x = \frac{EI_x}{q},\ D_y = \frac{Et^3 q}{12s} \tag{6.5.10.a, b}$$

ここで，I_x：波形断面一山あたりの中立軸に対する断面二次モーメント，q：波形断面一山の幅，s：波形断面一山の波の全長さ（展開長）である．

このように波板を異方性平板として扱うためには，D_x, D_y, D_{xy} などの剛性を適切に評価する必要がある．別途，文献 6.86) では，面内純せん断力を受ける正方形波板を対象として座屈耐力算定のための断面諸量算定法が示されており，それぞれ次の式で与えられる．

$$D_x = \frac{EI_x}{(1-\nu_x\nu_y)s} \tag{6.5.11}$$

$$D_y = \frac{EI_y}{(1-\nu_x\nu_y)q} \tag{6.5.12}$$

周辺固定支持の場合

$$D_{xy}=\min\left\{\begin{array}{l}2\sqrt{D_xD_y}\\ [1+I_y/(800I_x)]\sqrt{D_xD_y}\end{array}\right\} \quad (6.5.13)$$

周辺単純支持の場合

$$D_{xy}=\min\left\{\begin{array}{l}1.6\sqrt{D_xD_y}\\ [1+I_y/(500I_x)]\sqrt{D_xD_y}\end{array}\right\} \quad (6.5.14)$$

ここで，$I_x=qt^3/12$，$I_y=qt^3/12+qh^3/6+qth^2/4$，$t$ は板厚，h は波高さである．なお，ここに示した D_{xy} の評価式は，種々検討した結果に得られた近似評価式である．

また，文献 6.93) には，矩形形状を有する波形鋼板のせん断弾性座屈耐力を数値解析により直接的に求め，板座屈係数に対して以下の近似式を提案している．この板座屈係数は，正方形板が純せん断力を受ける場合のものである．

周辺固定支持の場合

$$k_{\tau 0}=5.95\left(\frac{I_x}{I_y}-1\right)^{0.82}+14.58 \quad (6.5.15)$$

周辺単純支持の場合

$$k_{\tau 0}=4.38\left(\frac{I_x}{I_y}-1\right)^{0.79}+9.43 \quad (6.5.16)$$

さらに，波形正方形板が逆対称曲げを受ける場合には，座屈耐力が約8割程度に低下することが示されている．

ただし，以上は，波を形成する個々の板要素の局部座屈が発生する範囲は対象外であることに注意が必要である．したがって，別途各板要素については，個別に座屈検定を行う必要がある．

6.5.3 波形鋼板パネルのせん断座屈後挙動

純せん断力を受け，弾性座屈を伴うような薄板は，弾性座屈後の剛性が低下するものの，その後も耐力上昇を伴いながら変形することがよく知られている[6.24]．文献 6.94) では，鋼製枠を4周辺に配し，図6.5.1のような正方形波形鋼板にほぼ純せん断力を作用させた状態の大変形挙動を検討している．波形鋼板パネルのせん断座屈を伴う大変形時の荷重-変位関係は，図6.5.2に示すようなものとなる．図中の $_eP_y$，$_eP_p$，$_eP_t$ はそれぞれ弾性限耐力，耐力劣化前の最大耐力（座屈後耐力），耐

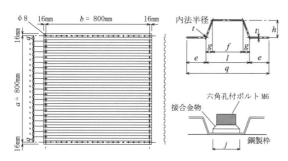

図6.5.1　正方形波形鋼板

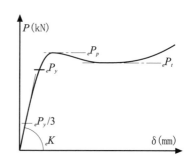

図6.5.2　波形鋼板パネルの荷重-変位関係

力劣化後の荷重が再度上昇した点の耐力である.

a を正方形波形鋼板の一辺の長さ，t を板厚として，$_eP_y$ については，次の式 (6.5.17) に式 (6.5.15) の板座屈係数を用いて算定できることが示されている.

$$_eP_y = k_{\tau 0}\frac{\pi^2 E}{12(1-\nu^2)}\left(\frac{t}{a}\right)^2 at \tag{6.5.17}$$

$_eP_p$ については，6.3.2 項に記載している知見[6.24]を波形鋼板にも拡張することで対応できることが明らかにされている．その際も板座屈係数は，式 (6.5.15) を用いることとしている．座屈後耐力は，弾性域および非弾性域で分けられており，それぞれ式 (6.5.18)，式 (6.5.19) で与えられる.

$$_eP_p = \frac{\lambda_p{}^*}{\lambda^*}\tau_y at \quad (\lambda^* \geqq \lambda_e{}^*) \tag{6.5.18}$$

$$_eP_p = \left[(\alpha-1)\left(\frac{\lambda^*}{\lambda_e{}^*}\right)^2+1\right]\tau_y at \quad (\lambda^* \leqq \lambda_e{}^*) \tag{6.5.19}$$

ここで，$\lambda^* = (a/t)\sqrt{\tau_y/(k_{\tau,G}E)}$：換算幅厚比
$\quad\quad\lambda_e{}^* = \sqrt{0.9/\alpha}$：弾性限界幅厚比
$\quad\quad\lambda_p{}^* = \lambda_e{}^*(3\alpha-1)/(2\alpha)$：塑性限界幅厚比

であり，τ_y：降伏せん断応力度，$k_{\tau,G}$：平板に作用する荷重条件および境界条件に対応した板座屈係数（式 (6.5.15)，式 (6.5.16) の $k_{\tau 0}$），α：降伏応力度に対する比例限応力度の比である.

$_eP_t$ については，張力場が形成されたあとの耐力と考え，次のような耐力式を与えている.

4 辺支持の場合

$$_eP_t = at\frac{s}{q}\sigma_y \sin(\eta\phi)\cos(\eta\phi) \tag{6.5.20}$$

2 辺支持の場合

$$_eP_t = (a - b\sin(\eta\phi))t\frac{s}{q}\sigma_y \sin(\eta\phi)\cos(\eta\phi) \tag{6.5.21}$$

ここで，$a=b$ であり，a：波形鋼板の一辺の長さ，q：波形断面の一山の波幅，s：波形断面の一山の展開長，$\eta\phi$：張力場の角度である.

6.6 板要素の補剛
6.6.1 補 剛 板
（1） 多数のリブで補剛された板要素

多数のリブで補剛され，リブ間隔が狭い場合は，直交異方性板として近似的に取り扱うことができる.

図 6.6.1 に示すような周辺単純支持の，等間隔に配置された縦リブを持つ補剛板に適用する場合には，$N_y = N_{xy} = 0$ として D_x，D_y，D_{xy} および N_x は，次式で近似できる[6.95].

$\quad\quad D_x = D + (n+1)EI_i/b$
$\quad\quad D_y = D_{xy} = D$

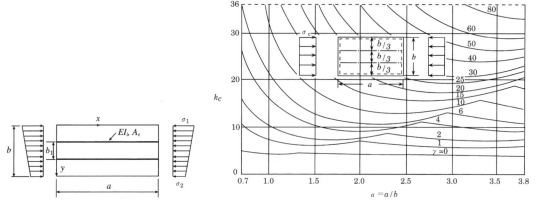

図6.6.1 縦リブ補剛板   図6.6.2 縦リブ2本補剛板（一様圧縮周辺支持）[6.96]

$$N_x = \sigma_1(1 - cy/b)\{t + (n+1)A_s/b\} \tag{6.6.1}$$

ここに，$D = Et^3/\{12(1-\nu^2)\}$ は板の曲げ剛性，A_s，I_i は補剛リブ1本の断面積と断面二次モーメント，n，t はリブ本数と板厚である．c は，図6.6.1の両縁に作用する圧縮応力度 σ_1，σ_2 より次式で表す．

$$c = (\sigma_1 - \sigma_2)/\sigma_1 \tag{6.6.2}$$

座屈によるたわみ変形を $w = \sin\left(\dfrac{\pi x}{a}\right)\sum\limits_{i=1}^{\infty} A_i \sin\left(\dfrac{i\pi y}{b}\right)$ と仮定して，Galerkin法により一様圧縮と純曲げの中間 $0 < c < 2$ のときの板座屈係数 k_{c+b} を求めると[6.95]，

$$k_{c+b} = \frac{1}{\alpha^2\{1+(n+1)\delta\}} \cdot \frac{S_0(R_1+R_2) - \sqrt{S_0^2(R_1-R_2)^2 + 4S_{12}^2 R_1 R_2}}{2(S_0^2 - S_{12}^2)} \tag{6.6.3}$$

を得る．

ここに，

$$R_i = (1 + i^2\alpha^2)^2 + (n+1)\gamma, \quad i = 1, 2, 3 \tag{6.6.4.a}$$

$$S_0 = 1 - (c/2) \tag{6.6.4.b}$$

$$S_{12} = 16c/9\pi^2 \tag{6.6.4.c}$$

α は板のアスペクト比 a/b，γ，δ は補剛リブの曲げ剛性比と断面積比である．

$$\gamma = EI_i/(bD) \tag{6.6.5.a}$$

$$\delta = A_s/(bt) \tag{6.6.5.b}$$

一様圧縮（$c = 0$）のときは

$$k_c = \frac{(1+\alpha^2)^2 + (n+1)\gamma}{\alpha^2\{1+(n+1)\delta\}} \tag{6.6.6}$$

純曲げ（$c = 2$）の場合は

$$k_b = \frac{9\pi^2}{32\alpha^2\{1+(n+1)\delta\}}\sqrt{\frac{R_1 R_2}{1+\left(\dfrac{27}{25}\right)^2\dfrac{R_1}{R_3}}} \tag{6.6.7}$$

を得る.

また，一様なせん断力が作用する場合は，アスペクト比 α が∞の場合[6.11)

$$k_s=\left(\frac{2}{\pi}\right)^2\sqrt[4]{1+(n+1)\gamma}\left\{\frac{5}{\sqrt{1+(n+1)\gamma}}+8.2\right\} \tag{6.6.8}$$

となる．これより座屈応力度はそれぞれの板座屈係数 k_{c+b}, k_c, k_b, k_s を k として，次式から求めることができる．

$$\sigma_{cr}\ \text{or}\ \tau_{cr}=k\frac{\pi^2D}{b^2t} \tag{6.6.9}$$

（2） リブ間隔が広い場合の補剛板

この場合も座屈によるたわみ変形を仮定し，Timoshenko のエネルギー法に従えば，座屈応力度は

$$\Delta U_p+\sum_i\Delta U_i=\Delta T_p+\sum_i\Delta T_i \tag{6.6.10}$$

とおくことにより求められる[6.95).ここに，ΔU_p は板の曲げによるひずみエネルギー，$\sum_i\Delta U_i$ は n 本のリブのひずみエネルギー，ΔT_p は載荷縁に作用する外力仕事，$\sum_i\Delta T_i$ はリブに作用する外力仕事である．

一様圧縮では，各リブが同一断面からなり，n 本が等間隔に配置されている補剛板の場合は，式 (6.6.6) と等しい板座屈係数評価式が得られる．最小の板座屈係数値となるアスペクト比は，$\partial k/\partial \alpha=0$ の条件より次式となる．

$$k_{c\mathrm{min}}=\frac{2}{1+(n+1)\delta}\{1+\sqrt{1+(n+1)\gamma}\} \tag{6.6.11.a}$$

$$\alpha=\sqrt[4]{1+(n+1)\gamma} \tag{6.6.11.b}$$

図 6.6.2 は補剛リブが 2 本の場合を示したものである．

（3） 補剛リブ上で節線となるための条件[6.95)

リブによって分割されたサブパネルが，リブ上で節線となるような座屈変形〔図 6.6.3（b）Ⅱ〕のときの板座屈係数は，一様圧縮の場合

$$k=4(1+n)^2 \tag{6.6.12}$$

で得られるので，式 (6.6.6) と上式の板座屈係数を等しくすることにより，補剛リブの最適剛性比 γ^* を求めることができる．

$$\gamma^*=\frac{1}{n+1}[4(n+1)^2\{1+(n+1)\delta\}\alpha^2-(1+\alpha^2)^2] \tag{6.6.13}$$

最適剛性比の最大値 γ^*_{max} と，これに対応するアスペクト比 α の値は，$\partial\gamma^*/\partial\alpha=0$ の条件より

$$\gamma^*_{\mathrm{max}}=4(n+1)\{1+(n+1)\delta\}\{n(n+2)+(n+1)^3\delta\} \tag{6.6.14.a}$$

$$\alpha=\sqrt{2(n+1)^2\{1+(n+1)\delta\}-1} \tag{6.6.14.b}$$

となる[6.95).種々の荷重状態とリブ補剛に対する最適剛性比 γ^* を表 6.6.1 にまとめて示す．

この表に示されていない荷重状態における検討も見られ，梁端部ウェブには曲げとせん断が複合

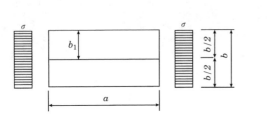
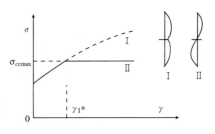

(a) 圧縮力を受ける縦リブ補剛板　　　　(b) 剛性比と座屈応力度の概念図

図 6.6.3　座屈変形と座屈耐力[6.97]

表 6.6.1　補剛リブの最適剛性比 γ [6.97]

荷重と補剛リブのパターン	パラメータの範囲	γ^*
	$\alpha < (\sqrt{8(1+2\delta)} - 1)$	$\gamma^* = (0.53 + 0.47\psi)\left\{\dfrac{\alpha^2}{2}[16(1+2\delta) - 2] - \dfrac{\alpha^4}{2} + \dfrac{1+2\delta}{2}\right\}$
	$\alpha > (\sqrt{8(1+2\delta)} - 1)$	$\gamma^* = (0.53 + 0.47\psi)\left\{\dfrac{1}{2}[8(1+2\delta) - 1]^2 + \dfrac{1+2\delta}{2}\right\}$
	$\alpha < (\sqrt{18(1+3\delta)} - 1)$	$\gamma^* = \dfrac{\alpha^2}{3}[36(1+3\delta) - 2] - \dfrac{\alpha^4}{3} + \dfrac{1+3\delta}{3}$
	$\alpha > (\sqrt{18(1+3\delta)} - 1)$	$\gamma^* = \dfrac{1}{3}[18(1+3\delta) - 1]^2 + \dfrac{1+3\delta}{3}$
	$\alpha < n\sqrt{2(1+n\delta)}$	$\gamma^* = \dfrac{1}{n}[4n^2(1+n\delta)\alpha^2 - \alpha^4]$
	$\alpha > n\sqrt{2(1+n\delta)}$	$\gamma^* = 4n^3(1+n\delta)^2$
	$0.4 \leq \alpha \leq 1.4$	$\gamma^* = \dfrac{4\left(\dfrac{4}{\alpha^2} - \dfrac{\alpha}{4}\right)}{\pi^2 \alpha\left(1 - \dfrac{\pi^2 \alpha^4}{12\alpha - 48}\right)}$
	$0.9 \leq \alpha \leq 1.1$	$\gamma_t^* = \dfrac{(1+\alpha^2)^2[(1+2\delta_t) - 1]}{2(1+p\alpha^3)}$ ここに $p = \dfrac{\gamma_t}{\gamma_l} = \dfrac{I_t}{I_l}$ 添字 l：材軸方向スチフナ 添字 t：中間スチフナ
		$\gamma^* = 1.3$
	$\alpha \leq 0.5$	$\gamma^* = 2.4 + 18.4\delta$
	$\alpha > 0.5$	$\begin{cases}\gamma^* = (12 + 92\delta)(\alpha - 0.3) \\ \text{ただし最大値として} \\ \gamma^* = 16 + 200\delta\end{cases}$
	$0.5 \leq \alpha \leq 1.5$	$\gamma = 3.87 + 5.1\alpha + (8.82 + 77.6\delta)\alpha^2$

表 6.6.1 つづき

荷重と補剛リブのパターン	パラメータの範囲	γ^*
	$0.6 \leq \alpha \leq 0.935$	$\gamma^* = 6.2 - 12.7\alpha + 6.5\alpha^2$
	$0.5 \leq \alpha \leq 2.0$	$\gamma^* = 5.4\alpha^2(2\alpha + 2.5^2 - \alpha^3 - 1)$
	$0.3 \leq \alpha \leq 1.0$	$\gamma^* = 12.1\alpha^2(4.4\alpha - 1)$
	$0.5 \leq \alpha \leq 2.0$	$\gamma^* = 7.2\alpha^2(1 - 3.3\alpha + 3.9\alpha^2 - 1.1\alpha^3)$
	$0.5 \leq \alpha \leq 2.0$	$\gamma^* = \dfrac{5.4}{\alpha}\left(\dfrac{2}{\alpha} + \dfrac{2.5}{\alpha^2} - \dfrac{1}{\alpha^3} - 1\right)$
	$1.0 \leq \alpha \leq 3.3$	$\gamma^* = \dfrac{12.1}{\alpha}\left(\dfrac{4.4}{\alpha} - 1\right)$
	$0.5 \leq \alpha \leq 2.0$	$\gamma^* = \dfrac{7.2}{\alpha}\left(1 - \dfrac{3.3}{\alpha} - \dfrac{3.9}{\alpha^2} - \dfrac{1.1}{\alpha^3}\right)$
	$0.2 \leq \alpha \leq 1.0$	$\gamma^* = \dfrac{28}{\alpha^2} - 20$

的に作用することから，文献 6.98) には，このような応力状態下にある板要素に対する必要補剛剛性が示されている．

6.6.2 プレートガーダーの補剛

「鋼構造設計規準」[6.1)]では，スチフナを有するウェブプレートを設計する場合は，付．「ウェブプレートの座屈検定とスチフナの算定」によることができるとしている．この座屈荷重に基づく設計方式は，ウェブプレートの座屈と部材としての終局耐力が直接関連していない．また，ウェブプレートの曲げ座屈応力度でフランジに作用する部材曲げ応力に対する許容応力度の限度が決まる．そのため，材料強度を有効に利用して効率の良い断面を設計するためには，降伏まで座屈しないような板厚とスチフナ配置を必要とする．このように合理的な部材設計を行うためには若干の問題があるものの，通常使用される範囲の部材寸法では，この方法によって特に経済設計上の問題は指摘されていない．

ウェブプレートが座屈して生じる面外変形は多様であるが，これを拘束することにより座屈応力

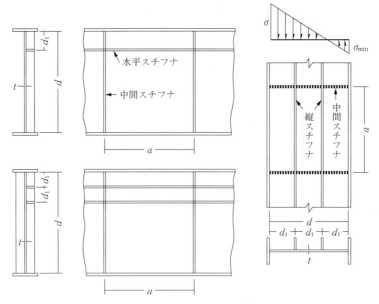

図 6.6.4 スチフナで補強されたウェブプレート[6.1]

度をある限度まで高めることができる．ウェブプレートの座屈応力度が不足する場合には，通常は中間スチフナ・水平スチフナ・縦スチフナが個々に，あるいは組み合わされて使用される〔図 6.6.4 参照〕．中間スチフナとは，材軸に直角方向に配されるスチフナをいい，主としてせん断座屈の補強に用いる．水平スチフナと縦スチフナは材軸に平行に配される．梁に用いる場合を水平スチフナ，柱に用いる場合を縦スチフナといい，これは主として曲げ・圧縮座屈の補強となる．

なお，具体的な座屈耐力算定式は「鋼構造設計規準」[6.1]に詳細が記述されているため，そちらを参照されたい．

6.6.3 有孔板の補剛

（1）有孔板の座屈耐力

有孔板の座屈解析は，FEM による数値計算が一般的である．図 6.6.5 は円形孔を有する場合の解析例で，実験値とともに示している[6.96]．なお，図中の理論結果は，研究者により異なっている．いずれも境界条件は周辺単純支持である．縦軸は板座屈係数 k で，座屈応力度は，式(6.6.9)により求められる．横軸は孔の直径 d と板の長さ a，または幅 b との比である．したがって $d/a=0$, $d/b=0$ のときの k の値は無孔板の板座屈係数となる．

有孔板が純せん断力を受ける場合は，図 6.6.5(c)より，孔径比 d/b に比例して板座屈係数 k_s が低下することがわかる．これより，次式で近似することができる[6.97]．

$$k_s = k_{s0}(1 - d/b) \tag{6.6.15.a}$$

$$k_{s0} = 5.34 + 4/a^2 \qquad a = a/b \geq 1 \tag{6.6.15.b}$$

図 6.6.6 は，矩形孔板の純せん断力を受ける場合の解析例である．横軸は孔面積比 A_c/A の平方根である．ここに $A_c = a_0 b_0$, $A = ab$ であり，a_0 と b_0 は矩形孔の横縦寸法を表す．矩形孔板につい

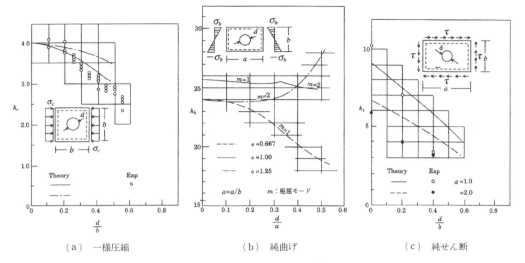

(a) 一様圧縮　　(b) 純曲げ　　(c) 純せん断

図 6.6.5　円形孔板の板座屈係数[6.96]

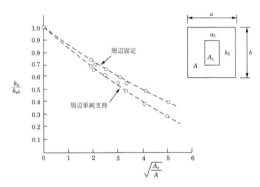

図 6.6.6　矩形孔板の板座屈係数[6.97]

ても，この横軸のパラメータに比例して板座屈係数が減少しており，次式で近似できる[6.97]．

$$k_s = k_{s0}(1 - \alpha_r \sqrt{A_c/A}) \tag{6.6.16}$$

α_r は境界条件による係数，周辺単純支持の場合 $\alpha_r = 1.45$，周辺固定支持の場合 $\alpha_r = 1.25$ である．

(2) 有孔板の補剛

有孔板の補剛に関しては，日本造船学会において有限要素法を用いた解析により，座屈波の数との関係を考慮して，無補強板も含めて詳細に整理されている[6.99]．以下では，補強効果についての要点のみ示すが，無補強開孔板の座屈性状についても興味深い結果が得られている．

補強法は，図 6.6.7 に示す，スチフナ，ダブラ，スピゴットプレート (リング) の 3 種類である．補強はパネルと等しい板厚の板を用いている．補強材の高さまたは幅をパラメータ α を用いて，αd (d は円孔の直径) として表す．

圧縮荷重に対する補強効果を図 6.6.8 に示す．この場合のスチフナによる補強は，他の補強法と比較して，その効果が最も著しい．また，スピゴットプレートによる補強の場合，開孔の円周に沿っての局部的な補強にとどまっているため，α がある値以上になると，板座屈係数はほぼ一定となり，

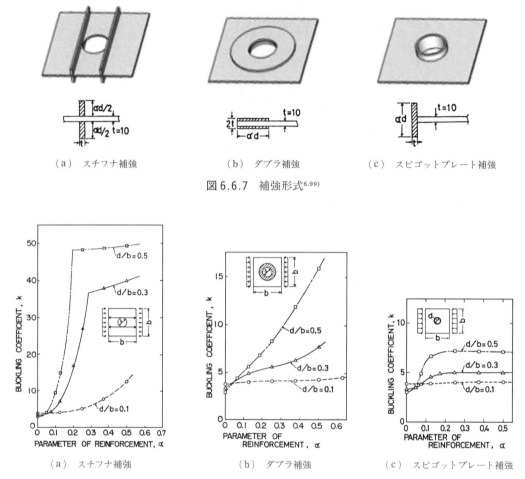

(a) スチフナ補強　　(b) ダブラ補強　　(c) スピゴットプレート補強

図 6.6.7　補強形式[6.99)]

(a) スチフナ補強　　(b) ダブラ補強　　(c) スピゴットプレート補強

図 6.6.8　圧縮荷重を受ける補強有孔板の座屈[6.99)]

それ以上の補強効果は得られない．

　せん断荷重に対する補強効果を図 6.6.9 に示す．このときスチフナによる補強は，開孔比 d/b により補強の効果が異なる．また，ダブラによる補強は，開孔周辺の応力の低下と曲げ剛性の増加の2つの面で有効であり，α に対し板座屈係数 k はほぼ直線的に上昇する．スピゴットプレートによる補強の場合，α が 0 から 0.2 の間で，α に対し板座屈係数 k の上昇が著しい．

　曲げ荷重に対する補強効果を図 6.6.10 に示す．スチフナ，スピゴットプレートによる補強の場合，開口比が 0.1 の時のスチフナ位置が，無補強板に生じる座屈波形の節に近いため，ほとんど補強効果がない．α が 0.12 より大きくなると，それ以上 α を増しても補強効果は上がらない．これに対し，ダブラによる補強の場合，開孔比が 0.3 および 0.5 の時は，補強範囲を示すパラメータ α を増すにつれて補強効果が大きくなる．

　また，文献 6.99) には有孔板を補強した場合の各種複合応力に対する座屈相関曲線が，無孔および無補強有孔板の座屈耐力相関曲線とともに示されている．ただし，これらは正方形板で孔の大きさが $d/b=0.3$ の円形孔に限られる．その結果を図 6.6.11 に示す．図中の縦軸，横軸は，それぞれ

6章 板要素 —217—

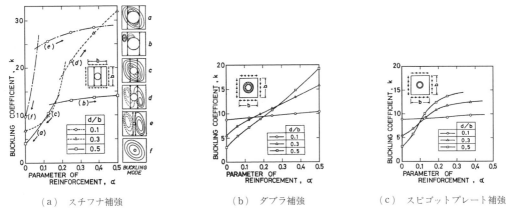

(a) スチフナ補強　　(b) ダブラ補強　　(c) スピゴットプレート補強

図6.6.9　せん断荷重を受ける補強有孔板の座屈[6.99]

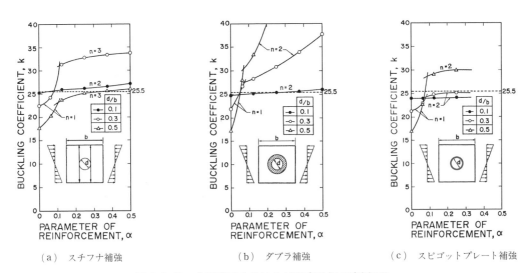

(a) スチフナ補強　　(b) ダブラ補強　　(c) スピゴットプレート補強

図6.6.10　曲げ荷重を受ける補強有孔板の座屈[6.99]

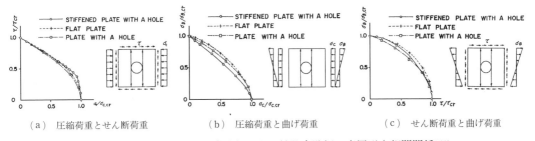

(a) 圧縮荷重とせん断荷重　　(b) 圧縮荷重と曲げ荷重　　(c) せん断荷重と曲げ荷重

図6.6.11　無孔板，円形有孔板および補強有孔板の座屈耐力相関関係[6.99]

の荷重が単独に作用した場合の，座屈値に対する組合せ荷重の場合の座屈値のそれぞれが対応する成分の比を表す．組合せ荷重による違いは若干あるものの，無孔板，円形有孔板および補強有孔板の座屈耐力相関関係曲線は，ほぼ同様であると見ることができる．

6.7 繰返しせん断荷重を受ける板要素の挙動

6.7.1 概　説

周辺をフランジやスチフナで囲まれたウェブ板や，周辺を柱，梁などのフレームで囲まれた鋼板壁等がせん断力を受ける場合，その繰返し挙動は複雑である．ここで，式(6.7.1)で規定される幅厚比$(d_w/t_w)_0$を基準にして考えると，その挙動は図6.7.1に示すように，幅厚比d_w/t_wによりおおよそ３つに分類できる．

$$\left(\frac{t_w}{d_w}\right)_0 = \sqrt{\frac{12(1-\nu^2)}{k\pi^2}\frac{\tau_y}{E}} \tag{6.7.1}$$

ただし，k：純せん断力を受ける周辺固定支持平板の板座屈係数，τ_y：せん断降伏応力度，E：ヤング係数，ν：ポアソン比である．

（１）　$\dfrac{d_w}{t_w} > \left(\dfrac{d_w}{t_w}\right)_0$ の場合

幅厚比が式(6.7.1)で規定される幅厚比より大きい場合の繰返し履歴曲線は，紡錘型とはならず，スリップ型の特徴的な形状を示す．この要因は，薄板の弾性せん断座屈応力度がせん断降伏応力度を下回ることにより，早期にせん断座屈が発生し，成長したせん断座屈波形が繰返し履歴により反転するためである．この挙動については，6.7.2項で詳述する．

（２）　$\dfrac{d_w}{t_w} \approx \left(\dfrac{d_w}{t_w}\right)_0$ の場合

幅厚比が式(6.7.1)で規定される幅厚比の近傍にある場合，繰返しによる経験変位が小さい間は，その荷重-変位関係は紡錘形を保つが，おおむね式(6.7.2)で示されるせん断変形角γ_uを超えると荷重変位関係の形は崩れ，スリップ型となる[6.100]．またそのスリップ耐力は，経験変位が大きくなると徐々に低下する傾向にある．

$$\gamma_u = \gamma_p \frac{\tau_{cr}}{\tau_y} = \frac{k\pi^2}{6(1-\nu)}\left(\frac{t_w}{d_w}\right)^2 \tag{6.7.2}$$

ここで，γ_p：ウェブせん断降伏耐力に対する弾性せん断変形角である．

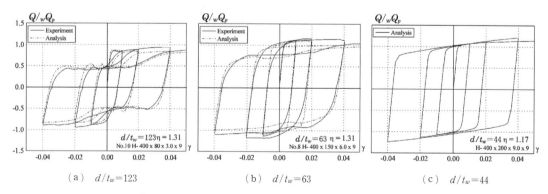

図6.7.1　せん断繰返し挙動に及ぼす幅厚比の影響[6.100]

（3） $\dfrac{d_w}{t_w} < \left(\dfrac{d_w}{t_w}\right)_0$ の場合

幅厚比が式(6.7.1)で規定される幅厚比より十分小さい場合，大変形までせん断座屈が発生せず，その繰返し荷重-変位関係は，紡錘形を保ったままとなる．結果，そのせん断パネルはエネルギー吸収能力に優れたものとなる．近年，このような部材に降伏点が低い鋼材を使用し，せん断降伏型鋼材ダンパーとして制振構造に用いられるようになってきている．このせん断パネルダンパーについては，6.7.3項において記述する．

6.7.2 せん断座屈後繰返し挙動

前述したように，構造物における耐震要素としての鋼板耐震壁やせん断パネルのウェブ板要素をリブ等で補強することなく，板厚を薄くし，弾性せん断座屈耐力がせん断降伏耐力を下回る場合には，その繰返し履歴曲線が紡錘型とはならず，特徴的な形状を示すことはよく知られている[6.101)-6.103)]．この要因は，薄板の弾性せん断座屈応力度がせん断降伏応力度を下回ることにより，早期にせん断座屈が発生し，成長したせん断座屈波形が繰返し履歴により反転するためである．せん断力を受ける薄板の繰返し挙動は大変複雑であり，せん断座屈を伴うさまざまな要因により決定される．この荷重変位関係は，図6.7.1(a)に示すようなものであるが，これをモデル化すると図6.7.2に示すようになり，その復元力特性を与える特徴的な点として，終局耐力 $Q_{\max}$，除荷剛性 G，棚状耐力（スリップ耐力）Q_s，張力場再形成開始点 γ_s がある．ただし，ここで対象とするせん断パネルは，ほぼ正方形のH形断面のウェブ板を対象としたものである．

これら有用な特徴的因子の中で，終局耐力 $Q_{\max}$ は，6.3.4項に示した張力場理論による式(6.3.16)で与えられる[6.103)]．その他の値については，以下の評価式で与えられる．

$$G = G_e\left[1 - \tanh\left(0.5\ln\dfrac{\gamma_{sc}}{\gamma_{cr}}\right)\right] < G_e \tag{6.7.3}$$

$$Q_s = \dfrac{Q_{\max}}{2} + \dfrac{4M_{pf}}{a} \tag{6.7.4}$$

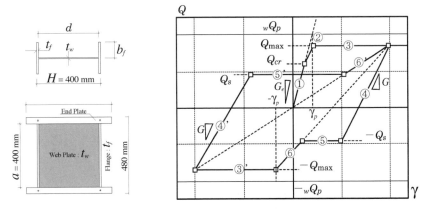

図6.7.2 せん断パネルと座屈を伴うせん断繰返し挙動のモデル[6.103)]

$$\gamma_s = \frac{2}{3}\gamma_{max} + \frac{1}{3}\gamma_{min} \tag{6.7.5}$$

ただし，G_e：初期せん断剛性，γ_{sc}：骨格曲線における除荷開始変形角，γ_{cr}：弾性座屈耐力時の変形角，Q_{max}：式(6.3.16)で与えられる終局耐力，M_{pf}：フランジの全塑性モーメント，γ_{max}：正側最大経験せん断変形角，γ_{min}：負側最大経験せん断変形角である．

6.7.3 せん断降伏パネル

近年では，振動エネルギーを吸収するダンパーとして，せん断降伏型の鋼材ダンパーが使用されている．このせん断降伏型の履歴ダンパーは，せん断パネルと周辺の枠フランジより構成され，柱，梁よりなる骨組構面に支持部材を介して取り付けられ[6.104]．いずれの形式でも鋼製のパネルを面内のせん断変形により塑性化させることで，振動エネルギーを吸収する．このようなせん断パネルには，6.7.1項の(3)に分類されるような幅厚比の小さなウェブ板要素が使用される．しかし，比較的幅厚比の小さな板でも，大きな塑性ひずみが生じる場合や累積塑性変形量がある臨界値を上回る場合は，残留塑性変形により座屈が生じる．この座屈変位量が過大となると，剛性低下や座屈箇所での低サイクル疲労破壊が発生し，十分なエネルギー吸収性能を得ることができない．このため，補剛スチフナなどを適切な間隔でせん断パネル面に設置することにより，パネルの面外座屈の発生時期および座屈量を制御するのが一般的である．パネルにせん断座屈が生じた場合，繰返し載荷では，せん断変形角が0付近で張力場方向が逆転することにより座屈波形の凸凹部が反転し，図6.7.3に示すような一時的に耐力が低下するピンチング現象を生じて，ループが紡錘型とならない．文献6.105)，6.106)では，座屈に伴う面外変形が明瞭になってから履歴曲線上に局部的な負勾配を持つ耐力低下が生じている点を性能保証限界とし，この性能保証限界累積変形角と換算幅厚比の関係を与えており，ピンチングを起こさない幅厚比を決定する際の参考になる．また，併せて最大耐力についても，換算幅厚比を用いた評価式も得られている．基本的には，低降伏点鋼を用いた評価式であるが，文献6.106)において，SS 400を用いた場合にも適応できることが示されている．

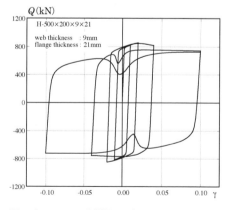

図6.7.3 せん断パネルのせん断繰返し挙動に現れるピンチング現象[6.107]

換算幅厚比：$\left(\dfrac{d}{t_w}\right)_B = \left(\dfrac{d}{t_w}\right)\sqrt{\dfrac{\sigma_{wy}}{E}}\sqrt{\dfrac{\sigma_{wB}}{\sigma_{wy}}} = \left(\dfrac{d}{t_w}\right)\sqrt{\dfrac{\sigma_{wB}}{E}}$ (6.7.6)

基準化最大せん断応力度：$\tau_{pu}/\tau_B = 1.671\left\{\left(\dfrac{d}{t_w}\right)_B\right\}^{-0.741}$ (6.7.7)

性能保証限界累積せん断変形角：$_c\gamma_u = 2.936\left\{\left(\dfrac{d}{t_w}\right)_B\right\}^{-3.569}$ (6.7.9)

最大耐力時スケルトンせん断変形角：$\gamma_u = 0.561\left\{\left(\dfrac{d}{t_w}\right)_B\right\}^{-2.187}$ (6.7.9)

ここで，d/t：幅厚比，E：ヤング係数，σ_{wy}：降伏応力度，σ_{wB}：引張強さ，$\tau_B = \sigma_{wB}/\sqrt{3}$ である．

このピンチング現象を防止するためには，パネル部をリブで補剛する必要があるが，リブ効果を含めた換算幅厚比による評価式も文献 6.105) に示されている．また，ダンパーとしてのせん断パネルは面外変形が大きくなりすぎないことを旨とするため，基本的には座屈を許容していない．したがって，その履歴ループは，せん断応力下における材料特性にほかならず，ここで詳述はしない．ただし，この履歴ループのモデル化手法については文献 6.104) に示されているので，参考にされたい．

なお，「鋼構造制振設計指針」[6.108]では，目標層間変形に対するせん断パネルの必要変形角に対する設計法が示されている．そこでは，文献 6.109)，6.110) における知見を応用し，せん断パネル形状の検討方法，補剛材に対する設計手法などが示されている[6.111),6.112]．また，有益な文献が多数紹介されている．

6.7.4　繰返し面内せん断力を受ける波形鋼板パネル

繰返し面内せん断力受ける波形鋼板の挙動は，H 形断面の薄板ウェブに対する挙動と大変酷似しており，その繰返し履歴モデルを応用することができる．図 6.7.4 には載荷履歴の影響を比較するため，繰返し載荷の荷重-変位関係を実線で，単調載荷の荷重-変位関係を点線で示している．載荷条件，試験体は図 6.5.1 に示すものと同じであり，試験体名の h，f の後の数字は，波高さ，波上フランジ幅をミリメートルで表しており，最後の M，C はそれぞれ単調載荷，繰返し載荷を示している．座屈後耐力 $_eP_p$ に到達するまでは，繰返し載荷の包絡曲線と単調載荷の曲線はほぼ一致している．初期剛性 $_eK$，降伏耐力 $_eP_y$，座屈後耐力 $_eP_p$ に対する載荷履歴の影響は小さいと考えられる．一方，$_eP_p$ から耐力劣化し，張力場を形成して耐力が再上昇する変形域においては，繰返し載荷の荷重変位関係の包絡線は，単調載荷の荷重変位曲線を下回る傾向を示している．これは，張力場形成による残留変形の発生により，載荷方向が逆転した場合に耐力上昇に要する変位量が増大するため，繰返し載荷において変位振幅を一定値で折り返すと耐力上昇が打ち切られたためと推察する．このため，繰返し載荷の張力場耐力 $_eP_t$ は，単調載荷のものより 10〜20 ％程度小さくなっている．なお，最終ループでは，繰返し載荷の荷重変位関係の包絡線は，単調載荷の荷重変位曲線におおむね到達している．また，繰返し載荷により生じる棚状域の耐力は，$_eP_t$ の 1/2〜1/5 程度の耐力に収まっており，変位振幅が大きくなるに従い，漸減する傾向を示している．

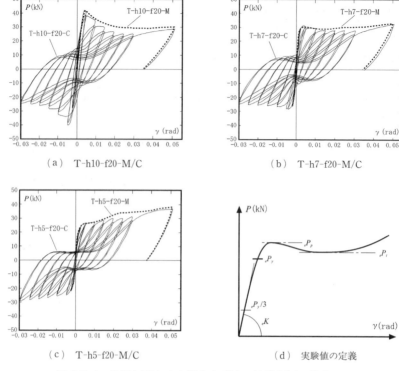

図 6.7.4 繰返し面内せん断力を受ける波形鋼板の挙動[6.113]

　繰返し履歴は，棚状域の形成，前履歴サイクルで発現した張力場の再形成による耐力上昇，初期剛性より小さくなる傾向を示す除荷剛性により特徴づけられる．繰返し面内せん断力受ける波形鋼板の履歴モデルの特性値は，次のように定められている[6.113]．

$$\frac{_eK_t}{_eK}=1-\tanh\left(0.9\log\frac{\gamma_s}{_e\gamma_t}\right) \tag{6.7.10}$$

$$_eP_s={_eP_t}/4 \tag{6.7.11}$$

参考文献

6.1) 日本建築学会：鋼構造設計規準―許容応力度設計法―，2005

6.2) 日本建築学会：鋼構造塑性設計指針，2017

6.3) 日本建築学会：鋼構造限界状態設計指針・同解説，2010

6.4) 日本建築学会：建築耐震設計における保有耐力と変形性能（1990），1990

6.5) 上田幸雄, Sherif M.H., 白　点基：矩形板の弾性座屈相関関係式，日本造船学会論文集，No.157, pp.425-438, 1985.6

6.6) F. Shahabian, T.M. Roberts：Buckling of slender web plates Subjected to combinations of in-plane loading, Jornal of Constructional Steel Research, 51, pp.99-121, 1999.8

6.7) 五十嵐規矩夫：不均等曲げせん断力を受けるH形鋼梁ウェブの座屈耐力評価―周辺単純支持平板

としての弾性座屈耐力評価—，日本建築学会構造系論文集，No. 565，pp.135-141，2003.3

6. 8) 五十嵐規矩夫，鈴木琢也：曲げせん断力および軸力を受ける平板の弾性座屈耐力評価法，日本建築学会構造系論文集，No. 573，pp.209-216，2003.11

6. 9) Theodore V. Galambos：Guide to Stability Design Criteria for Metal Structures Fifth Edition，1998

6.10) 五十嵐規矩夫，王　韜：曲げせん断力及び軸力を受ける H 形断面構成板要素の弾性座屈耐力算定法，日本建築学会構造系論文集，No. 613，pp.137-146，2007.3

6.11) 長柱研究委員会：弾性安定要覧，コロナ社，1951

6.12) 関谷　壮，浜田　実，角誠之介：平板構造強度設計便覧，朝倉書店，1982

6.13) F. Bleich：Buckling Strength of Metal Structures, New York, pp.315-330, 1952

6.14) E.Z. Stowell：A Unified Theory of Plastic Buckling of Columns and Plates, N.A.C.A. Tech. Note, No. 1556, 1948

6.15) C.H. Handelman, W. Prager：Plastic Buckling of a Rectangular Plate under Edge Thrusis, N.A.C.A. Tech. Note, No. 1530, 1948

6.16) Y. Yamamoto：A General Theory of Plastic Buckling of Plate，造船協会論文集，96 号，pp.71-77，1955

6.17) 井上哲郎，加藤　勉：四縁支持鋼板の塑性座屈，日本建築学会構造系論文報告集，No. 396，pp.101-108，1989.2

6.18) 井上哲郎，加藤　勉：塑性域における鋼板のねじりとねじり座屈，日本建築学会構造系論文報告集，No. 383，pp.29-34，1987.1

6.19) 井上哲郎：十字形断面鋼板の塑性座屈，日本建築学会構造系論文報告集，No. 422，pp.117-122，1991.4

6.20) Noboru Yamaki：Postbuckling Behavior of Rectangular Plates with Small Initial Curvature Loaded in Edge Compression, Journal of Applied Mechanics, Vol. 26, No. 3, pp.407-414, 1959.9

6.21) Noboru Yamaki：Postbuckling Behavior of Rectangular Plates with Small Initial Curvature Loaded in Edge Compression (continued), Journal of Applied Mechanics, Vol. 27, No. 2, pp.335-342, 1960.6

6.22) Kármán T.V., Sechler E.E., Donnell L.H.：The Strength of Thin Plates in Compression, Trans. ASME, Vol. 54, APM, p.53, 1932

6.23) Winter G.：Performance of Thin Steel Compression Flanges, Prelim. Pub., 3rd Congr. IABSE, Liege, p.137, 1948

6.24) 木村　衛，井上哲郎，谷口　元，橋村　徹，小松　健：薄板の座屈後耐力，日本建築学会構造系論文集，No. 545，pp.135-140，2001.7

6.25) 木村　衛，小河利行，橋村　徹：複合荷重を受ける薄板の座屈後耐力，日本建築学会構造系論文集，No. 566，pp.153-159，2003.4

6.26) Wagner H.：Ebene Blechwandträger mit sehr dünnem Stegblech, Zeitschrift für Flugetechnik und Motorluftschiffahrt, Vol. 20, pp.200-207, pp.227-233, pp.256-262, pp.279-284, pp.306-314, 1929.1

6.27) Konrad Basler：Strength of Plate Girders in Shear, Journal of the Structural Division, Vol. 87, No. ST7, pp.151-180, 1961.10

6.28) Paul Kuhn, James P. Peterson: Strength Analysis of Stiffened Beam Webs, NACA, TN1364, pp.1-61, 1947.7

6.29) 土木学会：座屈設計ガイドライン改訂第2版［2005年版］，2005

6.30) 金箱温春，小河利行，竹内　徹，松原洋介：せん断力を受ける部分支持された薄鋼板の座屈耐力及び座屈後耐力の評価，日本建築学会構造系論文集，No.610，pp.185-190，2006.12

6.31) 金箱温春，小河利行，竹内　徹，松原洋介：アスペクト比の異なる部分支持された薄鋼板のせん断座屈耐力及び座屈後耐力の評価，日本建築学会構造系論文集，No.617，pp.161-167，2007.7

6.32) 建築物の構造関係技術基準解説書編集委員会：2015年版建築物の構造関係技術基準解説書，2015.6

6.33) 木村　衛，金子祥文：角形鋼管の局部座屈性状と幅厚比評価について，日本建築学会構造系論文報告集，No.372，pp.65-71，1987.2

6.34) 加藤　勉：閉断面部材の局部座屈と変形能力，日本建築学会構造系論文報告集，No.378，pp.27-36，1987.8

6.35) 加藤　勉，秋山　宏，鈴木弘之：軸圧縮力をうける鋼管の塑性局部座屈耐力，日本建築学会論文報告集，No.204，pp.9-17，1973.2

6.36) 日本建築学会：鋼管構造設計施工指針・同解説，1990

6.37) 加藤　勉，秋山　宏，帯　洋一：局部座屈を伴うH形断面部材の変形，日本建築学会論文報告集，No.257，pp.49-58，1977.7

6.38) 五十嵐規矩夫，末國良太，篠原卓馬，王　韜：鋼構造H形断面梁の耐力及び塑性変形能力評価のための新規幅厚比指標と幅厚比区分，日本建築学会構造系論文集，Vol.76，No.668，pp.1865-1872，2011.10

6.39) 牧野　稔，松井千秋，三谷　勲：H形鋼柱の局部座屈後の変形性状（その2．荷重－変形関係），日本建築学会論文報告集，No.286，pp.23-28，1979.12

6.40) 福知保長：モーメント勾配を有するはりのフランジ局部座屈と耐力について（その3．耐力），日本建築学会論文報告集，No.174，pp.21-25，1970.8

6.41) 山本　昇，滝沢章三，山口修一：非調質高張力圧延H形鋼のフランジ局部座屈に関する実験，日本建築学会大会学術講演梗概集，構造系，pp.885-886，1974.10

6.42) 松本芳紀，山田孝一郎：H形鋼部材の局部座屈後の変形性状に関する実験的研究，日本建築学会北陸支部研究報告集，第24号，pp.29-32，1981.6

6.43) 加藤　勉，呉　榮錫：局部座屈を伴うH形断面部材の耐力と変形，構造工学論文集，Vol.35 B，pp.351-360，1989.3

6.44) 與田香二，今井克彦，黒羽啓明，小川厚治：幅厚比の大きい溶接H形鋼ばりの曲げ変形挙動，日本建築学会構造系論文報告集，No.397，pp.60-72，1989.3

6.45) 加藤　勉，秋山　宏，鈴木弘之：鋼管梁の曲げ耐力，日本建築学会大会学術講演梗概集，構造系，pp.1019-1020，1973.10

6.46) 五十嵐定義，長尾直治：電縫鋼管部材の局部座屈挙動，日本建築学会大会学術講演梗概集，構造系，pp.829-830，1975.10

6.47) 越智健之，最相元雄，黒羽啓明，大塚孝志：円形鋼管部材の履歴性状（その1．耐力，変形能と径厚比），日本建築学会大会学術講演梗概集，pp.667-668，1985.10

6.48) 松井千秋，津田恵吾：水平力を受ける円形鋼管柱の弾塑性挙動に関する研究（その3），日本建築学会大会学術講演梗概集，pp.1117-1118，1986.8

6.49) 酒井弘文, 小崎照卓, 越智健之, 黒羽啓明：極低降伏比高強度円形鋼管部材の変形能と終局耐力（その1．短柱圧縮試験と曲げ試験結果），（その2．局部座屈終局限界状態の考察），日本建築学会大会学術講演梗概集，pp.1295-1298，1992.8

6.50) 清水孝憲, 金谷　弘, 上場輝康, 脇田孝彦：高強度円形鋼管の曲げ圧縮実験―その1　実験の概要―，―その2　実験結果―，日本建築学会大会学術講演梗概集，pp.1303-1306，1992.8

6.51) 鋼材倶楽部：中低層鉄骨建物の耐震設計法，技報堂，1978

6.52) 加藤　勉, 秋山　宏, 北沢　進：局部座屈を伴う箱形断面部材の変形，日本建築学会論文報告集，pp.71-76，No.268，1978.6

6.53) 加藤　勉, 秋山　宏, 北沢　進, 桂井史朗：箱形断面部材の塑性変形能力に関する実験的研究（その3　冷間成形箱形断面部材の場合），日本建築学会大会学術講演梗概集，構造系，pp.1309-1310，1978.9

6.54) 松井千秋, 森野捷輔, 津田惠吾, 立川博英：角形鋼管柱の局部座屈後挙動について，日本建築学会九州支部研究報告，第25号，pp.209-212，1980.2

6.55) 鈴木敏郎, 酒井新吉, 眞家秀夫, 木村克次：箱形断面部材の弾塑性挙動に関する実験，日本建築学会大会学術講演梗概集，構造系，pp.1153-1154，1980.9

6.56) 松井千秋, 森野捷輔, 津田惠吾, 大宅一浩：角形鋼管柱の局部座屈後挙動について（その2，幅厚比と二軸曲げの影響），日本建築学会中国・九州支部研究報告，第5号，pp.273-276，1981.3

6.57) 鈴木敏郎, 酒井新吉, 青木俊夫, 鵜飼司郎, 木村克次：箱形断面部材の弾塑性挙動に関する実験的研究（その2．リブによる補強効果について），日本建築学会大会学術講演梗概集，構造系，pp.2069-2070，1981.9

6.58) 松井千秋, 森野捷輔, 津田惠吾：角形鋼管柱の局部座屈後挙動について（その5，幅厚比の影響），日本建築学会九州支部研究報告，第26号，pp.241-244，1982.3

6.59) 鈴木敏郎, 酒井新吉, 青木俊夫, 鵜飼司郎, 木村克次：スチフナ補剛箱形断面柱部材の変形性状について，日本建築学会大会学術講演梗概集，構造系，pp.1919-1920，1982.10

6.60) 山田　稔, 辻　文三, 徳田京誠：複曲率曲げを受ける角形鋼管柱の弾塑性変形挙動および崩壊性状に関する研究（I：一方向載荷：$N=1/3N_y$），日本建築学会大会学術講演梗概集，構造系，pp.1923-1924，1982.10

6.61) 山田　稔, 辻　文三, 徳田京誠：複曲率曲げを受ける角形鋼管柱の弾塑性変形挙動および崩壊性状に関する研究（II：一方向載荷：$t=3.2$ mm：$N/N_y=0$，1/6，1/3），日本建築学会近畿支部研究報告集，pp.213-216，1983.6

6.62) 松井千秋, 森野捷輔, 津田惠吾：角形鋼管柱の局部座屈後挙動について（その6，幅厚比の影響），日本建築学会大会学術講演梗概集，構造系，pp.1365-1366，1983.9

6.63) 山田　稔, 辻　文三, 徳田京誠：複曲率曲げを受ける角形鋼管柱の弾塑性変形挙動および崩壊性状に関する研究（IV：一方向および繰返し載荷），日本建築学会近畿支部研究報告集，pp.373-376，1984.6

6.64) 山田　稔, 河村　廣, 谷　明勲, 山中耕一：複曲率交番繰り返し曲げを受ける角形鋼管柱の弾塑性変形挙動および崩壊性状に関する研究（I：定変位振幅曲げ：$N=1/3N_y$，$\delta_A=\pm30$ mm，±45 mm），日本建築学会近畿支部研究報告集，pp.381-384，1984.6

6.65) 山田大彦, 山田聖志, 笠松富二夫：板要素が点支持されたコンクリート充填箱形断面鋼管柱の局部座屈と変形能力（第2報・曲げ試験），日本建築学会大会学術講演梗概集，構造系，pp.2733-2734，1984.10

6.66) 五十嵐定義, 辻岡静雄, 矢島　悟, 杉山茂徳：冷間成形角形鋼管断面の弾塑性曲げ挙動に関する実験的研究（その１．単調載荷），（その２．繰返し載荷），日本建築学会大会学術講演梗概集，構造系，pp.1349-1352，1984.10

6.67) 山田　稔, 河村　廣, 谷　明勲, 山中耕一：複曲率交番繰り返し曲げを受ける角形鋼管柱の弾塑性変形ならびに崩壊性状に関する研究（III：定変位振幅曲げ：$N=1/3N_y$, $b/t=35.1$, $\delta_A=\pm20$ mm, ±30 mm），日本建築学会近畿支部研究報告集，pp.469-472，1985.5

6.68) 五十嵐定義, 辻岡静雄, 杉山茂徳, 伊田健二：冷間成形角形鋼管断面の定軸圧下での弾塑性曲げ性状に関する実験的研究，日本建築学会大会学術講演梗概集，構造II，pp.677-678，1985.10

6.69) 辻岡静雄, 五十嵐定義, 杉山茂徳：冷間成形角形鋼管部材の弾塑性曲げ性状に関する実験的研究，日本建築学会大会学術講演梗概集，構造II，pp.1113-1114，1986.8

6.70) 山田　稔, 河村　廣, 谷　明勲, 中川貴詞：複曲率曲げを受ける角形鋼管住の弾塑性変形ならびに崩壊性状に関する研究（VII：一方向載荷：$N=2/3N_y$），日本建築学会大会学術講演梗概集，pp.1111-1112，1986.8

6.71) 田渕基嗣, 金谷　弘, 上森　博：冷間ロール成形鋼管の材料特性と部材および接合部の弾塑性性状―その2　部材および接合部の挙動―，日本建築学会大会学術講演梗概集，pp.971-972，1988.10

6.72) 松井千秋, 津田恵吾：コンクリート充填角形鋼管柱の幅厚比制限値について，日本建築学会大会学術講演梗概集，pp.1411-1412，1986.8

6.73) 黛まり子, 金谷　弘, 田渕基嗣：冷間ロール成形角形鋼管の材料特性と部材および接合部の弾塑性性状―その3　冷間ロール成形角形鋼管の実験―，日本建築学会大会学術講演梗概集，pp.1273-1274，1992.8

6.74) 中村秀夫, 高田信宏, 山田大彦：プレス成形角鋼管柱の性能評価　その5　幅厚比の影響，日本建築学会大会学術講演梗概集，pp.1289-1290，1992.8

6.75) 杉山捷治, 高田信宏, 中村秀夫, 山田大彦：プレス成形角鋼管柱の性能評価　その6　溶接四面ボックス柱との比較，日本建築学会大会学術講演梗概集，pp.1291-1292，1992.8

6.76) C. Matsui, K. Tsuda : Ultimate Strength of Square Steel Tubular Members and Frames, Safety Criteria in Design of Tubular Structures, 1987.2

6.77) 松井千秋, 津田恵吾：幅厚比の大きい板要素よりなるコンクリート充填角形鋼管柱の耐力と挙動について，日本建築学会大会学術講演梗概集，pp.1281-1282，1987.10

6.78) 加藤　勉, 西山　功：冷間成形角形鋼管の局部座屈強さおよび変形能力，日本建築学会論文報告集，No.294，pp.45-52，1980.8

6.79) 井上哲郎, 桑村　仁：箱形断面短柱の応力―ひずみ特性（軟鋼，高張力鋼及び低 YR 高張力鋼），構造工学論文集，Vol.35 B，pp.337-350，1989.3

6.80) 井上哲郎, 桑村　仁：降伏棚のある低降伏比 60 キロ高張力鋼短柱の応力―ひずみ特性（十字形および箱形断面），構造工学論文集，Vol.37 B，pp.225-238，1991.3

6.81) 邸　榮政, 山田　哲, 桑村　仁, 秋山　宏：冷間成形角形鋼管の保有性能の研究―その1　短柱圧縮実験，日本建築学会大会学術講演梗概集，pp.1275-1276，1992.8

6.82) 越智健之, 黒羽啓明：冷間成形円形鋼管部材の耐力と変形能の統計的評価，日本建築学会構造系論文報告集，No.391，pp.59-71，1988.9

6.83) 五十嵐規矩夫, 長谷川龍太：鋼構造 H 形断面柱の最大耐力及び塑性変形能力評価法，構造工学論文集，Vol.61 B，pp.209-216，2015.3

6.84) 加藤　勉, 中尾雅躬：局部座屈に支配される H 形断面鋼部材の耐力と変形能力，日本建築学会構造

系論文集，No. 458，pp.127-136，1994.4

6.85) 呉　榮錫，加藤　勉：H 型断面鋼構造部材の塑性局部座屈と変形能力，構造工学論文集，Vol. 34 B，pp.161-168，1987.3

6.86) 五十嵐規矩夫，王　韜，呂　華峰：曲げせん断力を受ける直交異方性平板の弾性座屈耐力算定法，日本建築学会構造系論文集，Vol. 74，No. 638，pp.711-720，2009.4

6.87) European Recommendations for the Application of Metal Sheeting Acting as a Diaphragm, European Convention for Construction Steelwork, 1995

6.88) Diaphragm Design Manual Third Edition, Steel Deck Institute, 2004.9

6.89) 床鋼板構造設計施工規準・同解説，日本鋼構造協会・日本鉄鋼連盟，pp.82-85，1972

6.90) 波形鋼板ウェブ PC 橋計画マニュアル（案），波形鋼板ウェブ合成構造研究会，1998.12

6.91) Easley J.T. and McFarland D.E.: Buckling of Light-Gage Corrugated Metal Shear Diaphragms, Journal of the Structural Division, ASCE, Vol. 95, No. ST7, Proc. Paper 6683, July, 1969, pp.1497-1516

6.92) Easley J.T.: Buckling Formulas for Corrugated Metal Shear Diaphragms, Journal of the Structural Division, ASCE, No. ST7, pp.1403-1417, July, 1975.7

6.93) 五十嵐規矩夫，藤澤逸志，清水信孝：矩形形状を有する波形鋼板のせん断弾性座屈耐力，日本建築学会構造系論文集，No. 632，pp.1883-1890，2008.10

9.94) 清水信孝，岡田忠義，五十嵐規矩夫：波形鋼板パネルのせん断座屈後挙動に関する研究，日本建築学会構造系論文集，No. 651，pp.1013-1020，2010.5

6.95) 福本唟士：構造物の座屈・安定解析，新体系土木工学 9，技報堂，1982

6.96) 塑性設計研究委員会：塑性設計資料集（その四），日本溶接協会，1971

6.97) R. Narayanan: Plated Structures, Applied Science Publishers, 1983

6.98) 五十嵐規矩夫，柳下義博：曲げせん断力を受ける補剛平板の弾性座屈性状と最適補剛剛性，日本建築学会構造系論文集，No. 708，pp.321-331，2015.2

6.99) 横強度小委員会ワーキンググループ：開孔板の座屈と補強効果について，日本造船学会誌，第 605 号，pp.12-22，1979.11

6.100) 富澤徹弥，五十嵐規矩夫：ウェブ薄板のせん断座屈後繰返し挙動に関する研究（その 5　ウェブ薄板のせん弾崩壊形式および履歴曲線形状），日本建築学会大会学術講演梗概集，pp.657-658，2007.8

6.101) 見村博明，秋山　宏：張力場を形成する鋼板耐震壁の復元力特性，日本建築学会論文報告集，No. 260，pp.109-114，1977.10

6.102) Roberts, T.M. and Ghomi, S.: Hysteretic Characteristics of Unstiffened Plate Shear Panels, Thin-Walled Structures, 12, pp.145-162, 1991

6.103) 五十嵐規矩夫，清水　真，富澤徹弥：H 形鋼ウェブ薄板のせん断座屈後繰返し履歴特性，日本建築学会構造系論文集，No. 612，pp.197-205，2007.2

6.104) 日本免震構造協会：パッシブ制振構造設計・施工マニュアル　第 2 版，2005

6.105) 田中　清，佐々木康人：低降伏点鋼を用いた制震パネルダンパーの静的履歴減衰性能に関する研究，日本建築学会構造系論文集，No. 509，pp.159-166，1998.7

6.106) 田中　清，佐々木康人，米山真一朗：鋼種が異なるせん断型パネルダンパーの静的履歴特性に関する実験研究，日本建築学会構造系論文集，No. 520，pp.117-124，1999.6

6.107) 五十嵐規矩夫：せん断力を受ける金属系薄板の張力場形成後繰返し挙動に関する一考察，日本建築学会大会学術講演梗概集，pp.741-742，2005.9

6.108) 日本建築学会：鋼構造制振設計指針，2014

6.109) Kasai K., Popov E.P. : General Behavior of WF Steel Shear Link Beams, Journal of Structural Engineering, ASCE, Vol. 112, No. 2, pp.362-382, 1986.2

6.110) Kasai K., Popov E.P. : Cyclic Buckling Control for Shear Link Beams, Journal of Structural Engineering, ASCE, Vol. 112, No. 23, pp.505-523, 1986.3

6.111) 玉井宏章：せん断パネルダンパーの等価せん断座屈変形角について，日本建築学会構造系論文集，No. 707，pp.137-145，2015.1

6.112) 玉井宏章：せん断パネルダンパーの累積損傷度について，日本建築学会構造系論文集，No. 707, pp. 147-155，2015.1

6.113) 清水信孝，岡田忠義，五十嵐規矩夫：繰返し面内せん断力を受ける波形鋼板パネルの弾塑性変形挙動，日本建築学会構造系論文集，No. 655，pp.1745-1754，2010.9

7章 平面および塔状トラス

7.1 概　　要

　現代の鋼構造に用いられるトラスは実に多種多様である．トラスがさまざまな構造に用いられる
のは，応力伝達が簡明であること，得られる強度や剛性に比べて軽量であること，造形面での自由
度が高いことなど，トラスの優れた特長が広く知られているからである．トラスのこのような特長
と表裏の関係にあるのがトラスの座屈問題である．トラス一架構に限っても，座屈部材数に着目す
れば，単一個材の座屈，個材数個の局所的座屈，架構全体を巻き込む大域的座屈など，また座屈変
形の発生方向に着目すれば，一平面内での座屈，立体的な座屈など，複数の互いに独立な座屈モー
ドが存在する．これら発生可能なすべての座屈モードに対してその強度を検討すること，これがト
ラスの座屈設計となる．

　本章では，トラスによる組立材の各種座屈の中で基本的なもの，重要なものおよび典型的なもの
に的を絞る．ラチスシェルなどのトラス屋根架構については，9章を参照されたい．

　7.2～7.4節では平面トラスの諸座屈を解説する．平面トラスには弦材および腹材個材の座屈と架
構全体の構面外座屈が存在する．これらはいずれもトラスにおける基本的な座屈問題である．これ
ら諸座屈に対する着目点としては，各部材の有効座屈長さ，すなわち座屈波形の半波長がある．有
効座屈長さは，隣接部材による座屈拘束効果，座屈する個材の接合部における剛接度，接合の偏心
度，二次応力度の大きさなどに依存する．これら諸要因が各座屈の有効座屈長さ，座屈強度に及ぼ
す影響について，現在までの研究成果を盛り込んで解説する．

　7.6節には実用トラスの一典型として塔状トラスを取り上げる．塔状トラスには主材，斜材および
脚部部材の各種座屈が存在し，いずれに対しても，平面トラスに対すると同様な有効座屈長さによ
る座屈設計が可能であることを述べる．さらに，実用上の重要性に鑑み，塔状トラスの座屈設計に
特有な関連留意事項について，最近の研究成果を踏まえて解説する．

　トラスの座屈に関わるもう一つの問題として，近年その重要性が議論されている分野は，弾性限
界を超えた後のトラスの安定性である．特にトラスが耐震要素などに用いられる場合は，その変形
能力が問われる．トラスの弾塑性挙動は座屈する部材の座屈後挙動に支配されるので，安定性にお
いて信頼がおけないことが一般的である．トラスに安定な弾塑性挙動を保証するためには，その形
状に一定程度以上の新たな制約を加えるか，座屈を生じず安定的な塑性変形能力を有する靱性部材
を挿入する必要がある．したがって，トラスの設計は従来どおりの弾性設計で臨み変形能力を期待
しないものと，靱性部材を先行降伏させることで塑性変形能力を確保するものに大きく二分される．
7.5節では，対象を平面トラス梁に限定し，変形能力を確保するためにトラス梁に加えるべき条件，
およびこの条件下における変形能力の評価方法について，既応の研究成果を踏まえて解説する．

7.2 弦材構面内座屈

7.2.1 トラス梁弦材の構面内座屈長さ

　図7.2.1に示すように，剛接点を有するトラス梁が節点荷重および端モーメントを受けて構面内座屈する場合，圧縮弦材の座屈長さは，隣接する部材の拘束効果によって節点間距離よりも短くなるのが普通であり，文献7.1)ではこの点を考慮して，全長にわたって一定断面の弦材を持つ平行弦トラスの圧縮弦材座屈長さは節点間距離の0.9倍，連続トラスにおいて隣接する弦材軸力が引張となる圧縮弦材では0.85倍などの数値を与えている．

　しかしながら，例えば鋼管トラスの接合部では支管の主管へのめり込みが生じるなど，剛接点の仮定に問題が残り，また，隣接部材の拘束効果を定量的に評価する簡便法も確立していないため，「鋼構造設計規準」では，圧縮軸力を受ける弦材の座屈長さとして，節点間距離をとることとしている．

7.2.2 トラス柱弦材の構面内座屈長さ

　トラス柱が構面外変形に対して十分に補剛されている場合には，構面内で座屈する可能性がある．一般に剛接トラスの構面内座屈形には，柱全体としての変形と腹材で補剛された区間の個材としての変形の2つの要素が重畳して現れる[7.2]．図7.2.2(a)のような細長いトラス材では材全体の変形

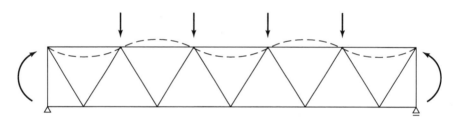

図7.2.1　圧縮弦材の構面内座屈

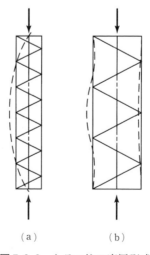

図7.2.2　トラス柱の座屈形式

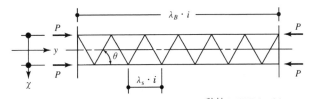

弦材：190.7 φ−6.0
腹材：139.8 φ−4.5
$d/D = 0.73$

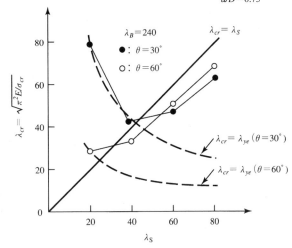

図 7.2.3 トラス柱の細長比

が卓越した座屈形となり，図 7.2.2(b) では個材の変形が強く現れた座屈形となる．

図 7.2.3 に示すプロット点は，座屈たわみ角法を用いて得られた剛接トラスの構面内弾性座屈応力度 σ_{cr} から求まる細長比 λ_{cr} と，個材の細長比 λ_s との関係を示したものである（本項における細長比は基準化されていない）[7.3]．

図 7.2.3 において，$\lambda_s = 20$ および 40 に対する○印のプロットは，それぞれ図 2.2.2 の (a) および (b) に示す座屈形式に対応しており，λ_s が 40，60 の場合はその中間的なものとなっている．したがって，このように材の形状によって座屈形が異なることを考慮して設計する必要がある．

図 7.2.3 の実線は，トラス柱が座屈するときの λ_{cr} を λ_s とした場合，破線は λ_{cr} を組立圧縮材の有効細長比 λ_{ye} とした場合の関係を表している．この 2 つの関係と解析結果との比較から，トラス柱の構面内座屈に対する許容座屈応力度 f_c は，λ_s および λ_{ye} を用いて次のように求めればよい．

a) $\lambda_{ye} \geqq \lambda_s$ のとき，トラス柱には柱全体のたわみが卓越した座屈が起こり，そのときの λ_{cr} は組立圧縮材の有効細長比 λ_{ye} にほぼ等しいことから，組立圧縮材として取り扱い，λ_{ye} より f_c を求める．

b) $\lambda_{ye} < \lambda_s$ のとき，トラス柱には個材のたわみが卓越した座屈が起こり，そのとき $\lambda_{ye} < \lambda_{cr} < \lambda_s$ の関係にあることからトラスとして扱い，λ_s より f_c を求める．

この問題は，文献 7.4) において連続体的取扱いによる個材座屈の定量的な取扱い法と，幾何学的非線形性を考慮した厳密解としての離散的取扱い法により，さらなる検討が加えられている．ここ

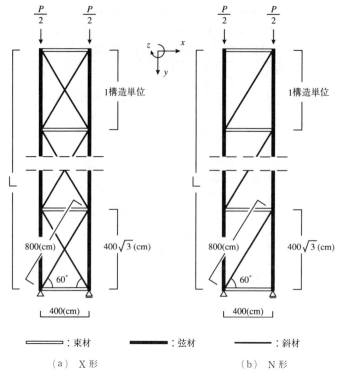

図7.2.4 トラス柱の形状

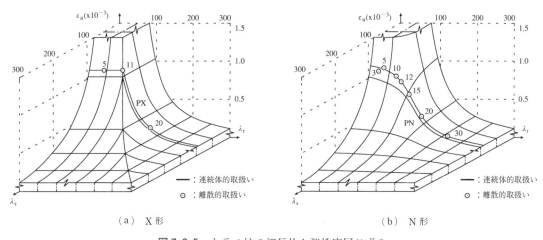

図7.2.5 トラス柱の細長比と弾性座屈ひずみ

で用いられている連続体的取扱いによる方法とは,トラス構造物を連続体に置換し,連続体形式で表示された巨視的な強度である有効強度[7.5]と,巨視的な剛性である有効剛性[7.6]を採用した手法である.

図7.2.4は,伸びとせん断との相関剛性が存在するN形トラス柱と相関剛性が存在しないX形トラス柱であり,X形トラス柱の交差する斜材は,力学的に絶縁している.図7.2.5は,連続体的

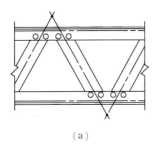 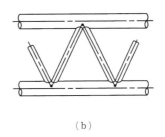

図 7.2.6　偏心節点

取扱いによるトラス柱の弾性座屈ひずみ ε_u と，個材座屈で定まる有効強度に対応する有効細長比 λ_s，トラス柱全体の有効細長比 λ_r との関係を示したものである．○印は離散的取扱いによる弾性座屈ひずみを示している．この図より，相関剛性のない X 形トラス柱では，個材座屈で定まる領域と全体座屈で定まる領域とが明確な形に分離でき，相関剛性が存在する N 形トラス柱の弾性座屈荷重は，有効強度面と釣合い経路の交点として算定できる．

7.2.3　二次応力の座屈長さに及ぼす影響

トラス柱・梁の設計で留意すべき事項として二次応力度があるが，これは主として節点において部材を剛に結合したいわゆる剛接点の影響，節点において各部材の重心線が一点に会さない，いわゆる偏心節点の影響，あるいは製作・施工誤差などによって生じる．

トラス柱・梁が荷重を受けると，各部材の軸方向伸縮とともに各節点に変位および回転が生ずるが，太短い部材が用いられた場合，偏心による曲げモーメントによる応力度が無視できないほど大きくなることがあり，鋼橋の規定[7.7]では，部材のせいと長さの比に制限を設けている．しかし，一般の建築構造物中のトラス柱・梁に見られる部材のプロポーションで節点に偏心のない場合には，二次応力の部材座屈長さに与える影響は無視できるとされており[7.1]，各部材軸力の計算も二次応力を無視して，すなわち各節点をヒンジとしたときの応力解析結果を用いれば問題ないものとして取り扱っている．

次に，偏心接合の形式として，図 7.2.6(a) に示すように腹材重心線の交点が弦材重心線の外に出る形式と，例えば図 7.2.6(b) の鋼管トラスに見られるように主管の局部変形を小さくするため支管をできるだけ近づけて溶接する結果，腹材重心線が内に入る形式がある．このような偏心節点に節点荷重が作用すると，各部材に二次的な曲げモーメントによる付加応力が生じる．文献 7.8) においては，節点に偏心のあるトラスが偏心のないトラスに比べて剛性・耐力とも下回ることが実験的・理論的に確かめられており，節点の偏心による二次的な曲げモーメントが大きくなる場合には，各部材を軸力と曲げを受ける材として設計することが必要であろう．

7.3　構面外座屈

7.3.1　トラス梁の構面外座屈長さ

図 7.3.1 に示すように等モーメント形の荷重を受ける剛接トラス梁が構面外座屈する場合には，

腹材・引張弦材が圧縮弦材の構面外への移動を拘束するほか，圧縮弦材自身のねじり剛性も期待できるため，構面外座屈に対する座屈長さは横補剛支点間距離よりもかなり短くなるのが普通である．これらの効果を実際の設計に反映させるために，主に鋼管トラス梁を対象とした理論的・実験的研究が行われてきている．

文献7.9)では，この問題に関して，トラス梁のねじり剛性が構面外座屈耐力の増加に大きな役割を果たすことを理論解によって明らかにしている．文献7.10)では，種々の端モーメントを受けるトラス梁を対象に，実験結果とエネルギー法による解析結果との比較を行っている．また，文献7.11)，7.12)，7.13)では，実験および理論解析によりこのことを検証し，エネルギー法によって座屈条件式を導き，トラス梁と等価な剛性を有する充腹梁の設計式を準用した設計式(7.3.1)を示している．文献7.14)では，近似的に座屈形式を仮定することにより構面外変形に対する微分方程式を導き，ポテンシャルエネルギーの停留原理から座屈荷重を求める方法により，式(7.3.2)に示す設計式を提案している．また，文献7.15)では，座屈たわみ角法を用いて，2～5格間ごとに横補剛されたトラス圧縮弦材の節点荷重あるいは材端曲げモーメントの影響を考慮した座屈長さ略算法を示している．

$$M_{cr}=\left(\frac{\pi}{l}\right)\sqrt{(2EI_c)(2\lambda GK_{tc})+\left(\frac{\pi h EI_c}{l}\right)^2} \tag{7.3.1}$$

ただし，$\lambda=\dfrac{6B'}{GK_{tc}+6B'}$

$$B'=\left(\frac{l}{\pi h}\right)^2 \tan\gamma \sin^3\gamma EI_w$$

ただし，M_{cr}：座屈曲げモーメント，l：トラス梁長さ，h：トラス梁せい，E：ヤング係数，G：せん断弾性係数，I_c, I_w：弦材，腹材の断面二次モーメント，K_{tc}, K_{tw}：弦材，腹材のSt. Venantのねじり定数，γ：腹材傾斜角である．式(7.3.1)は，以下の式より誘導できる．

$$M_{cr}=\left(\frac{h}{l}\right)\sqrt{P_e P_w} \tag{7.3.2}$$

ただし，$P_e=\left(\dfrac{\pi}{l}\right)^2(2EI_c+EI_w\cos^3\gamma+GK_{tw}\cos\gamma\sin^2\gamma)$

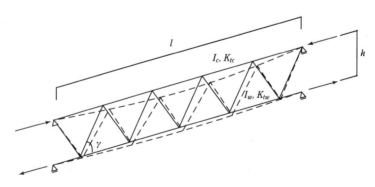

図7.3.1 圧縮弦材の構面外座屈

$$P_w = 2\left(\frac{\pi}{l}\right)^2 EI_c + \left(\frac{4}{h^2}\right)(2\lambda GK_{tc} + EI_w\cos\gamma\sin^2\gamma)$$

以上の研究は，主に弾性座屈を対象としており，また節点が剛接であるという仮定を設けているが，文献 7.16)，7.17)，7.18) では，実験および座屈たわみ角法を用いた広範な解析により，節点が半剛接であることを考慮した式 (7.3.3) に示す座屈長さ評価式を提案している．

$$\frac{l_k}{l} = \left\{1 + \frac{T_s}{\pi^2(1+\nu)}\frac{l}{h} + \frac{24\left(\frac{l}{h}\right)^3}{12\pi^2(1+\nu)\left(\frac{l}{h}\right)\left(\frac{1}{t_c}\right) + \frac{\pi^4}{B_s}}\right\}^{-\frac{1}{4}} \qquad (7.3.3)$$

ただし，$B_s = m_s\left(\dfrac{I_w}{I_c}\right)\left(\dfrac{1}{1+1/k}\right)$

$T_s = m_c t_w\left(\dfrac{I_w}{I_c}\right)$

$t_c = K_{tc}/I_c$

$t_w = K_{tw}/I_w$

$k = Sh/6I_w$

l_k：圧縮弦材の座屈長さ

S：鋼管接合部の局部変形剛性を表す回転ばねモデルの剛性に関する定数で次式による．

弦材主管と腹材支管が円形鋼管の場合

$$S = 2\,040 D^3 \exp\left\{\left(2.65\frac{d}{D} - 11\right)\left(\frac{D}{T}\right)^{0.15}\right\} \qquad (7.3.4)$$

弦材主管と腹材支管が角形鋼管の場合

$$S = 0.696 D^3 \left(\frac{T}{D}\right)^{2.9} \exp\left\{5.65\left(\frac{d}{D}\right)^{1.55}\right\} \qquad (7.3.5)$$

D：弦材主管の外径，角形鋼管の場合には主管フランジ面の辺長

d：腹材支管の外径，角形鋼管の場合には支管フランジ面の辺長

T：弦材主管の管厚

$m_s,\ m_c$：図 7.3.2 に示す腹材本数 m によって表される値

文献 7.19) では，ダブルワーレン結構における剛接腹材交差部の構面外座屈に対する補剛効果が確認されており，文献 7.20) では，弦材と腹材がガセットプレートを介して接合される場合につい

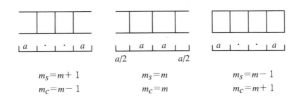

図 7.3.2　腹材本数 m と $m_s,\ m_c$

ても，剛接の場合に比べて小さくはなるものの，腹材および引張弦材の拘束効果が確認されている．

しかし，トラスが柱材として用いられたときには，両弦材の構面外変形がほぼ同程度になることが多く，腹材の拘束効果や弦材のねじり抵抗の効果がトラス梁ほど顕著でなくなることなどの理由で，「鋼構造設計規準」においては，トラスの圧縮部材一般に対し構面外座屈に対する圧縮弦材の座屈長さとしては横補剛支点間距離をとることとし，トラス梁についてもこれを受けた形になっている．ただし，横補剛区間内で階段状に軸力が変化する圧縮弦材の座屈長さは，2.3.4項に記述されている変軸力圧縮材の座屈長さを参考にして求められる．

7.3.2 トラス柱の構面外座屈長さ

トラス柱の構面外座屈は，トラス柱の形式，弦材および腹材の断面形状，荷重条件などが関連して複雑であるが，曲げ圧縮弦材（以下，圧縮弦材という）を腹材・曲げ引張側弦材（以下，引張弦材という）で構面外変形が拘束された圧縮材と見なし，その構面外座屈耐力によりトラス柱の構面外座屈耐力が決まると考えることができる．このとき，引張弦材の拘束効果は，他の条件が同一であれば，その弦材に存在する軸力の大きさに関係する．したがって，トラス柱が構面外座屈するときの引張弦材の軸力を圧縮弦材の軸力の関数として表現すると，トラス柱の構面外座屈の性状が理解しやすい．

図7.3.3は，トラス柱の構面外座屈荷重を上述のような考え方で表したものである[7.21]．このとき，引張弦材の圧縮弦材に対する軸力比 α が小さくなるに従って引張弦材の拘束効果が現れ，トラス柱が構面外座屈するときの圧縮弦材の軸力 P_{cr} は増加する．引張弦材の拘束効果が最も小さいのは，その軸力 αP が圧縮弦材と同じ $\alpha=1$，すなわちトラス柱が純圧縮された場合であり，一本の弦材の構面外曲げ座屈荷重を P_e とすると $P_{cr}=P_e$ となる．一方，引張弦材の拘束効果が最も発揮されるのは $\alpha=-1$ すなわち純曲げの場合であり，このときの圧縮弦材の構面外座屈耐力 P_{cr} の算定式として，

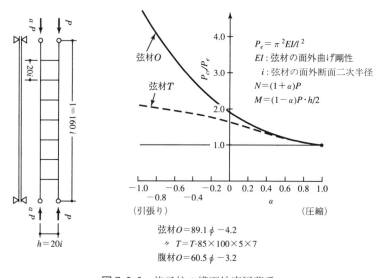

図7.3.3 格子柱の構面外座屈荷重

上述のトラス梁の構面外座屈耐力式が適用できる.

　これは，格子柱に関する解析結果の一例にすぎないが，他の形式のトラス柱に対しても同様な結果が得られており，文献7.11)，7.12)，7.13) では，実験および理論解析により，剛接鋼管トラス柱圧縮弦材に対する引張弦材，腹材による拘束効果を考慮した式 (7.3.6) に示す設計式を示している．文献7.16)，7.17) では，同じく剛接鋼管トラス柱を対象とした実験および立体たわみ角法を用いた非弾性座屈領域における広範な解析に基づき，節点が半剛接であることを考慮した設計方法を提案している．

$$P_{cr} = \beta \frac{\pi^2}{l^2} EI_c \tag{7.3.6}$$

ただし，P_{cr}：圧縮弦材の横座屈荷重

$$\beta = 1 + \frac{\dfrac{1}{h^2} C' \left(-\alpha P_{cr} + \dfrac{\pi^2}{l^2} EI_c \right)}{\dfrac{\pi^2}{l^2} EI_c \left(-\alpha P_{cr} + \dfrac{\pi^2}{l^2} EI_c + \dfrac{1}{h^2} C' \right)}$$

$$C' = 2\delta GK_{tc} + \cot\gamma \sin^3\gamma EI_w + \tan\gamma \sin^3\gamma GK_{tw}$$

$$\delta = \frac{1}{1 + \dfrac{GK_{tc}}{6B'}}$$

　実際のトラス柱における弦材と腹材の接合形式は多様であり，剛接度合いの変化，節点での局部変形，節点における偏心接合などが構面外座屈に複雑に影響を及ぼし，その影響が必ずしも定量的に把握されていないこと，また，両弦材の構面外変形がほぼ同程度になることが多く，腹材の拘束効果や弦材のねじり抵抗の効果がトラス梁ほど顕著でなくなることなどの理由で，「鋼構造設計規準」では，トラスの圧縮部材一般に対し，構面外座屈に対する圧縮弦材の座屈長さとして横補剛支点間距離をとることとしている．

7.4　腹材座屈

7.4.1　トラス腹材の座屈長さ

　断面が一様な腹材の座屈長さは，構面内座屈，構面外座屈の両方に対して，略算的にトラス節点間距離をもって座屈長さとすることができる．なお，構面内座屈に対して，特に図7.4.1に示すように材端剛接と見なせる場合には，両端ボルト群の重心間距離をもって座屈長さとしてよいとされている[7.22]．

　剛接鋼管トラスの腹材は全周が弦材に溶接されることから，その材端拘束は比較的大きくなり，その座屈長さは節点間長さよりかなり短くなることが実験的に指摘されている．文献7.23) では，実験的および理論解析により，腹材座屈長さは最大でも節点間長さの0.9倍程度，平均的には0.6～0.7倍程度となり，座屈に先立つ節点の局部的な降伏は座屈長さにほとんど影響しないことを実験的に明らかにし，腹材曲げ剛性の材端回転剛性に対する比に着目した構面外座屈長さの上界値を与える理論的予測方法を提案している．

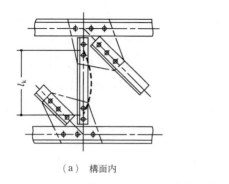
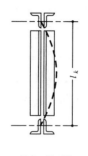

(a) 構面内　　　　　　　　(b) 構面外

図7.4.1 トラス腹材の座屈長さ

$$l_k = \min(k_u l_w,\ k_u' l_w') \tag{7.4.1}$$

ただし，$k_u = \dfrac{1.19}{r+2.40} + 0.5$

$k_u' = \dfrac{2.51}{r+4.31} + 0.5$

$r = \left(\dfrac{l_w}{EI}\right)\dfrac{1}{\dfrac{l_c}{4GI_c} + \dfrac{1}{K}}$

$K = 0.0002 ED^3 \left(215 - 135\dfrac{d}{D}\right)\left(2\dfrac{T}{D} - 0.02\right)^{2.45 - 1.6\frac{d}{D}}$

ただし，l_w：腹材の節点間長さ，l_w'：弦材管壁間での腹材長さ，l_c：弦材の節点間長さ，I_c：弦材の断面二次モーメント，$D,\ T$：弦材の外径および管厚，d：腹材の外径である．

図7.4.2に示すK形トラスの腹材ABの座屈長さを考える場合，構面内座屈に対する座屈長さは節点間距離 l_x とし，構面外座屈に対して l_y とする．なお，構面外座屈において，上下材の圧縮力の大きさが異なっている場合には，2区間での軸力が異なったトラス弦材の構面外座屈長さ式を用いて座屈長さを計算し，大きいほうの圧縮力が作用するものとして設計してよい．

また，図7.4.3に示す圧縮材と引張材が交差するX形トラスの斜材ABの座屈長さは，交差するCDの軸力，寸法，交点Oにおける連続性などによって決まる．この問題に対して，旧DIN 4114に示される座屈長さを以下に示す．

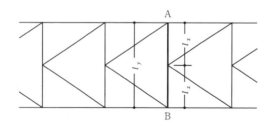
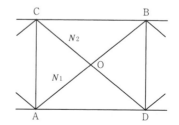

図7.4.2 K形トラス腹材の座屈長さ　　　図7.4.3 腹材が交差するX形トラス

図7.4.4の場合

$$l_k = l_1\sqrt{1-0.75\frac{N_2 l_1}{N_1 l_2}} \quad かつ \quad l_k \geq 0.5 l_1 \tag{7.4.2}$$

図7.4.5の場合

$$l_k = l_1\sqrt{1-\frac{N_2 l_1}{N_1 l_2}\left(0.75+\frac{\pi^2 E I_2}{N_2 l_2}\right)} \quad かつ \quad l_k \geq 0.5 l_1 \tag{7.4.3}$$

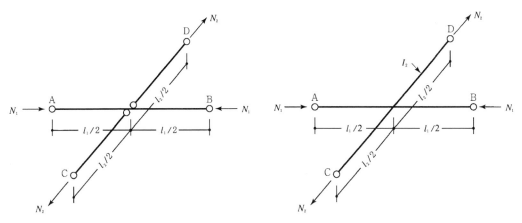

図7.4.4 片側がピン接合されたX形トラス　　**図7.4.5** 双方が剛接合されたX形トラス

7.4.2 山形鋼を腹材に用いた場合の注意

単一山形鋼からなる腹材が2本以上のボルトを用いてガセットプレートを介して弦材に接合される場合には，図7.4.6に示すようにガセットプレート構面外に偏心を持つことになる．また，ガセットプレートによる材端支持条件は，ξ軸まわりはピン支持に近く，η軸まわりは固定に近い．このような場合の簡易設計法として，「鋼構造設計規準」では，材端拘束による耐力上昇と偏心による耐力の減少が相殺し合っているものと考え，座屈長さとして節点間距離をとり，断面の最弱軸であるx軸に関する断面二次半径を用いて細長比を計算し，この細長比をもつ中心圧縮材として扱ってよいとしている．

この設計法は，文献7.24)の弾性座屈理論解析および文献7.25)の実験的研究によって，比較的

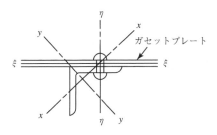

図7.4.6 片側で接合された単一山形鋼

細長比の大きい材に対しては，弦材が小さい場合を除いて安全側評価を与えることが確認されている．しかし，文献 7.26) の実験結果によれば，材の耐力に及ぼす偏心の影響の程度が大きくなる比較的細長比の小さい範囲では，簡易設計方法は，危険側となることが報告されている．

ECCS では，細長比の小さい腹材に対しては，偏心による耐力低下を通常の材端拘束の程度では補いきれないとして，設計用細長比として実際の値よりも大きな値をとり，逆に細長比の大きい腹材に対しては，偏心による耐力低下よりも材端拘束による耐力上昇が上回るので，実際の細長比の値よりも小さくとって，中心圧縮材として取り扱う方法を提案している．図 7.4.7 に一例を示す．なお，図中の λ（基準化細長比）が実際の細長比を表すパラメータ，$\bar{\lambda}$ が設計用細長比を表すパラメータである．

以上のことから，細長比 $\lambda=1.4$ 程度以下の腹材を設計する場合には，偏心による耐力の減少に注意を払って設計する必要がある．

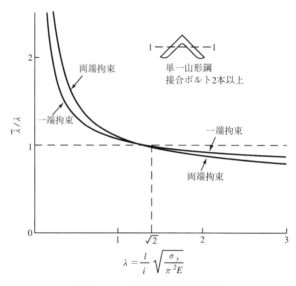

図 7.4.7　ECCS 設計用細長比

なお，偏心に伴うねじれ変形については，「鋼構造設計規準」に規定された幅厚比の制限を守れば，局部座屈は極めて細長比の小さい材でしか起こらず，このときの局部座屈応力度は降伏点に非常に近いことが保証されることから，ねじれの影響を無視して考えたときの耐力とほとんど変わらない．

山形鋼腹材がボルト 1 本で接合される場合には，片刃の中央に荷重が作用するため，文献 7.24) の理論解析では，細長比が 150〜170 のとき，座屈耐力は，ボルトが多い場合の座屈耐力の 57 % となることが示され，文献 7.25) では 3 本ボルト接合の座屈耐力に対して，接合される材の大きさにより 63〜90 % となることが示されている．このことから，ボルト一本で接合される山形鋼を偏心を考えないで設計する場合には，「鋼構造設計規準」では許容耐力を全断面有効のときの 1/2 としている．

7.5 平面トラス部材の終局耐力と変形能力
7.5.1 適用範囲

　トラス部材を多層ラーメン骨組の主要耐震部材として，充腹部材と混在させて用いるような場合，充腹部材と同列にトラス部材をその終局耐力と変形能力に応じて格付けする必要が生じる．わが国では，1970～80年代にこの観点からのトラスの研究が多方面で実施され[7.27]-[7.42]，成果の一部は，設計に資する形にまとめうるまでに至っている．本節では，図7.5.1(a)に示すように，トラスがラーメン骨組の中の梁として充腹部材の代わりに用いられる場合に限定し，その終局耐力と変形能力の算定法およびこれを保証するために必要な諸制約について解説する．トラス部材の弾塑性挙動は，個材の座屈後挙動とこれに隣接する弾性部材の剛性に支配される安定問題である．したがって，その終局強度設計は，従来の座屈固有値を中心とする座屈設計を超えた総合的な安定設計であるという認識が必要である．

　ここで対象とするトラスの形式は，実用上多用されている静定な平行弦平面トラスである．代表例として腹材をW形に配したワーレントラスおよびN形に配したプラットトラスを扱う．ラーメン骨組の中の上のような静定トラス梁が一定程度以上の変形能力を持つためには，塑性ヒンジが両材端に形成されるのが望ましい．このとき，一方の塑性ヒンジが弦材の座屈によって形成されるのは不可避であるが，他方を弦材の引張降伏によって形成させることが設計上可能である．この場合には，弦材が座屈した後も架構全体が大きく耐力劣化することは少なく，したがって，比較的安定な弾塑性挙動が得られる[7.34]-[7.37]．この崩壊モードを持つトラスに対しては，その弾塑性挙動に対する簡明な評価法が明らかにされている[7.41]．上記崩壊モードにおいて，塑性化は上弦材，下弦材のいずれに発生しても差しつかえないが，上弦材は床に緊結されていたり，下弦材より断面が大きくなっていたりすることが多いので，ここでは塑性化は下弦材に発生するとしておく．なお，繰返し座屈変形を受ける下弦材の累積変形能力に関しては，3章を参照されたい．

　一方，図7.5.1(b)に示すように，塑性化する部材を3章で解説した座屈拘束部材や，安定した履歴特性を有する部材に交換することにより，トラス架構全体に安定した履歴特性を与える設計法も提案され，実用化されている[7.43]-[7.46]．このような場合には，個材座屈の影響を考慮せず，充腹材と同様に架構を扱うことが可能となる．

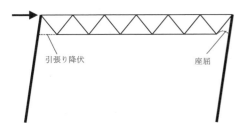
(a) 下弦材の座屈を伴う架構

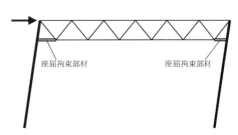
(b) 下弦材に座屈拘束部材を挿入した架構

図7.5.1　ラーメン骨組に組み込まれた平面トラス部材

―242― 鋼構造座屈設計指針

7.5.2 トラス梁の耐力

図7.5.1(a)のような静定トラス梁を含むラーメン骨組が水平力を受けたとき，トラス梁の両端に先の崩壊モードが発生するとする．この梁の風上側材端（左端）の曲げ耐力は下弦材の引張降伏によって定まり，次式で与えられる．

$$M_y = \sigma_y A_c h \tag{7.5.1}$$

ここに，

σ_y：弦材に用いた鋼材の降伏点で，規格降伏点としてよい．

A_c：弦材の断面積

h：トラスの丈（上下弦材の断面中心間距離）

これによって形成される塑性ヒンジは，M_yを保持して回転するとし，弦材のひずみ硬化に伴う耐力上昇は無視する．

風下側材端（右端）の曲げ耐力は，下弦材が座屈した後に達する座屈後安定耐力によって定まり，次式で与えられる．

$$M_s = \sigma_s A_c h \tag{7.5.2}$$

ここに，

$$\frac{\sigma_s}{\sigma_y} = \frac{1}{\sqrt{1 + 45\bar{\lambda}^2}} \tag{7.5.3}$$

$\bar{\lambda}$は弦材の終局時細長比で，実情を踏まえ，剛接トラスの構面内座屈の場合には節点間長の0.5倍，構面外座屈の場合は支点間長の0.7倍の弦材長に対応する細長比とする[7.35]．これは，座屈時有効細長比より小さい．本節でいう弦材の細長比とはいわゆる基準化細長比であり，$\bar{\lambda} = \dfrac{1}{\pi}\sqrt{\dfrac{\sigma_y}{E}}\dfrac{l_B}{i}$で与えられる．ここに，$E$，$i$，$l_B$はそれぞれ鋼のヤング率，弦材断面の断面二次半径，弦材の終局時座屈長さである．トラス弦材の座屈後の座屈後安定耐力として式（7.5.3）を採用するのは，下記の理由による．

まず，細長比$\bar{\lambda}$を持つ中心圧縮柱の座屈時応力度σ_cは，対象とする細長比の範囲を$\bar{\lambda} < 1$とすれば，次式で与えられる．

$$\frac{\sigma_c}{\sigma_y} = 1 - 0.24\bar{\lambda}^2 \tag{7.5.4}$$

中心圧縮柱の応力度（σ）-ひずみ度（ε）関係は，図7.5.2に示されるように弾性線，耐力劣化線および座屈後安定耐力線の三折れ線で近似されうる[7.42]．すなわち，弾性線は図中の勾配（$d\sigma/d\varepsilon$）がヤング率Eの線分であり，応力度の上限は式（7.5.4）で与えられる．耐力劣化線は次式で与えられる．

$$\frac{\sigma}{\sigma_y} = (1 + k_d)\frac{\sigma_c}{\sigma_y} - k_d\frac{\varepsilon}{\varepsilon_y} \tag{7.5.5}$$

ここに，

$$\varepsilon_y = \frac{\sigma_y}{E}\,;\; k_d = \mu(\pi\bar{\lambda} - \nu)\,;\; \mu = 0.15,\; \nu = 0.5 \tag{7.5.6}$$

この耐力劣化線は，次の方程式によって規定される応力度σ_sを保持する座屈後安定耐力線（図

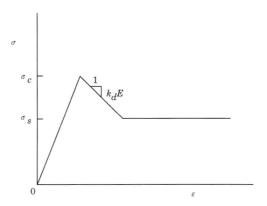

図7.5.2 中心圧縮柱の座屈後応力-ひずみ関係

7.5.2 中の水平線）によって限界づけられるとされる．

$$\bar{\lambda} = \frac{1}{2\sqrt{5}} \frac{2\sigma_y}{\pi\sigma_s} \cos\frac{\pi\sigma_s}{2\sigma_y} \tag{7.5.7}$$

（式（7.5.5），（7.5.6），（7.5.7）はいずれも文献7.41)からの抜粋である）しかし，中心圧縮柱の座屈後安定耐力としては上の σ_s ではなく，材料のひずみ硬化やこの柱の局部座屈に対する性能をさらに考慮した次の σ_s' を採ったほうがよい．柱は，局部座屈によってさらに耐力劣化するまでにひずみ ε_{cr} だけ縮みうるとすれば，σ_s' は次式で与えられる．

$$\frac{\sigma_s'}{\sigma_y} = \max\left\{\frac{\sigma_s}{\sigma_y},\ (1+k_d)\frac{\sigma_c}{\sigma_y} - k_d\frac{\varepsilon_{cr}}{\varepsilon_y}\right\} \tag{7.5.8}$$

$\varepsilon_{cr}=18\varepsilon_y$ としたときの σ_s' と $\bar{\lambda}$ との関係が図7.5.3（a）に示されている．後者は，「鋼構造限界状態設計指針・同解説」[7.49]が筋かい材に対して定めた次の座屈後安定耐力式とほぼ同じ数値を与える．

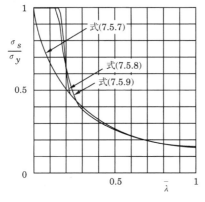

（a）式（7.5.7），（7.5.8），（7.5.9）の比較

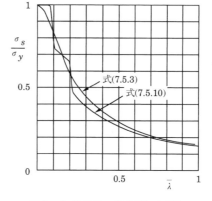

（b）式（7.5.3），（7.5.10）の比較

図7.5.3 柱の座屈後安定耐力評価式

$$\frac{\sigma_s''}{\sigma_y} = \begin{cases} 1 & ; \bar{\lambda} < 0.15 \\ \dfrac{1}{11\bar{\lambda}-0.65} & ; 0.15 \leq \bar{\lambda} < 0.3 \\ \dfrac{1}{6\bar{\lambda}+0.85} & ; \bar{\lambda}_n \geq 0.3 \end{cases} \quad (7.5.9)$$

　式 (7.5.7) がひずみ硬化を無視した半理論式であるのに対して，式 (7.5.8) は実験式 (7.5.6) によってひずみ硬化の影響を，さらに ε_{cr} によって局部座屈の影響を考慮した実情をより反映する座屈後安定耐力式といえる．

　しかし，図 7.5.3 に見るように，σ_s' は $\bar{\lambda} < 0.25$ のとき引数 $\bar{\lambda}$ の変化に敏感である．これは，$\bar{\lambda}$ がこの範囲にあるトラス梁弦材の座屈後安定耐力が両端部における座屈拘束度や二次的曲げの影響を受けやすいことを意味する[7.40]．したがって，トラス弦材用の座屈後安定耐力式としては，式(7.5.8) を次の値に若干低めておくとよい[7.49]．

$$\sigma_s''' = \min\left\{\sigma_s'(\bar{\lambda}), \frac{1+\sigma_s'(2\bar{\lambda})}{2}\right\} \quad (7.5.10)$$

これは，式 (7.5.3) とともに図 7.5.3(b) に示されている．式 (7.5.3) は上記とは違う考察から導かれたものであるが[7.47]，図に見るように結果として式 (7.5.10) のよい近似となっている．式の簡便性に鑑み，本指針では，トラス弦材の座屈後安定耐力式として式 (7.5.3) を採用する．

7.5.3　トラス架構の安定性とトラス梁の変形能力

　ラーメン骨組が水平力を受けるときのトラス梁の挙動を抽出するため，図 7.5.4 に示す 1 層 1 スパンの門形ラーメンの挙動を考察する[7.35-7.41]．この架構の両柱脚はピンであり，一次不静定架構である．トラス部分を含む架構の安定性を評価するとき，以下に解説するように，系が不静定であることと，系が弾性的に柔であることを同時に考察することが重要である．上の門形ラーメンはこの問題を検討するときの最も単純な雛形といえる．このラーメンが水平力を受け，風下端（右端）の下弦材が座屈し，他方風上端（左端）下弦材が引張降伏して，両端が塑性ヒンジになるときの変形（柱材の部材角）は，せん断変形の寄与分を無視すれば，次式で与えられる．

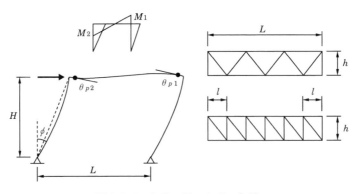

図 7.5.4　トラス梁とトラス架構

$$\phi=(f_c+2f_B)M_1-f_BM_2+\theta_{p1}$$
$$=(f_c+2f_B)M_2-f_BM_1+\theta_{p2} \tag{7.5.11}$$

ここに，$f_c=\dfrac{H}{3EI_c}$，$f_B=\dfrac{L}{6EI_B}$ は柱および梁の曲げ柔性であり，$I_B=A_ch^2/2$ である．トラス梁が合成梁になっていたり，上弦材の断面が下弦材のそれより大きい場合は I_B は上記より大きくなるが，これは無視する．変形能力評価に際しこれは安全側誤差になる．M_1 および M_2 はそれぞれ図 7.5.4 の風下側，風上側材端の曲げモーメントである．$\theta_{p1}=\varepsilon_{p1}l/h$ および $\theta_{p2}=\varepsilon_{p2}l/h$ はそれぞれ風下端下弦材および風上端下弦材の塑性ひずみが ε_{p1}, ε_{p2} のときの塑性ヒンジの回転であり，l は両弦材の節点間長である〔図 7.5.4 参照〕．上記において，両材端部の単一節点間のみが塑性化すると仮定する．構面外座屈において支点間長がこの節点間長を超えるときや，この節点間長が極めて小さく座屈変形や引張降伏が複数の節点間にまたがりえるときなどは，変形はこれより大きくなる[7.32]．式 (7.5.11) において，

$$\phi_1=(f_c+f_B)M_1+\theta_{p1}$$
$$\phi_2=(f_c+f_B)M_2+\theta_{p2} \tag{7.5.12}$$

とおく．ϕ_1 および ϕ_2 は上のラーメンを梁の中央で切断して二分割し，二分点の両側にローラーを設けて2つの静定な分解架構を作り，このように作られた右および左分解架構の柱頭にそれぞれ M_1/H，M_2/H なるせん断力を作用させたとき，各分解架構中の柱が示す部材角に一致する．$M_1-\phi_1$ および $M_2-\phi_2$ 関係は各分解架構の静定問題であり，容易に求めることができる．すなわち，右分解架構の $M_1-\phi_1$ 関係は，風下端下弦材の座屈後のトリリニア応力度-ひずみ度関係に相似な荷重-変形関係として，左分解架構の $M_2-\phi_2$ 関係は，風上端下弦材の引張降伏後のバイリニアな応力度-ひずみ度関係に相似な荷重-変形関係として，図 7.5.5 にそれぞれ示すように得られる（図中の2破線）．そうすると，元の門形架構の挙動が次のように求められる．まず式 (7.5.12) を式 (7.5.11) に代入すると，次式が得られる．

$$\phi=\phi_1+f_B(M_1-M_2)$$
$$=\phi_2+f_B(M_2-M_1) \tag{7.5.13}$$

上記2式を辺々相加え，また相引くことにより，次の2式を得る．

$$\phi=\frac{\phi_1+\phi_2}{2} \tag{7.5.14}$$

$$\phi_2-\phi_1=-2f_B(M_2-M_1) \tag{7.5.15}$$

式 (7.5.15) より，まず，(ϕ_1, M_1) と (ϕ_2, M_2) の一つの組は，図 7.5.5 中の $M_1-\phi_1$ および $M_2-\phi_2$ 2曲線と勾配 $-1/2f_B$ を持つ直線との交点でなければならない．次に式 (7.5.14) より，架構全体の $(M_1+M_2)/2-\phi$ の関係は，この2交点の中点の軌跡である〔図 7.5.5 中の実線〕．これより，一次不静定な元の門形架構の挙動は，共に静定な左右両分解架構の個別の挙動のある種の平均になることがわかる．

架構の挙動は，座屈する弦材の細長比や L/l の大きさによっておおむね次の3種類に分類できる．図 7.5.6 は，おのおのの場合について架構の $(M_1+M_2)/2-\phi$ 関係を示したものである．各場合の特徴は，塑性化の初期に現れる．変形が進行した後は，どの場合についても，架構の耐力，すなわ

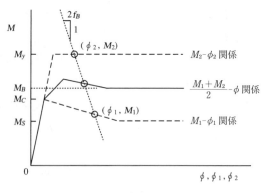

図 7.5.5 トラス架構の弾・塑性挙動

ち $(M_1+M_2)/2$ の終局値は，次の座屈後安定耐力に停留する．

$$M_B = \frac{M_y + M_s}{2} \tag{7.5.16}$$

これを架構の終局耐力とする．図7.5.6における case（Ⅰ）は，風下端弦材が座屈した後もなお架構が安定，換言すれば荷重-変形曲線の第2の折れ線の勾配が正の場合である．case（Ⅲ）は，M_1-ϕ_1曲線の第2の折れ線の劣化勾配が $1/2f_B$ よりも大きく，したがって，風下端下弦材が座屈すると同時に他端風上端のモーメントが減少（除荷）する場合である．この場合，架構は弾性限界に達すると同時に極めて不安定な挙動を示す．case（Ⅱ）は case（Ⅰ），（Ⅲ）以外の場合である．case（Ⅰ）と（Ⅱ）は，弦材個材の座屈による耐力劣化が架構の不静定によって解消ないし緩和される場合である．一方，case（Ⅲ）は，この耐力劣化が架構の弾性柔性によって逆に激化する場合である．

座屈する弦材の耐力劣化勾配 k_d が大きいほど，また系が弾性的に柔らかいほど，case（Ⅱ）さらには case（Ⅲ）の挙動が起こりやすい．梁の弾性剛性が非常に大きいときは case（Ⅲ）の挙動は起きえないのであるが，実際に設計されるトラスの中で case（Ⅲ）に属するものは少なくない．

トラスは充腹でないため，せん断変形の影響を無視できない．しかし，これは弾性変形であり，せん断変形が発生することによってトラス梁の塑性変形が影響を受けるわけではない．したがって，トラスの変形能力評価に際しては，単にせん断変形分だけ変形能力が割り引かれると考えればよい．ここで，対象としているトラス梁の全弾性柔性は次式で与えられる．

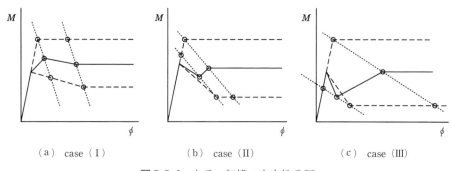

図 7.5.6 トラス架構の安定性分類

$$f_{B0}=(1+\kappa)f_B \tag{7.5.17}$$

$$\kappa=\frac{1}{2}\sum_{chords}\left[\frac{2l_i}{L}\right]^3+\frac{3}{2}\sum_{webs}\left[\frac{A_c}{A_{wi}}\right]\left[\frac{2l_{wi}}{L}\right]^3 \tag{7.5.18}$$

ここに，l_i は各弦材の節点間長，A_{wi}, l_{wi} は各腹材の断面積，節点間長である．式 (7.5.18) の第1項は弦材の応力度が材軸に沿って直線分布でなく階段状になることの効果を，第2項は腹材が変形することの効果を表す．第1項を無視すると，κ は第2項，すなわちせん断変形の効果を代表することになる．

トラス梁上に鉛直荷重が存在するとき[7.34]-[7.38]は，梁の弾性限界は，この荷重のもたらす固定端モーメントの大きさだけ低下する．さらに，架構の $(M_1+M_2)/2$-ϕ 曲線における第2の折れ線の占める割合がより大きくなる．したがって，現象的には，系の安定，不安定の様相が，梁上荷重がない場合より明瞭に現れる．しかし，この折れ線の勾配は梁上荷重の大きさには依存しないから，梁上荷重は，図7.5.6 の架構の安定性分類には影響を及ぼさない．さらに，梁上荷重によって崩壊モードが変更されない限り，式 (7.5.16) の終局強度は不変である．これより，梁上荷重がトラスの弾塑性挙動に及ぼす影響は二次的であると考えられる．

図7.5.4 の門形ラーメンにおいて，柱を剛 ($f_c=0$) とすれば，トラス梁単体の挙動を抽出できる．この場合，式 (7.5.11) で与えられる ϕ はトラス梁両端における等しい材端回転角と読み替えられ，式 (7.5.16) で与えられる M_B はこの梁の終局耐力と読み替えられる．このモデルの変形能力を求める．

この場合の左右分解架構の荷重-変形挙動は，図7.5.7 のように描かれる．両者の弾性柔性は，せん断変形を無視すれば f_B である．終局強度は，式 (7.5.16) の M_B である．この梁の塑性変形量，すなわち図の $\phi_{cr}{}^p$ は，風下端下弦材が局部座屈によって限界づけられる塑性ひずみ $\varepsilon_{cr}{}^p$ まで縮んだときの全曲げ変形 ϕ_{cr} から，終局強度時の弾性曲げ変形 $f_B M_B$ を減じたものに等しい．$\phi_{cr}{}^p$ をせん断変形を考慮した弾性変形 $(1+\kappa)f_B M_B$ で除した商をこの梁の変形能力 η と定義すれば，η は次式で与えられる[7.41]．

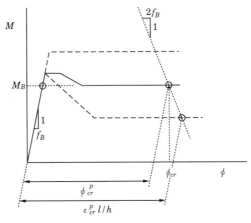

図7.5.7　トラス梁の変形能力 $\left(\eta=\dfrac{\phi_{cr}{}^p}{(1+\kappa)f_B M_B}\right)$

$$\eta = \frac{f_B M_s + \varepsilon_{cr}^p \dfrac{l}{h} - 2f_B \dfrac{M_y - M_s}{2} - f_B \dfrac{M_y + M_s}{2}}{f_B(1+\kappa)M_B} = \frac{3}{1+\kappa}\left[\frac{\dfrac{\varepsilon_{cr}^p/\varepsilon_y}{L/l} - 1}{\dfrac{1+\sigma_s/\sigma_y}{2}} + 1\right] \qquad (7.5.19)$$

　実用トラス梁について，上記 η の計算例を示す．まず $\varepsilon_{cr}^p = 18\varepsilon_y$ とする．次に κ の値をワーレントラスについて評価する．腹材は考えうるせん断力の最大値 $\dfrac{M_c + M_y}{\alpha L}$ に対して座屈しないように設計される．α は梁上に鉛直荷重があるときは 1 より小さい．腹材の応力度の最大値を σ_w とすれば，

$$\frac{M_c + M_y}{\alpha L} = \frac{\sigma_y A_c h[1+\sigma_c/\sigma_y]}{\alpha L} = \sigma_w A_w \frac{h}{l_w}$$

であるから，これを A_c/A_w について解けば，

$$\frac{A_c}{A_w} = \alpha \frac{\sigma_w/\sigma_y}{1+\sigma_c/\sigma_y} \frac{L}{l_w}$$

である．上式を式 (7.5.18) に代入すれば，κ は次のようになる．

$$\kappa = 6\alpha \frac{\sigma_w/\sigma_y}{1+\sigma_c/\sigma_y}(\cos\theta + \tan\theta)\frac{h}{L} \qquad (7.5.20)$$

　ここに，θ は腹材の傾斜角である．上式において，$\cot\theta + \tan\theta$ の値は $\pi/6 \leq \theta \leq \pi/3$ の範囲ではあまり変動しないので，$\theta = \pi/4$ のときの値 2 をとる．さらに，$\alpha = 3/4$，$\sigma_c = 0.95\sigma_y$，$\sigma_w = 0.9\sigma_y/1.2$ としてみる．そうすると，$L/h = 10$ のとき $\kappa = 0.35$，$L/h = 15$ のとき $\kappa = 0.23$ なる数値が得られる．これがワーレントラスにおける κ の概算値である．プラットトラスの場合は，鉛直材が変形する分だけ κ 値はいくぶん大きくなる．

　図 7.5.8 は，$\varepsilon_{cr}^p = 18\varepsilon_y$，$\kappa = 1/3$ としたときの式 (7.5.19) の与えるトラス梁の変形能力である．本図より次のことがわかる．

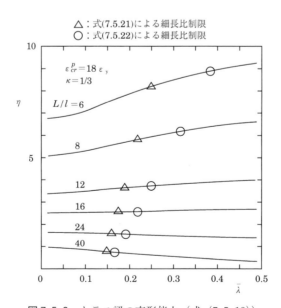

図 7.5.8　トラス梁の変形能力（式 (7.5.19)）

（1） トラス梁の変形能力はもっぱら L/l の関数で，細長比への依存度はむしろ低い．

（2） トラス梁の塑性変形能力を充腹梁のそれに匹敵させるためには，弦材の塑性変形能力を大きくしなければならない（目安として $\varepsilon_{cr}{}^p = 18\varepsilon_y$ 程度以上）．これは，弦材の断面形の選択に制約があることを意味する．

上記および図 7.5.8 より，塑性変形できる材端部の弦材長 l が梁全長 L に比べてある程度大きく，しかもこの部分が塑性的に十分伸縮できるときに限り，トラス梁は終局強度設計を試みるに値する変形能力を発揮することがわかる．

7.5.4 細長比制限

弾性限界に達した直後のトラス架構の安定性は，すでに見たように，座屈する弦材の細長比および系全体の弾性剛性に支配される．図 7.5.6 の case（Ⅰ）に属するトラス架構は安定または比較的安定である．case（Ⅱ）に属するものは安定とは言えないが，変形が進行する過程で両材端は荷重を保持し続け，同じトラス梁を含む架構の不静定次数が増したとき，塑性ヒンジが一度に全部ではなく 1 つずつ順番に形成されるならば，この不安定さはより緩和される．骨組の弾塑性解析などによって不安定の緩和を確認できるならば，case（Ⅱ）に属するトラスも終局強度設計可能である．case（Ⅲ）に属するものは，終局強度設計するに耐えないと考えられる．そこで，トラス架構が上記 case（Ⅰ）または（Ⅱ）に属するために必要な弦材の細長比制限を導く．

case（Ⅰ），（Ⅱ），（Ⅲ）への分類は，架構 $(M_1 + M_2)/2$-ϕ 曲線における第 2 折れ線の勾配のみに依存する．第 2 折れ線の勾配は次の 3 柔性，すなわち架構の全弾性柔性

$$f_1 = f_B + f_C = (1 + \beta)f_B \tag{7.5.21}$$

風下側分解架構の耐力劣化柔性

$$f_2 = \left[1 + \beta + \frac{3}{L/l}\left(\frac{1}{k_d} - 1\right)\right]f_B \tag{7.5.22}$$

および式 (7.5.15) における ϕ_2-ϕ_1 と M_2-M_1 の比

$$f_3 = -2f_B \tag{7.5.23}$$

によって確定する．ここに β は，柱の梁に対する柔性の比 f_C/f_B である．

（1） 架構が図 7.5.6 における case（Ⅰ）に属するためには，$|f_1| - |f_2| + 2|f_3| < 0$ である必要がある．この不等式を終局時細長比 $\bar{\lambda}$ について解き，さらにこれを安全側に評価する係数 γ で除した次の式を細長比制限とする．

$$\bar{\lambda} < \left[\frac{1}{\pi\mu\left[2\left(1 + \frac{\beta}{3}\right)\frac{L}{l} - 1\right]} + \frac{\nu}{\pi}\right]\frac{1}{\gamma} \qquad \left(\bar{\lambda} < \frac{1.77}{2.67L/l - 1} + 0.13\right) \tag{7.5.24}$$

係数 γ を設けたのは，式 (7.5.6) による k_d の評価が各種弦材断面を対象とするとき誤差を含むからである．

（2） 架構が図 7.5.6 における case（Ⅱ）に属するためには，$|f_3| < |f_2|$ である必要がある．上記と同様に，次の細長比制限を得る．

$$\bar{\lambda} < \left[\frac{1}{\pi\mu\left[1\left(1+\dfrac{\beta}{3}\right)\dfrac{L}{l}-1\right]} + \frac{\nu}{\pi}\right]\frac{1}{\gamma} \qquad \left(\bar{\lambda} < \frac{1.77}{1.33L/l-1}+0.13\right) \tag{7.5.25}$$

上述の 2 式において，（　）内に示した数値化した不等式は　$\beta=1$，$\gamma=1.2$ としたときの制限値である．図 7.5.8 には，この場合の両細長比制限値が示されている．

7.5.5　その他の諸制限

前節までの議論が成立するためには，トラス梁はさらに次の制限を満足しなければならない．

（1）　幅厚比制限

トラス梁における十分な変形性能（$\varepsilon_{cr}{}^p \geqq 18\varepsilon_y$）を達成するため，座屈する弦材に幅厚比制限を設ける．文献 7.49）や 7.50）が幅厚比について最高位にランクづける部材（P-I 等）は，ほぼこの条件を満たす．そこで，これを座屈する弦材に対する幅厚比制限とする．

（2）　所定の崩壊モードが実現されるための条件

トラス梁における塑性化が両材端部の弦材のみに限定されうるためには，トラス梁が座屈後安定耐力に達するまで，他の弦材や腹材は座屈してはならない．文献 7.50）には，これと同じ問題に対して，変動する応力度の推定最大値に対して各個材が座屈しないように設計する方法が述べられている．これに準じておけば，この問題に対する設計は安全側である．

7.6　塔状トラスの座屈

7.6.1　主材の座屈長さ

塔状トラス主材は，中心圧縮を受けることがほとんどであり，主材は，図 7.6.1 に示すように，隣接する構面の数個の斜材によって中間が立体的にある間隔で支持されているので，継手の小さな偏心は無視して，以下に示す座屈長さを用いて中心圧縮材として設計してよい．

主材を両端ピン支持で中間が 2 方向から等間隔に支持されているものと仮定し，区間数が十分多いものとすれば，座屈荷重 P_k は次式で表される．

$$P_k = \frac{\pi^2 E I_{\min}}{(0.77l)^2} \tag{7.6.1}$$

$I_{\min}$：主材最小断面二次モーメント

この場合，$l_k = 0.77l$ である．旧 DIN 4114 にはこのような考えで求めた種々の形状を有する塔状トラスにおける主材の座屈長さが示されており，表 7.6.1，7.6.2 にこれを示す．

精算によらない場合には，座屈長さはこの表の値を用いることができる．しかし，主材の軸力が区間ごとに変わるとか，斜材の曲げ剛性による拘束効果を入れるなど，実情に近い条件を入れて座屈荷重の精解を求めることは困難ではないことから，大型の塔状トラスでは精解を求めることを推奨したい．文献 7.51），7.52）では，鋼管鉄塔の座屈長さを実大実験および材料非線形解析を用いて比較し，非線形解析が実験結果を良好な精度で示すことが報告されている．一方，山形鋼で組み立てられた塔状トラスでは，偏心の影響，接合部の剛性，曲げねじれ座屈条件などの正確な評価が難

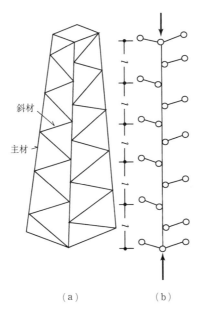

図7.6.1 搭状トラス主材の座屈長さ

表7.6.1 主として圧縮力を受ける搭状トラス主材の座屈長さ

形状		(a)	(b)	(c)	(d)
座屈長さ	｜	$l_k=0.8l$	$l_k=0.7l$	$l_k=l$	$l_k=l$
	／	$l_k=0.9l$	$l_k=0.85l$	$l_k=l$	$l_k=l$
	十	$l_{kx}=l_{ky}=l$	$l_{kx}=l$ $l_{ky}=0.5l$	$l_{kx}=l_{ky}=l$	$l_{kx}=l_{ky}=l$
	十	$l_{kx}=l_{ky}=l$	$l_{kx}=l$ $l_{ky}=0.5l$	$l_{kx}=l_{ky}=l$	$l_{kx}=l_{ky}=l$

—252— 鋼構造座屈設計指針

表 7.6.2 曲げ圧縮力を受ける塔状トラス主材の座屈長さ

形状		(e)	(f)	(g)	(h)
座屈長さ	⌐ (山形鋼)	$l_k = 0.7l$	$l_k = 0.6l$	$l_k = l$	$l_k = l$
	↗ (山形鋼)	$l_k = 0.85l$	$l_k = 0.8l$	$l_k = l$	$l_k = l$
	x–y (T形)	$l_{kx} = l_{ky} = l$	$l_{kx} = l$ $l_{ky} = 0.5l$	$l_{kx} = l_{ky} = l$	$l_{kx} = l_{ky} = l$
	x–y (十字形)	$l_{kx} = l_{ky} = l$	$l_{kx} = l$ $l_{ky} = 0.5l$	$l_{kx} = l_{ky} = l$	$l_{kx} = l_{ky} = l$

しく，一般にはこれらを工学的に評価して設計方法が決められている部分があるので，都合の良い点だけを取り上げて評価することのないように注意する必要がある．山形鋼で曲げねじれ座屈を考慮すべき範囲に関しては，文献 7.53) 等に報告がなされている．

山形鋼主材の重ね継手における偏心は，曲げ座屈耐力を低下させる．したがって，偏心の大きい場合には，その影響を検討しなければならない．また，通常用いられる細長比が著しく小さくない範囲においては，重ね継手はできるだけ節点近くに設けるようにすれば，偏心の影響を減少させることができる．重ね継手を用いた山形鋼部材の座屈耐力に関しては，文献 7.53) に評価式が提案されている．

文献 7.51) の鋼管塔状トラスを対象とした実験的研究によると，主材細長比は，通常の場合は下部になるほど小さくなり，この場合，主材が連続材であることによって生じる二次モーメントの影響により，斜材傾斜角が大きく，主材に高張力鋼が用いられる場合などには，座屈耐力が 15 ％程度低下するなど，これを無視できないことが報告されている．したがって，このような場合には，曲げモーメントを考慮した設計が必要となる．

7.6.2 斜材，補助材の座屈長さ

塔状トラス斜材の設計は，通常，平面トラスに準じて行われる．なお，鋼管を用いた斜材は図 7.6.2 に示されるように建方の簡便さから，管通しガセットプレート継手を介して主材にボルト接合され

7章 平面および塔状トラス —253—

図7.6.2 斜材，補助材の座屈長さ

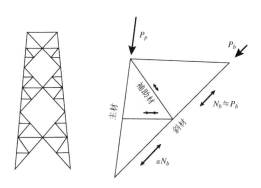

図7.6.3 斜材の応力

る場合が一般的である．特に構面外偏心の一面せん断ボルト接合方式(b)や，平板二面せん断接合(d)の採用例が多いが，これらの方式は，3章でも述べたように接合部での座屈や全体の座屈耐力の低下を伴うことが多く，注意が必要である[7.55)-7.58)]．文献7.59)では，材端に溝形形状の金具を用いた管通しガセット継手(c)を有する斜材の座屈長さを偏心曲げモーメントによる耐力低下，骨組に組み込まれた場合の材端拘束効果等を考慮して評価することにより，研究対象範囲において節点間長さの0.8倍をとることができる等の報告がなされている．

図7.6.3に示すようなトラスにおける斜材の応力度は，補助材を介して主材からの応力が流れ込むことから，下部のほうが上部に比べて大きくなる．この増加率は，斜材傾斜角，主材の斜材に対する剛性比，応力度比が大きい場合には無視しえない場合があることから，注意する必要がある．また，主材または斜材の細長比を小さく抑えるために配置される補助材には，予定した主材・斜材の座屈耐力を確保するだけの耐力と剛性を与えておくことが必要である．通常，支点の補剛の考えに従って，補剛される材に働く軸力の2％が補助材に働くものと考えて設計すれば，補助材に必要な耐力と剛性は確保されるが，図7.6.3に示す構造における補助材は応力材としての役割が顕著となることから，斜材傾斜角，主材の斜材に対する剛性比，応力度比が大きい場合には留意する必要

がある.

7.6.3 塔状トラス脚部の座屈

塔状トラスの柱脚付近では,図7.6.4に示すような構成のものが多い.このように補助材によって一定間隔に支持された主材は,節点間距離を座屈長さとして曲げ座屈すると考えて設計することが多い.しかし,塔状トラス圧縮側柱脚部付近の設計における座屈検定は,この方法を適用した場合,脚部の骨組の形状・寸法によって危険側の評価を与えることがあるので,注意を要する.

一般に柱脚の座屈を考える場合には,座屈形式として図7.6.5に示す3種があげられる.

① 節点間を座屈長さとした主材個材の曲げ座屈
② 脚部付近が全体として半波形の曲げ変形を起こす全体曲げ座屈
③ 節点間を座屈長さとした斜材個材の曲げ座屈

なお,主材または斜材のねじれ座屈は,主として山形鋼を主材として用いた場合に問題となるが,「鋼構造設計規準」に示される断面板要素の幅厚比の制限を満たしていれば,実際上は問題とならない.また,主材または斜材の局部座屈についても,断面板要素の幅厚比または径厚比の制限を満た

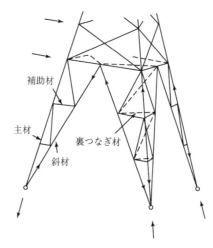

図7.6.4 塔状トラスの柱脚

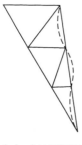 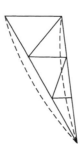 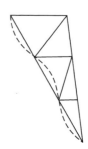

(a) 主材個材座屈　　　(b) 全体座屈　　　(c) 斜材個材座屈

図7.6.5 塔状トラスの柱脚の座屈形式

していれば実際上問題とならず，細長比が小さい場合における局部座屈は，主材が連続材であることにより生ずる曲げモーメントの影響が二次的応力として扱える程度ならば，①と同種の問題として扱うことができる．

①，②，③のうちどの曲げ座屈が起こるかは，主材に対する斜材剛性の大小によって左右され，一般的には斜材剛性が大きくなるのに伴い，座屈形式は③→②→①へと移行する．したがって，設計時に主材の個材座屈が起こると仮定しても，もし斜材剛性が小さい場合には，個材座屈に先んじて全体座屈が起こる．したがって，脚部の座屈検定においては，②の可能性を考慮しなければならない．こういった研究に関しては文献7.60)，7.61)，7.62) を参照されたい．

文献7.63)，7.64)では，主材の座屈長さ係数について，式(7.6.2)に示すように節点間を座屈長さとした主材オイラー座屈荷重 P_E と固有値解析結果に基づく座屈時の主材上部への入力 P_{cr} に対する平方根比として与えている．

$$\frac{l_k}{l} = \sqrt{\frac{P_E}{P_{cr}}} \tag{7.6.2}$$

また，図7.6.3に示すように，斜材は，三角錐体上部斜材応力度に主材から補助材を介して流れ込む応力度を加えた応力度を用いて設計される．

文献7.65)では，円形鋼管で構成される脚部を対象に，固有値解析，材料および幾何非線形性を考慮した解析を行い，図7.6.6に示すように，主に主材細長比と座屈形式の関係を明らかにするとともに，細長比が小さい場合の座屈耐力の評価は非線形挙動が卓越することから，変形解析に基づく検討が必要なことを提唱している．

文献7.66)では，主材細長比の比較的小さい円形鋼管で構成される脚部を対象とした設計方法を提案している．この研究では，骨組形状比，主材細長比，三角錐体骨組上部における主材の斜材に対する応力度比をパラメータとした，有限変形理論を用いた幾何および材料非線形を考慮した座屈解析により，座屈耐力と斜材剛性の関係を定量的に明らかにしている．さらに，各ケースごとに主材が個材座屈する場合と同等の耐力を有し，かつ主材から補助材を介して流れ込む割増応力度に対しても座屈安全性を確保できるのに必要な斜材剛性を求め，これを次のように定式化している〔図

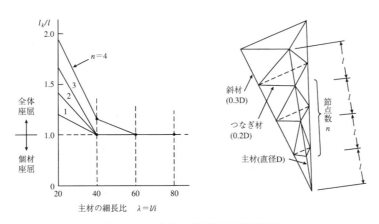

図7.6.6 主材の細長比と座屈形式

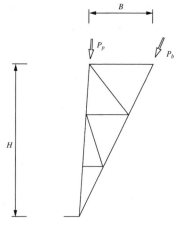

図 7.6.7 三角錐体脚部

7.6.7 参照〕.

$$_dP_b = \beta P_b \tag{7.6.3}$$

$_dP_b$：斜材設計応力度, P_b：三角錐体上部斜材への入力, β：斜材設計応力度倍数

$10 \leqq \lambda_p \leqq 40$

$$\beta = 1.0 + 0.01\left(\frac{P_p}{P_b}\right)\frac{60-\lambda_p}{\left(\frac{B}{H}-0.05\right)^2} \tag{7.6.4}$$

$40 < \lambda_p \leqq 60$

$$\beta = 1.0 + 0.04\left(\frac{P_p}{P_b}\right)\frac{90-\lambda_p}{\left(\frac{B}{H}-0.05\right)^2} \tag{7.6.5}$$

λ_p：主材細長比, P_p：三角錐体上部主材への入力, B/H：三角錐体形状比

この設計方法によると，全体座屈に対しては斜材剛性を高める方法で対処していることから，座屈形式は主材座屈に限定され，主材は節点間距離を座屈長さとして設計すればよい．しかしながら，主材細長比が小さく，三角錐体形状比 B/H が小さい場合は，材料特性によっては主材が連続であることにより生じる曲げモーメントによる耐力低下が無視できず，斜材剛性にかかわらず主材が個材座屈する場合と同等の耐力を確保できない場合が生じると考えられ，こういうケースについては，主材の強度を高めることにより，これに対処する必要がある．

7.6.4 座屈後の架構安定性

暴風や地震によって部材座屈が引き起こされた結果，鉄塔が倒壊する被害事例は過去に数多く生じている．また，地震応答で鋼管部材が座屈後に繰返し変形を受けた場合には，3章で述べたように部材や接合部が破断に至る例も多く報告されている[7.67]．ただし，斜材の座屈や破断が先行した場合，すぐに倒壊に至るわけではなく，主材や支持される煙突等の芯材により安定性が確保される場

合も多い．3章で述べた座屈後解析手法を用いてこういった座屈後の架構安定性や破断の有無を評価する手法[7.68]も試みられており，また，地震時の安定性に問題があると判断された鉄塔に関しては，座屈部材を座屈拘束部材に交換する等により耐震改修する手法が普及しつつある[7.69]．

参 考 文 献

7. 1) Structural Stability Research Conuncil : Guide to Stability Design Criteria for Metal Structures, John Wiley & Sons, p.51, 1988

7. 2) 藤本盛久，難波恒夫：組立圧縮材の個材座屈と全体座屈，日本建築学会関東支部第34回学術研究発表会梗概集，pp.65-68, 1963.5

7. 3) 松井千秋，森野捷輔，新宅浩明：剛節トラス柱の構面内座屈に対する設計について，日本建築学会九州支部研究報告，第24号，pp.149-152, 1979.2

7. 4) 日置興一郎，村上益美，村田雅枝：平行弦剛節トラス柱の構面内弾性座屈荷重の算定法，日本建築学会構造系論文集，No.346, pp.51-59, 1984.12

7. 5) 日置興一郎：個材の弾性座屈で定まる剛節ラチス構造の有効強度，日本建築学会論文報告集，No. 325, pp. 1-8, 1983.3

7. 6) Heki, K. : On the Effective Rigidities of Lattice Plates, Recent Researches of Structural Mechanics, Prof. Tsuboi's Anniversary Volume, p.31, 1968.4

7. 7) 小西一郎編：鋼橋・設計編，丸善，p.567, 1975

7. 8) 山田孝一郎，竹内重夫：剛節トラス（弦材・T形鋼，腹材・鋼管）の耐力実験・その5.2・弾塑性性状，日本建築学会論文報告集，No.190, pp.27-33, 1971.12

7. 9) 坪井義勝，若林　實：架構梁の横座屈における弦材の捩り抵抗の影響，日本建築学会論文集，No. 38, pp.40-44, 1949.4

7.10) 若林　實，西村富美子：エネルギー法によるトラスの横座屈の解析，日本建築学会大会学術講演梗概集，pp.309-310, 1971.11

7.11) 鈴木敏郎：オープンウェブ材の横座屈，日本建築学会論文報告集，No.66, pp.537-540, 1960.10

7.12) 鈴木敏郎：鉄骨トラスの横座屈，日本建築学会論文報告集，No.70, pp.10-15, 1962.2

7.13) 鈴木敏郎：鋼管トラス梁の横座屈，日本建築学会論文報告集，No.96, pp. 7-12, 1964.3

7.14) 森　宜制：鋼管組立材の横方向の安定性，土木学会論文集，第111号，pp. 1-10, 1964.11

7.15) 森野捷輔：n格間ごとに横補剛された鉄骨トラスばり圧縮弦材の有効座屈長さ，日本建築学会大会学術講演梗概集，pp.1393-1394, 1977.10

7.16) 松井千秋，森野捷輔，河野昭彦：円形鋼管トラス柱の曲げねじれ座屈に関する実験的研究，日本建築学会構造系論文報告集，No.363, pp.12-21, 1986.5

7.17) 松井千秋，森野捷輔，河野昭彦：弦材に角形鋼管を用いたトラス柱の曲げねじれ座屈に関する実験的研究，日本建築学会構造系論文報告集，No.369, pp.23-30, 1986.11

7.18) 松井千秋，河野昭彦：鋼管トラス柱の曲げねじれ座屈に対する設計方法，構造工学論文集，Vol.34 B, pp.169-182, 1988.3

7.19) 鈴木敏郎，小河利行，深沢　隆：鋼管トラス梁の横座屈耐力に関する研究・X型結構の分岐継手タイプ鋼管トラス梁について，日本建築学会構造系論文報告集，No.439, pp.165-175, 1992.9

7.20) 鈴木敏郎，小河利行，深沢　隆：鋼管トラス梁の横座屈耐力に関する研究（その2）・ボルト接合

タイプの鋼管トラス梁について，日本建築学会構造系論文報告集，No. 443，pp.127-136，1993.1

7.21) 松井千秋，津田恵吾：非充腹材の弾性横座屈荷重について，日本建築学会九州支部研究報告，第23号，pp.201-204，1977.2

7.22) 藤本盛久：鉄骨の構造設計，技報堂出版，1972

7.23) 小川厚治，牧野雄二，山成　實，黒羽啓明：鋼管トラスウェブ材の座屈長さに関する研究，日本建築学会構造系論文報告集，No. 388，pp.70-76，1988.6

7.24) 横尾義貫，若林　實，野中泰二郎：単一山形鋼の座屈耐力に関する実験的研究，日本建築学会論文報告集，No. 100，pp.34-40，1964.7

7.25) 八幡製鉄株式会社技術部：電力用鋼材に関する研究(鉄塔腹材に用いられる山形圧縮材の材端拘束の影響に関する実験的研究)，八幡製鉄本社委託研究報告，p.1，1961

7.26) 加藤　勉，秋山　宏，文　泰変：山形鋼単材からなるトラス腹材の耐力，日本建築学会大会学術講演梗概集，pp.1339-1340，1978.9

7.27) 福知保長，土井康生，小島　功：トラスの耐力と変形能力に関する研究(その1　弦材座屈型トラスの実験)，日本建築学会大会学術講演梗概集，pp.1887-1888，1981.9

7.28) 福知保長，土井康生，小島　功：トラスの耐力と変形能力に関する研究(その2　材座屈型トラスの耐力と塑性変計量)，日本建築学会大会学術講演梗概集，p.1889，1981.9

7.29) 福知保長，土井康生，小島　功：トラスの耐力と変形能力に関する研究(その3　腹材トラス実験)，日本建築学会大会学術講演梗概集，p.1943，1982.10

7.30) 鈴木弘之，那花弘行：鉄骨剛節トラスの荷重—変形性状(その1　弦材の構面内及び構面外座屈)，日本建築学会大会学術講演梗概集，p.1307，1984.10

7.31) 鈴木弘之，那花弘行：鉄骨剛節トラスの荷重—変形性状(その2　弱い斜材を含むトラスの飛移り座屈)，日本建築学会大会学術講演梗概集，p.1309，1984.10

7.32) 鈴木弘之，那花弘行，前田恒一：鉄骨剛節トラスの荷重—変形性状，日本建築学会大会学術講演梗概集，p.723，1985.10

7.33) 杉山信夫，中川進一郎，遠山幸三，佐伯俊夫，田中直樹，亀山靖司：鉄骨トラス骨組の耐力と変形能力に関する研究（その1　トラス梁の加力実験），日本建築学会大会学術講演梗概集，p.873，1985.10

7.34) 鈴木敏郎，久保寺勲，小河利行：鉄骨トラス梁の耐力と塑性変形性状—トラス構造物の耐震性に関する研究(1)，日本建築学会論文報告集，No. 360，p.75，1986.2

7.35) 鈴木敏郎，久保寺勲，小河利行：鉄骨トラス骨組の復元力特性と耐震性評価方法—トラス構造物の耐震性に関する研究(2)，日本建築学会論文報告集，No. 365，p.28，1986.7

7.36) 西山　功：鉄骨トラス構造物の塑性変形能力，その1　鉄骨トラス部材の塑性変形能力，カラム，No. 102，p.47，1986.10

7.37) 西山　功：鉄骨トラス構造物の塑性変形能力，その1　鉄骨トラス架構の塑性変形能力，カラム，No. 105，p.66，1987.7

7.38) 向井昭義，加藤　勉，鈴木幹男：鉄骨トラス骨組の耐力と塑性変形能力，日本建築学会大会学術講演梗概集，p.1143，1989.10

7.39) 真有信博，小川厚治，山成　実，黒羽啓明，牧野雄二，北島博文：逆対称曲げを受ける鋼管トラス梁の繰り返し加力実験，日本建築学会大会学術講演梗概集，p.1139，1989.10

7.40) 松本芳紀，山田孝一郎：引張側弦材の降伏が先行する静定トラス梁の最大耐力について，日本建築学会大会学術講演梗概集，p.1135，1989.10

7.41) 鈴木弘之：鋼トラス梁の終局耐力と変形能力，日本建築学会大会学術講演梗概集，p.1137, 1989.10

7.42) 加藤　勉，秋山　宏：鋼構造筋違付骨組の復元力特性，日本建築学会論文報告集，No. 260, p.99, 1977.10

7.43) 竹内　徹，小河利行，鈴木達人，熊谷知彦，山形智香：立体トラス架構の損傷制御設計に関する基礎的研究，構造工学論文集，Vol. 51 B, pp.31-37, 2005.3

7.44) 竹内　徹，内山智晴，鈴木一弁，大河内靖雄，小河利行，加藤史郎：座屈拘束ブレースによるトラス鉄塔の耐震補強，日本建築学会構造系論文集，No. 589, pp.129-136, 2005.5

7.45) 山田耕司，石原　競：アーチ構造における損傷制御設計の適用，構造工学論文集，Vol. 52 B, pp. 63-68, 2006.3

7.46) 竹内　徹，津曲　敬，渡辺秀司，小河利行，熊谷知彦：弾塑性制振柱脚を用いた高層トラス架構の耐震性能，日本建築学会構造系論文集，No. 607, pp.175-182, 2006.9

7.47) 井上一朗，清水直樹：ブレース架構の保有水平耐力に関する考察，日本建築学会構造系論文報告集，No. 388, p.59, 1988.6

7.48) 日本建築学会：各種合成構造設計指針・同解説，1985

7.49) 日本建築学会：鋼構造限界状態設計指針・同解説，1998

7.50) 日本建築学会：建築耐震設計における保有耐力と変形性能，1990

7.51) 鈴木敏郎，佐藤亘宏，深沢　隆：塔状鋼管トラス骨組の座屈耐力に関する研究―細長比の小さい柱材で座屈する場合―，日本建築学会構造系論文報告集，No. 425, p.69, 1991.7

7.52) 深沢　隆，鈴木正嘉，山崎智之ほか：鋼管鉄塔の座屈長さ係数に関する研究　その（1）〜（4），日本建築学会大会学術講演梗概集，pp.945-950, 1999.9

7.53) 荒井　聡，本郷榮次郎ほか：送電鉄塔用 HT 690 山形鋼の曲げねじれ座屈耐力に関する研究，日本建築学会大会学術講演梗概集，pp.453-454, 2000.9

7.54) 鈴木　陽，小野徹郎，佐藤篤司，杉本靖夫ほか：偏心接合を有する鉄塔山形鋼トラス個材の座屈応力度　その（1）〜（3），日本建築学会大会学術講演梗概集，pp.689-692, 2005.9, pp.828-829, 2006.9

7.55) 多田元英，西　　豊，井上一朗：管通し平板ガセット形式接合部を有する軸力材の弾性座屈挙動，日本建築学会構造系論文集，No. 503, pp.131-137, 1998.1

7.56) 多田元英，山田能功：管通し平板ガセット形式接合部を有する軸力材の非弾性座屈荷重の算定，日本建築学会構造系論文集，No. 530, pp.163-170, 2000.4

7.57) 多田元英，笠原健志：管通し平板ガセット形式で一面摩擦接合された軸力材の座屈荷重，日本建築学会構造系論文集，No. 556, pp.181-188, 2002.6

7.58) 多田元英，木谷在憲：管通し平板ガセット形式で一面摩擦接合された軸力材の座屈荷重簡便算定法，日本鋼構造協会鋼構造論文集，Vol. 9, No. 36, pp.29-36, 2002.12

7.59) 鈴木敏郎，小河利行，佐藤亘宏，深沢　隆：塔状鋼管トラス骨組の座屈耐力に関する研究―端部がせん断ボルト接合される斜材で座屈する場合―，日本建築学会構造系論文報告集，No. 434, p.125, 1992.4

7.60) 花井正実，宮崎昌博，松村和雄，林　　弘：送電用鉄塔の片継脚の非線形解析，日本建築学会大会学術講演梗概集，p.1107, 1971.11

7.61) 花井正実，松村和雄，井ノ上一博，峰　隆俊：送電用鉄塔片継脚の幾何学的非線形解析，日本建築学会大会学術講演梗概集，p.733, 1972.10

7.62) 藤本盛久，鎌田逸郎，広木光雄，佐藤　誠：変断面組立圧縮柱の座屈に関する研究，日本建築学会論文報告集，No. 63, p.369, 1959.10

7.63) 小川　登：鉄塔片継脚の全体座屈耐力の研究，日本建築学会大会学術講演梗概集，p.555，1968.10

7.64) 小川　登：鉄塔片継脚の耐力の研究，日本建築学会大会学術講演梗概集，p.1103，1976.10

7.65) 鈴木敏郎，小河利行，山岸啓利，広木光雄：送電用鉄塔片継脚の非線形解析，日本建築学会大会学術講演梗概集，p.951，1979.9

7.66) 鈴木敏郎，佐藤亘宏，深沢　隆：塔状トラス骨組脚部の座屈耐力に関する研究，日本建築学会構造系論文報告集，No.412，p.67，1990.6

7.67) 竹内　徹，中村　悠，松井良太，小河利行，今村　晃：部材破断を考慮した鋼管トラス鉄塔の耐震性能，日本建築学会構造系論文集，Vol.76，No.669，2011.11

7.68) 竹内　徹，堀内健太郎，松井良太，小河利行，今村　晃：鋼管部材の座屈および破断を考慮したトラス鉄塔の崩壊機構，日本建築学会構造系論文集，Vol.79，No.703，pp.1309-1319，2014.9

7.69) 大河内靖雄，竹内　徹，加藤史郎，鈴木一弁：座屈拘束ブレースを用いた既存通信鉄塔の耐新補強工事，日本建築学会技術報告集，No.22，pp.179-184，2005.12

8章 骨　　組

8.1 骨組の不安定現象

　種々の外力を受ける骨組の崩壊形式は，（1）部材を構成する材料の破断によるもの，（2）部材の座屈によるもの，（3）骨組の塑性崩壊によるもの，（4）骨組の不安定現象によるもの，に大別できる．これらの4つの形式のうち，本章では主として骨組の不安定現象による崩壊形式に対する設計について述べる．

　骨組は，柱と梁だけで構成された純ラーメンと筋かいや耐力壁などを持つラーメン（以下，筋かい付ラーメンという）に分けられる．図8.1.1の骨組と図8.1.2のグラフを用いて骨組の不安定現象の概要を説明する[8.1]．図8.1.2のグラフの横軸 $\varDelta$ は，柱頭部の水平変位を表す．まず，骨組に作用する水平力 H がなく（$\alpha=0$），鉛直荷重 W だけが作用する場合を考える．筋かいが挿入されていない場合，W の作用の下で骨組は対称に変形するが，W が増加し座屈荷重 W_{cr1} に達すると座屈が起こり，骨組は横方向に変位して崩壊する〔図8.1.2〕．この場合，柱および梁の剛性と耐力のバランスに応じて，部材が弾性の状態で座屈するか，あるいは塑性化を伴って座屈するかの2つに分かれる．

　図8.1.1の破線で示すように骨組に筋かいが挿入されている場合にも，同じように荷重 W_{cr2} で座屈する．そのとき骨組が横移動するかどうかは筋かいの剛性によって決まるが，一般に柱断面に対して十分小さい筋かいでも骨組の横移動を拘束し，座屈荷重 W_{cr2} は骨組が横移動するときの W_{cr1} より大きくなる．

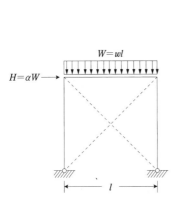

図8.1.1　骨組と荷重条件

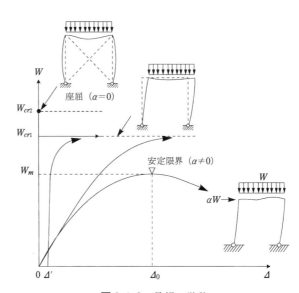

図8.1.2　骨組の挙動

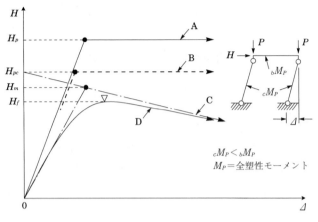

図8.1.3 骨組の理論解析

　α が0でなく鉛直荷重と水平力が作用する場合には，図8.1.2に示すように荷重の作用開始とともに骨組は横方向に変位する．骨組を構成する部材が完全弾性体であれば，W は骨組の座屈荷重 W_{cr1} に漸近して，最終的には骨組の水平剛性は0となる．部材が弾塑性体であれば，ある荷重 W_m（変位 Δ_0）の下で水平力に極大値が現れ，以後の骨組は不安定になって，変位 Δ の増加とともに水平力が低下しなければ，釣合状態は存在しなくなる．この水平力の低下は，鉛直荷重と水平変位 Δ によって骨組に作用する転倒モーメント（$P\Delta$ モーメント）によって生じる．水平力が最大になった点を安定限界（鉛直荷重の大きさと，鋼材の降伏比の値によっては現れない場合もある）といい，このときの水平力を水平耐力という．図8.1.1は比例載荷の場合であるが，実際の建物のように鉛直荷重が一定値に近い場合でも，また，筋かい付ラーメンの場合でも同様な現象が起こる．$\alpha=0$ で鉛直荷重だけを受ける場合には，前述したように骨組は座屈によって崩壊するが，骨組が不完全で柱が最初から傾いているような場合（柱頭の初期変位 Δ'）には，荷重 W の増加とともに変位 Δ が増加し，W は W_{cr1} に漸近する．部材が弾塑性体であれば，鉛直荷重と水平力を受ける骨組と同様に安定限界が現れる．

　骨組の不安定現象には，骨組の形状と荷重条件が影響するが，特に鉛直荷重の大きさと柱の細長比の影響が大きい[8.2]．また，安定限界時の水平耐力には，上記の因子のほかに鋼材の機械的性質，部材に生じる局部座屈[8.3]と曲げねじれ座屈[8.4]，筋かいの曲げ座屈などが影響する．特に柱の軸力比と鋼材の降伏比は，鉛直荷重と繰返し水平力を受ける骨組の弾塑性性状と水平耐力の収れん値に大きな影響を与える[8.5]．

　次に骨組の塑性崩壊荷重と骨組の不安定現象の関係について述べる[8.1]．図8.1.3は，図8.1.1と同じ柱脚ピンの骨組であるが，簡単化のため梁の分布荷重を省略し，柱の鉛直荷重を一定としたときの骨組の水平力と水平変位の関係を示したものである．A，B，Cの3つの水平力と水平変位の関係は，全て塑性ヒンジ法による解析結果である．●印が，柱頭に塑性ヒンジができて骨組が崩壊機構を形成した点である．A，Bの弾性挙動部分は，いずれも部材軸力が材の曲げ剛性に与える影響を無視している．塑性挙動部分は，Aでは軸力を無視した全塑性モーメント M_p を，Bでは軸力を考慮

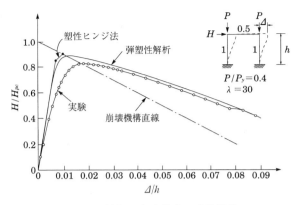

図 8.1.4　骨組の実験挙動と理論挙動[8.2]

した全塑性モーメント M_{pc} を用い，共に力の釣合いは変形前の状態で考えられており，$P\Delta$ モーメントの影響が考慮されていない．Cの弾性部分では，部材軸力が材の曲げ剛性に及ぼす影響が考慮され，また，弾性部分，塑性部分ともに $P\Delta$ モーメントの影響が考慮されている．Dは，$P\Delta$ モーメントや部材断面内および材軸方向への塑性域の広がりを考慮した数値解析によったもので，材料の応力度-ひずみ度関係は，完全弾塑性としている．この場合，安定限界が現れ，水平耐力は H_f となる．この H_f は，塑性ヒンジ法によって得られる塑性崩壊荷重 H_p，H_{pc}，H_m よりつねに小さくなる．骨組の水平耐力 H_f を塑性崩壊荷重で予測する場合，$P\Delta$ モーメントを考慮した値の H_m が最も良い近似値を与える．H_f には材料のひずみ硬化が考慮されていないが，これを考慮すると H_f は H_m に近づき，その差は小さくなる．図 8.1.4 は，ひずみ硬化を考慮した弾塑性解析と塑性ヒンジ法を実験結果と比較したもので，水平耐力として $P\Delta$ モーメントを考慮した塑性崩壊荷重 H_m が良い近似を与えている．

8.2　骨組の座屈

8.2.1　骨組の座屈

　骨組の座屈荷重の精確な算定法については 10 章に述べられているが，座屈たわみ角法を用いた弾性解析が比較的簡単である．この方法では，まず弾性解析によって骨組各部材の軸力を算定し，座屈たわみ角法公式を用いて座屈によって生じる材端モーメント・材端横方向力と材端回転角・部材回転角の関係を求め，いわゆる安定関数を用いた部材剛性行列を導く．各部材の剛性行列を用いて骨組全体の剛性行列を構成すると，これは荷重パラメータの関数になっており，骨組剛性行列の行列式の値が 0 となるときの荷重パラメータを求めれば，骨組の弾性座屈荷重が定められる．以上の計算手順は平面ラーメンでも立体ラーメンでも同じであるが，立体ラーメンの場合，剛床仮定を入れようとすると，同じフロアレベルにある節点の変位に拘束条件を与える必要があるので，骨組全体の剛性行列の構成がやや煩雑になる．平面内で座屈して曲げ変形の生じた部材に対する安定関数や，三次元的な座屈変形が生じて二軸曲げおよびねじりを受けている部材に対する安定関数は，例えば文献 8.1) に詳しいので参照されたい．この方法は，与えられた荷重の分布状態は変化せず，す

べての荷重は比例的に増加し，弾性一次理論によって決定された各部材の軸力の相互の比が変化しないことを前提条件にしているので，ただ1個の荷重パラメータによって骨組全体の剛性行列が記述できる点にメリットがある．よって，平面および立体ラーメンの座屈や平面トラスの構面内および構面外座屈の解析にしばしば用いられる．しかし，微小変形理論に立脚しているため，変形の進行とともに釣合条件が変化するような，幾何学的非線形性の強い構造物には直接適用できない．また，荷重の増加とともに部材の断面力が非弾性域に進入するような場合にも，この方法は適用できない．

8.2.2 骨組の中の柱材の座屈長さ

5章で述べたように，柱の安全性を検討する際には，柱の座屈長さを計算する必要がある．個々の柱の座屈長さは，骨組全体の座屈荷重が定まって初めて決定できる．すなわち，各柱の軸力が比率を一定に保ったまま増加して骨組全体が座屈するとき，柱に生じている軸力 P_{cr} から，この柱の座屈長さ l_k が

$$l_k = \pi \sqrt{\frac{EI_c}{P_{cr}}} \qquad (8.2.1)$$

として定められる．ここに，EI_c は柱の曲げ剛性である．しかし，骨組全体の座屈解析は煩雑であるので，以下に示すような簡便法で座屈長さを決めることが多い．ただし，以下の方法は，骨組の座屈が弾性範囲で起きることを前提にしている．骨組が非弾性座屈するときの座屈荷重の簡便な算定法はまだ得られていないため，実際の設計では，弾性的に決定された座屈長さを 2.6 節の圧縮材座屈耐力式に代入して得られる，柱単材としての座屈耐力を用いて柱の安全性を検討する手法が採られている．柱の座屈長さを用いて骨組全体の不安定現象を個材の設計段階で考慮する方法は，骨組全体の剛性や柱軸力の分布がほぼ均等で，骨組が全体として座屈するときには，すべての柱がほぼ同時に座屈していることを前提にしている点に注意すべきである．実際の設計では，立体的な骨組構造物を平面骨組に分解して柱座屈長さを算定する．以下に，平面骨組の柱座屈長さの算定について述べる．

（1） 節点の水平移動が拘束されている骨組の柱の座屈長さ

剛節骨組において筋かいや耐力壁によって各層の水平変位が完全に拘束されている場合には，柱の座屈長さは理論上必ず階高より短くなるから，実際の設計では，座屈長さとして図8.2.1（a）のように階高をとることが多い．均等骨組に対しては，座屈長さを評価する方法として（3）で述べる図表を用いる方法のほか，文献8.6)に算定式が示されている．各層で相対水平変位の拘束された骨組の場合は，柱の座屈長さの算定よりはむしろ水平拘束が十分であるかどうかの評価のほうが重要であるが，これについては，8.2.3項の骨組の座屈補剛の項で述べる．

（2） 節点の水平移動が拘束されていない骨組の柱の座屈長さ

節点の水平移動が拘束されていない場合には，柱の座屈長さは，図8.2.1（b）のように階高より長くなる．低層の簡単な骨組については，解析結果が設計用図表としてまとめられているが[8.1),8.7)]，一般の多層多スパン骨組の場合，精確な座屈解析を行うのは容易でないのと，施工上の要請から部材

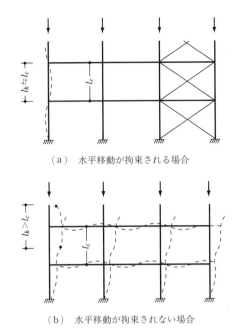

図 8.2.1　骨組の座屈モード　　　　　　　図 8.2.2　柱および梁の剛度

が比較的規則正しく配置されることが多いので，続く(3)で述べる均等骨組について用意された柱座屈長さ算定図表を用いる場合が多い．なお，文献 8.8)では，この図表を用いずに座屈長さを算定する評価式を提案している．

(3)　均等骨組に対する図表を用いた柱座屈長さ算定法

まず均等な骨組の中の1本の柱を考え，この柱には上下端でそれぞれ梁が接続して柱の材端回転を弾性拘束しているものとする．次に

i)　1本の柱の座屈と同時に，骨組内のすべての柱が座屈する．

ii)　梁の拘束モーメントはその上下の柱の剛度に応じて分配される．

iii)　節点が水平移動しない座屈モードでは，拘束する梁の両端の節点回転角は大きさが等しく，かつ向きが反対とする．節点が水平移動する座屈モードでは，拘束する梁の両端の節点回転角は大きさが等しく，かつ向きが同じとする．

と仮定し，座屈たわみ角法を適用すると，最終的に次の座屈条件式が得られる[8.9]．

節点の水平移動が拘束されている骨組

$$\frac{G_A G_B}{4}\left(\frac{\pi}{\gamma}\right)^2 + \left(\frac{G_A + G_B}{2}\right)\left\{1 - \frac{\pi/\gamma}{\tan(\pi/\gamma)}\right\} + \frac{2\tan(\pi/2\gamma)}{\pi/\gamma} = 1 \quad (8.2.2)$$

節点の水平移動が拘束されていない骨組

$$\frac{G_A G_B (\pi/\gamma)^2 - 36}{6(G_A + G_B)} = \frac{\pi/\gamma}{\tan(\pi/\gamma)} \quad (8.2.3)$$

ただし，

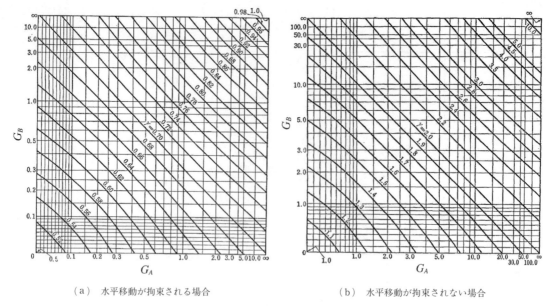

(a) 水平移動が拘束される場合　　(b) 水平移動が拘束されない場合

図8.2.3　柱座屈長さ算定図表

$$G = \frac{\sum I_c/l_c}{\sum I_g/l_g} \tag{8.2.4}$$

ここに γ は座屈長さ係数である．G の添字の A, B は図8.2.2に示すように柱の両端の節点を表し，I, l はそれぞれ部材の断面二次モーメントと長さ，添字 c, g はそれぞれ柱，梁を表す．$\sum$ は節点（G_A では節点A，G_B では節点B）に集まる部材についての和を表す．柱の座屈長さ l_k は，

$$l_k = \gamma l_c \tag{8.2.5}$$

で与えられる．なお，式 (8.2.3) は，上下の梁の剛比が $1/G_A$, $1/G_B$ の左右対称ロ形骨組が柱軸力を受けて弾性座屈するときの座屈条件式とまったく同一である．

式 (8.2.2) および式 (8.2.3) を図表化したのが図8.2.3[8.10]で，座屈長さを計算しようとする柱の両端で式 (8.2.4) に従って G_A, G_B を計算して，図から座屈長さ係数 γ を読みとればよい．ただし，柱脚の不完全さを考慮して，SSRC[8.11]では，柱脚固定の場合は理論的には $G=0$ であるが，推奨値として $G=1.0$ を，柱脚ピンの場合でも構成が完全なピンでないときはいくぶんかの抵抗があるので，$G=\infty$ の代わりに $G=10$ を推奨している．梁の剛度 I_g/l_g は梁の他端（検討している柱から遠い端）の状態により，次の係数を乗じた値を用いる．

他端ピンの場合：1.5（水平移動が拘束される場合），0.5（水平移動が拘束されない場合）

他端固定の場合：2.0（水平移動が拘束される場合），0.67（水平移動が拘束されない場合）

（4）不均等骨組の柱座屈長さ

不均等な骨組については，(3)で述べた簡便法によって座屈長さを算定すると誤差が大きい．図8.2.4(a)，(b)は剛性分布または柱軸荷重分布が不均等な門形骨組の例であるが，表8.2.1はこれら不均等骨組に対して，図8.2.3から得られる座屈長さと精確な座屈解析から得られる座屈長さを

表8.2.1 柱座屈長さ係数 γ の比較

骨組例	柱	図8.2.3	式(8.2.10)	精算値
図8.2.4(a) $\alpha=1.0$, $\beta=0.5$	左柱	2.33	2.63	2.67
	右柱	2.18	1.86	1.86
図8.2.4(b) $\alpha=3.0$, $\beta=1.0$	左柱	2.33	3.30	3.29
	右柱	2.33	1.90	1.90

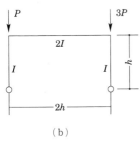

図8.2.4 不均等骨組の柱座屈長さ

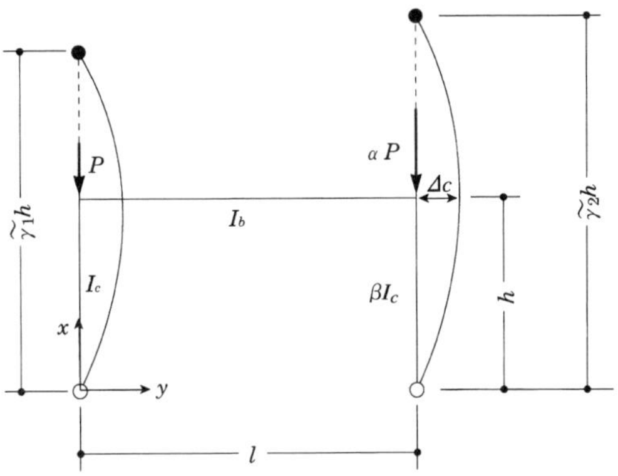

図8.2.5 柱座屈長さの修正

比較したものである．不均等な骨組では，算定図表による座屈長さはやや不精確な値を与えているのがわかる．特に柱軸荷重分布が不均等な場合〔図8.2.4(b)〕には，式(8.2.3)では柱軸荷重分布の影響が考慮されていないので，算定図表による略算座屈長さと精算値との差異が著しくなる．不均等骨組の柱座屈長さの修正方法は，文献8.12)などにも示されているが，ここでは「鋼構造座屈設計指針」の初版[8.13]に掲載された，スパン方向に不均等な骨組の柱座屈長さに対する坂本の修正方法を再掲しておく．

図8.2.5の骨組例で柱軸荷重比 α，柱剛度比 β，図8.2.3より得られる左右の柱の座屈長さ係数を第一近似値として，$\tilde{\gamma}_1$, $\tilde{\gamma}_2$ する．ここで，座屈時における柱のたわみ曲線を式(8.2.6)で近似表現し，層モーメントの釣合式(8.2.7)を用いると，骨組の座屈荷重 P_{cr} は，式(8.2.8)として得られる．

$$y_1=\frac{\Delta_c}{\sin\left(\frac{\pi}{\tilde{\gamma}_1}\right)}\sin\left(\frac{\pi x}{\tilde{\gamma}_1 h}\right), \quad y_2=\frac{\Delta_c}{\sin\left(\frac{\pi}{\tilde{\gamma}_2}\right)}\sin\left(\frac{\pi x}{\tilde{\gamma}_2 h}\right) \tag{8.2.6}$$

$$(1+\alpha)P_{cr}\Delta_c - EI_c\left(\frac{\pi}{\tilde{\gamma}_1 h}\right)^2\Delta_c - \beta EI_c\left(\frac{\pi}{\tilde{\gamma}_2 h}\right)^2\Delta_c = 0 \tag{8.2.7}$$

$$P_{cr}=\frac{1}{1+\alpha}\left(\frac{1}{\tilde{\gamma}_1^2}+\frac{\beta}{\tilde{\gamma}_2^2}\right)\frac{\pi^2 EI_c}{h^2} \tag{8.2.8}$$

また，座屈長さ係数の定義から

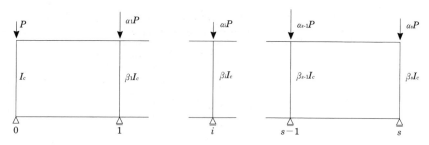

図8.2.6 不均等多スパン骨組

$$P_{cr}=\frac{\pi^2 EI_c}{(\gamma_1 h)^2},\ \alpha P_{cr}=\frac{\pi^2 E\beta I_c}{(\gamma_2 h)^2} \tag{8.2.9}$$

式 (8.2.8), (8.2.9) より修正座屈長さ係数 γ_1, γ_2 は,

$$\gamma_1=\tilde{\gamma}_1\sqrt{\frac{1+\alpha}{1+\beta\left(\frac{\tilde{\gamma}_1}{\tilde{\gamma}_2}\right)^2}},\ \gamma_2=\gamma_1\sqrt{\frac{\beta}{\alpha}} \tag{8.2.10}$$

で与えられる．表8.2.1に示した座屈長さ係数の算定結果は，図8.2.4(a)，(b)の骨組に対する式(8.2.10)による修正座屈長さ係数と，精算値との良い一致を示している．

1層多スパン骨組〔図8.2.6〕に対しても，式(8.2.9)，(8.2.10)と同様な修正算定式として下式を用いることができる．

$$P_{cr}=\frac{\left(\frac{1}{\tilde{\gamma}_0}\right)^2+\beta_1\left(\frac{1}{\tilde{\gamma}_1}\right)^2+\cdots+\beta_s\left(\frac{1}{\tilde{\gamma}_s}\right)^2}{1+\alpha_1+\cdots+\alpha_s}\frac{\pi^2 EI_c}{h^2} \tag{8.2.11}$$

$$\gamma_0=\tilde{\gamma}_0\sqrt{\frac{1+\alpha_1+\cdots+\alpha_s}{1+\beta_1\left(\frac{\tilde{\gamma}_0}{\tilde{\gamma}_1}\right)^2+\cdots+\beta_s\left(\frac{\tilde{\gamma}_0}{\tilde{\gamma}_s}\right)^2}},\ \gamma_1=\gamma_0\sqrt{\frac{\beta_i}{\alpha_i}} \tag{8.2.12}$$

スパン方向だけではなく層方向にも不均等な剛性分布・軸力分布を持つ多層多スパン骨組の柱座屈長さ算定法については，文献8.14)に上記の坂本の方法によって原骨組から左右対称な3層1スパン部分骨組を作成した後，この骨組のWoodの方法[8.15)]による座屈耐力を原骨組の座屈耐力の近似解とする方法が示されているので，参照されたい．

(5) 長柱が混在する骨組の座屈荷重

わが国では地震力による設計荷重が卓越するため，柱は非常にずんぐりとしたものになるせいか，欧米に比べて，実施設計における骨組座屈の詳細な検討が不要となる場合が多い．しかし，最近ではアトリウムなどで高い吹抜け空間が設けられることもあるので，このような場合には，骨組の座屈解析を慎重に行う必要がある．文献8.16)，8.17)では，長柱が混在する骨組の座屈荷重または座屈長さの算定法を提案している．

(6) その他

半剛接接合部を用いた骨組の場合，例えば水平力と水平変位の関係が理論または実験によって求

められていれば，接合部を剛接と仮定した骨組が同等の関係を持つように梁剛比を修正（低減）して，図8.2.3から柱座屈長さを算定する簡便法が考えられる[8.18]．

　最近，全体としては門形で柱および梁をトラス構造としている大スパン建築が増えてきている．このような骨組の座屈設計については，座屈たわみ角法を用いて骨組全体の座屈解析を行うか，あるいは柱・梁の曲げ剛性を評価して等価な門形骨組に置換し，この骨組について柱座屈長さを算定した後，2.7節の方法を用いて組立柱として設計する方法が考えられる．文献8.19）では，トラスラーメンの座屈長さを直接算定できるように，部材のせん断変形を考慮したタイプの柱座屈長さ算定図表を用意し，設計手順を示している．また文献8.20）では，組立柱節点に偏心のある場合も含めて，種々の形式の組立柱のシアパラメータを示している．

　地震荷重が支配的なわが国においては，水平荷重作用時の転倒モーメントで発生する柱軸力による座屈が主な検討対象になる．この場合，ラーメン骨組の圧縮側となる外柱のように，大きな圧縮軸力を受ける柱は，引張軸力や小さな圧縮軸力を受ける同一層の他の柱や梁によって層間水平変位が抑制され，鉛直下向き荷重のみが作用するときよりも座屈長さが短くなることが指摘されている．文献8.21）では，多層1スパン骨組の検討結果より，多層骨組の最下層において柱脚の回転抵抗が低い場合を除くと，通常の柱の座屈長さは，部材長とすれば十分であることを示している．

8.2.3　骨組の座屈補剛

（1）　個材座屈で骨組崩壊が決まる設計

　本項では，図8.2.7（a）に示すような塔状骨組の腹材を，圧縮材の座屈長さ l_k を部材長 h と等しくするための補剛材として設計する場合の考え方について述べる．簡単化のため，図8.2.7（b）に示す1層の骨組を対象とする．骨組は，通常は初期たわみ $\varDelta_0$ を持っているので，圧縮力 P が作用すると骨組に転倒モーメントが作用することになる．腹材がなければ骨組はそのまま転倒し，安定な釣合状態は存在しない．釣り合うためには，腹材に剛性と強度が必要となる．腹材に生じる引張力を F として，その水平成分 $F\cos\theta$ と圧縮合力 $2P$ との比 $F\cos\theta/2P$ と，水平変位角 $\varDelta/h$ の関係を表すと，図8.2.8のようになる．直線Aは骨組が水平変位したとき釣り合うために必要な横力と変位の関係を表し，直線 B_1，B_2，B_3 は腹材の引張力の水平成分と変位の関係で，その勾配は腹材の剛性によって変化する．図中の $\varDelta_y$ は，腹材が降伏するときの変位を示している．B_1 の場合には腹材の剛性が不足し，直線Aとの交点はなく，釣合状態は存在しない．B_2 の場合は，剛性は満足しているが釣合状態に至るまでに腹材が降伏し，B_1 と同様，釣合状態が存在しない．B_3 は剛性・強度ともに十分な場合で，腹材が弾性域で釣り合う．骨組が釣合状態になる限界は，腹材の剛性がちょうどC点を通るような値を持つときであり，このときの横力と圧縮力との比は，腹材の降伏応力度を σ_y として，式（8.2.13）で表される．

$$\frac{F\cos\theta}{2P}=\frac{\varDelta_0}{h}+\frac{\sigma_y}{E}\frac{1}{\cos\theta\sin\theta} \tag{8.2.13}$$

　したがって，式（8.2.13）で得られる値以上の横力を骨組に与え，それに抵抗できるように腹材を設計しておけば，必ず B_3 の状態となり，骨組は $2P$ の荷重を支えて弾性域の変位にとどまり，転

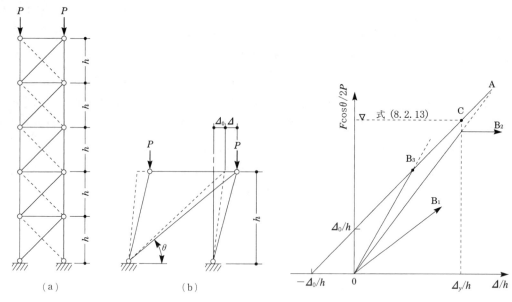

図 8.2.7 塔状骨組の補剛　　　　図 8.2.8 補剛力と骨組変位の関係

倒することはない．式(8.2.13)の圧縮荷重 P の値として座屈長さ l_k を h としたときの圧縮材座屈荷重 P_{cr} を想定して腹材を設計しておけば，骨組の崩壊は，圧縮材の個材座屈によって決まると考えられる．ここでは，簡単化のために1層骨組で腹材設計の考え方を示したが，図8.2.7(a)のような多層骨組でも各層の相対変位が等しいと仮定した場合には，同じ結果が得られる[8.22]．

$\Delta_0/h = 1 \sim 5 \times 10^{-3}$，$\sigma_y = 235 \sim 400 \text{ N/mm}^2$，$\theta = 30° \sim 60°$ として，式 (8.2.13) より $F\cos\theta/2P$ の値を求めると，すべて1%以下となる．したがって，図8.2.9に示すように「鋼構造設計規準」の規定に従い P の2%の横力を加えて設計しておけば，座屈長さを h としたときの圧縮材の座屈荷重より小さい圧縮力 P で骨組が崩壊することはない．

(2) 骨組全体座屈の検討

骨組を構成する圧縮材が個材として座屈するための腹材の設計法は以上のとおりであるが，場合によっては骨組全体が座屈する可能性があるので，以下に検討例を示す．図8.2.7(b)の骨組で初期たわみを $\Delta_0=0$ とし，また，圧縮材および水平材の軸方向剛性が腹材のそれに比べて十分剛であると仮定して，骨組の全体座屈荷重 P_t を圧縮材個材の弾性座屈荷重 $P_e (=\pi^2 EI_c/h^2$，I_c：圧縮材の断面二次モーメント) との比で求めると，

$$\frac{P_t}{P_e} = \frac{1}{2}\left(\frac{\lambda}{\pi}\right)^2\left(\frac{A_2}{A_1}\right)\cos^2\theta\sin\theta \tag{8.2.14}$$

ここに，λ：圧縮材の座屈長さを h としたときの細長比
　　　　A_1：圧縮材の断面積　　A_2：腹材の断面積

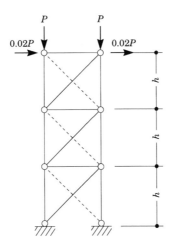

図 8.2.9 補剛材の設計用横力

となる．腹材が圧縮材の P_e の 2 % の横力で設計された場合，A_2/A_1 は

$$\frac{A_2}{A_1}=\left(\frac{\pi}{\lambda}\right)^2\left(\frac{E}{\sigma_y}\right)\left(\frac{0.04}{\cos\theta}\right) \tag{8.2.15}$$

と表されるので，これを式 (8.2.14) に代入して，次式が得られる．

$$\frac{P_t}{P_e}=0.02\cos\theta\sin\theta\left(\frac{E}{\sigma_y}\right) \tag{8.2.16}$$

$\sigma_y=235\sim400$ N/mm²，$\theta=30°\sim60°$ を代入すると，P_t/P_e の値は 4.4～7.6 となり，このような骨組では，全体座屈が先行することはないと考えてよい．

次に多層の場合について，例えば図 8.2.7(a) の n 層の骨組を考える．腹材は圧縮材の P_e の 2 % の横力に対して設計され，個材および骨組全体の座屈がいずれも弾性域で起こると仮定し，$\sigma_y=235$ N/mm²，$\theta=45°$ の場合について，全体座屈が個材の座屈に先行するための層数 n を，骨組を組立圧縮材と見なして求めると 28 以上となり，全体座屈が起こりにくいことがわかる．しかし，圧縮材の細長比が小さく非弾性座屈するような場合には，全体座屈する可能性があるので，骨組全体を組立圧縮材として取り扱って有効細長比を求め，圧縮材の細長比 $\lambda=h/i$ と比較検討することが望ましい〔2章2.7.2項参照〕．

先に述べたように，骨組節点の水平移動が拘束されている場合には，柱の座屈長さが階高より短くなるが，この場合，水平移動を拘束する材にはどの程度の強度と剛性が要求されるかが問題となる．図 8.2.10 に示すような水平移動が可能な筋かい付き m 層 n スパン均等骨組の各柱頭に鉛直荷重 P が作用する場合を考え，柱脚固定と柱脚ピンの場合について，柱一本あたりに必要な補剛材（筋かい材）の水平剛性 K と梁剛比 k の関係を弾性座屈解析によって調べた結果が図 8.2.11[8.23] である．実線は，各節点の水平変位が完全に止められているものとして計算される座屈荷重に等しい座屈荷重を得るために必要な補剛材の水平剛性を表し，破線は条件をやや緩和して，座屈長さを階高に等しくとるのに必要な剛性を表している．他の場合とは異なり，柱脚ピンの骨組で l_k を h とする

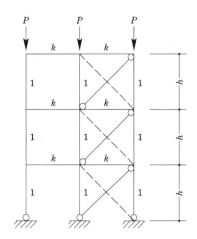
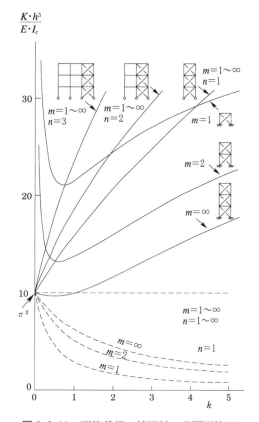

図 8.2.10　剛節骨組の補剛　　　　図 8.2.11　剛節骨組の補剛材の必要剛性[8.23]

のに必要な柱1本あたりの補剛材の水平剛性 K は，層数・スパン数・剛比に関係なく

$$K=\pi^2\left(\frac{EI_c}{h^3}\right) \tag{8.2.17}$$

となる.

(3) 初期たわみを考慮した補剛材の必要剛性

以上は，必要剛性を分岐問題の解から導いたものである．一方，製作誤差等によって柱頭柱脚間に相対水平変位（初期たわみ）がある筋かい付き門形骨組について，文献 8.24) に示されている．図 8.2.12[8.24]は骨組が弾性座屈するときの柱軸力が，柱座屈長さ l_k を階高 h として計算した柱座屈荷重に等しくなるために必要な補剛材（筋かい）の水平剛性 K を示したものである．図中の K_F および k は，筋かいのない骨組の水平剛性と梁の剛比を表す．柱脚ピンの骨組に対しては相当大きな補剛材の剛性が要求されるが，通常の骨組では ACI[8.25] や ECCS[8.26] が規定しているように，筋かいのない骨組の剛性の 4～6 倍の水平剛性を持つように補剛材を設計しておけば十分である．解析によると，初期たわみとしての水平変位が $h/500$ 程度であれば，必要な K の値は柱1本あたりについて，式 (8.2.17) の 2 倍以内に納まることがわかっている[8.1]．すなわち

$$K=2\pi^2\left(\frac{EI_c}{h^3}\right) \tag{8.2.18}$$

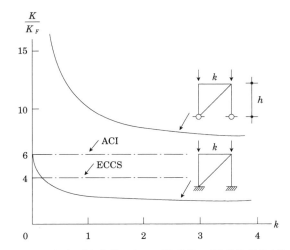

図 8.2.12 初期不完全性のある剛節骨組の必要補剛材剛性[8.24]

式 (8.2.18) を用いて，$l_k=h$ となるための補剛材の必要断面積 A_2' の，柱の断面積 A_1 に対する比を求めると，

$$\frac{A_2'}{A_1}=\left(\frac{\pi}{\lambda}\right)^2\frac{2}{\cos^2\theta\sin\theta} \tag{8.2.19}$$

となる．トラス状の塔状骨組に対して得られた式 (8.2.15) の A_2/A_1 の値を柱1本あたりに直して式 (8.2.19) と比較すると，剛節骨組の A_2' は，例えば $\sigma_y=235\,\mathrm{N/mm^2}$，$\theta=30°$ のとき，トラス状骨組の A_2 の 26% 程度となる．したがって，剛節骨組の場合も柱に作用する圧縮力の2%の横力で補剛材を設計しておけば，$l_k=h$ としても十分安全であることがわかる．なお，柱脚固定の均等骨組において $l_k=h$ となるための補剛材の必要剛性は層数・スパン数・梁剛比に関係するが，式(8.2.18) の値より必ず小さくなるので，前述の設計法を柱脚固定の骨組に適用しても問題はない．

以上は，従来慣行的に行われてきた存在応力の2%の補剛力に対して補剛材を設計する方法について，骨組の座屈補剛の観点から検討を加えた結果である．しかし，これらはあくまで要求される耐力を保障するために必要な補剛材の強度と剛性を調べたもので，変形能力を確保するための補剛材にはより大きな補剛力が作用する．また，実際の設計においては，意匠上の制約などから最も効率の良い補剛材の配置ができない場合もあるので，梁や柱の補剛の項で示したように，補剛力を存在応力の2%よりも大きくとるのが普通になってきている．

8.3 骨組の弾塑性安定
8.3.1 鉛直荷重と水平力を受ける骨組

骨組に一定の鉛直荷重と漸増する水平力が作用する場合の挙動については 8.1 節で概説したが，骨組の最大耐力や水平力と変位の関係は，骨組を構成する部材や接合部の復元力特性によって支配される．骨組の復元力特性を左右する主な因子として，次のような項目が挙げられる．

（1） 骨組を構成する柱や梁に生じる局部座屈：局部座屈が発生するとその部材の抵抗力が減少

－274－　鋼構造座屈設計指針

するので，それは骨組の復元力特性にも影響する．ただし，不静定次数の高い骨組においては応力の再分配が生じるので，ある部材の抵抗力の劣化が骨組の不安定をすぐに誘発するとは限らない．

（2）　骨組を構成する柱や梁に生じる曲げねじれ座屈および横座屈：曲げねじれ座屈や横座屈が発生するとその部材の抵抗力は次第に失われ，それが骨組の復元力特性に影響する．

（3）　柱に加わる軸圧縮力による柱の全塑性モーメントの低下：鉛直力によって柱には軸圧縮力が作用するが，この軸圧縮力の存在によって柱の全塑性モーメントは低下し，骨組の復元力特性に影響する．

（4）　転倒モーメントによる柱作用軸力の変動と，それに伴う柱全塑性モーメントの変動：水平力が作用して生じる転倒モーメントによって，特に外柱の軸力は変動する．水平力が作用すると一方の外柱の軸圧縮力は増大して，柱の全塑性モーメントがさらに低下するのに対して，逆側の外柱では軸圧縮力が減少して全塑性モーメントは回復するが，柱に軸引張力が生じる場合もある．これらの軸力変動は，高層建物の下層部の柱において特に顕著である．

（5）　柱頭の水平変位によって生じる $P\varDelta$ モーメント：骨組が水平変位して柱に生じる $P\varDelta$ モーメントの大きさは，主として柱の軸圧縮力と骨組の水平剛性に関係する．$P\varDelta$ モーメントが大きいほど柱の水平抵抗力は劣化し，骨組の抵抗力の低下を促す．

（6）　柱梁接合部の降伏と接合部パネルのせん断変形：実際の設計では，剛接骨組の柱梁接合部は変形しないと仮定して応力解析が行われる場合が多いが，実際には接合部の塑性化と接合部パネルのせん断変形が無視しえない場合もある．接合部の塑性化が生じると，骨組の水平剛性は低下し，柱の $P\varDelta$ モーメントは増大する．

（7）　柱と隣接する梁の全塑性モーメントの大小関係：通常，接合部まわりにおいて梁に塑性ヒンジが形成されるよう設計が行われるが，梁の全塑性モーメントの計算に床スラブの効果を入れないことが多いので，実際には梁のほうが柱より強くなる場合がある．骨組内の塑性ヒンジ形成パターンが違うと，骨組の復元力特性や崩壊機構は異なる．

以上の考察や 8.1 節で述べた骨組挙動の概説から，骨組の不安定現象を左右する主な因子として，骨組に作用する軸圧縮力，柱の細長比，梁の剛性，構成部材の塑性化の進行，などが挙げられることがわかった．P-$\varDelta$ 効果と骨組の挙動，とりわけ不安定挙動との相関を，図 8.3.1（a）の一定鉛直力（N）と逆三角形分布を持つ水平力（H）が作用する，5 層 1 スパン骨組を例にとってもう少し詳しく考察してみる．同図（b）は，骨組が弾性的に挙動すると仮定し，また，P-δ・P-$\varDelta$ 効果を無視した弾性一次（First-Order）解析結果を同じく弾性挙動を仮定しているが，座屈たわみ角法を援用して，鉛直力（N）によって引き起こされる P-δ・P-$\varDelta$ 効果を考慮した弾性二次（Second-Order）解析結果と比較したものである〔P-δ 効果については 5 章を参照〕．水平剛性は弾性二次解析の方が低くなっており，これが，弾性骨組挙動に対する P-δ・P-$\varDelta$ 効果の影響である．同図（c）は，P-δ・P-$\varDelta$ 効果を考慮しない単純なヒンジ法を用いた弾塑性解析結果を弾性一次解析結果と比べたものであり，部材の塑性化の進行（ヒンジの形成）が，骨組の剛性を徐々に低下させる様子がわかる．ただしこの解析では，転倒モーメントによって柱に作用する付加軸力の変化（柱の全塑性モーメントの変動）を考慮していない．同図（d）では，転倒モーメントによる付加軸力の骨組挙動に及ぼす

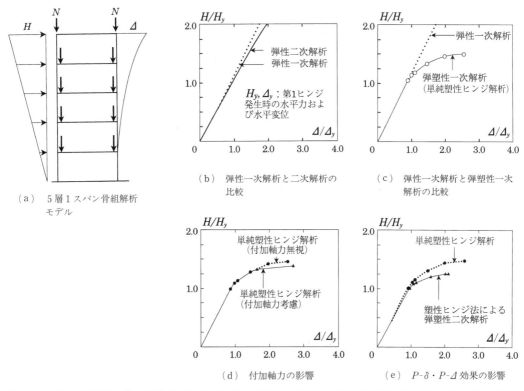

図 8.3.1 材の塑性化，柱の軸力変動，P-δ・P-Δ 効果が水平力を受ける骨組の弾塑性安定に及ぼす影響

影響を見るために，先の弾塑性解析結果を転倒モーメントによる軸力変動を考慮した解析結果と比較している．この解析の場合，付加軸力に伴う柱の全塑性モーメントの変動に応じて，崩壊機構が変わり，また最大水平耐力が減っている．同図(e)は，ヒンジ法に座屈たわみ角法を組み込んだ弾塑性二次解析結果を弾塑性一次解析結果と比較したものであり，P-δ・P-Δ 効果が降伏後の骨組剛性を一層低下させ，また骨組の最大水平耐力を減じている．このように，材の塑性化や転倒モーメントによる柱軸力の変動も，P-δ・P-Δ 効果の度合を変化させ，その結果として，水平力を受ける骨組の安定性状を支配する要因となる．

8.3.2 水平力を受ける筋かい付骨組

筋かい付骨組の挙動は，一般に図 8.3.2 に示すように，骨組の挙動と筋かいの挙動の和として考えられる．図 8.3.3(a)は，骨組に組み込まれた筋かい材が分担する水平力を縦軸に，骨組の水平変位を横軸にとった実験結果の一例であり，実線は，筋かい材が負担する水平力の推移を示している[8.27]．ここでは，柱が分担する水平抵抗力を柱に貼付したひずみゲージの値を参考にして推定し，これを骨組全体の水平力から差し引いたものを，筋かい材が負担する水平力としている．一方，図中点線は，同じ筋かい材を，図 8.3.3(b)に示す 4 つのピンで接合された骨組の中に組み込んだのち，その骨組に水平力を作用させた実験の結果である．このとき，骨組は水平力に抵抗しないので，水平力はすべて筋かい材で負担されている．実線と点線はほとんど一致していることからも，筋か

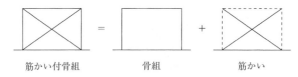

図 8.3.2 筋かい付骨組

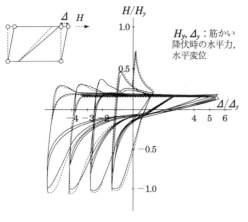

（a） 筋かい付骨組における筋かいの復元力特性

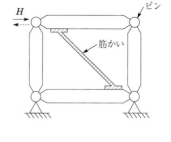

（b） ピン支持された骨組に組み込まれた筋かい

図 8.3.3 骨組に組み込まれた筋かいの挙動[8.27]

い付骨組の挙動が，骨組の挙動と筋かい材の挙動の和として表されうることがわかる．

しかし，このような単純な重ね合せが成立しない場合もある．その原因の一つに，筋かい材に作用する軸力に対する反力として，筋かいが接合されている柱に伝達される付加軸力が挙げられる．このような付加軸力は，下層の柱にも順次伝達されていくので，この影響は特に高層建築物の下層柱で顕著である．このような付加軸力によって軸力が増加すると，柱断面の全塑性モーメントは減少し，骨組の抵抗力は減っていく．付加軸力の影響の程度は，建物の層数，スパン数，筋かいの配置などによって異なることは当然であるが，付加軸力による柱材の抵抗力の変化を考慮して骨組の抵抗力を算出するならば，筋かい付骨組の挙動を，筋かい材と骨組の挙動の和として適切に評価できることが報告されている[8.28),8.29]．

単純な重ね合せが必ずしも成立しないもう一つの例として，図 8.3.4(a)に示す K 形筋かい付骨組がある．このような骨組では，圧縮力を受ける筋かい材が座屈すると，同図(b)に示すように，引張力を受ける筋かい材の引張力と，座屈した筋かい材の圧縮力の大きさが等しくなくなるために，梁材と筋かい材の接合部分において，梁材には下向きの鉛直力が作用する．梁が十分に強ければ，同図(c)に示すように，骨組の柱-梁接合部と柱脚に塑性ヒンジが生じて崩壊するが，梁材が弱ければ，鉛直力によって梁材と筋かい材の交差部に塑性ヒンジが生じ，同図(d)に示すような崩壊機構を呈する．この場合，引張筋かい材が十分に伸びないため，筋かいに本来期待していた水平抵抗力が得られなくなる．図 8.3.5 は，1層1スパンの K 形筋かい付骨組に対する実験結果の一例で，Δ，υ は柱頭水平変位および梁中央点の鉛直変位である．また水平力は，図 8.3.4(c)，(d)の崩壊機構

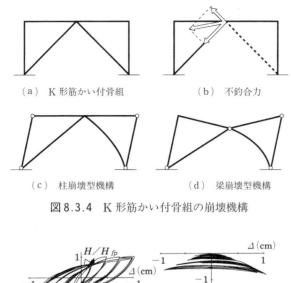

(a) K形筋かい付骨組　　(b) 不釣合力

(c) 柱崩壊型機構　　(d) 梁崩壊型機構

図8.3.4　K形筋かい付骨組の崩壊機構

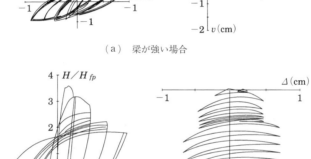

(a) 梁が強い場合

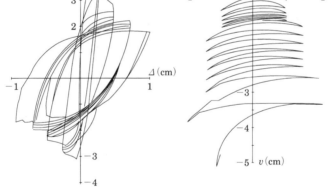

(b) 梁が弱く梁に塑性ヒンジが形成される場合

図8.3.5　K形筋かいの復元力特性[8.30]

に対する骨組だけの水平耐力で無次元化されている[8.30]．梁材の耐力が十分に大きければ〔図8.3.5(a)〕，梁材と筋かい材の交差部に塑性ヒンジが形成されることはなく，繰返し変形下においても安定した挙動を示し，また，その耐力は図8.3.4(c)の崩壊機構を想定することによって推定できる．一方，梁材の耐力が小さいと〔図8.3.5(b)〕，梁材と筋かい材の交差部に塑性ヒンジが形成され，また繰返し変形下では，繰り返すごとに，この交差部は下がり（下向きの鉛直変位（v）の増加），水平抵抗力も減っていく．また一般に，筋かい材の細長比が小さいほど，骨組全体の水平抵抗力に対する筋かい材の持ち分が大きいため，筋かい材の座屈による水平抵抗力の劣化は，筋かい材の細長比が小さいほど顕著になる．この実験例からも明らかなように，繰返し変形下においても安

定した履歴を得るためには，梁材を十分に強くし，図8.3.4(c)に示すような崩壊形を確保することが望ましいことがわかる．

多層筋かい付骨組では，筋かいが配されていることによって水平剛性が飛躍的に高まるので，$P\text{-}\varDelta$効果による骨組の不安定現象は，純骨組に比べて起こりにくい．事実，筋かい付骨組においては，水平移動を伴う骨組座屈は起こらないと割り切り，また，柱の耐力評価においても，$P\text{-}\varDelta$効果を無視してよいとした構造設計規準も多い（例えば，AISC-LRFD規準[8.31]）．

筋かい付骨組の弾塑性安定は，骨組の地震応答と関連づけて論じられることが多い．地震力を受ける骨組の応答特性として，（1）ある層が他の層に先んじて降伏すると，その後の応答において，最初に降伏した層でエネルギーが集中的に吸収され，その結果，その層に過度の変形が生じやすい，（2）降伏後に耐力の上昇が望めず，降伏後の変形の増大に伴う耐力劣化が著しいと，エネルギーが各層にバランスよく吸収されず，やはりある層への変形の集中が起こりやすい，ことなどが挙げられる．筋かい付骨組において，これらの現象がどのような条件で生じうるかを検討するために，図8.3.2に示すような，一対の筋かいを含む骨組を考えてみる．この骨組の荷重と変形の関係は，引張筋かい，圧縮筋かい，周辺骨組それぞれの荷重と変形の関係の和として，図8.3.6(a)のように示される．ここで，一般の建築筋かい付骨組では，筋かいのほうが周辺骨組よりも先に降伏するので，先の(1)の現象を回避するためには，各層に配す筋かいの耐力の大きさを適切に調節することが必要となる．また一般に，周辺骨組には降伏後の変形に対しても安定した耐力が期待できるのに対して，圧縮筋かいは，よほど短くない限り座屈し，また，座屈後の変形の増大とともに耐力の劣化は避けられないので，筋かい付骨組全体の抵抗に対する（圧縮）筋かいの抵抗が大きくなるほど，骨組全体としての耐力劣化が顕著となり，先に述べた(2)の現象が生じやすくなる．文献8.29)，8.32)，8.33)は，筋かい付骨組の地震荷重下における弾塑性応答性状に考察を加え，筋かい付骨組の抵抗特性を図8.3.6(b)，(c)のように仮定して，耐震性に優れた筋かい付骨組が持つべき条件を検討し，さらにそれを実現するための設計手順を提示している．このうち，文献8.29)，8.32)は，筋かいの抵抗の骨組全体の抵抗に対する比が40～50％程度を超えなければ，降伏後も十分な余力を有する安定した履歴性状が確保できることを示し，また，文献8.33)は，弾塑性地震応答解析を通じて，筋かいの著しい耐力劣化とそれに伴うある特定層への変形の集中を避けるためには，筋かいの基準化細長比は0.5～0.6を超えないことが望ましいことを報告している．

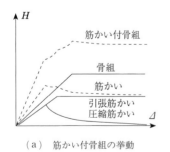 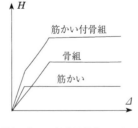 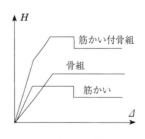

（a）筋かい付骨組の挙動　　（b）筋かい付骨組挙動のモデル化　　（c）耐力低下を考慮したモデル化

図8.3.6　筋かい付骨組における筋かいの水平力分担

8.3.3　立体骨組の挙動

　事務所ビル等の建築骨組は梁および柱部材の三次元的な集合であり，地震力等の水平力も任意方向から建物に作用するが，通常の構造設計においては，建物を平面骨組に分解し，外力の分力が構面内に作用するものとして，応力解析とそれに続く部材設計を行うことが多い．しかし，骨組の平面形状が不整形な場合や，水平力に対する柱，壁，筋かいなどの抵抗要素の配置の偏り（重心と剛心の偏心）が大きい場合には，立体的（三次元的）な挙動の影響が無視できなくなる．影響の主なものは，水平力の任意方向作用によって引き起こされる柱の二軸曲げと，偏心による建物のねじれである．柱の二軸曲げは建物に偏心がなくても生じるが，偏心があると建物がねじれるため，特に建物外周に位置する柱の水平変位が増幅され，二軸曲げの影響も大きくなる．ただし，ねじれ角は通常それほど大きくないので，ねじれモーメントの作用による柱耐力の低減は，特別な場合を除いて考慮する必要はなく，各国の設計規準等でも考慮されていない．柱の二軸曲げ問題については，5章で詳しく述べられている．

　長方形の整形な平面形状を持つ骨組での立体挙動の特徴としては，弾性状態では偏心の小さな骨組でも，弾塑性状態に至って各部材の塑性化が進む過程で偏心が生じ，その結果，ねじれ変形が増幅されることがある．例えば，筋かいを配した骨組で一部の筋かいが他に先がけて座屈または破断すると，瞬間的に大きな偏心が生じることになる[8.34]．また直交する2方向で剛性に差のある立体骨組が任意方向水平力を受けると，弱い方向の変形が大きいために P-$\varDelta$ 効果も大きくなる結果，最終的には骨組が弱い方向の一方向水平力を受けたかのような崩壊状態を呈することがある．このような立体骨組試験体に正負交番繰返し水平力を載荷する実験を行うと，履歴ループは一方に偏っていきながら崩壊に至る[8.35]．

　立体骨組の弾塑性挙動解析に関する研究は，文献8.36）をはじめとして内外で数多くの研究がなされ[8.37)-8.44)]，その結果，現在では，立体挙動の影響を取り入れた立体骨組の弾塑性静的および動的解析も可能になり，いくつかの数値解析プログラムも開発されている．長方形の平面形状を持つ立体骨組の偏心によるねじれ変形の解析については，簡便な方法が文献8.1)に示されているので参照されたい．

8.3.4　動 的 安 定

　8.1節において骨組の不安定現象について説明した図8.1.3では，$P\varDelta$ モーメントの影響を考慮した場合，荷重-変形曲線に負勾配が現われる例が示されている（C および D）．この負勾配は，残留変形が生じるなど動的応答性状に好ましくない結果を与える傾向があることが知られている．文献8.45) は，鉛直荷重を受ける梁降伏型骨組の動的載荷実験結果を示し，負勾配となるときに生じる振動中心（振動中立軸）のドリフト現象について報告している．また，文献8.46) は，1質点系に対する地震応答解析を通じて P-$\varDelta$ 効果によるひずみエネルギーの偏りおよび塑性率の変化について検討しており，安定比という指標により，それらが予測できることを報告している．

8.4 骨組の安定性に対する設計

骨組の安定問題は骨組全体の強度・剛性・荷重分布に関係するから，本来は骨組全体の解析から評価されるべきであり，コンピューターの進歩によって最近ではこれが可能になってきた．したがって，実際の設計では予備設計された骨組について弾塑性安定を，例えば10章で述べるような解析法を用いて，できるだけ精確な解析プログラムで確かめる手順を踏めばよい．しかし，現行の設計規準は個材設計をベースにして体系化されているから，現時点では骨組全体の不安定現象をいかにして柱材の設計に取り入れるかが問題となる．以下に骨組としての安定性を検討する方法の概略を述べる．

8.4.1 周囲の梁および柱の剛性を考慮した柱座屈長さを用いる方法

これは，8.2節で述べた柱座屈長さを用いて圧縮材としての座屈耐力 P_{cr} と弾性座屈耐力 P_e を評価して，$P\delta$ モーメントによる拡大係数（式(5.2.11)）を計算し，式(5.2.18)によって柱の安全性を検討するやり方である．本会規準のうち，「鋼構造限界状態設計指針・同解説」[8.47]はこの方法をとっているが，「鋼構造設計規準」[8.48]では地震力の卓越するわが国の骨組柱はずんぐりしたものになりがちであるという理由で二次モーメントによるモーメントの拡大は考慮されていない．なお，8.2節の柱座屈長さは弾性解析に基づいて決められたものであるから，厳密には柱が非弾性座屈する場合には用いることができないが，柱が非弾性域に入ると周辺部材の拘束効果が相対的に上昇するから，座屈長さは弾性時での評価より短くなるため，弾性時での座屈長さが安全側評価となる．

梁降伏先行型の骨組では，梁の塑性化とともに柱に対する拘束効果が低下する．このような場合に柱座屈長さをどのようにとればよいかについては定説がないが，文献8.49)では，鉛直荷重を受ける梁降伏型骨組の繰返し水平載荷実験を示し，梁端部の塑性化の進行に伴い柱が見かけ上長柱化し，座屈に類似した変形モードが複数層にわたり発生する条件について検討している．また，図8.4.1(b)に示すような梁降伏型崩壊機構を想定して設計された多層骨組が極めて大きな地震荷重

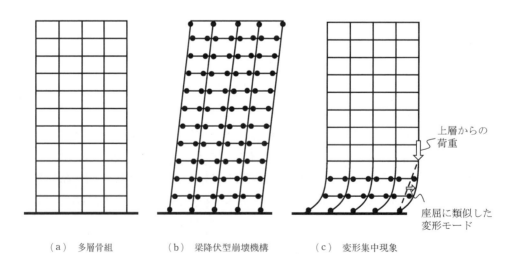

(a) 多層骨組　　(b) 梁降伏型崩壊機構　　(c) 変形集中現象

図8.4.1　梁降伏時の見かけ上の長柱化に伴う下層部への変形集中

を受けると，同図(c)に示すように上層部からの荷重により下層部に座屈に類似した変形モードが発生し，それらの層へ変形が集中する可能性があることが指摘されている[8.50)-8.52)]．

柱座屈長さを精確に評価するためには骨組全体の座屈解析が必要であるが，現行の設計法では，8.2節で述べたような近似的な方法をとっている．それでも座屈長さの評価は煩雑であるのと，水平力を受けて変位する柱の不安定現象と分岐問題である骨組座屈とは崩壊形式が異なるという考え方から，柱座屈長さの算定をしない設計方法の提案がある．例えば文献8.53)ではスパン数・階数・アスペクト比などタイプの異なる種々の骨組の塑性設計を行った後，これらを弾塑性解析して，柱座屈長さを実長として設計してよい骨組の条件について詳しく調べている．

8.4.2 P-Δ効果を考慮する方法

（1） モーメント増幅率

5.2節では付加曲げモーメントとしてP-δ効果だけを考慮したが，例えば水平力を受ける骨組の中の柱材においては，その柱頭が柱脚に対して相対的に横移動（スウェイ）することによって生じるP-Δ効果も，モーメントの増幅を求めるときに留意する必要がある．式(5.2.15)や(5.2.18)で代表される相関式をそのまま適用するとし，モーメントの増幅を示す係数$[C_m/(1-N/N_E)]$におけるN_Eの算定に，スウェイを伴う柱材の座屈長さ係数（1よりも大きくなる）を用いる方法が，P-Δ効果によるモーメント増幅を考慮するための最も簡便な手順として考えられてきた（例えばAISC規準[8.54)]）．ところが，図8.4.2に示すように，複数の柱材が梁を介して結合されている場合，スウェイによる変形量（Δ）はすべての柱に対して同一でなければならないという条件から，各柱間の抵抗に相関が生じ，その結果として，各柱に対するモーメント増幅の大きさは，その柱の幾何学的特性とそれに作用する軸圧縮力の大きさだけからは一意に決まらない．また，このような場合に座屈長さ係数だけを頼りに求めたモーメント増幅率は，正しい増幅率から大きくかけ離れることがあることも指摘されている[8.55)]．文献8.56)は，スウェイを伴う柱において，P-Δ効果による増幅率を，その層に属する柱（同じ相対変形Δを共有する柱）すべての関数として導き（弾性解），モーメント増幅率（AF）を以下の式で与えている．

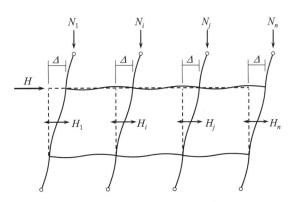

図8.4.2 スウェイする骨組のP-Δ効果

—282— 鋼構造座屈設計指針

$$AF = \frac{1}{1 - \dfrac{\sum N}{\sum N_L - \sum (C_L N)}} \tag{8.4.1}$$

ここに，N_L は，各柱の剛性を表す指標であり，また，C_L は P-δ 効果の影響を考慮する係数である．上記の考え方に沿って，P-Δ 効果は含めるが P-δ 効果を無視するという仮定を設けることによって，増幅率（AF）は，以下のように表される．

$$AF = \frac{1}{1 - \dfrac{\Delta_{oh} \sum N}{\sum HL}} \tag{8.4.2}$$

ここに，L は柱材長，Δ_{oh} は軸圧縮力が作用せず水平力（H）だけによって生じる相対変位量である．この増幅率（AF）は，式（5.2.15）や（5.2.18）における $[C_m/(1-N/N_E)]$ の代わりに用いられる係数であり，例えば AISC-LRFD 規準[8.31]では，すでに式（8.4.2）で表される増幅率が採用されている．また文献 8.57) は，式（8.4.2）で表される増幅率は柱材が非弾性領域に入ると増えることを考慮し，増幅率を割り増す修正係数を導入した耐力相関式を提案している．

（2） $P\Delta$ 法

前項に示した AISC 型の式では，二次モーメントによって拡大された設計用曲げモーメントを部材ごとに近似的に評価しているが，これを二次理論による骨組の応力解析によって求めようとする方法を $P\Delta$ 法と呼んでいる．最も直接的な方法は，二次モーメントの効果を考慮した部材の剛性を座屈たわみ角法によって評価し，骨組解析に用いる方法である．座屈たわみ角法公式では $P\delta \cdot P\Delta$ モーメントによる部材の曲げ剛性低下が精確に考慮されているが，水平移動を生じる骨組では $P\Delta$ モーメントの影響が最も大きいから，曲げ剛性の低下は無視して通常のたわみ角法公式を用いることにし，部材のせん断力の釣合式にのみ部材の相対水平変位による $P\Delta$ モーメントを考慮する簡便法もある．

一次理論による解析だけで $P\Delta$ モーメントを考慮する方法として，$P\Delta$ モーメントを水平力に変換する方法がある．図 8.4.3 は，水平荷重を受けて変形した骨組の一部を示したもので，i 層の相対水平変位を Δ_i，この層に含まれる j 番目の柱に作用する軸力を $_jP_i$ とすると，この柱の $P\Delta$ モーメントによるせん断力の増分 $_jF_i$ は，

$$_jF_i = \frac{_jP_i \Delta_i}{h_i} \tag{8.4.3}$$

で与えられる．ここに，h_i は i 層の階高である．i レベルに作用する見かけの水平荷重は，各柱の $P\Delta$ モーメントによる増分 ΔH_i を加えて

$$H_i + \Delta H_i = H_i + \sum_j (_jF_i - _jF_{i+1}) \tag{8.4.4}$$

となる．実際の計算では，設計用の水平荷重 H_i による水平変位を求め，式(8.4.3)，(8.4.4)によって水平荷重の修正値を計算して水平変位を計算しなおすという計算手順を繰り返すことになるが，許容応力度設計では，水平荷重を一回修正する程度で十分であろう．終局強度設計では骨組の弾塑

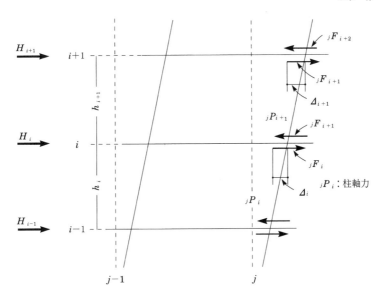

図8.4.3 付加曲げモーメントによる柱せん断力

性解析を繰り返すのが煩雑なので，式 (8.4.3) の $\varDelta_i$ をあらかじめ予測して骨組解析は一度で済ませようという試みがあり，予測値として作用荷重時の弾性解析で得られた水平変位に荷重係数を乗じたものを用いるなどの提案があるが[8.11]，今のところ定説はない．なお，このようにして決定された柱の曲げモーメントには $P\varDelta$ モーメントの効果が入っているから，設計式として，例えば式 (5.2.18) を用いる場合は，少なくとも P-$\varDelta$ 効果によるモーメント拡大係数を考慮する必要はないが，圧縮材としての耐力 N_{cr} を評価する際に柱座屈長さをとる考え方（「鋼構造座屈設計指針」初版）と，柱実長をとってよいとする考え方[8.11]とがある．

（3） Direct analysis 法

骨組の中の柱材の圧縮耐力を検討するために8.2節で述べた座屈長さを用いる方法があるが，水平移動拘束の有無による2つの座屈長さ算定図表を用いる簡便法では，不均等骨組の場合など誤差が大きくなる場合がある．それに対して「米国鋼構造設計規準」[8.58]は，Direct analysis 法（以下，DM［**D**irect **A**nalysis **M**ethod］と称す）という座屈長さの算定を必要としない柱耐力の評価手法（骨組の安定設計手法）を提示している．この特徴としては，座屈長さの算定が不要であるので，ラーメン骨組やブレース付骨組だけでなく，種々の水平抵抗要素が混在する骨組など全形式の骨組に適用可能で水平移動拘束有無の判断が不要であること，軸耐力に達した時の曲げモーメントを精度良く評価できることなどが挙げられている．

評価手法の概要は，以下に示すとおりである．なお，（ⅰ）〜（ⅲ）は要求耐力に関する事項，（ⅳ）は許容耐力に関する事項である．

（ⅰ） 幾何学的非線形効果を考慮した弾性解析を実施し，着目する柱における軸力 N と曲げモーメント M の関係曲線と項目（ⅳ）で定める耐力曲線との交点を耐力評価点とする．ここで，部材中に適切な数の中間節点を設け部材内の最大曲げモーメントを算定することで，P-δ 効果による付加曲げモーメントの影響を考慮する．

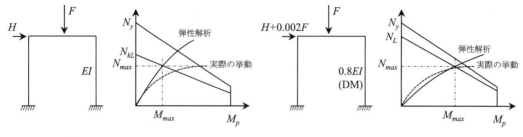

(a) 有効座屈長さに基づく評価　　　　　(b) DMによる評価

図8.4.4　有効座屈長さに基づく柱耐力評価とDMに基づく柱耐力評価の比較

(ii) 項目(i)の解析では，次の2つのうち，いずれかの方法で初期不整を与えることにより，施工誤差により生じる柱の傾きが耐力に及ぼす影響を考慮する．
- 初期状態において柱が0.002 radの傾きを持つ解析モデルを用いる．
- $0.002F_i$の水平荷重を第i床レベルに与える．F_iは第i床レベルに作用する鉛直荷重．

(iii) 項目(i)の解析モデルについて，安定性に寄与する全ての部材の剛性（EIとEA）を0.8倍する．これにより，残留応力，塑性域の広がり等が耐力に及ぼす影響を考慮する．なお，要求軸圧縮耐力が大きい場合には，EIをさらに低減する．

(iv) 座屈長さ係数を1として座屈耐力を算定し，N-M耐力相関曲線を定める．

図8.4.4は，鉛直荷重Fと水平荷重Hを受ける門型ラーメンの右側の柱に対する，有効座屈長さを用いた耐力評価とDMによる耐力評価について，柱のN-M平面上で模式的に比較したものである．(a)は，図表により求められる有効座屈長さに基づく座屈耐力N_{kL}を用いたN-M耐力相関曲線を，(b)は座屈長さ係数を1とした座屈耐力N_Lを用いた耐力曲線を適用している．いずれも幾何学的非線形効果を考慮した弾性解析（後者のみ上記項目(ii)，(iii)を考慮）を実施し，N-M耐力相関曲線との交点（N_{max}, M_{max}）が耐力評価点となる．図中に破線で示す実際の挙動とは，残留応力や塑性域の広がりを考慮した弾塑性挙動を想定したものである．降伏軸力N_yを用いた耐力曲線と破線との交点が実際の耐力に近いと言える．この例では，軸耐力評価値N_{max}のレベルは両者ともおおむね対応しているが，曲げ耐力評価値M_{max}はDMが実際の耐力に近くなっている．DMにおいて座屈耐力N_Lを用いたN-M耐力相関曲線を考慮している点と，部材の曲げ剛性を$0.8EI$とし，水平力に$0.002F$を付加して弾性解析する点の効果が本図にも現れている．

(4) Direct Analysis 法を用いた柱耐力の評価例

図8.4.5の門型平面骨組にDMを適用した例を示す[8.59]．階高およびスパンはいずれも8 mである．左が太柱，右が細柱である不均等骨組（同図(a)）と左右ともに細柱である均等骨組（同図(b)）を考え，鉛直荷重のみ作用する場合（$\alpha=0$）について右側の細柱耐力を評価する．鋼材の降伏応力度は300 N/mm²，ヤング係数は205 000 N/mm²とする．梁にはH-300×150×6.5×9を用い，表8.4.1に柱の部材断面性能を示す．表中のλ_Lは座屈長さ係数を1としたときの細長比，λ_{kL}は8.2節で述べた算定図表に基づく有効細長比を表す．N_LおよびN_{kL}は，それぞれ対応する座屈耐力を表す．ここで，限界細長比106よりも細長比が大きい場合はオイラー荷重，小さい場合はJohnson式

に基づく塑性座屈耐力を用いている．

図8.4.6および表8.4.2にDMによる評価過程と評価結果を示す．図中のN-M耐力相関曲線は，次式で表されるものを用いる．

$$\frac{N}{\phi_c N_c} \leq 0.15 \text{ のとき} \quad \frac{M}{\phi_p M_p} = 1.0 \tag{8.4.5 a}$$

$$\frac{N}{\phi_c N_c} > 0.15 \text{ のとき} \quad \frac{N}{\phi_c N_c} + 0.85 \frac{M}{\phi_p M_p} = 1.0 \tag{8.4.5 b}$$

ここに，N_c：座屈長さ係数を1とした柱の座屈耐力 N_L，M_p：柱の全塑性モーメント，ϕ_c, ϕ_p：耐力係数（=0.9）．

図8.4.6に示す細柱の軸力 N と曲げモーメント M の関係曲線は，初期不整として $\alpha = 0.002$ と

表8.4.1　柱部材断面性能

	H×B×t	A (mm²)	I (mm⁴)	λ_L	λ_{kL}	M_p (kN·m)	N_y (kN)	N_L (kN)	N_{kL} (kN)
太柱	300×300×12	13 800	191×10⁶	68	103	448	4 150	3 460	2 570
細柱	250×250×9	8 680	871×10⁵	81	130	235	2 600	1 990	1 530

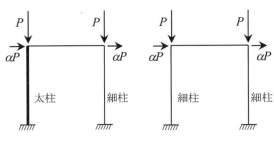

（a）不均等骨組　　（b）均等骨組

図8.4.5　門型平面骨組

表8.4.2　細柱の軸耐力評価値

骨組	$N_{\max}$ (kN)	$\phi_c N_{kL}$ (kN)	$N_{\max}/\phi_c N_{kL}$
不均等	1 530	1 370	1.11
均等	1 270		0.93

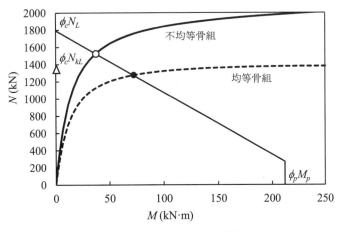

図8.4.6　細柱のN-M関係

― 286 ― 鋼構造座屈設計指針

した水平荷重 aP を与えつつ鉛直荷重 P を漸増させる場合について，幾何学的非線形を考慮した弾性解析を実施して得たものである．不均等骨組の耐力評価点を○，均等骨組の耐力評価点を●で示し，耐力評価点の軸力が DM による軸耐力評価値 N_{max}〔表 8.4.2〕，曲げモーメントが曲げ耐力評価値 M_{max} となる．不均等骨組では太柱の影響で細柱柱頭の水平移動が抑制されるため，均等骨組より軸耐力は大きくなる．DM では初期不整を考慮することで，柱頭部の鉛直荷重のみ作用する本問題においても，最大軸力に達した時点の曲げモーメントが評価できることが特長である．

　次に，8.2 節で述べた算定図表による有効座屈長さを用いて評価（以下，ELM〔Effective Length Method〕と称す）される細柱の座屈耐力と比較する．DM と同じ耐力係数を用いて座屈耐力評価値を $\phi_c N_{kL}$ で表し，図 8.4.6 に△で示すとともに表 8.4.2 に値を示す．ELM の評価では，柱と接続する梁の剛性は考慮するが隣り合う柱の剛性は考慮しないため，均等骨組と不均等骨組の細柱は，同じ座屈耐力評価となる．ELM では DM と比べ不均等骨組では 11 ％程度小さい評価，均等骨組では 7 ％程度大きい評価となっている．なお，表 8.4.1 に示すように細柱の有効細長比は 130 と大きく，弾性座屈する柱で一般に用いられる安全率 $\nu=2.17/1.5$ を考慮すれば，ELM による軸耐力評価は $N_{kL}/\nu=1\,052\,\mathrm{kN}$ となり，均等骨組に対する DM の評価よりも 20 ％程度小さくなる．

8.4.3　骨組の耐力相関関係

　鉛直荷重と水平荷重を受ける骨組あるいはある層の安全性を全体として検討するために，骨組の耐力相関曲線がいくつか提案されているが，最も有名な相関関係の一つが次に示す Merchant-Rankine 公式で，荷重が比例載荷されるときの骨組の安定限界耐力 P_t について，弾性座屈耐力 P_e と材料の塑性化だけを考慮した崩壊荷重 P_y とで表現したものである[8.60]．

$$\frac{P_t}{P_e}+\frac{P_t}{P_y}=1 \tag{8.4.6}$$

これを一定鉛直荷重 P の下で漸増水平荷重 H を受ける骨組に応用すると

$$\frac{P}{P_e}+\frac{H}{H_{pc}}=1 \tag{8.4.7}$$

となる[8.61]．ここに，H_{pc} は軸力による部材の全塑性モーメントの低下を考慮した剛塑性崩壊荷重である．一方，文献 8.62）は，ひずみ硬化のある H 形鋼で構成された骨組を対象にした耐力相関公式を次のように提案した．

$$\frac{H}{H_{pc}}=1-0.54\,\frac{P}{P_e}-0.46\,\sqrt{\frac{P}{P_e}} \tag{8.4.8}$$

文献 8.63）は，H 形鋼柱両端に弾性梁が接続された柱梁集合架構の弾塑性挙動に関する，ひずみ硬化・残留応力・初期たわみを考慮した数値実験から，比較的簡単に計算できる架構の弾性勾配と剛塑性崩壊直線の交点変位を基準にした水平耐力の予測法を示し，これまでに行われた骨組実験の結果と照合して精度を検討している．提案された水平耐力予測式は弾性座屈荷重の計算を必要としないのが特徴で，ひずみ硬化による耐力上昇を考慮して，柱の実長に対する細長比 h/i と軸力比 p によって次のように分割されている．

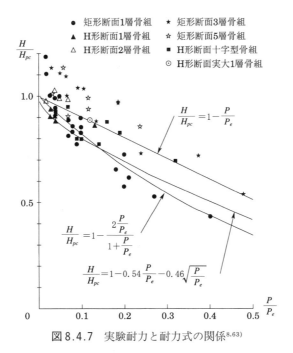

図 8.4.7 実験耐力と耐力式の関係[8.63]

$\dfrac{h}{i} \leq 30$, かつ $p \leq p_{pc}$ のとき

$$H_{ap} = H_{pc} \tag{8.4.9}$$

$\dfrac{h}{i} > 30$, または $p > p_{pc}$ のとき

$$H_{ap} = H_{pc}\left(1 - \dfrac{2P}{ah+P}\right) \tag{8.4.10}$$

ここに，　$p_{pc} = -0.02(h/i) - Y + 1.485$

　　　　　$Y = $ 降伏比

　　　　　$a = $ 骨組の弾性水平剛性

　図 8.4.7 は，式 (8.4.7), (8.4.8), (8.4.10) をこれまでわが国で行われた骨組実験の結果と比較したもので，式 (8.4.10) は他の式と比較する便宜上，ah が弾性座屈荷重 P_e の精度の高い近似値になっていることを確かめた上で，P_e を用いて書き換えてある．P/P_e が 0 に近い骨組では，ひずみ硬化の影響で式 (8.4.9) が支配的となるが，図には示していない．

参考文献

8.1)　若林　實：鉄骨構造学詳論，丸善，1985

8.2)　若林　實，松井千秋：鉄骨ラーメンの弾塑性安定に関する実験的研究（その1），日本建築学会論文報告集，No.192, pp.11-22, 1972.12

8. 3) 松井千秋，吉住孝志：鉄骨ラーメンの弾塑性変形性状に及ぼす局部座屈の影響，日本建築学会論文報告集，No. 345，pp.50-60，1984.11

8. 4) 松井千秋，森野捷輔，吉住孝志：鉄骨ラーメンの弾塑性変形性状に及ぼす曲げねじれ座屈の影響，日本建築学会論文報告集，No. 362，pp.66-75，1986.4

8. 5) 松井千秋，三谷　勲：繰返し水平力を受ける高張力鋼骨組の弾塑性性状に関する研究，日本建築学会論文報告集，No. 250，pp.31-41，1976.12

8. 6) 津田惠吾：節点移動のない均等な骨組の柱材の実用座屈長さ評価式，日本建築学会構造系論文集，No. 553，pp.129-134，2002.3

8. 7) Column Research Committee of Japan：Handbook of Structural Stability，コロナ社，1971

8. 8) 津田惠吾：節点移動のある均等な骨組の柱材の実用座屈長さ評価式，日本建築学会構造系論文集，No. 545，pp.151-155，2001.7

8. 9) T.V. ガランボス著，福本唃士・西野文雄共訳：構造部材と骨組・強度と設計，丸善，1970

8.10) 日本建築学会：鋼構造塑性設計指針，1975

8.11) Guide to Stability Design Criteria for Metal Structures, 3rd edition, edited by B.G. Johnston, John Wiley & Sons, 1976

8.12) Chu, K.H. and Chou, H.L.：Effective Column Length in Unsymmetrical Frames, Publications of International Association for Bridge and Structural Engineering, Vol. 29-1, pp.1-15, 1969

8.13) 日本建築学会：鋼構造座屈設計指針，1980

8.14) 鈴木博子，森野捷輔，川口　淳：不均等長方形骨組の弾性座屈荷重略算法，第1回鋼構造シンポジウム論文集，pp.257-264，1993.7

8.15) Wood, R.H.：Effective Lengths of Columns in Multi-Storey Buildings, The Structural Engineer, Vol. 52, pp.235-244, 1974.7

8.16) 三谷　勲，片平　崇，大谷恭弘，林原光司郎：長柱が混在する純ラーメンの座屈荷重，日本建築学会構造系論文集，No. 557，pp.161-166，2002.7

8.17) 柴田道生：吹き抜け柱の座屈長さ，日本建築学会構造系論文集，No. 567，pp.133-139，2003.5

8.18) 佐脇由日里，森野捷輔，川口　淳：半剛接合骨組の弾性座屈荷重略算法，鋼構造年次論文報告集，第8巻，pp.85-90，2000.11

8.19) Makino, M. and Kawano, A.：Alignment Charts for the Effective Length Factor in a Framed Column Including Shear Deformation，日本建築学会論文報告集，No. 248，pp.43-49，1976.10

8.20) 河野昭雄，牧野　稔：組立材のせん断変形に関する研究—組立材のせん断変形を考慮した有効座屈長さ係数—，日本建築学会論文報告集，No. 306，pp.21-30，1981.8

8.21) 高田明伸，多田元英，向出静司：水平荷重による柱軸力を受ける鋼構造ラーメン骨組中の柱の座屈長さについての考察，日本建築学会構造系論文集，No. 693，pp.1969-1978，2013.11

8.22) 若林　実：ラーメン構造，カラム，No. 24，p.51，1967.4

8.23) 松井千秋：ラーメンの座屈補剛について，日本建築学会大会学術講演梗概集，pp.1409-1410，1980.9

8.24) Matsui, C.：Bracing Stiffness Requirements for Braced Frames, Proc. Annual Meeting of Structural Stability Research Council, pp.17-19, 1982.3

8.25) Commentary on Building Code Requirements for Reinforced Concrete (ACI 318R-89), p.121, American Concrete Institute, 1989

8.26) Manual on the Stability of Steel Structures, European Convention for Constructional Steelwork, Introductory Report, Second International Colloquim on Stability, p.236, 1976

8.27) Wakabayashi, M., Nakamura, T., and Yoshida, N.: Experimental Studies on the Elastic -Plastic Behavior of Braced Frames under Repeated Horizontal Loading, Part 3, Experiment of One Story-One Bay Braced Frames, Bulletin of the Disaster Prevention Research Institute, Kyoto University, Vol. 29, pp.143-164, 1980

8.28) 若林　實, 松井千秋, 南　宏一, 三谷　勲：鉄骨ラーメンの弾塑性性状に関する実大実験, 京都大学防災研究所年報, 第13号 A, pp.329-363, 1970.3

8.29) 五十嵐定義, 井上一朗, 小川厚治：鋼構造筋違付多層骨組の塑性設計に関する研究(その1, 終局荷重時における筋違の水平力分担率の設定), 日本建築学会論文報告集, No. 263, pp.43-50, 1978.1

8.30) 柴田道生, 若林　實：繰返し荷重を受ける K 型筋違付架構の実験, 日本建築学会論文報告集, No. 326, pp.10-16, 1983.4

8.31) Load & Resistance Factor Design (LRFD), Specification for Structural Steel Buildings, American Institute of Steel Construction (AISC), 1986

8.32) 坂本　順, 小浜芳朗：不規則外乱を受けるブレース構造系の動的応答性状に関する考察, 日本建築学会論文報告集, No. 248, pp.31-41, 1976.10

8.33) 井上一朗, 永田匡宏：鋼構造筋違付多層骨組の塑性設計に関する研究(その4　筋違付骨組の地震荷重係数について), 日本建築学会論文報告集, No. 283, pp.49-57, 1979.9

8.34) 鈴木敏郎, 玉松健一郎, 久保寺勲：4本柱立体骨組の弾塑性挙動に関する実験的研究・低層鉄骨骨組の耐震性に関する研究　その2, 日本建築学会論文報告集, No. 265, pp.33-41, 1978.3

8.35) Morino, S., Wakabayashi, M. and Hotaka, S.: Elasto-Plastic Behavior of Steel Space Frames under Eccentric Horizontal Load, 日本建築学会構造系論文報告集, No. 357, pp. 8 -19, 1985.11

8.36) Bruinette, K.E. and Fenves, S.J.: A General Formulation of the Elastic-Plastic Analysis of Space Frameworks, International Conference on Space Structures, University of Surrey, pp.1 -10, 1966

8.37) 藤本盛久, 岡田久志：鋼構造骨組の3次元弾塑性挙動に関する研究, その1, 日本建築学会論文報告集, No. 244, pp.41-49, 1976.6, その2, 日本建築学会論文報告集, No. 245, pp.75-84, 1976.7, その3, 日本建築学会論文報告集, No. 246, pp.43-51, 1976.8

8.38) Chen, W.F. and Atsuta, T.: Theory of Beam-Columns, Vol. 2 : Space Behavior and Design, McGraw-Hill, 1977

8.39) 藤本盛久, 緑川光正：鋼構造立体骨組の動的弾塑性応答に関する研究, その1, 日本建築学会論文報告集, No. 282, pp. 9 -18, 1979.8, その2, 日本建築学会論文報告集, No. 298, pp.19-27, 1980.12

8.40) 山崎　裕：2方向強振動による偏心構造物の非線形応答, 日本建築学会論文報告集, No. 310, pp. 61-69, 1981.12

8.41) 松井千秋, 森野捷輔, 内田保博：水平2方向外力を受ける鋼構造立体骨組の弾塑性性状(その1), 日本建築学会論文報告集, No. 319, pp. 1 -10, 1982.9, (その2), 日本建築学会論文報告集, No. 333, pp.26-35, 1983.11, (その3), 日本建築学会論文報告集, No. 349, pp.22-33, 1985.3

8.42) 辻岡静雄, 井上一朗, 五十嵐定義, 佐脇宗生, 山本和伸, 金山　功：骨組に偏心を有する鋼構造立体骨組の水平加力実験, 日本建築学会構造系論文報告集, No. 355, pp.24-37, 1985.9

8.43) 井上一朗, 辻岡静雄, 山本和伸：はり降伏型鋼構造偏心立体骨組の塑性崩壊荷重に関する実験的研究, 日本建築学会構造系論文報告集, No. 361, pp.79-86, 1986.3

8.44) 坂本　順, 小浜芳朗, 渡辺雅生, 辻井　孝：立体架構の動的ねじれ練成挙動に関する考察, 日本建築学会構造系論文報告集, No. 380, pp.22-31, 1987.10

8.45) 田川　浩，上谷宏二，立花篤史，吉田亘利：繰返し水平載荷を受ける梁降伏型平面骨組の崩壊挙動に関する実験的研究　その2：動的載荷時における弓形変形モードの成長現象および振動中心のドリフト現象，日本建築学会構造系論文集，No. 526，pp.61-68，1999.12

8.46) 山崎真司，遠藤和明：弾塑性地震応答における P-Δ 効果と安定比，日本建築学会構造系論文集，No. 527，pp.71-78，2000.1

8.47) 日本建築学会：鋼構造限界状態設計指針・同解説，1998

8.48) 日本建築学会：鋼構造設計規準 —許容応力度設計法—，2005

8.49) 田川　浩，上谷宏二，立花篤史，吉田亘利：繰返し水平載荷を受ける梁降伏型平面骨組の崩壊挙動に関する実験的研究　その1：静的載荷時における弓形変形モードの成長現象，日本建築学会構造系論文集，No. 513，pp.89-96，1998.11

8.50) 上谷宏二，田川　浩：梁降伏型平面骨組の動的崩壊過程における変形集中現象，日本建築学会構造系論文集，No. 483，pp.51-60，1996.5

8.51) 田川　浩，上谷宏二：大規模地震動を受ける梁降伏型多層骨組の崩壊防止に関する研究，日本建築学会東海支部研究報告集，第 40 号，pp.361-364，2002.2

8.52) 荒木慶一，金　紋廷，西本篤史，五十子幸樹，上谷宏二：長周期地震動を受ける座屈拘束ブレース付超高層鋼構造骨組における下層部変形集中現象，日本建築学会構造系論文集，No. 686, pp.89-96，2013.4

8.53) Lu, L.W., Ozer, E., Daniels, H., Okten, O.S. and Morino, S.：Strength and Drift Characteristics of Steel Frames, Proceedings of the American Society of Civil Engineers, Journal of ST Division, Vol. 103, No. ST11, pp.2225-2241, 1977.11

8.54) Specification for Design, Fabrication, and Erection of Structural Steel for Buildings, AISC, 1977

8.55) Cheong-Siat-Moy, F.：K-Factor Paradox, Journal of Structural Engineering, ASCE, Vol. 112, ST8, pp.1747-1760, 1986.8

8.56) Le Messurier, W.J.：A Practical Method of Second Order Analysis, Part 2-Rigid Frames, Engineering Journal, AISC, Vol. 14, No. 2, pp.49-67, 1977

8.57) Cheong-Siat-Moy, F. and Downs, T.：New Interaction Equation for Steel Beam-Columns, Journal of Structural Division, ASCE, Vol. 106, ST5, pp.1047-1061, 1980.5

8.58) Specification for Structural Steel Buildings, American Institute of Steel Construction (AISC), 2010

8.59) 青野真典，田川　浩：Direct Analysis Method を用いた不均等鋼構造立体骨組における柱の耐力評価，日本建築学会中国支部研究報告集，第 38 号，pp.129-132，2015.3

8.60) Merchant, W.：The Failure Load of Rigid Jointed Frameworks as Influenced by Stability, The Structural Engineer, Vol. 32, No. 7, pp.185-190, 1954.7

8.61) 若林　実，室田達朗：鉛直力と水平力を受ける高層ラーメンの復元力特性に関する実験，日本建築学会論文報告集，号外，p.308，1965.9

8.62) 坂本　順，宮村篤典，渡辺雅生：鋼構造物における歪硬化現象について，日本建築学会論文報告集，No. 134，pp. 9 -17，1967.4

8.63) 木村潤一，友田政陳，松井千秋，森野捷輔：鉄骨分解架構の安定限界耐力，日本建築学会構造系論文報告集，No. 433，pp.51-60，1992.3

9章 ラチスシェル

9.1 概　説
9.1.1 ラチスシェルの定義

　平板状も併せてラチスシェルは，図9.1.1および表9.1.1に示すように，多数の同程度のスケールを持つ個々の部材を三次元的に構成して平面板または曲面板（シェル）状に組み立てた立体骨組構造であり，建築では屋根構造に用いられることが多い．全体が一体となって荷重に抵抗し，その伝達方式は，平面板や曲面板の形状，荷重の種類，境界条件などの力学的特質に応じて規定される．

　平面板状のラチスシェルでは，部材を立体的に組み，表9.1.1(b)のような複層状に構成した格子板構造が用いられることが多い．この構造は，上弦材と下弦材で曲げ応力に抵抗し，上下弦材をつづり合わせてラチスを形成する斜材でせん断力に抵抗する．

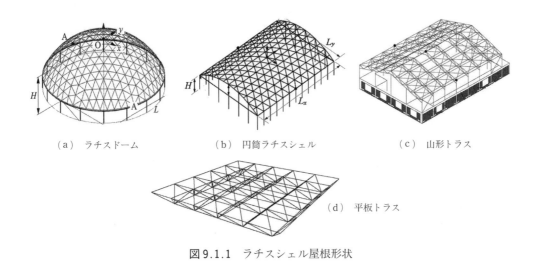

(a) ラチスドーム　　(b) 円筒ラチスシェル　　(c) 山形トラス

(d) 平板トラス

図9.1.1　ラチスシェル屋根形状

表9.1.1　ラチスシェルにおける線材の組み方[9.1]

| | (a) 単層ラチスシェル | (b) 複層ラチスシェル ||
		平行弦トラス	立体トラス
四角形網目			
三角形網目			

曲面板状のラチスシェルは，表9.1.1（a）の単層または（b）の複層に弦材を配置し，1方向または2方向に湾曲させた格子，網目シェルで構成されている．曲面板構造では，境界条件が適切であれば面内力によって大部分の荷重が周辺の支持構造に伝達されるため，曲げ応力の発生を小さく抑えることができる．このため，曲面板状のラチスシェルでは単層でも構成できる．

ラチスシェルでは，構成部材の断面や寸法を整理・統合して規格化することにより加工，組立等の生産合理性，経済性が向上し，構成部材の規則的な配置により構造美にも優れている[9.2)]．その一方で，単層ラチスシェルや薄い複層ラチスシェルでは，個材の座屈だけではなく，ラチスシェル面全体が反転し座屈する現象が生じやすく，構造性能が全体座屈で決定されることが多い．本章では，こうしたラチスシェルの主な座屈現象と座屈に対する検討事項を説明し，座屈耐力の評価方法について基本的な概要を説明する．より詳細な設計手法については，本会「ラチスシェル屋根構造設計指針」[9.3)]を参照されたい．

9.1.2　ラチスシェルの主な座屈現象

単層[9.4)]と複層[9.5)]のラチスシェルに関して，座屈変形と荷重変位関係の観点から座屈現象を分類する．荷重の作用部位は屋根を想定し，面外方向の荷重とする．

まず，単層ラチスドームの座屈現象を座屈変形から説明する．個々の部材の接合部は，ピン接合，剛接，ある程度剛性のある半剛接に分類できる．ピン接合の場合[9.4)]では，単一またはそれを含む直近の数個の節点が過大に変位する部分座屈（図9.1.3，節点座屈ともいう）が卓越する．半剛接の場合には，ピン接合に比べてラチスドームの全体座屈が現れやすい．接合部に十分な剛性がある剛接の場合[9.4)]には，ラチスドームが偏平であると，数部材を超える長さにわたり大きく変形する全体座屈（図9.1.2（a），（b），シェル的座屈）が生じる．言い換えると，ラチスドームの全体座屈は，一様な分布荷重の下でほぼ一様な面内応力状態が成立し，各部材が曲げモーメントを受けず，変形もほぼ原形で力が釣り合っている状態において，比較的長い座屈波長で座屈変形する現象である．全体座屈の発生後に，荷重が座屈荷重に達した後，数部材にわたる領域で変形が進行し，ついには図9.1.2（c）のように全面が反転現象を起こす．一方，ライズが高いと，図9.1.4に示すように節点の移動がほとんどなく，部材の曲げ座屈と節点回転が発生するような部材座屈（個材座屈とも呼ぶ）が生じる．

直交アーチで構成する直交単層（2方向単層）ラチスドームでは，比較的座屈波長の長い逆対称変形が生じ，また，部材を3方向に配置した3方向単層ラチスドームでは，一様な応力状態で，図9.1.4に示す周期的な小波状の変形や図9.1.5に示すような節点の回転のみ発生し，座屈半波長が部材長レベルの不安定現象であるジグザグの座屈変形を生じることもある．ただし，周期的な波形は，荷重や形状に不整があると一部分に変形が集約され，部分座屈に類似する現象となる．

平板状の複層立体ラチス構造の多くは，図9.1.1（d）に示すような二層立体ラチス形式である．二層立体ラチス平板の座屈耐力は，単層ラチス平板に比べて板としての全体的な曲げ剛性が高く，全体座屈よりも部材座屈が現れやすい．

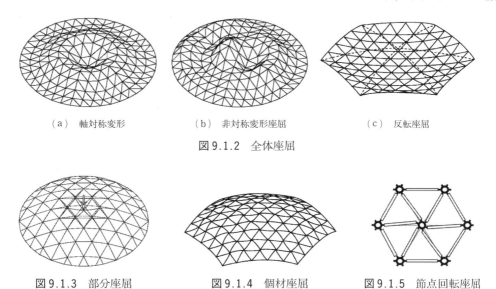

(a) 軸対称変形　　　(b) 非対称変形座屈　　　(c) 反転座屈

図 9.1.2　全体座屈

図 9.1.3　部分座屈　　　図 9.1.4　個材座屈　　　図 9.1.5　節点回転座屈

　上記のラチスシェル構造における全体座屈および部分座屈に関しては，線形座屈固有値に対し幾何非線形性の影響，初期不整の影響および接合部の剛性の影響により，座屈荷重が大幅に低下することが知られている〔図 9.1.6〕．本章では座屈荷重の評価にあたり，線形座屈固有値により求められた座屈荷重を線形座屈荷重 P_{cr}^{lin}，幾何非線形性の影響，初期不整の影響および接合部の剛性の影響により低下した座屈荷重を弾性座屈荷重 P_{cr}^{el}，さらに材料の塑性化により低下した座屈荷重を弾塑性座屈荷重 P_{cr}^{pl} と定義して使い分けることとする．また，文献 9.6)〜9.10) 等の研究では，完全系の弾性座屈荷重 P_{cr}^{el} に対する初期不整を考慮した弾性座屈荷重への低下比率を座屈耐力係数 α と定義し，考察を加えている．本章では，弾性座屈荷重低減係数を線形座屈荷重に対する弾性座屈荷重の比で定義し，一般的には幾何非線形性，初期不整の影響を表す（弾性座屈荷重低減係数）α_0，接合部の剛性の影響を示す β，解析法による結果のばらつきを示す γ で表す．

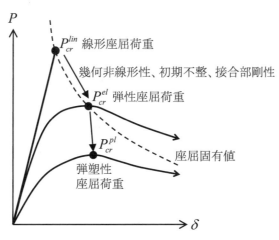

図 9.1.6　各座屈荷重の関係

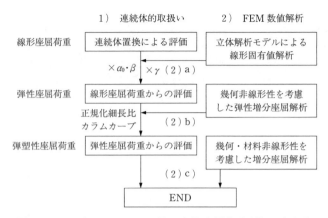

図 9.1.7 ラチスシェルにおける全体座屈荷重評価の考え方

9.1.3 ラチスシェルの座屈に対する主な検討

前項で述べたラチスシェルの全体座屈，部分座屈に関する弾塑性座屈耐力を求めるにあたり，本指針では大きく次の2種の評価手順を示す〔図9.1.7〕.

（1） 連続体的取扱法による評価

ラチスシェルを等価な連続体シェルに置換し，古典理論による連続体シェルの座屈荷重式を援用して線形座屈荷重を求め，これに初期不整の影響を表す弾性座屈荷重低減係数（ノックダウンファクター）α_0 と接合部の剛性の影響を表すβで弾性座屈荷重を評価し，さらに正規化細長比を用いたカラムカーブの適用により弾塑性座屈荷重を評価する方法である．基本的に手計算で座屈荷重を評価できる．

（2） FEM数値解析による評価

マトリックス変位法の線材立体モデルを構築し，各座屈固有値を数値解析的に直接求める方法には，以下の3種類が考えられる．

a） 線形固有値解析を行うことで，線形座屈荷重を直接求める．これに初期不整による弾性座屈荷重低減係数 α_0 および接合部の剛性の影響を表す β で弾性座屈荷重を評価し，さらにカラムカーブの適用により弾塑性座屈荷重を評価する．

b） 幾何非線形性および接合部剛性を考慮した線材立体モデルの弾性増分解析を行うことで，直接弾性座屈荷重を評価する．モデルには適切な初期不整を導入する必要がある．その後，カラムカーブの適用により弾塑性座屈荷重を評価する．

c） 幾何・材料非線形性を考慮した線材立体モデルの弾塑性増分解析を行うことで，直接弾塑性座屈荷重を評価する方法．部材剛性，初期不整を適切に組み込み，塑性化領域の広がりを正しく表現できる詳細な解析モデルが求められる．

なお，上記のプロセスに節点回転座屈を含む個材座屈荷重の評価は含まれていない．個材座屈で決定する座屈荷重に関しては9.3節で述べる連続体置換における有効強度に含めることができるが，FEMを用いた離散的解析法等では，個材座屈が表現できる要素が使用されていない限り，個材軸力を基に別途個材座屈荷重を評価する必要がある．ラチスシェルの座屈耐力が全体・部分座屈で

決定されるかあるいは個材座屈で決定されるかについては，9.4.2項に示すシェルらしさを表す係数 ξ_0 により目安をつけることができる．複層ラチスシェルでは，デプス/スパン比がよほど小さくない限り，座屈耐力は個材座屈で決定される．2層ラチスシェルの座屈特性については9.5節で述べる．

9.2 ラチスシェルの座屈解析[9.11]

前項の(2)a)の方法において，線形座屈固有値解析に用いる部材要素モデルには，骨組の安定解析に使用される座屈たわみ角法[9.12]およびマトリックス構造解析法で常用される線材用の幾何剛性マトリックス法が用いられる．溶接接合のような剛接スペースフレームの弾性座屈解析は，通常の立体骨組の解析と大きく異なる点はない．しかし，実際のスペースフレームの接合形式では，鋼管の分岐継手のように部材を直接接合するものを除くと，ガセットプレート，ボールジョイント等の接続金具を用いるのが一般的である．この場合，図9.2.1に示すように，部材の両端に回転ばね，剛域などを設けたモデルが提案されており，ピン接合と剛接との中間であるような，半剛接的な接合特性が表現されている[9.13]-[9.21]．接合部が著しく長く，あるいは著しく偏心している場合には，この接続形状を評価できるようにモデル化する必要がある．

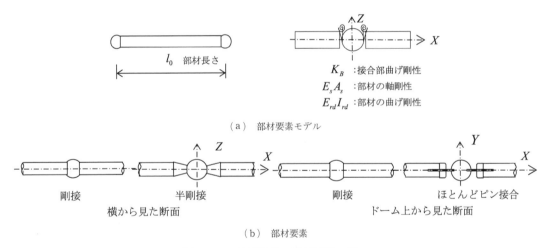

図 9.2.1　部材要素と部材要素モデル

前項(2)c)の方法において，座屈および座屈後の挙動を個材の座屈や塑性化も含めて解析するには，複合非線形性を考慮する必要がある．部材要素モデルとしては，複合非線形要素〔10章参照〕，塑性ヒンジを用いた要素および部材の非線形特性を軸力と軸ひずみの関係でモデル化したトラス要素がある．塑性ヒンジを用いた要素では，部材の塑性変形をヒンジ点に集約させ，降伏条件は一般化応力で表し，ヒンジ点における塑性変形は，流動法則から求める．繰返し履歴を受ける筋かいの弾塑性挙動の解析[9.22]-[9.25]と同様にして，スペースフレームの崩壊挙動の解析[9.26]-[9.33]に適用されている．複合非線形モデルは，部材を数個の有限要素に分割して幾何非線形性と材料非線形性を同時に考慮して定式化するものであり，幾何非線形性は，ひずみ-変位関係式において変位の二次の項で表される[9.34]-[9.36]．材料非線形性は，応力度-ひずみ度関係がバイリニア型などでモデル化されるこ

とが多いが，解析対象の特徴に応じてさまざまな弾塑性評価の仕方がある．最も普遍的な部材要素モデルでは，要素内の断面をいくつかのセグメントに分割し，応力度-ひずみ度関係を追跡するもの[9.18),9.34),9.37)]である．同様な方法として，要素分割を少なくして精度の良い結果を得るため，弾塑性ファイバー要素を部材の両端と中央部に設定した要素[9.38)-9.41)]，弾性座屈たわみ角要素の両端に弾塑性ばね（一般化ヒンジモデル）を挿入した要素[9.28)]などが提案されている．これらの非線形解析法とは別に，部材数の多い立体ラチス構造では，個材の軸力と軸ひずみの関係をモデル化する非線形解析法も多用されている[9.42)-9.45)]．

9.3 連続体取扱法におけるラチス構造の有効剛性と有効強度

9.3.1 有効剛性[9.46)]

相対的に細かい同一構造要素が繰り返されるラチス構造物を連続体として取り扱うには，双方の構造物において，比較できる物理量を見出す必要がある．その物理量として，そのまま比較できる変位と，換算して比較できる外力，断面力およびひずみが考えられる．さらに，断面力とひずみまたは変形を対応させることによって，2つの関係を示す剛性（または柔性）についても比較できる．物理量を比較することで，ラチス構造物に対応する剛性が算出でき，連続体と見立てて，棒や平板として解析的に取り扱うことができる．ここに，この剛性をラチス構造物の有効剛性と呼ぶ．連続体の基礎方程式は，変位，等価断面力および等価断面ひずみならびに外力を定義して，釣合条件，弾性法則，幾何条件の3つの条件を満足させることより誘導できる．

（1）有効剛性の誘導法

規則的に個々の部材を組み立て，構成される棒，平板，または曲面板状のラチス構造物の有効剛性の誘導について，誘導方法の分類を行い，その特徴を述べる．

有効剛性を誘導するためには，対象とするラチス構造物と対応する連続体について，それぞれ等しい大きさの単位要素を考え，同じ外力（応力）状態に対応する変形，また同じ変形状態に対応する応力を等しくさせればよい．具体的な解析方法としては，変形仮定による方法，応力仮定による方法，それらを併用する方法（hybrid法）の3種類[9.47),9.48)]がある．

a）変形仮定による方法

本方法では，ラチス構造物と対応する連続体について単位要素を取り出し，それぞれの要素に互いに線形独立な単位ひずみ系，ここでは連続体で定義するひずみを与えたときの全ひずみエネルギーを等しくすることにより，有効剛性マトリックスを誘導する．有効剛性マトリックスの成分は，弾性エネルギー式を対応するひずみで偏微分して求まる．なお，構造物から取り出した単位要素が内部的に不安定であるときは，全ひずみエネルギー最小の原理を用いればよい．この方法は，平面ラチスやKirchhoff（平面保持）仮定に基づく二層立体ラチス平板の有効剛性を算定するのに便利である[9.49)-9.51)]．ただし，二層立体ラチス平板のウェブ材の効果を考慮し，せん断変形を含めた有効剛性を算定することは，平板の厚さ方向の釣合いを考慮しなければならず，容易ではない．

b）応力仮定による方法

本方法では，変形仮定による方法と同様に構造物から単位要素を取り出し，その要素に互いに線

形独立な外力系，ここでは連続体で定義する断面力に対応する外力系を作用させたときの全補足エネルギーを求め，これを等しくすることによって，連続体の柔性マトリックスに対応するラチス構造物の有効柔性マトリックスを誘導する．有効柔性マトリックスの成分は，弾性エネルギー式を成分に対応するおのおのの外力（断面力）系で偏微分することから求まる．なお，要素内の応力分布は釣合条件と補足エネルギー最小の原理を満たすことより仮定される．柔性マトリックスの逆マトリックスは，ラチス構造物の有効剛性マトリックスとなる．このときに用いる外力系は自己釣合いを満たす必要があり，通常，純引張(圧縮)，純曲げ，純ねじり，純せん断に対応するものが考えられる．ラチス梁や二層立体ラチス平板について，ウェブ材の効果を考慮し横方向せん断力に関連する剛性を評価する場合，純せん断に対応する断面力系の設定は不可能となるが，断面力系として，せん断力以外にせん断力を一様にするような荷重を加えるか，あるいはモーメントとせん断力とを組み合わせた応力系を設定する方法が考えられる[9.51),9.52)]．

c）併用法（hybrid法）

a）とb）を併用したものである．内部的不安定な構造要素から成るラチス構造物の有効剛性を求めるときには，種々の応力状態を作用させるために，あるひずみを拘束する必要がある．また，ひずみを与える場合でも，特に二層立体ラチス平板の中には内部的不安定な構造要素から成るものが存在し，このような構造物の有効剛性を算定する上で，本方法は便利である[9.52)]．

上述の3種類の方法によって算定した有効剛性については，元のモデルの構造物の剛性に対して，a）の方法による剛性は上界を与え，b）の方法による剛性は下界を与える．また，c）の方法による剛性はどちらともいえないが，実用的な値として用いられることが多い．

(2) 平面ラチス構造の例

平面ラチス構造の断面力 N^{ij} とひずみ ε_{ij} の関係を次のように表す．

$$\begin{Bmatrix} N^{11} \\ N^{12} \\ N^{22} \end{Bmatrix} = \begin{bmatrix} D^{1111} & D^{1112} & D^{1122} \\ D^{1211} & D^{1212} & D^{1222} \\ D^{2211} & D^{2212} & D^{2222} \end{bmatrix} \begin{Bmatrix} \varepsilon_{11} \\ 2\varepsilon_{12} \\ \varepsilon_{22} \end{Bmatrix} \tag{9.3.1}$$

ここに，N^{ij} は図9.3.1に示す平面ラチス構造の断面力，D^{ijkl} は面内剛性を表す．この面内剛性 D^{ijkl} は，具体的な網目の平面ラチス構造について算定されている[9.50),9.51),9.53)]．

平面ラチス構造は，図9.3.2に示す部材が節点を貫通する貫通型トラスと図9.3.3に示す非貫通

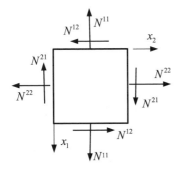

図9.3.1 平面ラチスの断面力

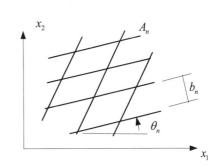

図9.3.2 n 方向の平面トラス

型平面トラスに分類される.

　a) 貫通型平面トラス

貫通型平面トラス群 N_1 方向格子の平面トラスの面内剛性は,各方向材群 $(n=1,\cdots,N_1)$ の剛性の和となる〔図 9.3.2 参照〕.

$$D^{ijkl}=\sum_{n=1}^{N_1}D_n\cos^{8-i-j-k-l}\theta_n\sin^{i+j+k+l-4}\theta_n \tag{9.3.2}$$

ここで,$D_n=EA_n/b_n$ で,A_n は,部材の傾きが θ_n である部材(n 方向部材)の断面積で,b_n は n 方向部材の隣接部材間距離である.

　b) 亀甲型トラス(非貫通型トラス)〔図 9.3.3 参照〕

亀甲型トラスの面内剛性は,部材断面積を A,部材長さを l,ヤング率を E とすると,次式となる.

$$D^{1111}=D^{2222}=D^{1122}=\frac{EA}{2\sqrt{3}l}\ ;\ 他の\ D^{ijkl}=0 \tag{9.3.3}$$

このトラスは $(N^{11}-N^{22})=(D^{1111}-D^{1122})(\varepsilon^{1111}-\varepsilon^{1122})=0$ であり,面内力 $N^{11}-N^{22}$ と面内せん断力 N^{12} に対して不安定となる.

　c) 直交二方向剛接格子〔図 9.3.4 参照〕

直交二方向剛接格子の面内剛性は,I を断面二次モーメントとすると,次式となる.ここで,$A_i(i=1,2)$ は,断面積,$l_i(i=1,2)$ は材長を示し,下添え字 1,2 はそれぞれ x_1,x_2 方向に配置された部材を表している.

$$D^{1111}=\frac{EA_1}{l_1},\ D^{2222}=\frac{EA_2}{l_2},\ D^{1212}=\frac{12EI_1I_2}{l_1l_2(l_1I_1+l_2I_2)}\ ;\ 他の\ D^{ijkl}=0 \tag{9.3.4}$$

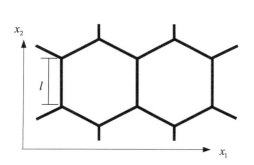

図 9.3.3　亀甲型トラス

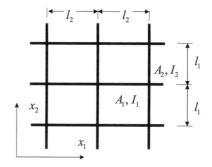

図 9.3.4　直交二方向剛接格子

(3)　二層立体ラチス平板の例

連続体に置換した二層立体ラチス平板の断面力とひずみの関係を次のように表す.

$$\begin{Bmatrix} N^{11} \\ N^{12} \\ N^{22} \\ M^{11} \\ M^{12} \\ M^{22} \\ Q^1 \\ Q^2 \end{Bmatrix} = \begin{bmatrix} [D^{ijkl}] & [R_{NM}^{ijkl}] & [R_{NQ}^{ijk}] \\ & [K^{ijkl}] & [R_{MQ}^{ijk}] \\ \text{Sym.} & & [S^{ik}] \end{bmatrix} \begin{Bmatrix} \varepsilon_{11} \\ 2\varepsilon_{12} \\ \varepsilon_{22} \\ \kappa_{11} \\ 2\kappa_{12} \\ \kappa_{22} \\ \gamma_1 \\ \gamma_2 \end{Bmatrix} \tag{9.3.5}$$

ここに，N^{ij}，M^{ij}，Q^iは，図9.3.5に示す断面力で，ε_{ij}，κ_{ij}，γ_iはそれらの断面力に対応するひずみを表す．$[K^{ijkl}]$，$[S^{ik}]$は，それぞれ曲げ作用に関する剛性行列，せん断に関する剛性行列 $[R_{NM}^{ijkl}]$，$[R_{NQ}^{ijk}]$，$[R_{MQ}^{ijk}]$は，それぞれ面内力と曲げモーメント，面内力とせん断力，曲げモーメントとせん断力との相関項を表す．

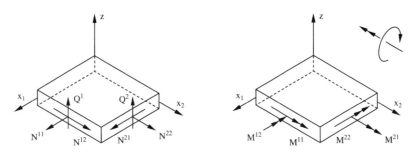

図9.3.5　二層立体ラチス平板の断面力

この有効剛性行列の成分を具体的な二層立体ラチス平板について示す．

a）"正方形＋正方形"型二層立体ラチス平板[9.52),9.53)]〔図9.3.6参照〕

$$D^{1111} = D^{2222} = \frac{2EA}{b}, \quad D^{1212} = \frac{2\cos^3\theta}{(1+\cos^2\theta)^{3/2}} \frac{EA_w}{b},$$
$$K^{1111} = K^{2222} = h^2 EA/2b \tag{9.3.6}$$

$$S^{11} = S^{22} = \frac{2\cos\theta\sin^2\theta}{(1+\cos^2\theta)^{3/2} + \dfrac{2A_w\cos^3\theta}{3A}} \frac{EA_w}{b}, \quad \text{他の剛性は 0} \tag{9.3.7}$$

この平板は，面内作用と曲げ作用が分離する．また，ねじり剛性が0で，内部的に不安定であり，ねじり剛性のない格子梁平板と同じ性質を持つ．

b）"菱形＋正方形"型二層立体ラチス平板[9.52),9.53)]〔図9.3.7参照〕

$$[D^{ijkl}] = \begin{bmatrix} D_U + D_L & 0 & D_U \\ 0 & D_U & 0 \\ D_U & 0 & D_U + D_L \end{bmatrix},$$

$$[R^{ijkl}] = \begin{bmatrix} h(D_U - D_L)/2 & 0 & hD_U/2 \\ 0 & hD_U/2 & 0 \\ hD_U/2 & 0 & h(D_U - D_L)/2 \end{bmatrix}, \tag{9.3.8}$$

$$[K^{ijkl}] = \begin{bmatrix} h^2(D_U + D_L)/4 & 0 & h^2 D_U/4 \\ 0 & h^2 D_U/4 & 0 \\ h^2 D_U/4 & 0 & h^2(D_U + D_L)/4 \end{bmatrix}$$

$$S^{11} = S^{22} = \frac{\cos\theta \sin^2\theta}{1 + \frac{2A_w \cos^3\theta}{3A_L}\left(1 - \frac{\sqrt{2}A_L}{2A_U}\right)} \frac{EA_w}{b}, \quad 他の剛性は 0 \tag{9.3.9}$$

ただし，$D_U = \sqrt{2}EA_U/2b$, $D_L = EA_L/b$

この平板では，面内作用と曲げ作用が分離しない．また，内部的に不安定である．

この他，"正三角形＋正三角形"型二層立体ラチス平板〔図9.3.8参照〕の有効剛性に関しても，文献9.51)～9.53)に紹介されている．

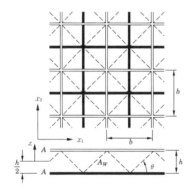

図9.3.6 "正方形＋正方形"型二層立体ラチス平板　　図9.3.7 "菱形＋正方形"型二層立体ラチス平板

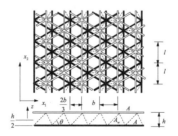

図9.3.8 "正三角形＋正三角形"型二層立体ラチス平板

9.3.2 内部的不安定[9.53),9.54)]

二層立体ラチス平板では，前述のように，内部的不安定性の検討が必要である．この内部的不安定度は，有効剛性マトリックスのランクから判定する．内部的不安定な構造要素の繰返しで構成さ

れる場合，剛体的変位に対応する通常の釣合条件と無応力変形に対応する付加的な釣合条件を満足しなければならない．内部的不安定性には，一様な断面力に対応する不安定変形を有する場合と局部的な高次断面力に対応する不安定変形を有する場合とがある．一様な断面力に対応する不安定変形を有する例として，"正方形＋正方形"型二層立体ラチス平板の場合で，ねじりモーメントに対応する変形が不安定変形となる．例えば，図9.3.9に示す実線部分が鉛直方向に支持されている場合，ねじれ変形が生じ，不安定となる．また，"菱形＋正方形"型二層立体ラチス平板は，"正方形＋正方形"型よりも内部的不安定度が高く，長方形平面で，四隅支持あるいは三辺支持されている場合，不安定となる．さらに，この"菱形＋正方形"型二層立体ラチス平板は，構造要素を図9.3.10(a)のように考えると，図9.3.10(b)のような四角錐が，面内に交互に回転する局部的な高次断面力に対応する不安定変形を有することがわかる．この変形を止めるためには，縁梁などを設けて周辺を拘束することなどが考えられる．このような内部的不安定性を持つピン接合の二層立体ラチス平板と同じラチス形態の半剛接や剛接で組み立てられた二層立体ラチス平板においても，この内部的不安定変形が座屈モードに現れ，座屈耐力や座屈後挙動に影響を及ぼすことがある．

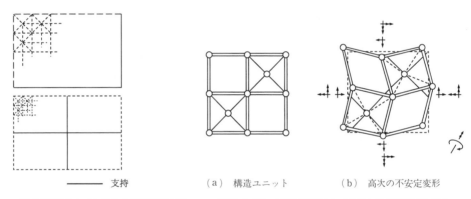

図9.3.9　一様な断面力に対応する不安定二層立体ラチス平板の支持

図9.3.10　高次断面力に対応する変形が生ずる不安定変形の例

(a) 構造ユニット　　(b) 高次の不安定変形

9.3.3 有効強度

設計では，外力に対して安全であることを確かめる必要がある．構成している要素の剛性と強度がわかれば，外力に対する構造物の変形および応力の解析より，構造物の耐力が算定できる．等価な連続体で定義した断面力とトラス構造の部材軸力との関係を用いれば，等価連続体の応力解析より得られた断面力から各部材軸力が算定でき，トラス構造物の耐力は，部材の強度が定まれば決まる．また，トラス構造物の巨視的な材料強度として，この関係式から導いた等価連続体の断面力で表した強度を用いれば，トラス構造物の連続体的解析としての耐力が評価できる．このような連続体で表した強度は，トラス構造物の有効強度として取り扱える．このように「巨視的に見たトラス構造物の強度を連続体形式の断面力で表したもの」は，トラス構造物の有効強度と呼ばれる[9.55),9.56)]．さらに，このトラス構造の有効強度の概念は，上述の概念から「全体的な変形なしに局部的な降伏，座屈，破断などで定まる強さを連続体形式で表現したもの」と拡張される．合同な構造要素の繰返

しで造られるラチス構造物の巨視的な強度を表す有効強度は，全体的変形の不安定現象なしに個材の弾性座屈で定まるものとして算定される[9.57),9.58)]．このときの座屈モードは，ラチス柱の座屈や上弦材の横座屈のような全体的変形（座屈波長の長い）モードは対象とせず，少数の構造要素の集合に現れる座屈モードが繰返し形になるものと仮定している．この有効強度の算定では，ラチス構造物の網目が細かく網目間での応力変化が緩やかな場合を想定し，全構造単位の応力変形状態が同一な状態，すなわち一様な状態からの弾性分岐座屈を対象にし，ラチス構造物の繰返し形座屈モードで定まる弾性座屈強度の解析法[9.59)]が用いられている．

（1）平面ラチス構造の例

平面ラチス構造の断面力 $N_x, N_y, N_{xy}=0$ で表現した有効強度には，ピン接合の場合や剛接の場合（部材座屈で定まる有効強度）が示されている[9.57),9.60),9.61)]．図 9.3.11 には，N_x-N_y 平面における 3 方向格子板の有効強度を表している．座屈荷重は，主要な断面力 N_x，N_y と部材軸力の関係，外力と断面力の関係を利用し，断面力の釣合経路と有効強度との交点として算定可能である．

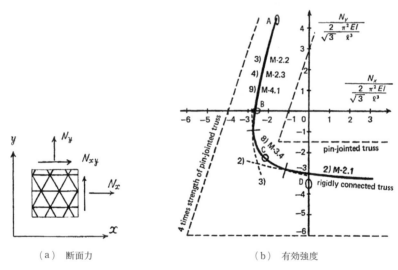

図 9.3.11　平面ラチス構造の有効強度の算定例

（2）二層立体ラチス平板の例[9.55)-9.58),9.62)-9.64)]

二層立体ラチス平板の断面力 N^{ij}, M^{ij}, Q^i で表した有効強度には，ピン接合の場合や弾性接合の場合（部材座屈で定まる曲げ有効強度）が示されている．例として，部材座屈で定まる曲げ有効強度と有効強度が定まる座屈モードについて，"正方形＋正方形"型の場合を図 9.3.12 に，"正方形＋菱形"の場合を図 9.3.13 に示す．数値解析には，部材を回転ばねで剛域の両端に接合したモデルが採用されており，曲げ有効強度に及ぼす接合部の長さと回転剛性の影響が両図中に現れている．なお，部材のねじり剛性は 0 としている．

図 9.3.12 は "正方形＋正方形" 型の有効強度を M^{22}-M^{11} 平面上に示したものである．有効強度を定める座屈モードも併せて示している．弦材の曲げ剛性に対するウェブ材の曲げ剛性の比率 γ は $\gamma=1$，剛域（接合部の大きさ）率 λ_j は $\lambda_j=0.036$ である．図中の c_j は，無次元化回転剛性（接合回転

ばね剛性/部材の曲げ剛度)を意味している．$c_j=\infty$ は，剛接に対応する有効強度を，$c_j=0.15$ はピン接合に対応する有効強度を表している．

図9.3.13には，"正方形＋菱形"型二層立体ラチス平板の有効強度の例を示す．図9.3.7に示す $\theta=45°$ で，接合部の大きさを上弦材の剛域率 λ_{jU} によって定めた有効強度を M^{11} と無次元化回転剛性 c_j の関係で表している．前節で述べた図9.3.13に示す四角錐が面内に交互に回転する高次の不安定変形に対応する座屈モードが現れる場合，低い座屈耐力となる場合が予想され，このような変形を止めるためには，接合部回転剛性を高めることや縁梁などを設けて周辺を拘束することなどが必要である．これを拘束したときの有効強度は，破線で示されている．また，ピン接合の場合，菱形網目に圧縮力が作用する負の曲げモーメントに対する強度は0となることがわかる．

現在では，マトリックス解法により不安定次数[9.65]が計算できるので，拘束条件の追加あるいは除去により安定性が増加するかどうか，検討して設計することが必要である．

なお，ラチス構造の有効剛性と有効強度については，文献9.5)で詳しくまとめられている．そこでは，ラチス構造の構造力学的性状は差分方程式に表され，この厳密解である差分解から見た連続体類似法の位置づけが解明されており，有効剛性と有効強度を定量的に定める理論的方法，連続体的解の精度，適用性などについての一般論が述べられている．

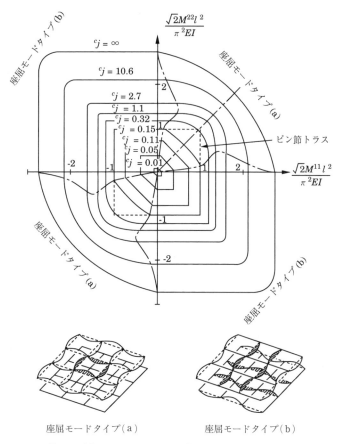

図9.3.12 "正方形＋正方形"型二層立体ラチス平板の曲げ有効強度（モーメントの向きは図9.3.5参照）

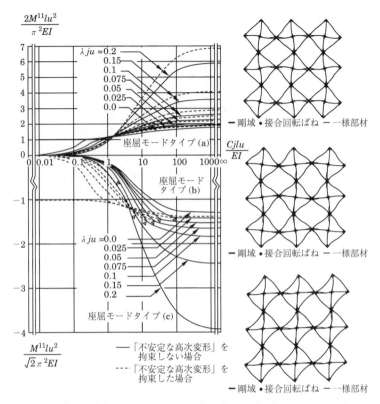

図9.3.13 "正方形＋菱形"型二層立体ラチス平板の曲げ有効強度（モーメントの向きは図9.3.5参照）

9.3.4 有効強度を用いる弾塑性座屈荷重の推定法

弾性座屈解析から弾性座屈荷重 P_{cr}^{el} が得られる．一方，塑性化のみを考慮した解析から降伏荷重 P^{pl}（塑性化を考慮して定める有効強度）が求められる．曲面状の構造全体を1要素と見なし，有効強度の概念を適用して，P_{cr}^{el} と P^{pl} を用いる正規化細長比 $\Lambda_S = \sqrt{P^{pl}/P_{cr}^{el}}$ の関数として，複合非線形性を考慮した有効強度 P_{cr}（弾塑性座屈荷重）を近似的に求める方法[9.66)-9.68)]も提案されている．この方法による単層ラチスドーム等の弾塑性座屈荷重の推定法について，9.4節で紹介する．

9.4 単層ラチスシェルの座屈耐力

ラチスシェルには円筒ラチスシェルやHPラチスシェル，ラチスドームなどがあり，これらの構造はラチスシェル構造と総称される．単層ラチスドームは，球面状に部材を2方向または3方向に配して網目を構成した単層のシェル状構造であり，二重曲率の球面であるため，シェルとしての特性を最大限有効に発揮しうる形態である．既往の研究においても，座屈に関する研究成果が比較的多く蓄積されており，ここではラチスシェルの代表例として紹介する．

ラチスドームは，曲率半径と比較して極めて小さい寸法の部材断面を有するので，ライズ，形状初期不整，荷重の分布，網目構成，接合部回転剛性，境界条件，塑性化などのさまざまな条件に応じて多様な座屈[9.4)]が生ずる．そのうち基本的なものは，9.1.2項に示した連続体シェルに似た全体座屈と骨組構造の部材座屈である．

文献 9.4)は，単層ラチスドームに限定した安定解析の成果をまとめたものである．その中で，文献 9.4) の１章には座屈現象に関する内外の研究から問題点や注目すべき点が抽出・整理され，文献 9.4)の２章には構造安定の概念，解析法ならびに主としてラメラー型網目構成の単層ラチスドームの座屈解析が示されている，さらに，文献 9.4)の３章は，主として均一な三角形に分割された網目構成の六角形平面の単層ラチスドームを対象に，接合条件や荷重条件，境界条件が座屈特性に及ぼす影響を示し，線形固有値解析に基づいて座屈耐力の系統的評価手法を論じたものである．また，文献 9.4)の４章は，剛性分布，接合部回転剛性，荷重分布，形状初期不整などが座屈特性に及ぼす影響や，連続体近似解析手法による座屈耐力の系統的な評価手法を示し，できるだけ均一な三角形に分割された網目構成の円形平面の単層ラチスドームに適用している．その他に，文献 9.4)の参考文献には 1989 年までの主要な文献が収録されている．その後も弾性座屈・弾塑性座屈について多くの研究[9.19),9.20),9.29)~9.33),9.67),9.69)~9.77)]が進められ，その成果が文献 9.1)，9.78)~9.83)にまとめられている．また，最近では地震等を対象とした動的外力の評価，応答，動的安定問題などの研究が扱われてきている．さらに，信頼性指標を採用して弾塑性座屈荷重を評価し，その結果から設計用の全体荷重係数の再検討が行われている[9.83),9.84)]．

以下に，ドームを含むラチスシェルの弾塑性座屈荷重の実用的な評価法を説明する．

9.4.1 正規化細長比に基づくラチスシェルの座屈荷重と耐力評価法

正規化細長比に基づく座屈荷重と耐力評価法は，単層ラチスシェルを主な対象とする座屈荷重と耐力評価法であり，複層ラチスシェルにも適用可能である．複層ラチスシェルは，トラスとして安定であれば，単層に比べてシェル的な座屈荷重がはるかに大きく，部材の座屈または部材の降伏（部材の塑性耐力）で評価できる．ただし，複層ラチスシェルに 9.3.2 項で述べた内部的不安定現象[9.54)]が現れる場合には，追加の検討が必要である．

ここに示す単層ラチスシェルの耐力評価法の特徴は，構造的知見が豊富であれば弾塑性座屈解析を行わずに，手計算または表計算アプリを用いて耐力評価が可能なことである．特徴をまとめると，

1) ラチスシェルに関し，部材の軸力と部材の圧縮強度式を援用して構造全体の耐力を評価する．

2) 個々の部材の断面算定を行う本会「鋼構造設計規準」[9.124)]と構造全体の耐力を評価する点が異なるので，「鋼構造設計規準」[9.124)]よりも高い安全率を採用する．安全率は，設計荷重に対する安全率（荷重係数）と弾性座屈に対する安全率をそれぞれ考慮する．

3) 個々の部材の断面算定では現行の「鋼構造設計規準」[9.124)]を満たす必要がある．

4) 必要な構造的知見が少ない場合には，一次元有限要素法（FEM）等の弾塑性座屈解析で耐力の評価を行う．この場合においても，降伏荷重と弾性座屈に関する安全率を考慮する．

以後，本項では耐力評価法を構造計画も含めて説明する．本項のまとめとして図 9.4.1，9.4.2 に座屈荷重と耐力の評価法をフローチャートで示す．図 9.4.1 には，主に FEM を利用する座屈耐力算定ルート（B1，B2，C1，C2）を，図 9.4.2 には主に連続体的取扱法を適用したシェル理論等による座屈耐力算定ルート（A1，A2，A3）を示している．図 9.4.2 中のルート A1 によると，手計算で座屈耐力算定が可能となる．

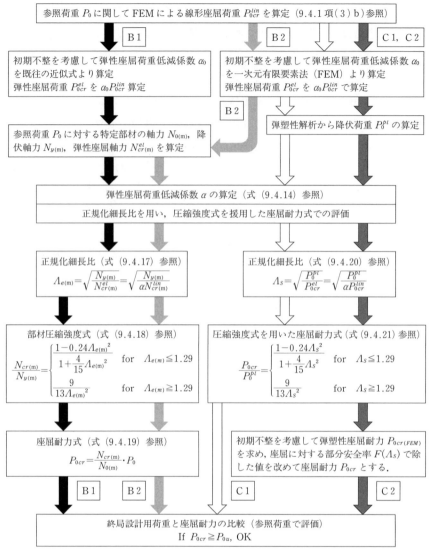

図 9.4.1　FEM 解析を主とする座屈耐力の算定ルート[9.3],注1)

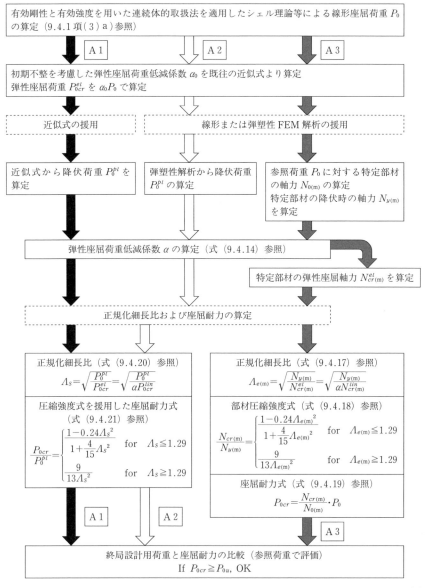

図 9.4.2 主に連続体的取扱法を用いたシェル理論等による座屈耐力の算定ルート[9.3),注1)]

[注1] 図 9.4.1, 9.4.2 に示す耐力評価法の適用のほかに，個材の曲げ座屈，接合部の降伏，局部座屈を鋼構造諸規準により検討すること，節点座屈，接合部の節点回転座屈について詳細な検討（文献 9.3) 4 章参照）が別途必要である．

―308― 鋼構造座屈設計指針

（1）　構造計画

ラチスシェルの形状，境界条件，部材の接合条件，設計荷重の大きさ，荷重分布の設定を行う．設計荷重を節点集中荷重に置換し，参照荷重を定める．さらに，解析用構造モデルに検討を加え，形状初期不整を設定する．安全性を確保する荷重（終局設計用荷重）を（設計荷重に対する安全率）×（設計荷重）で定める．

（2）　線形解析と応力，変形

a）　線形解析と参照荷重

設計荷重 $\{P\}$ に対して，線形剛性行列 $[K_E]$ を用いて線形解析を行う．

$$[K_E]\{D_0\}=\lambda\{P\}\;;\lambda=1 \tag{9.4.1}$$

ここで，$\{D_0\}$ は設計荷重に対応する変位，λ は荷重増分係数，$\lambda=1$ は外力が設計荷重レベルであることを表している．また，参照荷重 P_0 は，指標となる節点（通常は最大鉛直荷重点）を選び，この節点の鉛直成分とする．参照荷重に対する終局設計用荷重 P_{0u} は，終局荷重係数 F_{SM} を用いて $P_{0u}=F_{SM}P_0$ で定める．

b）　特定部材

特定部材とは，設計荷重に対し，圧縮軸力が生じる部材 j（$j=1,2,\cdots,n$，n：総部材数）のうち，部材の断面積を $A_{(j)}$ とすると，応力度 $|N_{0(j)}/A_{(j)}|$ が最大となる部材であり，その部材番号 m を用いて，特定部材（または代表部材）(m) と呼ぶ．設計荷重に対する特定部材の軸力を $N_{0(m)}$ と表す．特定部材は，ラチスシェルの座屈荷重を部材の座屈強度曲線から評価する際，構造全体を代表する部材と位置づけされる．なお，接合部の曲げ剛性が極めて小さい場合を除けば，軸力 $N_{0(j)}$ は接合部剛性に影響されない．

c）　部材座屈で定まる線形座屈荷重と弾塑性座屈荷重

荷重増分係数 λ と部材の軸力 $N_{0(j)}$ とに線形関係を仮定し，部材の軸力を $\lambda N_{0(j)}$ で表す．任意部材 j に対して両端の固定条件を考慮して定めた有効座屈長さを $l_{k(j)}$，オイラー座屈軸力を $N_{E(j)}^{lin}$ とし，最初にオイラー座屈軸力に到達する圧縮部材を E 部材とする．E 部材の線形座屈軸力 $N_{E(E)}^{lin}$ は部材のヤング率を E_s，断面二次モーメントを $I_{(E)}$ とすると，式（9.4.2）で表される．

$$N_{E(E)}^{lin}=\frac{\pi^2 E_s I_{(E)}}{l_{k(E)}^2} \tag{9.4.2}$$

ここで，$l_{k(E)}$ は E 部材の有効座屈長さであり，有効細長比を検討しない場合には原則として節点間距離とする．

E 部材の線形座屈軸力 $N_{E(E)}^{lin}$ に対応する荷重増分係数 λ_E^{lin} は，式（9.4.3）で算定され，部材座屈で定まる線形座屈荷重係数を表す．部材座屈で定まる線形座屈荷重 P_{0E}^{lin} は，式（9.4.4）となる．

$$\lambda_E^{lin}N_{0(E)}=N_{E(E)}^{lin}=\frac{\pi^2 E_s I_{(E)}}{l_{k(E)}^2} \tag{9.4.3}$$

$$P_{0E}^{lin}=\lambda_E^{lin}P_0 \tag{9.4.4}$$

有効座屈長さ $l_{k(E)}$ から，「鋼構造設計規準」[9.124] の短期許容圧縮強度 N_{Ecr} を求めると，部材の圧縮強度（弾塑性座屈荷重）で定まる部材座屈荷重係数 λ_{Ecr} は式（9.4.5）で定まり，部材の圧縮強度に

対応する座屈耐力 P_{0E} は式（9.4.6）で計算される．なお，座屈荷重や耐力は，参照荷重 P_0 に関して表示する．

$$\lambda_{Ecr}N_{0(E)}=N_{Ecr} \tag{9.4.5}$$

$$P_{0E}=\lambda_{Ecr}P_0 \tag{9.4.6}$$

d）　特定部材の降伏で決まる耐力

部材の降伏応力度を σ_y，断面積を $A_{(j)}$ とおく．式（9.4.7）で与えられる降伏軸力 $N_{y(j)}$ に最初に到達する圧縮部材を PL 部材，このときの荷重増分係数を降伏荷重係数 λ^{PL} とする．圧縮部材の降伏強度で決まる λ^{PL} に対応する降伏荷重 P_0^{PL} は，式（9.4.8）で表される．なお，一般に PL 部材は，特定部材（m）に一致する．

$$\lambda^{PL}N_{0(PL)}=N_{y(PL)}=A_{(PL)}\sigma_y \tag{9.4.7}$$

$$P_0^{PL}=\lambda^{PL}P_0 \tag{9.4.8}$$

（3）　線形座屈解析，線形座屈荷重

線形座屈荷重を求めるには，実験的方法，連続体シェル理論による理論的方法，マトリックス法による数値解析的方法などがあり，線形座屈荷重を求める解析を線形座屈解析とよぶ．

a）　連続体シェル理論による線形座屈荷重算定法の概略

連続体シェル理論による方法では，ラチスシェルの連続体的取扱いによる有効剛性を用い，偏平シェル理論に基づく，線形座屈荷重算定法が用いられる．算定式として，ドーム状のラチスシェル[9.1),9.79)]，屋根型円筒ラチスシェル[9.85)]，直交格子ドーム[9.86)]，補剛直交格子ドーム[9.87)]，HP ラチスシェル[9.88)]に関して提案されている．連続体シェル理論による線形座屈荷重式の利点は，座屈に影響する要因が陽に表現され，座屈荷重の概算値が手計算で得られることである．

b）　マトリックス法による線形座屈荷重の概略

線形座屈荷重を求める基本式は，連続体シェル理論，マトリックス法にかかわらず，設計荷重に対する幾何剛性行列を $[K_G]$ とすると，式（9.4.9）の固有方程式で表示できる．

$$([K_E]+\lambda[K_G])\{D\}=\{0\} \tag{9.4.9}$$

荷重増分係数 λ は固有方程式から決定され，一般には固有値 λ とよばれる．複数の固有値 λ と座屈モード $\{D\}$ が，対として求められる．λ の最小値を一次線形座屈荷重係数 λ_{cr}^{lin}，対応する座屈モードを一次座屈モード $\{D_{cr}^{lin}\}$ と表す．したがって，座屈荷重は，$\lambda_{cr}^{lin}\{P\}$ と表され，参照荷重 P_0 を用いれば座屈荷重は $P_{0cr}^{lin}=\lambda_{cr}^{lin}P_0$ で，特定部材の線形座屈軸力は，$N_{cr(m)}^{lin}=\lambda_{cr}^{lin}N_{0(m)}$ で評価できる．

なお，単層ラチスシェルでは，式（9.4.9）の一次座屈はシェル的な座屈となる場合が多い．ただし，部材座屈が一次モードとなることもあるので，解析では高次モードについても解を求め，それぞれのモードが部材座屈あるいはシェル的座屈であるか分析し，耐力の検討に用いる必要がある．

（4）　弾性座屈荷重，弾性座屈荷重低減係数

a）　ラチスシェルの弾性座屈荷重

弾性座屈荷重とは，初期不整と幾何非線形性を考慮した弾性座屈解析を用いて評価される座屈荷重である．シェル的な座屈が起こるラチスシェルでは，形状初期不整により弾性座屈荷重は線形座屈荷重に比べて低下する．この低下度は，線形座屈荷重に対する弾性座屈荷重の比（弾性座屈荷重

低減係数[9.1),9.81),9.82)]) として表される．設計に用いる弾性座屈荷重は，既往の知識が援用できれば，弾性座屈荷重低減係数と線形座屈荷重との積から定める方法が一般的である．

b） 形状初期不整

形状初期不整分布は，一次座屈モードまたは線形解析による固定荷重時の変位分布が用いられる場合が多い．また，文献9.33)に示すように，特定の1節点に節点座屈モード（Dimple状の初期不整）を与える場合もある．形状初期不整振幅は，本指針では，ラチスシェルの等価シェル厚 t_{eq}[9.3)]の20％と，「建築工事標準仕様書 JASS 6 鉄骨工事」[9.125)]による梁の曲がりに関する許容施工誤差程度である梁スパンの1/1 000をラチスシェルスパンに準用した1/1 000のうち，小さい方を推奨する．

c） 剛接合ラチスシェルの弾性座屈荷重低減係数 α_0

IASS の設計指針[9.89)]では，一般の薄いシェルの座屈の結果を援用し，荷重状態と構造形状に応じて，鉄筋コンクリートシェル用の弾性座屈荷重低減係数 α_0 と無次元化不整振幅 w_{to}/t_{eq} の関係を図9.4.3のように与えている．図中の曲線IIIは，球状のドームと軸圧を受ける円筒シェルに対するものである．曲線IIIから得られる弾性座屈荷重低減係数 α_0 は，形状初期不整の大きさが等価シェル厚 t_{eq} の20％程度であると，0.45程度の値となっている．初期不整の大きさがそれ以上であったとしても，α_0 は大きく低下しない性質がある．さらに，薄肉球形シェルのステップ荷重による動的な座屈荷重でも，初期不整が等価シェル厚の20％程度であれば，それ以上は座屈荷重の低下が緩慢であることから，形状初期不整の大きさを等価シェル厚の20％を限度とする考えが適切である[9.90)]．また，剛接ラチスドームの場合，形状初期不整の振幅 ξ[9.7)]が1程度（初期不整の最大値が$1.12i=0.32t_{eq}$に相当）で弾性座屈耐力係数 α が0.5程度であるので，形状初期不整の振幅を $\pm0.2t_{eq}$ 程度以下に制限すれば，弾性座屈荷重低減係数は0.5程度となる．また，文献9.30)～9.32)によれば，緩やかな偏載であり，かつある程度の接合部の剛性があれば（例えば，$\kappa\geqq3$，式 (9.4.11) 参照），シェル面全体での座屈荷重は低減傾向にあるが，節点あたりの弾性座屈荷重 $P_{0cr}^{el}=\lambda_{cr}^{el}/P_0$ は等分布荷重の場合とほぼ同じ大きさであり，緩やかな偏載荷重を受ける場合の弾性座屈荷重低減係数は，等分布荷重の式ではほぼ評価できる．

文献9.33)では，シェル的座屈が生じやすいラチスドームを対象として，部材半開角 θ_0〔図9.4.4参照〕が1～2度で部材の細長比が120以下のラチスドームの座屈解析を行っている．テンションリング直近の1節点に $\pm0.2t_{eq}$ の形状初期不整を設定し，シェルらしさを表す係数 ξ_0 の関数として弾性座屈荷重低減係数 $\alpha_0(\xi_0)=P_{0cr}^{el}/P_{0cr}^{lin}$ を表し，下限値0.50を求めている．また，文献9.31),9.32)では，断面算定と座屈荷重の推定を行ったラチスドームに関して，次式のように弾性座屈荷重低減係数 $\alpha_0(\xi_0)$ を定めている．

$$\alpha_0(\xi_0)=\begin{cases} 1.0 & \xi_0\leqq2.4 \\ 0.60+0.40(4.2-\xi_0)/1.8 & 2.4\leqq\xi_0\leqq4.2 \\ 0.50+0.10(15-\xi_0)/10.8 & 4.2\leqq\xi_0\leqq15 \\ 0.50 & 15\leqq\xi_0 \end{cases} \qquad (9.4.10)$$

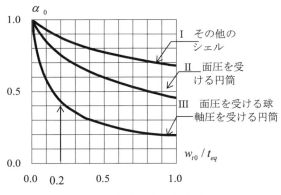

図9.4.3 IASS指針の座屈荷重低減係数[9.89]

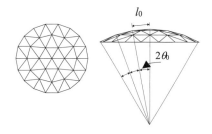

図9.4.4 ラチスドームの網目と部材半開角

図9.4.5によれば，ξ_0 がほぼ3より小さければ部材座屈的であり，ξ_0 がほぼ3より大きくなるとシェル的な座屈が発生する．これは，初期不整敏感性にも反映され，式(9.4.10)では，ξ_0 が4.2より小さくなると節点の移動が少ない部材座屈が現れやすくなり，弾性座屈荷重低減係数が1に近づいている．ξ_0 が4.2より大きな領域では，弾性座屈荷重低減係数が順次低減し，さらに ξ_0 が大きな領域では0.5となる．設計用荷重に対して断面算定されたドームでは，一様な部材で構成されるラチスドームに比べ最大荷重後の荷重の再配分による余裕が少ない傾向[9.31]にあるので，弾性座屈荷重低減係数はやや低めの値となる．

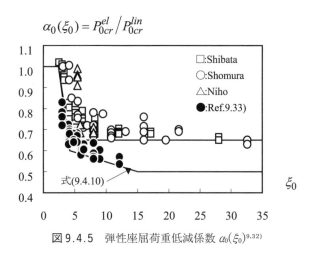

図9.4.5 弾性座屈荷重低減係数 $\alpha_0(\xi_0)$ [9.32]

ラチスシェルの曲面形状ごとのシェル的座屈に関する弾性座屈荷重低減係数 α_0 は，ラチスドームでは文献9.4)，9.79)等，円筒ラチスシェルでは文献9.21)，9.91)等，直交単層ラチスシェルでは文献9.92)，HPラチスシェルでは文献9.78)等で検討されている．これらの文献によれば，α_0 のおおよその値として，形状初期不整としてスパンの1/1000程度を想定すると，直交単層ラチスシェルでは0.6〜0.8程度，3方向格子（三角形状に分割された網目構成）で二重曲率のラチスドームでは0.5程度，円筒ラチスシェルでは0.5〜0.6程度，偏平HPラチスシェルでは，1.0が得られてい

る．文献 9.1)，9.88) を参照し，剛接合ラチスシェルのシェル的座屈に対する弾性座屈荷重低減係数 α_0 を，表 9.4.1 にまとめる．

表 9.4.1 荷重分布が等分布または緩やかな偏載の場合の剛接合ラチスシェルの弾性座屈荷重低減係数式 (9.4.14) の α_0 (ただし，シェル的座屈に適用．＊は，関連するラチスシェルの種類から判断した値を示す．)

ラチスシェルの種類 (境界条件)	α_0	文献・式番号
円形平面の球状の 3 方向部材ラチスドーム (ピン支持)	0.5	文献 9.1)・式 (5.5.28)
円形平面の球状の 3 方向部材ラチスドーム (テンションリング支持)	0.5	文献 9.1)・式 (5.5.28)
矩形平面の球状の 3 方向ラチスドーム (ピン支持)	0.5	文献 9.1)・式 (5.4.14)
矩形平面の球状の 3 方向ラチスドーム (単純支持)	0.5	文献 9.1)・式 (5.4.14)
円形平面の球状の 2 方向部材ラチスドーム (ピン支持)	0.7 ＊	文献 9.1)・式 (5.3.10)
円形平面の球状の 2 方向部材ラチスドーム (テンションリング支持)	0.7 ＊	文献 9.1)・式 (5.3.10)
矩形平面の球状の 2 方向部材ラチスドーム (ピン支持)	0.7	文献 9.1)・式 (5.3.10)
矩形平面の球状の 2 方向部材ラチスドーム (弾性支持)	0.7 ＊	文献 9.1)・式 (5.3.10)
矩形平面の球状の張力材補剛 2 方向ラチスドーム (ピン支持)	0.65	文献 9.1)・5.3 節
矩形平面の球状の張力材補剛 2 方向ラチスドーム (単純支持)	0.65 ＊	文献 9.1)
3 方向部材 HP ラチスシェル (ピン支持)	1.0	文献 9.88)・2.4 節
3 方向部材 HP ラチスシェル (単純支持)	1.0 ＊	文献 9.88)
2 方向部材の HP ラチスシェル (ピン支持)	1.0	文献 9.88)・2.4 節
張力材補剛の 2 方向部材の HP ラチスシェル (ピン支持)	1.0	文献 9.88)・2.4 節
張力材補剛の 2 方向部材の HP ラチスシェル (単純支持)	1.0 ＊	文献 9.88)
3 方向部材の円筒ラチスシェル (ピン支持)	0.5	文献 9.1)・4.3 節
3 方向部材の円筒ラチスシェル (単純支持)	0.5	文献 9.1)・4.3 節

d) 接合部の剛接度による弾性座屈荷重低減係数 $\beta(\kappa)$

接合部の剛接度としては，軸剛性，曲げ剛性に関するもの，また，接合部の偏心接合や緩みによるものがある．これらの接合部の曲げ剛性が小さければ，ラチスシェルの線形座屈荷重や弾性座屈荷重は大きく低下する．しかし，接合部の曲げ剛性の大小が座屈に及ぼす影響の研究は，比較的少ない〔文献 9.1)，9.93)，9.94) 参照〕．接合部を十分に剛とする設計では問題ないが，規模が小さくなると接合部も小さくなりやすく，接合部の剛性も小さくなり，半剛接になる傾向が現れるので，この影響について設計的な配慮が必要となる．半剛接のドームでは接合部回転剛性 K_B〔図 9.2.1 参照〕の影響を表す場合に，ドーム部材の面外変形に関する曲げ剛性 $E_s I_y$ と部材長 l_0 を用いた次式の無次元回転剛性 κ を用いる場合が多い．

$$\kappa = l_0 K_B / (E_s I_y) \tag{9.4.11}$$

文献 9.16)，9.33)，9.79) では，等分布荷重が作用する三角形網目のラチスドームを対象とし，部

材端の回転ばね剛性を考慮した弾性座屈解析より，ラチスドームの弾性座屈荷重に及ぼす効果が検討されている．その結果，接合部の半剛接性による弾性座屈荷重低減係数 $\beta(\kappa)$ は，文献9.16)ではシェル理論に基づき式（9.4.12）で，文献9.33)では一次元有限要素法（FEM）解析に基づき，式（9.4.13）が提案されている〔図9.4.6参照〕．その結果，提案式によると，無次元回転ばね剛性 $\kappa=10$ 程度までは部材端剛接と見なしてよいことがわかる．

文献 9.16)　　$\beta(\kappa)=1/\sqrt{1+2/\kappa}$ 　　　　　　　　　　　　　　　　　　　　　　(9.4.12)

文献 9.33)　　$\beta(\kappa)=\begin{cases}(0.3+0.3\log_{10}(\kappa))/0.65 & 2\leq\kappa\leq10\\(0.55+0.05\log_{10}(\kappa))/0.65 & 10\leq\kappa\leq100\\1.0 & 100\leq\kappa\end{cases}$ 　　(9.4.13)

接合部回転剛性の値については実験的なデータは限られており，一次元有限要素法（FEM）解析による推定も可能であるが，設計時に実験で確認[9.19),9.20),9.74)-9.77)]される場合が多い．また，シェル面の法線方向の回転剛性が小さいことで生ずる節点回転座屈に関する研究[9.75)-9.77)]も実施されている．

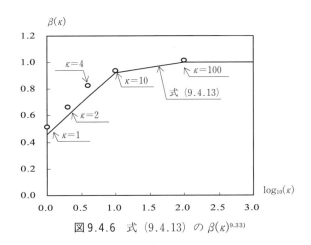

図9.4.6　式（9.4.13）の $\beta(\kappa)$ [9.33)]

e)　解析法等の要因による低減を考慮する係数 γ

略算的な方法を用いる場合には，計算に伴う誤差等を考慮する必要がある．シェル理論による座屈荷重の算定では，原則としてラチスシェルが一様な部材特性を有することを前提とするが，ラチスシェル内部で荷重分布や部材特性が緩やかに変化する場合でも，シェル理論による算定式で近似的に座屈荷重が評価できる．シェル理論による算定式（9.4.12），また算定式（9.4.13）等は相当に精度の高い式であるが，これらの式を用いる場合には，γ の値として，やや控えめな値を採用する必要があろう．

f)　弾性座屈荷重低減係数と弾性座屈荷重 P_{0cr}^{el}

接合部が剛接であるラチスシェルの線形座屈荷重 P_{0cr}^{lin} に対する弾性座屈荷重 P_{0cr}^{el} の比として，弾性座屈荷重低減係数 α を定め，剛接で初期不整がある場合の弾性座屈荷重低減係数 α_0，接合部の半剛接性を考慮する低減係数 $\beta(\kappa)$，解析法等その他の要因を考慮する低減係数 γ を用いて式（9.4.14）で表す．α が定まれば，弾性座屈荷重 P_{0cr}^{el}，弾性座屈時荷重係数 λ_{cr}^{el} は，式（9.4.15）の

ように表される．特定部材（代表部材）の弾性座屈時の軸力 $N_{cr(m)}^{el}$ は，式 (9.4.16) で算定できる．

$$\alpha = \frac{P_{0cr}^{el}}{P_{0cr}^{lin}} = \alpha_0 \beta(\kappa) \gamma \tag{9.4.14}$$

$$P_{0cr}^{el} = \alpha P_{0cr}^{lin} = \lambda_{cr}^{el} P_0 \tag{9.4.15}$$

$$N_{cr(m)}^{el} = \alpha N_{cr(m)}^{lin} = \alpha \lambda_{cr}^{lin} N_{0(m)} = \lambda_{cr}^{el} N_{0(m)} \tag{9.4.16}$$

ここで，λ_{cr}^{el} は初期不整，接合部の半剛接性などを考慮した場合の弾性座屈荷重係数である．なお，ラチスシェルが剛接であり，ほかに考慮すべき要因がなければ，$\beta(\kappa)=1$，$\gamma=1$ と設定し，解が近似性の強い場合は，γ の値を 1.0 より小さくし，安全側の値とする．

（5）　正規化細長比

現在では，3方向ラチスドームだけでなく[9.29]-[9.34],[9.79],[9.69],[9.95]，直交単層ラチスドーム[9.86],[9.92],[9.96]，円筒ラチスシェル[9.21],[9.91],[9.97]，HP ラチスシェル[9.78],[9.98],[9.99]についても，マトリックス法を用いた線形座屈解析，形状初期不整を考慮した弾性座屈解析や弾塑性座屈解析が実施され，多くの結果が蓄積されている．これらの結果は，図 9.4.7 のように部材（柱要素）の圧縮強度式[9.78],[9.29]-[9.33],[9.79],[9.66],[9.69],[9.100]としてまとめられている．図 9.4.7 に示すのは，等分布荷重が作用し，周辺が単純支持された矩形平面の3方向ラチスドームの結果である．図の縦軸は，形状初期不整を考慮した一次元有限要素法（FEM）で得られた弾塑性座屈荷重 P_{cr} を特定部材の軸力に換算した圧縮強度としてプロット[9.95]したものである．横軸は，以下に定義する正規化細長比 $\Lambda_{e(m)}$ である．

ラチスシェルの正規化細長比の定め方は，一般の柱と同様に，特定部材（代表部材）に焦点を当てて弾性座屈時の特定部材の軸力 $N_{cr(m)}^{el}$ を用いる式 (9.4.17) と，シェル理論に基づく場合など特定部材が不明である場合に，耐力を荷重で直接評価するために弾性座屈荷重を用いる式 (9.4.20) である〔図 9.4.7，9.4.8 参照〕[9.1]．連続体シェルでは，従来から正規化細長比は荷重または応力度で定義される．

a）　特定部材の弾性座屈軸力 $N_{cr(m)}^{el}$ で正規化細長比 $\Lambda_{e(m)}$ を定める場合

まず，正規化細長比 $\Lambda_{e(m)}$ について，式 (9.4.17) のように特定部材の弾性座屈軸力から定める．

$$\Lambda_{e(m)} = \sqrt{\frac{N_{y(m)}}{N_{cr(m)}^{el}}} = \sqrt{\frac{N_{y(m)}}{\alpha N_{cr(m)}^{lin}}} \tag{9.4.17}$$

ここで $N_{y(m)}$ は，特定部材（代表部材）の降伏軸力とする．

正規化細長比 $\Lambda_{e(m)}$ を用いると，ラチスシェルを構成する特定部材の終局の圧縮強度 $N_{cr(m)}$ は，「鋼構造設計規準」[9.124]の短期許容圧縮強度式(9.4.18)から得られる．この圧縮強度式は，式(9.4.18)に示すように，正規化細長比 1.29 以上では弾性座屈に対する安全率 13/9 を含んでいる〔図 9.4.8 参照〕．

$$\frac{N_{cr(m)}}{N_{y(m)}} = \begin{cases} \dfrac{1 - 0.24\Lambda_{e(m)}^2}{1 + \dfrac{4}{15}\Lambda_{e(m)}^2} & \text{for} \quad \Lambda_{e(m)} \leqq 1.29 \\[4mm] \dfrac{9}{13\Lambda_{e(m)}^2} & \text{for} \quad \Lambda_{e(m)} \geqq 1.29 \end{cases} \tag{9.4.18}$$

ラチスシェルの終局の座屈耐力は，特定部材の終局の圧縮強度 $N_{cr(m)}$ を用いて式 (9.4.19) から評価する．

$$P_{0cr} = \frac{N_{cr(m)}}{N_{0(m)}} \cdot P_0 \tag{9.4.19}$$

b) ラチスシェルの弾性座屈荷重 P_{0cr}^{el} で正規化細長比 Λ_s を定める場合

ラチスシェルの弾性座屈荷重 P_{0cr}^{el} を用い，式 (9.4.20) での正規化細長比 Λ_s を定める場合にも，式 (9.4.21) に示す座屈耐力式からラチスシェルの耐力を評価する．式 (9.4.20) 中の P_0^{pl} は降伏荷重であり，近似式および塑性解析から求める．ただし，特定部材が降伏する時点の降伏荷重 P_0^{PL} を使用すると，多くはラチスシェルの耐力が小さくなり，安全側の評価となる．なお，式 (9.4.20) において，特定部材が降伏軸力に至る荷重を降伏荷重 P_0^{pl} として用いれば，式 (9.4.17) と式 (9.4.20) の正規化細長比は一致する．

$$\Lambda_s = \sqrt{\frac{P_0^{pl}}{P_{0cr}^{el}}} = \sqrt{\frac{P_0^{pl}}{\alpha P_{0cr}^{lin}}} \tag{9.4.20}$$

正規化細長比 Λ_s を用いて，圧縮強度式を援用した座屈耐力式 (9.4.21) で座屈耐力を評価する．

$$\frac{P_{0cr}}{P_0^{pl}} = \begin{cases} \dfrac{1 - 0.24\Lambda_s^2}{1 + \dfrac{4}{15}\Lambda_s^2} & \text{for} \quad \Lambda_s \leqq 1.29 \\ \dfrac{9}{13\Lambda_s^2} & \text{for} \quad \Lambda_s \geqq 1.29 \end{cases} \tag{9.4.21}$$

特定部材の終局軸力は，

$$N_{cr(m)} = \frac{P_{0cr}}{P_0} N_{0(m)} \tag{9.4.22}$$

部材中間に荷重を受ける場合には，部材に大きな曲げモーメントが生ずる．このような部材の降

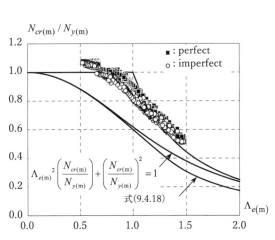

図 9.4.7 正規化細長比を関数とするラチスドームの弾塑性座屈軸力

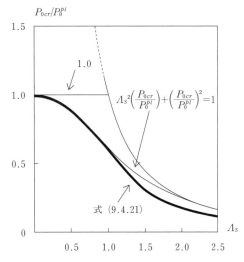

図 9.4.8 正規化細長比を関数とするラチスドームの弾塑性座屈荷重の推定

—316— 鋼構造座屈設計指針

伏に関して,部材の曲げモーメントの影響が相当大きい場合には,部材強度に関して軸力と曲げモーメントの相関を近似的に考慮し弾塑性座屈荷重（耐力）を推定する方法[9.29),9.31),9.91),9.97)]が示されている.

部材中間に荷重を受ける場合には,部材に大きな曲げモーメントが生ずる.このような部材の降伏に関して部材の曲げモーメントの影響が相当大きい場合には,部材強度に関して軸力と曲げモーメントの相関を近似的に考慮して弾塑性座屈荷重（耐力）を推定する方法[9.29),9.31),9.91),9.97)]が示されている.

（6）　弾塑性座屈解析から弾塑性座屈荷重（耐力）の評価

既往の成果がない,あるいは既往の成果を利用しない場合には,一般には,弾性座屈荷重は幾何非線形・材料線形解析から求める.特に,既往の成果の見当たらない場合や自由曲面のラチスシェルでは,ほとんどその座屈性状に関する知識は蓄積されていないので,接合部の剛性,形状初期不整の影響も含め,線形座屈解析,弾性座屈解析,幾何線形・材料非線形解析,弾塑性座屈解析から,十分にその挙動を把握しておく必要がある.

式（9.4.18）には塑性座屈に関する安全率1から弾性座屈に対する安全率が適用されている.弾塑性座屈解析で耐力 P_{0cr} を評価する場合に,この安全率を終局の座屈耐力に適用する.「鋼構造設計規準」[9.124)]の圧縮強度式から安全率を表すと,次式となる.

$$F(\varLambda_s) = \begin{cases} 1 + \dfrac{4}{15}\varLambda_s{}^2 & \text{for} \quad \varLambda_s \leqq 1.29 \\[2mm] 13/9 & \text{for} \quad \varLambda_s \geqq 1.29 \end{cases} \tag{9.4.23}$$

一次元有限要素法（FEM）で求めた耐力 $P_{0cr(FEM)}$ を安全率 $F(\varLambda_s)$ で除した値を改めて耐力（設計耐力）とする.ただし,$\varLambda_s$ には,式（9.4.20）を適用する.

$$P_{0cr} = \frac{P_{0cr(FEM)}}{F(\varLambda_s)} \tag{9.4.24}$$

（7）　ラチスシェルの耐力と設計荷重の比較,安全性の確認

基本的には,全体座屈に関する弾塑性座屈荷重 P_{0cr} が,終局設計用荷重 $P_{0u} = F_{SM} \cdot P_0$ を下回らないことを確認する.

$$\phi_{SB} P_{0cr} \geqq F_{SM} \cdot P_0 \tag{9.4.25}$$

なお,安全性の確認は,部材の座屈で定まる耐力についても行う.

$$\phi_{MB} P_{0cr} \geqq F_{SM} \cdot P_0 \tag{9.4.26}$$

ここで,ϕ_{SB} と ϕ_{MB} は,それぞれ全体座屈と部材座屈に関する耐力係数であり,安全性を確保するための荷重（終局設計用荷重）を（設計荷重に対する安全率）×（設計荷重）で検討する場合には,ϕ_{SB} と ϕ_{MB} は,ともに1.0とする.

9.4.2　3方向網目ドームの部材塑性化を考慮した座屈耐力（弾塑性座屈荷重）の評価方法

本項では,9.4.1項で述べた正規化細長比によるラチスシェルの座屈荷重と耐力の算定法に従い,3方向網目ラチスドームの弾塑性を考慮した簡便な座屈耐力評価例を示す.文献9.79）を基本に,

一様な断面で構成されるラチスドームの例を紹介する．ただし，ここで述べる基本的考え方は断面の変化が小さいラチスドームに対しても適用できる．

（1）全体形状と境界条件

図9.4.9のType A，Bに示す三角形網目の円形平面ラチスドームを対象とする．境界条件として，周辺ピン支持またはテンションリング支持を採用する．

（2）部材，部材接合条件，部材半開角

部材と部材の細長比：ラチスドームの構成部材は，一様な鋼管（ヤング率 $E_s=205\,\mathrm{kN/mm^2}$，降伏応力度 $\sigma_y=235\,\mathrm{N/mm^2}$）とする．図9.4.10に示すように，ドーム稜線部の部材長 l_0 に対する部材の細長比 λ_0 として，30から200程度を採用し，また，ドーム稜線の部材に対する部材半開角 θ_0〔図9.4.10参照〕は，1.5度（計算での単位はrad.）から5度程度までを想定する．なお，ドームの部材の管厚 t_0 が同一な場合の結果を援用して解説する．

図9.4.11に示す管径（直径）d_0 は，断面二次半径 i と部材の細長比 λ_0 を用いて表し，次式で仮定する．また，等価シェル厚 t_{eq} を次式で仮定する．

$$d_0=2\sqrt{2}i,\ i=l_0/\lambda_0,\ t_{eq}=2\sqrt{3}i \tag{9.4.27}$$

部材の断面二次モーメントは $I=I_y=I_z$，断面積 A，降伏軸力 N_y，全塑性モーメント M_p は，それぞれ次式で近似計算される．

$$I=I_y=I_z=\frac{\pi d_0^3 t_0}{8},\ A=\pi d_0 t_0,\ N_y=A\sigma_y,\ M_p=d_0^2 t_0 \sigma_y \tag{9.4.28}$$

部材接合部：図9.2.1に示すように，剛接または半剛接を扱うことが可能であるが，原則として剛接を基本とする．同図では，部材の軸剛性と曲げ剛性は，E_sA_s と E_sI_{rd} で，また，接合部の回転剛性を K_B で表示する．

（3）荷重条件

自重，雪荷重をなだらかに変化する分布荷重とする．数値解析上，ラチスシェルに作用させる荷重は，1節点あたりの荷重負担面積 A_{no} を介して，分布荷重を置換した節点集中荷重 $P_{(i)}$ である．参照荷重 P_0 には，集中荷重 $P_{(i)}$ の最大値を工学的判断から採用している．

（4）形状初期不整

ラチスドームの周辺支持点以外のすべての節点に線形座屈の一次モードと相似な形状初期不整がある場合，あるいはある特定な節点まわりに局部的に初期変位がある場合が想定されている．

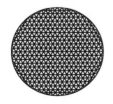
（a）Type A（3方向格子網目）

（b）Type B（パラレルラメラ網目）

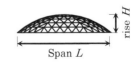
（c）Type B（立面図）

図9.4.9 円形ラチスドーム

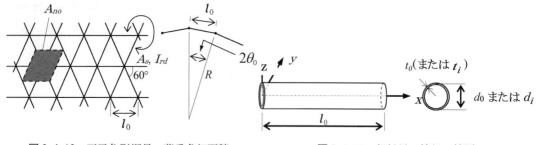

図9.4.10　正三角形網目，荷重負担面積，部材半開角　　　図9.4.11　部材長，管径，管厚

（5）　完全形状ラチスドーム（初期不整のないドーム）の線形座屈荷重

連続体シェル理論またはマトリックス法を用いて，1節点あたりの参照荷重 P_0 に対して線形座屈荷重係数 λ_{cr}^{lin} を線形固有値解析によって求めると，線形座屈荷重 P_{0cr}^{lin} は $P_{0cr}^{lin}=\lambda_{cr}^{lin}P_0$ で定まり，参照荷重 P_0 に対する特定部材 m の軸力 $N_{0(m)}$ が既知であれば，線形座屈荷重 P_{0cr}^{lin} に対する特定部材の軸力 $N_{cr(m)}^{lin}$ は，$N_{cr(m)}^{lin}=\lambda_{cr}^{lin}N_{0(m)}$ で定まる．

（6）　完全形状ラチスドーム（初期不整のないドーム）の弾性座屈荷重の推定法

円形平面3方向網目ラチスドームについて，連続体シェル理論による座屈荷重を援用して弾性座屈荷重を推定する．ドームの座屈の基本パラメータとして，式（9.4.27）の部材の細長比 λ_0 と部材半開角 θ_0 で式（9.4.29）に提案されているシェルらしさを表す係数 ξ_0[9.29),9.66),9.69),9.79)] を算定する．ξ_0 の値により，座屈特性の類推が可能である．

$$\xi_0 = \frac{12\sqrt{2}}{\lambda_0 \theta_0} \tag{9.4.29}$$

なお，シェルらしさ係数 S[9.4)] と式（9.4.29）の ξ_0 には，次の関係式が成立する．

$$S = \frac{5.83}{\sqrt{\xi_0}}, \quad \xi_0 = \frac{33.9}{S^2} \tag{9.4.30}$$

a）部材座屈：シェルらしさを表す形状係数 ξ_0 が3程度以下の場合

部材の細長比と部材半開角がともに大きい場合，つまり，図9.4.12に示す ξ_0 が3程度以下の小さな領域では，部材の弾性座屈が支配的となる[9.70),9.71),9.79)]．この座屈では，節点で回転が主に生ずる変形モードとなる．6部材が1節点に集まった場合に，全方向で剛接の場合，対応する1節点あたりの弾性座屈荷重は，近似式（9.4.31）で得られる．なお，式（9.4.32）に示す荷重は，文献9.1），9.123）に示されるピン接合ドームの基本量 $E_s A_s \theta_0^3$ で無次元化している．下添字（mb）は，部材座屈を表す．

$$P_{0cr(mb)}^{lin} = P_{0cr(mb)}^{el} = \frac{71 E_s I_{rd}}{l_0} \theta_0 \gamma_{(mb)} \tag{9.4.31}$$

$$\eta_{cr(mb)}^{lin} = \eta_{cr(mb)}^{el} = P_{0cr(mb)}^{lin}/(E_s A_s \theta_0^3) = 0.247 \xi_0^2 \gamma_{(mb)} \tag{9.4.32}$$

ここで，$E_s I_{rd}$ はドームが面外変形する場合の曲げ剛性で，鋼管では $E_s I_{rd} = E_s I_z = E_s I_y$ となる．係数 $\gamma_{(mb)}$ は，内部の部材の応力の不均質さを表し，テンションリング周辺で0.7，周辺以外で1.0

程度[9.33),9.66)]であり，節点位置で異なる．

図9.4.12は，無次元弾性座屈荷重 η とドームのシェルらしさを表す形状係数 ξ_0 との関係を表し，文献9.70)の結果が $0.247\xi_0^2$ である．ドーム面の法線方向の回転に対してピン支持（Z軸まわりにピン接合）でそれ以外が剛接の場合[9.33)]には，部材座屈による弾性座屈荷重は，式(9.4.31)の1/1.2となる．

b) シェル的座屈：シェルらしさを表す形状係数 ξ_0 が3程度を超える場合[注2)]

剛接で部材のねじり剛性を考慮しない場合の1節点あたりの線形座屈荷重[9.16),9.66),9.100)]は，連続体シェル理論を援用すると，次式で表される．

$$P_{0cr(cont.eq.node)}^{lin} = E_s A_s \theta_0^3 \xi_0 \qquad (9.4.33)$$

したがって，シェル的に座屈する場合の線形座屈荷重は，図9.4.12において $\eta = \xi_0$ で表される．初期不整のない完全形状の場合の弾性座屈荷重は，文献9.33)によれば，弾性座屈荷重低減係数0.70を乗じて推定される〔図9.4.12〕．

$$P_{0cr(cont.eq.node)}^{(el-perf)} = \alpha_0 E_s A_s \theta_0^3 \xi_0, \quad \alpha_0 = 0.70 \qquad (9.4.34)$$

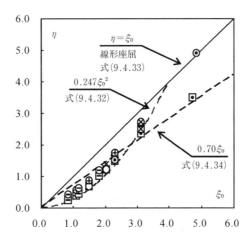

図9.4.12 部材座屈が支配的な弾性座屈荷重とシェル的な座屈が支配的な座屈の区分[9.79)]

(7) 初期不整敏感性を考慮した弾性座屈荷重

a) 弾性座屈荷重低減係数

完全形状の円形ラチスドームの弾性座屈荷重低減係数は式(9.4.10)で与えられる．なお，ξ_0 は式(9.4.29)で定義するものであり，ξ_0 が大きな値に対して，$\alpha_0(\xi_0)$ の下界はほぼ0.5となっており，

[注2] 図9.4.5によれば，ξ_0 がほぼ3以下であれば座屈モードには部材座屈が現れやすく，ξ_0 がほぼ3から増加するにつれて，シェル的な座屈が主に発生する．これは，座屈荷重低減係数式(9.4.10)にも反映され，ξ_0 が2.4以下では，弾性座屈荷重低減係数は1に，ξ_0 が2.4から4.2に増加すると弾性座屈荷重低減係数は1から0.6に一気に減少し，ξ_0 が4.2から15までの領域では，弾性座屈荷重低減係数が0.6から0.5に漸減し，さらに ξ_0 が大きな領域では0.5となる．

また，周辺ピン支持，ローラー支持とも，ほぼ0.5の値となっている．

b）　初期不整のあるラチスドームの弾性座屈荷重の推定

形状初期不整がある場合，上記の結果から，形状初期不整の最大値について $\pm 0.2 t_{eq}$ またはスパンの $1/1\,000$ 以下を想定し，弾性座屈荷重 P_{0cr}^{el} の推定式は，接合部の半剛接性も考慮して次式で表す．

$$P_{0cr}^{el}(\xi_0, \kappa) = \alpha_0(\xi_0)\beta(\kappa)E_s A_s \theta_0^3 \xi_0, \quad \text{ただし，} \quad \kappa \geq 2 \tag{9.4.35}$$

また，連続体シェル理論によるラチスドームの座屈性状の研究成果[9.6)-9.10)]から，シェル的座屈では，等価シェル厚 t_{eq} の20％程度の初期不整であれば，単位面積あたりの弾性座屈荷重は完全形状の座屈荷重の50％程度を示す．一方，部材座屈による座屈荷重は，初期不整にそれほど影響されない．

（8）　弾塑性座屈荷重の推定

弾塑性座屈荷重の推定法には，「鋼構造設計規準」[9.124)]の圧縮強度式を援用する方法と，前述のIASS の規準[9.89)]や文献[9.101)]などに示されているような修正 Dunkerley 式を用いる方法がよく利用されている．ここでは，前項で示した「鋼構造設計規準」[9.124)]の圧縮強度式を援用する方法に従う．修正 Dunkerley 式は，経験式であるが，ラチスドームの弾性座屈荷重と塑性化するときの降伏荷重とがわかっている場合に，両者の値を用いて弾塑性座屈荷重を近似的に求める方法[9.66),9.72)]として有効なことが示されている．ただし，弾性座屈荷重，降伏荷重とも近似値であるので，推定された弾塑性座屈荷重（耐力）がやはり近似値であることに留意する必要がある．さらに詳しく耐力を求めるには，一次元有限要素法（FEM）による弾塑性座屈解析を利用することとなる．

a）　弾性座屈荷重 P_{0cr}^{el}

初期不整を考慮したラチスドームの弾性座屈荷重 P_{0cr}^{el} は，式（9.4.35）を利用して，推定できる．なお，図9.4.5を参照し，$\xi_0 \leq 2.4$ であれば部材座屈が支配的として，式（9.4.31）が使用できる．

b）　降伏荷重 P_0^{pl}

6本の部材と荷重の釣合いから，部材全断面が塑性化する場合の降伏荷重 P_0^{pl} を次式で近似する．

$$P_0^{pl} = 6N_{y(col)}\theta_0\gamma_m \tag{9.4.33}$$

ここで，$N_{y(col)}$ は部材の降伏耐力，係数 γ_m は内部部材応力の不均質さを表す値である[9.33),9.66)]．

通常の設計計算では，線形解析による部材軸力を用いれば，圧縮力により部材全断面が降伏する降伏荷重 P_0^{pl} が計算できる．特定部材（m）について，圧縮力で初期降伏する荷重 P_0^{pl} が計算できる場合には，式（9.4.33）に代わり，これを使用する．

c）　弾塑性座屈荷重 P_{cr}

式（9.4.35）の弾性座屈荷重 P_{0cr}^{el} と式（9.4.36）の降伏荷重 P_0^{pl} を式（9.4.20）に代入してドームの正規化細長比を求めると，ドームの弾塑性座屈荷重（耐力）の近似値 P_{0cr} が「鋼構造設計規準」[9.124)]の圧縮強度式を援用した座屈耐力式（9.4.21）で求められる．

この近似式は，設計時の略算として便利に使用できる．例えば，底面直径 $L=51\,570$ mm の剛接のラチスドームで，部材長 $l_0=3\,500$ mm（1節点あたりの荷重支配面積 10.61 m²），分割数 $N=8$，部材断面積 $A=2\,000$ mm²，部材の細長比 $\lambda=60$，部材半開角 $\theta_0=2.5$ 度（0.0436 rad.），半開角 ϕ_0

$=40$ 度（$0.698\,\mathrm{rad.}$）では，部材の断面二次半径 $i=58.3\,\mathrm{mm}$，曲率半径 R は $40.11\,\mathrm{m}$ となる.

初期不整（$\pm0.2t_{eq}=\pm0.2\times2\sqrt{3}i=\pm40.4\,\mathrm{mm}$）を考慮した弾性座屈荷重は，以下のように近似的に求められる．式(9.4.29)から $\xi_0=6.48$ であり，座屈はシェル的と判断でき，線形座屈荷重は，式 (9.4.33) から 1 節点あたり，$P_{0cr(cont.eq.node)}^{lin}=220\,\mathrm{kN}$ となる．式 (9.4.10)，図 9.4.5 から弾性座屈荷重低減係数を 0.5 と仮定すると，$\alpha_0(\xi_0)\beta(\kappa)=0.50$ となり，式 (9.4.35) から $P_{0cr}^{el}=110\,\mathrm{kN}$ となる．単位面積あたりの荷重に換算すると，$10.4\,\mathrm{kN/m^2}$ に相当する.

一方，部材の降伏で決まる荷重 P_0^{pl} は，SS 400 の鋼管とすると，次式で近似できる.

$$P_0^{pl}=6N_{y(col)}\theta_0\gamma_m=6\times235\ (\mathrm{N/mm^2})\times2\,000\ (\mathrm{mm^2})\times0.0436\times0.7=86.1\ (\mathrm{kN})$$

ドームの正規化細長比は，式(9.4.20)を用いれば，$\Lambda_s=\sqrt{P_0^{pl}/P_{0cr}^{el}}=0.885$ であり，弾塑性座屈荷重 P_{cr} は，次式で推定できる.

$$P_{cr}=\frac{1-0.24\Lambda_s^2}{1+\dfrac{4}{15}\Lambda_s^2}P_0^{pl}=\frac{1-0.24\times0.885^2}{1+\dfrac{4}{15}\times0.885^2}P_0^{pl}=0.672\times86.1=57.8\,\mathrm{kN}$$

荷重支配面積 $10.61\,\mathrm{m^2}$ で単位面積あたりの荷重に換算すると，5.45（$\mathrm{kN/m^2}$）となる.

9.5　二層立体ラチス構造の座屈耐力

9.5.1　弾性座屈耐力

屋根構造に使われる平板状の複層ラチス構造の弾性座屈耐力を実務で評価するとき，節点をピン接合と想定したときの座屈耐力を基準にして，その何倍であるかを見積っているのが慣例と思われる．この場合，ピン接合に想定したときの座屈耐力が最小となる．部材の弾性座屈耐力については，部材両端の回転拘束効果を考えて理論的に計算した結果によると，接合部回転剛性の変化に対して，弾性座屈耐力は割合に鈍感であり，無次元化回転剛性が $0.6\sim1.5$ 倍に対し，敏感なところでも 1 割程度の差しかない[9.102]．日本国内の実際の建設例では，接合形式としてボールジョイントなどのねじ込み接合が多く採用されている．接合部の大きさがある場合，接合部回転剛性がある値よりも小さくなると，ピン節点の場合の座屈耐力よりも小さくなることがあり[9.15],[9.103]，このときには，個材の曲げ変形を伴わないで接合部まわりに局部的に回転するモードが現れやすい．また，同一構造要素からなる二層立体ラチス平板で，その要素が細かい場合，有効剛性を用いた連続体的解析による全体的座屈[9.104]と個材座屈による有効強度を用いることで弾性座屈耐力を近似的に算定できる．ただし，二層立体ラチス平板の弾性座屈耐力は個材座屈で決まることが多く，板の形状，荷重条件，境界条件によって座屈する部分の応力状態が異なるので，個材座屈で定まる有効強度の特性をすべての組合せ応力状態の下で知ることが重要となる．この有効強度は，複合版の材料強度を断面力で表した強度と同様なものとして考えられる．なお，現在では解析ソフト〔10章参照〕やコンピュータの性能の向上で，二層立体ラチス構造の座屈耐力の計算は容易となっている.

ここでは，二層立体ラチス平板として，広く使用されている“正方形＋正方形”型，“正方形＋菱形”型の場合の弾性座屈解析結果の例を示す．平面が正方形で，下面周辺の各節点で単純支持され，上面の各節点に均等な鉛直荷重を受けている場合である．解析では，部材の両端を回転ばねで剛域

表 9.5.1 スパン・要素数の変化による正方形平面を持つ "正方形＋正方形"型立体ラチス平板の P_e と P_e' の比較[9.62),9.103]
（節点間距離＝330 mm，無次元化回転ばね定数 $lC_j/EI=6.4$，剛域率 $\lambda_j=0.036$ の場合）

スパン要素数	4	6	8	10
P_e（kN）数値解	4.81	4.32	4.08	3.95
P_e'（kN）実験解	3.79	3.61	3.56	3.52
P_e'/P_e（%）（実/数）	(79%)	(84%)	(87%)	(89%)

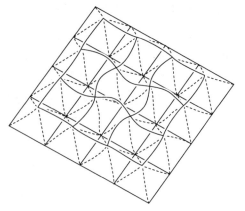

図 9.5.1 4 要素の場合の離散的解析による弾性座屈モード[9.62),9.103]

に接合したモデルを用い，部材のねじり剛性を無視している．

（1）"正方形＋正方形"型二層立体ラチス平板の弾性座屈荷重[9.62),9.103]

対象とするラチス平板は，節点間距離がすべて等しく，構成する部材の断面，接合部の大きさ，部材と接合部の接合部回転剛性がすべて同じものである．離散的解析による弾性座屈荷重の厳密解は，両端剛域と回転ばね付きの部材モデルを用いて計算できる．一方，連続体的解析による弾性座屈荷重の近似解は，ねじり剛性のない直交異方性平板の解析から得られる応力を用い，平板のあらゆる場所の応力状態が個材座屈で定まる曲げ有効強度を超えない範囲で，最大となる荷重として計算できる．平板の一辺の要素数が 4～10 の場合について，離散的解析解 P_e（座屈時の総鉛直荷重）と連続体的近似解 P_e' の解析結果を表 9.5.1 に示す．また，そのときの座屈モードとして，4 要素の場合の解析例を図 9.5.1 に示す．この例では，スパン内の要素数が 10 の正方形平面で，P_e' は P_e の 90 ％程度である．したがって，網目の数が多くなれば，有効剛性と個材座屈で定まる有効強度を用いた連続体的取扱いによる弾性解析法によって，弾性座屈耐力を近似的に算定できるといえる．

（2）"正方形＋菱形"型二層立体ラチス平板の弾性座屈荷重[9.105),9.106]

対象とする"正方形＋菱形"型立体ラチス平板は，6×6ユニットからなっている．ここで紹介する例は，用いた弦材とウェブ材の断面積比が 1 と 0.5 の 2 種類で，それぞれの断面二次モーメント比が 1 と 0.25 である．なお，剛域の大きさはすべて同じで，弦材に対する剛域率を 0.025 とする．いま，接合部と部材の接合剛性として，弦材の曲げ剛度に対する無次元化回転剛性が 0.1, 1.0, 10, 100, 1 000 の 5 通りを取り扱う．荷重方向として下向きと上向きを考える．このとき平板に生じる曲げモーメントはそれぞれ正と負に対応している．弾性座屈解析した結果から得られた座屈時での最大曲げモーメントの有効強度曲線を図 9.5.2 に，負の曲げモーメントを受けるときの座屈モードの例を図 9.5.3 に示す．

この結果では，正方形網目に圧縮力（正曲げモーメント）が生じる下向き荷重の場合，数値解析による座屈時での最大曲げモーメントと有効強度は，よく一致している．菱形網目に圧縮力（負曲げモーメント）が生じる上向き荷重の場合，6×6ユニットでは少し差がある．また，縁梁のない

場合,負曲げで接合部回転剛性が大きい場合を除いて,高次の不安定変形に対応するモードが現れて,下面節点に面内変位が生じる.しかし,縁梁がある場合,縁梁の効果によって高次の不安定変形に対応するモードが現れず,節点回転が卓越するモードとなることは,$M^{11}=M^{22}$,$M^{12}=M^{21}=0$ の曲げを受けるとき図9.3.13に示す個材座屈で定まる有効強度でのモードからもわかる.図9.3.13,9.5.2の"正方形+菱形"型立体ラチス平板の曲げ有効強度を見ると,正方形網目に圧縮力が生じる一様な曲げモーメントが作用する場合,不安定な高次変形を拘束すれば,ピン接合部材の個材座屈から定まる有効強度を確保するために,図9.5.2の無次元化回転剛性として,$l_u C/EI$ (ただし l_u は部材長)がおおよそ2以上必要なことがわかる.また,図9.5.2によれば,菱形網目に圧縮力が生じる一様な曲げモーメントが作用する場合,無次元化回転剛性がおおよそ12以上必要なことがわかる.

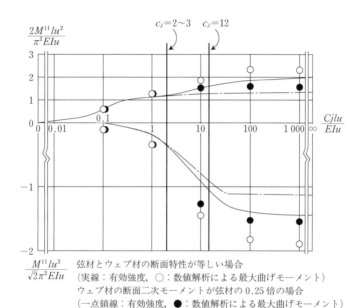

図9.5.2 有効強度曲線と数値解析による座屈時での最大曲げモーメント[9.62),9.103)]
(モーメントの向きは,図9.3.5を参照のこと)

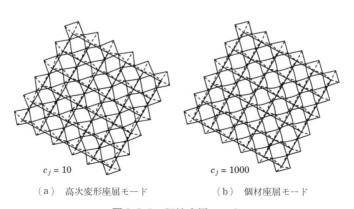

(a) 高次変形座屈モード   (b) 個材座屈モード

図9.5.3 弾性座屈モード

― 324 ―　鋼構造座屈設計指針

9.5.2　座屈崩壊挙動

二層立体ラチス平板の座屈後の非弾性挙動の解明にあたっては実験と理論解析が用いられるが，接合部の偏心，部材の初期たわみと初期応力，材長不整，架構全体の形状不整，境界と荷重の不整などの初期不整を考慮して，それぞれが架構全体の座屈後挙動に与える影響を検討する必要がある．既往の検討では，部材の実験結果あるいはあらかじめ定めた座屈長さから予測した部材の特性を使って立体トラスの弾塑性解析をする近似法，いわゆる極限状態解析（Limit State Analysis）法による検討が多く，また二層立体ラチス平板のうち，大部分は "正方形＋正方形" 型に限られている．したがって，種々の網目の二層立体ラチス平板の非弾性座屈後挙動については包括的に把握されておらず，実際の設計に十分な指針が得られていない．種々の網目の二層立体ラチス平板の非弾性座屈後挙動を詳細に解明するためには，立体架構の複合非線形解析法[9.107)-9.109)]によらねばならない．しかし，実用的には，それぞれの構造要素の構造特性を理解し，その特性を利用する近似解析法によればよい．

このような試みの例として，"正方形＋正方形" 型と "正方形＋菱形" 型二層立体ラチス平板について，模型実験によって得られた座屈崩壊挙動と，個材座屈で定まる有効強度と塑性ヒンジの概念を利用し，理論的に誘導した部材の非線形特性による極限状態解析結果を以下に示す[9.110)]．

なお，得られた部材の軸力と軸ひずみの関係は，さらに図9.5.4のような2通りに区分線形化（Model ⅠとⅡ）を行って解析している．このような取扱法では，部材の耐力低下後の応力の再配分による個材特性の変化が考慮できる．

（1）　"正方形＋正方形" 型二層立体ラチス平板[9.62),9.110)]

弾性座屈解析で対象とした 6×6 要素の平板についての解析例を示す．解析結果として全鉛直荷重 P と下面中央節点 A のたわみ δ との関係を実験結果と併せて図9.5.5に示す．この二層立体ラチス平板は，個材座屈した後もある範囲では耐力が低下しないで変形が進む特性を持つ部材から成る場合，初期の個材座屈後も耐力の上昇と変形能力の増加を有する．また，崩壊モードは，巨視的に見ると十文字形の降伏線となり，コンクリートスラブの X 形降伏線崩壊モードとは異なる．これは，この平板はピン接合の場合，ねじりモーメントに対して内部的に不安定であり，十文字形崩壊モードとなる極限解析結果とも一致している．また，実験によってもほぼ良い一致が見られることが確認されている．

このラチス平板の非弾性座屈後挙動の解析が報告[9.42),9.108),9.109),9.111)-9.120)]されているが，いずれも，個材特性をあらかじめ仮定して極限状態解析を行っている．その結果によると，座屈後急激に耐力低下のある脆性型の個材特性では，架構全体の耐力も急激に低下することが示されている．しかし，実験結果では，解析結果の最大耐力を大きく上回り，座屈後挙動はほぼ耐力一定のまま変形が進む挙動となっている．この実験の挙動の解釈を，接合部の偏心，部材の初期たわみと初期応力，材長不整，架構全体の形状不整，境界と荷重の不整などの初期不整が原因と考えて，架構全体の非線形座屈後挙動の解析を行っている．しかし，いずれも個材特性をあらかじめ決めて解析しているものであるので，結果の吟味については詳細な検討が必要である．

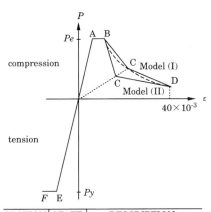

図9.5.4 部材の軸力と軸ひずみの関係[9.110]

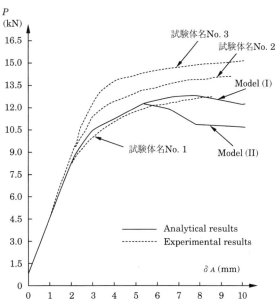

図9.5.5 "正方形＋正方形"型二層立体ラチス平板の非弾性座屈後挙動[9.110]

（2） 周辺単純支持の"正方形＋菱形"型二層立体ラチス平板

a） 上面正方形網目，下面菱形網目の場合[9.110),9.121]

6×6要素の平板が上弦各節点に均等な鉛直荷重を受けた例についての解析および実験結果を示す．ここでは，部材の初期たわみの影響も考慮しており，実験に用いた試験体の解析結果として，全鉛直荷重Pと下面中央部のたわみδとの関係（P-$\delta_{AA'}$とP-$\delta_{aa'}$）を，完全系の場合（P-δ_A）と実験の結果と併せて図9.5.6に示す．

この二層立体ラチス平板は，完全形状の場合，座屈後の崩壊機構は十文字形となるが，部材の初期たわみによる初期不整を考慮した解析では，一文字形となる．また，不整のある場合の変形能力は，完全系と比べて小さい．このような挙動は，実験で得られた挙動と良い一致が見られている．しかし，最大耐力は，本実験での初期不整の範囲では，完全系とほぼ同じで，崩壊荷重の算定に，完全系の二層立体ラチス平板の連続体的取扱いによる極限解析法が利用できることもわかる．

b） 上面菱形網目，下面正方形網目の場合[9.106]

周辺単純支持の4×4ユニットの平板が，下弦各節点に均等な鉛直荷重を受けた例を弾性座屈解析すると，圧縮面の節点が移動するモードが現れ，高次の不安定変形に対応する変形が起こっている．この場合，部材に比較的大きい値の曲げモーメントが作用するので，上述のような座屈後挙動の近似解法が適応できないことがわかる．そこで，全鉛直荷重Pと下面中央部4節点のたわみδとの関係について，実験結果のみを図9.5.7に示す．

このラチス平板では，座屈後急激に耐力低下が生じている．このとき，節点移動を伴う高次の不安定変形に対応する変形が実験でも確認され，座屈現象は不安定分岐現象と考えられ，弾性座屈耐力は最大耐力を示す．さらに，このラチス平板では，縁梁を設けることによって，高次の内部的不

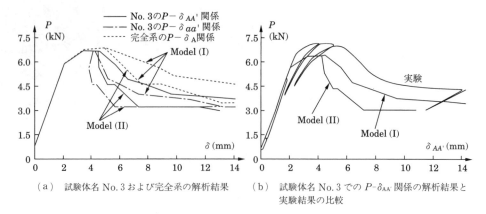

(a) 試験体名 No.3 および完全系の解析結果　　(b) 試験体名 No.3 での P-$\delta_{AA'}$ 関係の解析結果と実験結果の比較

図 9.5.6　上面正方形網目，下面菱形網目の場合の非弾性座屈後挙動[9.121),9.122)]

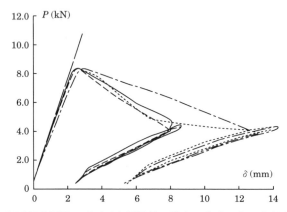

図 9.5.7　上面菱形網目，下面正方形網目の場合の実験による全鉛直荷重 P と下面中央 4 点のたわみとの関係[9.106)]

安定に対応する変形を止めることができる．この場合，耐力の増加が図れるが，座屈後急激に耐力低下が起こる挙動については，ほとんど変わらないことが実験例で示されている．

以上の二層立体ラチス平板は，座屈する部材の細長比が同程度であるにもかかわらず，ラチス形態によって，初期座屈後耐力上昇が見られ変形能力もある程度保有するもの，あまり耐力の上昇が見られないもの，弾性座屈耐力が最大耐力となり座屈後急激に耐力低下が見られるものなど，座屈後挙動はさまざまであることがわかる．なお，文献 9.5) の中に二層立体ラチス構造の座屈性状と問題点がまとめられている．

参 考 文 献

9．1)　日本建築学会：ラチスシェルの座屈と耐力，2010
9．2)　中野大治，岩田　衛：新しい立体トラスシステムの開発，カラム，No. 85, pp.77-85, 1982.7
9．3)　日本建築学会：ラチスシェル屋根構造設計指針，2016

9. 4) 日本建築学会シェル空間構造運営委員会スペースフレーム小委員会：単層ラチスドームの安定解析，その現状と問題点，1989.8

9. 5) 日本建築学会空間骨組小委員会二層立体ラチス構造研究班：二層立体ラチス構造の解析・設計・施工・その現状と問題点，1992.11

9. 6) 山田大彦, 山本章起久, 有山伸之：雪荷重を受ける単層剛接合ラチスドームの座屈特性(その5　対称部分分布荷重の場合について)，第7回日本雪工学会大会論文報告集，pp.71-76，1990

9. 7) 山田大彦, 山本章起久, 有山伸之：雪荷重を受ける単層剛接合ラチスドームの座屈特性(その6　形状初期不整の影響について)，第7回雪工学会大会論文報告集，pp.77-84，1990

9. 8) 山田大彦, 山本章起久：雪荷重を受ける単層剛接合ラチスドームの座屈特性(その7　荷重条件並びに形状初期不整の影響について)，第8回雪工学会大会論文報告集，pp.73-80，1992

9. 9) 杉野英治, 山田大彦, 山本章起久：雪荷重を受ける単層剛接合ラチスドームの座屈特性(その8　荷重条件並びに形状初期不整の影響について)，第9回雪工学会大会論文報告集，pp.165-172，1993

9.10) 山田大彦, 大沢和雅：雪荷重を受ける単層剛接合ラチスドームの座屈特性(その9　弾塑性耐力の評価について)，第10回雪工学会大会論文報告集，pp.189-194，1994

9.11) 日本建築学会　シェル空間構造運営委員会：第6回新シェル　空間構造セミナー　空間骨組構造の変遷と将来の方向　第3章　空間骨組解析法の変遷と今後の方向，2007.6

9.12) 建築学大系編集委員会：建築学大系12座屈論(藤本盛久，3.2 骨組の座屈)，pp.388-413，彰国社，1968

9.13) J.D. Renton : Stability of Space Frames by Computer Analysis, Proc. of ASCE, Vol. 88, No. ST4, pp.81-103, 1962.8

9.14) E.S. Forman and J.W. Hutchinson : Buckling of Reticulated Shell Structures, Int. J. Solids Structures, Vol. 6, pp.909-932, 1970

9.15) 坂　壽二, 日置興一郎：ねじ込み接合で組み立てた立体トラスの座屈挙動，日本建築学会論文報告集，No. 331，pp. 1 -9，1983.9

9.16) 植木隆司, 加藤史郎, 向山洋一, 松栄泰男：両端に回転ばねのある部材で構成される単層ラチスドームの弾塑性座屈荷重 矩形平面形状をした裁断球殻状のドームについて，日本建築学会構造系論文報告集，No. 448，pp.47-58，1993.6

9.17) R.E. McConnel, F.A. Fathelbab, and D. Hatzis : The Buckling Behaviour of Some Single Layer Shallow Lattice Domes, Proc. IASS Symposium, Osaka, Vol. 3, pp.97-104, 1986.9

9.18) T. Suzuki, T. Ogawa, I. Kubodera, and K. Ikarashi : Experimental and Theoretical Study of a Single Layer Reticulated Dome, Proc. IASS Symposium, Copenhagen, Vol. 3, pp.85-92, 1991.9

9.19) 植木隆司, 向山洋一, 庄村昌明, 加藤史郎：単層ラチスドームの載荷試験および弾塑性座屈解析，日本建築学会構造系論文報告集，No. 421，pp.117-128，1991.3

9.20) 植木隆司, 松栄泰男, 加藤史郎, 山田聖志：単位単層ラチスドームの載荷試験および弾塑性座屈荷重，日本建築学会構造系論文報告集，No. 452，pp.67-76，1993.10

9.21) 日本建築学会空間骨組構造小委員会屋根型円筒ラチスシェル構造作業委員会：屋根型円筒ラチスシェル構造の解析・設計，1995.12

9.22) M. Papadrakakis : Inelastic Post-Buckling Analysis of Space Frames, Civil Engineering Practice, 1/Structures, Technomic Publishing Co., pp.537-576, 1987

9.23) 構造標準委員会鋼構造分科会：筋違付骨組の弾塑性挙動について(辻　文三，筋違材および筋違付骨組に関する理論解析)，日本建築学会論文報告集，No. 243，pp.63-72，1976.5

9.24) T. Nonaka : Approximation of Yield Condition for the Hysteretic Behavior of a Bar under Repeated Axial Loading, Int. J. of Solids and Structures, Vol. 13, pp.637-643, 1977

9.25) 柴田道生, 若林 実：繰返し荷重を受ける筋違付架構の弾塑性解析, 日本建築学会論文報告集, No. 325, pp.9-16, 1983.3

9.26) S.M.H. Rashed, M. Katayama, H. Isha, K. Oda, and T. Yoshizaki : Analysis of Nonlinear and Collapse Behavior of TM Space Trusses, Third International Conference on Space Structures, Elsevier Applied Science Publishers, pp.480-485, 1984.9

9.27) 多田元英：応力制限機構を挿入した2層立体トラスの載荷能力に関する研究, 日本建築学会構造系論文報告集, No. 433, pp.103-112, 1992.3

9.28) 草間晴幸, 柴田良一, 加藤史郎：非線形座屈たわみ角要素による鋼パイプアーチの極限強度解析, 構造工学論文集, Vol. 38 A, pp.189-202, 1992.3

9.29) S. Kato, J.M. Kim, and M.C. Cheong : A New Proportioning Method for Member Sections of Single Layer Reticulated Domes Subjected to Uniform and Non-uniform Loads, Engineering Structures 25 (2003), pp.1265-1278, 2003

9.30) 加藤史郎, 金 鐘敏, 仁保 裕：偏載荷重を受ける単層ラチスドームの座屈応力度と座屈荷重に関する研究, 日本建築学会構造系論文集, No. 541, pp.121-128, 2001.3

9.31) 加藤史郎, 金 鍾敏：単層ラチスドームの座屈応力度に関する分析と断面算定への応用—等分布と偏載荷重を考慮して断面算定された周辺ローラー支持への場合—, 鋼構造論文集, 第9巻, 第33号, pp.49-64, 2002.3

9.32) 加藤史郎, 金 鐘敏：中間荷重を受ける単層ラチスドームの座屈荷重の推定法に関する研究, 日本建築学会構造系論文集, No. 562, pp.67-74, 2002.12

9.33) 加藤史郎, 庄村昌明：接合部の曲げ剛性が円形断面上の単層ラチスドームの座屈荷重に与える影響—部材の座屈応力度曲線の表現について—, 日本建築学会構造系論文報告集, No. 465, pp.97-107, 1994

9.34) 藤本盛久, 和田 章, 岩田 衛, 中谷文俊：鋼構造骨組の三次元非線形解析, 日本建築学会論文報告集, No. 227, pp.75-87, 1975.1

9.35) 鈴木敏郎, 小河利行：屋根型円筒トラスシェルの座屈解析, 日本建築学会論文報告集, No. 288, pp. 29-37, 1980.2

9.36) L. Hollaway, and A. Rustum : Buckling Analysis of a Shallow Dome Manufactured from Pultruded Fibre/Matrix Composites, Third International Conference on Space Structures, Elsevier Applied Science Publishers, pp.545-553, 1984.9

9.37) J.L. Meek, and S. Loganathan : Theoretical and Experimental Investigation of a Shallow Geodestic Dome, Int. J. of Space Structures, Vol. 4, No. 2, pp.89-105, 1989

9.38) 加藤史郎, 高島英幸：6角形平面の剛接単層ラチスドームの弾塑性座屈解析—形状初期不整が存在しない完全形状ドームについて—, 日本建築学会構造系論文報告集, No. 408, pp.77-87, 1990.2

9.39) 高島英幸, 加藤史郎：形状・荷重不整を有する剛接合単層ラチスドームの弾塑性座屈解析, 日本建築学会構造系論文報告集, No. 428, pp.89-96, 1991.10

9.40) 加藤史郎, 山田聖志, 高島英幸, 柴田良一：剛接合単層ラチスドームの座屈応力度に関する研究, 日本建築学会構造系論文報告集, No. 428, pp.97-105, 1991.10

9.41) 加藤史郎, 柴田良一, 植木隆司：剛接合単層ラチスドームの座屈荷重推定法, 日本建築学会構造系論文報告集, No. 436, pp.91-103, 1992.6

9.42) 鈴木敏郎，小河利行，小崎　均：個材の座屈，塑性化で耐力の定まる複層立体トラス平版の大変形解析，日本建築学会論文報告集，No. 359, pp.26-34, 1986.1

9.43) T. Saka : Approximate Analysis Method for Post-Buckling Behavior of Double-Layer Space Grids Constructed by a Bolted Jointing System, Proc. 30 Anniversary of IASS, Madrid, Vol. 4, pp.387-402, 1989.9

9.44) U.R. Madi : Idealising the Members Behavior in the Analysis of Pin-Jointed Spatial Structures, Third International Conference on Space Structures, Elsevier Applied Science Publishers, pp.462-467, 1984.9

9.45) A. Hanaor, R. Leby and N. Rizzuto : Investigation of Prestressing in Double-Layer Grids, Proc. IASS Symposium on Membrane Structures and Space Frames, Osaka, Vol. 3, pp.73-80, 1986.9

9.46) Y. Tsuboi, (chairman) : Analysis, Design and Realization of Space Frames-A State-of-the-Art Report : 3.5 Stability and Collapse Analysis, Bulletin of the IASS, Vol. XXV-1/2, n. 84/85, pp.48-66, 1984.4/8

9.47) 日置興一郎：モデル化による弾性構造物の変形の上下界法，日本建築学会論文報告集，No. 150, pp. 1-6, 1968.8

9.48) 鷲津久一郎：エネルギ原理入門，コンピュータによる構造工学講座Ⅰ-3-B，日本鋼構造協会編，培風館，1970

9.49) D.T. Wright : A Continuum Analysis for Double Layer Space Frame Shells, Publications of IABSE, Vol. 26, pp.593-610, 1966

9.50) 日置興一郎：異方性合平板の応力解析理論とその応用（その2・応用），日本建築学会論文報告集，No. 138, pp.7-13, 1967.8

9.51) K. Heki : On the Effective Rigidities of Lattice Plates, Recent Researches of Structural Mechanics-Contribution in Honour of the 60th Birthday of Prof. Tsuboi, Uno Shoten, Tokyo, pp.31-46, 1968.4

9.52) 日置興一郎，坂　壽二：立体トラス平版の解析　その1　版の有効剛性と方程式，日本建築学会論文報告集，No. 157, pp.33-39, 1969.3

9.53) K. Heki and T. Saka : Stress Analysis of Lattice Plates as Anisotropic Continuum Plates, Proc. 1971 IASS Symposium Part II on Tension Structures and Space Frames, Tokyo and Kyoto, October 1971, Architectural Institute of Japan, pp.663-674, 1972

9.54) 日置興一郎，坂　壽二：立体トラス平版の解析　その2　安定度と個材応力，日本建築学会論文報告集，No. 158, pp.19-23, 1969.4

9.55) T. Saka, K. Oda, and K. Heki : Yield Surface of Double-Layer Lattice Plates as Anisotropic Continuum Plates, Memoirs of the Faculty of Engineering, Osaka City University, Vol. 17, pp. 159-170, 1976.12

9.56) K. Heki and T. Saka : The Effective Strength of Double-Layer Grids in Continuum Treatment, IASS 20 Anniversary World Congress on Shell and Spatial Structures, Madrid, Spain, Vol. 2, pp.4.123-4.137, 1979.9

9.57) 日置興一郎：個材の弾性座屈で定まる剛節ラチス構造の有効強度，日本建築学会論文報告集，No. 325, pp.1-8, 1983.3

9.58) K. Heki : The Effective Strength of Rigidly Connected Lattice Structures, Third International

Conference on Space Structures (Ed. H. Nooshin), Elsevier Applied Science Publishers, pp.436 -441, 1984.9

9.59) 日置興一郎：繰り返し形ラチス構造物の繰り返し形モードの弾性座屈の解法, 日本建築学会論文報告集, No. 343, pp.62-68, 1984.9

9.60) 日置興一郎, 坂 壽二：平面トラス板のシャイベとしての強さについて, 日本建築学会大会学術講演梗概集, pp.771-772, 1972.10

9.61) 日置興一郎, 坂 壽二：平面トラス板のシャイベとしての弾性強度, 日本建築学会大会学術講演梗概集, pp.603-604, 1973.10

9.62) 坂 壽二：ねじ込み接合された直交二方向二層立体トラス平板の弾性座屈および崩壊挙動について, 日本建築学会近畿支部構造力学講究録, 第4号, pp.29-42, 1989.4

9.63) 坂 壽二, 日置興一郎, 谷口与史也：正方形網目と菱型網目から成るねじ込み接合二層立体トラス平板の弾性座屈で定まる有効強度, 日本建築学会構造系論文報告集, No. 414, pp.81-88, 1990.8

9.64) 日置興一郎, 阿部眞也：三方向二層立体弾性接合トラス平板の弾性座屈で定まる曲げ有効強度, 日本建築学会構造系論文報告集, No. 349, pp.34-42, 1985.3

9.65) 半谷裕彦, 川口健一：形態解析 一般逆行列とその応用, 培風館, 1991

9.66) 加藤史郎：第4回「シェル・空間構造セミナー」資料 第1章単層ラチスドームの構造解析と耐力評価について, 日本建築学会, 1995.10

9.67) T. Ogawa and M. Kuwada : Elasto-plastic Buckling Behaviour of Rigidly Jointed Single-Layer Latticed Domes, Proc. of IASS 1998 International Symposium, Sydney, vol. 1, pp.460-467, 1998.10

9.68) T. Yamashita, and S. Kato : Elastic Buckling Characteristics of Two-way Grid Shells of Single Layer and its Application in Design to Evaluate the Non-linear Behavior and Ultimate Strength, Journal of Constructional Steel Research 57, pp.1289-1308, 2001

9.69) 柴田良一, 加藤史郎, 植木隆司：きわめて扁平な剛接合単層ラチスドームの弾塑性座屈荷重 等分布荷重を受ける周辺ピン支持6角形ドームの座屈応力度曲線について, 日本建築学会構造系論文集, No. 449, pp.143-153, 1993.7

9.70) M. Murakami, and K. Heki : On the Analysis of Elastic Buckling of Single-layer Latticed Domes with Regular Hexagonal Plan under Gravity Load, Proc. of IASS 1991 Symposium, Copenhagen. Vol. 3, pp.101-108, 1991

9.71) M. Murakami : Numerical Analysis of Elastic Buckling of Single-Layer Latticed Domes under Gravity Load, Proc. of IASS-CSCE on Innovative Large Span Structures, Vol. 2, pp.576 -586, 1992

9.72) T. Ogawa, and M. Kuwada : The Estimation of Elasto-Plastic Buckling Load of Rigidly Jointed Single-Layer Latticed domes, Proc. of IASS 40th Anniversary Congress, Madrid, Vol. 1, pp.B2.53-59, 1999

9.73) T. Ueki, Y. Mukaiyama, I. Kubodera, S. Kato : Buckling Behavior of Single Layered Domes Composed of Members with Axial and Bending Springs at Both Ends, Proc. of IASS Congress, Madrid, Vol. 4, 1989

9.74) R. Shibata, S. Kato and S. Yamada: Experimental Study on the Ultimate Strength of Single-layer Reticular Domes, Space Structures 4, Thomas Telford London, Vol. 1, pp.387-395, 1993

9.75) Y. Hangai, K. Kondoh, K. Oda, and S. Ohya : Load Carrying Test of a Wood Lattice Dome for

Expo'90 Osaka, Proc. of IASS-CSCE on Innovative Large Span Structures, Vol. 1, pp.648-656, 1992

9.76) T. Nishimura, K. Morisako, and S. Ishida : Numerical Analysis of Rotational Buckling in Gusset Plate Type Joint of Timber Lattice Dome under Several Loading Conditions, Proc. of IASS Colloquium on Computation of Shell & Spatial Structures, pp.426-431, 1997

9.77) K. Oda, and Y. Hangai : Snap-through Buckling and Torsional Buckling of Joint of Single Layer Lattice Shell, Proc. of IASS-CSCE on Innovative Large Span Structures, Vol. 2, pp.487 -496, 1992

9.78) T. Ogawa, S. Kato and M. Fujimoto : Buckling Load of Elliptic and Hyperbolic Paraboroidal Steel Single-Layer Reticulated Shells of Rectangular Plan, Journal of IASS, Vol. 49, n. 1, April n. 157, pp.21-36, 2008

9.79) S. Kato, M. Fujimoto, and T. Ogawa : Buckling Load of Steel Single-Layer Reticulated Domes of Circular Plan, Journal of IASS, Vol. 46 n. 1 (April n. 147), pp.41-63, 2005

9.80) V. Gioncu : Buckling of Reticulated Shells : State-of-the-Art, Int. J. Space Structures, Vol. 10, No. 1, pp.1-46 1995

9.81) 日本建築学会：鋼構造物の座屈に関する諸問題 2013, 2013

9.82) 日本建築学会：鋼構造座屈設計指針, 2009

9.83) IASS WG. 8 : (Draft) Guide to Buckling Load Evaluation of Metal Reticulated Roof Structures, 2014.10

9.84) S. Kato, T. Yanagisawa, and S. Nakazawa : Re-consideration of Global Load Factor in Buckling Load Evaluation for Reticulated Spherical Domes Related to Reliability Index, Journal of IASS, Vol. 56, No. 3, pp.199-215, 2015

9.85) 加藤史郎, 中澤祥二, 神戸健彰, 柳沢利昌：等分布荷重を受ける屋根型円筒ラチスの耐力評価法に関する研究, 日本建築学会構造系論文集, No. 692, pp.1777-1786, 2013.10

9.86) 加藤史郎, 今野　岳, 山下哲郎：単層直交格子ドームの座屈荷重に関する研究, 日本建築学会構造系論文集, No. 636, pp.305-312, 2009.2

9.87) 加藤史郎, 吉田矩子, 中澤祥二：ブレースで補剛された単層直交格子ドームの座屈耐力に関する研究, 日本建築学会構造系論文集, No. 676, pp.891-898, 2012.6

9.88) T. Ogawa, T. Kumagai, K. Minowa, and S. Kato : Buckling Load of Saddle-shaped HP Reticulated Shells, Journal of IASS, Vol. 53, No. 1, pp.57-67, 2012

9.89) IASS W.G. 5 : Recommendations for Reinforced Concrete Shells and Folded Plates, 1979

9.90) 加藤史郎, 村田　賢, 松岡　理：有限要素モード重畳法による回転殻の動的非線形解析［その３］, 日本建築学会論文報告集, No. 235, pp.19-25, 1975.9

9.91) 加藤史郎, 仁保　裕：単層円筒ラチスシェル屋根の部材断面算定と部材弾塑性座屈応力度に関する一考察, 鋼構造論文集, 第 15 巻, 第 57 号, pp.45-60, 2008.3

9.92) S. Kato, T. Yamashita, S. Nakazawa, Y.B. Kim, and A. Fujibayashi : Analysis Based Evaluation for Buckling Loads of Two-way Elliptic Paraboloidal Single Layer Lattice Domes, J. of Constr. Steel Research, Vol. 63, Issue 9, pp.1219-1227, 2007.9

9.93) 中山雄貴, 小島浩土, 竹内　徹, 小河利行, 林　賢一：中空円筒型接合部を用いた単層格子屋根構造の座屈荷重, 日本建築学会大会学術講演梗概集, pp.649-652, 2011.8

9.94) M. Fujimoto, K. Imai and T. Saka : Effects of mesh pattern on buckling behaviour of single layer lattice cylindrical shell roof, Asia-Pacific Conference on Shell and Spatial Structures 1996, 1996.5

9.95) S. Kato, T. Ueki, and S. Nakazawa: Estimation of Buckling Loads of Elliptic Paraboloidal Single Layer Lattice Domes under Vertical Loads, Int. J. Space Structures, Vol. 21, No. 4, pp. 173-182, 2006

9.96) S. Kato, E. Satria and S. Nakazawa: Analysis Based Estimation of Buckling Strength of Two-Way Single Layer Lattice Domes with Semi Rigid Connection, IASS Symposium Venice, 2007

9.97) 加藤史郎, 仁保　裕, 金　鍾敏：等分布鉛直荷重を受ける円筒ラチス屋根の部材断面算定法, 日本建築学会構造系論文集, No. 588, pp.119-126, 2005.2

9.98) 小河利行, 加藤史郎, 萩原真祐子, 立石理恵：等分布荷重を受ける単層HPラチスシェルの座屈挙動と耐力評価, 日本建築学会構造系論文集, No. 553, pp.65-72, 2002.3

9.99) 小河利行, 加藤史郎, 五十畑徹, 熊谷知彦：荷重不整および形状初期不整を有する単層HPラチスシェルの座屈挙動と耐力評価, 日本建築学会構造系論文集, No. 560, pp.139-145, 2002.10

9.100) 植木隆司：第4回「シェル・空間構造セミナー」資料　第2章システムトラスを用いた単層ドームの実験・解析・設計, 日本建築学会, 1995.10

9.101) L. Kollar, and E. Dulacska: Buckling of Shells for Engineers, John Wiley & Sons, 1984

9.102) 日置興一郎, 阿部眞也：両端を回転ばねで支持された柱の構面内弾性座屈強度の近似表現とその応用, 日本建築学会近畿支部研究報告集, 第23号, 構造系, pp.293-296, 1983.6

9.103) T. Saka, and K. Heki: The Effect of Joints on the Strength of Space Trusses, Third International Conference on Space Structures (Ed. H. Nooshin), Elsevier Applied Science Publishers, pp.417-422, 1984.9

9.104) D.T. Wright: Membrane Forces and Buckling in Reticulated Shells, Journal of Structural Division, ASCE, Vol. 91, No. ST1, pp.173-201, 1965.2

9.105) T. Saka and K. Heki: The Load Carrying Capacity of Inclined Square Mesh Grids Constructed by a Bolted Jointing System, Shell, Membranes and Space Frames (Ed. K. Heki), Proc. IASS Symposium on Membrane Structures and Space Frames, Osaka, Vol. 3, Elsevier Science Publishers B.V., pp.89-96, 1986

9.106) 谷口与史也, 坂　壽二：正方形網目と菱型網目から成るねじ込み接合二層立体トラス平板の座屈耐力について, 日本建築学会大会学術講演梗概集, pp.1257-1258, 1991.9

9.107) A. Kassimali: Large Deformation Analysis of Elastic-Plastic Frames, Journal of Structural Engineering, ASCE, Vol. 109, No. 8, pp.1869-1886, 1983.8

9.108) 和田　章, 久保田英之：部材の座屈および破断を考慮したトラス構造の崩壊解析, 日本建築学会構造系論文報告集, No. 396, pp.109-117, 1989.2

9.109) 和田　章, 王　　竹：不慮の部材破壊による不静定複層立体トラスの耐力低下に関する研究, 日本建築学会構造系論文報告集, No. 402, pp.121-131, 1989.8

9.110) 坂　壽二, 那谷晴一郎：ねじ込み接合された直交二方向二層立体トラス平板の座屈後挙動について, 日本建築学会大会学術講演梗概集, pp.273-274, 1986.8

9.111) J.P. Wolf: Post-Buckling Strength of Large Space-Truss, Journal of the Structural Division, ASCE, Vol. 99, No. ST7, pp.1708-1712, 1973.7

9.112) 鈴木敏郎, 小河利行：集合要素による複層屋根型円筒トラスシェルの座屈解析, 日本建築学会論文報告集, No. 323, pp.50-58, 1983.1

9.113) L.C. Schmidt, and B.M. Gregg : A Method for Space Truss Analysis in the Post-Buckling Range, International Journal for Numerical Methods in Engineering, Vol. 15, pp.237-247, 1980

9.114) W.J. Supple, and I. Collins : Limit State Analysis of Double-Layer Grids, Analysis, Design and Construction of Double-Layer Grids (Ed. Z.S. Makowski), Applied Science Publishers, pp.93-117, 1978

9.115) J.A. Karczewski : The Method of Evaluation of Space Trusses Maximum Load Carrying Capacity, 20th Anniversary of the IASS World Congress on Shell and Spatial Structures, Madrid, pp.5.237-5.250, 1979.9

9.116) E.A. Smith : Space Truss Nonlinear Analysis, Journal of Structural Engineering, ASCE, Vol. 110, No. 4, pp.688-705, 1984.4

9.117) L.C. Schmidt, P.R. Morgan, and J.A. Clarkson : Space Trusses with Brittle-Type Strut Buckling, Journal of the Structural Division, ASCE, Vol. 102, No. ST7, pp.1479-1492, 1976.7

9.118) L.C. Schmidt, R. Morgan, and A. Hanaor : Ultimate Load Testing of Space Trusses, Journal of the Structural Division, ASCE, Vol. 108, No. ST6, pp.1324-1335, 1982.6

9.119) E.A. Smith : Alternate Path Analysis of Space Trusses for Progressive Collapse, Journal of Structural Engineering, ASCE, Vol. 114, No. 9, pp.1978-1999, 1988.9

9.120) 加藤史郎, 石川浩一郎, 横尾義貫 : 上下振動を受けるトラス平板の耐震性について―直交交差型トラス平板についての検討, 日本建築学会構造系論文報告集, No. 370, pp.60-68, 1986.12

9.121) 坂 壽二, 日置興一郎, 谷口与史也 : 四角錐から成るねじ込み接合立体トラス平板の座屈耐力について―その3. 座屈後挙動の近似解法, 日本建築学会大会学術講演梗概集, pp.1137-1138, 1985.10

9.122) 坂 壽二 : 四角錐から成るねじ込み接合立体トラス平板の座屈後挙動に及ぼす, 個材の元たわみの影響について, 日本建築学会大会学術講演梗概集, pp.1279-1280, 1987.10

9.123) 加藤史郎, 石川浩一郎 : ピン接合単層ラチスドームの弾塑性座屈荷重について, 日本建築学会構造系論文報告集, No. 404, pp.105-114, 1989.10

9.124) 日本建築学会 : 鋼構造設計規準 ―許容応力度設計法―, 2005

9.125) 日本建築学会 : 建築工事標準仕様書 JASS 6 鉄骨工事, 2015

10章　座屈の理論と解析法

10.1　構造物の安定理論と座屈解析

　構造物の座屈に関する研究の歴史は長く，その起源は18世紀のEulerにまで遡る．以来，座屈の問題は工学上の重要性に加えて，理論上も最も魅力ある対象の一つとして膨大な数の研究がなされてきた．実験や解析によって個々の現象の解明が進められてきた一方で，座屈現象を支配する法則や一般的解析法を求めるための基礎的研究も展開されてきた．これによって，種々の鉄骨構造物にさまざまな形で現れる座屈現象も，共通の理論的枠組みの中で位置づけて把握することができる．弾性構造物については，Trefftz[10.1]，Koiter[10.2),10.3]らによってエネルギー概念に基づく一般理論が体系化されている．弾塑性構造物については，力学的エネルギーの保存則が成り立たないので，弾性の場合ほどの普遍性を持つ一般理論の展開は困難であるが，Shanley[10.4]，Hill[10.5]，Hutchinson[10.6]らによって限定された範囲内での一般理論が構築されている．弾塑性構造物の繰返し載荷時挙動においては，上記一般理論では記述できない種類の臨界現象が存在し，予測理論の構築と特性の解明がUetaniら[10.7),10.8]によって試みられている．また，個々の座屈現象を解析するための数値的方法の基礎がほぼ確立されており，計算機環境に応じた解析が実行可能な状況にある．この章では，座屈現象を数理的に取り扱うための基礎理論および解析法について概説する．

10.2　釣合状態の安定と不安定

　「安定（stable）」，「不安定（unstable）」という言葉は，さまざまな事物の状態を形容するのに用いられる日常的用語である．日常会話の中で用いられる「安定」，「不安定」という言葉は，特に厳密な定義がなされていなくても，互いが共通の意味を共有することができる．構造物の設計では，想定される外乱に対する構造物の振る舞いが「安定」であるように設計を行うことが要求される．このとき，設計者は何らかの数量的基準に従って安定と不安定の判定を行い，構造物の安全性を客観的に確保することになる．そのためには，設計者の通念を適切に言い表していて，しかも，数理的取扱いに適した定義が必要とされる．構造物の安定論において最も広く受け入れられている釣合状態の安定性の定義は，Liapunov[10.9]によって提案された次のようなものである．

（1）　安定な釣合状態：釣合状態にある構造物に外的かく乱が作用することによって生じる応答の大きさが，外乱の大きさを小さくすることによりどこまでも小さくできるとき，この釣合状態を安定な釣合状態という．

（2）　不安定な釣合状態：外乱の大きさをいかに小さくしても，それによる応答を釣合状態の近傍に留めることができないとき，そのような釣合状態を不安定な釣合状態という．

　釣合状態が安定であるか不安定であるかは，どのようにして識別できるのであろうか．図10.2.1に示される摩擦のない3種類の面上に置かれた小球の安定性について考える．図10.2.1(a)のよう

  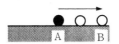

　（a）安定釣合状態　　　（b）不安定釣合状態　　　（c）中立釣合状態

図10.2.1　なめらかな面上に置かれた質点の釣合と安定性

表10.2.1　安定釣合状態と不安定釣合状態の特性比較

釣合状態の安定性	釣合状態からの微小変位に際して力がなした仕事	釣合状態における全ポテンシャルエネルギーの状態
安　定	すべての方向に正	すべての方向に極小
不安定	ある方向に負	ある方向に極大
中　立	ある方向に零	ある方向に一定

に下に凸の曲面では，外乱として水平方向に初速度を与えると，小球は曲面の最下点である釣合位置Aを中心に振動する．初速度の大きさを十分に小さくすることにより，振動の振幅を任意に小さく留めることができるから，この釣合状態は安定である．図10.2.1（b）のように上に凸の曲面では，初速度をいかに小さくしても小球は釣合位置Aから速度を増しながら遠ざかっていくので，この釣合状態は不安定である．図10.2.1（c）の水平面上での小球の動きはこれらのどちらでもなく，初期速度を与えれば一定速度で遠ざかっていくが，静かに位置を移動させても小球はその位置で静止する．この釣合状態は，上記のLiapunovの定義によれば不安定と判定されるが，安定と不安定の境界の状態であり，中立釣合状態（state of neutral equilibrium）と呼ばれる．

　小球の運動の性質のこのような違いは，小球を釣合位置Aからその近傍の位置Bへ静かに移動させるために要する水平力の向きとも密接に関係している．（a）の下凸曲面では，変位の向きと力の向きが一致するのに対し，（b）の上凸曲面では逆向きであり，（c）の水平面では力が0である．この力を除去すると，小球はこの力とは逆向きに運動を始める．つまり，小球の運動は，（a）の下凸曲面では釣合位置Aに向かい，（b）の上凸曲面では釣合位置から遠ざかり，（c）の水平面では静止を続ける．また，変位の向きと力の向きの関係は，小球が持つポテンシャルエネルギーの値の増減とも対応している．例えば，（a）の下凸曲面上で小球を位置AからBに移動させる過程において力は正の仕事を成し，これに相当する仕事量が位置エネルギーとして小球に蓄えられる．このように，力学的エネルギーが保存される系の安定な釣合状態では，系の持つ全ポテンシャルエネルギーが極小値をとる．以上の考察により，保存系（conservative system）の安定性は，表10.2.1のように判別されることがわかる．

　塑性体のように力学的エネルギーが保存されない構造物も含めた，さらに一般的な場合の安定性は以下のように論じることができる[10.5),10.10)]．釣合状態Γ_0にある構造物が，何らかの外乱を受けて近傍の変形状態Γに移行したとする．この変形に際して構造物に吸収されたエネルギーEは，弾性ひずみエネルギーの変化量E_e，塑性変形によって消費された力学的エネルギーE_p，および粘性によっ

て消費されたエネルギー E_v の和である．一方，作用している外力系が，この変位に際して成した仕事を W とする．釣合状態 Γ_0 において I のエネルギーを与える衝撃力が外乱として作用し，構造物が運動を起こして変形状態 Γ に達し，そのとき構造物は運動エネルギー D を持っていたとすれば，次のようなエネルギーバランス式が成り立つ．

$$I + W = E + D = E_e + E_p + E_v + D \tag{10.2.1}$$

D はつねに正であり，E_v は負の値をとりえないから，上式より次の不等式関係が導かれる．

$$I \geqq E_e + E_p - W \tag{10.2.2}$$

上式の右辺は，重力が作用する弾性構造物のような保存系であれば，Γ_0 と Γ だけが与えられていれば計算できる量である．一方，弾塑性構造物のように，力学的エネルギーの一部が熱に変わる系であっても，Γ_0 から Γ に至る変形履歴が特定されていれば計算できる．もし，$E_e + E_p - W$ が履歴経路によらずつねに正の値を持つならば，入力エネルギー I が $E_e + E_p - W$ より小さいどのような外乱を与えても，応答が Γ に達することはありえない．したがって，次の定理が成り立つ[10.10]．

[定理 S1] ある釣合状態の近傍のすべての変形状態に対して次の不等式が成り立つならば，その釣合状態は安定である．

$$E_e + E_p - W > 0 \tag{10.2.3}$$

10.3 弾性構造物の臨界点

構造物の変形が弾性域にあれば，$E_p = 0$ である．また，外力が保存力 (conservative force) であれば，$-W$ は外力ポテンシャルの変化量 G である．このとき，式(10.2.3)の左辺は系全体の全ポテンシャルエネルギーの変化量を表すので，保存系の釣合状態が安定であるための十分条件式は，次のように書ける．

$$\Pi = E_e + G > 0 \tag{10.3.1}$$

一例として，高さ h，横棒長さ $2a$ の逆T字形の剛体肢が，ばね係数 K (>0) を持つ2個の線形弾性鉛直ばねによって支持された，図10.3.1(a)に示される2自由度モデルを考える．モデルの変形状態は，剛体肢交点の鉛直変位 U と剛体肢の回転角 Θ とによって一意に表される．頂点に鉛直死荷重 P が作用するモデルの，無応力状態(ばね力0の状態)を基準とした全ポテンシャルエネルギー

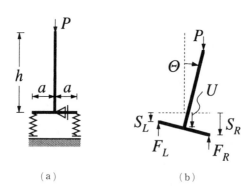

図10.3.1 中心圧縮力を受ける弾性柱の剛体ばねモデル

Π^* は次式のように書ける．ここで $o(\Theta^4)$ は，Θ の四次以上の高次項を表す．

$$\Pi^*(U,\ \Theta\ ;P)=\frac{K}{2}\{(U+a\sin\Theta)^2+(U-a\sin\Theta)^2\}-P\{U+h(1-\cos\Theta)\}$$

$$=KU^2-PU+\left(Ka^2-\frac{Ph}{2}\right)\Theta^2+o(\Theta^4) \tag{10.3.2}$$

釣合状態，$U=U_0=P/(2K)$，$\Theta=\Theta_0=0$，を基準として表した系の全ポテンシャルエネルギー Π は，$u=U-U_0$，$\theta=\Theta-\Theta_0$ を用い，θ に関する四次以上の項を無視すると，次式のように書ける．

$$\Pi(u,\ \theta\ ;P)=\Pi^*(U,\ \Theta\ ;P)-\Pi^*(U_0,\ \Theta_0\ ;P)=Ku^2+\left(Ka^2-\frac{Ph}{2}\right)\theta^2 \tag{10.3.3}$$

$P<P_{cr}=2Ka^2/h$ のとき，Π はすべての方向に極小値をとる正定値関数（positive definite function）であるから，釣合状態は安定である．$P>P_{cr}$ のとき，Π は θ 軸方向に極大となる関数であるから，釣合状態は不安定である．$P=P_{cr}$ のとき，Π は θ 軸方向に一定値の関数であるから，釣合状態は中立である．また，図 10.3.1（b）に示すように剛体肢を θ だけ回転させるのに必要な頂点水平力 $H=(2Ka^2/h-P)\theta$ の符号を調べると，釣合状態が安定である $P<P_{cr}$ の場合は，H は $h\theta$ と同符号であり，釣合状態が不安定である $P>P_{cr}$ の場合は，異符号である．

一般の n 自由度弾性離散系について，釣合状態 Γ_0 の安定性は，次のように判別できる．関数 Π は，Γ_0 から Γ までの変位の成分 $q_i\ (i=1,\cdots,n)$ に関して，Γ_0 のまわりにテイラー展開できる．

$$\Pi=\frac{\Pi_{ij}q_iq_j}{2!}+\frac{\Pi_{ijk}q_iq_jq_k}{3!}+\cdots \tag{10.3.4}$$

ここに，$\Pi_{ij}=\partial^2\Pi/\partial q_i\partial q_j$，$\Pi_{ijk}=\partial^3\Pi/\partial q_i\partial q_j\partial q_k$ である．重複添字に対して総和規約を適用する．Π_{ij} は接線剛性係数行列（tangential stiffness matrix）と呼ばれる．Π_{ij} の i 次の固有値および正規化固有ベクトルを，Ω_i および T_{ij} で表す．行列 Π_{ij} を対角化するような一次変換 $q_i=T_{ij}u_j$ を式（10.3.4）に施すと，釣合状態 Γ を基準とした全ポテンシャルエネルギーの変分は，変位成分 u_i を用いて次のように書き表せる．

$$\Omega=\frac{\Omega_iu_i^2}{2!}+\frac{\Omega_{ijk}u_iu_ju_k}{3!}+\cdots \tag{10.3.5}$$

ここで，$\Omega_{ijk}=\Pi_{lmn}T_{il}T_{jm}T_{kn}$ である．安定性の定理 S1 より，Ω_i がすべて正，すなわち Π_{ij} が正定値行列であれば，ポテンシャルエネルギー曲面はすべての方向に値が増加する椀状を呈し，Γ_0 は安定な釣合状態であることがわかる．また，どれかの対角要素，例えば Ω_1 だけが負の値をとる場合，ポテンシャルエネルギー曲面は u_1 軸に沿って負の曲率を持つ鞍形形状を呈し，この方向に運動が生じる不安定な釣合状態である．最小の固有値 Ω_1 が 0 であるときの釣合状態は中立であるが，これが安定か不安定かは，さらに高階の微係数によって判別される．このように，行列 Π_{ij} は釣合状態の安定性を一義的に支配することから，安定性行列（stability matrix）とも呼ばれ，Ω_i は安定性係数（stability coefficient）と呼ばれる．

粘性減衰のない弾性構造物の釣合状態近傍の運動は，次の方程式によって支配される．

$$M_{ij}\frac{d^2q_j}{dt^2}+\Pi_{ij}q_j=0 \tag{10.3.6}$$

Π_{ij} および質量行列 M_{ij} を共に対角化する一次変換を式 (10.3.6) に施すことによって，n 個の独立な運動方程式が次のように導ける．ここで，式 (10.3.7) には総和規約を適用しない．

$$m_i\frac{d^2u_i}{dt^2}+\Omega_iu_i=0 \tag{10.3.7}$$

質量行列 M_{ij} はつねに正定値行列であるから，$m_i>0$ である．外乱として初速度を与えたときの変位成分 u_i の運動は，Ω_i の符号によって図 10.3.2 のように異なる．$\Omega_i>0$ の場合，釣合点を中心とする単振動となる．また，初速度を小さくすることで振動の振幅を限りなく 0 に近づけることが可能であるから，すべての Ω_i が正値を持つ釣合状態は，Liapunov の定義に従って安定である．一方，$\Omega_i=0$ の場合は一定速度運動を，$\Omega_i<0$ の場合は加速度運動を起こす．これは，正でない Ω_i が 1 個でもあれば，初速度の大きさをどれほど小さくしても応答を指定した近傍領域内に留めることができないことになり，この釣合状態が不安定であることを意味している．この結果は，先に示したエネルギー収支に基づく結果と正確に対応している．

　中心圧縮力を受ける弾性棒が突然曲がり始める Euler 座屈荷重の下での釣合状態は，Liapunov の定義による安定性が初めて失われる安定限界 (stability limit) である．また，完全弾塑性材料で作られた門形ラーメンに漸増する水平荷重を図 10.3.3 のように加えると，塑性崩壊荷重値に達したときに水平変位が限りなく増大する．塑性崩壊荷重が作用する釣合状態もまた，安定性の検定を行うと安定限界であることがわかる．両者は共に安定限界であるが，前者は最も典型的な座屈現象で

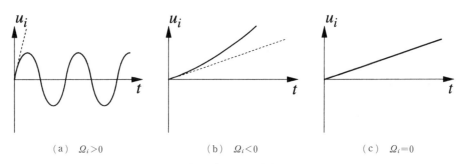

(a) $\Omega_i>0$　　　(b) $\Omega_i<0$　　　(c) $\Omega_i=0$

図 10.3.2 微小初速度による釣合状態からの運動

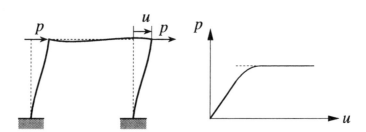

図 10.3.3 水平力を受ける完全弾塑性門形ラーメンの荷重-変位関係

あるのに対し，後者は塑性崩壊（plastic collapse）と呼ばれて，通常，座屈とは呼ばない.

10.4 弾性構造系釣合経路の分岐点と極限点

　座屈現象はまた，構造物の釣合経路(equilibrium path：荷重係数軸と変形成分軸で構成される状態空間の中で釣合状態の集合を表す曲線）が特異な性質を示す臨界点（critical point）と深く関係している．保存力が作用する弾性構造物の場合，釣合経路や安定・不安定などのすべての情報を全ポテンシャルエネルギーから導き出すことができる．全ポテンシャルエネルギー汎関数を臨界点まわりに摂動展開する方法によって，弾性連続体の釣合状態の安定性，座屈後挙動（postbuckling behavior），座屈荷重の不整感度特性（imperfection sensitivity）を分類し，それらの性質を論じた一般理論が，Koiter[10.2),10.3)]によって展開されている．ここでは，臨界点の分類と特徴および数学的性質を，Thompson[10.11),10.12)]が離散化モデルに関して展開した一般理論の記述形式に従って紹介する．また，剛体とばねで構成された単純モデルについてそれぞれの種類の臨界点を具体的に示し，構造物で実際に現れる現象の事例を紹介する[10.11)–10.14)].

10.4.1 摂動釣合式

　n 自由度離散系について，任意の釣合状態 $\varGamma_0$ から発する釣合経路を考える．$\varGamma_0$ から計った荷重パラメータを λ，$\varGamma_0$ で定義される変位の主軸成分を u_i $(i=1, \cdots, n)$ とすると，近傍の釣合経路は $\varGamma_0$ を起点とする経路パラメータ s によって次のように表せる.

$$u_i=u_i(s),\ \lambda=\lambda(s) \tag{10.4.1}$$

釣合式は，ポテンシャルエネルギー関数 $\varOmega$ の停留条件から，次のように導かれる.

$$\frac{\partial \varOmega}{\partial u_i}=\varOmega_i(u_i(s)\,;\lambda(s))=0,\ (i=1, \cdots, n) \tag{10.4.2}$$

式（10.4.2）を $\varGamma_0$ のまわりで s に関してテイラー展開すると，次のようになる.

$$\varOmega_i^{(1)}s+\frac{\varOmega_i^{(2)}}{2!}s^2+\cdots=0 \tag{10.4.3}$$

$$\varOmega_i^{(1)}=\varOmega_{ij}\dot{u}_j+\varOmega_i'\dot{\lambda} \tag{10.4.4}$$

$$\varOmega_i^{(2)}=\varOmega_{ij}\ddot{u}_j+\varOmega_i'\ddot{\lambda}+\varOmega_{ijk}\dot{u}_j\dot{u}_k+2\varOmega_{ij}'\dot{u}_j\dot{\lambda}+\varOmega_i''\dot{\lambda}^2 \tag{10.4.5}$$

　ここに，a' は変数 a の λ に関する偏微分，$\dot{a}$ は変数 a の s に関する微分を表す．式（10.4.3）は s の任意の値について成り立つことから，次の摂動釣合式が導かれる.

$$\varOmega_i^{(1)}=\varOmega_i^{(2)}=\cdots=0 \tag{10.4.6}$$

$u_i \to 0$ の極限において，式（10.4.4），（10.4.5）は次式のように表せる.

$$\varOmega_i^{(1)}=\varOmega_i\dot{u}_i+\varOmega_i'\dot{\lambda} \tag{10.4.7}$$

$$\varOmega_i^{(2)}=\varOmega_i\ddot{u}_i+\varOmega_i'\ddot{\lambda}+\varOmega_{ijk}\dot{u}_j\dot{u}_k+2\varOmega_{ij}'\dot{u}_j\dot{\lambda}+\varOmega_i''\dot{\lambda}^2 \tag{10.4.8}$$

式（10.4.7），（10.4.8）の右辺第1項では，両式ともに総和規約を適用しない．式（10.4.6），（10.4.7），（10.4.8）から，$\varOmega_i \neq 0$ ならば，u_i の各階微係数は λ の対応する階の微係数に対してそれぞれ一価の値を持つことがわかる．この場合，$\varGamma_0$ を通る釣合経路はただ一つであり，$\varGamma_0$ で λ 軸と直交しない接

線を持つことを意味している．他方，$\Omega_i=0$ のとき，釣合経路が Γ_0 で分岐するかまたは λ 軸と直交することになり，このときの釣合状態は臨界点（critical point）と呼ばれる．Ω_i の中の1個だけが0となる場合を単純臨界点（simple critical point）と呼び，複数の固有値が0となる場合を多重臨界点（multiple critical point）と呼ぶ．以下では，単純臨界点 Γ_c の近傍の釣合経路がどのような形態と性質を持つかを，$\Omega_1=0$，$\Omega_r\neq0$ $(r=2,\cdots,n)$ の場合について調べてみる．式（10.4.7）の第1式より，1階摂動釣合式は次のように表される．

$$\Omega_1'\dot{\lambda}=0,\quad \Omega_r\dot{u}_r+\Omega_r'\dot{\lambda}=0 \qquad (10.4.9.\text{a, b})$$

式（10.4.9）の第2式の第1項については，総和規約を適用しない．式（10.4.9）の解は，Ω_1' が0である場合と，そうでない場合とで性質が異なる．

10.4.2 極限点

$\Omega_1'\neq0$ のとき，1階摂動式の式（10.4.9）の解は次のようになる．

$$\dot{\lambda}=0,\quad \dot{u}_r=0,\ (r=2,\cdots,n) \qquad (10.4.10.\text{a, b})$$

また，2階摂動式は以下のように表される．

$$\Omega_1'\ddot{\lambda}+\Omega_{111}\dot{u}_1^2=0,\quad \Omega_r\ddot{u}_r+\Omega_r'\ddot{\lambda}+\Omega_{r11}\dot{u}_1^2=0 \qquad (10.4.11.\text{a, b})$$

この解は，次のように求まる．

$$\ddot{\lambda}=-\frac{\Omega_{111}}{\Omega_1'}\dot{u}_1^2,\quad \ddot{u}_r=\frac{\Omega_r'\Omega_{111}/\Omega_1'-\Omega_{r11}}{\Omega_r}\dot{u}_1^2 \qquad (10.4.12.\text{a, b})$$

さらに高階の摂動式から，高階摂動係数が順次一意に決定される．この結果から，$\Omega_1'\neq0$ である Γ_c 点を通る釣合経路はただ一つであり，Γ_c 点での釣合経路の接線は，u_1 軸に平行であることがわかる．そこで，$s=u_1$ とすると，$\Omega_{111}\neq0$ ならば，$\lambda_{11}=-\Omega_{111}/\Omega_1'\neq0$ であるから，λ は Γ_c において極値をとる．$\lambda_{11}<0$ ならば極大値，$\lambda_{11}>0$ ならば極小値である．

ここで，力 f と変形 s（圧縮が正）の関係が式（10.4.13）で表される非線形弾性水平ばねを図10.3.1のモデルの剛体肢頂点に取り付け，鉛直荷重 P を頂点から右に eh だけ偏心した位置に作用させた図10.4.1のようなモデルを考える．

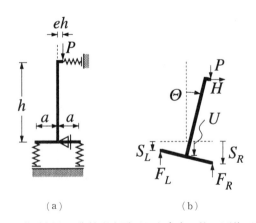

図10.4.1 荷重偏心と非線形水平ばねを有する柱の剛体ばねモデル

$$f = k_1 s + k_2 s^2 + k_3 s^3 \tag{10.4.13}$$

ここで，k_i は正の定数である．このモデルの全ポテンシャルエネルギー Π は，次式のように書ける．

$$\Pi^*(U, \Theta; P) = \frac{K}{2}\{(U + a\sin\Theta)^2 + (U - a\sin\Theta)^2\}$$
$$+ k_1 \frac{(h\sin\Theta)^2}{2} + k_2 \frac{(h\sin\Theta)^3}{3} + k_3 \frac{(h\sin\Theta)^4}{4} \tag{10.4.14}$$
$$- P\{U + h(1 - \cos\Theta + e\sin\Theta)\}$$

e および Θ が十分に小さい場合に限定し，Θ および e に関する四次以上のすべての微小項を無視すれば，全ポテンシャルエネルギーは次の近似式で表される．

$$\Pi^*(U, \Theta; P) = KU^2 - PU - Peh\Theta + \left(Ka^2 + \frac{k_1 h^2}{2} - \frac{Ph}{2}\right)\Theta^2 + \frac{k_2 h^3}{3}\Theta^3 \tag{10.4.15}$$

$k_3 > 0$，$e < 0$ の場合の釣合経路を図 10.4.2 に太線で示す．実線は安定な釣合いを，破線は不安定な釣合いを示す．L 点は荷重の極大点で極限点（limit point）と呼ばれる．同図中に，代表的な荷重レベルでの全ポテンシャルエネルギー値の変動を示した．荷重 P を 0 から静かに増加させると，釣合状態は点 O から実線の経路に沿って変化し，極限点 L に達したときに，図 10.4.1（b）の剛体肢は時計まわりに回転運動を起こして転倒する．極限点 L は安定限界でもある．図 10.4.3 の 2 部材偏平トラスでも，中央節点の下向き鉛直荷重を増加させると，極限点に達した時に突然運動を起こして下に凸な形状に移行する．

10.4.3 分岐点

$\Omega_1' = 0$ のとき，$i = 1$ の場合の 1 階摂動式 $\Omega_1^{(1)} = 0$ は恒等的に成り立ち，$r \geq 2$ の場合の $\Omega_r^{(1)} = 0$ の解は次のようになる．

$$\dot{u}_r = -\frac{\Omega_r'}{\Omega_r}\dot{\lambda}, \ (r = 2, \cdots, n) \tag{10.4.16}$$

1 階摂動方程式からは $\dot{u}_r$，$\dot{\lambda}$ と $\dot{u}_1$ との関係は求まらず，Γ_c 点での釣合経路の接線の方向は決まらない．その情報は，2 階摂動方程式より求められる．$\Omega_2^{(2)} = 0$ に式（10.4.16）を代入して整理す

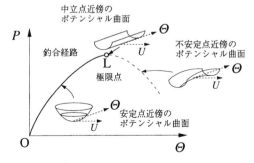
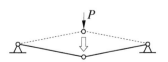

図 10.4.2　ポテンシャルエネルギー曲面形状の変化　　図 10.4.3　2 部材トラスの極限点での飛移現象

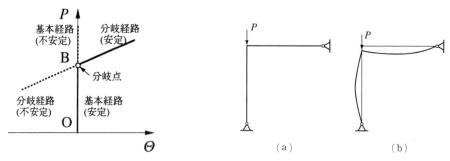

図10.4.4 非対称分岐点を持つ釣合経路と安定性　　図10.4.5 肘形ラーメンの非対称分岐点での座屈

ると，次式が得られる．
$$A\dot{\lambda}^2 + B\dot{u}_1\dot{\lambda} + \Omega_{111}\dot{u}_1^2 = 0 \quad (10.4.17)$$
この式は，$\dot{\lambda}$ または $\dot{u}_1$ に関する二次方程式であり，一般に次のような2実根を持つ．
$$\dot{\lambda} = \alpha \dot{u}_1, \quad \dot{\lambda} = \beta \dot{u}_1 \quad (10.4.18\text{ a, b})$$
$\alpha \neq \beta$ ならば，2組の異なる1階摂動解が存在し，Γ_c 点で2本の釣合経路が交差することがわかる．このように，1つの釣合経路から複数の異なる経路が枝別れする臨界点を分岐点（bifurcation point, branching point）と呼ぶ．

（1）非対称分岐点：$\Omega_1' = 0, \Omega_{111} \neq 0$

$\Omega_{111} \neq 0$ のとき，式（10.4.18）の中の α, β はともに0でない値を持つ．すなわち，2本の釣合経路の Γ_c 点での接線は，共に荷重パラメータ軸に対して垂直ではない．このような性質を持つ分岐点を非対称分岐点（asymmetric bifurcation point）と呼ぶ．

$e = 0, k_2 > 0, k_3 = 0$ の場合の，剛体ばねモデルの釣合経路を図10.4.4に示す．原点Oから傾きのない釣合状態を表す釣合経路 $P = KU$ が発し，その上の点Bにおいて，傾いた釣合状態を表す別の釣合経路が交差している．前者は基本経路（fundamental path），後者は分岐経路（bifurcation path）と呼ばれる．点Bは，非対称分岐点である．釣合状態は，基本経路に沿ってOからBまでの釣合状態は安定であるが，B点で安定性が失われ，その後は不安定となる．一方，分岐経路は，B点より上に向かう部分が安定な釣合状態を表し，下に向かう部分が不安定である．自然状態から中心圧縮力 P を静かに増加させていくと，P が $P_{cr} = Ka^2/(2h) + k_1 h$ に達したとき，瞬時に左に傾いて倒壊する．図1.2.2（a）の円筒シェルの母線方向荷重を増加させたときに生じる座屈挙動の中で，図1.2.2（b）のような脚部がふくらむ形状の座屈は非対称分岐点である．図10.4.5（a）の肘形ラーメンの鉛直方向荷重を増加させると，図10.4.5（b）のような形状を呈して倒壊する．図10.4.6のような，鉛直方向剛体部材を斜方向ばねで支えたモデルでも，頂点下向き荷重を増加させると突然頂点が右方向に運動を起こして倒壊する．これらの臨界点は，共に非対称分岐点である．

（2）対称分岐点：$\Omega_1' = 0, \Omega_{111} = 0$

$\Omega_{111} = 0$ のとき，式（10.4.17）の一方の一次摂動解は $\dot{\lambda} = 0$ となる．この釣合経路は Γ_c 点で荷重パラメータ軸に対して垂直な接線を持つので，これを (λ, u_1) 平面に投影して見ると，Γ_c 点近傍では λ 軸に関して対称である．このような分岐点を対称分岐点（symmetric bifurcation point）と呼ぶ．

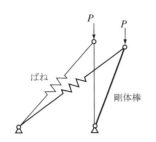
図 10.4.6 剛体ばねモデルの非対称分岐点での座屈

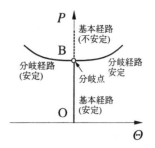
図 10.4.7 安定対称分岐点を持つ釣合経路

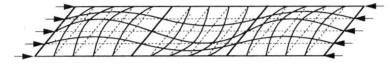
図 10.4.8 面内圧縮力を受ける4辺単純支持弾性平板の安定対称分岐点での座屈

$e=0$, $k_2=0$, $k_3>0$ の場合の，剛体ばねモデルの釣合経路を図10.4.7に示す．原点Oから傾きのない釣合状態を表す釣合経路 $P=KU$ が発し，その上の点Bにおいて，傾いた釣合状態を表す別の釣合経路が交差している．(P, Θ) 平面上の釣合経路は P 軸に関して対称であり，点Bは典型的な対称分岐点である．分岐経路に沿って荷重係数は点Bで極小値をとり，点Bから離れるに従って P は増加する．釣合状態は，基本経路に沿ってOからBまでは安定であるが，B点より上では不安定となる．一方，分岐経路上は，全域にわたって安定である．自然状態から中心圧縮力 P を静かに増加させて行くと，P が P_{cr} に達したとき，剛体肢は左右どちらかに傾きはじめるが，動的な倒壊は起こらず，傾いた状態で安定を保持し，さらに大きな荷重を支持することができる．このとき，荷重の増加に伴って傾きも増加していく．このような性質を持つ分岐点を安定対称分岐点という．図10.4.8のような平板に作用する面内圧縮力を増加させると，正弦波状の面外変形が生じるが，これは安定対称分岐点の例であり，その後さらに圧縮力を増加させることができる[10.15]．

これに対し $e=0$, $k_2=0$, $k_3<0$ の場合の，剛体ばねモデルの釣合経路を図10.4.9に示す．(P, Θ) 平面上で，分岐経路は P 軸に関して対称であるが，分岐経路に沿って荷重係数は点Bで極大値をとり，点Bから離れるに従って P は減少する．また，分岐経路上の釣合状態はすべて不安定である．したがって，荷重 P が P_{cr} に達したとき，剛体肢が左右どちらかに傾いて瞬時に倒壊する．このよ

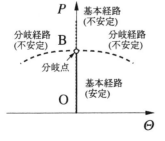
図 10.4.9 不安定対称分岐点を持つ釣合経路

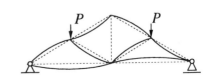
図 10.4.10 トラスの不安定対称分岐点での座屈

図 10.4.11 アーチの不安定対称分岐点での座屈

うな性質を持つ分岐点を不安定対称分岐点という．図 10.4.10 に示したトラスに対称な下向き荷重を作用させると，急に非対称な変形状態に移行して崩壊する．また，図 10.4.11 のような曲率が十分に大きいアーチに対称な漸増分布荷重を作用させると，突然逆対称な変形モードが発生して崩壊する．

10.4.4 臨界点の不整感度特性

実際の構造物は，形状，材料の物理的性質，載荷条件などのあらゆる点において，解析モデルで仮定される理想的条件から外れている．均質材料で作られた真直な柱は存在しないし，荷重を中心軸線に正確に作用させることもできない．これらの偏差を不整（imperfection）という．不整を持たない理想的なモデルは完全系（perfect system）と呼ばれ，これに対して求めた座屈荷重値が実際の構造物の最大耐力とどの程度よく対応しているかは，種々の不整の大きさにもよるが，その座屈現象を支配している臨界点の種類の違いに大きく依存する．弾性柱の中心圧縮実験では，解析条件に近い支点機構を用いてやれば，供試体や装置に多少の不整が含まれていても，Euler 荷重値に近い耐力値を実現することができる．しかし，薄い円筒に母線方向の圧縮力を加える実験では，つい最近に至るまでその時代の技術が及ぶ限り不整を取り除いても，真円筒の理論座屈荷重値を数十パーセントも下回る結果しか得られなかったという歴史がある．両者の性質の違いは，前者が安定対称分岐点によって支配される座屈現象であるのに対し，後者は多重非対称分岐点による座屈現象であることから説明できる．臨界点の理論解析結果を種々雑多な不整を含む現実の構造物の設計に利用していこうとするとき，不整の種類や大きさが最大耐力をどのように変化させるかを理解しておくことは重要である．臨界点まわりにおける耐力と不整の関係を調べる解析を，狭義の不整感度解析（imperfection sensitivity analysis）という．構造物系の全ポテンシャルエネルギーは，変位や荷重といった状態変数のみならず，形状不整パラメータの関数でもある．形状不整パラメータとは，初期たわみなどの不整の大きさや方向を表すパラメータである．Koiter は，全ポテンシャルエネルギー関数を不整パラメータも含めて臨界点まわりに摂動展開する方法によって不整感度特性を求める一般理論を連続体構造物について初めて提案し，不整感度特性を支配する一般的な法則を導いている[10.2]．その後，Thompson は，同様の手法を離散構造系に適用し，臨界点の系統的な分類と対応する不整感度特性の法則を導いている[10.11]．図 10.4.12～10.4.15 に，極限点，非対称分岐点，安定対称分岐点，不安定対称分岐点についての不整感度特性をそれぞれ示す．各図の（a）は不整パラメータ値ごとの釣合曲線を荷重-臨界主軸変位成分平面で描いた図であり，（b）は臨界点近傍における最大（または最小）耐力値 P_{cr} と不整パラメータ値 ε との関係図および関係式を示している．非対称分岐点まわりの不整感度特性が ε の 1/2 乗項を持つ式で支配されることから，この法則を 1/2 乗

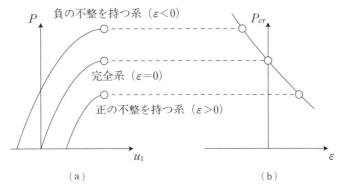

図 10.4.12　極限点での不整感度特性

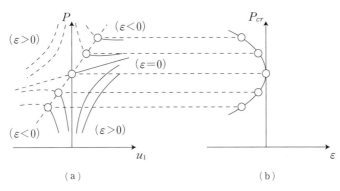

図 10.4.13　非対称分岐点での不整感度特性

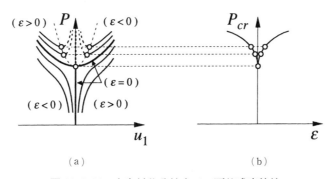

図 10.4.14　安定対称分岐点での不整感度特性

則という．この項の係数の値によって程度は異なるが，非対称分岐点近傍では，ごくわずかの不整量が存在することによって最大耐力値が急激な低下を起こすことが読み取れる．これに対し，対称分岐点近傍の不整感度特性は ε の 2/3 乗項によって支配され，これを 2/3 乗則という．なお，広義の不整感度解析については，文献 10.16) や 10.17) を参照されたい．

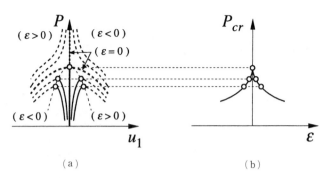

図 10.4.15 不安定対称分岐点での不整感度特性

10.5 弾性安定解析法
10.5.1 速度型剛性行列

10.2〜10.4 節で述べた弾性構造物の安定性および臨界点の一般理論をそのままの形で個々の具体的な問題に適用することは困難である．本節では，有限要素法などで離散化された弾性構造物の安定解析のための数値解析手法について概説する．連続体の 1 つの領域または要素での仮想仕事式は，次のように書ける．

$$\int_V \sigma_{ij}\delta\varepsilon_{ij}dV = \int_V F_i\delta u_i dV + \int_S T_i\delta u_i dS \tag{10.5.1}$$

ここで，σ_{ij} は応力テンソル，ε_{ij} はひずみテンソル，u_i は変位ベクトル，F_i は物体力ベクトル，T_i は表面力ベクトルであり，総和規約を用いるものとする．いま u_i が，節点変位または内挿関数に乗じられる係数を代表する一般化変位 d_k の線形関数として $u_i(d_k)$ のように表され，ε_{ij} は，d_k の非線形関数として $\varepsilon_{ij}(d_k)$ のように書けるものとする．このとき，式(10.5.1)は次のように表される．

$$\int_V \sigma_{ij}\frac{\partial\varepsilon_{ij}}{\partial d_k}\delta d_k dV = \int_V F_i\frac{\partial u_i}{\partial d_k}\delta d_k dV + \int_S T_i\frac{\partial u_i}{\partial d_k}\delta d_k dS \tag{10.5.2}$$

d_k は空間座標に依存しない量であり，式 (10.5.2) が任意の δd_k に対して成立するための条件として，次の釣合式を得る．

$$\int_V \sigma_{ij}\frac{\partial\varepsilon_{ij}}{\partial d_k}dV = \int_V F_i\frac{\partial u_i}{\partial d_k}dV + \int_S T_i\frac{\partial u_i}{\partial d_k}dS \tag{10.5.3}$$

荷重係数，特定点の変位などの経路パラメータを t とし，構成則を次のように書く．

$$\dot{\sigma}_{ij} = D_{ijkl}\dot{\varepsilon}_{kl} \tag{10.5.4}$$

ここで，$(\dot{\,})$ は t に関する微分である．式 (10.5.3) を t で微分し，式 (10.5.4) を用いると次の速度型釣合式を得る．

$$\int_V \left(D_{ijmn}\frac{\partial\varepsilon_{ij}}{\partial d_l}\frac{\partial\varepsilon_{mn}}{\partial d_k} + \sigma_{ij}\frac{\partial^2\varepsilon_{ij}}{\partial d_k\partial d_l}\right)\dot{d}_l dV = \int_V \dot{F}_i\frac{\partial u_i}{\partial d_k}dV + \int_S \dot{T}_i\frac{\partial u_i}{\partial d_k}dS \tag{10.5.5}$$

ここで，$[K_0(U)] = \left[\int_V D_{ijmn}\frac{\partial\varepsilon_{ij}}{\partial d_l}\frac{\partial\varepsilon_{mn}}{\partial d_k}dV\right]$，$[K_g(\sigma, U)] = \left[\int_V \sigma_{ij}\frac{\partial^2\varepsilon_{ij}}{\partial d_k\partial d_l}dV\right]$，$\{\dot{U}\} = \{\dot{d}_l\}$，

$\{\dot{f}\} = \left\{ \int_V \dot{F}_i \dfrac{\partial u_i}{\partial d_k} dV + \int_S \dot{T}_i \dfrac{\partial u_i}{\partial d_k} dS \right\}$ とおくと，$[K_0(U)]$ は初期剛性行列，$[K_g(\sigma, U)]$ は幾何剛性行列，$\{\dot{f}\}$ は一般化外力速度ベクトル，$\{\dot{U}\}$ は一般化変位速度ベクトルであり，式 (10.5.5) より次の速度型剛性行列を得る．

$$[K_0(U) + K_g(\sigma, U)]\{\dot{U}\} = \{\dot{f}\} \qquad (10.5.6)$$

以下では，簡単のため ε_{ij} に対してグリーンのひずみテンソルを用いるものとする．このとき，ε_{ij} は d_k の二次関数であり，$[K_g]$ は U に依存せず，$[K_g(\sigma)]$ のように書くことができる．

10.5.2 線形座屈解析と非線形座屈解析

　線形座屈解析では，比例載荷荷重の作用する場合において，座屈前状態の変位の $[K_0]$ への影響を無視し，$[K_0(U)] = [K_0(0)]$ と近似的に表す．さらに，座屈前状態の応力分布には，線形解析解を近似的に用いる．すなわち，荷重パラメータを λ，$\lambda = 1$ に対する線形解析で得られる応力を $\bar{\sigma}$ とすると，$\sigma = \lambda\bar{\sigma}$ および $[K_g(\sigma)] = \lambda[K_g(\bar{\sigma})]$ が近似的に成立するものとする．このような定式化は，圧縮力を受ける柱や平板の座屈解析などのように，座屈前たわみがないか，あるいは無視できるほど小さいタイプの分岐点型座屈の解析に有効である．

　分岐点では，与えられた $\{\dot{f}\}$ に対して，基本釣合経路上の変位速度解 $\{\dot{U}^f\}$ と分岐経路上の変位速度解 $\{\dot{U}^b\}$ が存在し，

$$[K_c^L(\lambda)] = [K_0(0) + \lambda K_g(\bar{\sigma})] \qquad (10.5.7)$$

とすると，次の 2 式が成立する．

$$[K_c^L(\lambda)]\{\dot{U}^f\} = \{\dot{f}\}, \quad [K_c^L(\lambda)]\{\dot{U}^b\} = \{\dot{f}\} \qquad (10.5.8.\text{a, b})$$

式 (10.5.8) より次式を得る．

$$[K_c^L(\lambda)]\{\dot{U}^f - \dot{U}^b\} = \{0\} \qquad (10.5.9)$$

式 (10.5.9) が $\{\dot{U}^f - \dot{U}^b\} \neq \{0\}$ の解を持つための条件として，次の分岐点条件式が導かれる．

$$\det[K_c^L(\lambda)] = 0 \qquad (10.5.10)$$

あるいは

$$[K_c^L(\lambda)]\{\Phi\} = \{0\} \qquad (10.5.11)$$

　ここで，式 (10.5.10) または式 (10.5.11) を満たす λ が座屈荷重であり，それに対応する非ゼロベクトル $\{\Phi\}$ が座屈モードである．式 (10.5.7) および式 (10.5.11) より，線形座屈解析は，一般固有値問題に帰せられる．

　偏平なトラスやシェルに面外方向比例載荷荷重が作用する場合のように，座屈前に大きく変形する構造物では，線形座屈解析を用いた場合に座屈荷重を過大評価することになるため，座屈前の変形を考慮に入れた非線形座屈解析を行う必要がある．非線形座屈解析では，まず，釣合経路を荷重増分法，変位増分法，弧長増分法[10,18]らの何らかの方法を用いて追跡する．増分区間で線形近似された基礎式を用いる線形化増分解析では，強い非線形性を示す経路の追跡に際し，累積誤差のために増分長を相当小さく刻まなければ，必要とされる精度の解を得られない場合がある．これに対しては，Newton 法などの繰返し計算によって不釣合力を取り除く方法がよく用いられる．しかし，分岐

点などの臨界点近くでこの方法を用いると，繰返し計算の過程でしばしば解が発散するという問題が生じる．また，弾塑性体の解析では，多軸応力場の構成則が一般には応力とひずみのトータル量の関係として表現できず，刻々の状態における変化率関係として記述される．そのため，厳密には，このような繰返し計算自体が正当化されない．これらの問題を合理的に解決する手法として，増分摂動法[10.19),10.20)]がある．

いま，$t=\lambda$ とし，
$$[K_c^N(\lambda)]=[K_0(U)+K_g(\sigma,\ U)] \tag{10.5.12}$$
の記号を用いると，分岐点では線形座屈解析と同様に次式が成り立つ．
$$[K_c^N(\lambda)]\{\dot{U}^f-\dot{U}^b\}=\{0\} \tag{10.5.13}$$
したがって，以下の分岐点条件式が導かれる．
$$\det[K_c^N(\lambda)]=0 \tag{10.5.14}$$
あるいは
$$[K_c^N(\lambda)]\{\varPhi\}=\{0\} \tag{10.5.15}$$
このように，非線形座屈解析問題は接線剛性行列 $[K_c^N(\lambda)]$ の最小固有値が0となるような荷重係数 λ の値を求める問題に帰せられる．上記条件は，安定論の一般理論からも導くことができる．

10.6　塑性域での座屈現象

鋼構造物は，一部が塑性域に入ることによってその部分の剛性が著しく低下し，不安定現象を起こしやすくなる．また，建築構造物が崩壊していく過程は，ほとんどの場合，塑性変形を伴う．塑性域での座屈現象では，材料の降伏による剛性低下が支配的役割を演じる．しかし，前節で説明した弾性安定理論において，この剛性低下だけを単純に考慮に入れてやれば塑性座屈現象を説明できるかというと，問題はそれほど単純ではない．降伏している材料の剛性係数は，図10.6.1に示すように，その後のひずみの進行方向によって異なる値をとる．ひずみの進行方向が逆転した後の塑性変形を伴わない変形過程を除荷（unloading）といい，初期弾性時の剛性係数に従う．塑性座屈現象を解析的に扱うとき，特に座屈後挙動解析では，材料の除荷過程を正確に考慮する必要がある．塑性変形によって力学的エネルギーの一部が熱エネルギーに変わるから，系の全ポテンシャルエネルギーが定義できず，弾性保存系の理論は基本的に適用できない．そのために，塑性座屈挙動は，対

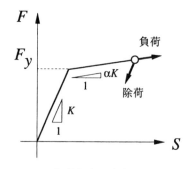

図10.6.1　弾塑性材料の負荷挙動と除荷挙動

応する弾性構造物の座屈挙動の類推によって把握できる面と，本質的に異なる面とを併せ持つ.

10.6.1　剛体ばねモデルの塑性座屈現象

　図 10.4.1 の剛体ばねモデルの鉛直弾性ばねを次の式（10.6.2）の力-縮み関係に従う線形硬化弾塑性ばねで置き換え，水平ばね特性を $k_1>0$，$k_2>0$，$k_3>0$ とし，荷重偏心がない $e=0$ の場合を例にとって，塑性座屈現象の特徴を見てみる[10.4),10.10)].

　$F<F_y$ の場合，または $F=F_y$ かつ $\dot{F}<0$ の場合：

$$\dot{F}=K\dot{S} \tag{10.6.1}$$

　$F=F_y$ かつ $\dot{F}\geqq 0$ の場合：

$$\dot{F}=aK\dot{S},\ (0<a<1) \tag{10.6.2}$$

　ここで，a は弾性剛性に対する塑性化後剛性の比である．左右の鉛直ばねの縮み S_L，S_R と変位成分 U，Θ との関係は Θ の二次以上の項を無視すると，次式のように書ける．

$$S_L=U-a\Theta,\ S_R=U+a\Theta \tag{10.6.3.a, b}$$

同様の近似を用いて，剛体肢に作用する力の釣合式は次式で表される．

$$F_R+F_L=P,\ (F_R-F_L)a=h\Theta P-h^2(k_1\Theta+hk_2\Theta^2) \tag{10.6.4.a, b}$$

　ここに，F_R，F_L は左右鉛直ばねの圧縮力を表す．また，$e=0$ であるから，荷重 P の任意の値について，傾きのない次のような釣合状態が存在する．

$$\Theta=0,\ S_L=S_R,\ F_L=F_R \tag{10.6.5.a, b, c}$$

　いま，左右の鉛直ばねが共に降伏しており，モデルが傾きのない釣合状態にある場合を考える．この状態から，傾きのある釣合状態へと釣合経路の分岐が生じるための条件について調べる．まず，左右の鉛直ばねが共に負荷（loading）する，すなわち両ばねの変形が縮み方向に進行すると仮定した場合の解を検討する．このとき，式（10.6.2）より両ばねの係数は aK であるから，もし分岐が生じるとすれば，弾性分岐荷重（Euler 荷重）を表す式の中の K を aK で置き換えて得られる次の値に荷重 P が達したときである．

$$P_T=\frac{2aKa^2}{h}+k_1h \tag{10.6.6}$$

P_T は接線係数荷重（tangent modulus load）と呼ばれる．また，$\dot{\Theta}>0$ のとき対応する分岐モードは，次のようである．

$$\dot{U}=\frac{\dot{P}}{2aK},\ \dot{P}=k_2h^2\dot{\Theta},\ \dot{S}_L=\left(\frac{k_2h^2}{2aK}-a\right)\dot{\Theta},\ \dot{S}_R=\left(\frac{k_2h^2}{2aK}+a\right)\dot{\Theta} \tag{10.6.7.a, b, c}$$

$k_2h^2/(2aK)\geqq a$ のとき，$\dot{\Theta}>0$ に対する式（10.6.7）の解は，$\dot{S}_L\geqq 0$，$\dot{S}_R>0$ となるから，両ばね負荷の仮定と矛盾なく適合し，$\dot{\Theta}<0$ の解は，$\dot{S}_L\leqq 0$，$\dot{S}_R<0$ となり仮定と矛盾する．すなわち，$\dot{\Theta}>0$ の1方向にだけ，式（10.6.7）のモードでの分岐が可能である．一方，$k_2h^2/(2aK)<a$ のとき，解はどちらか一方のばねが除荷されることを意味し，両ばね負荷と仮定したことに矛盾する．したがって，接線係数荷重の下で式（10.6.7）のモードで釣合経路が分岐することはない．

　次に，一方のばねが負荷され，他のばねが除荷される場合を検討する．すなわち，$\dot{\Theta}>0$ のとき，

$\dot{S}_L \leq 0$, $\dot{S}_R \geq 0$ と仮定する．これに適合する構成式を用いて，釣合経路の一次摂動解が次のように求まる．

$$\dot{P} = \frac{(1+\alpha)h(P_R - P)}{(1-\alpha)a}\dot{\Theta} \tag{10.6.8}$$

$$\dot{S}_L = \frac{h(P_T - P)}{(1-\alpha)Ka}\dot{\Theta}, \quad \dot{S}_R = \frac{h(P_E - P)}{(1-\alpha)Ka}\dot{\Theta} \tag{10.6.9.a, b}$$

ここで，P_R は換算係数荷重（reduced modulus load）と呼ばれ，次式のように得られる．

$$P_R = \frac{4\alpha K a^2}{(1+\alpha)h} + k_1 h \tag{10.6.10}$$

$P_T \leq P \leq P_E$ の区間では，式10.6.9が $\dot{S}_L \leq 0$, $\dot{S}_R \geq 0$ の仮定と整合し，釣合経路は式（10.6.8）と10.6.9で表される方向に分岐することがわかる．また，$\dot{\Theta} < 0$ であり，$\dot{S}_L \geq 0$, $\dot{S}_R \leq 0$ と仮定した場合の1階摂動解は，次のように求まる．

$$\dot{P} = -\frac{(1+\alpha)h(P_R - P)}{(1-\alpha)a}\dot{\Theta} \tag{10.6.11}$$

$$\dot{S}_L = \frac{h(P_E - P)}{(1-\alpha)Ka}\dot{\Theta}, \quad \dot{S}_R = \frac{h(P_T - P)}{(1-\alpha)Ka}\dot{\Theta} \tag{10.6.12.a, b}$$

$P_T \leq P \leq P_E$ の区間で，式10.6.12が，$\dot{S}_L \geq 0$, $\dot{S}_R \leq 0$ の仮定と整合し，釣合経路は，式（10.6.11）と式（10.6.12）で表される方向に分岐することがわかる．

$k_2 = 0$ のモデルの釣合経路の概略を，図10.6.2の P-Θ 平面に示した．釣合経路は荷重 P の軸に関して対称であり，弾塑性対称分岐点を呈している．この結果が示す塑性座屈現象の特徴は，次のようである[10.4]．

a） 接線係数荷重 P_T が，柱の曲がりが生じうる最小荷重である．なお，降伏荷重 P_Y が P_T より大きい場合，柱は P_Y で曲がり始める．

b） 接線係数荷重で柱が曲がり始めるとき，曲がりの進行に伴って荷重は上昇する．

c） 接線係数荷重で曲がりが起こる瞬間に，片方のばねの変形率は 0 であるが，曲がりが始まるとそのばねは除荷される．

d） $P_T \leq P \leq P_E$ の範囲にあるすべての荷重レベルで釣合経路の分岐が生じる．すなわち，柱の

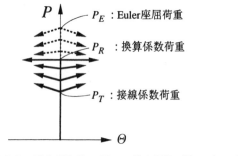
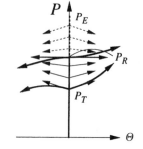

図10.6.2 剛体ばね柱モデルの釣合経路（$k_2 = 0$）　　図10.6.3 剛体ばね柱モデルの釣合経路（$k_2 > 0$）

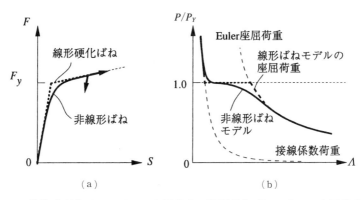

図10.6.4 非線形硬化ばねモデルの座屈荷重と線形硬化ばねモデルの座屈荷重の比較

曲がりが可能である[10.21].

e) 換算係数荷重 P_R の荷重レベルからは,荷重一定の下で曲がりが生じる.

f) $P_T \leq P \leq P_R$ の範囲の真直釣合状態およびその後の座屈後釣合状態は安定である.$P=P_R$ では中立安定,$P>P_R$ では不安定である.

$k_2 \neq 0$ のモデルの釣合経路図を図10.6.3に示す.このモデルの分岐点および分岐経路の分岐点での接線ベクトルは,$k_2=0$ のモデルと一致し,上記a)～f)の特徴を共有する.しかし,同一分岐点から左右に同角度で発する一対の分岐経路は,曲率およびそれ以上の高階微係数が異なるため,P 軸に関して非対称となっている.

ばねの剛性係数が連続的に変化し,ばねの力-変形曲線がなめらかである非線形ばねモデルの座屈荷重について,線形硬化ばねモデルの座屈荷重と対比させて図10.6.4に示す.図10.6.4(b)に実線で描いた細長比 Λ に対する非線形ばねモデルの座屈荷重曲線は,破線で描いた線形硬化ばねモデルの座屈荷重曲線と異なり,全領域でなめらかである.

10.6.2 連続体の塑性座屈一般理論

前節の剛体ばねモデルの例を見ると,ある釣合状態からの分岐の有無を調べるためには,降伏している全要素について負荷または除荷のすべての組合せに対し,構成則との整合性を満たす速度解が存在するか否かを検討する必要があるように思われるかもしれない.もし降伏要素の数が多い場合には,すべての組合せを網羅することは極めて困難な作業であり,連続体の場合には,このような検討そのものが不可能である.この問題に対し,R. Hill は,与えられた増分載荷に対して増分応答がただ一つしか存在しないことを保証する条件,すなわち唯一性の十分条件を連続体について一般的に示した[10.5),10.22].Kirchhoff 応力速度 $\dot{\sigma}_{ij}$ と Green ひずみ速度 $\dot{\varepsilon}_{ij}$ が次式の関係に従うようなひずみ硬化三次元連続体を考える.

$$\dot{\sigma}_{ij}=E_{ijkl}\dot{\varepsilon}_{kl}, \quad \text{for} \quad \phi<0 \text{(弾性域)} \quad \text{or} \quad \phi=0, \frac{\partial \phi}{\partial \sigma_{ij}}\dot{\sigma}_{ij}<0 \text{(除荷)} \qquad (10.6.13)$$

$$\dot{\sigma}_{ij}=L_{ijkl}\dot{\varepsilon}_{kl}, \quad \text{for} \quad \phi=0, \frac{\partial \phi}{\partial \sigma_{ij}}\dot{\sigma}_{ij}\geq 0 \text{(負荷)} \qquad (10.6.14)$$

ここに，E_{ijkl} は弾性係数，L_{ijkl} は負荷挙動時の塑性係数，ϕ は塑性ポテンシャル関数である．Hill の理論によれば，幾何学的許容条件を満たすすべての変位速度分布 $\dot{u}_i$ に対して次式の条件が成立していれば，この釣合状態からの速度解はただ一つだけ存在する．

$$\Pi^* = \int \frac{1}{2}(L_{ijkl}^* \dot{\varepsilon}_{ij} \dot{\varepsilon}_{kl} + \sigma_{ij} \dot{u}_{k,i} \dot{u}_{k,j}) dV > 0 \tag{10.6.15}$$

ここに，L_{ijkl}^* は比較体（comparison solid）の構成則の係数である．ここではカンマ規約を用いており，下添え字の，i は u_i に関する偏微分を表す．比較体とは，降伏域内のすべての要素が，ひずみ速度の方向にかかわらず塑性負荷挙動すると仮定された仮想材料の連続体であり，次の構成則によって規定される．

$$\dot{\sigma}_{ij} = L_{ijkl}^* \dot{\varepsilon}_{kl} \tag{10.6.16}$$

ここで，$L_{ijkl}^* = E_{ijkl}$, for $\phi < 0$（弾性域），$L_{ijkl}^* = L_{ijkl}$, for $\phi = 0$（塑性域）である．上記の剛体ばねモデルの傾きのない釣合状態について，式 (10.6.15) に対応する不等式を書くと，次のようになる．

$$\Pi^* = \frac{1}{2}(K_L^* \dot{S}_L{}^2 + K_R^* \dot{S}_R{}^2 + k_1 h \dot{\Theta}^2 - P h \dot{\Theta}^2) > 0 \tag{10.6.17}$$

ここで，$K^* = K$（弾性域），$K^* = \alpha K$（塑性域）である．式 (10.6.15)，(10.6.17) の Π^* が正値をとらない変位速度が存在するとき，この釣合状態は，分岐点または極限点の可能性がある．Hutchinson は，Π^* がある変位速度に対して 0 値をとり，正定値性が初めて失われるとき，その釣合状態から分岐経路が発生することを限られた載荷条件の下で一般的に示している[10.6]．また，分岐の直後に発生する除荷域の急速な進展過程を考慮した分岐後挙動の級数解を特異摂動法を用いて解析的に導く方法を提示している．しかし，この級数解は，特殊な場合を除いて一般に収束性が悪く，最大耐力値などを精度良く予測できない．分岐後挙動を所要の精度で求めるには，有限要素法などの数値解析を用いる必要がある．

10.6.3 繰返し載荷を受ける弾塑性構造物の臨界点

構造物が塑性域で繰返し載荷を受けるとき，ある特定の二次的変形モードが現れ，それが載荷サイクル数の増加に伴って成長し，時には発散する場合がある．このような二次的変形モードの発生は，釣合経路の分岐現象に起因する場合もあるが，釣合経路の唯一性が保証されていて，分岐の可能性が存在しない状況の下で起きる場合もある．後者の場合も，二次的変形モードの発生現象は，載荷条件に依存して生じたり生じなかったりする．このことは，載荷パラメータ値の組合せにおいて，発生の有無を分ける臨界条件が存在することを意味している．しかし，この種の臨界現象は釣合経路の臨界点とは本質的に異なるものであり，前節までに述べた理論を適用することができない．

図 10.6.5 は，一定圧縮軸力を受ける角形鋼管柱材の完全両振曲げ実験の結果を，軸力比と部材角振幅を軸とする載荷条件平面上に示したものである．○は，供試体の変形が図 10.6.5（b）に示されるように，一対の反転時形状が初期材軸線に対して対称な定常状態に収束した場合である．●は，図 10.6.5（c）に示されるような二次的変形モードが現れ，これが載荷を繰り返すごとに増幅されて

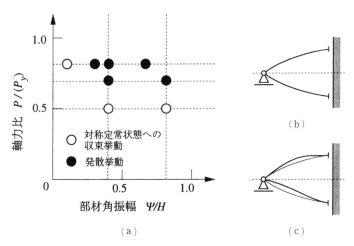

図10.6.5 一定圧縮軸力の下での角形鋼管柱材の完全両振曲げ実験の結果

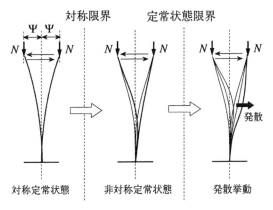

図10.6.6 一定圧縮軸力の下で連続的漸増振幅完全両振繰返し曲げを受ける片持柱の変形状態の推移

いく場合を表している．この結果は，載荷条件平面上に何らかの限界曲線が存在することを示唆している[10.23]．

繰返し載荷特有のこのような臨界現象に対し，繰返し載荷振幅が連続的に単調増加する理想化された載荷プログラムについて臨界点を定義し，定常状態の連続的変化に着目して，これらの臨界点を予測する理論が設立されている[10.7),10.24),10.25)]．一定圧縮軸力の下で連続的漸増振幅完全両振繰返し曲げを受ける片持柱の変形状態は，図10.6.6に示されるように，振幅の増加に伴って対称定常状態（symmetric steady state：初期材軸線に関して対称な定常状態），非対称定常状態（asymmetric steady state），発散挙動（divergent behavior）の順に移り変わる．対称定常状態から非対称定常状態に移行する臨界点は対称限界（symmetry limit），非対称定常状態から発散挙動に移行する臨界点は定常状態限界（steady-state limit）と呼ばれている．

10.7 骨組の弾塑性解析
10.7.1 臨界点解析と釣合経路解析

骨組が静的載荷を受けるときの安定限界や不安定域の挙動を求めるための解析法は，臨界点解析と釣合経路解析（挙動追跡解析）の2種類に大きく分類される．

臨界点解析には，分岐座屈荷重と座屈モードを求めるための解析や，塑性崩壊荷重および崩壊機構を求めるための極限解析[10.26),10.27)]などがある．これらは，釣合経路の臨界点である分岐点または極限点と，その点から発する接線挙動の情報を得るための解析であり，接線剛性行列の特異点を求める固有値問題となる．これらの臨界点解析は，荷重が作用し始める状態から臨界点状態に至るまでの挙動が，微小変形理論によって十分精度良く記述できる場合に簡便に適用でき，形状，境界条件，載荷条件が単純な問題に対しては閉型解が求まる場合もある．部材内の応力分布において軸力が支配的であり，曲げの影響が無視できる骨組の線形座屈解析や，比較的小さい鉛直荷重の作用下で水平力が漸増載荷される骨組の塑性崩壊状態を求める極限解析などがこれにあたる．

しかし，臨界点に至るまでの挙動が強い非線形性を示す問題では，臨界点での変位の影響が無視できず，微小変形理論によって応力分布を評価する方法で求めた解は，無視しがたい誤差を含むことになる．非線形性を生じる要因には，塑性域の拡大や縮小，降伏後における応力とひずみの非線形関係といった材料的要因と，変形による骨組の形状変化が力の釣合条件式に影響を及ぼす，P-Δ効果およびP-δ効果などの幾何学的要因が存在する．ここで，P-Δ効果とは，図10.7.1（a）のように節点の水平移動Δと鉛直荷重Pの積として得られる柱モーメントの増加であり，P-δ効果とは，図10.7.1（b）のように，柱たわみδと柱軸力Pの積として得られる柱モーメントの増加である．また，部分的に塑性変形が生じることを許容する耐震設計においては，最大耐力のみならず，剛性の変化や変形性能，エネルギー吸収能力など，終局状態に至るまでの詳細な情報が要求される．このような場合には，荷重の変化に伴う骨組の釣合状態の変動を追跡する釣合経路解析が必要となる．特に，塑性変形を伴う挙動を追跡するには，塑性法則が刻々と満たされるように材料の応力-ひずみ履歴関係，または要素の力-変位の履歴関係を逐次たどりながら解析を進める必要がある．この手続きを弾塑性解析と呼び，材料的非線形性のみならず，幾何学的非線形性も同時に考慮に入れた

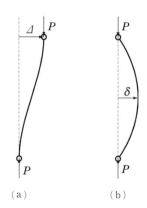

図10.7.1　P-Δ効果とP-δ効果

場合を複合非線形解析[10.28]-[10.30]と呼ぶ．これらの解析は，一般に膨大な計算量を必要とするため，コンピュータを用いて実行される．

本章では，複合非線形性を考慮に入れやすく，広く利用されているマトリックス変位法について概説する．複合非線形解析では，塑性領域や除荷領域の刻々の変化を追跡しながら解析を進める必要があるため，値の変化が指定されている荷重や変位の増分を小刻みに作用させ，増分ごとの解を求めて繋ぎ合せを行う増分解析法が一般的である．

10.7.2　接線剛性方程式

塑性変形域を含む要素の接線剛性行列を求める方法は，次のように大別される．

（1）有限要素法

骨組内部に生じた塑性変形域は，荷重の変動につれて部材の軸方向およびせい方向に拡大，あるいは縮小する．ここでは，部材を材軸方向に複数個の有限要素に分割し，各要素をせい方向に n 個の層領域に分割することにより塑性変形域の変化を表現する図 10.7.2 の有限要素 ab について，剛性関係式の誘導を示す．

要素内のひずみ ε を，材軸線上の点の要素座標系に対する変位の x 軸方向成分 u および y 軸方向成分 v を用いて次式のように表す．

$$\varepsilon(x,\ y) = \frac{\partial u(x)}{\partial x} + \frac{1}{2}\left(\frac{\partial v(x)}{\partial x}\right)^2 - y\frac{\partial^2 v(x)}{\partial x^2} \tag{10.7.1}$$

増分載荷中も要素につねに付随して移動回転する要素座標系を用いる解析では，ある程度の幾何非線形効果が取り入れられているので，数要素分の長さを持つ区間内において局所的な座屈変形が生じることがなければ，式（10.7.1）の右辺第2の非線形項を無視して，線形ひずみ式を採用しても十分精度の良い結果が得られる．

有限要素法では，変位関数 $u(x)$，$v(x)$ を独立な節点変位成分によって一意に表現する．例えば，$u(x)$ を x の一次関数，$v(x)$ を x の三次関数で近似すると次式のようになる．

$$u(x) = \frac{x}{L}u_a,\ v(x) = \frac{x}{L}\left(1-\frac{x}{L}\right)\left\{\left(1-\frac{x}{L}\right)\theta_b - \frac{x}{L}\theta_a\right\} \tag{10.7.2}$$

要素軸力が大きく，増分載荷中その変動が小さい場合，軸力を考慮した弾性要素の釣合微分方程式の一般解から変位関数表現を導いて用いる方法もある．式（10.7.2）を式（10.7.1）に代入すれば，ひずみを節点変位成分で表す式が得られる．

図 10.7.2　要素端変位と要素端力

$$\varepsilon = \varepsilon(x, y; u_a, \theta_a, \theta_b) \tag{10.7.3}$$

釣合状態では，次の仮想仕事式がつねに満足される．

$$\int_0^L \int_A \sigma \delta\varepsilon dA dx = f_i \delta d_i \tag{10.7.4}$$

ここで f_i, u_i は，それぞれ次式で定義される $\{f\}$, $\{u\}$ の第 i 成分であり，下添字 i について総和規約を適用する．

$$\{f\} = \begin{Bmatrix} f_1 \\ f_2 \\ f_3 \end{Bmatrix} = \begin{Bmatrix} p_a \\ m_a \\ m_b \end{Bmatrix}, \quad \{d\} = \begin{Bmatrix} d_1 \\ d_2 \\ d_3 \end{Bmatrix} = \begin{Bmatrix} u_a \\ \theta_a \\ \theta_b \end{Bmatrix} \tag{10.7.5.a, b}$$

また，仮想ひずみ $\delta\varepsilon$ は，式 (10.7.3) より次式のように表される．

$$\delta\varepsilon = \frac{\partial \varepsilon}{\partial d_i} \delta d_i \tag{10.7.6}$$

構成則は，一般に応力とひずみの速度量関係として記述できる．

$$\dot{\sigma} = \tilde{E} \dot{\varepsilon} \tag{10.7.7}$$

ここに，係数 $\tilde{E}$ は，増分載荷前の応力状態が弾性である領域では弾性係数 E をとる．しかし，降伏状態にある領域については，図 10.7.3 に示すように塑性負荷の場合は $\tilde{E} = E_t$，弾性除荷の場合は $\tilde{E} = E$ を適用する．負荷か除荷かの判定は，一般に増分載荷前に決定できるものではなく，どちらかをまず仮定して係数値を与え，増分解析を行って求まるひずみ速度の符号と矛盾するか否かの検定を行う．矛盾が生じた場合は，最初の仮定を変更して再度増分解析を行い，まったく矛盾のない速度解が求まるまで試行修正を繰り返す．臨界点近傍やその後の釣合経路を追跡する際には，この試行修正手続きが収束しない状況に陥る場合も多く，これを回避する問題は複合非線形解析における最も困難な問題の一つであり，整合剛性行列形成問題と呼ばれている[10.31]．

式 (10.7.6) を式 (10.7.4) に代入した式を t で微分し，これに式 (10.7.7)，(10.7.3) を代入して得られる仮想仕事式から，要素剛性関係式が次のように求まる．

$$\dot{f}_i = K_{ij} \dot{d}_j \tag{10.7.8}$$

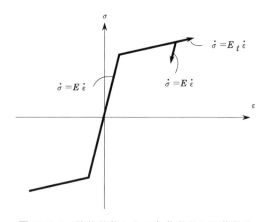

図 10.7.3　降伏状態からの負荷挙動と除荷挙動

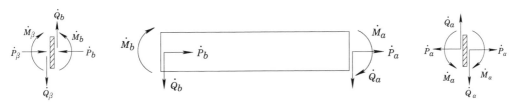

図 10.7.4 両端に塑性ヒンジを持つ弾性要素

$$K_{ij}=\int_0^1 \sum_{k=1}^s \left(\tilde{E}\frac{\partial \varepsilon}{\partial d_i}\frac{\partial \varepsilon}{\partial d_j}+\sigma \frac{\partial^2 \varepsilon}{\partial d_i \partial d_j}\right)_{y=y_k} \Delta A_k L d\xi \tag{10.7.9}$$

ここに，s は要素をせい方向に分割した層領域の総数であり，y_k は第 k 層中央点の y 座標，ΔA_k は第 k 層の断面積である．辻らは，上記のような通常の有限要素法とは異なる定式化法によって，部材断面を複数領域に分割した要素の剛性行列を導いている[10.32]．

(2) 塑性ヒンジ法

塑性変形がすべて塑性ヒンジに集約され，塑性ヒンジ以外の部分はすべて弾性域にあるとするモデル化である．図 10.7.4 に示されるように，弾性要素 ab の両端に塑性ヒンジが形成された要素 $\alpha\beta$ の接線剛性方程式の誘導を示す．弾性要素 ab の剛性関係式は，要素内の全領域で弾性則を適用し，式 (10.7.8)，(10.7.9) と同様の手続きによって導くことができる．

$$\{\dot{f}_{ab}\}=[K_{ab}]\{\dot{d}_{ab}\} \tag{10.7.10}$$

ここで，$\{f_{ab}\}=\{p_a\ m_a\ m_b\}^T$, $\{d_{ab}\}=\{u_a\ \theta_a\ \theta_b\}^T$ である．塑性ヒンジ $a\alpha$ および $b\beta$ の伸び速度を $\dot{e}_1, \dot{e}_2$，回転角速度を $\dot{\theta}_1, \dot{\theta}_2$ で表すと，要素 $\alpha\beta$ の節点変位速度成分と要素 ab の節点変位速度成分との間に次の適合関係が成り立つ．

$$\begin{Bmatrix} \dot{u}_\alpha \\ \dot{\theta}_\alpha \\ \dot{\theta}_\beta \end{Bmatrix} = \begin{Bmatrix} \dot{u}_a \\ \dot{\theta}_a \\ \dot{\theta}_b \end{Bmatrix} + \begin{Bmatrix} \dot{e}_1+\dot{e}_2 \\ \dot{\theta}_1 \\ \dot{\theta}_2 \end{Bmatrix} \tag{10.7.11}$$

塑性ヒンジに作用する力の釣合いから，次の関係が導かれる．

$$\begin{Bmatrix} \dot{p}_\alpha \\ \dot{m}_\alpha \\ \dot{m}_\beta \end{Bmatrix} = \begin{Bmatrix} \dot{p}_a \\ \dot{m}_a \\ \dot{m}_b \end{Bmatrix} \tag{10.7.12}$$

塑性ヒンジ $a\alpha$ および $b\beta$ の降伏条件をそれぞれ $F_1(p_a, m_a)=0$, $F_2(p_a, m_b)=0$ で表すと，塑性ヒンジの変形速度ベクトルの降伏曲面に対する直交条件は，次式で表される．

$$\begin{Bmatrix} \dot{e}_1 \\ \dot{\theta}_1 \end{Bmatrix} = \begin{Bmatrix} \partial F_1/\partial p_a \\ \partial F_1/\partial m_a \end{Bmatrix} \dot{\lambda}_1, \quad \begin{Bmatrix} \dot{e}_2 \\ \dot{\theta}_2 \end{Bmatrix} = \begin{Bmatrix} \partial F_2/\partial p_a \\ \partial F_2/\partial m_b \end{Bmatrix} \dot{\lambda}_2 \tag{10.7.13.a, b}$$

式 (10.7.13) を式 (10.7.11) に代入すると，次式が得られる．

$$\{\dot{d}_{a\beta}\}=\{\dot{d}_{ab}\}+[B]\{\dot{\lambda}\} \tag{10.7.14}$$

ここで，$\{\dot{\lambda}\}=\begin{Bmatrix}\dot{\lambda}_1\\\dot{\lambda}_2\end{Bmatrix}$, $[B]^T=\begin{bmatrix}\partial F_1/\partial p_a & \partial F_1/\partial m_a & 0\\\partial F_2/\partial p_a & 0 & \partial F_2/\partial m_b\end{bmatrix}$ である．塑性ヒンジに作用する力速度ベクトルが降伏曲面の接平面上にあるという条件は，次式で表される．

$$[B]^T\{\dot{f}_{ab}\}=\{0\} \tag{10.7.15}$$

式 (10.7.10) の左辺に式 (10.7.12) を代入し，右辺に式 (10.7.14) を代入すると次式が得られる．

$$[B]^T[K_{ab}](\{\dot{d}_{a\beta}\}-[B]\{\dot{\lambda}\})=\{0\} \tag{10.7.16}$$

式 (10.7.16) を $\{\dot{\lambda}\}$ に関して解き，その結果の式と式 (10.7.14) を式 (10.7.10) に代入すると，要素 $a\beta$ の剛性関係式が次式のように求まる．

$$\{\dot{f}_{a\beta}\}=[K_{a\beta}]\{\dot{d}_{a\beta}\} \tag{10.7.17}$$

$$[K_{a\beta}]=[K_{ab}]-[K_{ab}]^T[B]([B]^T[K_{ab}][B])^{-1}[B]^T[K_{ab}] \tag{10.7.18}$$

上記の完全塑性ヒンジモデル以外にも，降伏後のひずみ硬化を考慮した一般化塑性ヒンジモデル[10.33]-[10.35]，塑性変形部の特性をせん断変形成分までも含めて複数の並列ばねで表したマルチスプリングモデル[10.36]なども提案されている．これらの塑性ヒンジモデルは，有限要素モデルなどと比べ，少ない自由度数で効率の良い解析が行える利点を持つが，塑性域の進展や塑性ひずみの大きさを予測できないという問題点がある．これに対しては，部材内部の塑性域の広がりを考慮に入れた塑性ヒンジモデルの提案もなされている[10.37]．

（3） 実験結果からの直接定式化法

要素（または部材）の要素端力と要素端変位の関係を載荷実験から求め，その履歴特性を直接モデル化して定式化する方法である．この方法は複雑な実現象を総合的に取り入れることができて便

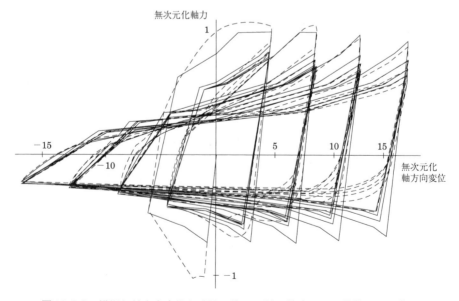

図 10.7.5　繰返し軸方向変位を受ける筋かい材の数式モデル曲線と実験曲線

利であるが，複数の要素端力成分がそれぞれ任意に変動する場合には，定式化が困難である．例として，図10.7.5に繰返し軸方向変位を受ける筋かい材の軸方向力と軸方向変位の関係曲線を示す．破線は実験曲線であり，実線はこれを数式でモデル化した関係曲線である[10.38]．

10.7.3 増分解析法

前節の手続きにより接線剛性方程式が誘導された後は，この関係式を用いて増分解析により非線形の釣合経路が追跡できる．非線形の釣合経路を追跡する増分解析法のアルゴリズムには，Newton法などのように収束計算を必要とするものと，増分摂動法[10.19),10.39]のように収束計算を必要としないものがある．本項では，増分解析で用いられることが多いNewton法について概説する．

通常の増分型解析では各増分間の挙動を接線で近似し，変位，ひずみ，応力などすべての状態量の増分を次式で評価する．

$$\{ \Delta d \} = \{ \dot{d} \} \Delta t, \quad \{ \Delta f \} = \{ \dot{f} \} \Delta t \tag{10.7.19.a, b}$$

釣合経路の進行につれて単調に変化する状態量の中から適当なものを経路パラメータ t として適宜選択しながら解析を進める．外力をパラメータとする解析を荷重制御法と呼び，変位をパラメータとする解析を変位制御法と呼ぶ．増分長の与え方として，力，変位など制御量の増分値を指定する方法と，釣合経路の増分長が指定値となるように Δt の値を計算によって求める弧長増分法がある[10.18]．これらの方法で得られる増分解は，式（10.7.19）の線形近似に基づいていることから，この近似に起因する打切り誤差が不可避に含まれる．この誤差は，増分長を短くとれば取るほど小さくなるが，むしろ釣合経路の曲率の大きさに依存するため，弧長増分法を用いるとしても増分線形近似に基づくどのような方法によっても，誤差を指定レベルに設定できるような合理的な増分長決定法は存在しない．増分長をある程度大きく取りながら精度の良い解を得るためには，トータル量の釣合式を用いて不釣合力を計算し，これを解除するためにNewton法など何らかの繰返し演算過程を解析に組み込む必要がある．しかし，弾塑性解析の場合，この方法が厳密な意味で正当化されうるのは単軸応力問題に限られ，多軸応力問題では不可能である．また，臨界点近傍ではこの繰返し演算過程が収束せず，解が得られない場合も多い．

10.8 解析上の注意点と設計での運用指針

10.8.1 解析上の注意点

数値解析法はモデル化に関する仮定の上に構築されているため，適用限界が必ず存在する．一般に，複雑な現象が扱える解析法ほど計算負荷やモデル化および解析法の選択における解析者の負担が大きくなる．よって，非線形解析の持つポテンシャルを十分に引き出し，これを適切に利用するためには，非線形解析のソフトウェアに習熟するとともに，その運用上の注意点や適用限界を理解し，どのような現象を把握する解析かをよく理解しておくことが重要である．以下では，建築骨組の構造設計において座屈解析を行う際の注意点をまとめる．具体的な解析例については，文献10.40）などを参照されたい．

（1）モデル化と解析法の選択に関する注意点

- ねじれ座屈や曲げねじれ座屈の解析を行うには，立体骨組として解析する必要がある．また，局部座屈を扱うには，部材を板要素の集合としてモデル化し，有限要素解析プログラムなどを用いた解析が必要となる．
- 形状不整や残留応力などの初期不整は座屈荷重に大きな影響を及ぼす．そのため，2.2.1項を参考に，これらの値を適切にモデル化しなければならない．
- 大きな回転が生じる場合には，解析理論の適用範囲を超えていないか検討を要する．
- 材料の変形限界に対応した構成則を用いる必要がある．破断を伴う不安定現象を解析するには，応力度-ひずみ度関係に破断ひずみなどを考慮したモデル化が必要である．
- 一次元有限要素法では，三次曲線による部材のたわみ曲線の近似がよく用いられる．この定式化で個材の弾性座屈を精度良くとらえるには，部材中に節点を設けて2要素以上に分割する必要がある．一方，座屈たわみ角法に基づく定式化では，部材を複数の要素に分割する必要はない．
- 塑性ヒンジ法を用いてブレースなどの弾塑性座屈を解析する場合は，座屈たわみ角法に基づく定式化であっても，部材中に塑性ヒンジが生じる可能性がある部位に節点を設けなければならない．
- 剛床仮定を用いた解析では，梁に作用する軸力が解析結果として得られない．ブレースを有する骨組の解析では，梁に大きな軸力が存在することに注意を要する．
- 座屈や不安定現象は構造物の接線剛性行列を用いて判定される．そのため，これらの現象を精確に扱うには，材料の接線剛性など，接線剛性行列の値に大きな影響を与えるパラメータを可能な限り正確にモデル化することが求められる．

（２） 解析法の数値的な問題に関する注意点

図10.8.1（a）に示すように荷重増分法を用いて極限点型の座屈現象の解析を行うと，極限点より上では釣合状態が存在しないため，解が得られない．ここでΛは荷重係数，Uは代表点変位，下添え字のiは増分ステップである．この問題を回避するためには，図10.8.1（b）に示す変位増分法，または図10.8.1（c）に示す弧長増分法を用いる必要がある．

- 不整を導入せずに分岐型座屈の解析を行うと，分岐点を見逃して不安定な釣合経路を追跡した結果が得られる場合がある．そのため，釣合状態の安定性の判定により，座屈現象の発生の有

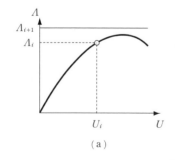
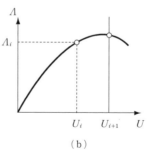
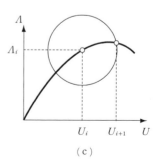

図10.8.1　釣合経路の極限点

無を判定することが望ましい．
- 釣合状態の安定性の判定には，接線剛性行列の行列式，LDL 分解を行った時の対角項，あるいは固有値の符号を用いる手法がある．一般に，固有値を用いる手法は安定性を確実に判断できるが，計算負荷が大きい．行列式を用いる方法の計算負荷は低いが，負の固有値の個数が偶数の時は行列式の値が常に正となるため，重複する固有値が同時に負となる場合の座屈現象を見逃すおそれがある．LDL 分解後の対角項を用いる手法は，計算負荷と安定性判定の確実性の両面から優れている．
- 動的解析で用いられる時間積分法には，陽解法と陰解法がある．幾何学的非線形も材料非線形も考慮しない線形問題の場合には，陽解法に対しては数値誤差が蓄積して見かけ上の応答が発散するか否かの限界が得られており，陰解法に対しては，このような問題は生じないことが示されている．しかし，非線形問題ではこれらの限界は参考にはなるものの，理論的基盤をもたず直接は適用できないことに注意を要する．
- 動的解析で剛性比例型減衰を採用する場合，剛性が大きな自由度に対して非現実的に大きく物理的な意味のない減衰力が発生し，幾何学的非線形効果を考慮した解析で問題を生じる場合がある．このような具体例としては，部材の材軸方向と材軸直交方向の両方を考慮して動的解析を行う場合が挙げられる．

（3） 設計において数値解析結果を評価する際の注意点

- 解析の適用範囲を満たすために，設計上の配慮を行うことが重要である．例えば，幅厚比制限と横補剛間隔に関する制限を満足する設計にしておけば，平面骨組の解析ツールを用いて曲げ座屈のみを考慮して座屈解析を行えば良い．
- 座屈発生箇所が柱のように鉛直荷重を直接支持している場合は，座屈を生じさせた付加荷重が積雪荷重のように静的荷重であるか，上下動の地震荷重のように動的荷重であるかによって，その後の建築骨組の応答性状が異なる．積雪荷重のように静的荷重の場合，釣合経路における最大荷重が積雪時の鉛直荷重を下回っていれば建築骨組全体の崩壊が生じるおそれがあるが，そうでなければ崩壊が生じることはない．座屈を生じさせた付加荷重が動的荷重の場合，座屈後耐力が自重を上回っていれば安全であり，動的荷重が最大支持荷重を超えたからといって崩壊が生じる訳ではない．この際，初期座屈荷重 Λ_c と骨組の最大耐力 Λ_u は，図 10.8.2 に示すよ

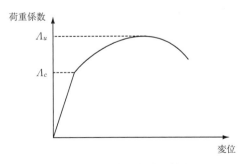

図 10.8.2　初期座屈荷重と最大耐力

うに一般に異なることに注意を要する.

・座屈発生箇所がブレースのように鉛直荷重を直接支持していない場合は，座屈が発生するか否かよりも座屈後にどれだけのエネルギーを吸収できるかが重要になる．一般に，H 形鋼などのブレースの場合は，座屈後の釣合経路も追跡して保有水平耐力が求められる．また，平鋼や山形鋼などの引張ブレースでは，座屈後の部材が存在しないものとして設計される.

・一般に，建築基準法での二次設計では，上記のようにブレースの座屈が許容されるが，一次設計では，座屈を一切生じさせないことが設計クライテリアになることが多い.

・線形座屈解析は柱やラーメン骨組の座屈など，座屈前の変形が十分に小さい時に，十分な精度を持つ弾性座屈荷重を与える．しかし，偏平な空間構造物（ドームなど）の全体座屈の解析を行う場合には，座屈前に大きな変形が生じるため，線形座屈解析で得られる座屈荷重は実際よりもかなり大きくなる可能性がある.

10.8.2 設計での運用指針

骨組の安定，不安定を設計において考慮する必要がある場合は，次のような順序で解析を高度化していくことが考えられる.

（1） 初期状態における弾性座屈固有値解析

（2） 弾性材料を仮定し，部材に微小初期不整を与えた，増分法による幾何学的非線形解析

（3） 初期不整を考慮しないで行う解析（2）の各増分ごとにおける弾性座屈固有値解析

（4） 塑性ヒンジで材料非線形を表し，部材に微小初期不整を与えた，増分法による幾何学的非線形解析

（5） 材料非線形と幾何学的非線形を考慮し，部材に微小初期不整を与えた，増分法による有限要素法解析

（6） 初期不整を考慮しないで行う解析（4）の各増分ごとにおける座屈固有値解析

（7） 初期不整を考慮しないで行う解析（5）の各増分ごとにおける座屈固有値解析

実際の設計においては，解析（1）の検討を行い，設計荷重に比べて座屈荷重が 6 〜 10 倍の時は解析（2）以下の検討はほとんどの場合する必要がない．解析（2）を行っても，座屈荷重や座屈モードは計算できない．しかし，あらかじめ，ごくわずかな初期たわみを部材に与えて，骨組の最大耐力を求めることにより，この解析でも座屈荷重を近似的に求めることができる．推定することが難しい座屈モードがある場合は，この方法は適用できないので，そのような場合には解析（3）が必要となる．また，変形した後の安定・不安定が問題となる場合は，解析（3）を行う必要がある．材料非線形まで考慮した座屈荷重が，設計上どうしても必要な場合は，解析（6）または（7）を行わなくてはならないが，解析（2）と同じ理由で，解析（4）または（5）でよい場合もある．現在，汎用的に使われている解析プログラムのレベルは，解析（5）までくらいである．解析（6）または（7）の解析法の汎用プログラムを作ることは，特段難しいことではないが，一般的な建築構造の設計においては，ここまで座屈荷重を精算する必要性は少ないと考えられている.

参 考 文 献

10. 1) E. Trefftz : Zur Theorie der Stabilitt des Elastischen Gleichgewichts, Zeitschr. f. angew. Math. u. Mech. Bd. 13, pp.160, 1933

10. 2) W.T. Koiter : On the Stability of Elastic Equilibrium, Thesis, Delft, H.J.Paris, Amsterdam, 1945 ; English TransIation Issued as NASA TTF-10, 833, 1967

10. 3) J.W. Hutchinson and W.T. Koiter : Postbuckling Theory, Applied Mechanics Reviews, Vol. 23, pp.1353-1366, 1970

10. 4) F.R. Shanley : Inelastic Column Theory, J. of Aeronautica1 Sciences, Vol. 14, pp.261-268, 1947

10. 5) R. Hill : A General Theory of Uniqueness and Stability in EIastic-plastic Solids, J. Mech. Phys. Solids, Vol. 6, pp.236-249, 1958

10. 6) J.W. Hutchinson : Post Bifurcation Behavior in the Plastic Range, J. Mech. Phys. Solids, Vol. 21, pp.163-190, 1973

10. 7) K. Uetani and T. Nakamura : Symmetry Limit Theory for Cantilever Beam-columns Subjected to Cyclic Reversed Bending, J. Mech. Phys. Solids, Vol. 31, No. 6, pp.449-484, 1983

10. 8) K. Uetani : Uniqueness Criterion for Incremental Vriation of State and Symmetry Limit, J. Mech Phys. Solids, Vol. 37, No. 4, pp.495-514, 1989

10. 9) A.M. Liapunov : Problme Gnral de la Stabilit du Moubemento (in Russian), Karkov, 1892 ; English translation : Stability of Motion, Academic Press, Newyork, 1961

10.10) 中村恒善, 上谷宏二：弾塑性構造物の臨界挙動(REVIEW), 材料, Vol. 3, No. 333, pp.535-548, 1981

10.11) J.M.T. Thompson, A General Thory for the Equilibrium and Stability of Discrete Conservative Systems, ZAMP, Vol. 20, pp.797-846, 1969

10.12) J.M.T. Thompson and G.W. Hunt : A General Theory of Elastic Stability, John Wiley & Sons, London, 1973

10.13) 中村恒善：骨組構造の解析II, 骨組の非線形挙動の解析, 新建築学体系, 36巻, pp.181-380, 彰国社, 1982

10.14) M. Pignataro, N. Rizzi and A. Luongo : Stability, Bifurcation and Post-critical Behaviour of Elastic Structures, Elsevier, 1991

10.15) T. Nakamura and K. Uetani : The Secondary Buckling and Post-secondary-buckling Behaviours of Rectangular Plates, Int. J. Mech. Sci., Vol. 21, pp.265-286, 1979

10.16) 日本機械学会：シェルの振動と座屈ハンドブック, 技報堂出版, 2003

10.17) 矢川元基, 宮崎則幸編：計算力学ハンドブック, 朝倉書店, 2007

10.18) G.A. Wempner : Discrete Approximations Related to Nonlinear Theories of Solids, Int. J. Solid Struct., Vol. 7, pp.1581-, 1971

10.19) Y. Yokoo, T. Nakamura and K. Uetani : The lncremental Perturbation Method for Large Displacement Analysis of Elastic-plastic Structures, Int. J. Num. Meth. in Engng., Vol. 10, pp. 503-525, 1976

10.20) 中村恒善, 上谷宏二：複合非線形問題の数値解析法, 骨組解析法要覧, 第8章, pp.159-184, 培風館, 1976

10.21) J.E. Duberg and T.W. Wilder : Column Behavior in the Plastic Stress Range, J. Aero. Sci.,

Vol. 17, pp.323-327, 1950

10.22) R. Hill : On the Problem of Uniqueness in the Theory of a Rigid-plastic Solid Ⅰ−Ⅱ−Ⅲ−Ⅳ, J. Mech. Phys. Solids, Vol. 4, pp.247-255, Vol. 5, pp.1-8, 1956, Vol. 5, pp.153-161, pp.302-307, 1957

10.23) 横尾義貫，中村恒善，上谷宏二，竹脇　出：繰り返し両振り塑性曲げをうける鋼片持梁―柱の構面内変形の収束と発散に関する実験的研究，日本建築学会論文報告集，No. 316, pp.48-52, 1982.6

10.24) 中村恒善，上谷宏二：鋼構造柱材に対する対称限界理論(その1：一般的定式化)，日本建築学会論文報告集，No. 398, pp.109-119, 1989.4

10.25) 上谷宏二，中村恒善：繰り返し両振り曲げをうける片持梁―柱の定常状態限界理論（その1：定常状態経路の増分解析による定常状態限界予測理論)，日本建築学会構造系論文報告集，No. 438, pp.105-115, 1992.8

10.26) B.G. Neal : The Plastic Methods of Structural Analysis, John Wiley & Sons, 1956

10.27) 田中　尚：構造物の極限解析，建築学体系，9巻，彰国社，1996

10.28) 中村恒善，石田修三：弾塑性骨組みの静的および動的大たわみ解析，骨組解析法要覧，第9章，pp.185-210, 培風館，1976

10.29) R. Tanabashi, T. Nakamura, S. Ishida : Gravity Effect on the Catastrophic Dynamic Response of Strain-hardening Multi-story Frames, Proc. of 5th WCEE, Vol. 2, pp.2140-2151, 1974

10.30) 中村恒善：骨組構造の解析Ⅱ，骨組の非線形挙動の解析，新建築学体系，36巻，第7章，pp.319-338, 彰国社，1982

10.31) 上谷宏二，中村恒善，森迫清貴，石田修三：弾塑性構造物の臨界挙動解析のための整合剛性行列形成法，日本建築学会構造系論文報告集，No. 445, pp.67-78, 1993.3

10.32) 山田　稔，辻　文三：繰り返し軸力を受ける筋違材の弾塑性変形性状に関する研究，日本建築学会論文報告集，No. 205, pp.31-35, 1973.3

10.33) 上田幸雄，松石正克，山川武人，赤松毅人：マトリクス法による骨組構造物の弾塑性解析，日本造船学会論文集，第124号，pp.187-197, 1968

10.34) 中村恒善：骨組構造の解析Ⅱ，骨組の非線形挙動の解析，新建築学体系，36巻，第6章，pp.297-317, 彰国社，1982

10.35) 井上一朗，小川厚治：鋼構造筋違付多層骨組の塑性設計に関する研究（その2：塑性設計架構の弾塑性応答性状に関する考察)，日本建築学会論文報告集，No. 268, pp.87-98, 1978.6

10.36) 孟　令樺，大井謙一，高梨晃一：鉄骨骨組地震応答解析のための耐力劣化を伴う簡易部材モデル，日本建築学会構造系論文報告集，No. 437, pp.115-124, 1992.7.

10.37) M.R. Attalla, G.G. Deierlein and W. McGuire : Spread of Plasticity-A Quasi Plastic Hinge Approach, J. of Struct. Engrg., ASCE, Vol. 120, ST 8, pp.2451-2473, 1994

10.38) 柴田道生，荒木秀幸：区分線形化された復元力関数を用いた筋違付架構の弾塑性解析（その1)，日本建築学会大会学術講演梗概集，pp.989-990, 1986.8

10.39) 石田修三，森迫清貴：増分摂動法を導入した一次元複合非線形有限要素法，日本建築学会構造系論文報告集，No. 397, pp.73-82, 1989.3

10.40) 土木学会：座屈設計ガイドライン　改訂第2版，丸善，2005

付録　鋼材の応力度−ひずみ度関係と初期不整が座屈現象に及ぼす影響

A.1　概　　説

　鋼構造物は，降伏応力度，引張強さ，降伏比などの素材特性を鋼種ごとに規定し，その規定を満たす素材特性を前提として構造性能が担保されており，現在では，多様な性能の鋼材が建築構造用鋼材として供給されている．素材特性は鋼材の成分比率，圧延工程，温度履歴等によって管理されるが，これらの工程には不確定な要因の存在が避けられない．したがって，素材特性の規定値はこれらの要因によって引き起こされる変動性を考慮し，ある程度の幅を持った値で与えられている．例えば，許容応力度や材料強度の基本である基準強度は，一般的には降伏応力度の下限値で与えられるため，その実勢値は基準強度よりも高いところにあり，このマージンが材料強度レベルで鋼構造部材に付与されている安全性の余裕度と見なすことができる．素材特性のこのような位置づけを考えると，素材の応力度−ひずみ度関係が座屈現象に及ぼす影響を理解しておくことは重要である．

　一方，部材や板要素の変形によってそれまでとは異なる釣合い系に移動する座屈現象では，初期たわみや残留応力度などの初期不整量の影響も無視できない．これらの不完全性に対しては，部材の製作過程や骨組の組立過程での品質管理によって，座屈現象に大きく影響しない範囲の精度が確保されていることが前提ではあるが，座屈に対するより高い性能を要求する場合や，初期不整の影響を定量的に確認したい場合には，初期不整と座屈現象との関係について，十分な理解が必要である．

　本付録では既往の研究成果に基づき，鋼材の応力度−ひずみ度関係と初期不整が座屈現象に及ぼす影響について概説する．

A.2　材料の力学的性質

（1）　応力度−ひずみ度関係

　鋼材の引張試験から得られる応力度−ひずみ度関係は，図A.1に示すように鋼種によりかなり異なる[A.1]．座屈挙動への影響を考えると，降伏棚を有する鋼材では，降伏点応力とともにひずみ硬化開始点のひずみ度，ひずみ硬化域での接線係数，降伏比が影響因子となる．また，降伏点のない鋼材では，比例限応力度，降伏耐力，ひずみ硬化域での接線係数が影響因子となる．通常，座屈強度は，降伏応力度を用いて基準化された基準化細長比または基準化幅厚比を用いて表される．しかし，同一強度の鋼材でも応力度−ひずみ度関係が異なれば，接線係数理論による分岐点荷重が変化する．また，終局限界状態の解明に重要である座屈後強度は，降伏応力度だけでなく，塑性域での材料特性に大きく依存する．この一例は，横座屈細長比と断面形が等しく，鋼種の異なる梁の実験結果として4章の図4.4.1（d）に示されている．4つの梁は最大耐力こそ大きな差は見られないが，塑性化後の挙動については，きわめて大きな差が観察される．したがって，こうした問題を定量的に取り

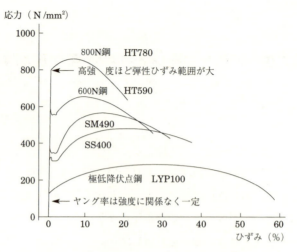

図 A.1　各種鋼材の応力度-ひずみ度関係

扱う場合には，鋼材の応力度-ひずみ度関係を適切にモデル化するとともに，座屈強度，座屈後挙動との関係を十分に把握しておかなければならない．

鋼材の応力度-ひずみ度関係については，Hollomon 関数（n 乗硬化則）[A.2),A.3)]，Ramberg-Osgood 関数[A.4)]，Menegotto-Pinto 関数[A.5)]，分数関数[A.6)]等，多くの数学的モデルが提案されている．把握したい座屈挙動の特徴を十分に踏まえた上で，これらの応力度-ひずみ度関係のモデルを適切に用いることが重要である．

（2）素材特性の変動性

鋼材の成分比率，圧延工程，温度履歴等では不確定な要因の存在が避けられないため，素材の応力度-ひずみ度関係は，必然的に不確定な変動性をもつ．この変動性については，ミルシートや引張試験結果に基づいて今までに多くの統計資料が報告されている[A.7)〜A.12)]．近年では，鋼材ダンパーや座屈拘束ブレースなど，素材特性が構造性能に直結するような鋼材利用も進んでおり，素材特性の不確定性を再度整理する動きもある[A.13)]．素材特性の変動性に関わる具体的なデータについては，これらの報告を参照されたい．

一方，素材特性の変動性が部材性能や骨組性能に及ぼす影響については，構造設計に荷重・耐力係数設計法の導入が議論され始めた 1970 年頃から積極的に検討され，数値解析的な手法または理論的な手法による研究成果が多く報告されている[A.14)〜A.26)]．図 A.2 は，一端曲げを受ける H-600×200×12×20（SS 400）を対象に素材特性の不確定な変動性を考慮した有限要素法解析によるモンテカルロシミュレーションを行い，その荷重変形関係を示したものである[A.26)]．図中の太い実線は荷重の平均値，細い実線は荷重の平均値から標準偏差を加減した値を表す．また，破線は荷重の変動係数を表し，右側の縦軸に対応している．荷重-変形関係の変動性に着目して考察すると，塑性化の開始に伴って素材特性の変動の影響が顕著に表れ，最大耐力付近で変動係数が最大となる．その後，塑性化が進むに従って，変動幅はやや減少する傾向が見られる．

図 A.3 は，図 A.2 と同様に素材特性の不確定な変動性を考慮した有限要素法解析で得られた最

大耐力の平均値と変動係数を横座屈細長比との関係で示したものである[A.26]．素材特性の変動性がH形鋼曲げ材の最大耐力に与える影響は，横座屈細長比が塑性限界細長比よりも短い梁ではほぼ降伏耐力の変動係数と同程度の変動性を有しているのに対し，塑性限界細長比よりも長い梁では細長比が大きくなるほど，変動係数は減少することがわかる．

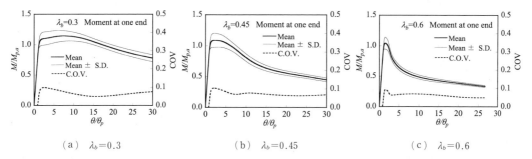

図A.2 素材特性の不確定な変動を考慮したH形鋼曲げ材の荷重変形関係の平均値と変動係数[A.26]
（一端曲げ，H-600×200×12×20）

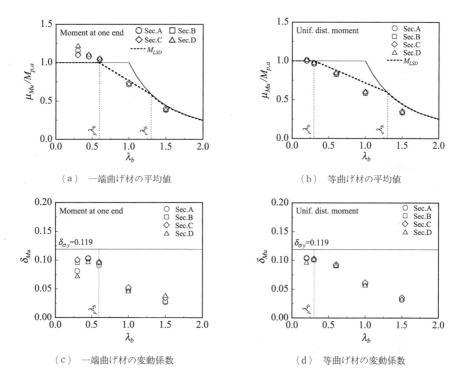

図A.3 素材特性の不確定な変動を考慮したH形鋼曲げ材の最大耐力の平均値と変動係数[A.26]
（○：H-600×200×12×20，□：H-596×199×10×15，◇：H-346×174×6×9，△：H-150×75×5×7）

A.3 残留応力度

構造物には種々の原因で残留応力度が発生する．これらは大別すると，以下のようになる．

1) 板要素や部材製作時に受ける塑性変形，熱サイクルおよび加工時応力

2) 構造物製作時の強制変形

3) 作用荷重による塑性変形，熱サイクル

残留応力度が座屈挙動に影響を及ぼすメカニズムには，以下のような場合が考えられる．①残留応力度が存在すると付加応力が増加するに従って構造物の一部に部分的早期降伏が生じ，その部分の剛性が低下するため，座屈強度が低下する．②非対称分布する残留応力度の存在により，部分的早期降伏現象が中心圧縮を偏心圧縮に変化させる．③残留応力度そのものが座屈変形を誘発させる．ここで，①，②は部分的早期降伏がその原因であり，部分的な降伏が発生する前に弾性座屈が生じる場合には，残留応力度は座屈強度には関係しない．③の場合は，板の局部座屈，柱のねじれ座屈に見られるように，弾性域の座屈強度にも残留応力度が影響する．

従来，残留応力度と座屈強度の関係を調べる際には，主として材軸方向の一軸残留応力度を取り扱ってきたが，冷間成形鋼管のように管軸・管周方向の複合状態で残留応力度が存在する場合には，

表 A.1 各種 H 形断面材の典型的残留応力度分布

h/b	断面形状		残留応力分布		t_w/h	t_w/b	t_f/h	t_f/b
		a			0.032 to 0.040	0.032 to 0.040	0.045 to 0.061	0.045 to 0.080
<1.2		b			0.075 to 0.100	0.078 to 0.112	0.091 to 0.162	0.093 to 0.182
>1.2		c			0.062 to 0.068	0.068 to 0.073	0.104 to 0.114	0.113 to 0.121
					0.031 to 0.032	0.042 to 0.048	0.048 to 0.051	0.062 to 0.080
<1.7		b			0.030	0.046	0.051	0.077
>1.7		e			0.018 to 0.028	0.039 to 0.056	0.025 to 0.043	0.063 to 0.085

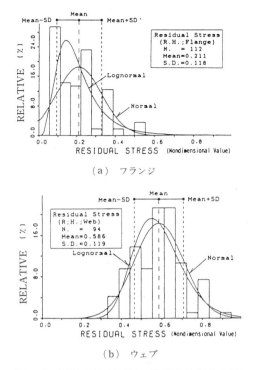

(a) フランジ

(b) ウェブ

図A.4 圧延H形断面材の残留応力度分布[A.19]

図A.5 極厚H形断面材の残留応力度分布[A.28]

複合応力度をそのまま考慮するか，または簡単に等価な一軸残留応力度に変換して座屈解析を行う必要がある．ここでは，1）の原因で発生する残留応力度の分布形とその大きさについて調べる．

（1）圧延材の残留応力度

熱間圧延を受けた材が冷却される過程で部分的に不均一な温度分布となるために生じる残留応力度で，断面の形状，寸法に大きく依存する．実験結果に基づき，代表的な圧延形鋼であるI形断面材の形状，寸法と残留応力度の分布系の関係をまとめた結果を表A.1に示す．フランジ先端部の圧縮残留応力度（σ_{crs}）の大きさが最も問題となるが，Alpsten[A.27]によれば，経験的に以下の式で表される．

軽量形鋼　　　　$\sigma_{crs}=180\eta-53$　　（単位 N/mm²）

中くらいの形鋼　$\sigma_{crs}=290\eta-58$

厚い形鋼　　　　$\sigma_{crs}=450\eta-23$

　　ただし，$\eta=bt_w/ht_f$

また，実測により得られた圧延H形鋼のフランジ，ウェブの最大残留応力度の分布状態を図A.4に示す[A.19]．フランジに比してウェブの残留応力度の値が大きいことがわかる．これらは，圧延されたままの形鋼に存在する残留応力度であり，材長方向にひずみ矯正された後は，さらに主軸に関して非対称な残留応力度が付加されることになる．

以上は，板要素の幅厚比が比較的大きく，残留応力度が板厚方向には変化しないと考えられる場合である．極厚H形鋼のように，板の表面と内部の温度分布が冷却過程で異なる場合には，板の厚さ方向にも残留応力度が変化することになる．実測例を図A.5[A.28]に示す．

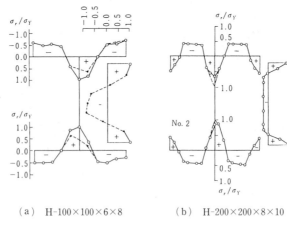

(a) H-100×100×6×8　　　(b) H-200×200×8×10

図A.6　溶接H形断面材の残留応力度[A.20]

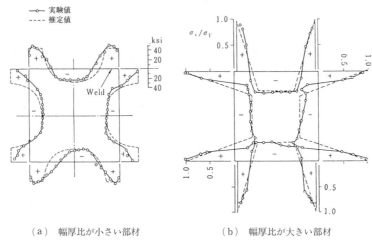

(a) 幅厚比が小さい部材　　　(b) 幅厚比が大きい部材

図A.7　箱形断面部材の残留応力度[A.20]

（2）溶接組立形鋼の残留応力度

　溶接組立により製作される形鋼に存在する残留応力度は，通常の軟鋼では，溶接線近傍で降伏応力に近いものとなっている．H形断面の残留応力度の典型的な分布形を図A.6(a)に示す[A.20]．これらの結果は帯板を溶接した場合であり，鋼板から溶接により切り出された板を溶接すれば，溶断時の残留応力の影響でフランジ先端部に引張応力度が存在し，図A.6(b)のような残留応力度分布となる[A.20]．

　箱形断面材の残留応力度は製造方法により大きく異なるが，4枚の板を溶接により組み立てた場合は，H形断面材のウェブと同様な分布形を示す．実測の一例を図A.7に示す[A.20],[A.29]．（a）は幅厚比が小さい場合，（b）は幅厚比が大きい場合である．

（3）円形鋼管材の残留応力度分布

　円形鋼管に存在する残留応力度は，製管方法により異なる．構造用鋼管として最も多く用いられるのは電縫鋼管である．電縫鋼管の残留応力度は，主として冷間成形加工に伴い断面内に封入され

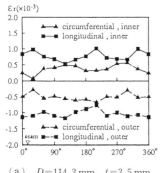
(a) $D=114.3$ mm, $t=3.5$ mm

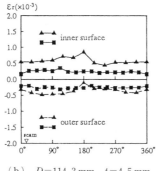
(b) $D=114.3$ mm, $t=4.5$ mm

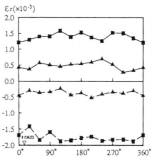
(c) $D=165.2$ mm, $t=7.1$ mm

図 A.8　円形鋼管の開放ひずみ[A.30]

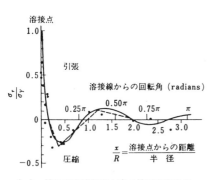
(a) 管軸方向残留応力度の管周方向分布

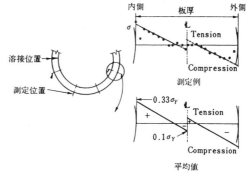
(b) 管周方向残留応力度の分布

図 A.9　溶接鋼管の残留応力度[A.31]

るもので，管軸・管周方向の二軸の複合応力状態で存在する板の曲げ残留応力度である．これらは，複雑な製造過程における圧延機の配置と調整により変化することが知られている．残留応力度は板厚方向に非線形的に変化するため，通常は解放ひずみを計測することにより残留応力度の大きさと分布形を類推する．解放ひずみの測定結果の一例を図 A.8 に示す[A.30]．この場合は，溶接による影響は非常に小さいことがわかる．

一方，比較的大きな断面形の場合には，溶接鋼管が用いられる．この鋼管は，板を冷間で曲げ加工したのち，溶接加工により仕上げるものである．したがって，溶接線近傍に大きな引張残留応力が存在する．また，板の曲げ加工による残留応力度が存在している．実測例を図 A.9[A.31] に示す．

（4）　冷間成形角形鋼管

中・小径の冷間成形角形鋼管は，通常，電縫鋼管をさらに角形に連続成形加工したものである．電縫鋼管の残留応力度は管周方向にはあまり変化しなかったが，角形鋼管はコーナー部と平板部で加工履歴が大きく異なり，したがって，残留応力度もそれぞれの位置で異なっている．実測結果の一例を図 A.10 に示す[A.32]．円形鋼管の場合と同様に，管軸，管周方向の複合状態で存在する残留応力度は，円内力成分が小さく，ほとんどが板の曲げ成分であることがわかる．

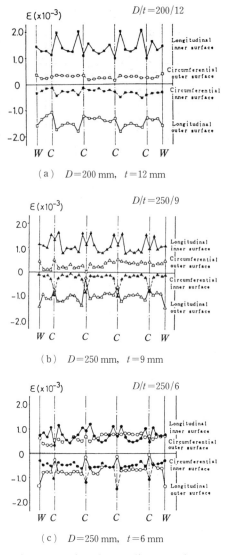

図A.10 角形鋼管材（STKR 400）の解放ひずみ分布（W：溶接部，C：角部）[A.32]

(5) 残留応力度が座屈挙動に及ぼす影響

残留応力度が鋼構造部材の座屈耐力に及ぼす影響については，比較的古くから数値計算に基づく成果が報告されており[A.14]-[A.30],[A.33]，近年では，系統的な数値解析結果から細長比の関数として残留応力度の影響を考慮した耐力式が提案されている[A.34]．

図A.11は，断面内の残留応力度分布を図A.3の断面bのように仮定し，フランジ縁の残留応力度が降伏応力度に対して0％，30％，50％，70％と変化させたときのH形断面梁の最大耐力の平均値を細長比との関係で示したものである[A.34]．ここでは，初期たわみについては，最大振幅を材長の1/1000としている．一端曲げ材，均等曲げ材いずれも横座屈細長比が1.0近傍で最も残留応力度の影響を受け，それよりも短くなると残留応力度の影響はほとんど見られなくなることがわかる．

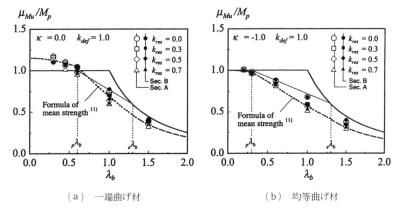

(a) 一端曲げ材　　　　(b) 均等曲げ材

図A.11　残留応力度を変化させたときのH形鋼曲げ材の最大耐力[A.34]
(Sec. A：H-600×200×12×20, Sec. B：H-346×174×6×9)

A.4　初期たわみと荷重の偏心

　幾何学的初期不整のない構造物は存在しないが，理想的な構造物の釣合経路における分岐点荷重の最小値が，多くの場合，座屈耐力を示すものとして取り扱われてきた．しかし，初期たわみが存在すれば，荷重が付加されると同時に付加たわみが生じることになる．このような初期たわみが存在する構造物と存在しない理想的な構造物の挙動の差は，座屈後強度がどのようなものであるかに大きく依存している．すなわち，座屈後に強度が増大したり，ほぼ一定値を保持するような場合に比して，急激な強度低下を起こす場合には，初期たわみの影響は大きくなる．ここでは，現実の構造部材にどの程度の初期たわみが存在しているかを明らかにする．

　部材の初期たわみの制限値（許容差）は，それぞれの断面形に応じてJIS規格で定められている．現実の初期たわみ形は複雑なものであることが予想されるが，種々の測定結果は通常，一次の正弦波と考え，材長に対する中央部のたわみ量の比としてまとめられている．ECCSでは，種々の断面形の柱材について，中央のたわみ量ν_0と材長Lの関係の統計値を調べている．その結果を表A.2[A.35]に示す．ECCSでは，これらのデータを参考に初期たわみの基準値として材長の0.1%としている．小野らは，圧延H形鋼の強軸，弱軸に関する初期たわみ調査結果を図A.12にまとめている[A.19]．また福本，青木は，溶接H形断面材について同様の調査を行っており，その結果を表A.3[A.15]に示す．

表A.2　L/ν_0の総計量[A.30]

断　面	L/ν_0		
	最小値	平均値	最大値
IPE 160	2 700	4 400	7 200
IPE 200	1 390	3 800	10 000
DIE 20 HE 200 A	1 690	3 700	7 600
DIR 20 HE 200 A	2 260	5 800	9 500
Hollow $d/t=18$	3 050	7 000	33 000
Hollow $d/t=11$	550	2 000	3 700

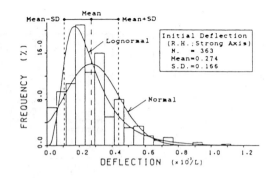

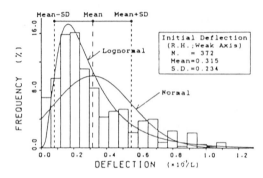

図 A.12　圧延 H 形鋼の初期たわみ量の頻度分布[A.19]

表 A.3　溶接 H 形断面柱の初期たわみ量 L/ν_0 の総計量[A.20]

	強軸まわり					弱軸まわり				
l/r	60	80	100	120	全供試体	60	80	100	120	全供試体
M $(\times 10^{-4})$	2.388	3.215	2.417	2.308	2.645	2.815	3.155	2.980	2.721	3.003
S' $(\times 10^{-4})$	1.361	1.671	1.180	1.365	1.446	1.103	1.705	1.689	1.554	1.554
ω' (%)	57.0	52.0	48.8	59.2	54.7	39.2	54.1	56.6	57.1	51.7
Number	34	35	353	27	149	33	35	53	27	148

［注］　M＝平均値，S'＝標準偏差，ω'＝変動係数（S'/M）

大まかに見れば，中央のたわみ量は材長の約 0.03 %，標準偏差は 0.015〜0.025 % 程度であり，比較的小さな値であることがわかる．構造物全体の理想形状からの偏りがどの程度のものであり，それが座屈挙動にどのような影響を及ぼすかは，構造物の種類と荷重状態に関連するが，例えば，単層ラチスシェルでは，その影響が大きいことが指摘されている[A.36]．

荷重の不可避の偏心についての内容は定かでないが，部材，板要素等の接続部における目違いや，断面形状が理想形状と異なるために，図心軸がずれることにより生じると考えられる．欧州における I 形断面材（IPE 160）による実測結果によれば，図 A.14 に示すようになっている[A.20],[A.35]．

（6）初期たわみが座屈挙動に及ぼす影響

初期たわみ量が鋼構造部材の座屈耐力に及ぼす影響についても，残留応力度と同様に比較的古く

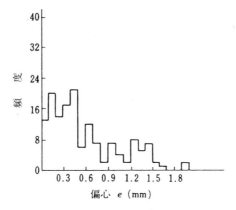

図A.13　偏心量の頻度分布[A.20]

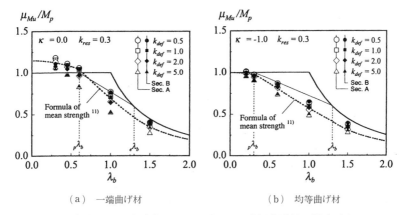

(a) 一端曲げ材　　　　(b) 均等曲げ材

図A.14　初期たわみを変化させたときのH形鋼曲げ材の最大耐力[A.34]
(Sec. A：H-600×200×12×20, Sec. B：H-346×174×6×9)

から数値計算に基づく成果が報告されており[A.14),A.16),A.17]，近年では，系統的な数値解析結果から，細長比の関数として初期たわみ量の影響を考慮した耐力式が提案されている[A.34]．

図A.14はフランジ縁の残留応力度を降伏応力度の30％と仮定し，初期たわみ量を材長の1/2 000，1/1 000，1/500，1/200と変化させたときのH形断面梁の最大耐力の平均値を細長比との関係で示したものである[A.34]．残留応力度に比べると初期たわみ量が座屈挙動に及ぼす影響は大きく，特に一端曲げ材では，全細長比区間にわたって影響が観察された．一方，均等曲げ材では，横座屈細長比が0.5を超える範囲で比較的大きな影響が見られたが，横座屈細長比が塑性限界細長比を下回るような短い梁では，ほとんど影響が見られないことがわかる．

参考文献

A.1)　岩田　衛：構造設計における新しい試み（被害レベル制御設計法），日本建築学会近畿支部，pp. 15-35, 1994.11

A. 2) Hollomon, J.H.: Tensile Deformation, Transaction of American Institute of Mechanical Engineering, AIME, Vol. 162, pp.268-290, 1945

A. 3) Kato, A., Akiyama, H.: Inelastic Bar Subjected to Thrust and Cyclic Bending, Proc. ASCE, Vol. 95, ST1, 1969.1

A. 4) Ramberg, W.O.: Technical Note, Vol. 902, NACA, 1943

A. 5) Menegotto, M., Pinto, P.E.: Method of Analysis for Cyclically Loaded R.C. Plane Frames Including Change in Geometry and Non-Linear Behavior of Elements under Combined Normal Force and Bending, Proc. IABSE Symposium on the Resistance and Ultimate Deformation of Structures Acted on by Well-Defined Repeated Loads, Lisbon, pp.15-22, 1973

A. 6) 小野徹郎, 佐藤篤司：金属系素材の応力―ひずみ度関係の定式化, 日本建築学会構造系論文集, No. 532, pp.177-184, 2000.6

A. 7) 青木博文, 能沢正樹：構造用鋼材における機械的性質の平均値と変動係数（その1．文献調査）（その2．平均値と変動係数の評価）, 日本建築学会大会学術講演梗概集, pp.1123-1126, 1980.9

A. 8) 西島 敏, 城野政弘：材料強度の統計的性質-金属材料（Ⅰ）, 材料, 第 31 巻, 第 343 号, pp.100-106, 1982.6

A. 9) 青木博文, 村田耕司：構造用鋼材の降伏点, 引張強さおよび降伏比に関する統計的調査, 日本建築学会論文報告集, No. 335, pp.157-168, 1984.1

A.10) 青木博文, 増田正之：素材引張試験結果による構造用鋼材の力学的性質に関する統計的調査, 日本建築学会構造系論文報告集, No. 358, pp.94-102, 1985.12

A.11) 志村保美, 作本好文, 藤沢一善, 高田啓一, 塩飽豊明：SN 鋼材の機械的性質に関する統計調査, 日本建築学会大会学術講演梗概集, pp.535-536, 2003.9

A.12) 日本建築学会：鋼構造限界状態設計指針・同解説, 2010

A.13) 日本建築学会構造委員会鋼構造運営委員会：建築構造用鋼材特性の現況とその活用, 日本建築学会大会構造部門（鋼構造）パネルディスカッション資料, 2013.9

A.14) Strating, J. and Vos, H.: Computer Simulation of E.C.C.S. Buckling Curve Using a Monte Carlo Method, Proceeding of International Colloquium on Column Strength, 1972.

A.15) 青木徹彦・福本唠士：溶接 H 形鋼柱の座屈強度分布について, 土木学会論文報告集, 第 222 号 pp.37-48, 1974

A.16) 藤本盛久, 岩田 衛, 中谷文俊：鋼圧縮材の座屈強度の確率論的方法による研究―ランダムな残留応力, 降伏応力, 初期たわみを有する H 形鋼の弱軸まわりの座屈―, 日本建築学会論文報告集, No. 229, pp.53-61, 1975.3

A.17) 坂本 順, 小浜芳朗, 渡辺雅生, 大宮幸夫：鋼構造部材強度の確率統計論的考察, 日本建築学会論文報告集, No. 296, pp.9-17, 1980.10

A.18) 青木徹彦, 福本唠士：200×200 mm 溶接 H 形鋼柱の中心軸圧縮座屈強度に関する統計的実験, 第 37 回土木学会年次講演会, pp.397-398, 1982

A.19) 小野徹郎, 井戸田秀樹, 河原弘明：高次積率を用いた鋼圧縮材および曲げ材の抵抗強度に関する統計的研究, 日本建築学会構造系論文報告集, No. 370, pp.19-27, 1986.12

A.20) 土木学会：座屈設計ガイドライン, 1987

A.21) 桑村 仁, 佐々木道夫, 加藤 勉：降伏耐力のばらつきを考慮した全体崩壊メカニズム骨組の設計, 日本建築学会構造系論文報告集, No. 401, pp.151-162, 1989.7

A.22) 青木博文, 竺 振宇：鋼素材の機械的性質のばらつきが H 形梁材端の曲げモーメント―回転角の

関係に及ぼす影響，鋼構造論文集，第1巻，第1号，pp.73-85，1994.3

A.23) 竺　振宇，青木博文：構造用鋼材の機械的特性のばらつきが等分布荷重を受ける梁の材端曲げモーメント―回転角関係に及ぼす影響，日本建築学会大会学術講演梗概集，pp.1107-1108，1994.9

A.24) 竺　振宇，青木博文：構造用鋼材機械的性質のばらつきが水平力を受ける柱材の挙動に及ぼす影響，日本建築学会大会学術講演梗概集，pp.319-320，1995.8

A.25) 趙　衍剛，小野徹郎，石井　清，吉原和宏：鉄骨骨組の全体崩壊機構に要求される柱・梁耐力比に関する一考察，日本建築学会構造系論文集，No.558，pp.61-67，2002.8

A.26) 井戸田秀樹，鏡味　亮，金子翔太：素材特性の不確定性な変動を考慮したH形鋼梁部材の耐力と変形性能，日本建築学会構造系論文集，No.681，pp.1791-1800，2012.11

A.27) Alpsten, G.A. : Residual Stresses, Yield Stresses and Column Strength of Hot-Rolled-Straightened Steel Shapes, Proc. International Colloquium on Column Strength, Paris, pp.39-59, 1972

A.28) Brozzetti, J., Alpsten, G.A. and Tall, L. : Residual Stresses in a heavy Rolled Shape 14WF730, Fritz Eng. Lab. Rep. No. 337.1, Lehigh Univ., Bethlehem, Pa.

A.29) Estuar, F.R., Tall, L. : Experimental Investigation of Welded Built-Up Columns, Welding Re-search Supplement, pp.164-176, 1963.4

A.30) 辻　文三，康　海偉：電縫鋼管の材料特性，日本建築学会構造系論文報告集，No.440，pp.85-93，1992.10

A.31) Chen, W.L. and Ross, D.A. : Tests of Fabricated Tubular Columns, Proc. ASCE, ST3, pp.619-633, 1973

A.32) 加藤　勉，青木博文，黒澤隆志：冷間成形角形鋼管の塑性ひずみ履歴と残留応力，日本建築学会構造系論文報告集，No.385，pp.39-48，1988.3

A.33) 青木徹彦，福本琇士：鋼柱の座屈強度のばらつきにおよぼす残留応力分布の影響について，土木学会論文報告集，第201号，pp.31-41，1972.5

A.34) 井戸田秀樹，山崎和浩：H形鋼梁部材の平均耐力式と変動係数，日本建築学会構造系論文集，No.701，pp.1025-1035，2014.7

A.35) Ballio, G. and Mazzolani, F.M. : Theory and Design of Steel Structures, Chapman and Hall, 1983

A.36) 日本建築学会：鋼構造物の座屈に関する諸問題，1992

索　　引

あ行

安定	334
安定関数	263
安定限界	262
安定対称分岐点	343, 344
板座屈係数	
	182, 184, 210, 218
異方性平板	206
エネルギー法	32, 91
オイラーの座屈荷重	151

か行

回転補剛	33
回転補剛剛性	33, 107
回転補剛材	101, 102
荷重増分係数	308, 309
カバープレート	181
ガラーキン法	94, 97
簡易ブレースモデル	191
換算係数荷重	350, 351
換算幅厚比	209, 220, 221
完全系	344
完全張力場	189
貫入長	76
基準化細長比	9, 28, 29,
	134, 242, 278, 365
基準化幅厚比	198, 365
基本経路	342
境界条件	1
極限点	341
局部座屈	2, 133, 273
径厚比	196, 197
形状不整パラメータ	344

さ行

材端モーメント比	131, 168
細長比	24, 25, 26
細長比制限	119, 249
最適剛性比	211, 212
座屈	1
座屈安全率	37
座屈荷重	3
座屈曲線	9, 13, 15
座屈後安定耐力	69, 242
座屈拘束材	54, 73
座屈拘束ブレース	54, 73
座屈後挙動	54, 56, 180
座屈後耐力	52, 53
座屈耐力係数	293
座屈たわみ角法	263, 295
座屈長さ	4, 15, 16, 37,
	264, 265, 266, 283
座屈長さ係数	
	15, 16, 92, 266
座屈崩壊挙動	324
残留応力度	12, 13, 14, 15,
	99, 368, 369, 370, 371, 372
残留応力度分布	370
シェルらしさを表す形状係数	

限界細長比	9, 34
剛域率	302
降伏荷重係数	309
構面外座屈	
	129, 233, 236, 237
構面内座屈	230, 237
構面内不安定	129
個材座屈	292, 294

	318, 319
シェルらしさを表す係数	
	295, 318
支点間距離	27
修正座屈長さ係数	268
初期たわみ	5, 10, 15,
	99, 373, 374, 375
初期不整	99, 365
芯材	73
水平補剛	33
水平補剛剛性	33, 107
水平補剛材	101, 102
筋かい材	52, 68
正規化細長比	
	294, 304, 305, 314, 315
接線係数	6, 185
接線係数荷重	6, 349, 350
接線係数理論	28, 365
接線剛性行列	348
摂動釣合式	339
線形座屈解析	347
線形座屈荷重	
	293, 294, 308, 309, 318
線形座屈荷重係数	308, 318
線形座屈固有値	293
全体座屈	
	270, 271, 292, 293, 316
せん断座屈	
	189, 190, 207, 208, 219
増分解析法	359
増分摂動法	348
素材特性	365, 366
塑性限界細長比	37
塑性限界幅厚比	209

索　引　—379—

た行

対称限界	353
対称定常状態	353
対称分岐点	342
多重非対称分岐点	344
多重臨界点	340
たわみ曲線	5
単純臨界点	340
弾性限界細長比	37
弾性限界幅厚比	209
弾性座屈	3
弾性座屈荷重	309, 320, 322
弾性座屈荷重低減係数	
	293, 294, 309, 310,
	311, 312, 313, 319
弾性座屈耐力	321
弾性横座屈耐力	91
弾塑性座屈荷重	
	308, 314, 316, 320
弾塑性横座屈	88
短柱	58
中立釣合状態	335
張力場再形成開始点	219
直線式	12
釣合経路解析	354
釣合状態	334, 336, 337
定常限界変位振幅	113
定常状態限界	353
等価係数	6
塔状トラス	250
飛移り現象	2

な行

内部的不安定	300
内部的不安定性	300
波形鋼板	207, 208, 221
二次応力	233
二軸曲げモーメント	137

二重係数	6
二重係数荷重	6
ねじれ座屈	3, 23, 31, 88

は行

バウシンガー効果	61, 62
発散挙動	353
幅厚比	180, 182, 192
幅厚比指標	111, 200
幅厚比制限	192, 193, 200,
	204, 206, 250
非線形座屈解析	347
非対称定常状態	353
非対称分岐点	342
非弾性座屈	6
非弾性座屈後挙動	324
非弾性横座屈	88, 98
引張ブレースモデル	191
必要剛性	33, 272
不安定	334
不安定現象	261, 262
不安定対称分岐点	344
不完全張力場	190
複合非線形解析	355
腹材座屈	237
部材座屈	292, 316
部材座屈荷重係数	308
不整	344
不整感度解析	344, 345
部分座屈	292, 293
プレートガーダー	213
分岐	1
分岐経路	342
分岐点	342
分岐点荷重	3, 365
変軸力圧縮材	21
偏心補剛	32
変断面圧縮材	16, 17
変断面梁	97

放物線式	12, 34
補剛	27, 209, 269
補剛区間	103
補剛材	27, 29, 269, 272
補剛点	27
補剛モーメント	33
補剛力	30, 102, 273

ま行

曲げ座屈	1
曲げ座屈細長比	37
曲げねじり定数	8
曲げねじれ座屈	
	3, 87, 88, 130, 134
マトリックス変位法	355
無次元化回転剛性	302
無次元化不整振幅	310
モーメント勾配	144
モーメント修正係数	94, 151
モーメント増幅率	142, 281
モーメント分布	92

や行

有効強度	232, 301, 302,
	303, 304, 321
有効剛性	232, 296, 321
有効剛性マトリックス	
	296, 297, 300
有効細長比	5, 42
有効座屈長さ	27, 308
有効柔性マトリックス	297
有効長さ係数	69, 70
有効幅	186
有孔板	214, 215
横座屈	2, 87
横座屈細長比	100, 108, 111
横座屈補剛	101
横補剛	118

横補剛間隔	118, 119	
横補剛剛性	103, 118	
横補剛力	102	

ら行

ラチスシェル	291
離間材	73
リブ補剛	181
履歴モデル	64
臨界点	336, 339, 340, 344
臨界点解析	354
連続補剛	105, 106

A—Z

Direct analysis 法	283
Euler の座屈荷重	4
Johnson 式	12, 284
P-Δ 効果	274, 279, 281, 282
P-δ 効果	133, 281, 282
PΔ 法	282
PΔ モーメント	132, 262, 263, 274, 282
Pδ モーメント	132, 280
Reduced Modulus 理論	98, 99

Shanley モデル	7, 88
St. Venant ねじり	137
St. Venant ねじり定数	8
St. Venant のねじり剛性	92
St. Venant のねじり定数	92, 234
Tangent Modulus 理論	98, 99
Tetmajer 式	12
Wagner の曲げねじり剛性	92

鋼構造座屈設計指針

1980年 9 月25日	第 1 版第 1 刷
1996年 1 月25日	第 2 版第 1 刷
2009年11月 5 日	第 3 版第 1 刷
2018年 2 月20日	第 4 版第 1 刷
2019年 7 月31日	第 2 刷

編　集
著作人　　一般社団法人　日 本 建 築 学 会

印 刷 所　　昭和情報プロセス株式会社

発 行 所　　一般社団法人　日 本 建 築 学 会

108-8414 東京都港区芝 5 — 26 — 20
電　話・(03) 3 4 5 6 — 2 0 5 1
Ｆ Ａ Ｘ・(03) 3 4 5 6 — 2 0 5 8
http://www.aij.or.jp/

発 売 所　　丸 善 出 版 株 式 会 社

101-0051 東京都千代田区神田神保町 2 — 17
神田神保町ビル

©日本建築学会 2018　　　　電　話・(03) 3 5 1 2 — 3 2 5 6

ISBN978-4-8189-0646-4 C3052